面向新工科的工程实践和创新教育

李双寿 杨建新 主编

清华大学出版社
北京

内容简介

本书是华北地区高校从事工程教育实践教学的教师、实验技术人员和管理人员近年来开展工程教育实践教学改革研究与创新实践的经验总结，以论文的形式发表。本书涉及的内容包括工程实践教育教学理念与基地建设、教学研究与课程建设、师资队伍建设与教学方法改革等，论文中所涉及的实践教学改革理念、观点及方法，都是作者本人结合实践育人工作中的体验提出的。本书由年会组委会和论文学术评审委员会及清华大学出版社的老师审阅和定稿，入选论文集的论文均为作者首次发表的教学研究论文，具有较高的学术交流价值。

版权所有，侵权必究。举报：010-62782989，beiqinquan@tup.tsinghua.edu.cn。

图书在版编目（CIP）数据

面向新工科的工程实践和创新教育 / 李双寿，杨建新主编.
北京：清华大学出版社，2024. 10. -- ISBN 978-7-302-67577-8
Ⅰ. G649.21
中国国家版本馆 CIP 数据核字第 202431NW17 号

责任编辑：苗庆波
封面设计：傅瑞学
责任校对：欧　洋
责任印制：杨　艳

出版发行：清华大学出版社
网　　址：https://www.tup.com.cn，https://www.wqxuetang.com
地　　址：北京清华大学学研大厦 A 座　　　邮　编：100084
社 总 机：010-83470000　　　邮　购：010-62786544
投稿与读者服务：010-62776969，c-service@tup.tsinghua.edu.cn
质量反馈：010-62772015，zhiliang@tup.tsinghua.edu.cn
印 装 者：三河市铭诚印务有限公司
经　　销：全国新华书店
开　　本：185mm×260mm　　印　张：35.75　　字　数：868 千字
版　　次：2024 年 10 月第 1 版　　　印　次：2024 年 10 月第 1 次印刷
定　　价：148.00 元

产品编号：095541-01

华北地区高校工程训练暨金工研究会 2021 年学术年会

组　委　会

主　任　　李双寿（清华大学）
委　员　　（按姓氏笔画排列）
　　　　　车建明（天津大学）
　　　　　李卫国（太原理工大学）
　　　　　李海滨（内蒙古工业大学）
　　　　　李耀刚（华北理工大学）
　　　　　杨建新（清华大学）
　　　　　张双杰（河北科技大学）

华北地区高校工程训练暨金工研究会 2021 年学术年会

学术评审委员会

主　任　　李双寿（清华大学）
委　员　　（按姓氏笔画排列）
　　　　　车建明（天津大学）
　　　　　李卫国（太原理工大学）
　　　　　李海滨（内蒙古工业大学）
　　　　　李耀刚（华北理工大学）
　　　　　杨建新（清华大学）
　　　　　张双杰（河北科技大学）

前　　言

2021年7月，华北地区高校工程训练暨金工研究会在山西省晋中市召开5省(区、市)学术年会。年会组委会收到华北地区高校提交的论文136篇，经年会学术评审委员会隐名、回避评审，其中118篇论文入选本论文集，18篇论文由研究会汇编成册，作为学术年会的书面交流资料。论文集和论文汇编以工程实践教育教学理念与基地建设、教学研究与课程建设、师资队伍建设与教学方法改革为主题，力求比较全面、真实地反映近年来华北地区高校工程教育实践教学改革的主要进展，同时为广大同仁，也为我国高等工程教育提供一份有价值和可供借鉴的教学改革经验交流资料。

从我国的国情出发，在理工科高校中大力加强工程训练中心和实践教学基地建设，推进工程教育实践教学改革，加强实践能力和创新能力培养是近10年来国内高等教育改革与发展中颇受关注的大事。全国许多高校对这方面非常重视，进行了卓有成效的改革和深入的研究与实践，其投入之多、规模之大、学生受益面之广是前所未有的。但同时，我们必须清醒地认识到，实践育人特别是实践教学依然是高校人才培养中的薄弱环节，与培养高素质创新型人才的要求还有差距。工程教育实践教学作为我国高等教育的重要组成部分，是增强学生的工程实践能力、提高综合素质、培养创新精神和创新能力的有效途径，也是学生在本科学习期间不可或缺的重要教学环节，所以进一步加强工程教育实践教学是体现我国高校实践育人特色的重要举措。

向本届年会投稿的论文作者，既有在工程教育实践教学岗位上辛勤耕耘几十年的教授、副教授、高级工程师和高级实验师，又有从事工程教育实践教学时间不长，但富有进取精神和热心实践育人事业的年轻讲师、工程师和实验师；既有在一线承担工程教育实践教学的教师、实验技术人员、工程技术人员和实习指导人员，又有主要承担工程教育实践教学管理的教学管理人员。论文中涉及的实践教学改革理念与观点都是作者本人结合实践育人工作的体验提出的。这种结合育人实践深入思考与研究的精神值得提倡，其中有些观点可能需要商榷和进一步完善，但很多经验值得借鉴和推广。

本论文集由华北地区高校工程训练暨金工研究会本届年会论文学术评审委员会及清华大学出版社的老师审阅和定稿，由清华大学李双寿、杨建新任主编。若有不妥之处，诚盼批评指正。

华北地区高校工程训练暨金工研究会
2021年7月

目　录

第 1 部分　工程实践教育教学理念与基地建设

"虚拟现实＋工程训练"的实践教辅平台构建
　　…………………………孙治博,史成坤,齐海涛,刘雅静,陈娇娇,邱玉婷　3
工程实践类课程的线上线下混合式教学模式探讨
　　…………………………………史成坤,孙英蛟,齐海涛,尚金英,王　娜　8
工程文化建设在大学生综合创新能力培养中的探索与应用
　　…………………………………李志珑,齐海涛,李　烨,郝继峰,孟　莹　15
新工科创新人才培养——联合创新实验室建设方案研究
　　…………………………………王虹霞,齐海涛,韩永鹏,史成坤,孙治博　19
大学生工程训练综合能力竞赛融入金工实习课程的思考
　　………………………………………………付俊杰,李方俊,王永涛,勾　通　26
大学生工程创新人才的评价标准研究 ………化凤芳,马晓轩,曹鑫浩,张翰韬,许东晖　31
新工科背景下工程训练课赛融合的研究与实践 …………宋志坤,张若达,步世华　35
你的气质里藏着你走过的路、读过的书和爱过的人——论高校实验系列教师个人
　　修养与人才培养的关系 ……………………郑　艺,付　铁,马树奇,刘艳颖　39
将创新创业融入高校工程训练的教学探讨与实践
　　…………………………………马丽梅,王子俊,丁　杰,张宏雷,隋金玲,吴　波　42
智能时代新工科背景下应用型大学工程训练中心建设的思考 ………曹建树,马丽梅　47
面向新工科的地方高校金工/工程训练课程体系建设
　　…………张双杰,王　勇,张忠诚,王会霞,李军霞,魏胜辉,李　力,周增宾　52
新工科背景下工创中心开展多学科交叉融合"双创"教育的探索与实践
　　………………………………………………王　绚,吴　鹏,王秀梅,房　静　59
新工科背景下的金工课程思政教学思考
　　…………………………刘利刚,宋佳秋,韩雪艳,于　辉,蔡大军,赵逢达,侯培国　64
工程训练实践教学对学生创新能力培养的探讨 ………………………于松章,王国俊　68
新工科拔尖创新人才培养探索与研究——以"匠坊书院"为例 ……李卫国,薛桂娟　72
高校创新实践人才的培养模式研究 ……………………………靳　鸿,赵正杰,刘　姿　76
高校工程训练中心内涵式建设探究与实践
　　………………………………………………肖　强,赵正杰,冯再新,孔为民,高　梅　81
大学生创新创业综合实践平台建设探究 ………………………蒙清华,高　梅,肖　强　88
工程创新视角下一流课程内涵建设的探索与实践
　　………………………………………………王浩程,徐国伟,贾文军,李　毅,刘　健　91
学科竞赛平台下大学生创新创业能力培养的研究
　　………………………………………………………………赵　地,杜玉红,王文涛,李　毅　97

AR 与云渲染工具在网络教学中的应用——以激光教学为例
.... 金　晖，罗　勇，杨建新，王德宇，董宝光　101
数字化学习工厂教学平台构建方法的探索与实践
.... 李　璠，王健美，杨建新，李双寿　107
依托课赛结合培养学生创新实践能力的策略
.... 罗　勇，杜　平，魏绍飞，董宝光，章鹏飞　113
非遗技术活化在实践教学课程中的探索
.... 庞　观，王德宇，王龙兵，张秀海，高党寻，王　佐，杨忠昌，程　言，赵　萌　118
自主探究型线上教学实践探索——以"工业生产概论"课程为例 ...... 汤　彬，杨建新　123
高校创新创业教育平台跨学科合作机制探索 .... 王　旭，周　晋，李双寿　127
工程训练中劳动教育的传承和创新 .... 杨建新，李双寿，汤　彬，王健美　131

第 2 部分　教学研究与课程建设

虚拟现实技术在机械工程训练中的应用 .... 康存锋，马志华，马春敏，郑学科　137
"工程材料"实验教学问卷调查研究 ...... 邱玉婷，刘雅静，赵　雷，史成坤，齐海涛　142
基于微课的"机械制造基础"实验教学研究与实践 .... 刘雅静，史成坤　147
创新创业教育与机械工程专业课程教育融合的探索与实践
.... 刘敬远，杨建伟，张　军，周庆辉，秦建军　151
工程训练教学质量保障体系的探索与实践 ...... 付　铁，马树奇，郑　艺，李春阳　155
工程训练课程思政建设的实践与探索 .... 尚　妍，靳　松，金　鑫，高守峰　159
关于研究型大学本科生工程实践能力培养的几点思考
.... 高守峰，李　梅，付　铁，马树奇，丁洪生　163
课程思政引领下工程实践教学新模式的探索与实践
.... 李春阳，付　铁，郑　艺，庞　璐，张晓晖　167
新形态下机器人实践教学的探索与实践 ...... 李春阳，付　铁，郑　艺，靳　松　171
新工科背景下激光加工教学体系的设计与实践 ...... 梅　梅，高　楠，马丽梅　175
军校工程训练实践课程改革探索 .... 刘　谦，唐修检，杨军伟　180
金工实习课程蕴藏的思政元素和典型案例的深入研究 .... 李志勇，李军霞　185
现代工程训练中课程思政深度融合的建设探讨
.... 宋佳秋，刘利刚，侯培国，贾婉君　194
电工电子实习的在线开放课程建设 .... 巴特尔　199
应用型高校创新创业教育融入专业教育的探索与实践 ...... 张恒慧，左义海　201
深化培养高校学生工程能力和创新能力的探索 .... 韩嘉宇　206
电子工艺实训教学改革初探 .... 李琴琴　210
数控加工虚拟仿真实验教学方法的改革与实践 .... 任杰宇，李卫国　214
面向《中国制造 2025》的先进制造实训建设 .... 阴　杰　219
"工程训练"课程教学改革初探 .... 冯再新，赵正杰，孔为民，肖　强　223
"工程训练"教学改革与探索 .... 张义清，赵正杰，冯再新　227
新工科背景下钣金类产品加工虚拟仿真实验教学探索 ...... 窦一喜，温　洋　232

产品生产体验教学平台的研究与开发
………………………… 范胜波，于晓然，卢广华，李丽琴，张　朝，宋晓威　236
新工科背景下工程训练中机器人教学模块改革的探索与研究
………………………………………… 王　斌，赵　庆，宋晓威，曹钧奕　240
新工科背景下关于"工程材料与机械制造技术基础"课程实验改革的思考
………………………………………… 于树强，李　清，卢广华，李丽琴　244
新工科背景下高等院校工业机器人实践课程探究 ………………… 于晓然　247
基于录播技术的无接触式金工教学改革
………………………… 毕　胜，刘金勇，杨玉军，王俊亭，邢武芝，张顺华　252
"金工实习"课程创新教学改革与实践
………………… 刘　健，贾文军，张江亭，郭　玲，李红凤，淮旭国，王俊亭，邢武芝　255
世赛标准和行业规范在"工业机器人实训"课程中的应用 ………… 钟　平　260
基于 OBE-CDIO 教学模式的工程训练实践课程教学改革与实践 … 李　蕊　264
锂电池及装配仿真的工程训练教学实践 … 初　晓，林蔚然，王健美，张　琦，李双寿　276
基于云平台的虚拟机在实践教学中的应用 ………… 杜　平，马晓东，王健美　279
人工智能通识课程实践环节的设计与探索
………………………… 高建兴，周　晋，王　旭，马晓东，王浩宇，伊　丽　285
涡喷发动机制造工艺在工程实践教学中的应用　高　炬，李　璠，彭世广，朱丽君，姚启明，
　　杜　平，陈　斌，张秀海，王　群，邢小颖，高党寻，张余益，马　运　292
一种机器人通识教育的课程设计方案 …………………………… 郭　敏　297
传统内燃机动力技术的通识性实践教学设计 ……… 林蔚然，卢祖祥，赵　萌，任晗啸　300
微型涡喷发动机典型零部件创新实践教学
………………… 彭世广，高　炬，马　运，王龙兵，高党寻，邢小颖，姚启明，李双寿　304
设计与制造、机械与电子、艺术与工程相结合构建通识工程教育课程单元
………………… 韦思健，张秀海，李　屹，王蓓蓓，高建兴，陈开峰，彭　进，杨德元，高　英　310
建立柔性化机械加工实验教学平台
………………… 徐伟国，王　群，张余益，梁迎春，郭　巍，李　佼，李　睿　314
探索赛课结合的创新型教学模式 …………………………… 章鹏飞，朱丽君　318
产教融合背景下大学生创新创业教育的研究与探索
………………………… 周　晋，王　旭，李双寿，陈　震，李三平，曹　贺，高建兴　321
浅谈面向数字化工厂的智能检测技术课程实验设计
………………… 王　群，杨建新，左　晶，徐伟国，刘　怡，陈远洋，章鹏飞，熊婧辉，曾　武　327
基于设计思维的项目式基础工程训练教学模式改革与实践 … 董宝光，杜　平，林蔚然，
　　彭世广，周　晋，李　璠，初　晓，梁志芳，陈　凯，魏绍飞，罗　勇，陈开峰，章鹏飞　332
智能养老机器人在人工智能课程思政中的应用 ………… 冯　博，周　晋，李双寿　337

第3部分　师资队伍建设与教学方法改革

新工科下数字孪生技术在智能制造工程专业实践课中的探讨
………………………………………… 郑学科，康存锋，马春敏，马志华　347

基于项目驱动的北斗导航实践教学改革探讨 ········· 王　娜,齐海涛,史成坤,陈娇娇	351
面向"互联网＋3D打印"创新训练教学内容建设 ······ 庞　璐,付　铁,马树奇,李春阳	356
钳工实训中的创新设计与制作 ·················· 马树奇,包英杰,邓伯秋,白　云	360
项目教学法在大学数控加工实训教学中的应用策略	
··· 金　鑫,付　铁,马树奇,高守锋,尚　妍	364
云计算技术在工程训练中的应用探索 ····························· 马树奇,李占龙	370
以学生为中心的工程训练课程创新实践研究	
··· 陈　琪,曹建树,马丽梅,许恩江,赵　晶	374
地方高校工程训练(金工实习)"先进制造"模块的建设与探索——以河北科技大学为例	
··· 王　勇,张双杰,张忠诚,李　力,周增宾	378
基于雨课堂的激光加工实训创新能力培养 ············· 庞　博,王景磊,刘海亮	384
一种主动学习型的工程训练教学新模式 ··············· 王景磊,庞　博,刘海亮	388
基于产品的综合能力实训项目的改革探索与实践 ················· 赵晓红,张恒慧	392
热处理工程实训教学的改革及实践 ···································· 车雨衡	395
ViBe算法和"HOG＋SVM"的行人检测模型在创新实践教育中的模型建立探讨	
·· 金卓阳	399
车工实训中的安全隐患及解决方案 ···································· 梁　菁	407
新时期背景下工程训练中心的建设 ···································· 王恩泽	411
探索以工程训练为基础,面向非工科专业学生开展工程认知教育,培养创新意识	
··· 陈　宏,周大武,张　良	414
现代工程训练中心信息化建设的探索与实践	
··· 赵正杰,靳　鸿,郭超凡,高　梅	417
"工程训练"课程思政教学改革实践——以3D打印为例 ···· 刘　姿,赵正杰,孔为民	424
工程训练中数控实训教学改革的实践探索 ············· 马　鑫,牛晨林,孔为民	428
特种加工技术在工程训练中的应用 ···························· 王素生,高　梅	431
工业控制实训在工程训练中的教学模式探索 ··········· 牛晨林,李志伟,孔为民	434
激光切割技术在工程训练教学中的应用研究 ····· 李丽琴,卢广华,范胜波,于树强	437
工程训练铸造教学综合性改革初探 ················ 卢广华,范胜波,朱振云,李丽琴	441
激光加工实训项目教学的探索与实践 ··········· 卢广华,范胜波,李丽琴,于树强	445
金工实训中心车间开放的探讨 ······················ 宋晓威,王　斌,温　洋	449
工程训练中心大型机床管理与教学设计探讨 ································· 赵鹏飞	453
基于学科竞赛的大学生工程与创新能力培养模式探索与实践	
··· 王晓亮,张江亭,贾文军,刘　健,王浩程,张观达	457
以学科竞赛项目为驱动的金工实习教学改革与实践	
··· 张天缘,张彦春,毕　胜,郭　玲,杨玉军	461
基于校企合作应用型本科生工程能力培养的探索与实践	
··· 赵永立,杨建成,徐国伟,贾文军,刘金勇	465
智能车工作室培养创新实践能力的探索 ··············· 毛福新,郭晓河,荣建翱	470
基于在机测量的曲面补偿加工 ············ 陈远洋,张余益,井平安,郭　巍	475

制造工程体验——机器人智能硬件单元教学创新
.... 陈 震,周 晋,章屹松,马晓东,郭 敏,王浩宇 479

基于产品驱动的焊接实践教学模式探索——以艺术风装饰台灯产品实践为例
.... 高党寻 彭世广 姚启明 杨建新 周冰科 徐江波 郑艺 484

基于 CDIO 模式的旋转字幕设计与实现
... 高 英,王蓓蓓,韦思健,杜 平,董宝光,陈 震,周 晋,李 屹,陈开峰,赵 萌 489

异形件多轴编程加工技术 .... 井平安,陈远洋,郭 巍,杨建新,赵 帅 495

数控车教学新方法 .... 李 佼,孙春雨,井平安,陈 斌 500

智能驾驶技术的快速发展对大学生工程与创新能力培养的启示
.... 刘国强,王健美,王志成 505

疫情防控背景下的铸造在线实践教学与经验 .... 马 运,杨忠昌,邢小颖,王龙兵 511

OBE 教育模式支撑下的工程培养系统 .... 孙春雨,李 佼,陈 斌 516

项目制教学在工程训练中的应用——以实用书立制造为例
.... 王龙兵,姚启明,高党寻,周冰科,徐江波,黄吉才 519

疫情下如何开展和保障远程软件教学质量 .... 王豫明,张钧剑,张升玉,张 盟 524

"文创笔"创意设计与制作教学方法的探索与实践 .... 王 佐,梁迎春,陈 斌 528

设计与制造相结合构建线上实践教学新模式
... 韦思健,张秀海,王蓓蓓,彭 进,李 屹,高建兴,陈开峰,彭 进,杨德元,高 英 532

实验技术队伍建设与实践 .... 姚启明,汤 彬,杨建新,王健美,王 旭,荣 键 537

实验室建设与管理探究 .... 张秀海,董宝光,姚启明 542

多机器人协同焊接在实践教学中的应用
.... 周冰科,高党寻,姚启明,王龙兵,徐江波,黄吉才 549

减速器端盖的自动化加工教学单元实施 .... 左 晶,王健美,王国生,陈远洋 553

第1部分
工程实践教育教学理念与基地建设

"虚拟现实＋工程训练"的实践教辅平台构建[①]

孙治博,史成坤,齐海涛,刘雅静,陈娇娇,邱玉婷

(北京航空航天大学工程训练中心,北京,102206)

摘要:本文旨在提出一种基于虚拟现实(virtual reality,VR)技术的辅助实践教学模式,搭建虚拟训练操作教学的开源平台,让学生在实践操作之前体验虚拟操作。该系统作为辅助教学平台主要用于熟悉操作流程,提醒并纠正学生的错误操作与危险操作,同时该系统可提高学生的实践教学兴趣,减少学生实践摸索的时间,达到缓解教师教学压力、提高实践教学课程效率的目的。

关键词:虚拟现实;辅助教学;工程实践

1 引言

工程训练中心是本科生教育的最大实践课程教学平台,可系统地开展培养学生自主学习能力、创新能力、实践能力、团队协作能力的实践教学环节[1-4]。"双一流"建设方案中提到要培养富有创新精神和实践能力的各类创新型、应用型、复合型优秀人才,而加强创新实践教育、大力推进个性化培养是推动双一流建设的必要举措[5-6]。2018年4月3日,教育部印发了关于《高等学校人工智能创新行动计划》的通知,虚拟现实技术作为人工智能创新行动的一部分被列入其中,这对于推广和促进虚拟现实技术和工程实践类教学的结合有着十分重要的作用[7]。

虚拟现实又称灵境技术,最早出现于1938年法国戏剧家安托南·阿尔托所著的《戏剧及其重影》一书中。20世纪80年代,美国VPL公司的创始人杰伦·拉尼尔首次将VR称作一项技术[8]。该技术主要利用计算机模拟产生出一个三维空间的虚拟环境,使用者通过使用传感设备与虚拟环境中的对象进行实时交互、感知,获得视觉、听觉、触觉等感官的模拟,产生身临其境的感受和体会。将VR技术应用于工程训练类教学领域能够弥补传统训练设备不足、场地不够、训练不充分等问题,让学生在虚拟环境中充分地练习和训练,不仅能提高实训效果,还能降低训练成本[9-13]。

目前,VR技术已经走进国内多所高校。天津大学基于VRML的国际标准,利用SGI硬件平台,开发出了虚拟校园。中央广播电视大学的远程教育学院采用基于Internet的游戏图形引擎,并且将网络学院的实际功能与图形引擎进行结合,实现了VR技术在基础平台上的大规模运用。南京理工大学工程训练中心建设了"现代制造企业虚拟仿真实验教学中心",仿真了现代制造企业的生产运作与管理模式,开发了基于Windchill平台的教学系统,让学生体验产品的全生命周期管理。同时,VR对于艺术实践教学平台也有很大的应用价值[14-15]。

现阶段高校中的VR教学更多的是结合校企合作的平台,并不是自主研发,不具备完全开源的环境。本文旨在结合学校自身特色与理论实践教学,提出一种基于UE4环境下VR技术的辅助教学模式,搭建开源的虚拟训练操作教学平台,实现:

[①]基金项目:北京航空航天大学一般教学改革项目——"机械工程技术训练"虚拟仿真平台建设。

(1) 学生在虚拟环境下熟悉操作流程,避免错误操作与危险操作;
(2) 减少学生实践操作摸索的时间,缓解教师的教学压力,提高实践教学课程的效率;
(3) 发挥学生的主观能动性,在开源环境下,平台功能不断完善。

2 构建工程实践教学 VR 平台的构想

2.1 教辅平台的软件环境与硬件设备

虚拟训练操作教学开源平台的构建依赖于开源的软件环境与匹配的硬件设备,为了实现开源平台建设,选择虚幻引擎(unreal engine,UE)作为平台开发的软件引擎,该引擎能够提供一个完全开源的编程环境,学生可以借助此平台进行系统的进一步开发,同时在虚拟环境上搭建 UE 能够呈现更逼真的渲染效果,提升学生体验 VR 内容的沉浸感。

HTC Vive 是由 HTC 与 Valve 两家公司联合开发的一款 VR 头戴式显示器产品(见图1和图2),该设备能够实现精准的定位效果,有较高的分辨率(1280×1080),能够有效地降低网格效应(screen door effect)。同时,UE 能够提供对 HTC Vive 设备的良好支持。

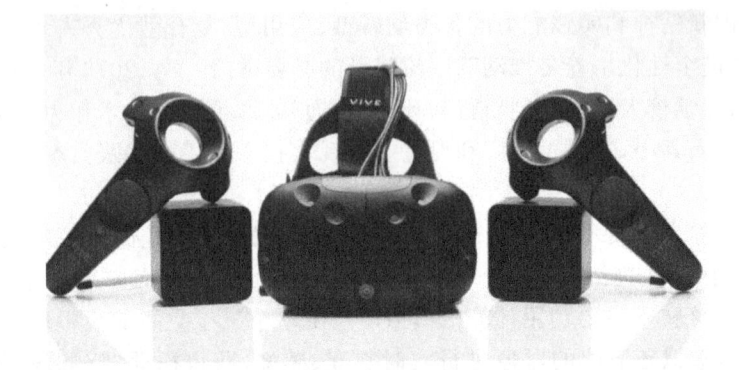

图1 HTC Vive 的 VR 头戴式显示器

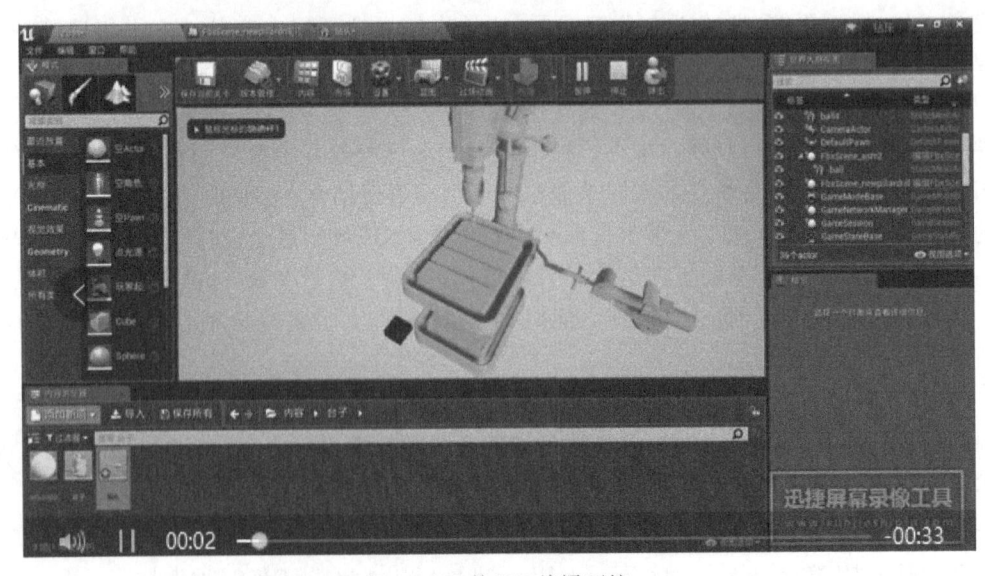

图2 UE 的 VR 编译环境

2.2 基于 VR 的实践教辅平台设计与构建流程

VR 教辅平台的设计过程如下：首先，结合实际训练课程的操作环境，了解机床结构与操作规程，以此为基础在 SolidWorks 环境下建立机床的虚拟样机模型；同时模拟实训的操作环境，录制操作规程语音讲解。然后，将以上虚拟样机模型及操作环境导入 UE 中，根据操作规程进行编译，从而实现虚拟样机的运动关系。当完成运动编译以后，需要结合 Vive 设备进行操作调试，以满足正常的操作习惯，实现操作功能。通过调试，让授课教师与学生进行 VR 操作体验，对该平台进行评价与反馈，便于平台进一步改善。由于运行的 UE 蓝本对学生开放，所以学生可以在此基础上进行虚拟实践教学平台的多次开发。教辅平台系统具体的设计与搭建流程如图 3 所示。

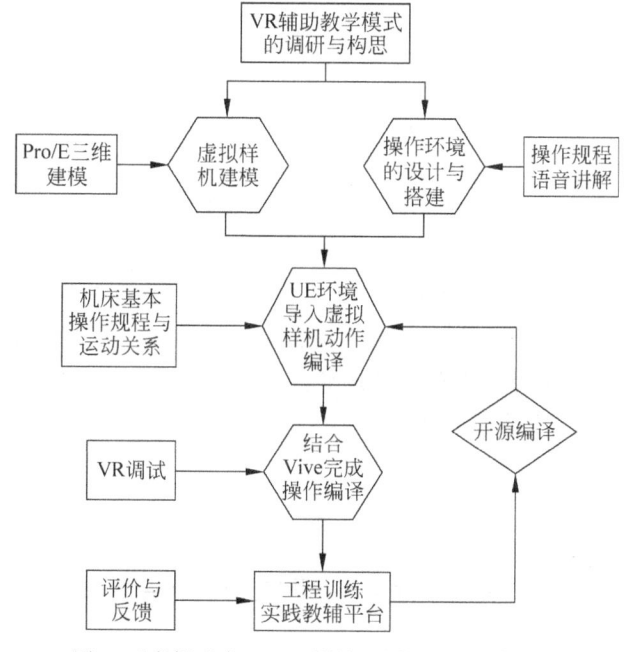

图 3 "虚拟现实＋工程训练"教辅平台搭建流程

3 理论讲授与虚拟环境下的动画展示结合

以钻床操作平台为例，虚拟环境下的理论教学讲解由两大部分组成：第一部分是 VR 动画与教学音频指导，第二部分是 VR 钻床操作教学，如图 4 所示。

在 VR 动画与教学音频指导环节，指导教师会将钻床的操作流程与规范录制成音频，作为 VR 环境中的指导旁白，钻床在虚拟环境中会配合音频的讲解通过相应的运动动画予以体现，如图 4(b) 所示，在整个过程当中，学生需要佩戴 VR 眼镜、耳机，操作手柄仅用于调整场景的视角，并不能够操作平台，如图 4(a) 所示。该环节时长约 3min，目的是让学生了解钻床的操作规程。

(a) VR动画与教学音频指导学生体验　　(b) VR教学动画演示

图 4　VR 动画与教学音频指导环节

4　结语

该项辅助教学内容安排在实践教学之前,学生在虚拟环境中完成了项目的演练制作后,再由指导教师指导进行实际的工程实践训练,完成项目的实际制作。该内容的设计将虚拟环境中总结出来的经验带入实践操作中,节约成本的同时缓解了教师的教学压力,体现了虚实结合的优势。

基于 VR 的工程实践教学辅助系统提高了学生的学习兴趣与学习热情,保障了操作人员的人身安全,节省了成本和空间。目前有的部分已经在试运行阶段,多名学生与教师进行了平台体验,所有的教师与学生都认可该平台的价值,并提出了改进建议,学生可以通过开源环境对平台进行多次开发与改进。

参考文献

[1] 马鹏举,佟杰,张兴华,等.工程训练课程体系的研究与实践[J].北京航空航天大学学报(社会科学版),2017,30(2):105-108.

[2] 马鹏举,王亮,胡殿明.构建多学科交叉的现代工程训练平台[J].高等工程教育研究,2009(5):127-129,160.

[3] 何立新,李烨,徐鹏飞.综合创新训练实训课程的改革实践[J].中国教育技术装备,2015(4):136-137.

[4] 马鹏举,王亮,胡殿明,等.综合创新训练课程体系构建与实践[J].实验技术与管理,2009,26(6):18-22.

[5] 中华人民共和国教育部.统筹推进世界一流大学和一流学科建设总体方案[EB/OL].(2015-10-24)[2022-02-05].http://www.moe.gov.cn/jyb_xxgk/moe_1777/moe_1778/201511/t20151105_217823.html.

[6] 常硕,李章勇,左娅菲娜,等."双一流"视野下地方高校创新教育模式探究[J].福建广播电视大学学报,2017(2):15-18.

[7] 教育部印发《高等学校人工智能创新行动计划》确定人工智能发展任务[J].中国大学生就业,2018(9):4-6.

[8] 王楠,廖祥忠.现实环境驱动下 VR 产业的发展趋势[J].河北师范大学学报(哲学社会科学版),2017,40(1):115-121.

[9] 杨羽,张陪,于源华,等.虚拟现实技术在双师型教师工程创新能力培养模式上的应用[J].轻工科技,2018,34(1):160,162.
[10] 车敏,拓明福,柳泉.虚拟现实系统及其关键技术的研究进展[J].物联网技术,2018,8(4):93-94.
[11] 杜佳慧.教育游戏中虚拟现实界面的生成[D].长沙:湖南师范大学,2017.
[12] 蔡筱霞.虚拟现实发展热点与应用浅析[J].广东通信技术,2018,38(3):10-14.
[13] 盖伟.虚拟现实中实时交互方法研究[D].济南:山东大学,2017.
[14] AYAN A.VR技术的虚拟教学应用研究[D].上海:东华大学,2017.
[15] 高颖婕.虚拟现实技术在艺术实践教学平台的应用研究[J].河北师范大学学报(教育科学版),2013,15(6):95-96.

工程实践类课程的线上线下混合式教学模式探讨[①]

史成坤,孙英蛟,齐海涛,尚金英,王 娜

(北京航空航天大学工程训练中心,北京,102206)

摘要:工程实践类课程具有强实践的特点,但在多年教学过程中也暴露出一些弊端。本文通过一次线上教学实践,剖析线上线下混合式教学模式应用于此类课程的可行性,探讨了此类课程的线上教学模式如何设计,介绍了本校的实施经验,并借由对学生的问卷调查结果深入剖析该教学模式应用在此类课程中的优势和弊端,为课程的进一步改革提供了新的思路和借鉴。

关键词:线上教学;混合教学模式;实践课程

1 引言

工程实践类课程注重培养学生的实践能力,必然要求保证现场实践教学,但在各种因素影响下,这类课程也开始思考改变传统的线下教学模式为线上线下混合式教学模式。这种改变有"被动"而为的现实背景,也有利用新技术提高课程效果的积极探索。新冠疫情期间的"被迫"线上教学,以及工程训练师资紧张、场地紧张、设备更新慢等问题都是被动因素;而线上教学的灵活性,对学生主体角色的突出性,以及对课程时间、空间的扩展,都能为教学带来积极的意义。在这种情况下,如何协调线上教学与现场实践需要之间的矛盾,如何最大化发挥线上教学的优势,成为在此类课程中推广该教学模式的关键问题。

实际上,线上教育由来已久,兴起于2012年的MOOC、翻转课堂,以及近些年提出的SPOC,都是对线上线下混合式教学模式的积极探索,多年来积累了大量的经验,并发现了区别于传统单纯线下课堂教学的优、缺点,目前仍处在快速发展和实践阶段[1-4]。

在这些既有经验中,我们鲜有发现需要动手操作的实践课程的影子。以"机械工程技术训练"为例,在公开的MOOC资源网上能看到一些课程视频,还称不上一门完整的课。这类课程的目标就是让学生通过亲自参与一些实践过程,获得工程实践能力,进而为解决复杂工程问题打下基础[5]。线下实践占到此类课程课时的80%,甚至更多。在此环境下将课堂转移到网上,颠覆过去的教学模式,对这类课程来说是否能达到预期的教学效果?笔者以本校已完成多轮次的课程教学过程为基础,借助调查问卷获得学生对于本门课程的评价和建议,探讨该类课程的线上线下混合式教学模式的问题和值得借鉴的经验。

2 "机械工程技术训练"线上资源开发和教学模式设计

2.1 线上教学可行性论证

"机械工程技术训练"课程包括十几个工种,传统授课是在现场进行,流程是首先讲解该工种的基础知识、机床构成、零件工艺、机床操作、软件画图方法等;然后学生在教师的指

[①] 基金项目:北京航空航天大学重点教学改革项目——"机械工程技术训练"慕课制作及线上线下混合式教学模式研究;北京航空航天大学重点教学改革项目研究——工程训练中心改革方案研究。

导下操作机床制作零件,最后根据学生制作零件的质量和实习报告判定成绩。整个课程绝大多数时间是学生的实践环节,需要现场操作。本门课程面向的对象是所有理工科专业的学生,并非只针对机械专业。所以,让学生亲自体验机械制造过程的教学逻辑是在了解机械零件制造的一般流程、传统工艺和新工艺技术在产品制造中的作用的基础上,掌握对简单零件工艺分析的能力,除了为后续课程打下基础,更重要的是培养学生的工程意识、动手能力、创新精神,提高其综合素质。学生通过动手操作机床,对制造过程中的难点有直观体验,对以上问题的体会更加深刻,并能激发深层次的思考。同时,还培养了学生劳动和纪律观念,养成了理论联系实际的作风。

将上述课程的哪些环节放在线上,放在线上授课后还能否让学生获得上述能力,是值得探讨的问题。我们认为本门课程的线上教学需要解决以下几个关键问题。

1) 线上教学模式的优势如何在本门课程中得到发挥

线上课程的优势是:①有利于将教学关注点转变为"以学生为主,以学为主",关注学生怎么学和学到了什么,即以学习产出为基本着眼点。②以"短视频"为基本教学单元的"碎片化"学习模式,便于学生利用闲暇的碎片时间随时随地观看,并且更有利于知识的记忆、理解、消化和吸收。没有完全理解的内容还可以随时暂停和回放,从而获得超越传统课堂的学习体验。③可以为学习者创建一个互帮互学的沉浸式、社交化的学习环境和即时反馈的交互式练习平台。这些交互不受时空的限制,交流的问题也变得更加多元和开放。

本门课程总课时较长,单次 8 课时,学生在一天时间内接触新知识、制作零件,经常出现制作时忘了教师讲解的内容,导致制作的零件不理想的现象。课程结束后,课程知识延续性差。线上的资源可供学生预习和回顾,解决上述问题。这就需要线上资源基于学生的视角建设,能正确引导学生获得更好的学习效果,同时满足可观性、碎片化、方便性等要求。

围绕线上资源构建交互式交流、练习的学习平台,也是保证教学效果的关键要素。一是要保证交流的畅通和及时性,二是从技术和师资上需要进行精心设计和安排。尤其教师要意识到自身角色的变化,从单纯的知识传授者或操作"师傅"转变为引导和助力学生学习的导师,其主要任务不是监督和评判学生的学习结果,而是帮助学生获得更好的学习效果和学习体验。

2) 哪些教学内容可以放在线上,以什么形式呈现

"机械工程技术训练"传统课程在形式上包括两大部分,即教师讲解和学生操作,内容上包括十几个工种。

对于教师讲解的部分,将其制作成视频课是可行的。需要关注几个问题:①知识点的划分和单个视频的承载量,以每个工种作为一个知识点简单可行,但这样会切割机械工程的关联性。②线下学生可以近距离观察机床、零件,需要保证视频课也能做到让学生有近观感,通过看视频就能了解机床。③缺乏现场互动,教师的讲解如何关注到学生易产生疑问的地方。

对于学生操作的部分,需要借用现代互联网、虚拟现实等技术和平台,为学生提供模拟操作环境。时间灵活、地域不受限,避免因操作失误造成的安全问题和零件制作失败的后果。当然,点击鼠标和动手操作机床的实践效果还是存在很大差异的,只能是尽可能了解实体机床的构成、操作流程,对工程实现有一个感官认识。

3) 如何进行有效的学习成果评价

传统课堂的实物制作对于学习成效的判定是最为直接和客观的,但这种方式存在一定的局限性,没有鼓励学生进行深入思考。线上课堂缺少了实物制作环节,将实物制作的时间转化为探讨式学习时间,如何判定学生掌握了相关知识,并有一定的综合能力提升,也是对这种教学模式最终呈现的效果进行衡量的关键过程。

综上所述,我们可以得出结论,本门课程开展线上教学是可行的,但需要精心设计教学的各个环节,丰富教学资源,提供畅通、及时的交流平台,让教学过程活起来,有输出、有反馈,最大限度地保证教学效果。

2.2 混合教学模式设计和课程资源建设

在借鉴翻转课堂教学模式的基础上,按照"课前""课中"和"课后"3个阶段来安排教学过程,其教学实施流程如图1所示。

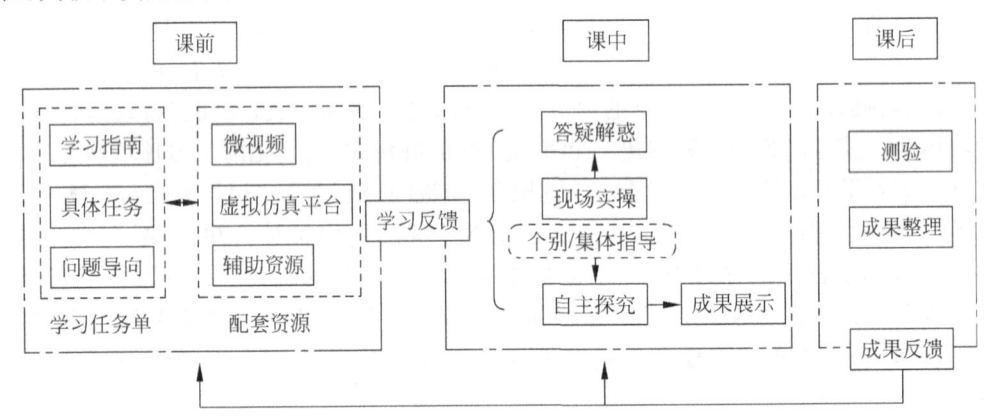

图1 "机械工程技术训练"课程线上线下混合式教学模式的实施流程图

1) 课前阶段

教师需要将设计好并已制作好的自主学习任务单和以微视频、虚拟仿真设备为核心的在线配套课程资源上传至网络学习平台,学生根据自主学习任务单的相关内容,利用网络学习平台上的相关资源开展自主学习,完成教师设定的任务,包括观看微视频、操作虚拟仿真设备等,并将自主学习过程中遇到的困惑及建议提交至学习平台,形成课前自主学习反馈;教师则利用平台提供的讨论区、聊天室或 QQ 群、微信群等网络交流工具,与学生进行同步/异步交流与反馈,进行有针对性的个别化指导。

2) 课中阶段

课中阶段重点在于让学生动手操作,实践过程是必不可少的。由于课前环节已让学生观看了操作视频并在虚拟仿真平台上进行了虚拟操作,课中不再需要详细讲解机床,空出来的时间用于集中答疑和增加实践过程中的自主设计部分。教师可以引导学生进行自主探究,既要尊重学生个体的独立性,让其在自主探究的过程中建构自己的知识体系,又要保证在有限的时间内协助学生取得较大的学习效益。课中的个性化实践使得课程的挑战度得到提升,可以增加学生的学习兴趣和成就感。

3) 课后阶段

发布测验题检验学生的学习成果,同时将学生在课上完成的作品进行展示。教师一方面可以将这些课后反馈作为过程性学习评价的重要组成部分,另一方面也可以将其转化为可重用、可再生的学习文化资源和教育改革资源。

课程的配套资源是本门课程的核心,课程资源的深度、广度和质量直接影响教学的各个环节。课程资源主要包括微视频、文字资料、题库、案例等;另外考虑到课程的实践性,可为学生提供虚拟仿真资源,让其能在线上模拟加工。课程资源做成多个专题包,各专题包既是一个独立的专题,又与其他专题构成关联,而关联的线索是制作的产品组件。

2.3 教辅人员分工

混合模式下教学环节多,过程繁杂,只有教师角色很难完成所有的工作。我们将教辅人员分成 3 种角色:一线教学人员、过程组织人员、技术支持人员。

一线教学人员负责教学环节设计、教学资源建设、现场教学、引导自主探究、答疑解惑、评价成果等,教学人员对线上教学的适应程度是这种教学模式成功与否的关键。

过程组织人员负责教学 3 个阶段与学生建立联系,组织教学环节开展,及时反馈过程中的问题等。技术支持人员负责解决拍摄课程视频和线上平台运行过程中的技术问题。这两类人员是对课程正常开展的强有力的支撑。

实际上,这 3 种角色是有交叉的,有的教师可能三者兼顾。在角色转换间,教师也完成了自我提升。

3 "机械工程技术训练"线上教学的实施和效果分析

基于以上设计思路,本课程于 2020 年春季学期开展了线上教学,对混合模式中的线上部分进行实践,再研究将线上与线下结合。课程结束后,通过调查问卷的方式,获得学生对课程的感受和建议。下面结合调查问卷结果对线上教学实施过程和教学效果进行分析,并对课程未来的深入改革提出建议。

3.1 线上教学的实施过程

北京航空航天大学 2020 年春季学期参加本门课程的学生有 540 人,覆盖航空航天大类、经济管理、高等理工等多个专业,参与的教师有 25 人。借助网上多个平台(云盘、QQ群、校内课程中心、虚拟仿真平台)串联起整门课程,实施过程有以下几个侧重点。

1) 从线下到线上,注重教学设计,把好教学资源质量关

充分研讨知识点划分、教学环节设计和重难点展现方式、视频制作内容和要点。共制作了 20 个专题、70 余段视频,并配套设计了测试题。在课前将课程资源上传至云盘和校内课程中心,供学生下载自学。

制定线上授课标准,规范线上授课行为,采用"教学督导＋同行评议"制度把好质量关。线上授课标准除规定了录课教师的行为规范外,还指出了录播课程须清晰、流畅、注重近景展示等,为录制高质量的课程视频提出指导。完成视频录制后,课程群组织教学督导组和一线教师对录制的视频进行了审核和点评,提出了改进意见和建议,以不断完善教学内容。

2) 在线答疑互动,为学生排疑解惑,及时反哺教学改进

将 QQ 群作为互动平台,签到、答疑、布置作业,打破了空间和时间的局限,学生与教师

之间的互动更为顺畅,大多数学生的积极性更高。学生按照学习指南学习完线上资源后,带着问题和疑惑在群里与教师交流。教师集中时间为学生答疑解惑,做出学习引导。对于个别同学的个别问题,提供专属指导。而对于答疑中的共性问题,以及过程性测验反映出的大多数问题,进行教学内容调整或单开解惑专题,及时为学生解决问题。

3) 建立多维度评价体系,夯实学习效果

脱离线下教学环境,对学生的学习过程监控比较困难。学生出现了两极分化的现象:积极主动的学生更投入;个别学生在这种情况下,不积极参与甚至不学习。通过建立多维度评价体系,以效果为导向,对学生进行线上学习监控。在校内课程中心发布在线习题和作业,掌握学生的学习状况。同时观察学生在整个学习过程中的参与情况,例如集中答疑时间内学生提问的频次。课后通过学生提交的实习报告,更全面地评价学生的学习效果。

3.2 调查问卷结果

课程结束后发布了匿名调查问卷,问卷内容主要是学生参与课程情况、对课程满意度、学习中遇到的问题和课程建议。共收回177份问卷,占总学生人数的1/3左右,为本课程的线上教学提供了宝贵的资料。

1) 学生参与课程情况方面

正常线下教学周课时为8课时,74%的学生每周用于本课程的学习时长为5~8h,10%少于4h,16%超过9h。课程各个环节的学生参与情况如图2所示。从学习时间和参与环节上看,绝大多数学生是能够按要求参与课程的。同时出现了两极分化现象,有近1/3的学生比学习线下课程更为积极,主要是在课下进行扩展学习,主动找教师私信提问;也有个别学生在监管缺失的情况下不积极参与课程。

选项	小计	比例
观看课程录像	177	100%
按规定时间在QQ群提问	100	56.5%
私信教师提问	28	15.82%
按时完成线上作业和测验	174	98.31%
课下对课程涉及的内容进行扩展学习	53	29.94%
其他	2	1.13%

图2 学生在本门课中参与的环节

2) 学生对课程的满意度方面

对课程视频内容选择了"满意"和"很满意"的学生占到了85%以上。对学习过程安排的满意程度如图3所示,反映出学生对各个过程还是满意的,尤其对教师的互动表现最为认可。其中也有不少学生不认同课程内容丰富、有趣及课程形式恰当,学生不满意的原因集中在认为"这种实践课还是应该动手实践""看视频不能很好地掌握"。

学生在学习过程中遇到的问题如图4所示。问题集中在线上教学这种形式不能让学生很好地理解机械加工。

3) 学生的学习效果评价方面

对过程性测验和作业,完成质量高于线下课程。学生对自己的自评结果如图5所示,不认为完全掌握课程内容的学生占到了39.55%,同时有83.61%的学生愿意继续学习相关知

题目/选项	很不认同	有一点不认同	介于认同与不认同之间	比较认同	非常认同
在当前特殊时期（无法开展线下课程），录播+线上答疑+作业的方式是合适的	3(1.69%)	4(2.26%)	18(10.17%)	65(36.72%)	87(49.15%)
教师的回答是及时且专业的	0(0%)	2(1.13%)	3(1.69%)	59(33.33%)	113(63.84%)
课程内容丰富、有趣	1(0.56%)	7(3.95%)	24(13.56%)	71(40.11%)	74(41.81%)
课程作业和测验的难度适中、题量合适	0(0%)	1(0.56%)	12(6.78%)	71(40.11%)	93(52.54%)

图 3　学生对学习过程安排的满意程度

选项	小计	比例
网络不好，影响学习	39	22.03%
看不懂视频内容，教师也没能解答你的问题	12	6.78%
看完操作视频仍然不能理解机械加工	131	74.01%
课程视频制作一般，没有激发学习兴趣	36	20.34%
其他（请填写）	20	11.3%

图 4　学生在学习过程中遇到的问题

识。这反映了学生对学习效果不甚满意，希望能继续学习以获得提高。

题目/选项	很不认同	有一点不认同	介于认同与不认同之间	比较认同	非常认同
通过 8 周的学习，我已经完全理解、掌握了课程内容	4(2.26%)	13(7.34%)	53(29.94%)	70(39.55%)	37(20.9%)
课程结束后，我愿意继续了解、学习相关知识	1(0.56%)	2(1.13%)	26(14.69%)	87(49.15%)	61(34.46%)

图 5　学生对自己的自评结果

值得一提的是，我们在学期末为学生提供了虚拟仿真资源，有 19% 的学生利用这个资源进行了学习，且普遍认为这种资源是有益的补充。

3.3　线上教学模式的总结与思考

经过此次线上教学实践，从教师和学生的反馈来看，将这种教学模式应用在本门课中有可取之处，但同时也存在很大的弊端。

可取之处是：①重新梳理了课程内容，丰富了课程资源，为探究式学习提供了资源保障；②有利于学生充分利用零散的时间进行学习，对理论知识掌握更加牢固；③教师不再需要每天重复性教学，将更多的时间和精力用在与学生的交流上，既能督促自己提高业务能力，又能在交流过程中反思教学中存在的问题；④搭建了师师、师生、生生交流平台，有利于引导学生进行深层次的思考，各方在互动中共同提高。

弊端是显而易见的：①脱离线下实践过程，不能很好地掌握相关知识；②失去了这门课原本的吸引力，学习兴趣难以调动。

鉴于此，我们认为，"机械工程技术训练"作为一门对实践过程高度依赖的课程，还是要让其回归实践本质，线下教学是必不可少的。但在多年线下教学中显现出的课程体制性问题,可以从线上教学模式中找到解决方法。因此,可以采用线上线下混合式教学模式,以线下实践为主,线上资源为辅,将课堂从时间和空间上延展至传统课堂+互联网平台,将教师从重复性的枯燥工作中解放出来,与学生一起开启探究式的学习,创造更优质的成果。

4 结语

2020春季学期受疫情影响而"被迫"开设的"机械工程技术训练"线上课程是一次很好的教学实践,既体现出了线上教学模式的优势,为今后的混合模式课程改革提供了借鉴经验,又在实践环节缺失的弊端中暴露出既往教学的问题,督促改进线下课程相关环节的设计,以突出本门课的实践性,提高课程的高阶性和创新性,争创本科一流课程。

参考文献

[1] 曾明星,李桂平,周清平,等.从MOOC到SPOC:一种深度学习模式建构[J].中国电化教育,2015(11):28-34,53.
[2] 苏小红,赵玲玲,叶麟,等.基于MOOC+SPOC的混合式教学的探索与实践[J].中国大学教学,2015(7):60-65.
[3] 左金平.混合教学模式在软件工程课程中的研究与实践[J].电脑与信息技术,2020,28(2):58-60.
[4] 康叶钦.在线教育的"后MOOC时代":SPOC解析[J].清华大学教育研究,2014,35(1):85-93.
[5] 马鹏举,佟杰,张兴华,等.工程训练课程体系的研究与实践[J].北京航空航天大学学报(社会科学版),2017,30(2):105-108.

工程文化建设在大学生综合创新能力培养中的探索与应用[①]

李志珑,齐海涛,李 烨,郝继峰,孟 莹

(北京航空航天大学工程训练中心,北京,102206)

摘要: 工程训练中心作为高校本科生,尤其是工科专业学生教育中综合创新实践能力培养的实施主体之一,旨在培养造就一大批多样化、创新型工程科技人才,为产业发展提供智力和人才支撑。目前,高校中普遍存在"重教育手段轻氛围营造"的问题,学生并没有从根本上理解工程的含义。为了加深学生对于工程深层次的体会,本文主要通过工程文化元素融入课程建设、工程文化氛围融入实践育人环境、工程文化深入竞赛指导3个方面实现工程文化建设在大学生综合创新能力培养中的应用,探索工程文化的内涵价值。

关键词: 工程文化;课程建设;育人环境;竞赛指导;综合创新

1 引言

　　工程作为人类将科学知识和研究成果应用于有组织地对自然资源进行开发利用的活动,是改造世界的物质性实践活动,是人类全部实践活动和实践过程的总称[1]。文化是人类在处理人和世界关系中所采取精神活动和实践活动的方式及所创造出来的物质和精神成果的总和[2]。文化是基础,工程是平台,两者结合形成的工程文化可以理解为在具体工程实践活动中形成的被广泛接受的行为准则、道德规范与价值观等[3]。近年来,随着我国正式加入国际工程教育《华盛顿协议》,我国的高等工程教育实现了国际实质等效[4]。高校作为未来工程人才培养的主阵地,为了提高本科生的工程能力和创新能力,教育部曾提出在"本科教学质量工程"中实施"卓越工程师培养计划",将工程教育作为高校教育的重要内容之一。在高校工程教育育人体系中进行工程文化建设,是开展集体凝聚力建设、提高工程教育质量、促进工程应用型人才全面成长成才的重要保证,更有助于提升工程生产的综合效益,在工程实践中发挥文化导向作用[5]。

　　高校作为培养21世纪工程师的摇篮,不仅要具备严谨的理论知识体系和工程技术能力,更应着重培养学生正确的大工程观和良好的工程文化素养。工程训练中心作为高校本科生,尤其是工科专业学生工程教育的实施主体之一,通过设置内容丰富、层层递进的理论教学,以及学生动脑设计、动手加工生产的实习实践,可以系统地培养学生自主学习能力、创新能力、实践能力及团队协作能力等综合创新实践能力[6]。目前,在高校中普遍存在"重教育手段轻氛围营造"的问题,具体表现大多为高校投入大量财力、物力、人力在教学设备、教学手段、教学师资的引进等教学硬实力上,对工程教育文化氛围的营造这个软实力则相对欠缺。对于有突出理工科办学特色的院校,加强工程文化的教育渗透功能,努力承担工程文化育人的重要责任,势在必行。

　　本文主要通过工程文化元素融入课程建设、工程文化氛围融入实践育人环境、工程文化深入竞赛指导3个方面实现工程文化建设在大学生综合创新能力培养中的应用,探索工程文化的内涵价值。

[①]基金项目:北京航空航天大学一般教改项目——工程文化与劳动教育氛围营造。

2 工程文化元素融入课程建设

目前,国内高校工程训练中心的主流教学体系采用"多层次、递进式、模块化、全覆盖、交叉融合"模式,北京航空航天大学工程训练中心在"卓越工程师教育培养计划"以及"双一流"建设的双重指导下,将工程教育理念融入实践教学指导过程中,将工程文化元素融入课程内容,具体表现如下。

2.1 融入工程伦理,弘扬工匠精神

为了帮助大一新生从入校起逐步树立工程文化意识,深化工程文化理念,北京航空航天大学工程训练中心在最新修订的"工程认识"课程大纲中,将工程伦理作为重要指导内容贯穿到理论教学的全过程。课程旨在强化大学生的工程观念,弘扬工匠精神,培养大学生精益求精的工程品质,为提高学生的工程创新能力奠定基础。

2.2 项目引导课程,倡导团队文化

北京航空航天大学工程训练中心在综合实践类课程的改革过程中,将原"综合创新训练"升级为"综合创新实践"和"科技创新实践"两门课程,以"项目牵引课程",依托国家、省、市、校级大学生竞赛题目,教师常规科研项目等,由学生自主选题,从前期设计、中期生产、后期参赛或展示,皆由专业教师指导,学生独立完成项目全过程。引导项目组成员内部合理分工、相互协作,让学生感受到在工程实践过程中团队合作的重要性及团队文化的凝聚力,通过集思广益、反复论证的"产、学、研"一体化探讨模式[7],提升学生的综合工程实践能力。

2.3 加强校企合作,引入企业文化

增设校企合作创新平台类课程,与中国交通通信信息中心、中国电信、沈阳新松等企业合作共建新工科创新实验平台,以北斗创新平台、5G技术创新平台、无人机创新平台、机器人创新平台、人工智能创新平台为支撑,开设多门与之相对应的理论指导课程,聘请企业讲师授课,让学生近距离地了解企业文化价值及企业文化在产品生产过程中的重要指导意义,同时结合先进的科学技术及创新平台载体,引导学生逐步增强创新意识,提升创新能力。

3 工程文化氛围融入实践育人环境

工程文化可以借助物的方式潜移默化地传递给学生,而文化的产生、传播有很多种形式,实践育人环境则是最简单、最直接的平台。在工程文化建设中,工程文化氛围融入实践育人环境是一项重要的内容。

3.1 加强工程文化宣传氛围

北京航空航天大学工程训练中心通过在实践场所公共区域及各个实验室内部增设文

化展板、具有实验室特色的作品展示台等方式外化宣传手段。同时,利用中心官方网站、公众微信号等网络新媒体手段加大新建课程建设方面的文化宣传力度,多方位、多角度联合营造工程文化氛围,打造兼具人文情怀、体现工程文化特色的"工程文化长廊",充分发挥环境文化的美育价值、道德认同性价值、知识性价值和社会性价值,达到培养学生工程文化素养的目的。

3.2 搭建工程文化智慧实验室

建设工程创新实践环境,目前主要依托5个创新性平台建设工程文化智慧实验室,打造以蔚蓝空间智慧导航为主题的北斗创新平台、以灰色低空模拟飞行为主题的无人机创新平台、以白衣天使医疗领域智能手术为主题的机器人创新平台、以银色高速发展通信技术应用为主题的5G技术创新平台、以多彩魔幻梦境为主题的人工智能创新平台(见图1),每个智慧实验室都根据自身的特点进行了特色装修与布局,这样能够给学生带来更强的视觉沉浸感,通过文化氛围的烘托帮助学生开放思维,激发创新源动力。

图 1　新工科创新实验平台

4　工程文化深入竞赛指导

随着全国大学生工程训练综合能力竞赛赛项的扩充,需要更多学科领域的人员参与进来,如何统筹人员与项目之间的关系成为竞赛成绩的关键因素之一。北京航空航天大学工程训练中心将工程文化融入竞赛指导的全过程,将精益求精的"工匠精神"、团结互助的"团队协作"、各具特色理念的"企业文化"贯穿其中,在作品设计制作过程中,认真规划团队分工与项目规划,切合实际工程设计理念,严格把关加工精度,重点落实竞赛作品的工程水平。在此基础上,采用"引领式"互帮互学模式,扩大竞赛的校内覆盖面,发现并选拔优秀人才,体现工程实践过程中"传、帮、带"的传统理念。同时,努力构建开放合作的竞赛支撑平台,提供场地、设备和技术支持;建立长期有效的校企合作渠道和机制,不断开发和吸引校外企业工程技术人员、校内对口院系的专业教师加入竞赛指导工作队伍,充实竞赛师资队伍,增强教师指导团队的综合创新实力,为培养学生独立自主的创新能力提供智力支持。

5 结语

对高校而言,在工程型人才培养过程中既要加强科学素养、文化知识、专业技能等方面的培养提升,又要注重价值观念、道德规范、思想观点、身心素质方面的深入引导,构建多层次、多角度的工程文化育人模式。

目前,北京航空航天大学工程训练中心通过工程文化元素融入课程建设、工程文化氛围融入实践育人环境、工程文化深入竞赛指导,全面加强育人环境的工程文化建设,使学生在潜移默化中加深对工程文化的认识,提升工程实践的积极性。

参考文献

[1] 刘莉.工程伦理学[M].北京:高等教育出版社,2015.
[2] 张岱年,程宜山.中国文化精神[M].北京:北京大学出版社,2015.
[3] 陈冬松.大学文化、工程文化与企业文化的融合:卓越工程师培养之我见[J].化工高等教育,2014,31(6):5-10.
[4] 何菁菁.我国工程教育实现国际多边互认[N].中国教育报,2016-06-03(1).
[5] 王小宁,刘娜,李勇成."卓越计划"背景下高校工程文化育人模式研究[J].北京教育(高教),2017(2):83-86.
[6] 马鹏举,佟杰,张兴华,等.工程训练课程体系的研究与实践[J].北京航空航天大学学报(社会科学版),2017,30(2):105-108.
[7] 韩伟,段海峰,江丽珍,等.新工科背景下高校工程训练中心的建设与管理[J].实验技术与管理,2020,37(7):238-242.

新工科创新人才培养
——联合创新实验室建设方案研究[①]

王虹霞,齐海涛,韩永鹏,史成坤,孙治博

(北京航空航天大学工程训练中心,北京,102206)

摘要:建设联合创新实验室是落实国家创新教育战略的重要举措和有效途径,是培养大学生创新意识和能力的重要基地。以实现新工科创新人才培养为目标,搭建开放性联合实验室,组建一支多学科交叉的高水平教师团队,完善一系列的运行和管理机制,基于CDIO理念,以成果为导向教育方式提出一套基于多学科交叉融合的项目驱动式教学实施方案,完成对学生实践创新能力的培养。

关键词:创新人才培养;联合创新实验室建设;多学科交叉融合;实践创新能力

1 引言

国家实力的竞争,归根结底是教育和人才的竞争,工程科技人才是一个国家实现创新发展的中坚力量,未来社会发展的速度与质量在很大程度上取决于工程科技人才的创新质量。高等工程教育是国家创新的重要引擎和支柱,是一个国家发展水平和潜力的重要标志[1-3]。然而,目前高等工程教育体系对学生创新能力和实践能力的培养比较缺失,学生不善于将所学知识应用于实际,去解决工程难点,突出工程技术的创新应用[4]。

目前,在全球范围内第四次产业革命浪潮已起,为主动应对新一轮科技革命与产业变革,支撑服务创新驱动发展的国家战略,提升我国核心技术和关键产业的竞争力,我们应该培养具备远大志向、强烈使命感、可持续竞争力的新时代人才。教育部基于国家战略,针对未来新工科人才培养,先后形成了"复旦共识""天大行动"和"北京指南",全面探索工程教育的新模式,推出了"卓越工程师培养计划"的举措,推动实施了创新创业教育与产学合作协同育人,着力培养学生的创新精神、创业意识、创造能力与实践能力[5-6]。

2 对实践创新能力培养的作用

新工科人才的能力培养不仅重视个人能力,还讲究团队能力和全局意识,其重中之重是实践创新能力的培养[2,5-6],见表1。

表1 新工科人才培养能力

工程教育特性	能力类别	具体能力
实践性	专业基础能力	基础理论能力、专业技术能力
	实践动手能力	工程设计能力、工程实践能力、工具使用能力
综合性	系统思维能力	跨界整合能力、跨学科思维能力、系统性思考能力、工程领导能力、职业道德与社会责任意识、人文社会素养
创新性	工程创新能力	工程创新精神、计算思维、思维判断与分析能力
	主动学习能力	适应变化能力、学习与应用能力、终身学习能力

[①] 基金项目:北京航空航天大学一般教改项目——"传感器技术+应用驱动"的电子工程训练示范课程研究。

实践创新能力是创新精神和实践能力的有机结合,是大学生实践能力达到高级阶段的集中体现。创新始于问题、源于实践,学生创新意识和创新能力最直接、最客观的体现是在工程实践环节中解决实际问题的能力。因此,作为培养大学生创新意识和能力的重要基地,建设联合创新实验室是落实国家创新教育战略的重要举措和有效途径[2,7-9]。

3 现状与发展趋势

我国高校的教学实验室建制一般按专业设置,具体管理归属相应的学院,以承接教学计划内(课内)的实验或实践工作为主,使用对象局限于所在学院的学生。其定位、功能与管理体系等必然存在一些弊端,首先是在资源共享、实验室开放、仪器设备的使用率及学生的受益面上存在着因条块分割等造成的资源浪费问题;其次是在知识和技术更新、充分满足学生自主性学习实践需求、满足学生个性化发展方面存在着差距。

然而,新工科的人才培养必须推进"教师＋"和"课程＋"的建设,将产业高手引入校园授课,让学生走入产业动手实践。未来的工程人才培养与工程教育发展呈现出五大趋势:价值引领与面向可持续发展、创新能力培养与面向多学科融合、实践能力培养与面向"产、学、研"融合、合作能力培养与面向全球化发展、发展能力培养与面向终身学习[9-11]。

4 目标、定位与理念

基于国际工程教育改革和产业社会发展趋势的视角[1,3,12-13],新工科人才培养目标体系的设定理应与时代同频共振,培养出跨学科、跨专业,具有综合素质与复合能力的人才。按照国际标准,"新工科"的教学范式应向《华盛顿协议》所倡导的国际工程教育以学生为中心、产出导向、持续改进的三大核心理念看齐[14]。

对照《华盛顿协议》[14]要求和麻省理工学院的人才培养标准[15],联合创新实验室的创立应以培养新工科创新型复合工程人才为目标,其定位是培养学生创新能力的基地、跨院系或跨学校合作的基地,以及企业在高校的窗口,做到以学生为主体,以学生兴趣爱好、个人特长为出发点,以具体科研项目的实施为主导,重点培养学生独立钻研、自主研发和自主创新,以及发现问题、思考问题、解决问题和团队协作的能力。

5 机制建设

如图1所示,联合创新实验室建设分为硬件建设和软件建设两大部分。硬件建设包括场地设施、仪器设备等。软件建设包括实验室机制建设和文化建设。其中,机制建设主要包括实验室的运行机制、管理机制、评价机制和激励机制等;文化建设即实验室的团队精神建设。对联合创新实验室而言,软件建设比硬件建设更迫切。

图2所示为联合创新实验室场地规划示例,主要分为工作区、展示区和交流区。按项目性质不同,工作区又分为软件工作区和硬件工作区,分别进行软件开发和测试、硬件开发和测试相关的项目。展示区设置的目的是营造实验室的学术氛围,引导更多的学生参与实践创新活动,主要是介绍实验室的建设情况和所取得的成绩,主要设备有计算机、投影机、作

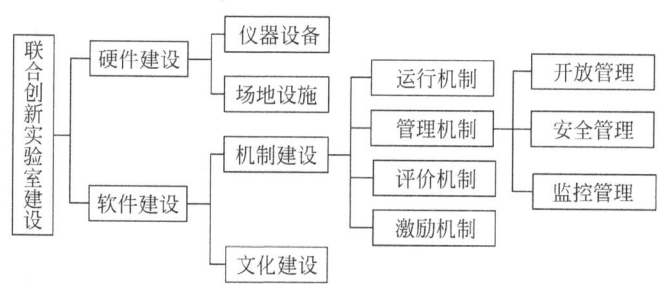

图 1　联合创新实验室建设要素框图

品展示柜等,展示柜展出历年来学生在联合创新实验室制作的优秀作品及参加国内外重要学科竞赛的获奖作品。交流区主要放置一些与关键技术相关的书籍、行业动态杂志及软件和硬件使用手册等,供学生查阅和进行问题探讨。

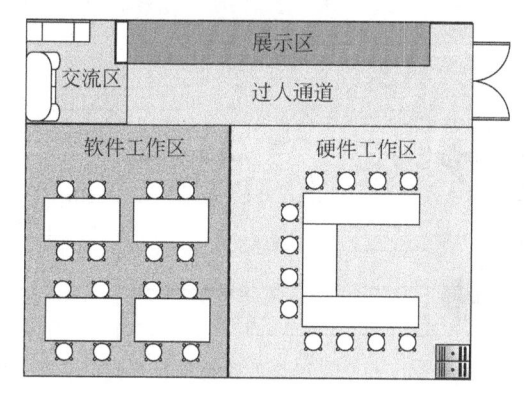

图 2　联合创新实验室场地规划示例

5.1　运行机制

为培养符合社会企业需要的创新型、复合型、应用型人才,采用 CDIO(conceive-design-implement-operate)工程教育模式,以成果导向教育(outcome-based education,OBE)方式建立多层次校企联合创新实验室,将知识、能力、素质的培养集于一体,以解决问题为驱动,以产品研发到产品运行的生命周期为载体,让学生以主动动手、亲自实践的方式学习工程知识,综合培养学生在工程基础知识、个人能力、人际团队能力和工程系统 4 个层面的能力,实现在"学中做,做中学",将学、做、创融为一体。

我们提出一套基于多学科交叉融合的联合创新实验室培养方案,如图 3 所示。以项目为载体,将指导教师和学生均以项目为单位,并遵循多学科交叉融合的准则组建团队,通过教师之间、教师与学生之间、学生之间的知识交流与分享、思想碰撞与灵感的激发,有利于提出交叉性科学问题,从而达到教师对学生交叉性科学问题基础知识培养的目标,集每个人的强项于一处,进而充分发挥团队的创新能力。

项目驱动式的创新课程实施过程如图 4 所示。它实行启发式和讨论式教学,激发学生独立思考的能力,使学生在实验过程中感受、理解知识产生和发展的过程,培养学生的科学精神和创新思维习惯,重视培养学生获取新知识的能力、分析和解决问题的能力。采取"定期被动+不定期主动"相结合的交流方式,做到教师对学生进度的把控。汇报交流可采用

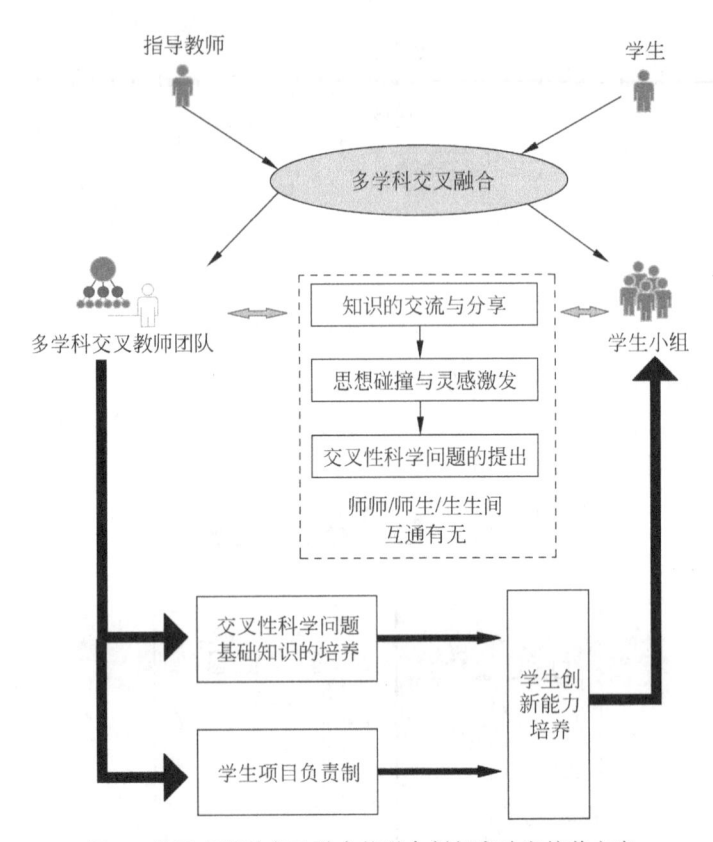

图 3 基于多学科交叉融合的联合创新实验室培养方案

一对一具体的有针对性的解决方式,以及一对多展示和多对多讨论等方式开展,在思想碰撞的过程中激发学生的创新灵感,强化他们分析和解决问题的能力,以及沟通交流与展示的能力。充分利用校企合作的架构方式,借鉴企业管理经验,模拟社会需求,人为培植和引导学生的创新能力,通过递进式、阶段式和项目驱动式的课程体系设置,完成学生的初期训练。培养从中期开始逐步切入综合性的创新实践强化训练,让学生直接按照企业的实际产品需求指令来完成学习,强化学生的创新能力和适应能力,提高毕业生一次性就业率。

5.2 管理机制

为充分发挥实验室的作用,并保证教学实践质量及其开放性,进而打造一个高度自由创造、高度严格管理的正规化创新实验室,必须形成一系列管理规章、评价机制和奖惩制度。

1) 开放管理

开放共享是创新实验室保持活力的根本,同时可提高实验设备的利用率。实验室实行指导教师责任制,以学生自管模式为主体,制定严格的学生实验守则,成立学生管理委员会,并将自我管理纳入学生综合素质的培养,充分发挥学生的自我管理和教师的监管作用。在实验室开放时间内,指导教师会对学生的管理情况进行不定期检查和修正。

为充分提高实验室的信息化水平和管理效率,我们开发了创新实验室管理系统,实现了工位预约和使用动态查询、项目计划提交与查询、设备管理、项目进度与资料管理、经验

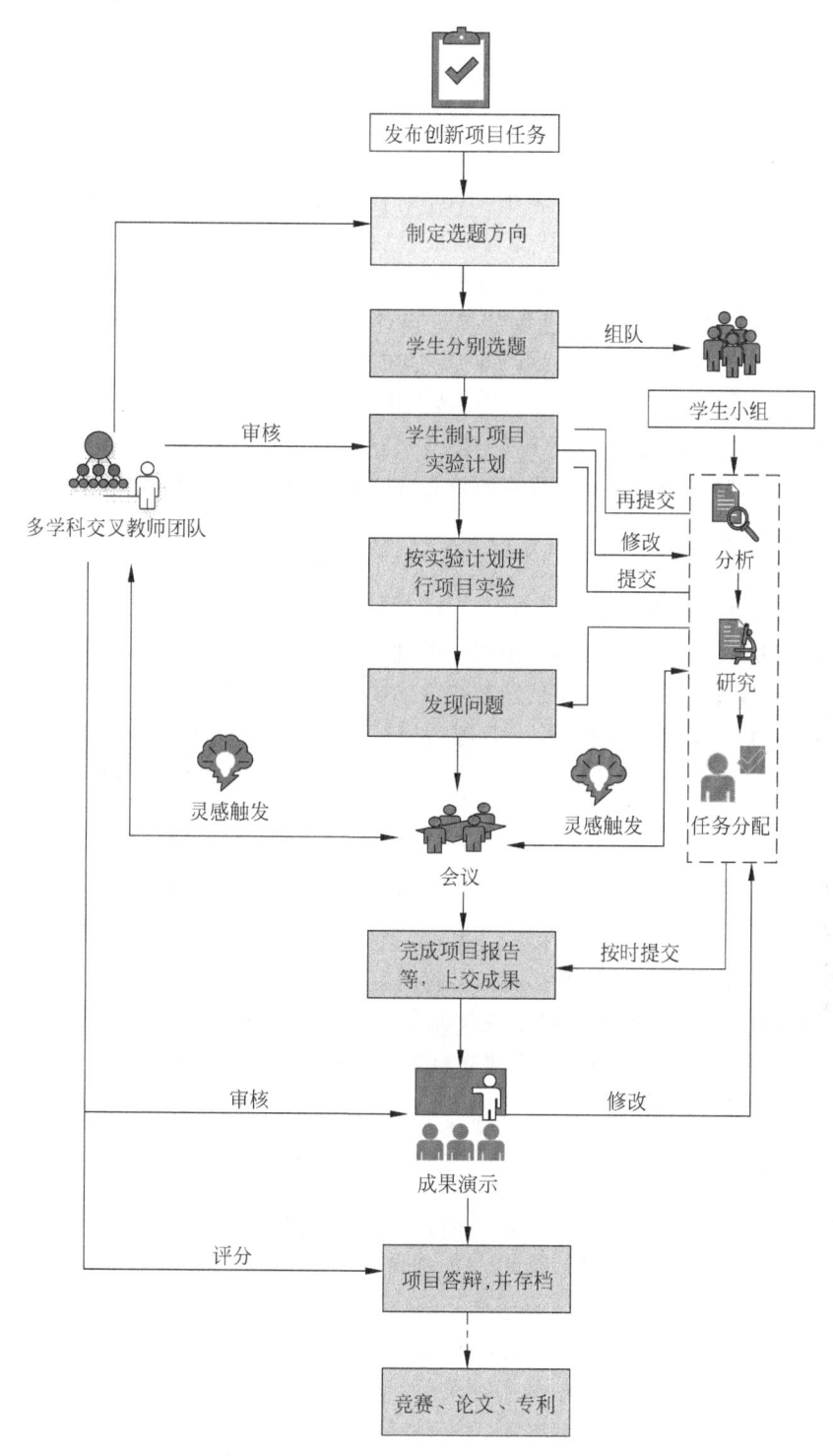

图 4 项目驱动式的创新课程实施过程

交流、成果展示等功能。建设关联校园一卡通的门禁管理系统,保障实验室的全天候开放,同时采用"申请-授权"管理制度,既实现了学生在使用时间上的灵活自主,又能实现规范化管理。

2）安全管理

为确保实验室安全和避免实验材料的浪费与流失，我们建立了实验室安全责任制，坚持人、事和物的实时统一，设备和耗材由专人负责统一登记管理，经费采用"申报—审批—报销—审核"的支出方式，进而实现设备安全责任到人，实验耗材全程监督。此外，考虑到实验室人员具有较强的流动性，可利用5G并结合RFID等物联网技术和视频监控技术在实验室管理系统中加入设备安全智能检测报警功能。采用RFID标签标识每一台仪器设备，并于进门处设计安装非接触式设备读取装置，当贴有RFID标签的设备被带出时，安装在实验室门口的非接触式设备的读取装置就会感测到并通过实验室管理系统启动安全报警，同时启动视频监控系统对实验室内部情况进行视频采集，从而保证了设备的安全。

同时，为保障实验室的使用安全，严格按照规定配备安全防护器材，并定期对实验室人员及学生进行安全培训，制定安全管理制度且严格遵守。实验室责任教师根据实验室管理系统的实时动态，随机通过实验室视频监控系统进行抽查和核实，发现问题及时上报，确保安全管理工作万无一失。

3）监控管理

成立大学生创新教育工作领导小组，由院长任组长，主要负责定期研讨、总结并组织管理大学生创新教育工作、创新项目的组织与管理、指导教师队伍的组织与管理、经费的使用与管理、激励措施等。成立大学生创新教育学术委员会，由学院教授委员会主任担任主任，学院分管领导、教授委员会成员、骨干教师为成员，为大学生创新教育活动提供学术指导，如创新实验室建设方案与规划的审定、大学生创新项目的指导与评价、学科竞赛指导等。

5.3 评价机制

面对多种多样的创新设计，我们应当做到评价主体多元化、评价方式多样化、评价内容全面化、评价流程规范化、考核结果多层化，需要从实验方案的原创性、实验结果的合理性及创新程度等多方面进行综合性考核。实验内容可以是学科竞赛项目、自设实验项目、参与教师科研项目等；成果形式可以是科技制作、科技发明、专利、论文和毕业设计、竞赛成绩、学术评价和社会影响等。总之，要建立科学有效的评价标准和体系，强化联合创新实验室学生能力的考核和提升。

5.4 激励机制

基于校企合作的联合创新实验室，必须有适合自身发展的激励机制来调动实验室教师和学生的积极性。在学校方面，学生可获得创新学分、创新奖学金等；在学院方面，学生可获得创新项目经费支持，以及对发表于核心刊物级别以上的论文和竞赛获奖给予一定的奖励，在推荐免试保送研究生时对完成创新研究项目并获得省级以上奖励的学生给予优先考虑；在实验室方面，可公开展示学生的获奖、发明制作等实践创新成果，定期评选"挑战学子""创新标兵"和"学生创作成果奖"等，充分发挥他们的示范带动作用，在创新实验室中营造"比、学、赶、超"的浓厚氛围。此外，学校也应当对指导创新开放实验项目的教师和实验技术人员实施工作量考核和津贴补助制度，并在职称评定、评奖评优等方面给予倾斜，设置与实验相关的奖项，鼓励教师和实验技术人员积极开展创新科研活动，开发和扩展仪器设备的功能，开展与研究机构和企业的合作，为科研、社会、企业提供服务，并且合理收取费用。在企业方面，可根据自身情况，优先录用实验室创新成绩显著的学生；此外，企业还可以在实验室开展由企业出题，旨在解决企业技术攻关难题的创新比赛，提供一定数额的奖金，以激励指导教师、有能力的学生共同参与。

6 结语

基于国际工程教育改革和产业社会发展趋势的视角，新工科人才培养目标体系的设定要与时代同频共振，培养出跨学科、跨专业，具有综合素质与复合能力的人才，按照国际标准，以《华盛顿协议》所倡导的国际工程教育以学生为中心、产出导向、持续改进的3大核心理念，开展跨院系、跨学校、校企合作的创新创业教育，建设创新实验室平台。基于CDIO理念，以成果为导向教育方式，提出一套基于多学科交叉融合的项目驱动式教学实施方案，完成对学生实践创新能力的培养。联合创新实验室不仅能给学生提供自主创新的空间，锻炼他们实践创新及沟通协作等方面的能力，还能提升教师的教学业务能力，提高企业对学生的认可度，进而提升工程训练中心甚至学校的影响力。当然，创新平台良好且可持续发展的建设也需要开放共享和需求驱动的运行机制、逐渐完善的管理制度、多样化且合理的评价体系及有效的激励政策等制度的保驾护航。

参考文献

[1] HOLLANDERS H, ES-SADKI N, MERKELBACH I. European innovation scoreboard 2019[R]. Brussels: Publications Office of the European Union, 2019.
[2] 林健. 面向未来的中国新工科建设[J]. 清华大学教育研究, 2017, 38(2): 26-35.
[3] Massachusetts Institute of Technology. The global state of the art in engineering education[R]. 2018.
[4] 尹志欣, 王宏广. 顶尖科学人才现状及发展趋势研究[J]. 科学学与科学技术管理, 2017, 38(6): 23-30.
[5] 林健. 新工科建设：强势打造"卓越计划"升级版[J]. 高等工程教育研究, 2017(3): 7-14.
[6] 新工科建设指南（"北京指南"）[J]. 高等工程教育研究, 2017(4): 20-21.
[7] CROSSAN M M, APAYDIN M. A multi-dimensional framework of organizational innovation: A systematic review of the literature[J]. Journal of management studies, 2010, 27(6): 1154-1191.
[8] 中国科学技术发展战略研究院. 国家创新指数报告 2016—2017[M]. 北京：科学技术文献出版社, 2017.
[9] 王荣德, 王培良, 王智群, 等. 应用型高校工程实践与创新能力培养模式探索[J]. 中国高校科技, 2019(10): 59-62.
[10] MIT School of Engineering. Learning to learn-NEET as an education in ways of thinking[EB/OL]. [2020-04-25]. https://neet.mit.edu/threads.
[11] 朱永东, 张振刚, 叶玉嘉. MIT跨学科培养研究生的特点及启示[J]. 高等工程教育研究, 2015(2): 134-138.
[12] MIT School of Engineering. NEET new engineering education transformation[EB/OL]. [2020-04-25]. http://neet.mit.edu/.
[13] 王林, 钟书华. 中国与欧盟创新能力评价体系比较：基于《2017 欧盟创新记分牌》报告分析[J]. 科学学研究, 2018, 36(9): 1716-1728.
[14] 中国教育新闻网. 华盛顿协议[EB/OL]. [2020-04-25]. http://www.jyb.cn/.
[15] 肖凤翔, 覃丽君. 麻省理工学院新工程教育改革的形成、内容及内在逻辑[J]. 高等工程教育研究, 2018(2): 45-51.

大学生工程训练综合能力竞赛融入金工实习课程的思考

付俊杰，李方俊，王永涛，勾　通

(北京化工大学机电工程学院，北京，100029)

摘要：北京化工大学为提高大学生的综合能力，把工程训练综合能力竞赛纳入金工实习实验项目课程——"综合能力竞赛"课程，并根据近两年工程能力竞赛的命题趋势、人才综合能力培养需求，将小车设计、编程、控制、制造和调试过程等竞赛内容作为金工实习案例教学的内容之一，为实现机电一体化设计和网络数据的设计进行师资配置优化。本文简述了授课内容和方式、学生参赛疏导、备赛和竞赛平台的管理和流程等。

关键词：工程训练综合能力；备赛；竞赛；创新创业

1　引言

　　大学生工程训练综合能力竞赛是培养大学生工程训练综合能力的一项赛事[1-2]，竞赛从开始设立到现在受到了大学生尤其是机电专业和近机械类专业学生的广泛关注，竞赛从报名到北京市比赛近3个月，学生们目标明确，集中时间和精力拓展相关理论知识，进行小车结构设计、加工装配、编程调试，对工程实践能力、团队分工合作能力和经济成本控制意识的培养和提高有很大的帮助。如何更好地把综合能力竞赛与金工实习实践进一步紧密结合，以体现实践训练和竞赛的双赢效果，我们对此进行了探索。我校在"2019年北京市大学生综合能力竞赛"中获得工程知识竞答二等奖，小车比赛一等奖一个、二等奖两个、三等奖两个，同时获得优秀组织奖。

2　竞赛与实践教学融合的必要性

　　结合目前工程训练综合能力的发展趋势，竞赛已经由原来的单纯靠机械结构实现重力势能转化为动能的设计，逐渐转变为使用电能驱动，比赛项目由无碳小车逐步发展为机电一体化的遥控和自控智能小车。2019年的比赛项目有"智能物流机器人比赛"和"全地形搬运小车竞赛"两个命题，这个变化对目前金工实习实践内容的广度和深度有了更高的要求，对金工实习指导教师的机电综合实践指导能力有了更高的要求，对学生的编程、控制、调试和纠错能力也提出了更高的要求，对跨专业组队有了更高的认识，学生对工程训练的机电设计指导和平台支持的需求更加强烈。

　　如何将大学生工程训练综合能力竞赛贯穿大学生金工实习实践教学的整个过程，让比赛成为金工实习实践教学效果的综合体现，使金工实习教学成为竞赛的土壤和必备的基础，达到学以致用的效果，我们进行了摸索和思考。前几年，由于教学任务量较大，师资配备不足，教师支持创新的时间和精力受到限制，教师牺牲教学工作外的时间支持学生竞赛，导致教师身心疲惫，学生竞赛无专人管理，学生需自行解决调试场所等问题。为此，我们重新审视了金工实习与工程训练综合能力竞赛的关系，充分认识到：竞赛不是教学外增加的工作量，竞赛和金工实习不是割裂平行的关系，如何兼顾比赛和金工实习教学，加强融合，成为亟待解决的问题。

3 竞赛与实践教学的融合方案思考

为加深工程训练竞赛与金工实习教学的融合，我们从师资、设备共享、时间并行、过程相互贯穿等多个角度进行了分析，为解决目前金工实习和工程训练竞赛之间存在的问题做了如下考虑：

为解决师资不足，以及现有的以机械制造为主的指导教师能力有限的问题，一方面进行一专多能的培养，另一方面积极动员跨学院、跨专业教师联合组队，组成竞赛指导组，多学科专业教师和实验指导教师结对配置，对比赛过程中出现的设计和调试问题进行指导，并邀请相关专业的教师和研究生辅助，吸引优秀教师加入工程训练中心团队，进行师资和设备共享，极大地提高了融合度。

要让学生体会到参加工程竞赛是金工实习工程训练的一部分，参加金工实习也是参加工程竞赛的一部分，二者在时间上和过程上是一个融合统一的过程，要参加金工实习就要学习工程竞赛，参加工程竞赛就要学习金工实习。我们从2017年搬至新校区，即矛盾最为突出的时期开始思考和探索，逐渐尝试将无碳小车比赛纳入金工实习实验课程中，并逐渐检验效果。

3.1 竞赛小车纳入实习教学课程

将竞赛项目纳入金工实习实验项目，课程名称为"综合能力竞赛"，主要在机械类4周实习4学分学生中进行探索，根据效果判断进行推广的必要性，其他学院的学生仍保留最初的宣传和报名方式，目前，笔者讲述的主要是对机械类金工实习与竞赛的融合探索。

最初的"综合能力竞赛"课程基本是一次动员、了解和宣传的课程，时间为1.5h，成为比赛报名和初步指导的一个沟通环节，经过一段时间的实验和意见反馈，应学生的需求，课程需要深入拓展，为直接参赛的学生和后续准备参赛的学生建立更加详细、深入的实践性指导平台。2018年，"综合能力竞赛"课程时间调整为3h，增加了综合设计思路指导、相关典型电器元件的简单认识和学习、相关机电理论和参考资料的推荐。2019年年初，训练中心对"综合能力竞赛"课程进行了再认识，对课程的规范性和教学内容有了新的要求。近年来，随着技术革新，实践项目不断增加，在学生总体实践时间保持不变的情况下，权衡压缩其他工种的时间，将"综合能力竞赛"课程的时间调整为1天，授课时间和内容较之前更加丰满和深入。

课程场地从最初的1间教室，扩展为包括授课室、备赛室和竞赛室在内的3间教室。授课室主要用于集中讲解、学习和交流，备赛室主要用于学生比赛设计、制造、装配和调试，竞赛室是校内预赛的赛场。

"综合能力竞赛"课程，首先介绍比赛发展历程和本校取得的成果，重点介绍本年度的比赛命题和要求，再从比赛需要的知识储备和设计思路上进行引导，主要包括资料索引和学习设计的要求，以及比赛进度与设计、加工、组装、调试等重点、难点的分析和时间节点规划的要求。典型机械手模型和编程的介绍则是根据目前模块的简单操作演示，在条件允许的情况下请上一年度的优秀参赛学生进行交流。

具体功能和布局规划如下。

1) 介绍比赛项目的发展和取得的成果

"综合能力竞赛"课程指派专人负责,目前由于人员不足,主要由实习的研究生负责课程讲解,学生集中在授课室上课和讨论交流。讲述历届工程训练综合能力竞赛的比赛命题和发展历程,介绍我校历年参赛学生的获奖情况、相关学生的比赛心得和经验,以激发学生参加比赛的兴趣和积极性,并让学生了解参加比赛的荣誉感和使命感。带领学生参观历届参赛作品和竞赛场地,并介绍训练中心目前的设备和师资状况、中心支持比赛的相关政策。为了增加课程的趣味性和直观性,我校采购了部分典型控制元件和简易塑料机器人模块,结合可视化简单编程,使学生的学习兴趣得到很大提高,虽然目前配置比较简陋,但我们会继续不断地完善。

2) 介绍比赛项目的特点和功能要求,对项目研究进行预判

根据本年度的比赛通知、项目设计目标和功能要求,预估设计难点和知识储备要点,为有意参加比赛的学生提供比较清晰的思路和过程感,增强他们克服困难、解决难题的自信。明确比赛要求与目前所掌握的理论知识和实践基础的差距,在规定期限内找准目标,做好规划,把握和控制好时间节点,完成小车的设计和实现,并将参加比赛的收获与科研、未来职业规划、发明创造、创新创业结合起来,让学生通过比赛一举多得。

3) 对参加比赛的学生进行心理辅导

为了让学生能够客观地认识比赛,既不害怕比赛,也不轻视比赛,我们要求学生参赛过程中不能虎头蛇尾,要有勇气和毅力,尽最大努力,有始有终,并对可能产生的工程问题进行预估和判断,对项目设计和实现的难点进行分析和解决,正确认识知识储备的目的性与延展性,充分把握好比赛的时间节点和阶段控制,结合指导教师的引导,按照"综合能力竞赛"课程的时间制定课程考核目标。这不仅是对参赛学生的要求,也是对上课的所有学生的要求,对有意愿参赛的学生可在课外另行深入指导。

4) 学生分组讨论和学习

首先学习基础的常见电器元件、控制元件、机械结构和执行元件,对其进行性能分析和应用分析,并引导学生结合经济成本和竞赛要求进行初步甄选,帮助学生构建设计框架,形成方案,每组进行方案介绍,对优、缺点进行简单分析和讨论。对典型机械手智能模块编程操作进行讲解和演示,给出启发方案,最后将设计思路框架和构建清单列表汇总上交,作为此次课程的作业和考核环节。教学现场如图1所示。

图1 教学现场

3.2 建立备赛室，由意愿参赛的学生负责和管理

学生训练室对上课的学生来说是参观了解和学习的场所，对参赛的学生来说，则是进行比赛小车设计、加工和调试的场所，要给学生充分的训练时间和空间。目前的硬件配置还未达到预期定位，我们预期的备赛室由两部分组成：

(1) 备赛设计室。①含有 6 台设计用计算机，分别装有 4 种设计、编程和控制软件，有图书馆电子查阅功能，有 2 款或 3 款控制元件联机；②室内南北墙各有一排书架，分门别类地放置自动化控制编程、单片机控制、机械设计、机械结构、机械制造和创新实例等书籍；③设置两个玻璃展柜和资料柜，放置历年比赛的资料和典型参赛作品及参赛纸质和电子资料。

(2) 备赛训练室。计划在房间中间放置 8 张方形会议桌，各配 4 把椅子，每张会议桌上设 1 台计算机、1 个插座，南墙处设有投影仪和屏幕，北墙处设有 4 台 3D 打印机和 1 台激光雕刻机，东墙处设有 4 个装配工作台，各配 1 套装配工具箱。

另外，制定备赛室管理规定和安全操作管理规定，编制学生值班表和钥匙保管登记表、备赛室出入和使用登记表、学生值班和记录表，设置学生和教师负责人。

3.3 竞赛平台支持

竞赛平台为竞赛提供师资、设备和场地等比赛支持，竞赛室是比赛前期和校内预赛的必备条件，竞赛时使用的竞赛场地主要是大学生工程能力综合训练大赛校内预赛场地，如图 2 所示。预期布局：中间是比赛赛道；四周为观众席位；东墙张贴比赛介绍和悬挂条幅；南墙放置展柜，其中放置比赛评委资料和用品；北墙设置展柜，展出历年成绩优秀的小车作品和奖状，并张贴竞赛规则、竞赛室管理规定和安全注意事项等。竞赛室还需要进一步完善，希望可以借鉴较好的高校训练中心的经验。

图 2 校赛竞赛室

4 课程融合取得的效果

经过对竞赛融入工程训练教学项目的探索，在近两年搭建和完善的基础上，取得了一定的成效，主要体现在以下几个方面：

(1) "综合能力竞赛"课程成为训练中心的实验项目，参赛和金工实习在时间上同行，空

间和师资设备共享,努力构建理论与实践相结合的创新课程。

(2) 金工实习内容更加丰富,调动了学生的学习兴趣,提高了学生实习的积极性,让学生实践教学和参赛两不误,互相促进,得到了较好的反馈。教师对上课和参赛的学生分别指导,协调比赛和各工种实践加工资源,使学生的参赛渠道和过程更加畅通,而学生参加比赛也更加自信、有章可循。据两次参赛的同学反馈,比赛成绩有所进步。

(3) "综合能力竞赛"课程把各个相对独立的实践教学课程综合起来,也是金工实习基础实践的应用和拔高。在参赛过程中掌握各项金工实习的实践技能,在金工实习各项技能训练过程中完成综合能力竞赛,二者密不可分。学生已经意识到要想参加竞赛并取得成绩,就要打牢金工实习的基础;要在金工实习取得较好的学分和成绩,则可以参加综合能力竞赛。

5 结语

总之,工程训练综合能力竞赛和金工实习密不可分,要将二者有机结合起来,实现学以致用,达到实践教学和综合能力竞赛双赢的目标,使之成为大学生创新创业的平台;实现实践教学从分散独立的工种技能训练到综合训练的转变,从而能够教学相长、协同发力,为培养未来的"卓越工程师"、实现《中国制造2025》的目标发挥作用和贡献力量。

参考文献

[1] 傅水根,严绍华,李双寿,等.创建国内领先的工程训练教学示范中心[J].实验技术与管理,2006,23(4):1-2,23.
[2] 于金霞,张英琦.基于机器人竞赛的大学生创新素质教育[J].计算机教育,2010(19):58-60.

大学生工程创新人才的评价标准研究

化凤芳,马晓轩,曹鑫浩,张翰韬,许东晖

(北京建筑大学工程实践创新中心,北京,102616)

摘要：新时代培养高素质工程创新人才是高等学校的基本任务,研究大学生工程创新人才评价标准是体系化培养和管理的重要前提。本文根据管理学和组织行为学理论,参考现代人才评价理念,在深入分析大学生创新过程逻辑的基础上,提出了工程创新人才的分类并构建了4种通用要素人才评价结构,丰富了大学生双创人才评价标准的内容,突出了人才评价的动态性和差异性。以学生创新团队为切入点,给出了评价指标的应用方法与量化处理方法。

关键词：创新教育；人才评价标准；双创学生社团

1 引言

随着我国经济转入"增速放缓、结构调整、增长方式转变"的新常态,创新成为驱动经济社会发展的第一动能,人才成为支撑发展要务的第一资源,党的十九大报告提出加快建设创新型国家战略,对我国高等教育工作改革提出了更高的要求,大学生创新创业教育被提升到了全新高度[1-2]。大学生工程创新人才评价标准是人才培养体系的重要一环,但目前针对大学生创新人才评价标准的研究非常薄弱,缺乏深入的理论和实践分析[3]。

北京建筑大学工程实践创新中心是创新创业教育学院实训基地,为研究大学生工程创新人才评价标准,我们依据组织行为学和管理学理论,从大学生双创教育内涵出发,提出以"德、能、勤、技"4种要素为基础,以"执行、专业、管理、创造"4个层次为核心的大学生双创人才评价标准,按照科学性、相关性、适应性、可操作性原则设计了评价指标体系,进一步提出了评价指标应用与量化处理方法,以指导不同层次学生的评价与培养[4-5]。

2 大学生工程创新人才的分类

在大学生工程创新人才培养计划的组织实施中,坚持"不唯学习成绩、不唯专业、不唯资历、不唯身份"的人才理念,拓宽人才推荐渠道。经过多年实践,从工程创新角度区分学生,将其分为普通学生、一般奋斗者、技巧型奋斗者、成效型奋斗者及领导型奋斗者5类。

(1) 普通学生：是绝大多数的一类学生,能够按照学校给定的课程及任务,按部就班地完成大学课程,对于工程创新没有兴趣。

(2) 一般奋斗者：各专业、各班级存在较多此类学生。首先,大多数此类学生呈现间歇性的积极心理,自制力较差,遇到困难容易放弃,工作热情不会超过1个月；其次,由于信息渠道少、专业不对口等问题,学生很难与团队和导师建立联系。

(3) 技巧型奋斗者：表面积极,语言积极,干事糊弄,是团队气氛的败坏者,团队最需警惕此类人,一个优秀的团队如存在此类学生,很容易走向"败落"。作为指导教师或团队管理者,应及时发现并予以纠正。应对方法：①队长积极谈话、沟通,带动其工作；②开展团队会议,明确团队目标、思路、工作制度等问题,强调纪律性；③在确定"道不同"后,淘汰技巧型奋斗者,重组团队。

(4) 成效型奋斗者:此类学生为工程创新团队的骨干人员,积极、努力、专注,能力随着参与项目的数量而增长,具备较强的工程创新能力,在参与1个或2个项目后可独立带队。

(5) 领导型奋斗者:绝大部分是由成效型奋斗者成长而来,极少一部分是"天才"型领导者。此类学生为团队的核心,具有较强的工作能力及带队能力,领导能力及个人魅力在此阶段可得到锻炼及升华。

5类工程创新人才的关系结构如图1所示。

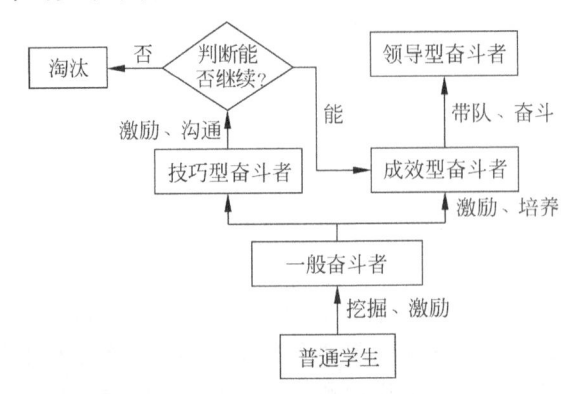

图1 大学生工程创新人才结构图

3 "双创"人才评价的通用要素

随着科学技术与社会分工的发展,"双创"人才的组织管理越来越复杂,学生参与双创活动的"岗位"要求多种多样,已经不能再按通用、静态的标准进行人才评价,必须按照管理学中的情境管理思想,依据学生在不同阶段的角色变化,细化人才需求类型,研究每种类型对应的需求要素,将通用需求要素投射到不同阶段,形成以要素层为基础、阶段层为核心的双创人才评价标准。

通用要素建立人才评价的横向范围,是指"双创"人才的定义应包含哪些基本方面,我国历史上形成了"德、能、勤、绩、廉"5方面的评价要素,并被很多企事业单位沿用至今。我们从高等教育的目的和大学生双创活动的特点出发,对这5方面要素进行修改,从而提出"德、能、勤、技"4种通用要素,将发展学生的这4种要素视为双创教育目标,大学生只有提升4种要素水平才能胜任双创活动,从基层走向高层,从创新走向创业。

(1) 德,理解为一个人的道德修养,我国传统文化的儒释道思想有一个共同主张,就是倡导"德","德"的内涵可以归结为一个原则——利他原则。在社会主义市场经济的今天,党和人民对"德"的认识进一步提高,因为工业文明和经济全球化更加需要合作,合作基于信任,信任源于沟通,良好的沟通在于一致的道德准则,或者说利他原则。一个人没有德就会缺少合作思维,就容易与他人形成零和博弈甚至负和博弈,违背人类共同的利益。而高等教育的首要目的就是立德,双创教育更要把"德"的要素放在评价标准的首位。

(2) 能,理解为一个人的综合能力,为了与"技"区分,这里强调专业技术之外的能力,包括逻辑思维能力、概念创造能力、形象思维能力、语言沟通能力、计划组织能力、总结领悟能力、决策能力等。在"双创"活动的不同阶段，不同角色有不同的能力倾向。"双创"教育应树立"以德为先、能力为重"的人才培养观点，授之以渔而不是授之以鱼。能力的养成不能靠说教，必须依靠实践，实践教育的关键是帮助学生突破以往的生活、教育环境形成的思维定式，经历一个勉强成习惯、习惯成自然的过程，内化为学生的自我觉悟。

（3）勤，理解为一个人的行为态度，在初期表现为做事的态度，如是否任劳任怨、是否服从组织制度的约束，更深层次是一种生命不息、奋斗不止的人生态度，可以将其归结为一个人的成就动机。从组织行为学观点看，成就动机可以用需要层次满足的标准来衡量，包括物质、安全、交往、尊重、价值实现 5 个层次。从双创教育的需求出发，学生可以具有强烈的名利物质追求，但更倡导最高层次的实现自我价值的追求，从而与道德标准达成一致，符合双创教育要求。

（4）技，理解为一个人的知识技能，使其可以胜任岗位工作。对双创活动而言，所需的知识技能包括两个方面，即专业技能和复合技能，前者是专业教育的延伸，后者是根据解决问题的需要而掌握的跨学科知识，这两种知识的结合可以使学生具备专业精深、范围宽厚的树状知识结构。除此之外，这两种知识需要以自学为主、培训为辅、训练强化的方式来让学生掌握。图 2 所示为通用要素结构。

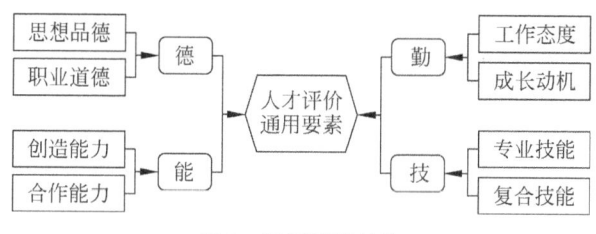

图 2　通用要素结构

4　人才评价标准应用实践

北京建筑大学工程实践创新中心（以下简称"中心"）现为北京市大学生创新基地，北京建筑大学金工实训基地、创新创业基地。中心按照学校"立德树人"的育人理念，明确面向全校、跨专业协同、实践为重、建筑特色的创新创业教育定位，采取以竞赛为基础、以立项做推进、依托学生社团、与课程教学互动、校企合作的工作思路，经过数年积累，已经形成机械自动化设计、建筑信息化设计、先进成形加工、力学分析、结构设计等多项学生创新板块，对每个板块分别制定"先打基础、二上水平、发展提高、创新创业"的阶段性工作规划，以规划组织双创教育资源。

作为双创教育的学生组织基础，社团平台建设被确定为重点工作之一。中心专门成立了"创新工坊"学生社团，在日常性社团工作和项目性双创实践中对学生进行双创素质教育。依据学生创新板块的工作规划确定社团组织结构，按照"双创"人才评价标准规划社团的人力资源，明确工作岗位要求。学生新成员被招募进来后，被分配到"执行层"的相应岗位（技术、宣传、办公室、策划、管理），技术部门按创新板块分类，类似于企业中的事业部，其余部门属于通用支持部门，为技术事业部和竞赛项目组服务，社团的每位学生都可以依据兴趣参与中心组织的各类竞赛及立项资源，为每个竞赛、立项成立项目组，根据项目所在板块的工作规划制定项目目标,项目组负责人由"专业层"或"管理层"学生担任。指导教师重点与学生负责人沟通,出现问题时要引导学生负责人第一时间发现、解决、上报,除非特殊紧急情况,否则指导教师不能代替解决,同时要求学生负责人负有培养项目组成员的责任,将对执行层学生的培养评价作为学生负责人的考核要求。

通过责任授权、以点带面的方式,建立起学生负责人培养广大"执行层"学生、指导教师培养"专业层""管理层"学生、指导教师对培养全过程监控负责的工作机制,解决了"'双创'教育范围扩大、人才培养效率质量提高"与有限的教育资源冲突的矛盾。"双创"人才评价标准和指标体系起到重要的指导作用,贯穿人才培养的各个过程,指导教师紧密领导社团管理部,将人才评价考核、人才培养规划等常规性工作交由学生协助完成。建立人才培训知识体系也是管理部的工作,管理部骨干依据评价标准要求,对全社团的"专业层""管理层"干部进行非技术性的管理、领导力培训。丰富、有获得感的工作内容也成为管理部的一项激励措施。

以上机制在推行初期面临很大的阻力,指导教师与学生负责人的沟通成本很高,很多时候指导教师必须直接干预,也不可避免地影响到一些项目目标的实现。但在不懈的沟通、培训和实践中,学生负责人逐渐经历了一个勉强成习惯、习惯成自然、自然生文化的发展过程,一旦学生开始认同这种方式,建立与社团运行机制的心理契约,就会自觉遵守拥护,营造追求卓越、勇于负责的价值观念,最终成为社团组织文化。

5 结语

大学生工程创新人才评价标准的提出结合了"双创"教育内涵、学生工作实践、管理科学理论和外部环境经验,是"双创"人才培养体系的重要一环。本文的主要创新点在于明确了工程创新人才的分类,构建了4种通用要素人才的评价结构,丰富了大学生"双创"人才评价标准的内容。未来需要进一步完善的工作为:一是人才评价标准的研究要与"双创"教育其他领域的研究同步开展、深度融合,加快构建双创教育培养体系;二是"双创"人才评价标准的提出和应用时间不长,结构搭建起来之后,还需对指标设置、采集方式、权重处理等细节不断调整,不拘泥于现有的通用内容,充分体现时效性和学校、学院的特色性;三是要结合数据分析与可视化等定量手段,挖掘人才评价标准的研究和应用深度。

参考文献

[1] 张占斌.中国经济新常态的趋势性特征及政策取向[J].国家行政学院学报,2015(1):15-20.
[2] 教育部关于中央部门所属高校深化教育教学改革的指导意见[J].中国大学生就业,2016(19):4-6.
[3] 曾婧婧,龚启慧.双创大赛人才选拔标准研究:创新还是创业?[J].科学学研究,2017,35(10):1536-1545.
[4] 石伟,崔修利.论公务员绩效考核与德能勤绩[J].广东社会科学,2004(6):70-75.
[5] 陈墨.对国企领导干部德能勤绩廉的思考[J].现代企业文化,2011(12):112-113.

新工科背景下工程训练课赛融合的研究与实践

宋志坤,张若达,步世华

(北京交通大学机械与电子控制工程学院,北京,100044)

摘要: 本文首先从新工科的概念出发,引出新工科背景下,以提升人才培养质量为目的,实现工程训练课程和工程训练竞赛有机融合的途径和模式,提出了需要进一步完善工程训练现有课程体系,实现课赛融合,以赛促课,课赛协调发展的良好机制,以更有利于学生科研创新实践活动能力的培养和提升,真正实现人才培养质量的进一步提升。同时,本文还对工程训练课赛融合后课程体系评价方式的构建给出了初步的方案和思路。

关键词: 工程训练;竞赛;教学体系;课赛融合;人才培养质量

1 新工科概念的提出

"新工科"一词于2016年提出,在2017年2月和4月,教育部分别组织有关高校再次进行深入研讨,形成了"复旦共识"和"天大行动"。在这些共识和行动中,明确了新工科的内涵是以立德树人为引领,以应对变化、塑造未来为建设理念,以继承与创新、交叉与融合、协调与共享为主要途径,培养未来多元化、创新型的卓越工程人才,具有战略性、创新性、系统化、开放式的特征。

在新工科背景下,智能制造是当前制造业的发展前沿和发展方向。习近平总书记在党的十九大报告中指出,要"加快建设制造强国,加快发展先进制造业",并在2018年两院院士大会上指出,继续做好信息化和工业化深度融合这篇大文章,推进智能制造,推动制造业加速向数字化、网络化、智能化发展。要以智能制造为主攻方向推动产业技术变革和优化升级,推动制造业产业模式和企业形态的根本性转变,以"鼎新"带动"革故",以增量带动存量,促进我国产业迈向全球价值链的中高端。

2 新工科是工程训练课赛融合的机遇

《中国制造2025》是中国实施制造强国倡议的行动纲领。各个高校培养更优秀的人才任务更是紧迫,理应肩负起责任和义务,发挥支撑和引领作用,培养适应现代化企业文化和岗位要求的创新型工程科技人才,以适应社会和经济的快速发展,满足科学技术和工程应用国际化的要求。对高素质拔尖并富有创新思维和创新意识人才的迫切需求,向我国高等学校工程训练中心"工程训练"系列课程提出了更高的要求。

新工科对工程训练中心而言,是一个巨大的机遇和挑战。目前,工程训练中心已成为工科类高校中教学规模最大、学生受众人数最多的实践教学基地。我校工程训练中心已经构建基于通识、专业和创新创业3个训练平台的工程训练教学体系,秉承"宽口径、厚基础、重个性、强能力、求创新"的人才培养目标,构建"学习制造工艺基础知识、培养创新意识和创新精神、提升工程实践综合能力"的工程训练人才培养目标,最终致力于培养符合新工科要求的富有创新意识和创新能力的卓越工程人才。

在新工科背景下,我校工程训练中心的内涵也发生了很大变化,新工科对人才培养模式和教学体系产生了深远的影响,而在人才培养环节,学生的创新精神和创新实践能力是十分重要的。

工程训练课程体系的建设必须紧紧围绕人才培养这一核心目标来进行,其教学定位是面向全校学生开展工程意识培养、实践技能训练、创新创业意识熏陶等[1]。综合分析我校工程训练课程的现状,目前还存在一些问题和不足,特别是工程训练课程的培养目标体系和产业需求有所脱节,教学理念和方法相对落后,我校工程训练教学体系基本上还是以传统技能为主的实训模式,没有与全国大学生工程训练综合能力竞赛有机结合起来。特别是在国家大力提倡培养创新精神和创新能力的今天,研究将现有的实践课程体系有机融入工程训练综合能力竞赛,同时提出新的课程体系运转模式和评价机制具有重要的意义。

参考国内外目前的情况,已经有部分高校认识到这一问题的重要性。有些高校规定,如果学生参加了工程训练综合能力竞赛,则可以减免相应的工程训练课程要求。对于大部分高校来说,课程和大赛的结合还有待加强。我校在这方面还有很多工作值得探讨。因此,有必要进行教学研究,以人才培养质量提升为根本目的,进行有效的课赛改革,以充分调动学生们的积极性,达到真正的育人效果。

3 新工科背景下工程训练课赛融合的途径

工程训练作为高等院校一门重要的实践环节课程,是大学生在4年学习中唯一的一门零距离接触生产实际的课程,在人才培养过程中发挥着重要作用。我国各高校现有的工程训练(原来是金工实习)课程教学体系最初是从苏联模式照搬过来的,随着时代的发展,各高校非常重视工程训练中心的建设,该课程体系也经历了数次变革,才发展成今天的模式。

根据全国教育大会"实践育人"的精神,为全面深入推进工程教育改革,需要我们重新思考工程训练现有课程体系的改革思路。特别是我们需要依托全国大学生工程训练综合能力竞赛,针对目前工程训练课程体系中存在的问题进行研究,重新思考工程训练课程的定位,探讨将工程训练竞赛项目作为载体,融入工程训练课程体系中,建设具有先进教学理念、适应现代高等教育的工程训练课程新体系,探索工程训练课程和创新实践活动的深度融合机制,建立工程训练课程教学运转及教学评价的新模式,丰富工程训练现有的课程体系,提升工程训练课程的教学效果和教学水平,全面提升大学生工程创新的综合素质和能力水平。

对于高校的工程训练中心来说,探讨如何利用中心现有的设备、人力和场地等资源,配合大学生的科技创新实践活动,充分将大学生课外科技创新实践活动和工程训练课程有机结合起来,特别是将全国大学生工程训练综合能力竞赛和机械大类的工程训练课程紧密结合起来,达到课赛结合、以赛促课、以课促赛、协同发展、共同育人的效果,对更好地提升人才培养质量,具有十分重要的意义。

目前,我校工程训练课程的学习时间为3周,共计3学分。工程训练课程的主要任务是让学生在传统及现代制造技术各个环节的实训中,理解并掌握制造工艺基本知识和典型机械零部件的加工工艺及装配调试方法,熟悉各类现代设备及其附件的安全操作规程,具备一定的创新设计、工艺分析和使用设备进行加工的能力,同时具备较强的发现、分析及解决问题的能力和一定的创新能力,提升学生的工程实践综合素质。

工程训练课程的主要目标包括:①针对复杂工程问题中的典型零部件,能够在确定加工方法的基础上,进行加工工艺路线的分析和拟定,能够熟练利用现代设备和专用工具加工出质量合格的零部件,能够制定出合理的装配和调试工艺流程;②在零部件工艺路线的设计过程中,能够识别工艺路线制定的基本原则,考虑工艺路线对社会、环境所带来的影响,并体现一定的创新性;③能够在保证质量和安全的前提下操作设备和工具,遵守加工和装配技术规范,增强对社会的责任意识;④能够综合运用所学知识对典型零部件的加工方法进行经济性评价和论证。

通过分析研究工程训练课程的主要任务和课程目标,不难发现,现有的全国大学生工程训练综合能力竞赛所涵盖的赛项是能够完全覆盖这些任务和目标的。全国大学生工程训练综合能力竞赛共设 4 个赛道,13 个赛项:①工程基础赛道,包括势能驱动车、热能驱动车和工程文化 3 个赛项;②"智能+"赛道,包括智能物流搬运、水下管道智能巡检、生活垃圾智能分类和智能配送无人机 4 个赛项;③虚拟仿真赛道,包括飞行器设计仿真、智能网联汽车设计、工程场景数字化和企业运营仿真 4 个赛项;④工程创客赛道,包括关键核心技术挑战和未来技术探索 2 个赛项。大赛的各个赛项涵盖了机械、电子控制、计算机、软件、材料、信息、网络等多个学科的知识。例如,对于传统的势能驱动车赛项来说,如果从无到有进行设计、加工、制作、装配,就可以涵盖现有工程训练课程体系的各个工种。同时,以势能驱动车上的各个零部件作为载体,学生能够从设计、加工、制作等各个环节中,亲身体验现有工程训练各个工种的加工过程,是非常有意义的,这比传统的单个工种的实习具有更好的效果,学生学习起来也有兴趣。通过实际载体驱动牵引,学生的工程训练实习课程效果更好,所学知识也更为扎实。

从具体执行方式来看,实现工程训练课赛融合,途径应该很简单。在每次学生选课的过程中,可以明确地将全国大学生工程训练综合能力竞赛的文件和要求发给选课学生,允许并引导部分学生选择相关的竞赛,这样,这部分学生就可以以竞赛来代替课程了。当然,参加竞赛环节,也需要对学生提出各种要求,例如对于参加人数的限制,参加的学生需要在校赛中能够完整地加工制作出该赛项所要求的实物,以及能够在校级竞赛甚至省部级竞赛中达到什么样的成绩和奖项,这样才能认定为通过了工程训练课程的学习和考核。

在实现工程训练课赛融合的过程中,需要对课程大纲进行相应的修改和说明。其中,在课赛融合体系下,课程的新体系将发生深刻的变化,学生的选择也多样化起来。同时,如何运转这种课赛融合的选课模式,也值得我们认真研究,并提出应对措施。

4 基于工程训练课赛融合的课程评价体系的构建

在传统的工程训练课程评价体系中,主要考查学生对于各个工种的理解和掌握程度,以及实际的实操效果和加工件的质量等,并从纪律、安全、操作技能、完成质量和创新意识等方面,按照 10 分制给出各个工种的分数,最后根据各工种的建议分值进行折算。

在工程训练课赛融合的情况下,原有的方法仍然适用于大部分没有选择竞赛的学生。对于选了竞赛模块的学生,就需要通过竞赛的成绩和效果来进行评价。一般情况下,由于现有的工程训练课程是按照 5 级分来给成绩的,参加竞赛的学生,这门课的成绩可以按照以下方法进行评价：①对于很好地完成工程训练竞赛实物制作且能够在省部级竞赛中荣获一等奖和二等奖的，按照"优秀"来评定成绩；②对于较好地完成工程训练竞赛实物制作且在省部级竞赛中荣获三等奖，或者在学校竞赛中荣获一等奖的，可以按照"良好"来评定成绩；③对于一般完成工程训练竞赛实物制作且能够在学校竞赛中荣获二等奖或者三等奖的，可以按照"中等"来评定成绩；④对于工程训练竞赛实物制作不是太好或者比较差的，根据具体情况评定成绩，可以按照"及格"来评定这门课的成绩，也可以考虑让学生重新选修工程训练部分的工种，进而再评定成绩。

另外，对于以项目小组来参加工程训练竞赛的，一般可以按照组长的成绩比组员高一个层次来评定。并且要充分真实地了解各个组员对竞赛项目的贡献，对于没有特别出力的学生，成绩可以比组长低2~3个层次，以示公平公正。

5 结语

实现工程训练课赛融合具有十分重要的意义。如何进一步对工程训练现有的课程体系进行研究、如何进一步完善工程训练课程体系、如何真正实现课赛融合，对实现以赛促课、课赛协调发展的良好机制，实现以项目作品驱动方式完成工程训练课程的教学，从而更好地发挥工程训练课程的作用，更有利于学生科研创新实践活动能力的培养和提升，学以致用，真正实现人才培养质量的进一步提升，具有十分重要的意义。因此，抓住机遇、正视挑战、加强研究，将工程训练实践课程和学生创新实践活动（竞赛）有机结合起来，进行教学研究与改革，建立新的工程训练课程体系、新的运转模式和新的评价机制，真正彻底地提升课程的教学质量和效果，是我们每个工程训练人努力的方向。

参考文献

[1] 宋志坤.高校工程训练内容体系改革初探[J].北京交通大学学报（社会科学版），2008，7(4)：100-103.

你的气质里藏着你走过的路、读过的书和爱过的人
——论高校实验系列教师个人修养与人才培养的关系

郑 艺[1]，付 铁[1]，马树奇[1]，刘艳颖[2]

(1.北京理工大学工程训练中心,北京,100081;2.河北华北石油迪威尔石化装备工程技术有限公司,石家庄,062550)

摘要： 一个人的气质与修养是综合的表现，其融合了个人认识、知识结构、情感、信念与意志、言行和习惯等各个方面的修炼与涵养。高校实验系列教师承担着培养高校学生实践与创新能力的重要责任，教师个人的气质与修养直接关系着课程的教学质量，影响着人才培养的水平。本文从"读的书、走的路、爱的人与事"3个方面阐述了高校实验系列教师的个人修养与人才培养的关系，以期通过提高教师的个人修养来提升人才培养的水平。

关键词： 个人修养；人才培养；教学质量；实践创新能力

1 引言

"你的气质里藏着你走过的路、读过的书和爱过的人。"这是奥斯卡最佳影片《卡萨布兰卡》[1]中的一句经典台词。可以说，一个人的气质与修养是综合的表现，其融合了个人认识、知识结构、情感、信念与意志、言行和习惯等各个方面的修炼与涵养。

高校实验系列教师承担着培养高校学生实践与创新能力的重要责任，教师个人的气质与修养直接关系着课程的教学质量，影响着人才培养水平。而教师的教学水平并不是局限在对于某一专业领域知识的掌握程度上，正如题记所说，"走过的路、读过的书、爱过的人"全部蕴含在教师的个人气质与修养之中，并最终外化于教师的待物接人、教学风格、能力与水平等行为中，从而对人才培养产生综合性影响。

2 教师个人修养的组成分析

悠悠天地，人何以立于其间？《牛虻》[2]中说，是"精神"。精神是难以磨灭的思想、难以磨灭的信念、难以磨灭的渴望，是刻骨铭心的爱情，是浩气长存，让你感动千百回。这也是人类与其他动物最重要的区别，如果说猛兽捕猎是为了生存，那么教师做教学工作挣钱并不仅仅是为了生活，这符合马洛斯需求层次理论[3]中自我实现和超越的需要。教师在教学工作中，与知识接触、与学生互动，教学相长，看到学生进步和教学水平的提高可以获得精神上的成就感和荣誉感，这是教师个人自我价值的重要实现方式。与此同时，这种高度的精神满足感和荣誉感又会反馈于教师的修养之中，促使其气质的提高和达到更好的教学水平。

教师的个人修养充斥于精神之中，指导着外化的道德与行为，这由教师"读过的书、走过的路和爱过的人与事"共同组成。

3 读的书

(1) **读专业知识的书**。读书是教师最好的修炼。专业知识是教学水平的红线，是要求实验系列教师所掌握的最基本的知识结构。对于实验课程而言，要求教师具有理论和实践

的双重知识结构。既要读理论知识的书,又要读实践指导的书、设备操作的书、实验安全理论与实践的书等。此外,读书是学生学习的基本途径,教师与其教导学生多读书,不如以身作则为学生做出读书的榜样,教学相长,共同进步。

(2) **读学科前沿的书**。科学技术的日新月异,要求教师能够紧跟学科前沿,终身学习,不断更新知识的结构与内容,具有国际视野,才能在教学中做到"不落伍",使学生能够掌握最新的知识与技术。因此,教师应经常关注相关领域学科新技术、新理论的文献、书籍、专利等信息,并将相关内容及时融入课堂教学之中。

(3) **读教育学的书**。教学学术表征了教师的教学能力,已经被列为学术的范畴之中。教育的方法是一种科学,如何将知识传授给学生,其思路、方法、途径等都是需要学习和研究的课题。教师应该充分阅读与学习相关的教育学书籍,如教学心理学、教育学原理、教育哲学、教育史学等。高校实验教师要充分了解教育规律、建立教育学体系,才能将自己所掌握的专业领域知识通过科学的途径传授给学生,以达到更好的教学效果。

(4) **读马列主义的书**。教师对中国特色社会主义远大理想的认知程度对于课程思政的教学质量有着重要的影响。读马列主义的书可以使教师具有更高的思想境界和认知水平,也有助于高校教师确立正确的政治方向,这种在思政认知中的导向作用,会潜移默化地传授给学生,以教导学生明是非、知良莠。

4 走的路

(1) **走实践与应用的路**。高校实验类课程的特点是实践,强调通过学生动手能力的培养来提高其实践创新能力。作为高校实验类教师,在掌握基本实验实践能力的基础上,应该多走出校园看一看。一方面,应该促进兄弟院校间不同特色实验中心之间的交流,使得教师能够相互学习、取长补短,既可以是同一领域学科不同特色方向的实验中心,也可以是不同领域专业的实验中心,不同的学科专业往往有着不同的科学视角,在交流中可能碰撞出更多的创新思路。另一方面,应该加强校企合作,让教师走出校园,走进社会与企业之中,更多地了解工程领域与技术应用,才能将更详尽的理论与实践相结合的知识传授给学生。

(2) **走历史与生活的路**。学科专业并不是孤立存在的,其与历史和生活有着密不可分的关系,教师在学习专业知识之外,还应该多出去了解世界。了解学科领域中的技术在历史与文化中的应用及发展,在旅行与见闻中,能否从学科专业的角度对其进行解读,并将自己在历史与生活中的见闻与课堂教授相结合,将抽象的知识通过生活或者历史故事具体化,激发学生的兴趣,使得学生更加易于接受新知识。例如,名胜古迹、山川河流、文物古迹,乃至于电影、游戏、漫画等,都不是课堂教学的"敌人",如果能够以学生感兴趣的事物作为引导,并结合科学技术与知识的讲授,就可以在活跃课堂气氛的同时,将专业知识传授给学生,并在基本知识之上拓展学生的视野。

(3) **走学科交叉融合的路**。目前,在"四新"背景下,针对"新工科、新医科、新农科和新文科"的建设,促进学科交叉融合是必然的趋势。高校实验类教师要注重项目驱动类实验课程的设计与改革,针对培养学科交叉人才的目标,修订改进实验课程,让学生在动手中体会科学实验的乐趣,在项目式实践中促进各类学科知识的交叉融合,从而提高学生的综合实践能力。

5 爱的人与事

（1）**爱党、爱国与爱校**。从古至今，爱都是人类永恒追求的主题。热爱共产党、热爱祖国、热爱学校，是一位高校教师最基本的思想道德修养，这与前文所述的读马列主义的书是一致的。高校教师这份发自心底的热爱，能够引领和指导教师以饱满的热情和高度的责任感去完成教学的各个环节，从而竭尽所能、想方设法地提高人才培养水平。

（2）**爱学生**。我国著名教育家陶行知先生曾提出3个教育目标：研究学问，要有科学的精神；改造环境，要有审美的意境；处世应变，要有高尚的道德修养。作为一名高校教师，对于学生的教育和关爱，不应泛泛于学业与成绩之上。教师的工作是教书育人。教书是传播正确的知识与理念，使学生获得立身之本；育人则应该是对学生精神上、人格上的关怀，培养其创新的科学理念、高级的审美情趣、正直的人生价值观。如何引导和实现教书育人的目标，而不使其空有理论，则需要教育工作者真心实意地"爱"学生，才能在教学中真正做到"以学生为中心"，从学习者的角度出发进行教学设计与改革，从而进一步提高人才培养水平。

（3）**爱生活**。"学海无涯苦作舟"，有许多学生对冗杂的知识和枯燥的操作练习望而却步，而一位对生活充满热情的教师，则能引领学生在单调的学业里"苦中作乐"，发现学习和创造的乐趣。《礼记·大学》有云："身修而后家齐，家齐而后国治。"大学本身也可以看作社会中的一个大家庭，师长是家庭中的长辈，学生是家庭中的后辈。热爱生活是一种积极的生活态度，而唯有热爱，才是做好一切事情的动力，作为教师须先要求自己，才能轨物范世，以做表率。

6 结语

这个世界是联系和发展的，教师所读过的书、走过的路和爱过的人与事，都会与教师个人的气质修养相联系，也同时影响着教师看待世界和教学工作的观点和态度，反馈于教学能力与道德师德之中，最终体现在人才的培养水平上。从以上所述的几个方面提高教师个人的综合修养，能够促进教师提高教学水平，从而对教学整体水平的发展起到促进作用。

参考文献

[1] 艾柯,富澜.《卡萨布兰卡》或众神的复活[J].世界电影,2001(6):138-141.
[2] 卢玉玲.不只是一种文化政治行为:也谈《牛虻》的经典之路[J].中国比较文学,2005(3):181-193.
[3] 葛庆洋.论激励理论在高校学生管理工作中的运用[J].科技信息(科学教研),2007(20):454.

将创新创业融入高校工程训练的教学探讨与实践

马丽梅[1]，王子俊[2]，丁　杰[1]，张宏雷[1]，隋金玲[1]，吴　波[3]

(1. 北京石油化工学院工程师学院，北京，102617；2. 北京石油化工学院信息工程学院，北京，102617；
3. 北京石油化工学院机械工程学院，北京，102617)

摘要："工程训练"课程是以培养高层次应用型人才为目标的一门综合实践类技术基础课程，根据全国教育大会和新时代全国高等学校本科教育工作会议精神，以北京石油化工学院为例，融合新工科理念，在"工程训练"北京市级精品课建设的基础上，将创新创业教育融入实践教学环节，通过团队协作、创新实践活动训练，激发学生的创新意识，提高其创新思维能力。创新创业教学体系为应用型本科院校的工程训练教学改革提供了参考。

关键词：以学生为中心；工程训练；创新创业；OBE

1　引言

北京石油化工学院的"工程训练"课程是以培养高层次应用型人才为目标的一门综合实践类技术基础课程，具有通识性基础工程实践教学的特征，面向本科各专业学生，是培养学生实践能力和创新意识的重要教育环节。为贯彻落实全国教育大会和新时代全国高等学校本科教育工作会议精神，以《关于加快建设发展新工科实施卓越工程师教育培养计划 2.0 的意见》为指导，在"工程训练"北京市级精品课建设的基础上，将创新创业教育融入实践教学环节，通过团队协作、创新实践活动训练，激发学生的创新意识，提高学生的创新思维能力[1]。工程训练中创新创业教学体系的建立有助于"两性一度"的"工程训练"金课建设[2]。

2　车铣复合创新思维训练教学目标

在以"构建真实工程环境，培养现代工业精神"为工程训练理念及"校企联合，资源共享"的工程训练建设成果基础上[3]，将"车铣复合创新思维训练"纳入"工程训练 A""工程训练 B""工程训练 C"课程中，培养学生的创新意识、创新思维及创新实践能力等创新创业人才必备的基本素质[4]。根据布鲁姆教育目标分类系统[5]（见图 1），明确了创新创业课程目标，对课程教学大纲进行了调整，分别确定了知识层面、能力层面和素质层面的目标，强化能力培养的高阶性。

（1）知识目标：理解创新的基本原理和创新能力形成的基本原理；正确掌握几种创新思维的本质、特点和方法；理解创新思维的内在要素；理解并掌握团队的协作、沟通、决策等运营过程。

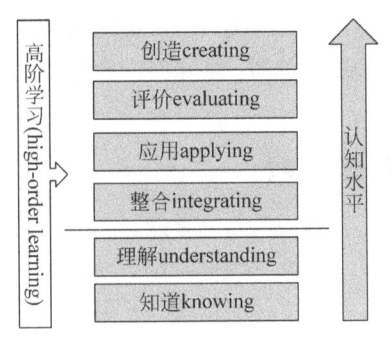

图 1　布鲁姆教育目标分类系统

---

① 基金项目：2020 年北京高等教育本科教学改革创新项目(202010017003)。

（2）能力目标：培养学生的创新意识与系统思维能力，养成积极创新的习惯；通过问题的不断提出和讨论，掌握严谨的逻辑思维能力和分析问题的能力；从解决问题的角度，充分运用特殊与一般的关系，引导学生进行研究型学习。

（3）素质目标：培养学生踏实的学习态度和严谨的工作作风；从已有的知识出发，善于分析和自主学习，扩大知识范围，提高思维能力；从科学知识的角度认识学科知识体系，建立工程科学观。

3 "车铣复合创新思维训练"课程建设

3.1 课程建设理念

从新工科建设的内涵，即针对新技术、新产业与社会新形态的变化，推进面向可持续竞争力的新型工科人才培养模式的改革，把握6个方面的新特点，即新理念、新特征、新知识、新模式、新机会、新人才[6]，以及本着教学内容与当代工业主流技术相衔接的宗旨，实践教学内容要与时俱进[7]，为满足不同专业、不同年级、不同学习目标的教学对象的要求，设计构建了"零起点、多层次"的创新思维训练教学内容，并进行了相应的教学设计。

紧扣"工程化"训练，通过项目教学，激发学生的学习兴趣和创新思维。通过项目教学使学生在接近工程实际的项目实施中自主学习相关知识，在解决实际问题中激发学生的学习兴趣，提高其对实习课程重要性的认识。学生通过完整的项目任务，可以将理论知识与实践操作有机结合，充分发挥创新潜能，提高解决实际问题的综合能力。

3.2 课程建设方法

（1）修订工程训练系列课程教学大纲，制定了一套教学设计方案，制作了课程PPT，另外还基于云班课平台创建了教学资源，并建立了测试题库，随堂检测学生的学习效果，如图2所示。

图 2 创新创业训练云班课测试题

（2）以创新为主线，全程创新教育不断线，首次将创新创业环节引入工程训练，授课对象是大一下学期的学生，他们已经具备了高等数学和物理学的基础知识，但缺少工程实践背景，工程实践创新对于他们属于全新的知识，所以课程中主要采用以下方法引导与加强其创新思维能力：

① 通过工程训练中的车、铣加工过程，引入创新意识及创新思维训练课。

② 通过分析创新能力形成的原理，指导学生养成积极创新的习惯。

③ 通过案例分析和效果评估环节加强思维创新训练效果。

④ 以某一零件加工任务为例，进行创新思维工程分组训练。

（3）课程中综合采用以下教学方法和手段，以激发学生的学习兴趣，引发其深入思考，顺利达到教学目标：

① 采取教师讲授、启发式提问和讨论相结合的教学方法，鼓励学生积极思考，踊跃发言。

② 大量运用PPT、实物、云班课等多媒体进行教学，力求更加形象、生动、直观地理解创新的原理。

③ 利用PPT和纸质材料重点剖析课程的难点部分。

（4）以小组为单位进行创新活动训练，体验创新创业活动，使学生认识团队分工协作的必要性，增强学生的团队合作意识及凝聚力，为后期的实际生产做准备。

（5）在实习的基础上，选拔出优秀的学生参加金工大赛和工程训练大赛。经过一两次尝试后，对最初的形式和内容又进行了调整，现在已经是每学期的必做内容，形成了常态。竞赛是对实习内容的提高和促进，是对乐于追求进步和提高的学生的一种激励和认可，鼓励学生以赛带练、以赛促学，在领略"高峰体验"的同时加深对项目的认识，进而不断激发学生的创新潜能，持续深入开展自主研究、自主探索。

整体教学过程如图 3 所示。

图 3　选修课教学内容及学生作品

4 教学建设成果

4.1 教材或课件的受益学生数量多

教材或课件使用的本科生人数为 1000 余人/10 批次,其中云班课 10 批次,如图 4 所示。

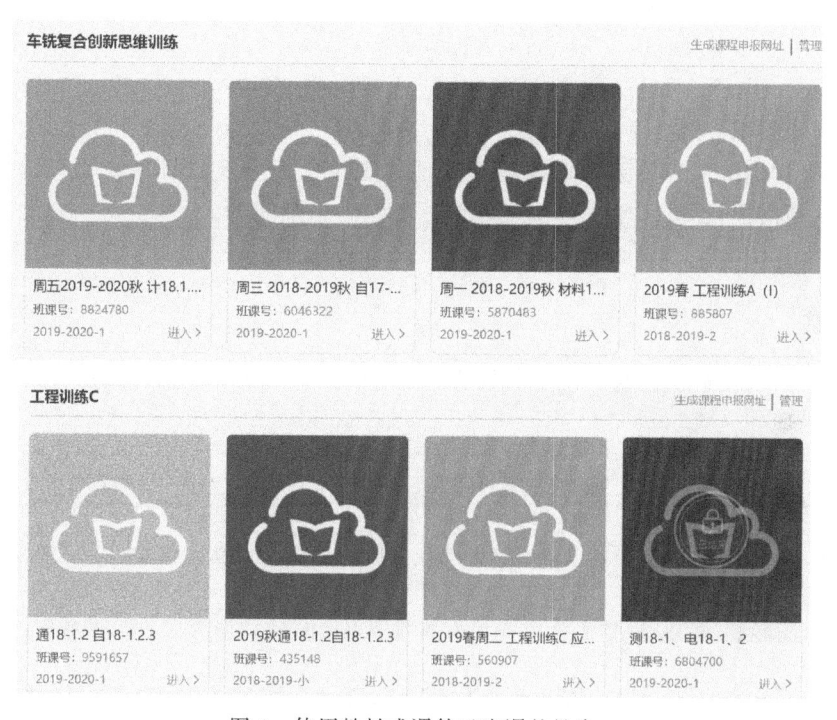

图 4　使用教材或课件云班课的批次

4.2 学生学习动力足,学习效果明显提高

学生学习效果的反馈采用了课前测试、课后测试及期末考试等环节进行评估,如创新环节,课前有 52% 的学生具有创新意识,课后有创新意识的学生提高到 93%,如图 5 所示。学生的工程师素养有了很大程度的提高。

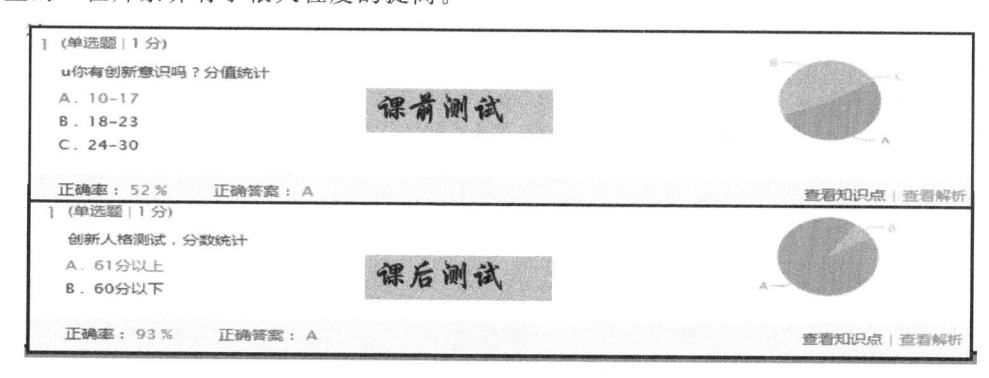

图 5　学生课前、课后测试成绩

4.3 课程建设成果丰硕,师生成果显著

2017 年以来,学生参加各种竞赛 200 余人次,获奖 30 余次,其中工程训练大赛获得北京一等奖,创青春大赛获得北京市金奖、国家银奖,"互联网+"大赛获得北京市一等奖。团队教师自 2018 年以来指导学生参加大学生创新创业计划与北京市本科生科学研究计划 29 项,参加人数 150 余人次。

5 结语

创新创业思维训练教学体系依托工程训练平台设计和实践,延伸了工程训练的教学内涵,丰富了工程训练课程体系。该课程有效地将理论知识与实践训练有机结合,充分发挥了学生的创新潜能,提高了学生解决实际问题的创新思维能力。

参考文献

[1] 吴波,隋金玲,刘华,等."校企联合、资源共享"的"工程训练"课程建设与实践[J].中国大学教学,2013(5):55-57.

[2] 吴岩.建设中国"金课"[J].中国大学教学,2018(12):4-9.

[3] 吕汝金,魏德强,刘建伟,等.创新创业教育背景下工程训练中心课程建设[J].教育教学论坛,2017(52):216-217.

[4] 武强强,寇文军,沈亮,等.工程训练对大学生实践创新能力培养的探索[J].实验室科学,2017,20(3):128-131.

[5] 焦素敏,王彩红,秦瑶.以学生为中心的线上线下混合式教学研究[J].福建电脑,2021,37(6):116-118.

[6] 徐晓飞,丁效华.面向可持续竞争力的新工科人才培养模式改革探索[J].中国大学教学,2017(6):6-10.

[7] 何岚岚,张海光,胡庆夕.基于激光加工实践的进阶式课程体系建设探索[J].实验技术与管理,2018,35(12):228-231,241.

智能时代新工科背景下应用型大学工程训练中心建设的思考

曹建树,马丽梅

(北京石油化工学院工程师学院,北京,102617)

摘要:本文分析了智能制造时代新工科背景下,社会对高素质应用型人才知识能力结构需求的变化,以及在当前应用型本科院校工程训练中心不足的情况下,工程训练中心如何适应新形势,转变功能定位,更新建设理念,在实训模式、课程体系、教学内容、评价方式和设备更新等方面进行创新与实践,以适应多方协同育人、多学科交叉融合、创新创业教育、个性化人才培养的新要求。深入推进数字化、智能化升级,将传统的单项训练模式升级为"以真实产品为主线的项目化系统教学",全面培养学生的系统性工程思维和工程实践能力,传承工匠精神,建设智慧工程实践教育教学平台和产教融合与智慧学习工场。

关键词:智能制造;新工科;工程训练中心;教学模式;应用型

1 引言

以先进制造、人工智能、大数据、物联网等技术深度融合为特征的智能制造将成为未来新经济发展的重要基石和核心产业。在《中国制造 2025》战略规划中,提出了以智能制造为主攻方向推进制造业转型升级的路径选择、战略任务和重点领域,智能制造是新一轮工业革命的核心技术。北京市紧紧围绕《中国制造 2025》和京津冀协同发展国家战略,以创新驱动为导向,落实京津冀协同发展战略,将新一代信息技术、智能装备、节能环保、新材料、人工智能等 10 个产业作为重点发展高精尖产业,以智能制造为重要着力点,以智能化装备为重要基础,以智能工厂为主要形态,以智能化产品为重点突破,以智能化服务为延伸拓展,深度推进产业模式和企业形态的根本性转变,形成一批具有国际影响力的万亿级先进智造产业集群,这就需要一大批服务于高精尖产业生产一线的高素质应用型人才。

智能制造技术的快速发展对传统工科人才培养模式提出了新挑战,新兴产业和新经济需要的是工程实践能力强、创新能力强并掌握各种新技术的复合型新工科人才。新一代信息通信技术与先进制造技术深度融合,贯穿于设计、生产、管理、服务等制造活动的各个环节,为以传统工程训练为主的工程教育模式的全面提升、培养适应国家对智能制造方面人才的需求提供了新的发展机遇;同时,对现有的工程训练设备、课程体系、师资队伍、学习模式和场地建设提出了极大的挑战。

2 智能时代新工科背景对工程训练的新要求

随着经济社会的发展和新经济、新产业、新技术、新业态的不断涌现,社会对人才的需求不断发生变化,迫切需要新工科人才支撑[1]。新工科的内涵是:以立德树人为引领,以应对变化、塑造未来为建设理念,以继承与创新、交叉与融合、协调与共享为主要途径,培养未

---

① 基金项目:2020 年北京高等教育本科教学改革创新项目(202010017004);2020 年北京高等教育本科教学改革创新项目(202010017003)。

来多元化、创新型卓越工程人才[2-3]。在国家深入实施创新驱动发展、智能制造等重大发展战略的大背景下,新工科是深化高等工程教育改革,适应新科技革命、新产业革命、新经济发展的必然选择。智能制造新业态需要骨干专业技术人员由单一的机械结构或电气控制工程师转变为全系统视角下的工程师,因此,智能制造应用型人才不仅要具备学科基础知识,还要具备更加全面、更加宽广的知识背景,以及多元的能力特征和卓越的综合素质。

在这种背景下,工程训练中心作为高校进行大学生创新创业教育、工程意识和能力培养的重要基地,也是大学生将理论知识及专业知识转化为实践创新能力的重要平台[4-5],应努力把握新工科人才工程能力培养的方向,以建设符合新工科人才培养要求的交叉学科工程能力训练及创新能力提升平台为目标,持续调整更新实训内容与课程体系结构,积极创设交叉学科融合的任务导向训练课程,为学生的工程素质基础训练、工程素质专业训练和工程素质创新训练提供优质的工程教育资源,着力建设适应新时代高等人才培养的工程训练实践教育教学综合平台和智慧学习工场。

3 新要求下工程训练中心面临的突出问题

我国内地高校的工程训练中心是具有中国特色的工程实践教育理念和教学模式的创新成果,为学校的教育改革和学生的培养起到了重要作用,也获得了一定的认可。工程训练中心已成为工科类高校中教学规模最大、学生受众人数最多的实践教学基地,也是国家有史以来在高校实验教学建设方面单项资金投入最大的项目[6]。面向智能制造时代和新工科的要求,工程训练中心的建设存在一些不足,应用型大学工程训练中心的建设和教学面临更大的挑战,主要表现为:①工程教育培养功能有所弱化;②学科知识、教学内容、训练模式较为单一,不能适应多方协同育人、多学科交叉融合、创新创业教育、个性化人才培养的新要求;③传统训练与先进制造技术和智能制造技术训练由于受总学时的制约,分配时间、训练内容及训练质量的矛盾日益突出,不能适应智能时代新工科背景对工程训练的新要求;④工程训练师资队伍建设面临较大挑战,特别是基础训练技能型实践教师队伍问题突出,同时,又面临掌握智能制造技术的高素质技能型人才在薪酬待遇和职业发展需求上的问题;⑤工程训练场地空间、智能制造设备更新经费等需要与学校阶段发展目标的协同[7-8]。

4 智能制造时代新工科背景下工程训练中心的建设

在现行的"工程训练"课程中,传统训练内容占比较多,虽然增加了一些新技术和新工艺内容,但改观不大,离数字化、网络化、智能化的智能制造要求相差甚远,开放共享、智慧互联、多元合作、协同创新的智慧学习工场建设滞后。

4.1 新要求下工程训练中心的建设目标与思路

面向国家和北京产业结构升级、京津冀协同发展和智能制造产业的需求,建设基于多学科专业集成,以提升学生能力为目标设计学习流程和智慧场景,构建产教融合、时空连接的学习空间环境,开发现场与虚拟、线上与线下融合的学习方式,建设开放共享、智慧互联、多元合作、协同创新的智慧学习工场。在此基础上,开展以适应产业升级与学生全面发展的新需求,智能制造技术为基础的体现信息化、数字化、智能化多学科交叉融合的新知识,面向智能制造复杂工程问题和体现"两性一度"的新课程,"创意-创新-创业"和产学、产教协同培养的新方法,多方位全过程培养成效评估的新质量五维度要素为核心的新型应用型工程技术人才培养新模式的探索与实践,形成适应新工科专业的培养目标、毕业要求、课程体系、教学方法、质量评估方法的工程训练中心建设目标与思路,如图1所示。

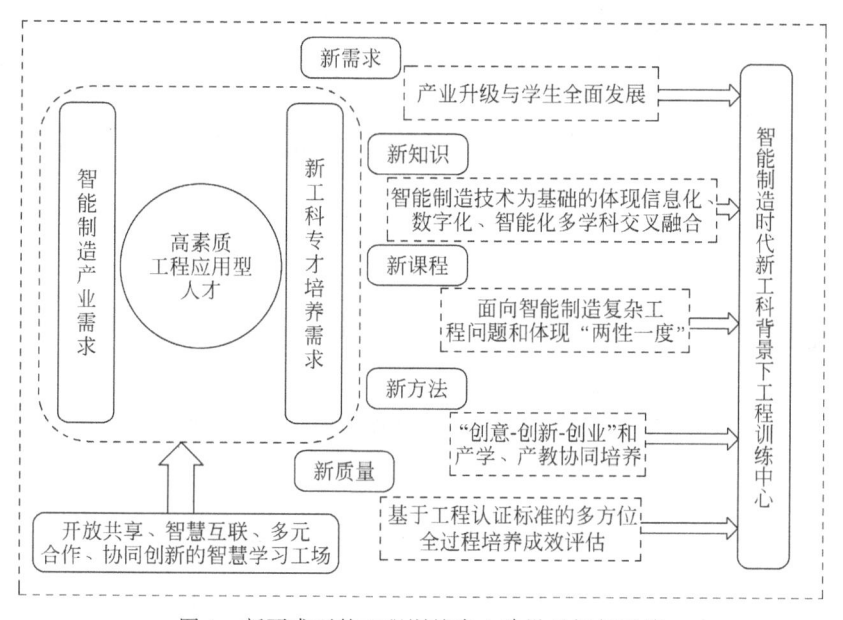

图1 新要求下的工程训练中心建设目标与思路

4.2 新要求下"工程训练"课程的建设举措与模式

新要求下的工程训练中心建设以高水平教学队伍建设为核心、课程体系和教学内容为重点,确定智能制造产业的课程目标和教学要求;聚焦关键问题,引入产业最新发展,更新课程体系和教学内容,建设面向解决复杂工程问题、适应智能制造产业发展的新型工程训练课程教学内容和以CDIO团队项目为贯穿的模块化课程体系;多元主体协同,构建基于产、教、研互动融合,理论学习与实践能力耦合的多元主体培养模式,组建"教授+企业专家"领衔的新工科教学团队;建立工程教育专业认证标准、智能制造行业培养标准和校内专业建设质量标准和保障体系,构建基于大数据平台的内、外部质量监控体系,关注教学质量保障动态,按国际认证标准持续改进,最终形成面向智能制造产业的适应新工科专业的培养目标、毕业要求、课程体系、教学方法、质量评估方法等,具有一定推广价值的新工科专业工程训练教学实施路径和教学新模式,如图2所示。

图 2　新要求下的工程训练课程建设举措与教学模式

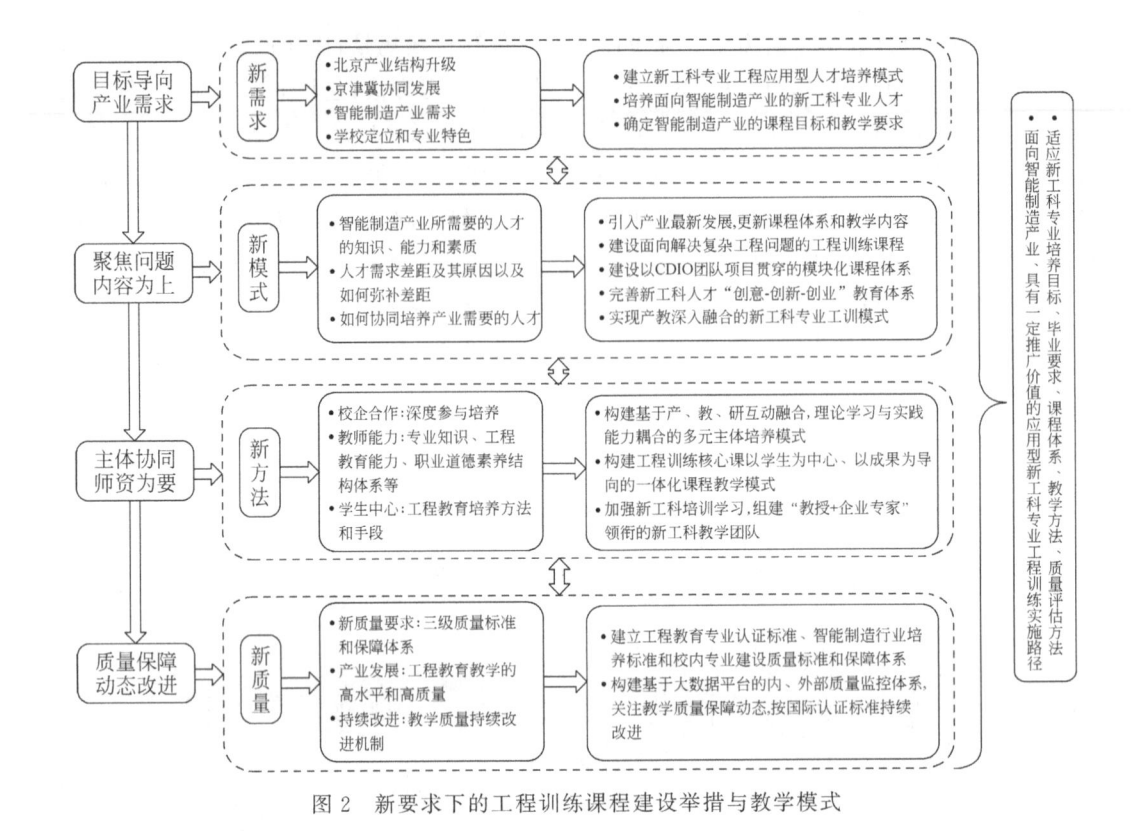

5　创新专、兼、聘等多种形式的优质师资培育模式

在智能时代新工科背景下，工程训练中心智能制造设备不断增加，课程教学内容持续更新，虚实结合、线上线下融合的教学方式深入推进，现有的师资队伍已不足以保证教学任务的高质量完成。因此，必须在现有师资情况下，采取多种措施加强工程训练中心师资队伍建设。

在积极推荐现有教师参加校内外各种培训、项目和进修学习的同时，加大引进有工程背景和实践能力强的高学历人才，从行业专家、高级技术人员和能工巧匠中，聘用能独立承担某一专业实训课程理论及实践教学任务的人员作为兼职教师和聘用教师。

按照师德为先、教学为要、学术为基、发展为本的要求，坚持德才兼备，注重凭能力、实绩和贡献评价教师，坚持以专、兼、聘的形式对教师分类评价。重新梳理非在编技术人员的岗位任务和绩效，制定以技术水平能力与工作岗位任务为基础的绩效管理方案，完善教师考核办法，优化考核体系，建立以岗位职责为基础、以能力素质为核心、以业绩和贡献为导向、短期激励与长期激励相结合的绩效考核体系。最终组建一支校企合作、院系联合、多学科的高水平工程训练教师团队和实践指导队伍，为社会培养高素质的智能时代新工科背景下的应用型工程技术人才。

6 结语

针对智能时代新工科背景下国家、行业、产业及社会对高素质应用型人才培养的发展需求，在分析当前应用型本科院校工程训练中心不足的基础上，重点对新要求下的工程训练中心建设目标、思路，工程训练课程建设举措和师资队伍建设等方面进行了思考，以适应新形势，转变功能定位，更新建设理念，在实训模式、课程体系、教学内容、评价方式和设备更新等方面进行创新与实践，以适应多方协同育人、多学科交叉融合、创新创业教育、个性化人才培养的新要求。

参考文献

[1] 李正良,廖瑞金,董凌燕.新工科专业建设：内涵、路径与培养模式[J].高等工程教育研究,2018(2)：20-24,51.
[2] 钟登华.新工科建设的内涵与行动[J].高等工程教育研究,2017(3)：1-6.
[3] 张戈,张学军,朱玉平,等.智能制造背景下工程训练中心建设探究[J].实验技术与管理,2017,34(2)：209-213.
[4] 黄海龙,陈晋市.智能化工程训练中心建设探索[J].实验室研究与探索,2019,38(10)：139-143.
[5] 王秀梅,韩靖然.新工科背景下工程训练中心存在的问题与实践转向[J].实验技术与管理,2019,36(9)：8-11,18.
[6] 周继烈,钱俊,唐洁.大工程背景下高校工程训练及工程训练中心的建设[J].实验技术与管理,2012,29(8)：119-121.
[7] 付铁,宫琳,丁洪生,等.新时代背景下工程训练中心建设的探索与实践[J].实验技术与管理,2020,37(11)：246-249.
[8] 胡蔓,曹利华,刘健,等.新工科背景下高校工程训练中心建设探索与实践[J].实验室研究与探索,2021,40(5)：154-157,196.

面向新工科的地方高校金工/工程训练课程体系建设[①]

张双杰[1]，王 勇，张忠诚，王会霞，李军霞，魏胜辉，李 力[2]，周增宾

(1.河北科技大学材料科学与工程学院,石家庄,050018,2.河北科技大学工程训练中心,石家庄,050018)

摘要：针对新工科建设新形势下金工/工程训练系列课程中存在的教学内容偏陈旧、培养模式比较僵化、课程体系不太健全等问题，通过更新教学内容，增加开放式教学环节，拓展金工/工程训练系列课程的新内涵；通过将MOOC、虚拟仿真等先进教学手段应用于教学，探索实施人才培养的新模式；通过建设选修课和竞赛、科研平台，丰富和完善课程体系，打造面向新工科的层次清晰、结构合理、运行稳定、教学效果良好的金工/工程训练课程体系。

关键词：新工科；地方高校；MOOC；课程体系

1 引言

2017年2月和4月，教育部相继在复旦大学和天津大学组织高等工程教育发展战略研讨会和工科优势高校新工科建设研讨会，形成了新工科建设的"复旦共识"[1]和"天大行动"[2]。高等教育司前司长张大良提出，新工科建设要坚持问题导向，做到六问：问产业需求建专业，问技术发展改内容，问学校主体推改革，问学生志趣变方法，问内外资源创条件，问国际前沿立标准。新工科的建设在教学内容、人才培养模式、课程体系建设等方面，对工程人才培养提出了新的、更高的要求。"新工科"的提出为现有的工科工程教育改革指明了方向，也是我国高等教育工程类专业实现"变道超车"的机遇，在高校金工/工程训练教育界引起了强烈反响。学者们从教学模式[3]、课程形态[4]、教学设计[5]、工程训练课程体系[6-7]等多个层面进行了有益的探索和实践。

2 当前地方高校金工/工程训练课程体系存在的问题

作为本科生工程教学中的重要实践基础课程，金工/工程训练课程多年来在培养学生动手实践能力、树立正确工程思维和激发创新意识等方面发挥了重要作用。但是近年来，现有的金工系列课程体系越来越难以满足本科生教学发展和人才培养模式的变化，金工课程、金工实习的学时不断被压缩，各专业开设了一系列个性化教育和校企联合培养等实践教学新模式，金工/工程训练系列课程的地位有被弱化的趋势。

对比新工科建设提出的新的、更高的要求，目前地方高校金工/工程训练课程体系存在的问题主要集中在以下3个方面：

(1) 教学内容偏陈旧，脱离前沿技术发展和新产业需求，缺乏开放式教学环节，不利于学生创新、创造精神和能力的培养。

(2) 培养模式比较僵化，教学手段相对单一，学生学习动力不足，影响教学效果。

[①] 基金项目：教育部高等学校机械基础课程教学指导分委员会/教育部高等学校工程训练教学指导委员会教育科学研究立项重点项目(JJ-GX-JY201734)；河北科技大学2019年度教育教学改革项目(2019-ZDB01)。

(3) 课程体系不太健全，不利于分类施教。

3 解决问题的主要思路和措施

3.1 主要思路

针对新工科建设新形势下当前金工/工程训练系列课程中存在的问题，我们开展了教学研究工作，充分发挥本系列课程实践性、基础性和开放性的特点，探索出了一种新工科体系下本课程体系的构成和在新工科人才培养模式中的创新形式：

（1）面向产业需求和技术发展，将激光制造、数字制造等前沿制造技术和 3D 打印等开放式内容应用于本科生教学，拓展金工/工程训练系列课程的新内涵；

（2）通过培养模式的改革，将集中培训变为分散培训，将 MOOC、虚拟仿真等先进教学手段应用于教学中，探索实施人才培养的新模式；

（3）通过建设选修课和竞赛、科研平台，丰富和完善金工/工程训练系列课程体系，打造层次清晰、结构合理、运行稳定、教学效果良好的金工课程体系。

以上改革，可以为不同兴趣和能力层次的学生提供具有针对性和个性化的工程训练内容，为不同学科专业的学生提供开放的实践创新平台，在实践中促进学科交叉融合，培养具有较强创新意识和工程实践能力的人才，更好地服务于地方产业结构转型升级和经济社会的发展。结合新工科建设的机遇，全面改革现有金工/工程训练系列课程，为本课程体系今后的可持续发展提供参考和借鉴。

3.2 具体举措

1. 面向产业需求和技术发展，更新教学内容，增加开放式教学环节，拓展金工/工程训练系列课程的新内涵

根据技术发展和产业变革趋势，以数字制造、激光制造、3D 打印等前沿制造技术为建设重点，打造金工系列课程的升级版。传统的金工实习包括铸造、焊接、车削等工种，只是进行简单重复的基本机械制造技能训练，存在重制造轻设计的问题。虽然提高了学生的制造水平和动手能力，却不利于培养学生的创新能力和个性化发展。通过加入 3D 打印、激光雕刻等需要独立设计制作的内容，在开放式训练中，让学生自主进行产品设计、制作和加工。将"创新设计"和"创意制作"引入工程训练过程，可以充分调动学生实习的积极性和主动性，在开放题目的实践训练下有效地提高学生的创新创造能力和实践能力。

2. 利用现代化教育理念和教学手段，改革现有的培养模式，激发学生的志趣，提升教学效果

利用信息化、网络化、多媒体化等现代化教学手段，推进 MOOC 和虚拟仿真实验平台的建设应用，提高教学资源利用率和拓展课程信息量。充分利用丰富的网络资源，结合当下热点网络节目《超级工程》《大国重器》和纪录片 *How It's Made* 等，增加知识密度，激发学生的学习兴趣；将部分现场制造技术录制成微视频，通过 MOOC 平台供学生随时随地观看学习；开设虚拟实验室，为学生创造体验先进制造方法的机会，从多维度增强学习效果。

此外，通过 MOOC 等教学模式还可以加强学习过程的监控，注重过程考核，将单一期末考核变成平常考核、知识点讲解打分、线上测验、线下测试、期末考试等形式相结合。多样化的过程考核方式提高了学生的学习热情和积极性。

3. 开展选修课与竞赛科研平台建设，打造层次清晰、结构合理、运行稳定、教学效果良好的金工/工程训练系列课程体系

按照"面向全体，注重引导，分类施教，突出理论实践相结合"的原则，在"金属工艺学"和"金工实习"的基础上开展选修课和开放式的竞赛科研平台建设，提供更多的开放式教学环节和学习机会，做到"全面覆盖"和"重点培养"相结合，在开放的实践平台建设中促进多学科的交叉复合和学科间的融合。

（1）开设"3D 打印"等选修课，扩大课程影响和覆盖面。目前，"金属工艺学"理论课只在机械类和近机械类本科专业开设，金工实习受学时和课程性质所限也不能全面系统地介绍 3D 打印等新技术的理论知识。面向学有余力和有兴趣的学生开设选修课，作为"金属工艺学"理论课和"金工实习"实践教学环节的有效补充，可使更多的学生受益。

（2）采用基于项目和竞赛的实践教学模式，搭建开放的竞赛、科研平台。通过参与大学生创新创业项目和科研课题，使学生接受基本的科研训练，为毕业设计和就业深造奠定基础。针对 3D 打印、机器人等新兴交叉学科，打造实践创新平台，向相关学科、专业的教师和学生开放，在实践中促进学科交叉融合。

4 面向新工科的金工/工程训练课程体系探索与实践

针对新工科背景下地方高校金工/工程训练课程的新形势，以突出新技术、新手段、新模式为指导思想，从工程训练、理论课程教学和创新平台建设 3 方面开展教学研究实践，以强化学生的自主学习能力、实践能力、创新意识和能力，如图 1 所示。

4.1 建设在线课程，探索混合式教学，加强过程考核，解决学时缩减与增添"新材料、新技术、新工艺"的矛盾

河北科技大学"金属工艺学"教学团队于 2016 年开展混合式教学模式的探索和实践，是全校最早开展在线教学和混合式教学探索的团队之一。"金属工艺学"课程为河北科技大学首批精品在线开放课程建设项目，2018 年成为河北省首批精品在线开放课程，2019 年被评为河北省首批线上线下混合式一流本科课程。教学团队建设了多样化的线上学习资源，课程内容涵盖"材料工程基础"和"材料成形技术"两部分，制作了涵盖 74 个动画、68 个知识点的视频，总时长 590min。图 2 所示为在线课程多样化的课程库资源。为配合在线课程建设，2019 年出版的《工程材料及成形工艺基础》教材对部分重、难点内容设置了微课视频，学生可扫描二维码观看。

围绕教学目标的达成、教学内容的组织实施和多元评价体系进行科学合理的教学设计，开展了探索项目式、案例式、协作式等教学模式在教学中的应用；推进学院建设的虚拟仿真实验教学平台与课程内容融合，合理使用慕课堂等移动教学手段，解决好教与学模式创新的问题；构建多元化过程性评价体系；加强过程性考核，利用课程平台中丰富的试题

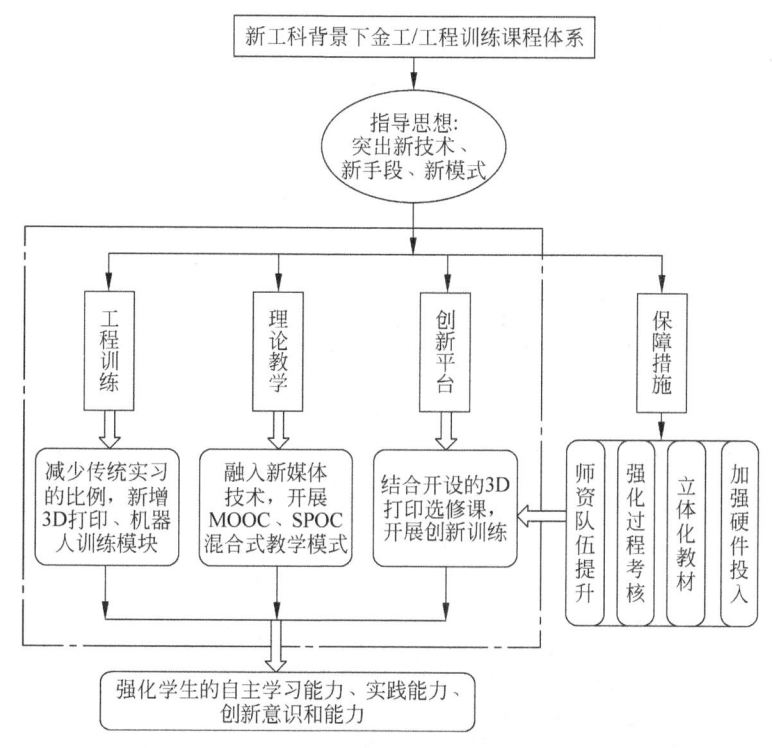

图 1　新工科背景下金工/工程训练课程体系建设

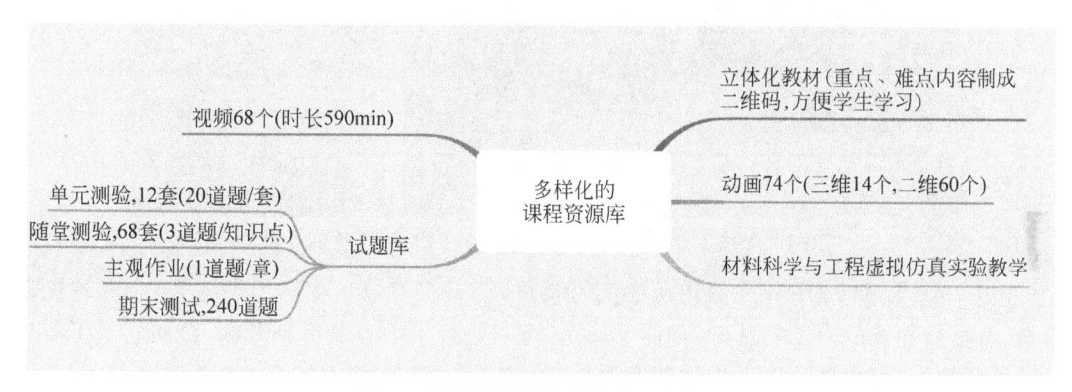

图 2　在线课程多样化的课程库资源

资源,结合翻转课堂,加强非标准化、综合性等评价,提升课程学习的挑战性。通过在线开放课程在本科教学中的实践和探索,调动了学生的学习兴趣,激发了学生自身所蕴藏的巨大学习潜力,促使学生主动学习,提高了教与学的效率,在一定程度上缓解了学时缩减与增添"新材料、新技术、新工艺"等有关内容的矛盾。

4.2 积极推进 3D 打印、工业机器人在金工理论课和工程训练实践课中的应用,拓展课程的新内涵

(1)"3D 打印"技术实习模块:购置了 28 台计算机、11 台 3D 打印机,建设了局域网多媒体教学打印教室。实习内容包括"三维建模＋FDM 3D 打印"。截至目前已连续运行 6 个学期,实习学生 2 万余人,反映良好。图 3 所示为实习学生的三维建模作品。

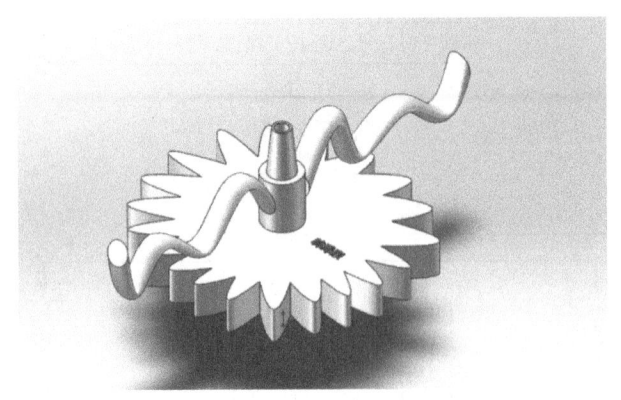

图 3 实习学生的三维建模作品

（2）"工业机器人"技术实习模块：2018 年完成 3D 打印模块硬件建设后，陆续引进了 3 台安川 AR1440 六轴多关节弧焊机器人系统，自主开发了实习实训项目，实现了基础训练和创新创意的结合。在河北省率先实现了将工业机器人应用于工程训练，运行过程中学生反应热烈。图 4 所示为实习场地和学生自主设计、施焊的作品。

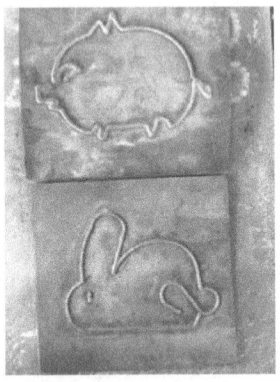

图 4 焊接工业机器人实习场地和学生设计、施焊的作品

（3）2018 年和 2019 年先后出版的实习教材《金工实习》《工程实习训练教程》和理论课教材《工程材料及成形工艺基础》如图 5 所示，重点进行了内容的更新升级，全面反映了科技发展的新技术，突出体现了先进性和实用性，增加了 3D 打印技术的有关内容。

图 5 出版的教材

4.3 开展选修课与竞赛科研平台建设，打造层次清晰、结构合理、运行稳定、教学效果良好的金工/工程训练系列课程体系

作为实习"3D 打印"模块的补充和进阶，面向有兴趣和学有余力的学生开设公共选修课"3D 打印"，建设了教学大纲、教学课件等教学文件，累计开设 14 个课次，选课人数 1500 余人。课后问卷调查显示 80% 以上的学生选择了"通过课程学习加深了对 3D 打印的认识并提高了学习兴趣"。图 6 所示为选修课学生打印的作品。

图 6 "3D 打印"选修课学生打印的作品

从选修课的学生里陆续选拔了机械设计制造及其自动化、材料成型及控制工程、高分子材料与工程、电子信息工程等多个专业的学生组成跨年级、跨专业的团队，先后完成申报了"激光固化(SLA)3D 打印技术的熔模铸造工艺设计"和"无机纳米粒子掺杂增强 3D 打印光固化树脂的制备"等多项省级大学生创新创业训练项目，参加"互联网＋"创新创业大赛并获得校级二等奖。通过参加创新训练项目和比赛有效地锻炼了学生在实践中的综合创新能力。图 7 所示为大学生创新创业训练项目的学生作品。

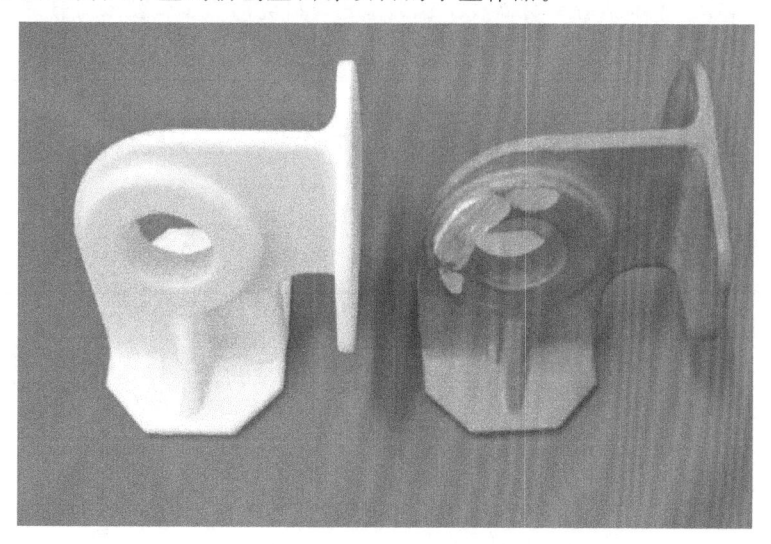

图 7 大学生创新创业训练项目的学生作品

2019年3月22—24日，工程训练中心承办了第五届河北省大学生工程训练综合能力竞赛，组织了12支代表队参加，分别荣获S形赛道常规赛第一名，8字形赛道常规赛第二名，并获一等奖2项、二等奖6项、三等奖4项。

5 结语

通过3年多的探索和实践，河北科技大学初步建成了适应新工科建设的金工/工程训练课程体系，有力地支撑了相关专业的人才培养和工程教育专业认证。建设的"金属工艺学"在线课程被评为省级线上、线下混合一流课程，除满足本校每年1000余人的需求外，已有河北建筑工程学院、湖南科技大学等多所省内外院校选用。相继建设了3D打印和工业机器人等多个先进制造实习模块，在河北省率先实现了工业机器人应用于工程训练。抓住新工科建设的机遇，通过较全面地改革现有金工/工程训练系列课程，为本课程体系今后的可持续发展打下了基础，也为兄弟院校开展相关项目的建设和实施提供了可借鉴的经验。

参考文献

[1] "新工科"建设复旦共识[J].高等工程教育研究，2017(1)：10-11.
[2] "新工科"建设行动路线("天大行动")[J].高等工程教育研究，2017(2)：24-25.
[3] 孙康宁，于化东，梁延德.基于新工科的知识、能力、实践、创新一体化培养教学模式探讨[J].中国大学教学，2019(3)：93-96.
[4] 孙康宁，刘会霞，杨平，等.面向新工科的微课程体系和新形态课程研究与实践[J].高等工程教育研究，2021(3)：44-48.
[5] 陆兴发.新工科视域下大学生综合创新能力提升的教学设计探讨[J].赤峰学院学报(自然科学版)，2018，34(1)：149-151.
[6] 李疆，左成光，金开军，等.新工科背景下地方院校"五融合"工程训练体系的构建与实践[J].教育教学论坛，2019(50)：175-177.
[7] 朱民.新工科要求下的地方本科高校工程训练建设研究[J].实验技术与管理，2018，35(10)：152-155.

新工科背景下工创中心开展多学科交叉融合"双创"教育的探索与实践

王绚，吴鹏，王秀梅，房静

(华北电力大学工程训练与创新创业教育中心，保定，071000)

摘要：多学科交叉融合双创教育是培养新工科工程人才的新趋势。华北电力大学工程训练与创新创业教育中心作为开展工程教育、推动双创教育的实践教学平台，在多学科交叉融合的工程技术人才培养中发挥着重要作用。通过推动双创教育的实践创新、建立双创教育的保障机制，初步构建起多学科交叉融合的工程技术人才培养体系。

关键词：工创中心；新工科；多学科交叉融合；双创教育

1 引言

2015年5月，《关于深化高等学校创新创业教育改革的实施意见》确立了"到2020年建立健全高校创新创业教育体系、普及创新创业教育"的目标[1]，创新创业教育成为我国高校教育实践的新方向。然而在实践中，双创教育面临着教育趋同化、概念模糊化、内涵分散化、机制滞后化等现实问题[2-3]，迫使我国高校的创新创业教育再创新。2017年，教育部推进新工科建设，双创教育也迎来了创新的契机。新工科是双创教育的思维工具[4]，学科交叉建设成为新工科建设的要求[3]，而双创教育正是以培养综合型、应用型、创新型人才为目标。作为一个复杂、动态的过程，双创教育在新工科背景下、在多学科交叉融合的推动下，立足地方实际和高校特色，积极探索新模式，开展新实践。

我校创新创业教育正处于发展的关键节点，开展多学科交叉融合双创教育能够提高人才培养质量，更好地推进新工科建设，服务国家创新驱动发展战略。工程训练与创新创业教育中心(以下简称"工创中心")作为开展工程教育、推动双创教育的实践教学平台，对培养多学科交叉融合的工程技术人才具有天然优势，利用学科交叉的创新实践平台、多学科交叉的知识体系和培养方法，我校的多学科交叉融合人才培养取得了显著成效。本文总结了工创中心在双创教育中的实践探索和条件保障的经验和成果，希望能为更多多学科交叉融合双创教育实践教学平台的运行和管理提供借鉴。

2 "双创"教育的探索实践

我校工创中心自2016年以来，以承担1项国家级、2项省部级教学改革项目为载体，以华北电力大学为实践对象，充分发挥国家级综合性实验示范中心多学科的资源优势，面向"电力现场机器人"的技术需求及"电力特色机器人"的人才需求，不断探索多学科交叉融合的双创教育实践，把双创教育落实到课程体系、实践成果、实践活动、教学模式的各个环节中，构建了多层次、多学科交叉融合的工程人才培养体系。

2.1 完善"双创"课程体系

全面梳理工创中心现有的课程设置，把"双创"教育融入课程体系构建和课堂教学中。

在原有开设"机器人控制技术基础""单片机开发""足球机器人"等13门课程和设计成果的基础上,进一步开设了"模块化机器人""工程搬运机器人""电力行业机器人创新设计""旋翼机器人应用""电力系统虚拟现实技术"等5门课程。这些课程大都涉及机械、自动控制、人工智能等学科知识,打破了专业课程之间的学科壁垒,为思想碰撞创造了机会和条件,能够真正让多学科交叉融合的新工科人才培养体系适应我校双创教育的定位和要求。

2.2 开展"双创"实践活动

为了打破"照本宣科""按部就班"的实践操作带来的局限性,培养学生的创新创业能力,工创中心通过建立机器人俱乐部和开设"专业+机器人"实验班,推动多学科交叉融合的实践教学与双创教育的有机衔接,帮助学生增强创新创业意识,掌握创新创业技能。

为了加强机器人创新实践活动的开展,重点加强机器人俱乐部的课程教学、实践锻炼和创新研究,使"机器人创新俱乐部"从"机械创新与机器人"俱乐部中分离出来。俱乐部通过常态化地开展各类科技活动,如机械建模、仿真、电路设计制作、上位机软件开发等公选课和技术培训,带动学生积极参与创新实践活动,为我校的"双创"活动和多学科交叉融合的有机衔接起到了推动作用。工创中心为机器人俱乐部的学生提供活动场所和条件保障,由学校和企业指导教师进行指导。2017年参加机器人创新实践活动的学生共430人,2018年共1188人,2019年共1155人,受新冠疫情影响,2020年共有学生698人,人数的攀升反映出基于工创中心平台开展多学科交叉融合人才培养的双创教育取得了良好的成效。

为培育优化俱乐部的创新成果,工创中心采用CDIO教学模式,以成果研究为导向,开设"专业+机器人"实验班。实验班按照"电力特色人工智能与机器人"实验班人才培养标准设置,重点围绕电力系统所需的机器人,例如"火电厂盘煤飞行器""变电站巡检机器人""配电线路绝缘包裹机器人""配电线路绝缘漆喷涂机器人"等人工智能技术,进行重点专业教学。2019年10月8日面向全校学生发出"专业+机器人"实验班招生通知,首批招收学生36人。实验班将学生的科研创新能力作为重要培养目标,理论与实践相结合,基于成果开展教学,重点培养学生的研究实践能力,加大研究实践课程的比例。

2.3 开发"双创"实践成果

立足我校"以优势学科为基础,以新兴能源学科为重点,以文理学科为支撑"的"大电力"学科体系的特点,组织有特色的实践内容,是工创中心开发双创实践成果的基础思路。在原来主要围绕竞赛开展的"轮式循迹机器人的设计与实现""人形短跑机器人的设计与实现",以及针对电力行业需求开展的相对简单的如"飞行器盘煤装置""电力施工现场监控装置"的基础上,发挥多学科交叉的优势,体现前沿技术,进一步提升实践成果的技术难度和综合性。新开展的面向行业应用的创新研究包括"变电站巡检机器人""配电线路绝缘包裹机器人""风力发电系统飞行器巡检研究""电力线路绝缘修复机器人研究""具有三维重建功能的电缆隧道机器人""输电线路铁塔攀爬机器人"等,丰富、完善了多学科交叉的实践体系,开发了双创教育的实践成果。

2.4 探索"双创"教学模式

在"双创"教育的实践探索中,工创中心充分利用实验示范中心良好的实践环境和条件,探索出以实际工程问题为导向,以成果研究为载体,以理论教学为辅,以学生自主学习为主的教学新模式。

(1)确定学习研究的成果。共设置了"电力自动装置"成果6类、"电力机器人"成果6类。

(2)采用CDIO教学模式,以成果为导向,组织相关课程的学习。指导教师围绕成果目标,介绍成果任务和基本原理,并进行技术讲座。学生根据任务要求自学相关课程,进行设计—制作—组装—调试—运行,最后交出成果设计实物和设计报告。

(3)建立学生跨学科合作学习模式。由于成果本身具有多学科的特点,例如一款自动装置和一款机器人的制作,本身就涉及机构或外形设计,既需要设计电子线路和控制要件,还需要应用于电力现场,需要机械、电气、自动控制等专业的学生参与。一般1个学习小组由3~5人组成,学生通过分工和合作共同完成成果制作,在设计制作的过程中实现了跨学科合作学习。

每个成果最后提交的技术报告包括如下内容:成果目标、国内外研究概况、成果简介、工作原理、结构设计与加工、控制系统、工作验证与评价(与目标任务对应的完成情况)、创新点分析、应用前景分析等。

3 "双创"教育的保障机制

3.1 建立师资队伍建设机制

工创中心研究了"电力机器人"多学科交叉人才培养规律,结合了多学科交叉融合的新工科人才培养方案,充分利用国家级示范中心的资源优势,制定各种激励政策,吸引机械、电气、自动化等7个学科的教师和12位企业导师,为双创教育建立了跨学科、跨校企的师资保障机制。

校内导师通过开设课程、举办技术讲座、开展"实践课程思政教育"、指导双创实践和竞赛活动,为学生提供内容更丰富、覆盖面更广、质量更高的跨学科双创实践内容。工创中心向校内导师全方位地开放中心的研究平台加工制作设施,吸引他们带领科研团队入驻工创中心进行学术研究,并为科研团队提供办公条件。同时,还为校内导师发放教学津贴和科研绩效奖励。

聘请企业导师是推动校企合作的重要实践。通过多学科交叉融合的校企合作,学生可以在导师指导下承接部分科研课题,为企事业单位解决生产中的实际问题,从而使得创新实践成果健康可持续发展。同时,学生去企业参观、实习可以进一步促进实践成果水平的提高。工创中心鼓励企业技术人员作为兼职教师自带成果入驻中心,并将研发成果转化为学生的选修成果,工创中心协助其组织学生开展研究和开发。工创中心为企业提供研究平台,研发过程中取得的专利等成果与学校共享。此外,工创中心与企业合作共建实验室并授牌,有效扩大企业在学生中的影响力,如与德美鹰华科技有限公司共建了"激光加工联合实验室",与保定瀚阳科技有限公司共建了"3D打印数字化创新教育中心"。

3.2 革新评价考核机制

双创教育更加注重考查成果研究中的设计与实现能力、多学科学生之间的合作能力、工程伦理和创新能力,以及体现成果制作过程中所涉及学科的基本理论的掌握情况。工创中心将学习过程分为4个阶段,成绩评价分为4大部分,革新评价考核机制,激发了学生的自主创新能力。4个阶段包括:成果总体方案设计阶段、机械结构设计、控制电路硬件设计、控制软件设计阶段,实物制作、安装调试阶段,演示和答辩阶段。各部分的占比分别为:设计能力占比25%,实践能力占比25%,文献使用能力、组织管理能力、团队协作能力、创新能力等各占5%,工程伦理和职业素养、成果结束后的答辩情况、相关知识的掌握情况各占10%。评价考核机制的革新为我校培养综合型、应用型、创新型的新工科人才提供了重要保障,实现了学生以理论学习为辅、自主学习为主的双创教育体系。

3.3 加强实践平台建设机制

工创中心充分发挥实验教学示范中心的优势,通过学校的"双一流"建设,加强双创教育实践平台的建设机制。进一步完善了3D打印实验室,增加了高精度和彩色3D打印机。投入161万元,完善了机器人实验室,增加了服务机器人、旋翼机器人、人形机器人等76台/套,提升和改善了机器人实践研究的条件。投入275万元,新建了虚拟现实实验室,为学生围绕电力仿真技术开展多学科学习和研究打下了基础。实验室的建设将进一步助力我校对多学科交叉融合的双创人才的培养。

3.4 出台学生激励参与机制

双创教育必须有激励参与机制,激励学生积极参与、自主学习、自主创新、自主研发。然而,当前我校大部分公共选修课是以理论教学为主,学生动手实践的机会较少,因此,工创中心以培养学生的自主性为起点,出台了一系列激励参与机制,激发我校双创教育的活力和动力。

第一,面向全校学生,工创中心每学期开学第一周常态化地开展各类创新公共选修实践课程,以2019年8月29日为例,招收了800名学生参加12门创新实践课程的学习。第二,利用学校"课外能力素质学分"政策,开拓创新实践成果,为学生获得该学分提供资源,吸引了有需求的学生。第三,举办创新俱乐部,围绕某些问题(如机器人问题)开展专门研究,吸引有兴趣的学生。第四,举办"专业+机器人"实验班,按照学校实验班的培养方案,吸引了有更高追求的学生。第五,全天候开放实验基地,为学生课外创新提供平台保障和全方位服务。通过出台激励参与机制,学生可以将课堂中学到的知识进行实践,加深对课本知识的理解,加强实践教学,体现了学生的主体地位和教师的主导作用,使学生在兴趣的驱动下自主创新创业。

4 双创教育的创新性成果

4.1 组织与保障体制创新

作为学校独立建制的工程训练与创新创业教育中心,充分发挥自身的资源优势,进行多学科交叉融合的新工科人才培养探索实践,并建立了新型组织模式与保障机制。明显不同于传统院系的人才培养模式,为多学科交叉融合的新工科人才培养提供了新的路径。

4.2 课程教学与学习模式创新

工创中心开发的以电力现场实际需求的自动装置或以机器人设计为主要内容的课程包含了多学科知识的综合运用；由不同学科专业的学生组成学习小组，面向现场的复杂问题，开展了以解决问题为导向、以成果研究为载体的CDIO教学模式。

4.3 师资队伍创新

成果组围绕"电力机器人"这一跨学科领域，从校内电力系、电子系、机械系、自动化系、计算机系招聘专业教师，从校外对口企业招聘企业导师，组建了跨学科、跨校企的师资队伍，并为这支队伍在教学津贴、科研环境与平台支持、成果共享等方面制定了倾斜政策。为跨院系、跨学科专业培养新工科人才、推进双创教育提供了师资队伍保障。

4.4 初步建立了产教融合的人才培养新模式

工创中心重视教师科研项目的转化，鼓励将教师的科研问题转化为学生的学习成果，将科研成果转化为教学实验装置，将学生转化为团队助手。此外，工创中心与企业密切合作，共建实验室，共创科研成果，建立了产教融合的新工科人才培养的新模式。

5 结语

华北电力大学工程训练与创新创业教育中心承担着全校工程教育和双创教育的双重任务，始终立足我校"以优势学科为基础，以新兴能源学科为重点，以文理学科为支撑"的"大电力"学科体系的特点，充分发挥国家级综合性实验示范中心的资源优势，展开双创教育的探索与实践，在课程体系、实践活动、实践成果、教学模式、师资队伍、评价考核、实践平台、激励机制等方面不断革新和超越，初步建立起了产教融合的多学科交叉的新工科人才培养体系。

参考文献

[1] 国务院办公厅.国务院办公厅关于深化高等学校创新创业教育改革的实施意见[EB/OL].(2015-05-04)[2022-02-25]. http://www.gov.cn/zhengce/content/2015-05/13/content_9740.htm.
[2] 吴学松.应用型本科院校创新创业教育现状、问题与对策[J].教育与职业,2020(5): 56-61.
[3] 王秀梅,胡蝶,房静,等.工程训练中心利用多学科综合优势开展创新教育的探索实践[J].实验技术与管理,2018,35(2): 6-9.
[4] 岳瑞凤.高校创新型人才培养"弯道超车"的五大突破探析[J].科学管理研究,2019,37(2): 127-131.

新工科背景下的金工课程思政教学思考

刘利刚,宋佳秋,韩雪艳,于 辉,蔡大军,赵逢达,侯培国

(燕山大学工程训练中心,秦皇岛,066004)

摘要:专业基础课是课程思政的重要战场,鉴于其大量的思政素材和专业性、基础性的特点,非常适合课程思政融合教学的组织和实施。"金属工艺学"是机械类学科的核心专业基础课,具有内容多、覆盖专业广的特点。新形势下的课程思政对金工课程提出了全新的要求,在做好课程理论和工艺教学的同时,要立足新时代下新工科的培养要求,深入挖掘课程的思政资源,从战略高度构建金工课程思政理论体系,优化教学方法和评价机制等。

关键词:新时代;金工;新工科;课程思政

1 引言

2017年2月以来,教育部积极推进新工科建设,先后形成了"复旦共识""天大行动"和"北京指南",并发布了《关于开展新工科研究与实践的通知》《关于推荐新工科研究与实践项目的通知》等文件,全力探索我国工程教育的新模式、积累经验,助力高等教育强国建设。2017年,中共中央、国务院发布的《关于加强和改进新形势下高校思想政治工作的意见》和2018年教育部发布的《教育部关于加快建设高水平本科教育全面提高人才培养能力的意见》中指出,要把思想政治工作贯穿教育教学的全过程,由"思政课程"延伸到"课程思政"。"金属工艺学"是一门实践性较强的机械类专业学生学习机械制造理论和方法、培养工程素质的技术基础课,内容多、学时长[1-2]。在新形势下,如何进行金工课程的思政教学模式改革,服务我国高等教育的新工科教学体系成为摆在金工教师面前的重要课题。

2 金工课程的授课方式

目前,金工课程的授课方式主要有传统课堂教学、翻转课堂、微课等。

(1)传统课堂教学:采用传统的"教师讲,学生听"的灌输式教学方法,教师独白式地讲解大量的专业术语和抽象概念,学生往往感觉枯燥乏味,难以充分调动学习的积极性。

(2)翻转课堂:借助先进的教育技术手段,预先录制授课视频,取代传统的课堂知识讲授,并在网络上共享,要求学生课前自主观看学习,然后利用课堂时间,集中解决学生在观看视频时遇到的问题,实现知识内化的教学方式。和传统课堂教学模式相比,翻转课堂使得教学和学习形式呈现多样化,增强了师生之间的在线互动和交流,大大增强了学生学习的积极性,凸显了以学生为主体的教育理念,在教师的积极引导下,学生能更深层次地理解所学知识,同时能提高学生分析问题和解决问题的能力。

(3)微课:线上线下混合教学,是指将传统课堂授课与MOOC教学、学习通在线教学等融合,集两种教学模式的优势,将线上教学与线下课堂授课相结合,以转变课程教学理念

---

①项目基金:河北省高等教育教学改革与研究项目(2020GJJG069)。

和提高课程教学质量[3]。

3　金工思政融合教学现状分析

"金属工艺学"课程的相关思政教学大多集中在实践教学环节,在理论教学方面较少。福建农林大学陈仕国等从教学内容和教学形式上深入挖掘了思政元素,重点培养学生的工匠精神、树立文化自信和敢于担当的精神品质[4]。上海第二工业大学严剑刚等将工程训练课程与思政课程相融合,并运用网络开放式教学方法,探索实践课程的网络化教学模式,以完善学生的创新思维,提高教学效率和教学质量,推动应用型人才培养的教学方式的改革[5]。北方民族大学李联辉等分析了金工课程的发展现状,从教学目标和体系建设的角度讨论了思政教学的实施策略[6]。综合来看,目前的金工实习思政教学主要有以下特点:

(1) 课程思政资源多,须形成教学资源体系。"金属工艺学"课程教学内容多,涉及的理论和工艺时间跨度大,拥有人文类、科学类、工业技术类、管理类等丰富的思政教学素材。资源的获取渠道也很广泛,如书刊、报纸、电视、网络等。然而,如何把如此丰富的思政资源集约化、系统化和规范化处理,使之更好地融入"金属工艺学"课程教学活动中,建立完善的教学资源优化使用体系是十分重要的课题。

(2) 教师思政教学能力培养和提高。教师的终身学习不只体现在理论知识的不断更新和教学技巧的提高上,更要与时俱进,不断完善个人的道德情操,提高个人的思想觉悟和意识形态。正人先正己,高水平高素质的教师是高等学校培养新时代大学生的主要践行者,其思政教学水平直接关系到所培养学生的思想认识、意识形态取向的形成和发展。因此,需要建立完善和持续提高金工教师思政教学能力的培养体系和制度。

(3) 思政教学考核。思政教学考核包括学生课程理论思政学习效果考核和教师思政化教学能力考核两个方面。这两个方面相辅相成、互相促进。考核标准的合理与否直接关系到学生的学习兴趣、学习效果和教师教学的积极性、主动性。

4　金工思政融合教学举措

4.1　思政教学素材的收集整理

首先,思政教学素材的挖掘要注重历史与现代思政资源的结合。中华民族有5000年光辉灿烂的文化,要深入挖掘我国在加工制造领域中从古代到当代的代表性案例,如四大发明等,讲述其对我国乃至世界的影响,以及对人类进步的积极作用。

其次,要充分利用现代媒体资源,如网络、微信、多媒体等。积极搜集各种媒体形式的思政资源,同时要擦亮眼睛,取其精华,去其糟粕,坚决防止有害的思想垃圾进入教学过程,同时对各种资源进行分类整理和提炼,以便于在教学过程中使用。

最后,搜集和整理能在金工课程中进行有效融合的国家大政方针、文化建设中的思政要素。高等教育要培养的是全面的社会主义建设者和接班人,他们应该了解国家的大政方针,学习我们国家目前的先进文化精髓,树立文化自信,同时具有正确的人生观、世界观和价值观,牢固树立为实现社会主义中国梦奋斗终身的坚定信念。

4.2 思政教学的组织实施

为了达到最佳的教学效果,要对思政教学内容和理论教学内容的融合进行充分思考和系统设计。在绪论和各个章节工艺发展史的介绍中,可重点进行思政教学内容的安排;在课程工艺基础理论和工艺讲解过程中可穿插进行相关思政教学内容的讲解;在课程综合项目的实施过程中,可引导学生进行团队合作,使其亲身感受团队合作的力量,同时培养工匠精神;在课程理论测验中可适当设置一定分数的思政题目。

金工课程教研组在开课前建议集体备课,统一规划课程组织形式,以达到最佳的教学效果。同时,在第二课堂,如课程实践教学、三级项目实施、课程讨论、答疑、组织课程兴趣小组活动等过程中植入思政要素,强化对学生的思政引导,也有利于形成课程全面思政的氛围,促进高等教育"三全育人"培养目标的达成。

4.3 金工教师思政教学能力的提升

金工教师是进行思政融合教学的执行者,可结合学校党委"不忘初心、牢记使命"主题教育活动使指导教师从思想上牢固树立课程思政的意识,深入理解课程思政教学的重要性,自觉地从以往的以理论和工艺讲解为主的教学模式过渡到思政深度融合的新金工课程教学模式上来。

在上述基础上,应持续加强任课教师的思政教学能力,可通过组织系统的思政教学能力培训、交流讨论,设置思政教学项目和组织思政教学能力竞赛等多种途径使金工教师加强思政教学能力和学习教学方法。在思政化金工教学过程中,要及时总结教学过程中的经验和不足,持续改善教学方法和优化思政教学环节设置等,从而不断提高金工课程思政教学效果。

4.4 金工思政教学效果评价

一般来说,思政教学效果评价很难在短期内有效地进行。好的思政教学效果直观地体现在学生学习兴趣的提高、思想意识的成熟和意志品格的提升上,但上述效果也能反映在学生成绩的提高上。除了课程成绩,还可通过对学生课程学习风气、对课程的评价及问卷调查等方式了解思政化金工课程教学的实施效果。总之,思政化金工教学效果评价是一项长期的工作,甚至要结合学生毕业多年后的发展、学校相关专业的社会声誉的提升等进行综合考评,是一项长期而复杂的工作。

5 结语

新时代的高等教育必须十分重视课程思政与课程教学的结合,在教学过程中融入社会主义核心价值观,使学生增强使命意识和责任意识,对国家发展战略和世界新形势有正确的认识和理解,树立为国家发展而奋斗终身的坚定信念,并自觉将这种家国情怀落实到平时的课业学习中,能够脚踏实地、刻苦努力,不断提高分析问题和解决问题的能力,成为德才兼备的社会主义建设者。在"金属工艺学"课堂及实践教学过程中进行思政融合教学是一项长期的工作,需持之以恒,不断推动其前进。

参考文献

[1] 姜晨,陈立国,朱坚民,等.高校思想政治教育课程体系的路径:从"思政课程"到"课程思政":以机械制造类课程为例[J].北京城市学院学报,2019(1):48-52.

[2] 李军霞,姚云峰,王会霞,等.金属工艺学课程教学改革与探讨[J].中国现代教育装备,2020(5):74-75,78.

[3] 陈云,肖汉斌,刘志平,等.打造线上线下混合式金属工艺学"金课"的教学改革尝试[J].中国冶金教育,2019(6):5-9.

[4] 陈仕国,胡立华,陈向文,等.金工实习课程思政元素发掘研究[J].机械管理开发,2019,34(11):262-264.

[5] 严剑刚,吴镝,吴飞科,等.工程训练课程教学探讨[J].上海第二工业大学学报,2018,35(1):76-81.

[6] 李联辉,高阳,王富伟,等.《机械制造技术基础》课程思政建设研究:从路径探索到初步实施[J].教育研究,2019(10):195.

工程训练实践教学对学生创新能力培养的探讨

于松章,王国俊

(太原工业学院工程训练中心,太原,030008)

摘要:本文针对高校工程训练中心实践教学对学生创新能力方面的培养问题,从实践教学课程的改革、师资队伍的建设及学生创新平台的建立3个方面进行阐述,积极探索适应工程实践教学创新能力的培养模式,使学生在获取知识的过程中从被动接受转化为感兴趣的主动创造,进一步提高学生的自学能力、分析能力、创新能力、设计及动手能力。

关键词:创新能力;工程实践

1 引言

工程训练中心是大学生工程实践能力培养的教学基地,但是,随着社会对具有创新意识、创新精神和综合创新能力高水平人才需求的急剧增加,工程训练中心不仅要对学生的工程实践能力进行培养,还要培养学生的综合创新能力[1]。近年来,许多高校实践教学的改革主要也是围绕培养学生的实践能力和综合创新能力展开的。

传统的机械制造是工程训练的重点,随着高等教育的高速发展,数控加工技术、电子电工技术、快速成形技术、绿色制造技术等项目不断加入,高校工程训练的内容越来越丰富,培养学生工程实践能力的手段也在不断增加,这就为学生创新能力的培养提供了更多的方式。

2 工程训练实践中培养学生创新能力存在的问题

学生在参加工程训练之前,几乎没有接触过工程理论基础知识,对于工程训练的实践教学过程,很多学生只是走走过场,不能够学到真正的实践知识,更谈不上对创新能力的培养。

工程训练的实训模块和内容陈旧,教学方法单一,许多学生觉得这门课程实践环境较差、设备的使用较为复杂、危险系数较高,导致其学习的积极性不高,存在畏难情绪。

随着现代技术的多样化,实训模块也越来越多,而学生的工程训练时间并没有延长,每个学生在工程训练中心的实训只是一个简短的工业认知过程,并不能系统地学习相关知识。

现有的实训教学模式不能很好地体现学生的专业特色,各专业的实训内容基本相同,实训内容与本专业的联系不够紧密,甚至有些学生认为实训内容与自己的专业不相关,感觉枯燥乏味,导致学生对工程训练不感兴趣。

工程训练实践教学对学生创新能力的培养,首先是要让学生对实训课程基础知识感兴趣,只有学生对这门课程感兴趣了,才会有创新的动力。传统的专业课教学过程主要以教师为教学主体,教师通过课堂讲授的方式把教学内容传递给学生。此种教学方式虽然有利于教师对课堂教学进程的组织、管理,但无法体现学生学习的主动性及创新性。如何充分发挥工程训练中心的作用？如何在提高大学生工程素质和工程能力的基础上进一步提升学生的创新能力？本文针对目前传统实践课程教学的现状，探讨实践教学改革方法，将教学过程中的主体变为学生，以期达到培养提升学生自主学习能力、科研和创新能力的教学目的。

3 课程建设对学生创新能力培养的影响

传统的工程训练课程强调操作技能的学习，实习内容、学习形式是固定的，操作程序也是固定的，学生需要照本宣科，教师操作演示，随后自己练习操作，学生没有任何学习的积极性，显然不能达到培养学生创新能力的要求。因此，高校工程训练中心培养学生的创新能力时，首先要改变传统的课程模式，课程的设计既要符合实际的工程背景，符合学生的实际情况，体现学生理论知识的学习和工程意识的培养，也要注重培养学生解决问题的方法和能力，以及创新意识和创新能力。

课程建设从教学方式上改为接受型教学方式，由过去的传授知识转变为组织学习，通过分析每个教学模块的目标，确定教学策略，如教授、自学探究、体验、问题解决。

课程建设在教学内容上不应局限于单一实训模块的内容，还可以加入一些其他实训模块的内容或资料，这样不仅可以增加学生的兴趣，还能很好地提高课堂效率。

课程建设从教学形式上采用多样的教学方式，例如通过任务驱动法，指导教师将教学内容设计成一个或多个任务，在课堂中以任务为驱动，让学生在完成任务的过程中获取相应的知识技能，以此来吸引学生。对于一些基础扎实的学生，还可以通过项目驱动法的教学方式，根据其所学专业的实际情况，规划若干创新性课题，学生在教师的帮助下，利用有效的学习资料，共同完成一个项目。通过完成项目使学生初步掌握工程分析、设计和实践的基本方法，拓宽知识面，提高自主学习和独立工作能力，培养团队精神、创新精神和踏实严谨的工作态度，提升综合素质，为创新能力的培养奠定基础。

此外，课程建设要充分发挥学生的主动性。在课程的设置上，使学生在掌握了操作技能之后，自己设计实验。可以通过自己设计一个能够体现制造技术工艺特性的产品，让学生体会制造技术中各种加工手段之间的联系，这样有利于培养学生的创新意识，容易启发学生在产品设计、制造工艺等方面有新的突破，更有利于学生在设计思维上的创新。

课程建设通过教学模式、教学形式的改变，使学生变为整个教学过程的主体，极大地激发了学生的学习兴趣，有效地培养了学生的自主学习能力、独立思考能力和创新能力。教学过程中通过小组工作法，学生在学习专业知识的同时，增强了团队协作精神。

4 师资队伍建设对学生创新能力培养的影响

工程训练中心对学生创新能力的培养离不开起主导作用的指导教师，这就为指导教师提出了新的要求，既要提高指导教师对专业化的认识水平，又要求指导教师本身具有创新的能力。在工程训练过程中，指导教师要有开放性和包容性，给学生发挥创新能力的机会，有指导学生创新行为和评价学生创新的方法和能力。

在过去的教学中，指导教师重视基础和认知能力方面的教学，忽视学生积极性和创新能力的培养,在传授知识时,学生被动听讲,没有给学生自主活动的时间,这些都说明教师在培养学生创新能力方向上存在着一定的差距,不利于学生创新能力的培养。

首先,实践指导教师要提高自身素质,不断探索教育规律,要勇于改革创新,勇于改变传统的教育方法,勇于探索新型的教学方法,努力使自身具有创新意识,这样才能很好地培养学生的创新意识和创新能力。

其次,对学生创新能力的培养,要强调教师对学生的引导行为,在实践教学过程中,引导学生重视研究性学习、探究性学习、协作性学习在教学中的应用,启发学生创新思考,另辟蹊径,打破传统的思维定式,引导学生养成"标新""立异"的思维习惯。

对学生创新能力的培养,还要尊重学生的个性,保护学生独立思考的热情,让每个学生都有展示自己才能的机会,激发学生的好奇心和求知欲,才能培养学生的兴趣和主动性,学生的创造性才能才会有生存和发展的空间。

在实践教学过程中,还要注意改变评价学生的标准,在传统习惯中,评价学生的标准过于统一,缺乏灵活性和多样性,这些过分强调统一的评价标准往往会抑制学生的个性发展,影响学生学习的主动创造性,不利于学生创新能力的培养,因此,实践指导教师应该改变对学生的评价标准,认识创新的重要性,提倡评价学生标准的多样性,这样有利于培养学生的多种素质,也有利于学生的个性发展,以及其实践能力和创新能力的提高。

要想建设一支称职的具有创新精神的师资队伍,就必须强化师资队伍的建设措施与方法。具体可以采取以下措施:

(1) 对师资队伍进行不间断培训,可以采取"请进来"和"走出去"的培训方式。"请进来"是指把企业工程技术人员请进工程训练中心来对师资队伍进行培训;"走出去"是指中心的指导教师到一些有特色的高校工程训练中心进行教学交流和学习。

(2) 在中心内部,要经常进行各项教学活动,开展研究性学习,以老带新、以新促老,经常组织教师相互学习,进行教学观摩和经验交流,不断拓展学习经验。

5 搭建创新平台,形成稳定的创新技术梯队

通过多年的实践教学活动,我们发现许多学生在各类科技创新和学科竞赛等大学生创新活动中表现出很高的积极性,针对学生的这种特点,我们提出了"以赛促学",开始引导一小部分学生通过参与学科竞赛来激发其学习兴趣和动力。但是工程训练中心没有固定的学生,每次组织竞赛要通过相关专业的系部组织学生,竞赛一结束团队便解散,学生的流动性较大,因此搭建学生创新平台,稳定创新队伍,让更多的学生加入创新活动,不失为培养学生创新能力的好方法。

首先组建以参与竞赛学生为主体的创新团队,及时吸纳一年级的学生加入团队,这些学生不承担比赛任务,其主要任务是参与设备操作使用、竞赛方案讨论、加工制作等工作,让学生体验竞赛过程,积累竞赛经验,激发其创造积极性。

现代科学技术发展的一个显著特点是在高度分化基础上的高度综合,学科越分越细,但是学科间的联系日益紧密,相互交叉日益加剧,不同学科的界限在淡化和融合,由于创新项目具有综合性、交叉性,而学校的专业分工过细,实际解决问题往往也需要多学科交叉,因此创新团队的建设需要更多学科融合,学生创新团队在实际的项目中需要不同学科的学

生相互交流、相互学习。

学生创新平台的建设不能仅靠学科竞赛来保证正常运作,毕竟每个学校的具体情况不同,参加学科竞赛的数目有限,所以保证创新平台学生团队人员的稳定性至关重要,这样团队的技术、经验及团队文化才能得到有效的传承,学生创新能力的培养才可以得到不间断积累。为了保证学生团队人员的稳定,除了让学生参加学科竞赛,其余时间要让学生有事干,如定期举办各种校内竞赛及根据专业特点鼓励学生自主创新设计各种创新项目、活动等,组织学生动手制作,教师进行针对性的指导,想方设法促进学生的创新能动性。

6 结语

创新能力的培养是大学生综合能力培养的重要内容之一,与其他课程相比,工程训练实践课程强调实践动手能力,因此成为学生创新能力培养的重要桥梁。通过建设实践教学的创新课程,提高教师对学生创新意识培养的能力,为学生提供创新训练的平台,工程训练实践课程将会从传统的"学习工艺知识,提高动手能力"朝着"增强工程实践能力,培养学生创新精神和创新能力"的方向发展。

参考文献

[1] 李双寿,杨建新. 新时代工程实践和创新教学[M]. 北京:清华大学出版社,2018.

新工科拔尖创新人才培养探索与研究
——以"匠坊书院"为例

李卫国，薛桂娟

(太原理工大学工程训练中心，太原，030024)

摘要：近年来，为扎实推进高校开展多样化、多层次的创新创业教育合作，实现创新创业教育教学资源的优化共享。我国高校积极探索新型人才培养和管理模式，共同研究探讨新型书院制人才培养的理念、方法和体制机制。有别于传统书院，新型书院制是在"互联网+"背景下促进工程教育与双创教育的深度融合，构建以价值引领、能力培养、工程实践为导向的体制机制和创新文化，探索梯级递进、多维赋能、面向未来的新型人才培养模式。

关键词：新型书院制；创新人才培养模式

1 匠坊书院介绍

匠坊书院位于太原理工大学工程训练中心，现有在校学生近200人，分别来自17个学院的26个专业。匠坊书院肇始于2007年创建的机器人团队，通过10多年的实践，培养学生3万余人；2016年9月在此基础上创建"匠坊"工程应用双创引领示范区；2019年3月正式命名为"匠坊书院"，并启动"匠坊拔尖创新学生培养计划"。

2 匠坊书院的教育理念

为响应并贯彻落实《中共中央 国务院关于深化体制机制改革 加快实施创新驱动发展战略的若干意见》和《国务院关于深化高等学校创新创业教育改革的实施意见》，建立创新创业教育的理念、方法和体制机制；对于地方高校需要扎实推进和开展多样化、多层次的创新创业教育，提出新书院制方案，进行专业教育与双创教育深度融合[1-2]。

匠坊书院系统性地提出了新书院制，探索总结出"修身立志、敏捷学习、生态赋能"的核心理念，形成了导师为人、"先做人后做事"的教育特色。书院以朋辈导学、社群学习、项目实战、理实互构等教育方法为抓手，在导师的引导下营造专业交叉、双创驱动的学习生态，培养适应经济社会快速变革的工程实践能力好、领导能力强、兼备国家情怀和国际视野的复合型人才。

2.1 朋辈导学——知识建构，泛在学习体系

匠坊书院选拔优秀的高年级学生担任匠坊极客，引导新生发挥自身禀赋和学习潜能，展开基于信息技术发展的个性化学习，实现匠坊优良学风的朋辈传承。在匠坊书院以"先学做人后学做事"为基本，认真传承团队的精神，一方面发挥其示范和推动作用，另一方面跟踪和指导新生的素养水平。

2.2 社群学习——人格构建，协同学习体系

匠坊书院以协同学习为基础，构建跨年级、跨专业、垂直整合的学习型群体，运用社交

化学习方式培养协作意识和团队精神。

2.3 项目实战——能力构建，工程能力攀升体系

匠坊书院组织创客牵头建立长期或临时性的柔性团队，以项目驱动为基础，分不同的项目进行研究，突破操作、技术、理论及科研研究不同等级的创新创业实战。

2.4 理实互构——素质建构，理论与实践相结合

匠坊书院通过加强理论知识的学习和实践加工制作的互相结合，在学习空间、项目设计、实践制作、科研总结等方面将知识的掌握、工具的使用及实践过程的总结有机地统一，学会"想""做""讲"，进行全方位的培养。

3 匠坊书院基地建设

匠坊书院所处的工程训练中心是国家级工程训练实验教学示范中心，拥有开放式的"匠坊"——工程应用双创引领示范区、机器人四创空间、先进制造实训基地和云制造实训基地、机器人基地、创新制作室、创业路演厅，是集创智、创新、创意、创客、创业及各种实践活动于一体，布局合理的育人平台和人性化的开放平台。

（1）工程应用双创引领示范区：主要面向全校所有专业选拔学生，构建专业进阶与学科交叉相融合的学习共同体，对学生进行不同阶段循序渐进的梯度培育，实现学习时空的高维拓展和团队知识的共建共享。

（2）机器人四创空间：主要结合校企协同育人及交叉赋能提升学生的非认知能力，激励学生在广泛的学科渗透和文化浸润中自由发展。

（3）先进制造实训基地：包括FMC柔性制造单元和激光加工实训单元。FMC柔性制造单元采用桁架结构，由机械手抓取物料进行搬运，包含物料仓储、数控加工、五轴加工中心、三坐标测量、激光打标和产品仓储等环节。

（4）云制造实训基地：包括4个区块，分别是实训指导教师准备区、安全教育及视频展示区、实训操作区和虚拟仿真数据交互区。

（5）机器人基地：为学生在项目实施制作过程中提供专用的实训场地及各类工具，以及实验和检验设备。针对创新实践制作过程中所需要的场地、器材、材料和工具等问题提供全方位的解决方案。

（6）创新制作室：包含2台小型五轴加工中心、2台小型数控车床、2台小型数控铣床、其他各种普通加工制作设备50余台/套，同时包括5台工业级的数控车床、1台数控铣床和1台激光雕刻机等。

（7）创业路演厅：这个区域主要有两大特色，即形象墙和展示台。形象墙包括荣誉证书墙和各类活动照片墙，展示台主要用于学生向全校乃至社会展示自己的创新创业成果，邀请相关企业进行深度推广，落实校企合作方针，共建产学合作基地。

4 匠坊书院的治理架构和培养机制

匠坊书院每学年面向全校学生进行一次宣讲,通过申请、推荐和考核相结合的方式进行遴选,选拔优秀学生进入,由优秀的老学员进行培训和管理,进行适应性学习,以团队学习为依托,以双创竞赛为载体,以匠坊为交流平台。匠坊书院专注前沿领域、培养技术精英,通过"四应用"(融入本科教育环节、创新人才模式改革、强化创新创业实训实践、教师创新创业教育教学能力建设)、"三贴近"(贴近学生、贴近应用、贴近需求)、"四深入"(深入课程、深入项目、深入实践、深入竞赛)、"六原则"(学生自主、文化引领、项目实战、指导帮扶、工程学习与工程实践并重、工科思维与艺术视野结合)、"八制度"(多元选拔、复合动力、滚动淘汰、自主考核、综合评价、动态反馈、容错纠错、激励保障)、"五创+"(创智群落+竞赛育人、创新平台+科研育人、创意工坊+实践育人、创业苗圃+生态育人、创客空间+协同育人)的培养机制建设"梦想驱动、忠诚执着、开放包容"的一流大学生创新团队,锻造支撑战略科技力量的"预备队"。

5 匠坊书院的建设成果

匠坊书院通过竞赛育人、科研育人夯基垒台,为创新教育强势筑底;以"创意工坊""创客空间"支护"创业苗圃",通过实践育人、协同育人、生态育人立柱架梁,支撑创业实践冲高问顶。匠坊书院自正式启用以来,取得了以下显著成果:

(1) 共培养优秀学员500余名,参与学员3000余人。

(2) 匠坊书院"工程训练"2018年度共组织学生参加国际级、国家级、地区级、省级、校级等各种竞赛活动13次,参与项目133项,参赛师生共计572人次;获得国际级、国家级竞赛奖项11项,其余各类奖项87项。

(3) 匠坊书院"工程训练"2019年度共组织学生参加国际级、国家级、地区级、省级、校级各类竞赛19次,参与项目124项,学生计413人次,教师计190人次,师生共计603人次;获奖项目117项,学生计402人次,教师计184人次,师生共计586人次。

(4) 匠坊书院"工程训练"2020年度共组织学生参加国际级、国家级、地区级、省级、校级各类竞赛12次,获奖项目120项,学生计350人次,教师计211人次,师生共计561人次;获得全国一等奖11项、全国二等奖9项、全国三等奖15项、全国优秀奖1项、省级特等奖5项、省级一等奖3项、省级二等奖13项、省级三等奖13项;媒体采访报道10余次等。

6 结语

新型书院制是通过促进"互联网+"背景下专业教育与双创教育的深度融合,构建"以学生为中心"的自适应成长体系,完善以价值引领、能力培养、工程教育为导向的体制机制和创新文化,形成梯级递进、多维赋能、面向未来的人才培养模式,从而实现个性化发展教育目标的地方高校学生教育管理制度。新型书院制的优势是不需要建设独立的学习生活服务设施,不设专职人员编制,有效整合与共享双创基地资源,有力推进工程教育与双创教育深度融合。未来,新书院将通过加强信息与人员交流、定期举办学术论坛、出版和宣传研究成果、组织成员对新型书院制建设进行研讨发声等方式发挥具体功能。要紧紧抓住服务国家重大战略及经济社会发展的需求,打造人才高地、创新基地和育人阵地,努力提升办学水平、拓展发展空间,在互利共赢中开创协同融合发展的新局面。

参考文献

[1] 张民,田艳兵,陈晓维,等.新工科背景下人才的培养模式探讨[J].科学咨询,2021(5):191-192.
[2] 徐立辉.跨学科合作的工科人才培养新模式:工程教育的探索性多案例研究[J].2020(5):108-117.

高校创新实践人才的培养模式研究[①]

靳 鸿,赵正杰,刘 姿

(中北大学工程训练中心,太原,030051)

摘要：针对高校创新创业教育研究这一热点问题,对创新实践能力培养的先导因素、主体因素和关键问题进行了探讨。开展了创新意识、创新思维多形式的训练方法,创新团队的组建方式、导师在团队中的作用,团队发展方向和科技竞赛关系等方面的研究,为高校创新实践人才培养模式提供了一定的参考和依据。

关键词：创新实践；培养模式；创新意识；创新思维；交叉融合

1 引言

自2014年国家大力支持创新创业以来,"大众创业 万众创新"的观念开始深入人心,极大地鼓舞了国内创新创业的热情,各大高校创新创业教育也逐步完善,新形势、新需求下,与创新创业教育相关的研究逐渐成为教学研究的热点[1]。

2 创新实践人才培养的重要性和必要性

当前,国家推动创新驱动发展,实施"一带一路"、"互联网+"、《中国制造2025》等重大战略。随着国际竞争形势的不断加剧,科技创新能力变得越来越重要,国家已经认识到未来的国际竞争最突出的就是创新力的竞争,迫切需要培养实践能力强、创新能力强、具备国际竞争力的高素质复合型新工科人才,而对于大学生来说,他们的创新创业能力也会对国家的发展产生巨大的影响[2],推进创新和创业是培育和催生经济社会发展新动力的必然选择[3]。

高校担负着为国家建设培养高层次人才的重任,培养具备厚实的理论基础、较强实践能力和创新精神的高素质创新型人才。新工科建设人才培养的目标是培养理论与实践相结合,多种能力与素质交叉融合的人才。近年来,大学生创新实践能力的培养在本科教育过程中占的比重越来越大,成为教育改革的重要目标[4]。

3 建立创新意识、创新思维为先导的培养理念

创新意识是一切创新教育的源头,创新教育一定要在创新理念、创新素质和创新思维等方面培养好学生[1]。思维是头脑感性认识的抽象表达,它会在人做某件事之前形成思维框架,从而支配人的整个实践活动。创新意识是创新能力的基础,也是创新活动的内在动力。创新思维是超越现有旧思维或思想惯性的一种思维方式,其在创新活动中有重要的指导作用[3]。

如图1所示,创新意识和创新思维的培养及训练可通过多种形式进行,开阔思路、激发

[①]基金项目：中北大学校级教改项目——多学科交叉融合的校级综合创新实践平台建设模式探索与实践(ZJ2020037)。

兴趣是其主要任务。聘请技术专家及知名企业专家通过专题讲座和前沿技术追踪让学生了解科技发展的现状、趋势、应用等，明确社会需求、社会发展与技术发展的关系，增强其责任感；邀请获取国家、省级科技竞赛奖的优秀团队进行技术交流和经验分享，让学生切实感受到自己可以实现梦想及其与他人的差距，在自我肯定的同时施加压力促进进步。

此外，作为一项培养的系统工作，创新意识和思维的培养可以纳入培养方案的课程体系，以案例的形式进行讲解；充分利用课外时间，采取线上线下相结合的授课方式，延长此类课程时间，充实课程内容；改革教学方法，将视频、App、访谈等多种形式进行结合，增加趣味性，以增强课程培养、促进、提高的效果。

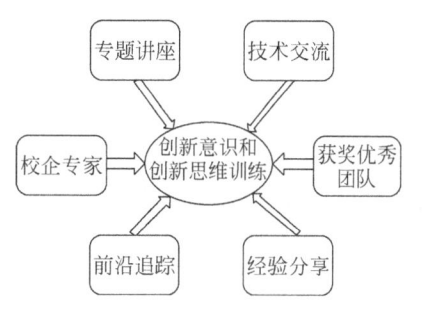

图 1　创新意识和创新思维训练

4　以专业交叉融合的团队建设为主体

创新能力除具有创新意识、创新思维以外，还需要具有终身学习的能力、团队协作能力及坚韧不拔的毅力等。通过团队的形式进行创新实践能力培养是一条有效的途径。

4.1　专业交叉融合的必然性

科技创新活动是学生创新实践能力培养的重要依托形式，近年来，主要的大学生科创活动也逐渐向着复杂化和多学科交叉方向发展。以国际空中机器人大赛为例，2019 年的任务涵盖了自动控制、电子与通信技术、计算机科学、人工智能与模式识别及机器人学等多个学科[5]。

此外，实际的工程问题属于综合问题，在问题分析、定位、解决过程中需要运用多学科的知识进行综合判断。以科研融入实践教学，也要体现问题的复杂性、学科交叉性，帮助学生建立正确地分析问题、解决问题的能力。

4.2　团队建设

解决了问题的学科交叉性特点就确定了团队模式发展的特点，团队成员由来自不同专业和学院的学生自愿组成，以共同的兴趣为凝聚力，分工协作，共同克服困难，实现自己的梦想。

要给予这种团队一定的宽松氛围，凝聚他们的不是制度、不是任务，而是一种追求、一种肯奋斗的精神。在这个团队里学生自愿投入时间、精力，不仅收获了知识、锻炼了能力，还学会了团队合作、增强了毅力、得到了提升。

在这种团队里，导师做好引导、激发和鼓励工作，传授成员分析问题、解决问题的方法，引导学生自主攻克难题，让学生成为主体，给他们一定的压力，帮助他们提高和成长。

4.3　团队管理

专业交叉的团队管理与协调是关乎团队发展的主要因素，为了督促来自不同专业的学生发展,提高大家的积极性,充分发掘团队成员的潜力,必须建立监督管理体系。

这个管理体系应该具有一定的层次结构,图2所示是中北大学工程训练精英俱乐部的管理机构,其中教师助理由研究生担任,其他由本科生担任。在教师的指导、引导下,定期召开工作汇报会,指出问题、解决问题。主要以学生管理为主,充分发挥学生的主导作用。各部门的协调及工作范围如图3所示。

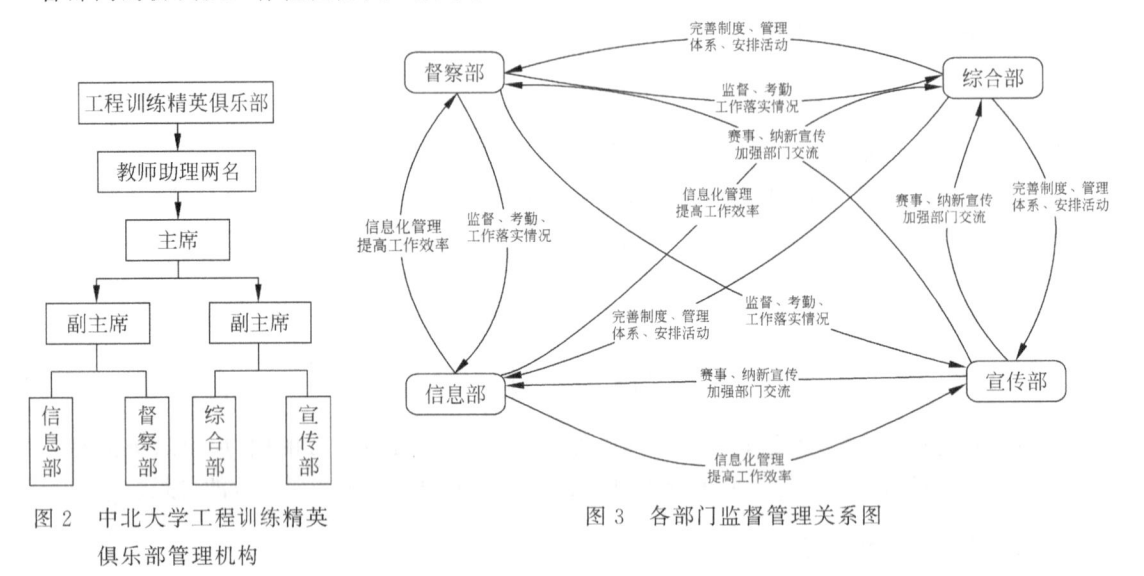

图2 中北大学工程训练精英俱乐部管理机构

图3 各部门监督管理关系图

5 发展方向是提高的关键

各种创新创业类竞赛是各高校培养创新创业人才的主要依托途径,以赛促建,以赛促学。如文献[6]提出的以机械创新设计大赛作为培养学生创新实践能力、增强解决实际问题能力、培养团队合作精神、拓展综合素质的有效平台;文献[7]提出"互联网+"大学生创新创业大赛是促进学生综合发展的重要平台,也是提升教师创新创业教育意识和能力的支撑力量。

但是,能力的培养是系统性工程,不能盲目地参加各种竞赛,要以能力培养效果为评价依据。目前竞赛种类越来越多,技术关注的重点有所偏差,若学生有什么比赛就准备什么比赛,虽然可能达到锻炼的目的,但是方向不明确、效果不显著。学生可以参加比赛的时间有限,必须帮助学生团队拟定明确的发展方向,团队成员才能够持续发展、稳步提高。

6 实践与探索

中北大学工程训练中心在学生创新实践能力培养方面构建了图4所示的培养方式,按"思想冲击+选修实验课程+创新项目模式"进行融合式实践能力培养。组织模式方面,采取走出去、引进来、教师监督和学生管理相结合的模式。"走出去、引进来"是指面向社会企业进行合作,一方面可以使人才的培养与社会实际需求一致,另一方面企业导师具有工程背景,可以更好地培养学生的工程实践、创新能力。引进来是面向各学院各专业的学生,以多种形式进行选拔、引进。

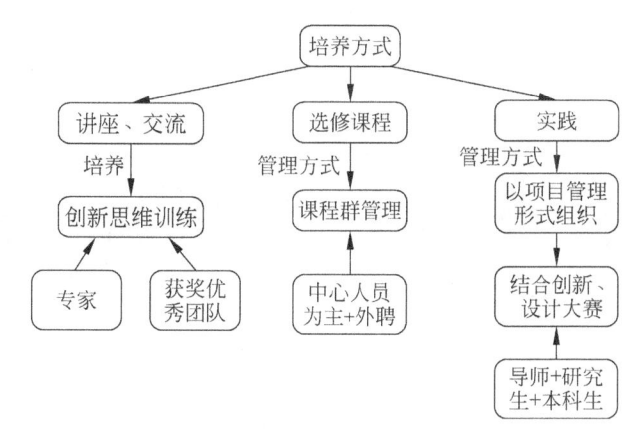

图 4 中北大学培养方式流程图

人才培养层次采取综合实践实验室进行交叉学科基础训练、创新工作室进行自主创新实践两个培养层次。

综合实践实验室拟定机械设计类、控制类、机器人基础类及物联网 4 个课群模块；创新工作室在此基础上发展为机电复合集成、智能控制设计、算法与识别研究及智能制造模拟 4 个方向。在相同方向的学生团队可以进行交流和学习，如图 5 所示。

图 5 学生团队交流学习

每个团队根据自己的发展方向，拟订学习计划、项目实施计划，在此基础上寻找相匹配的科技竞赛参与。这样，参加竞赛不是学生的目标，竞赛只是学生提高过程中与国内外学生进行交流、证明自己实力的一种方式；而且，在某个技术领域通过不断深入学习、实践，自己的能力才能不断提高。这种方式还具有一定的传承性，一届一届以老带新，技术方面不断突破（见图 6），在竞赛方面的成绩也可以逐步提高，从而增强学生的自信心，形成良性循环

图 6 不断突破的学生作品

(见图7)。当然这个发展方向最好与学生自己的专业相结合,让他们能够充分利用所学知识并进行扩展和应用。

图7 部分获奖证书及成果

7 结语

新形势、新问题、新要求,结合当前社会对人才的需求,探索创新人才培养的模式是高校所面临的关键问题之一。人才培养是系统性的工程,应以人才培养效果为主要评价依据,创造宽松、良好的创新实践氛围,通过思维、意识的建立,兴趣的激发,方向的引导逐步探索与时代和人才培养规律相适应的有效培养模式,提高学生的实践创新能力。

参考文献

[1] 钟赛.大学生创新创业教育模式研究[J].智库时代,2020(12):230-232.
[2] 黄大可,桂丽,王盛花,等.基于第二课堂的大学生创新能力培养途径的探索[J].教育教学论坛,2020(12):189-190.
[3] 鲁明波,刘亚丰,杨英,等.大学生创新能力培养与实验教学模式改革实践[J].教育教学论坛,2020(7):100-102.
[4] 张方昕."互联网+"创新创业大赛平台的大学生创新创业能力培养分析[J].智库时代,2020(6):49-50.
[5] 盛汉霖.多学科融合在大学生科创竞赛指导中的实践:以国际空中机器人大赛为例[J].教育教学论坛,2020(6):173-174.
[6] 张红霞,陈晓航,姚层林.大学生实践创新能力的培养与研究:以机械创新设计大赛为平台[J].中国校外教育,2020(2):53-54.
[7] 乔海曙,李远航.大学生创新能力培养研究综述[J].大学教育科学,2008(1):20-23.

高校工程训练中心内涵式建设探究与实践

肖 强, 赵正杰, 冯再新, 孔为民, 高 梅

(中北大学工程训练中心, 太原, 030051)

摘要: 《中国制造2025》提出了坚持"创新驱动、质量为先、绿色发展、结构优化、人才为本"的基本方针。近年来, 在此背景下, 中北大学工程训练中心不断提高人才培养质量, 不断探索与实践, 积极做好中心的内涵式建设。

关键词: 《中国制造2025》; 工程训练中心; 内涵式建设

1 引言

中北大学工程训练中心(以下简称"中心")的前身是华北兵工工业学校于1951年11月成立的实习工厂, 于1953年建成并投入使用, 发展至今已有60余年的历史, 是承担全校工程训练教学任务的教学单位, 是致力于培养学生的工程实践能力和创新精神的工程实践教学基地。2011年, 学校将原校办工厂和金工实习基地重组, 正式成立中北大学工程训练中心。2014年, 工程训练中心被评为山西省实验教学示范中心。2018年年底搬迁至新址。中心设主任、副主任各1名, 设综合管理部、创新实践训练部、工程实践训练部3个科室。中心的教学任务包括基础实训教学和双创教育, 每年承担全校12个学院、62个专业、140个班级约65万人时数的基础实训教学任务, 现有全校18个学院(部门)共31个双创实践综合平台入驻中心开展双创教育工作。

2 师资队伍建设

中心在长期的实践教学中, 逐步形成了一支专兼结合、核心骨干相对稳定, 由教师、工程师和技师构成的富有自身特色的三师型师资队伍。随着中心人员的自然减员, 为了不断充实中心的师资力量, 解决人员短缺、师资队伍梯队不完整的问题, 2019年从我校机械工程学院引进博士1名, 于2019年年底通过学校招聘引进人事派遣人员6人, 2021年中心自聘人员4人, 现有教职工43人, 其中教授2人、博士3人、硕士8人、技师26人。2019年开始从各学院聘任创新指导教师10余人, 承担中心的双创教育工作。

3 教学内容建设

"十三五"期间, 学校高度重视工程训练中心的发展, 提出了"1233"建设任务, 即实现1个目标(创建一流国家级中心), 构建2个体系(层次化、模块化的实践教学体系, 现代化的教学管理体系), 加强3个建设(教学条件建设、师资队伍建设、工程训练文化建设), 强化3个功能(实践教学功能、创新创业功能、社会培训功能)。[1-2]根据"1233"建设理念, 打造四层次多模块的教学体系(见图1), 通过调研与邀请专家指导, 结合中心的实际, 于2019年重新修订教学大纲并开展教学改革。目前开设的基础实训项目包括车削、铣削、钳工、铸造、焊接、

热处理、表面处理、锻压、数控车削、数控铣削、加工中心、特种加工、3D 打印、工业控制等(见表1)。同时,面向全校学生开设双创实践选修课,每年开设 3 门或 4 门,涉及学生约 500 人[3-4]。

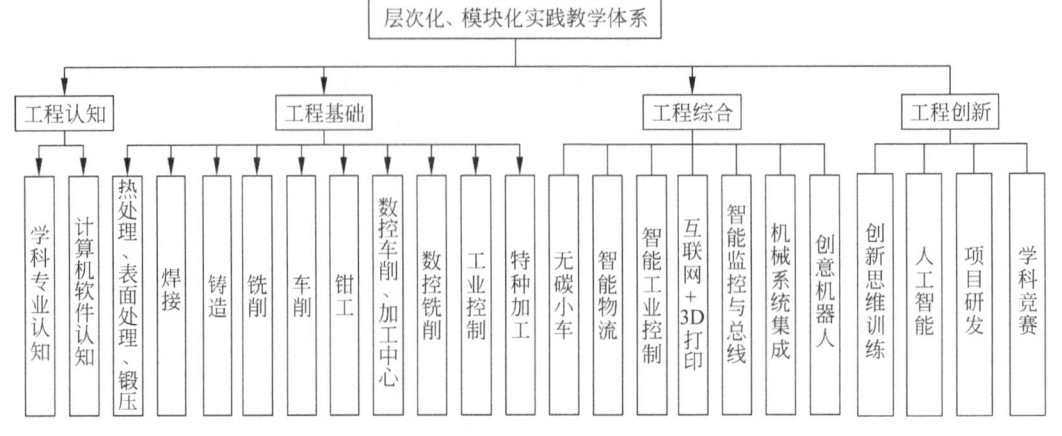

图 1 四层次多模块的教学体系

表 1 工程训练内容　　　　　　　　　　　　单位:天

内容	车工	钳工	铸工	铣工	焊工	热处理、表面处理、锻压	数控车削	数控铣削	加工中心	特种加工	工业控制	3D 打印	工程认知
5 周	3	3	3	2	2	2	2	1.5	1.5	1	2	2	1
3 周	2	1	1	1	1	1	2	1	1	1	2	1	0
2 周	2	1	1	1	1	1	0.5	0.5	0.5	0.5	二选一		0

3.1 教学资料建设

1) 教材

为了充实教学资料,不断提升教学质量,中心于 2011 年 12 月出版了《金属工艺学实习教程》,2020 年 8 月出版了《工程训练》(见图2),同时拍摄、制作了 7 个实训项目的现场教学视频,以二维码的形式呈现在教材中,供读者扫码观看学习。目前正在编制《工程训练简明教程》。

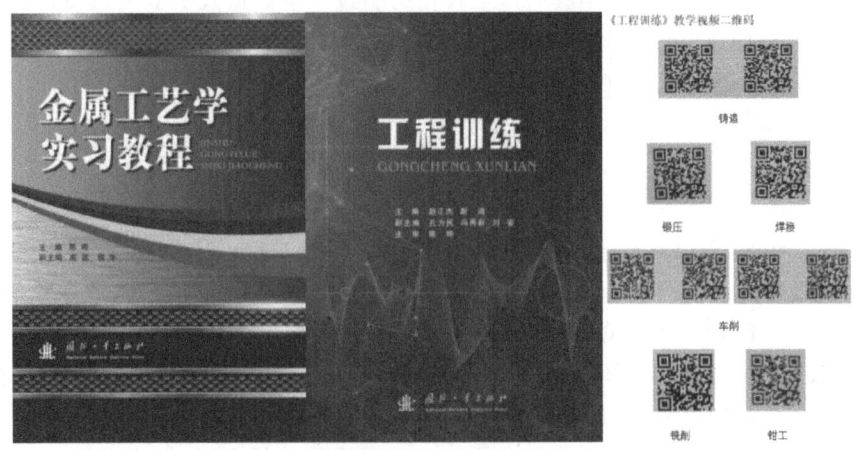

图 2 工程训练教材及教学视频二维码

2）教案、教学PPT、教学日历、考核评价标准

由各实训项目（含工程训练动员及安全教育）班组长牵头，组织本班组教职工，结合课程思政要求，根据实训项目的不同课时，对照工程训练教学大纲，分别编写实用教案，同时制作1h的理论教学PPT。另外，根据实训进度计划编制教学日历，并将教学日历张贴在实训区的醒目位置，明确教学内容和进度。同时，根据教学大纲中的考核要求，制定各实训项目的考核评价标准，并将考核评价标准张贴在实训区的醒目位置，做到评价公开透明。图3所示为部分教学资料。

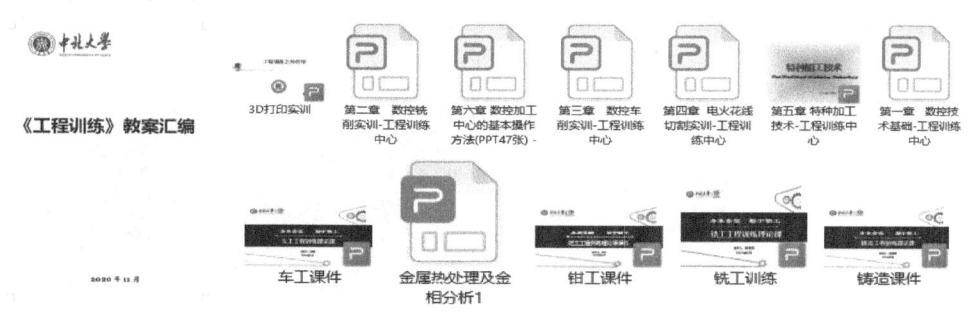

图3　工程训练教学资料

3）《工程训练学生手册》《工程训练》作业

为了让实训学生深入了解和学习中心的各项规章制度和实训所用设备的安全操作规程，特由综合办公室牵头，组织专人编写了《工程训练学生手册》，并作为实习教学资料，实训前下发给学生参考学习。

作为工程训练的理论考核资料，中心教学管理人员专门根据实训项目内容，编印了《工程训练》作业，如图4所示。

图4　《工程训练学生手册》《工程训练》作业

3.2　虚拟仿真

中心目前已申报国家级一流虚拟仿真课程项目1项——机器视觉引导的全智能工业机

器人虚拟实验,如图 5 所示。该项目于 2019 年完成申报,2020 年被认定为山西省省级虚拟仿真实验项目,目前正在申报"第二批国家级一流本科课程（虚拟仿真实验教学课程）"。该项目作为"工程训练"（金工实习）课程的线上实训教学模块,依托虚拟现实、多媒体、人机交互、数据库和网络通信等技术,构建高度仿真的虚拟实验环境和实验对象,实现真实实验不具备或难以完成的教学功能,学生在虚拟环境中开展实验,可以达到所要求的认知与实践教学效果。

图 5 机器视觉引导的全智能工业机器人虚拟实验

该项目不仅作为我校学生虚拟仿真教学的必修项目,同时还广泛应用于省内兄弟院校的实训教学,并受到广泛好评。

4 教学质量监控与评价

工程训练是教学工作的重要组成部分,工程训练教学的质量直接关系到学校的整体教学质量和人才培养质量。为提高我校工程训练的教学水平,促进实践人员工作的积极性和主动性,结合学校的实际情况制定了工程训练教学质量保障与监控制度。

4.1 教学监督检查

1) 日常检查

工程训练教学质量检查工作要纳入工程训练中心每学期的工作计划,内容包括教学日历抽查、实习报告抽查、随机听课制度等。

2) 定期检查

每学期分别在开学初期、期中和期末开展工程训练教学检查,开学初期工程训练教学检查的内容主要是工程训练教学的准备情况,期中和期末的检查内容主要是工程训练教学的运行情况与考核情况。

4.2 教学督导与评价

中心成立了工程训练教学督导组,由工程训练中心聘请若干名治学严谨、工程训练教学经验丰富、责任心强的人员组成。工程训练教学督导员不定期到工程实践教学现场检查工作情况，并填写“中北大学工程训练教学质量评价表”，为工程训练教学改革提供指导。

中心建立了工程训练教学质量评价体系，每学期组织学生、同行专家及有关职能部门的领导对工程训练教学质量进行全面评价。通过评价，客观衡量工程训练教学的整体实力和水平，找出问题之所在，研究解决问题的对策和措施，总结和推广先进经验。评价结果与工程训练教学人员的待遇挂钩，达到优劳优酬、多劳多得、奖优促劣的目的。

4.3 教学信息交流与反馈

中心每学期期中、期末分别召开与实训教学有关的指导教师、教学管理人员及学生座谈会，就工程训练教学中存在的问题进行交流。此外，还通过线上线下相结合的方式开展问卷调查，通过各种渠道收集工程训练教学信息，经梳理分析后及时对每门实践课及实践操作人员的教学质量提出意见和建议，以文件或报告的形式反馈给有关部门。必要时可召开工程训练教学信息反馈会，促进工程训练教学问题尽快解决，如图6所示。

中北大学工程训练教学质量评价表（2020/2021学年第一学期）

第1题 工程训练动员及一级安全教育授课内容完整度及上课效果。 [量表题]

本题平均分：4.76

选项	小计	比例
很不满意	4	0.39%
不满意	3	0.29%
一般	37	3.63%
满意	148	14.52%
很满意	827	81.16%
本题有效填写人次	1019	

第2题 实训现场指导教师二级安全教育培训到位，讲授实训内容逻辑清楚、重点突出教学时间分配合理。 [量表题]

本题平均分：4.76

选项	小计	比例
很不满意	5	0.49%
不满意	1	0.1%
一般	41	4.02%
满意	144	14.13%
很满意	828	81.26%
本题有效填写人次	1019	

第3题 各实训项目准备充分，仪器设施设备状态良好，实训场地整洁。 [量表题]

本题平均分：4.75

选项	小计	比例
很不满意	5	0.49%
不满意	2	0.2%

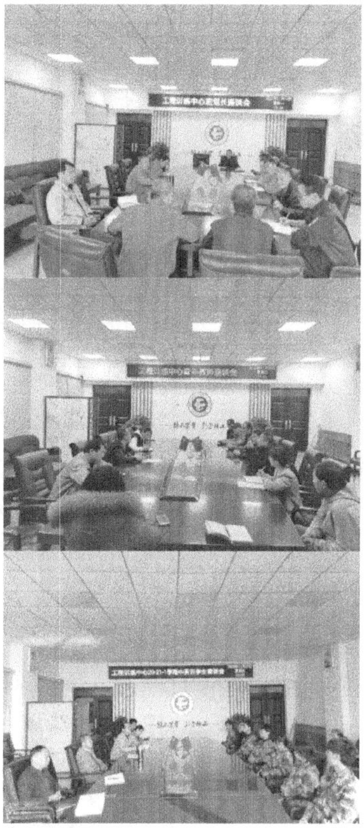

图6 问卷调查与班组长、青年教师、学生座谈会

5 创新创业教育

在学校的大力支持和正确领导下，中心与教务处共同完成了学校18个学院(部门)、31个创新创业实践平台的申报、规划及入驻工作，并与各个平台签订了责任书，明确了各平

台责任人和安全责任人,力争各平台参与双创活动的本科生人数达到每 100 平方米每天 100 人次。

近 3 年来,中心积极组织学生申报大创项目 100 余项、"刘鼎杯"创新作品项目 80 余项、"互联网+"大创项目 120 余项,还组织学生参加全国 3D 大赛、全国大学生工程训练综合能力竞赛等赛事,并代表山西省参加全国竞赛多项。双创实践综合平台共开设双创教育实践选修课 80 余门,见表 2。

表 2　双创实践综合平台

序号	所属学院	平 台 名 称
1	机电	无人系统创新创业实践平台
2	机械	智能机器人创新平台(含机器人实验班)
3	材料	金属橡胶成形及应用创新创业工作室
4	化学	绿色化工与生物医药创新实践平台
5	化学	Chem-E Car 创新实践平台
6	信息与通信	智慧光机电双创实践平台
7	信息与通信	"北斗+"星创空间
8	信息与通信	医工融合大学生创新实验室
9	信息与通信	智能互联 AIoT 新工科创新创业实践平台
10	信息与通信	华为 5G 智能化产教融合基地
11	信息与通信	无线通信应用创新创业实践平台
12	仪器与电子	仪器电子类本硕博垂直帮扶的多学科交叉深度融合创新创业实践平台
13	仪器与电子	微能源与智慧传感创新创业实践平台
14	仪器与电子	"互联网+"智慧医疗装备创新平台
15	仪器与电子	创新精英研究院——仪器电子类本科生创新创业平台
16	大数据	信息技术应用创新实践平台
17	大数据	"工业互联网"创新创业实践平台
18	理学	工程结构与岩土模型创新实践教育平台
19	理学	数学建模创新实践平台
20	经管	"中北融创"创新创业实践平台
21	人文社科	法治服务双创平台
22	体育	体育工程与体育产业创新创业平台
23	艺术	科技艺术双创中心
24	软件	大数据与人工智能创意设计双创平台
25	环境与安全	安全实践与教育创新平台
26	电气与控制	智控畅想双创平台
27	能动	新能源车辆智能化设计创新实践平台
28	能动	赛车工作室
29	马院	军工历史文化研究与产业开发创新创业实践平台
30	工程训练	卓创工作室
31	工程训练	智行工作室

6　结语

通过基础实训教学改革与双创实践活动的开展,我校工程训练中心的内涵式建设已初见成效,使中心成为全校学生实践技能提升和双创能力培养的重要基地。基础实训和双创实践综合平台功能更加完善,对各专业的支撑作用特别是对工程教育认证环节的作用更加明显。我校工程训练中心将进一步加强辐射与示范,实现中心的内涵式建设成效共享。

参考文献

[1] 徐文娟,韩仁学,程玲,等.基于应用型人才培养的基础实验教学示范中心内涵建设探析与实践[J].价值工程,2017,36(19):213-215.

[2] 成岗,刘虎,陶俊,等.普通高等工科院校工程训练中心师资队伍建设的探索[J].当代教育实践与教学研究,2018(8):562,566.

[3] 张鹏,邵玮.新工科背景下的工程训练中心实践教学改革与反思[J].当代教育实践与教学研究,2020(2):174-175.

[4] 马钧,曾祥君,马瑞.面向工程教育认证开展工程训练中心建设的探索[J].教育教学论坛,2018(13):82-83.

大学生创新创业综合实践平台建设探究

蒙清华,高 梅,肖 强

(中北大学工程训练中心,太原,030051)

摘要:本文针对目前高校创新创业综合实践平台的建设,对创新创业实践平台的各种建设模式进行分析探究,不同的建设模式可在多个层面提高大学生的创新创业能力,同时对大学生创新创业教育具有积极的推动作用。

关键词:创新创业;建设模式

1 引言

当今世界的竞争是人才的竞争,是教育的竞争。习近平总书记强调,要激发各类人才创新活力,建设全球人才高地。目前,高等院校培养创新创业型人才,对于服务创新型国家建设有着重大战略意义[1-2]。创新创业综合实践教育是高等院校的重要学习方式,同时开展各类创新创业实践活动,推进创新创业实践改革,构建创新创业实践体系,可使大学生在创新创业实践活动中获得累累硕果。

2 大学生对创新创业综合实践的认知

在"大众创业 万众创新"的时代潮流驱动下,大学生对创新创业综合实践的认知得到进一步的提高。高校通过创新创业综合实践平台的内涵建设,为大学生创新创业实践教育提供优质的实践服务[3-4]。首先,加快完善创新创业课程体系建设,提高大学生对创新创业的认知。其次,通过丰富实践活动的多样化、实践课程的多元化,吸引更多的师生参与进来。最后,通过构建多学科交叉的实践平台,学校全面开展各项创新创业实践活动,使学生在活动中能更好地发挥所学专业知识及兴趣爱好,更好地体现创新创业综合实践的作用,使学生在学习生涯中能够得到全方位锻炼。

3 大学生创新创业实践建设取得有效成就的案例模式

3.1 以兴趣爱好为主,依托各类学科竞赛,自主参与创新创业实践活动模式

高校为学生搭建了一个有技术指导、竞赛经验丰富、设施较全面的创新创业实践平台,以学生自主管理为主,教师参与培养为辅[5]。通过新生入学进行纳新活动、实施基础理论知识全面培训、设计项目考核学生的实践能力、鼓励学生加入竞赛团队等系列环节系统化的培养模式,使学生在创新创业实践活动中可以有效地发挥兴趣爱好,很好地体现自我价值,从而激发学生积极追求更高的目标。在参与学科竞赛的过程中,可以培养学生的创新思维、发散思维、主动思维,运用所学知识来分析问题、解决问题,更好地培养学生的动手能力、逻辑思维能力、创新意识和创新能力。通过不断学习、自我管理及参赛积累经验,提升

了广大学生的创新意识和实践能力及团队协作精神。

学生团队每年通过纳新、培训、考核等,吸收新生加入,不断举办创新创业实践活动,使学生队伍得到很好的保障。以学生自主管理为主,可以更好地培养学生的管理能力、自律能力,使学生有更大的自我发挥的空间和舞台,同时可以进一步挖掘学生的沟通能力、组织能力、协调能力及领导能力。

3.2 开设创新创业实践课程和实践体验活动模式

高校实践教学环节是创新创业能力培养的必要环节。高校与实践课程相关的单位进行联系,搭建有实际情景的实践教学平台或共同组建实践教学基地,以身临其境的实践体验活动来弥补理论教学的不足,为培养学生的创新创业能力提供多方面支持。同时,通过创新创业教育选修课程的设置,鼓励不同专业的学生参与实践活动,大家可以通过实践情景中的角色扮演、小组讨论、头脑风暴、观摩、模拟、实际操练等灵活多样的教学方式,体验实践学习的乐趣,同时培养一定的实务技能、规则意识与创新思维,以实践活动增强创新创业能力。通过开展具体的实际操作实践课程,不同专业的学生可以加深对该学科的了解,从而实现跨学科交叉学习与创新,增长多元技能,开阔创新创业视野,更好地激发学习兴趣,变被动学习为自主学习,将理论知识与实践相结合,将创造的梦想变为现实,培养更多的创新型人才。

3.3 依托科研项目,以积极参与学科竞赛为主的创新创业实践模式

高校开展创新创业实践活动离不开项目的支撑,学生拥有系统扎实的理论知识,通过与有效的创新创业实践活动相结合,可以使学生的创新创业能力得以充分发挥。同时,教学和科研是高校的基本职能,科研反哺教学顺应当今社会的发展和需要,利用科研项目鼓励学生参与,将所学的理论知识提升为技能和技术,应用到工程实践中,有利于培养服务于社会的应用型人才。高校把科学研究实践融入教学,科学研究成果用来支持教学改革,学生在科研项目方案策划实施过程中,可以由项目的最初创新意识、创新思维、创新设计、成果展示、最终成果转化实现创业,完成创新创业教育的完整体系。学生依托自己科研项目的构思及创意的创新成果,可以参加各类学科竞赛活动,教师鼓励学生以高质量的项目参加国际、国家级大型比赛。在研究项目学科的背景下,完全满足学生进行创新创业实践活动的需求。该模式培养了学生学以致用的能力,适应了社会创新型人才的需求,提高了创新创业的核心竞争力。

3.4 高校搭建大学生创新创业实践平台,企业协同参与模式

高校通过校企合作,共同搭建大学生创新创业实践平台,学校可以依托企业的先进技术及资源与学校开展合作,一方面,学校可以作为企业培养人才的基地;另一方面,企业可以给学生提供实践机会,帮助学生通过参与校企合作实践提高能力水平,开阔视野,从而激发其创新创业实践的积极性。加强校企的有效合作,还可以让学生在校期间提前适应企业的应用管理模式。在高校教师和企业导师的共同指导与培养下,既可以保证学生对校内知识的掌握,又能使学生了解社会发展的需求。学生通过获取信息,对知识的实用性、前沿性有了超前的预判能力,增强了学生对创新创业能力敏锐审判思维的培养。校企合作实践平

台通过开办讲座、培训、经验分享等活动对学生的创新创业实践进行指导,让学生在实践活动中准确运用理论知识,为提高创新创业能力提供重要途径。

4　结语

综上所述,高校在大学生创新创业综合实践平台建设的同时可根据条件进行合理规划和建设,进而提升大学生创新创业实践的质量,通过不同的建设模式让更多的学生参与进来,扩大学生的受益面,为国家培养创新创业型人才贡献力量。

参考文献

[1] 徐晓影.大学生创新创业平台建设研究[J].科技创业,2021,34(4):138-140.
[2] 胡运哲,徐晓影.大学生创新创业平台现状分析[J].长春师范大学学报,2021,40(4):138-140.
[3] 赵冬梅,许正芳,朱晨光.高校大学生创新创业平台体系的构建[J].产业科技创新,2019,1(9):115-116.
[4] 顾明明.浅谈大学生创新创业平台构建与实践指导[J].青年与社会,2020(20):137-138.
[5] 李涛.浅析当前大学生创新创业平台发展现状及建设对策研究[J].青年与社会,2019(14):287.

工程创新视角下一流课程内涵建设的探索与实践

王浩程,徐国伟,贾文军,李　毅,刘　健

(天津工业大学工程教学实习训练中心,天津,300387)

摘要：一流课程建设是高质量发展形势下创新型人才培养的迫切需要。对一流课程内涵的理解和把握是课程建设成效的突出标志,也是教学过程中必须面对的重要问题。本文以工程创新为视角,以"创新思维及方法"一流课程建设为案例,深入分析了一流课程在思政、实践、学识、关爱等方面的内涵要素,强调这些要素是一流课程的显著特征,指明了一流课程内涵建设的内容及方向。

关键词：一流课程；工程创新；内涵；实践；思维方法

1　引言

在高质量发展的背景下,工程人才培养如何能够切实适应科教兴国、科技自立自强的发展要求呢？这无疑是一个值得长期深入探讨的问题。近年来,在高等教育领域,争创"一流"成为一股巨大的热潮。一流学校、一流专业、一流课程,"一流"这样一个人人皆能理解的概念在人才培养中被赋予了涉及国家发展战略的高端目标和迫切期望。为此,我们必须清醒地深思,到底什么是"一流"？怎样才算是建成了"一流"？"一流"与"非一流"的区别在哪里？这里追问的,实际就是"一流"的内涵问题。如果不注重对"一流"内涵的理解把握,进而在教学实践中付诸行动,那么"一流"建设极有可能成为单纯的"争",很多事情就极有可能浮在表面、流于形式。课程建设是实现学生身心全面发展教育目标的永恒主题,肩负着知识传播和品质培养的双重职责。追求一流课程是高等教育教书育人的当然与必然要求,对于工程人才培养更加迫切。本文聚焦于一流课程建设,从工程创新的视角深入探讨一流课程的内涵,以期对工程人才培养起到促进作用。

2　一流课程的思政内涵

2.1　课程思政——素质教育的有效途径

内涵是事物内在的、本质的东西,是事物在长期发展中积淀下来的优良特质。课程建设的内涵需要凝练、融合与践行,从普遍意义上看就是结合时代发展的主旋律,通过凝练并运用蕴含在课程中对学生身心成长、价值观取向有引导意义的教学内容,深入挖掘专业课和综合素养课中所蕴含的德育元素,将思想政治教育隐形地融入专业课和综合素养课程教学中[1],在知识增长中实现课程育人的重要目标。因此,唯有深刻感悟课程知识体系中的人文底蕴,从中觅得贴合时代需求、益于品性培育的精神养分,形成教学内容,融入教学过程,才能使课程建设步入"一流"的轨道。鉴于此,可以说在教学过程中思政内涵的体现是一流课程建设的首要支撑和建设标准。

思政内涵的挖掘和积累不是一朝一夕、一蹴而就的。教师是课程建设的主角,作为课程教学过程和目标的主导,不断强化课程的育人功能是教师永恒秉持的职责。习近平总书记说:"三寸粉笔,三尺讲台系国运;一颗丹心,一生秉烛铸民魂。"把教师的课堂教学与国运、民魂联系在一起,这是对教师的崇高评价,对教师而言,自豪感油然而生,同时也会感到肩上沉甸甸的责任。课程思政是教师的一种情怀、一种责任、一种挑战。

2.2 工程创新——思政内容的不竭源泉

工程教育是培养学生综合工程素养的教育领域。从工程对人类社会文明进步发挥的作用看,涉及历史与当代国家民族复兴富强的思政内容总是可以从工程中挖掘提炼出来,也就是说,在教学过程中,所有与工程相关的课程都能从中找到契合点,与思政教育紧密联系起来。人类社会文明进步的历史也是工程创新的历史,中华民族在谋求幸福的征程中,工程创新产生的巨大推动力在每个时代激发着人们砥砺前行的豪迈热情。历史上的古老工程——都江堰、长城、运河……饱含了中华民族的勤劳智慧和吃苦耐劳的精神意志;改革开放的宏伟工程——三峡、南水北调、青藏铁路……蕴藏了国家富强的洪荒之力;当代中国的工程奇迹——高铁、飞机、港珠澳大桥……彰显了民族复兴进程中的高昂斗志。工程的每一门课程,无论是设计还是工艺,都能让人感悟出表达中国梦奋斗精神的工程创新思政教学内容。

"创新思维及方法"是一门包含丰富思政内涵的在线课程,2019年入选国家级本科一流课程,目前全国已有170多所院校5万多名学生选课。在课程建设和配套教材编写过程中,教师确实感受到了情怀、责任及挑战。从思维到方法、从理论到案例、从传统到先进,工程创新在历史传承中创造了无数彰显文明进步、给人类带来福祉的实体物品和建构方法,中国古代闻名于世的"四大发明"就是其中的杰出代表。工程创新在当代中国的复兴之路上担负着无可替代的使命,让我们感到振奋,同时也感受到了教书育人的职责。工程创新的辉煌历史和当代成就为课程建设增添了取之不尽的思政教学内容。

3 一流课程的实践内涵

3.1 实践观——课程建设的理论支撑

实践内涵是一流课程建设的突出特征,它集中体现了在教育教学过程中用实践的思维和方法引导教学行为、促进教学效果的思路和做法。凝练和把握教学中的实践内涵需要在长期的教学实践中体会、感悟并践行。一流课程建设必须树立正确的实践观,充分认识到实践是提升课程品质的重要途径。实践的概念非常宽泛,从普遍意义上讲,包括生产实践、科学实验和社会活动。教育是一种社会活动,其中也包含着科学实验和与产业相结合的实践活动。教育以教学实践活动为主体,无论是课堂教学还是实习实验教学,都包含着丰富的实践内容。课堂教学是教育的基本实践活动,在课堂教学过程中,钻研教法、拓展内容、凝练思政、致力革新,这些都是教师应该倾心践行的岗位工作。用实践观去指导教师开展课程建设,实际就是在感悟和把握教育的实践内涵。

马克思主义实践观从哲学的高度对实践在人类社会文明进步中所起的作用做出了科学精准的概括,认为实践是一种改变世界的现实的、具体的、物质性力量,实践与认识是相互作用的。作为现实认识或实践客体的现实客观世界,既有其客观性,在一定意义上又是以往人类实践活动的产物[2]。马克思主义实践观是人类能动地、科学地认识世界、改造世界的基本的和根本的认识观点。马克思辩证唯物论和历史唯物论都是建立在科学的实践观基础之上的。一流课程的内涵挖掘,必须以马克思主义实践观为指导,深刻理解"全部社会生活在本质上是实践的"的科学论断,从教学内容中体现知识体系的实践意义,从教学方法上展示课程建设的实践方向。

在"创新思维及方法"的课程建设中,课程团队紧紧围绕创新的实践性本质属性,突出在实践性引导下对思维和方法的剖析总结,对工程实体建构所需的工程思维和基于发明创造规律的工程方法进行了细致梳理,形成了思维与方法相互协调、相互作用的教学思路。在充分利用先进的现代教育技术创建课程文档、视频、教材等教学资源的同时,积极组织开展形式多样的创新教育活动,如创新大讲堂、创新方法竞赛、创新夏令营等,实践观引导下的教学活动开展得有声有色。

3.2 工程实践——能力培养的必由之路

工程实践是"金属工艺学""金工实习"等课程的建设方向和发展理念,也是金工实习发展后的课程名称。从工程实践的教学主旨来看,能力培养是理所应当的教学目标。伴随着科学技术的飞速发展,工程实践的内容和方法也在与日俱增。在工程实践教学中,蕴含着许多课程建设的内涵要素,包括适应高质量发展的形势教学内容的拓展、教学方法的更新、理论教学与实践教学的密切结合等。这些内涵的东西需要教师提炼归纳,形成教学的具体内容和方法,围绕工科学生的能力培养,在教学实践中加以充分体现和运用。在工程类课程建设中,最为突出的教学理念就是对实践内涵的理解、把握,进而在课堂或实验室用教师的学识和激情展现出来[3]。

在工程教育的目标中,工程能力的培养不可或缺,而且必须放在极为重要的位置。近年来,在高等工程教育领域如火如荼地开展的"新工科"工程教育改革,其本质就是培养具有多学科融合及创新精神和能力的工程技术人才。没有较强的工程能力,就不能适应经济转型升级对工程技术人才培养提出的新要求。一流课程的建设对工程教育而言,其实也深刻地体现在课程能否对学生的能力有所促进,以及课程中的工程知识能否与实际应用相结合,从而进一步提升学生知识应用的能力。

"创新思维及方法"的一流课程建设,是在工程实践内涵凝练的基础上注重工程能力培养的教学思路与工程创新思维及方法教学内容相互融合的过程。在这个过程中,一方面需要教师在课程建设中不断加强自身实践能力的锻炼和提高,通过参与实验室建设,能够切实把工程实践能力作为教学能力提升的有效途径,将工程能力培养的主题贯彻教学始终;另一方面,需要结合一流课程建设的指标体系,细致梳理教学内容与能力培养的关系,使课程建设在提高学生工程创新能力的教学目标上落到实处[4]。

4 一流课程的学识内涵

4.1 增长知识——课程建设的基础

传授知识是课程最基本的功能和目标。一流课程的学识内涵就是对体现专业知识水平和实践能力的课程教学内容的精华的认识和提取。如何保证并不断改善学生有效接受知识的教学效果？如何在课程教学中引导学生的学习兴趣？如何将知识的学习与实践锻炼有机结合？如何在教学中对知识传授的深度和广度进行适度把控及合理取舍？这些问题都蕴含在知识传授的教学过程中，需要教师认真思考，细致分析梳理教学的每一个环节，努力在教学实践中探索这些问题的解决方法。事实上，对教师而言，教学能力的提升是一个永恒的主题，教师的教学基本功除了能够在课堂上生动活泼地传授知识，还需要在学识内涵的感悟挖掘上下功夫，也就是针对知识的吸收，在教学实践中把握教与学的规律，用启发式教学的模式组织课堂教学，充分利用现代教育技术开展线上教学，或用线上教学作为课程教学的必要补充。持之以恒地推进课程学识内涵建设是创建一流课程不可缺少的努力方向之一。

"创新思维及方法"是一门涉及工程创新的通识课程，主要内容包括创新思维和方法两部分。创新思维是人类认识问题的高层级思维方式，这种方式是人自身的发展、科技突破、社会进步不可缺少的动力，其强烈的能动性特征使它成为探索、认识、获得新事物的必然途径。课程中讲授的方法是建立在创新思维基础上的工程创新方法，也就是TRIZ方法。方法中的教学内容旨在强调发明创造是有规律的，把握这些规律，就可以提高创新的效率，加快创新的进程，反过来又可以进一步促进思维的发展。

4.2 拓展知识——课程适应时代的要求

课程建设应该与时代发展紧密相连，学科交叉融合体现在工业产品中已经具有普遍性。"新工科"工程教育改革突出的特征就是培养学生多学科交叉融合的工程能力[3]，不断拓展学生的知识面和国际视野，这也是一流课程不可忽视的建设方向。也就是说，在课程教学实践中，应该结合科技发展，深入探讨课程教学内容的更新取舍问题，强化课程拓展知识面的功能。要实现拓展知识面的教学目标，教师的主导作用非常关键，这就要求教师自身不断加强专业素养的锻炼，关注新技术的应用，在学习和实践中拓展自己的知识面。

工程创新的技术发展日新月异，工程实践类课程应该适应形势的发展，在知识体系更新、教学内容充实、教学方法创新等方面加大改革力度。在"创新思维及方法"课程建设过程中，首要的任务是建立课程的知识体系。最初设想是以工程创新方法为知识体系的主线，系统介绍发明问题解决理论(TRIZ)。考虑到课程的受众面广泛，很多低年级本科生还没有学习基本的工程知识，更没有工程实践经验，而TRIZ知识体系和案例涉及大量的工程知识。因此，课程团队调整思路，把创造学和工程创新方法融合在一起。从知识内涵的渐进性和连续性分析，思维和方法是紧密融会贯通的。没有基本的思维能力，谈方法犹如空中楼阁；反之，不了解一般方法，思维也会陷入混乱。故思维和方法必须统筹兼顾，而且应该把思维放在前面。思维本身也存在方法的问题，这就是创造技法的教学内容。TRIZ方法中的知识原理，其实并不局限于工程创新，社会生活方方面面的问题都可以引申运用TRIZ思想去分析处理。比如物场分析，对于工程系统的结构问题是一个有效的分析工具，对于社会系统和自然环境系统也可以引用以分析解决结构组成方面存在的问题。

5 一流课程的关爱内涵

5.1 关爱之心——教学育人的本质所在

从本质上讲一流课程建设,是通过课程教学达到培育美好心灵的目的。通过课程建设培养学生的关爱之心,应该成为课程教学目标的重要落脚点。课程教学是一项有益学生身心的实践活动,在这个过程中,要树立起学生的关爱之心,就必须在课程中融入 3 方面的"意识"教育。

(1) 成长意识。在教学中以"未来的我会是什么的?"为基本问题,在知识点中引导学生思考科技发展的未来、社会生活的未来、产品使用的未来,从而让学生在潜移默化中对自我成长的未来有一理性又不乏激情的筹划。

(2) 感恩意识。感恩是爱心最根本的源泉和最强大的动力。在课程中融入感恩教育,实际上就是利用课程的知识点,阐发知识原理的应用,引导学生思考"家庭和社会为我付出了很多,我将何以为报?"这样的问题,在寻找答案中让学生深深体会到感恩对于涵养品性的重要性。

(3) 奉献意识。奉献是人生的至高境界,在生存发展的基础上追求奉献是人生步履应该走出的坚实轨迹,教育应为此付诸努力,具体到课程建设,同样应发挥重要的作用。

以上 3 种"意识"的培养,是课程建设关爱内涵的体现,也是培养学生关爱之心不可缺少的重要内容。

工程创新中蕴含的针对学生关爱之心的培养内容十分丰富。通过主动思考、积极实践去获取新的建构物,这是工程创新的突出特征。工程的目标是在建造有形物中给人们带来福祉,创新中的人文关怀也必不可少。由此可以看出,工程创新的过程和结果必然包含着和谐社会和人的心志成长所需的关爱之心。"创新思维及方法"的课程教学看似围绕工程创新分析解决问题的思维方法展开,但在课程建设过程中,关心关怀的情结是少不了的。正是蕴含在课程中的这种情结,会形成爱心的感染力,让学生在课程学习中体会家国情怀,树立感恩报国的远大志向。

5.2 关爱之心——教师素质的根本体现

习近平总书记说:"教育是一门'仁而爱人'的事业,爱是教育的灵魂,没有爱就没有教育。好教师应该是仁师,没有爱心的人不可能成为好教师。"在教学过程中,关爱之心是表现教师自身崇高职业精神的根本素质。从课程建设的每个环节、每项任务着眼着手,教师都应该有职业的神圣感,而这种神圣感是以关爱之心为首的。一流课程的关爱内涵是实现育人目标的根本动力,是教师育人情怀的真切流露。课程建设的过程也是爱心汇聚表达的过程,没有关爱之心,也就谈不上"一流"。工程创新的要旨是给社会带来福祉,教师在工程创新实践的教学内容中应该善于将关爱之心与社会福祉相联系,用真挚的爱心塑造学生积极进取、感恩奉献的美好心灵。

在"创新思维及方法"一流课程的建设中,无论是教师充满激情的讲授,还是对线上与线下教学内容的精雕细琢,关爱之心的表达都成为在知识传授和能力培养中的情感倾注。

工程在关爱内涵引导下的课程建设中不再单纯是实现功能的工具和手段,创新更是成为了爱心与福祉相结合的课程建设内容与方向。关爱内涵在"创新思维及方法"课程中是一种文化底蕴,彰显了教师育人的精神与情怀。

6 结语

一流课程的内涵建设任重道远,对"一流"的理解和认识,并不是一件简单的事情。在教学工作中践行一流课程多方面的内涵,需要教师平心静气,深入钻研,做到教学中的深耕细作。同时,需要在多方面努力下创建一个良好的育人环境。站在工程创新的视角下,一流课程内涵的"实感"更加突出,在教学过程中更需要把握思政、实践、知识、关爱之间的相互协调,只有这样,才能真正实现一流课程的建设目标。

参考文献

[1] 王骞,邓志勇.论当前高校课程思政建设策略[J].江苏高教研究,2021(5):94-98.
[2] 高湘泽.马克思"实践的观点"的世界观和思维方式意蕴及其当代价值[J].理论月刊,2011(10):11-14.
[3] 钟登华.新工科建设的内涵与行动[J].高等工程教育研究,2017(3):1-6.
[4] 王浩程,冯志友.创新思维及方法概论[M].北京:中国纺织出版社,2018.

学科竞赛平台下大学生创新创业能力培养的研究

赵 地[1]，杜玉红[2]，王文涛[1]，李 毅[1]

(1.天津工业大学工程教学实习训练中心，天津，300387；2.天津工业大学教学质量监控与评估中心，天津，300387)

摘要：掌握竞赛和学生的创新创业能力之间的对应关系，进而更科学地引导学校如何培养学生的创新创业能力，对学校的办学理念、教育模式、师资培养都有一定的指导意义。本文以天津市大学生机器人竞赛为实例，分析如何建立机构设计、制造、控制、检测等专业实践技能；如何激发学生的学习兴趣，锻炼学生综合运用所学理论知识分析、解决实际问题的能力；如何利用竞赛创新平台，让学生建立材料、工艺、加工设备、生产效率和产品质量之间的相互关系；如何锻炼学生寻求、接受新科技的敏锐性，培养其求知精神和自我知识更新能力；如何提高学生团队的合作和项目管理经验。

关键词：学科竞赛；创新创业；机器人；大学生

1 引言

目前，高校的创新创业教育还处于初级阶段，存在很多问题，例如，培养机制不够完善、理论学科层面不足、当前高校教育约束学生的创新思维、对科技竞赛创新活动支持力度不足、学生对提高创新能力投入的精力不足、学生缺乏主动思考、创新成分少等。

美国学者Slize认为在科技竞赛中必须让学生学会科学探究、团队合作及训练与掌握技能，尽可能在比赛中发展学生独立工作的技能。美国的哲学博士约翰指出应借助科技竞赛开发学生的脑力资源，诱发学生的创造性思维萌生[1-2]。我国于1989年召开的面向21世纪教育国际研讨会上首次提出了创新创业教育；清华大学于1999年举办了第一届创业计划大赛；刘长宏等提出了构建高校、地市、省级、国家4个层次和培养基础技能、综合能力、创新能力3个维度的学科竞赛改革体制；董方旭等从管理、经费、师资、激励、宣传几个方面提出了科学竞赛运行机制；柏连阳等提出学科竞赛在培养人才的问题意识，提高分析能力、实际操作能力、团队协调能力和逆境处理能力方面有功用；王莉以西安文理学院为例对以科技竞赛为载体的大学生课外科技创新培养进行了研究；张润梅等对基于机器人足球的大学生创新素质培养的理论与实践进行了探讨；袁小亚等研究了科技竞赛提高大学生创新能力的问题；李苏北认为学科竞赛是一条培养高素质人才和创新人才的有效途径[3-4]。

2 开展学科竞赛与创新创业人才培养的关系与意义

构建以科技竞赛为载体的高校创新创业教育，逐渐厘清学科竞赛在高校创新创业教育中的内涵和外延，建立长效工作机制，形成学科竞赛系列化、全程化和品牌化，会提升科技竞赛的水平，使科技竞赛成为创新创业人才培养的有效途径。针对竞赛平台完善创新创业教育，还有助于实现大学校园科技竞赛成果的转变，从而获得一定的经济效益。

---

①基金项目：天津市科技计划项目（20YDTPJC00740）。

3 以天津市大学生机器人竞赛为例,探索学科竞赛对大学生创新创业能力培养的促进作用

在知识经济和信息经济的背景下,天津市更多依靠科技、创新、创业和人才引领经济和社会发展。大学生的知识储备和创新能力优于其他群体,适当地引导其促成自主创业行为具有现实意义。全面贯彻落实天津市教委《关于贯彻落实深化高等学校创新创业教育改革的实施意见的通知》中的要求,深化高校创新创业教育改革,是促进高校提高人才培养质量的重要举措。在高校教育中,学生的创业意识和创新能力不只是通过课堂教学培养的,更多的要借助学习实践活动。其中,学科竞赛就是科学的实践方法,如每年举行的机器人竞赛、大学生"挑战杯"、机械设计创新大赛、电子设计竞赛等。实践证明,大学生科技竞赛活动可以拓宽学生的知识面,培养良好的团队合作精神,帮助学生树立创新意识。

掌握竞赛和学生的创新创业能力之间的对应关系,进而更科学地引导学校如何培养学生的创新创业能力,对学校的办学理念、教育模式、师资培养都有一定的指导意义。因此,我们提出大学校园科技竞赛创新成果的社会化应用,即借助校企合作,根据企业的发展需求革新科技竞赛的内容,继而实现大学生创新创业能力的发展与社会效益的双赢,所以本研究既有理论意义又有实践价值。

以天津市大学生机器人竞赛为例展开高校大学生创新创业能力的研究,挖掘创新创业教育的对内和对外职能,调动各方积极性,优化竞赛资源,可以达成提升学生的创新精神、创业意识和创业能力的培养目标。

1) 学科竞赛对培养大学生创新创业能力的理论分析

利用功能分析法建立学科竞赛平台下大学生创新创业能力培养的理论。以创新创业能力为总功能,以下列各点为功能元,将其影响因素组合分析优化,建立新的培养创新创业能力理论。

(1) 学科竞赛平台:相关的科技竞赛项目,竞赛相关的创新实验室,竞赛相关的创新科技协会组织的师生资源,竞赛相关技术企业提供的培训和创业项目。

(2) 大学生:年级分类,专业分类,性别分类,兴趣分类,经验分类,能力分类。

(3) 创新创业能力:提高学生的科技创新兴趣,增强学生的科技创新意识,锻炼学生的逻辑创新思维,磨炼学生的意志品质,培养学生的团队合作意识,丰富学生的工程实践经验,拓展学生与企业交流的桥梁,积累学生创业的技术资本。

2) 学科竞赛对创新创业能力培养的实例分析

以天津市大学生机器人竞赛为实例,分析如何建立机构设计、制造、控制、检测等专业实践技能;如何激发学生的学习兴趣,锻炼学生分析、解决和综合运用所学理论知识的能力;如何利用竞赛创新平台,让学生建立材料、工艺、加工设备、生产效率和产品质量之间的相互关系;如何锻炼学生寻求、接受新科技的敏锐性,培养学生求知精神和自我知识的更新能力;如何提高学生团队的合作和项目管理经验。

3) 完善学科竞赛对学生创新创业能力培养的有效策略

(1) 为学生开设结合竞赛的创新创业课程、开设短期培训、做竞赛专项报告、定期交流竞赛知识、举办巡回演讲,利用网络资源学习,实行教学方式多元化,普及学科竞赛知识。

（2）做好学科竞赛的组织和管理工作，完善学科竞赛激励制度，建立学科竞赛的运行保障体系。

（3）增加资源投入，构建硬件实践平台，建立学科竞赛基地，提供实践环境，依托校企结合设计学科竞赛项目，直接投入应用。

（4）建立学生科技竞赛协会，形成梯队式、分层式学生培养体系，改善师资队伍建设，优化团队合作。

4 学科竞赛平台下大学生创新创业能力培养的研究思路与研究方法

本文以天津市机器人竞赛为契机，以学科竞赛平台为基础，通过充分调研、分析和论证，采用科学的分析方法提出了提高大学生创新创业能力的理论建议，通过3年的实施、抽样、校正，形成了可借鉴、可操作的在竞赛平台下提升学生创新精神、创业意识和创业能力的培养方案。

（1）利用功能分析法建立竞赛平台下大学生创新创业能力培养的理论。将研究内容的总功能分解成若干功能元，求解功能元，将其组合得到最优化方案，建立新的培养创新创业能力的理论。

（2）文献研究。对2001—2015年中国知网的学术期刊进行了系统的梳理，以求深入理解以学科竞赛平台为载体的创新创业能力的发展脉络。

（3）案例研究。对天津高校机器人科技竞赛中学生的创新创业能力培养进行案例分析，通过具体的方法和数据，探索切合实际的学科竞赛创新创业能力培养模式。

（4）访谈研究。对企业人员、竞赛专家、高校毕业生和在校学生进行问卷调查，利用SPSS分析问题影响要素，或者进行开放式访谈。通过交流发现创新创业教育开展过程中学生的感受和不易被教育者发现的问题，为课题的立论和建议提供依据。

研究技术路线如图1所示。

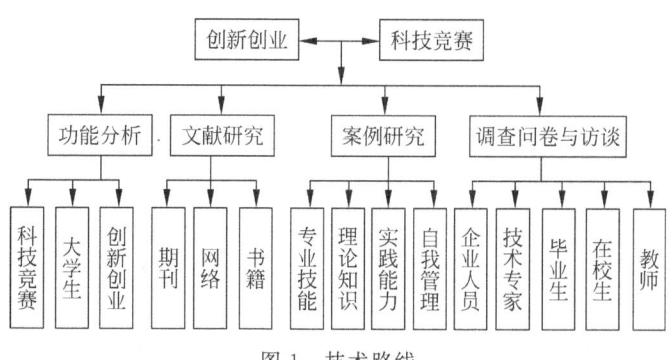

图1 技术路线

5 结语

通过课程设置和内容改革、实践平台和师生团队建设、教学方法和模式改革等，实现理论与实践相结合、教学与科研互助、教师与学生互动、课内与课外联动、学校与企业合作的培养方式,建立了与机器人相关的专业课程-创新课程-社团活动-科技竞赛-创新创业研究-科学研究立体交织的创新创业教育体系,实现了机器人方向学科竞赛获奖率和考研率的提升。深度融合创新创业教育和专业教育,并加大课程思政教育改革,有效地推动了创新创业教育育人模式的创新、体系的完善、内容的优化、质量的提高。

参考文献

[1] 滕智源."双创"环境下高校创新创业教育课程体系构建初探[J].中国成人教育,2017(6):84-87.
[2] 董方旭,况晓慢.高校学科竞赛运行体系的构建[J].中国成人教育,2010(14):32-33.
[3] 刘允,张雅芳.高校学科竞赛组织管理工作研究[J].扬州大学学报(高教研究版),2010(14):31-33,85.
[4] 柏连阳,蒋建初,盛正发.基于学科竞赛的新建本科院校技术创新人才培养探析[J].中国高教研究,2010(8):65-67.

AR与云渲染工具在网络教学中的应用
——以激光教学为例

金 晖，罗 勇，杨建新，王德宇，董宝光

(清华大学基础工业训练中心，北京，100084)

摘要：为补充因受新冠疫情影响而采用网课模式的激光实践教学环节的缺失，使用AR、云渲染等新型技术对激光雕刻机的加工过程进行虚拟量化。本文以激光雕刻课程的智能小车设计环节为例，探讨采用AR＋云渲染＋雨课堂的授课方式展开其可行性及效果评价的论述。

关键词：网络课堂；增强现实；云渲染；金属加工；激光切割

1 引言

清华大学iCenter所开设的制造工程体验课程——"智能物流车大挑战"是一门将原型设计、激光板材切割、电路设计、软件编程等多学科知识和能力结合的实践课程。受新冠疫情影响，原本重要的激光板材切割环节不能组织学生进行现场实际操作，使得智能车的制造过程无法完成实践训练，因此学生只能设计图纸，进行"纸上谈兵"，缺乏动手实践环节。本次在线课程基于新的技术资源开发教学应用及方法，借助云渲染、视频流等手段提升学生的在线学习效果，实现雨课堂与其他软件在线混合的教学模式，让学生在家即可体验产品的加工过程，将视频授课与三维交互相融合，创建远程授课的新方式。

2 现状分析

激光切割是最便利的零件加工方式之一，也是具有效率高、精度高、非接触式加工等特性的先进加工技术，可广泛应用于高校教学、模型制作、服装制作、家具设计等众多领域。但是激光切割技术也同样具有投入成本高、需人值守、设备易损坏等问题，尤其是针对不合格的加工文件，可能会出现板材利用率低、成品率低甚至是损坏设备等情况，因此在线上课程直接调用激光雕刻机将会大大增加成本与风险。在激光雕刻课程中，虽然传统教学模式的内容必不可少，但是随着实体课程转为在线授课模式已经无法满足教学的需要，因此教师需要投入更多的时间去学习计算机辅助设计软件，以拓宽自己的知识面。

AR(增强现实)技术是通过计算机实时计算以获取空间模型，并反向计算自身位置的交互渲染技术，可以在现实空间中叠加原本无法看到的影像；而云渲染技术是面向三维图形设计人员的自动在线渲染平台，具有高效率、低延时、实时成像等特性[1-2]。因此，这两种技术特性的结合恰好弥补了在线课堂中激光雕刻机所遇到的诸多问题，降低了实训难度。在创新课堂的教学模式下，AR/VR/虚拟仿真等新技术融入课堂已有较多应用，比如VR的发动机模拟拆装、AR(增强现实)引导装配等，其强大的可交互性、沉浸感是传统教学模式下感受不到的[3]。但这种形态受制于硬件限制，如果学生无法实地佩戴交互设备，则会失去其本身的优势。因此，借助云渲染的力量，将复杂耗时的本地程序改为在线渲染，可以灵活地调整教学内容，提高教学效率[4-5]。

3 目前在线授课模式的弊端

3.1 "纸上谈兵",缺乏实践

在线课堂与以往的面授课堂存在较大的区别,在授课方式上主要为单向传播模式,师生间缺乏互动过程,在本课程的教学内容上则体现在原型设计与实物加工的迭代过程中,学生对于产品的预期缺乏直观的概念,难以把三维产品的设计、设备加工规范同现实场景产生联系。而课程所设计的产品——"智能小车"又要同时满足物料的抓取、巡线、越障等多重功能,因此其结构复杂,而不同的结构设计将影响整车的功能与稳定性。学生若对结构没有较全面的把控,会使设计调试阶段冗长、剖面结构不合理、材料利用率低下。学生没有了教师的悉心指导,也对课程失去了趣味,更谈不上让所有学生的进度保持一致,相互产生共鸣了。这种缺乏沟通的单向输出模式,同样不利于掌握学生的进度情况,不清楚多少内容被有效吸收,由于不够便利的沟通渠道导致教师很难在网络授课的状态下,再抽出更多精力来开展针对性的辅导与互动。

3.2 缺乏动脑的课堂

面授的课程模式可以让教师观察到学生的状态,时刻与他们互动,保证课堂上的学生都在思考。但是随着网课时代的来临,学生一瞬间失去了制约,经常在开着雨课堂、腾讯会议等课程学习软件时去做其他事情,产生的结果便是师生互动越来越少,教师们辛苦准备的课程内容无人来听,课程氛围变成了教师自己在讲,屏幕另一端却无人思考。当教师发起随机点名、课堂提问试图查看听课情况时,学生只需要把题目百度或翻阅一下PPT,就能应答如流。在大数据及信息高速发展的现代,几乎所有难题都有便捷的途径可以迎刃而解,聪明的学生只需要点点手机屏幕,答案就有了。这并不是学生的错,而是在线课堂模式还没有准备好应对疫情的冲击,更何况学生还有庞大的后台数据支撑。尽管这种便利的条件可以让学生解决很多问题,但是也同样养成了他们不爱动脑思考的习惯,遇到问题时首先想到的不是思考解决路径,而是寻求在线帮助,让他们的创新思维受到禁锢,失去了随课堂动脑探索知识的机会。各种题库、论坛、知乎等解答平台层出不穷,不单单是学生,甚至连授课教师也"深受其害",课堂出题不再依据教学的进度,在浏览器中"大手一挥","标准试卷"便自动生成,正好对应了学生的"标准答案",而这与培养当下大学生创新思维的理念是背道而驰的。

4 基于AR+云渲染的课堂优势

目前的网络课程主要包含需求设计、机械结构、实操加工、软件编程等部分,其中的机械设计和实操方法对没有基础的学生是一个不小的挑战,需要一种更有效的方式减轻网络授课所带来的屏障。为响应《中国制造2025》的号召,发展改革创新的教学模式,针对课程的机械设计原理、设备实操方法等环节重新设计,主要包含课件的撰写、数字化交互资源的制作、AR与云渲染等新型技术的应用开发3个环节,从设计目标上主要是解决以下几个问题。

1) 解决学生听课同步问题

网络授课有较多不可控因素，易使学生分心、进度不同步。需要一些特殊方法把学生吸引回课程，并让多人的进度能够保持一致。除了雨课堂的常规互动，加入了可控交互行为，即通过教师端切换 PPT 图像，遥控引导学生进行 AR 场景的切换，因此无论学生将虚拟模型放到计算机屏幕或是桌面上，都能保障这一堂课的师生进度相同。

2) 解决远程交互的硬件限制

因学生的听课地点不同，存在硬件条件的差异化，无法进行应用程序的交互操作与产品的加工调试。因此借助"云渲染＋视频流"的形式，将工作站部署在屏幕的另一端，供学生体验，直至可以进行设计工作。后续计划通过把设计图纸上传至云端，发送加工文件以完成实物的远程切割工作。

3) 解决在线教学的实践过程

在线教学难以满足课程的实操需求，学生缺乏对于机械设备的使用经验，无法通过 PPT 获得加工体验，因此与面授的学习效果存在较大出入。这一现象重点体现在原型设计与实物加工的迭代过程中，学生缺乏对产品预期的直观概念，难以将复杂的机械手臂、车体结构转化为剖面图进行切割。因此将产品的加工过程进行数字量化显得格外重要，通过把激光雕刻教室搬进虚拟场景，可以实现加工工艺、步序、标准作业流程的三维展示，让学生听着教师的讲解在虚拟实验室里探索。

5 AR 与云渲染在线教学模式的应用构建

5.1 AR 小车装配引导

智能物流车的机械部分主要通过激光雕刻机完成零部件的加工，因此学生需要把立体的零件绘制成平面结构供设备切割。设计的同时需要满足避障、识物、巡线、抓取、投放等多个功能，因此内部结构较复杂，涉及零部件繁多。随着小车不断融入新功能，设计切割图纸时还需要考虑承重、摩擦、传动效率，甚至要对各部件进行干预性检测，由此造成小车设计过程复杂、加工过程冗长。目前，网课模式下的讲解多以平面化图纸、视频讲解为主，可视化程度不高、可理解性差，学生无法自主交互，因此不利于复杂机械结构的讲授。而 AR 技术是由 VR 技术发展而来的，在保留 VR 沉浸感的同时，又能留住现实场景，为学生提供一个虚实融合的课堂环境。AR 交互技术现已广泛应用于航空航天、出行导航、维修装配，甚至是高校教育等众多领域，对于复杂结构的设计有着优良的表现形式。

AR 交互应用，主要针对 3 层功能进行设计：

（1）网络课堂的进度同步，即通过教师切换 PPT 遥控学生端的 AR 画面，让屏幕另一端的学生在被内容吸引的同时，随着教师的讲解一同参与互动。

（2）复杂的零部件设计，即学生需要将小车零件绘制成平面切割图，通过 AR 立体展示，学生可以自主拆装虚拟小车零部件，进行多角度互动观察。

（3）小车装配引导，即针对小车的关键零件易损坏、难组装等情况，做装配引导，指导学生完成正确的装配工作。

图 1 所示为在学生视角，借助 AR 呈现的立体小车装配过程。

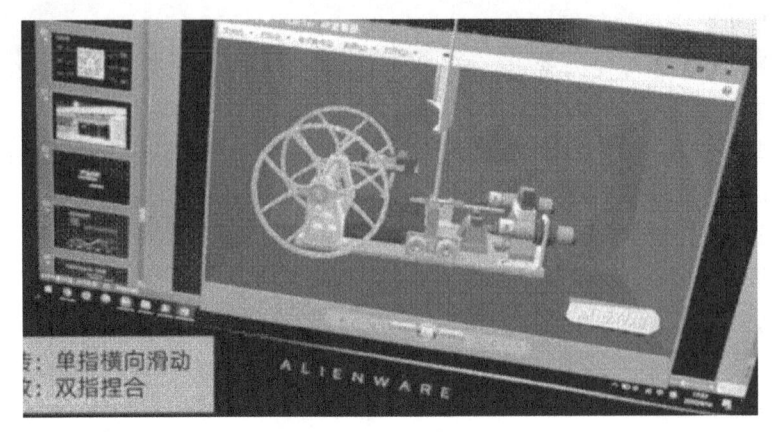

图 1　AR 小车装配引导

5.2　云渲染虚拟实验室

激光雕刻机作为智能小车的主要制造设备，可以完成车体结构的切割工作，但设备对于图纸、操作员的经验又有较高的要求，尤其是在网络授课环境下，学生在家中无法完成零件的切割工作，使制造过程不能形成闭环。而通过虚拟实验室可解决上述问题，尤其是针对产品的完整制造过程、机械加工过程的体现，甚至可以引导学生在线完成虚拟操作，体验完整的小车加工过程，在完成设计与虚拟加工后即可在线提交图纸，由教师端进行视频直播，代为加工测试。但目前的虚拟类体验应用需要高配置的计算机或游戏主机，据统计，半数以上的学生使用手机观看，因此听课环境不统一，难以实现人手一台高性能计算机。而如何让学生利用手边设备完成复杂场景的渲染工作成了主要问题，因此我们将研究重点放在了手机等移动端的在线交互上，它们自身不具备强大的渲染功能，但可以通过浏览器完成在线云渲染＋视频流的交互行为。这样做的好处是可以摆脱硬件的渲染限制，也省略了跨平台的移植开发工作，学生可以打开手机、计算机、平板电脑的浏览器，一同进入虚拟实验室完成加工工作。图 2 所示为云渲染虚拟实验室，图 3 所示为云渲染虚拟加工场景。

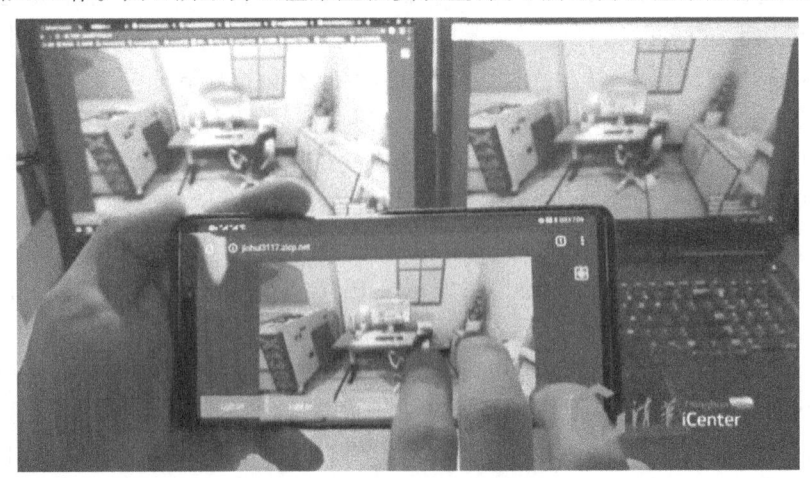

图 2　基于云渲染的虚拟实验室

图 3　基于云渲染的虚拟加工

6　当前弊端与改进方向

尽管 AR/VR、云渲染等前沿技术可以最大限度地提升课堂体验,让我们更好地感知三维结构,但它仍然是借助计算机所生成的虚拟感官体验,与实体设备仍存在较大差距,无法完全满足教学需求,这也是目前显示技术所欠缺的。而与显示器等观看设备相同的问题,即对于视觉的轻微影响,如观看屏幕久了就需要休息一会儿,VR/AR 同样如此,若长时间佩戴交互设备,可能产生眩晕、恶心、影响视力等问题。而学生长时间使用这些技术,有可能会过分依赖新式技术的引导,缺乏自主思考性,就好像我们开车时过分依赖汽车导航,即使开了很多次可能还是不认识路,从长期效果来看,无法起到较好的正向引导作用。

因此,创新教具的设计还要充分考虑技术自身所带来的种种弊端,除了等待硬件的发展,我们能做的就是充分尝试与改进,思考如何将新式技术应用于教学中,除了起到引导的作用,还希望能为学生带来较多启发,在讲清内容的情况下,引导学生自主探索。

7　结语

设计创新形式的课堂交互的初衷是希望打破传统教学模式的弊端,将现有的前沿现实技术与智能制造相结合,发挥更大的教学效果。而技术本身又是新兴起的交互形式,借助其强大的交互形态缓解网络课堂的机械式思维方式,让师生直接在内容上交互,摆脱硬件限制的同时串联理论与实践,拉近课堂的距离。技术总是不断更替的,所以教师需要不断地充实自己,用更多的实践来学习,以适应未来的教学趋势。

参考文献

[1]　杨楠楠.基于杜威兴趣理论的 VR 实训软件交互设计研究:以中职汽修专业为例[D].天津:天津职业技术师范大学,2018.
[2]　李雅祺.VR 在车辆维修专业维修实践类课程方面的应用[J].轻工科技,2020,36(4):144-145.

[3] 朱俊卿.混合式教学软件"雨课堂"应用于高校图书馆信息检索课教学创新的构想[J].大学图书情报学刊,2020,38(2):107-112.

[4] 徐婵婵.基于服务器端的三维渲染技术综述[J].中国传媒大学学报(自然科学版),2019,26(1):20-26.

[5] 张金龙."云渲染"工具在计算机辅助设计课程教学中的应用[J].南方农机,2018,49(23):99-100.

数字化学习工厂教学平台构建方法的探索与实践

李 璠,王健美,杨建新,李双寿

(清华大学基础工业训练中心,北京,100084)

摘要:培养具有良好工程素质和创新能力的高素质工程技术人才是高等院校工科专业教育的主要目标。随着技术的发展,越来越多的制造企业正在扮演数字技术供应商和应用者的角色。工程实践教学内容设置应根据以行为为导向的实用方法进行调整,使其与实际产业联系更加紧密。因此,学习工厂应运而生,它可为学生提供在真实生产环境中学习的机会。根据"认知与实践相结合"实训教学模式的需求,结合本校学习工厂建设的实践,本文提出了基于需求分析、内容设计和平台搭建三阶段的数字化学习工厂教学平台构建方法。该方法可以帮助高校教学人员更好地将工业生产中的各项先进技术、工具和理念与工科教学培养需求整合到实训教学中,从而实现培养学生实践能力、丰富学生专业知识,以及激发学生创造积极性的目标,最终为构建工业训练教学平台提供可供借鉴的模型。

关键词:学习工厂;教学平台;工程实践;工业训练;构建方法

1 引言

随着全球竞争的加剧,企业必须快速适应日新月异的技术、社会和经济环境,产业界更加看重从业者的宽广视野、开放心态、强烈意识,以及学习新技术的能力和知识多元化。此外,现代化制造体系的设计和运行非常复杂,教学培训的内容不应再局限于特定技术,而应通过引进现代化工业技术,将其扩展为学生的工程实践能力和整体提高其工程素养与工程能力。

我国高等院校工科专业教育长期以来的"专才教育"培养了工业建设急需的人才并获得了成功。但近年来,工业训练教学模式和教学安排与培养具有良好的工程素质和创新能力的高素质工程技术人才呈现不协调的状况,主要表现在:实训内容通常按照传统的工种划分,缺乏一定的综合性;对学生工程意识的培养不足;教学内容和平台与当前工业界的新技术结合不密切。这些问题已引起高校和企业的广泛关注。尽管近年来我国对工程教育进行了不少有益的探索,但与新时期工程实训教学的实际需求不相适应的情况仍然比较突出,需要进一步深化教学改革。从运营的角度来看,学习工厂可以在其中从事非正式和正式的学习与培训。学习工厂的趋势在高等院校培养学生或企业培训生产员工的过程中获得了越来越广泛的认可。

本文结合建设实践案例,探讨基于 OBE 的需求分析、内容设计和平台搭建三阶段数字化学习工厂教学平台的构建方法。

2 基本技术训练向现代工业训练转变

工程实践教学平台的构建具体反映了工业训练理念,而工业训练理念又随经济的发展和企业的需求呈动态变化。所以工业训练教学平台的构建必须做到与时俱进,使培养的学生能够满足业界对于工程技术和管理人才的需求,进而引领企业在新时代的发展[1]。

2.1 基本技术训练

传统的工业训练理念主要是培养学生对某项工业技术的掌握,特别是对业界已在广泛应用的一些技术工艺和机器设备的运用与操作[2]。根据不同院系专业的具体要求,提供不同的实训单元,所以,每个工业培训的周期有所不同,并且单元之间的关系与影响并不密切。这一定位是由当时企业人力资源的需求所决定的,因为当时企业招聘工程技术和管理人员时,比较强调求职者对某一专项技术的了解和掌握程度。传统的工业训练教学平台以培训为最重要任务,向学生提供基本的工艺训练,以训练学生的基本工业技能为目标,帮助学生能够很快地适应工业岗位的需要。

传统的工业训练是为了让学生对某些基本技术有所体验和认知,为学习专业课程和日后处理工作中的技术问题积累必要的知识和经验。但是经过训练的学生,在操作熟练程度和技巧方面还不能达到真正完全掌握各种基本技术的程度。更重要的是,学生缺乏对于工业技术项目全面性、系统性的设计和管理能力。

2.2 现代工业训练

随着国家经济的快速发展,业界在吸纳技术和管理人才时,不再单纯注重求职者对某项工艺技术的了解与掌握,而是更看重他们是否有开阔的视野和思路,是否有较强的吸纳新科技的意识和能力,是否具有多元化的知识。所以工业训练必须与时俱进,大幅引入高新科技,调整训练内容。工业训练不能再局限于某些技术的训练,而是更要注重对学生工程实践能力的培养和工程素质的全面提升[3]。

现代工业训练的宗旨是:培养学生学习、吸收和运用现代科技解决实际问题的能力,教育学生树立安全意识和环保意识,锻炼和提高学生与人沟通的能力,培养学生认真工作的态度和克服困难的精神,以及学生的创新意识和创造能力;让学生体验如何将科技和专业知识应用于产品开发或工程项目,如何保证和改进产品或工程质量,合理制定生产流程;要能根据企业的生产设备和其他条件分析出企业在开发产品、降低生产成本和提高产品质量方面应该如何挖掘潜力,能根据企业产品开发的需要,提出企业的设备、人力资源、场地等生产条件,能参与一些技术和管理方面的工作,强调的是知识和技术的融会贯通;同时,还应在基础知识传授、实践训练和应用能力提升的不同阶段,激发和培养学生的创新创业能力[4]。

为了满足这样的需求,在构建工业训练教学平台时,必须以各种方式通过多种渠道引进和开发与时代同步,甚至超前的先进技术,通过实践教学环节使学生有机会对某些先进科技获得感性和理性的认识,使他们清楚这些技术产生的背景、最恰当的应用场合、应用条件和可能给企业带来的经济效益,使他们在进入业界后能很快发挥推动企业科技进步的作用,成为先进技术在企业应用推广和不断创新的带头人。

3 学习工厂的概念

学习工厂创造了新的机会,可以在实际生产条件下进行流程改进,而不会在生产环境中面临安全和成本压力。由于对改善学习形式的需求在不断提升,预计未来几年学习工厂的数量将进一步增加。

学习工厂的最低要求应涵盖学习(教学或培训)和工厂(生产环境)两个部分。由此形成了学习工厂的概念,用于描述基于运营层面并整合学习和工作场所的学习型组织方法。2014年,国际生产工程科学院启动了一个学习工厂协作工作组,学习工厂的主要特征被定义为多个维度：目的、流程、设置、产品、教学方法和运营模式,见表1。根据定义和术语,学习工厂的主要目的是教育。学习工厂整合了各种各样的教学方法,目的是使教学过程更接近实际产业问题。

表1 学习工厂的主要特征

维度	特 征	表 述
目的	教学和/或培训和/或研究	学习工厂的战略方向、目标群体、群体所属、目标行业、主题事项
流程	真实+多站点+技术和组织方面	解决阶段、功能、材料流程、工艺类型、制造方法和技术
设置	可变+真实或虚拟价值链	学习环境、工作系统级别、IT集成、设置的可变性
产品	实体或服务	产品的数量、类型和形式,变体,产品来源,进一步的产品使用
教学法	基于概念+正式、非正式和非正规学习+学员自己的行动+现场或远程学习方法	学习目标、学习环境类型、培训师角色、评估
运营模式	可持续计划允许持续运营	运营机构的性质、教学人员、资金

2007年,世界第一家学习工厂在德国达姆施塔特工业大学开设,主要用于教授丰田生产系统和精益生产方法。近年来,制造业的复杂性和要求稳步提高,自动化设备的应用在提高了产品质量的同时使制造过程更加高效。此外,近期技术的快速发展开辟了一系列新的商业潜力和机遇。数字化、物联网、服务互联网和网络物理系统等趋势和新流行语的关联性正在日益提升。这刺激了制造企业思考当前生产系统的适应和变化情况。因此,有必要将新兴的数字化趋势融入教学和培训概念中,使其在推动制造系统的流程导向方面发挥核心作用。

4 基于OBE的三阶段工业训练教学平台构建方法

为了更好地构建符合现代工业训练宗旨的教学平台,清华大学在实践中引入了OBE理念,从需求分析、内容设计和平台搭建三个阶段建设数字化学习工厂教学平台。

4.1 平台建设背景

伴随着《中国制造2025》国家级战略的提出,以及虚拟现实、大数据、人工智能技术的快速发展,我国工程教育改革发展面临的外部环境正在发生快速变化,要求工程技术人才必须建构起符合新经济要求的思维模式。为应对这一挑战,2017年4月,清华-麦肯锡数字化能力发展中心在清华大学iCenter成立。该中心旨在建设全球领先的数字运营基地,提供包含先进理念和技术,贯穿整个产品价值链,覆盖产、学、研的体验式学习和培训服务。该中心能够帮助学生在理论学习之外,充分锻炼实践能力,为《中国制造2025》背景下的人才培养提供跨界的、体验式学习平台。

数字化能力发展中心包括数字化展示中心和数字化模范工厂两个部分。数字化展示中心展示了一家齿轮箱公司如何通过前沿颠覆性技术和软件工具实施数字化转型,实体展示从产品开发、供应链到生产制造全程覆盖的端到端数字价值链。数字化模范工厂包括多种模块及数字化应用案例,实现齿轮箱的生产制造,具体可分为 5 个部分:机加工单元、检测单元、立体仓库和物流单元、智能装配单元和数字化绩效管理。该工厂的规划布局如图 1 所示。

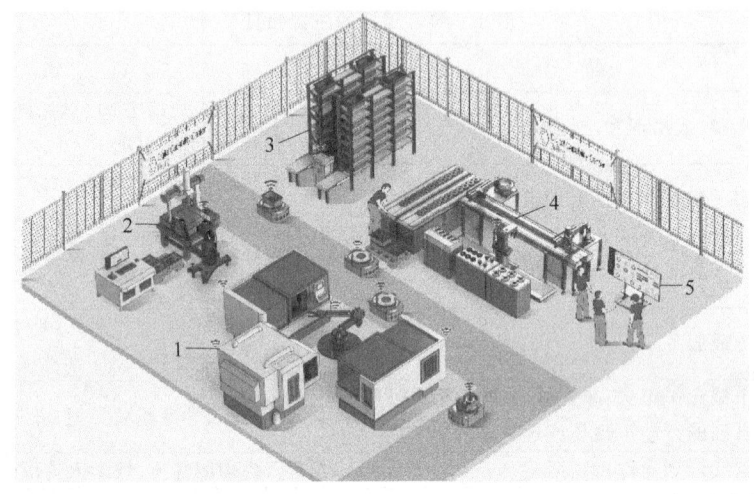

1—机加工单元;2—检测单元;3—立体仓库和物流单元;4—智能装配单元;5—数字化绩效管理。

图 1　数字化模范工厂规划布局

每个模块的功能如下:

(1) 机加工单元(见图 2)。它由 CNC 车床、加工中心、工业机器人和材料交换站组成,可以实现车削、铣削、钻孔、攻丝和自动零件夹紧等工艺。使用机器人在不同设备之间传输材料。

图 2　计算机数控(CNC)机加工单元

(2) 检测单元。该模块包括坐标测量机(CMM)、参照比较器、工业机器人和材料交换站。CMM 和比较器一起使用,通过分析 CMM 的参考数据与比较器的检查数据之间的差异来获取检查结果。

（3）立体仓库和物流单元。它由仓库及其仓库管理系统、两部自动导引车（AGV）和一个材料交换站组成。仓库包括两个货架、一部堆垛机和几部输送机。AGV配备激光雷达及同步定位与制图导航系统。每个材料交换站使用具有定位装置的输送机，其中AGV用于运输材料，然后根据生产命令和工艺序列在工厂周围转移。

（4）智能装配单元。此模块包括自动压力机、紧固设备、工业机器人、材料交换站和手动装配站，可以实现典型的组装过程，如压制、紧固、由机器人进行材料转移。

（5）数字化绩效管理。此模块基于工厂物理仪器和生产流程的数字孪生体，包含定制订单生成、订单跟踪、关键性能指标的实时数据监控功能。

以上列举的每个模块既可以用作独立系统，也可以作为一个整体自动运行。这些仪器设备由业内领先的公司提供，以便将最新的工业技术融入学习工厂中。然而，工厂设置过程中遇到的最大挑战是不同供应商之间的设备兼容性。因此，除了与行业合作伙伴进行密切磋商，还应用了一套信息系统，实现供应商关系管理、仓库管理系统、生产执行和客户关系管理等，旨在通过不同模块来管理生产资源和程序，并完成学习工厂内部的工业互联网开发。

4.2 基于OBE的三阶段工业训练教学平台构建方法

OBE教育理念也称为成果导向教育，是基于学习产出的教育模式，注重对学生学习的产出进行分析，反向设计学生的教育结构及相关评价体系。在此理念下，教育者需要对学生的学习结果有清晰的构想，即学生在完成学业后能够干什么，进而通过设计合适的教育结构来促进和保证学生达到预期的目的[5]。OBE理念强调学生的主体作用，以社会需求为导向，注重培养学生把学术知识转化为解决实际问题的能力，与现代工业训练的宗旨紧密关联，对于指导数字化学习工厂教学平台的构建具有十分重要的意义。

以OBE对实训教学方面的要求为基础，本文提出了需求分析、内容设计和平台搭建三阶段工业训练教学平台的构建方法，如图3所示。

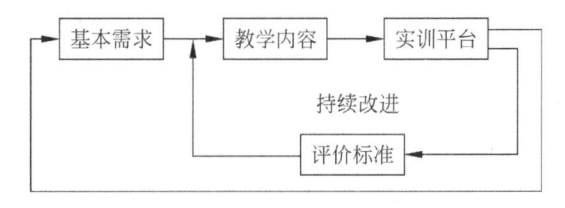

图3 基于OBE的三阶段工业训练教学平台构建方法

"基本需求"分析是起点，将支撑"教学内容"的设计，而"教学内容"设计的结果需要到实践中通过"实训平台"搭建进行检验。此外，根据现代工业训练的宗旨，还需要制定一系列的"评价标准"，产生平台应用反馈结果，形成持续改进的良好态势。

结合建设实践，"基本需求"是要在实训平台中引入"工业4.0"背景下的各类智能制造先进技术（如工业机器人、自动装配技术、机器视觉等）；"教学内容"是针对上述先进技术，在实践教学环节中设计相关知识点，让学生理解这些技术产生的背景、最恰当的应用场合和应用条件；"实训平台"则是根据所涉及的教学点综合设计各类设备的集成方案，完成工业训练教学平台构建，让学生在实践教学中体验和探索如何将相关的先进技术和专业知识应用于工程项目,培养其创新能力。

5 结语

现代工业训练不能再局限于某些技术的训练,而是更要注重对学生工程实践能力的培养和工程素质的全面提升,实现知识和技术的融会贯通,并在此基础上实现创新能力的提升。为此,工业训练教学平台的构建方法必须与时俱进。学习工厂可以在教学和培训中涵盖各种应用场景,它们创造了新的机会,允许在实际生产条件下进行流程改进,避免在生产环境中面临风险和成本压力。此外,学习工厂应与创新更紧密地联系在一起。因此,有必要将新兴的数字化趋势融入生产系统的教学和培训理念中。为了进一步开发学习工厂的可能性,数字技术的应用变得越来越重要。本文结合实践提出的基于 OBE 的三阶段工业训练教学平台构建方法可以帮助高校教学人员更好地将工业生产中的各项先进技术、工具和理念与工科教学培养需求整合到实训教学中,从而实现培养学生实践能力、丰富学生专业知识,以及激发学生创造积极性的目标,为高校构建数字化学习工厂教学平台提供了可供借鉴的模型。

参考文献

[1] 李双寿,杨建新,王德宇,等.高校众创空间建设实践:以清华大学 iCenter 为例[J].现代教育技术,2015,25(5):5-11.
[2] 金大桥,陈树海,李伟,等.香港理工大学工程教育经验分析[J].黑龙江工程学院学报,2016,30(6):65-67.
[3] 李琳,陈京京,王杰.面向卓越工程人才培养的产学研深度合作模式[J].高等工程教育研究,2013(1):66-70.
[4] 李双寿,李乐飞,孙宏斌,等."三位一体、三创融合"的高校创新创业训练体系构建[J].清华大学教育研究,2017,38(2):111-116.
[5] 风权.OBE 教育模式下应用型人才培养的研究[J].安徽工程大学学报,2016,31(3):81-85,95.

依托课赛结合培养学生创新实践能力的策略[①]

罗 勇，杜 平，魏绍飞，董宝光，章鹏飞

(清华大学基础工业训练中心，北京，100084)

摘要：通过综合性实践教学项目培养大学生创新实践能力是高校工程实践教学的重要任务，通过一系列方式引导大学生积极参与实践教学单元就变得尤为重要。课赛结合教学模式可以很好地调动学生的积极性，并通过引入智能硬件与机械设计相结合的项目让学生从设计、原型制作、程序编写、结构装配到测试与调试进行综合性学习与实践，达到培养学生创新实践能力的目的。

关键词：课赛结合；创新实践能力；项目式教学

1 引言

当前，评判学生某种能力的指标很多，如团队合作能力、解决问题的能力、编程实践能力、创新实践能力等，所以如何在课程中培养学生的某种能力就变得较为重要了。课赛结合项目不仅要求学生有过硬的基础知识，还需要有较强的动手实践能力，课赛结合教学模式可以充分利用竞赛项目的高实践性、强竞争性、硬专业性等特点全面提升学生的创新实践能力。我们结合清华大学基础工业训练中心近几年对于实践教学体系、实践教学改革模式的建设方向，针对学校对实践教学新的要求，将全国大学生创新实践能力竞赛项目与工程教育通识课程相结合，不断实践和探索培养学生创新实践能力的策略。经过多次尝试，初步形成了一系列教学融合的措施和方法，以期为各高校工程训练实践教学改革提供参考。

2 高校工程实践教学的现状

2.1 教学模式固化

在新形势下，一些高校教师的教学模式固化，未采用以学生为中心的教学模式[1]。高校的工程实践教学模式经过多年建设，大多数教师形成了一套较为固定的教学方案，如果教师不能主动求变和开创新的教学模式，将严重影响高校培养学生的创新思维和工程意识。

2.2 师资团队跨学科教学能力不足

当前，新工科背景下的课堂教学使教师的角色由原来的"传授型"转变为现在的"引导型"。工程实践教学环节已经不仅仅是单学科知识的传授与引导，因此需要建设一支可以实现多工种、跨学科教学的师资队伍[2]。

[①] 基金项目：清华大学本科教育教学改革项目——"课赛创"融合的创新型人才成长与评价体系构建(DX05_01)；教育部第二批新工科研究与实践项目——构建学科交叉、虚实结合、校企协同，赛课融合的大学生工程创新能力竞赛平台。

2.3 课程内容吸引力不够

大部分学生在选择课程时,往往比较关注课程内容的新颖程度,希望在实践环节完全不同于专业课上所学习的内容,更希望有一些在理论课上学不到的知识点,甚至是颠覆性内容。只有这样,才能实现理论与实践相结合,才能满足新工科对于学生培养的要求。

2.4 学生参与度不高

要想了解学生对一门实践教学课程的认可程度,及时查阅学生的反馈很关键。在期末课程评价中不难发现,学生对于在课程中能否深度参与非常在意。同时,在很多实践教学课程中,由于实践设备的数量不足,导致学生需要长时间等待,出现了无事可做的情况,这一点在课程评价反馈中有明显的体现。因此,在实践教学内容安排中,要把学生的参与度放在首位,要鼓励学生亲自动手,而不是帮着做完。学生的参与度提高了,他们自然会感受到实践教学的魅力。最终,要让积极参与实践教学的学生体验做中学的乐趣和做成后的成就感。

3 实践教学多样化,培养学生的创新实践能力

如何提高学生的创新实践能力呢?要提高学生的创新实践能力,就要提升学生的综合素质,其目的主要是让学生在研究生阶段能够轻松地融入科研工作中,也是为了今后踏入社会能胜任一份工作,并且做出应有贡献,这应该是当前各高校培养学生的关键点。在清华大学学生培养体系的基础上,清华大学基础工业训练中心通过对学生创新能力的调研,以及对学校通识教育的研究和实践,基本形成了一套培养学生创新实践能力的课程体系。

3.1 完善创新教学体系

清华大学坚持实践教学全面育人的传统,经过多年探索,逐步完善了实践教育教学体系,从实验教学、综合实践和创新实践3个方面实现科研教学资源共享、校内校外结合,促进学生在知识、能力和素质等方面的协调与全面发展。除了基础工业训练中心,还建有未来兴趣团队、"创+"和"x-lab",面向全校学生提供了从创意、创新到创业"三创融合"的全价值链成长通道,激发和培养学生的首创精神、企业家精神和创新创业能力,涌现出了大批优秀学生创新创业团队。基础工业训练中心依托设计与原型实验室、机械制造实验室、智能制造实验室、人工智能实验室、成形制造实验室及清华大学校友企业,结合各类科技竞赛项目、SRT项目、创业导引课程、基础通识教育课程、工程实践课程、电子工艺实习等进行多样化教学项目的开发,建立了较为完善的创新教学课程体系[3],如图1所示。

3.2 开发多样化的实践教学项目

近年来,清华大学基础工业训练中心开发了一系列多样化的、综合性的课程项目,受到学生的一致好评。在项目实施过程中,也遇到了一些现实问题,如学生上课课时不够长的问题,具体是指在个别项目推进中,学生很难在课内时间完成全部任务,但又不能通过增加

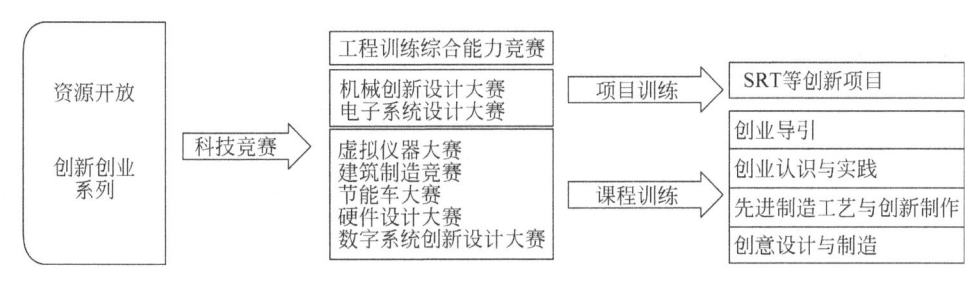

图 1 创新教学课程体系

学时来解决问题,因此,我们在准备课程时,将教学项目中的部分内容进行模块化处理[4],从而缩短了学生完成项目内容的周期,并且达到了非常不错的教学效果。

我们所开发的多个教学项目获得了学生的大力支持。项目的运行方式是以某个具体产品为载体,在课程中我们让学生进行基本结构的设计,但是对部分通用型结构就进行模块化处理,课程中直接给学生使用,这样的方式既不丢失学生自由设计的环节,还能让学生真正了解项目实施的全过程。

3.3 课赛结合的教学模式,鼓励学生参与实践

在 2019 年秋季学期中,基础工业训练中心专门组织课程团队,要求梳理出一套基于课赛结合模式的教学方案,其中特别强调,在此方案中如何让学生锻炼自己的创新实践能力。在现有的实践教学体系中,由于学生对于工程实践课程重要性的认识不足,导致学生对于实践内容掌握情况不理想,学生普遍认为实践课程就是休息放松的时候,完全没有积极性。因此,在课程方案中,多次提及关于任务完成情况的考核、汇报内容,并要求以小组为单位进行竞赛,让学生形成荣辱观念,培养其积极探索的精神和发现问题的能力。在比赛进行时采用实时排名更新,全程对所有团队开放,在这样的压力下,学生会更愿意主动融入团队合作的氛围中来,从而对今后的实践教学环节产生一定的影响。通过不断鼓励,学生更容易发现实践教学的乐趣,进而积极参与实践教学,提升自己的创新实践能力[5]。

4 教学实施方案分析

要想达到对学生创新实践能力的培养,课程安排尤为重要,我们在以课赛结合的教学模式下设置了基础知识讲解、中期汇报、期末汇报与竞赛等环节。最终通过综合实践达到对学生创新实践能力培养的目的。

4.1 项目中期汇报机制

前期的任务驱动、节点考核等方式的最终目的其实是要建立起学生解决问题的思维,在节点考核机制的前提下,引导学生去发现问题、记录问题、讨论问题并最终解决问题。在中期汇报环节中,我们不仅要考核项目的完成进度,但更偏向于让学生展示发现问题并解决问题的能力,教师也更多关注学生解决问题的思路[6]。因此要通过不同的形式让学生暴露自身的问题,为在今后的科研、工作中打下较为扎实的基础。

4.2 融入期末汇报与竞赛环节

期末汇报与竞赛环节的目的是让各个小组向其他小组和教师展示本组的团队协作能力,主要考查学生有没有认真实施团队讨论确定的实施策略,是否体现了团队分工与合作的特点。在这一过程中也不难发现,个别学生依然没有很好地融入小组中,主要是任务分工不明确,感觉自己被小组抛弃了。因此课程中设置这些考核、汇报、总结等环节,就是要特别关注每一个学生的状态,不要忽略学生的感受,及时主动与学生沟通,不断引导和鼓励学生积极融入自己的小组中,最终目的是让学生充分发挥自身的优势,养成分工协作的习惯,培养团队合作能力[7]。

4.3 综合实践下实现创新实践能力的培养

课程中,我们结合全国大学生工程训练创新实践能力竞赛项目,并将项目分解为机械设计、程序设计、技术文档撰写三大部分。竞赛项目中涉及多种智能硬件模块的应用,如Arduino、树莓派、激光测距模块、超声波传感器、巡线传感器等。学生需要结合项目本身的技术要求,通过程序代码来控制一辆智能小车实现场地中物料的搬运及装配任务。要完成这样的任务,就需要学生掌握一定的编程知识和控制逻辑。通过对学生的调查发现,他们基本上都有编程语言基础,课程中,教师把智能硬件的使用方法进行讲解,让学生利用自己的编程语言优势进入实践环节,通过教师不断针对性的辅导,学生对编程掌握得非常快,在课程中进行多次调试,最终实现了对学生编程实践能力的培养[8]。

在讲解机械设计模块时,教师通过优秀案例对设计工具的使用技巧进行讲解,同时鼓励学生勇敢尝试,不要怕出错。通过这样的方式,能有效破解学生的固有思维。课程中,除讲解设计工具的使用以外,还会讲解常用原型制作的技术手段和平台,充分利用实验室丰富的加工设备资源,让学生真正走入实验室,而真正动手实践的过程是培养和激发学生进行创新设计的重要手段。最后,通过小组的不断讨论和验证,学生通过设计、制作、装配、调试的过程验证了自己的创意方案,从而达到了课程对学生创新实践能力培养的目的[9]。

5 结语

工程实践教学是培养学生创新实践能力的重要途径。清华大学对于学生实践能力的培养力度在逐步提升,支持力度也有逐年递增的趋势。学校强调要继续加强对基础工业训练中心的建设。中心也一再强调,所有一线教师要不断强化自身的实践教学能力,并且不断完善实践教学体系,鼓励跨实验室开发多样化实践教学项目,实行课赛结合的教学模式在鼓励学生积极参与实践教学上有重要的意义。实践证明,工程实践教学是可以得到学生的支持和认可的,并可实现对学生创新实践能力培养的目的。

参考文献

[1] 张伟,张亚昆,原平方,等.新工科背景下化工专业工程实践教学模式探索[J].广州化工,2020,48(4):142-144.

[2] 郭立强,刘恋.面向工程实践能力培养的实验教学改革探索[J].长春师范大学学报,2020,39(2):129-135.
[3] 刘晓军,张晓玲,徐宁,等."课赛训结合"的应用技术型高校大学生创新实践能力培养模式研究[J].内燃机与配件,2019(10):241-243.
[4] 何全文.面向"新工科"基于CDIO的机械类专业工程实践课程教学模式研究[J].内燃机与配件,2020(5):266-267.
[5] 张震.赛课结合的GIS实践教学模式研究[J].实验技术与管理,2019,36(10):28-31.
[6] 余志鹏,牛俊英.通过技能大赛引导课程建设和提升学生教学质量研究:以嵌入式系统课程为例[J].教育教学论坛,2020(1):348-349.
[7] 刘晓翔.以赛促学、以赛促教、课赛结合的探究[J].现代职业教育,2018(32):4.
[8] 姜学锋,刘君瑞.以赛课结合为抓手的编程技能培养[J].计算机教育,2017(10):131-134.
[9] 胡唯.课赛结合模式在教学中的应用研究:以视觉传达专业为例[J].课程教育研究,2019(47):256.

非遗技术活化在实践教学课程中的探索

庞　观，王德宇，王龙兵，张秀海，高党寻，王　佐，杨忠昌，程　言，赵　萌

(清华大学基础工业训练中心，北京，100084)

摘要： 本文通过"非遗技术的传承与创新"课程，以通识选修实践课程对学生综合动手能力的培养为重点，进行了关于非遗技术的梳理、非遗技术在实践教学中知识与技能的实践练习、非遗技术与今日社会环境需求的活化方法的教学探究。通过学生分组合作、跨专业组合、分析整理与动手训练来完成非遗技术的活化实践课程，最终力求学生不仅停留在对古老技术了解的层面，更重要的是打开思路，培养出将技术再创新、工艺再发展的创造能力。

关键词： 非遗技术；活化；实践教学

1　引言

非遗的保护与传承是对中华民族传统文化、艺术、科学技术的重点保护。每个时期技术的诞生一定存在于特定的历史时期和生产背景中，所以在今天的实践教学中如何正确认识非遗技术、将非遗技术传承，就一定离不开创新的过程。这种创新一定是非遗技术"活化"的过程。实践教学中最重要的环节就是让学生在动手探索的过程中，系统地、主动地与生活、生产紧密关联，自我突破性地以传统技术为出发点，适时适当地调整出经典技术古为今用的最佳解决办法。

2　正确认识非遗技术及现阶段如何传承非遗技术

截至2021年，国家级非物质文化遗产已经由5个批次设立了十大类别共1557个项目，其中包含3610个子项目[1]。这十大类别分别是：民间文学、传统音乐、传统舞蹈、传统戏剧、曲艺、传统体育游艺与杂技、传统美术、传统技术、传统医药、民俗。国家建立非物质文化遗产代表性项目名录，是对保护对象的确认，更是对体现中华优秀传统文化，具有历史、文学、艺术、科学价值的非物质文化遗产进行重点保护。

大致可以将这十大类非物质文化遗产划分为以感官形态为载体的传承和以技术为载体的传承两大方向。比如，传统舞蹈、传统戏剧、传统美术等，都是以感官形态为载体的非物质文化遗产；而传统医药、传统技术这些具有科学价值的，是以技术为载体的非物质文化遗产。如何让学生了解、产生兴趣，怎样发展古老的技术并与今天的社会相融合，是教学实践中要解决的主要问题。

非遗技术要创新就要求吸收更加多样的设计，更加深入地与生活和社会连接。传统工艺不再仅仅是手工艺人的代代相传，更需要设计师、工程技术人员的共同参与，这是新发展阶段不可回避的过程。在实践教学过程中，要让学生清楚地认识到，传统工艺和技术必须运用新工具、新材料、新思维、新目的、新方法去整合，才能实现传统技术的新样态和新活力。

2015年5月，国务院正式印发了《中国制造2025》，它作为我国实施制造强国战略的第

一个10年行动纲领,明确提出了"创新驱动、质量为先、绿色发展、结构优化、人才为本"的基本方针,可见创新占据着重要的地位[2]。传统的非遗技术需要设计力量的介入,更需要当今科技的引领,才能得以保留和创新。非遗中的传统技术存在之初是有历史和文化的局限性的,不能以为固持着老旧的、简陋的条件就是继承传统,这会影响很大一部分年轻人对非遗技术的正确认知和创新态度。在历史的进程中,过去的材料、技术、科学都不及今天发达,古人用智慧在极其有限的条件下进行了一系列劳动创造,恰恰其内在精神才是今天应该继承和发扬的;要实事求是地认识条件,发展地看待问题、解决问题,有选择地保留或舍弃一些做事情的方式方法,才是今天创新实践中应该让年轻人深刻理解和体会的。

3 实践教学对象的特点

教学中,学生对传统技术工艺非常感兴趣。教学受众群体是来自不同专业背景的本科生。专业的差异性是教学对象的最大特点,所以在实践过程中,我们会刻意将不同专业的学生分到一组,激发学生的跨专业探讨与交流能力,使他们既能学会换位思考,又能将各自的专业运用到集体主动学习中去。授课对象的第二个特点是整体逻辑思维能力强,学习能力好,但是视觉表现能力并不是很突出,所以在实践过程中我们会要求学生加强机械结构、逻辑、编程等技术,同时也鼓励学生尝试将内在思维和创造外化表达,用视觉的语言和形态,综合新材料、新工艺完成相对完整的创新产品。

4 实践教学中对非遗技术的活化

所谓"活化"是指一定要让技术自身产生生命力,而不是在博物馆里陈列的看起来与我们无多大关联的"死"的东西。

让古代的技术再次"活"起来就需要有土壤、有环境、有耐心。"土壤"是要用今天的生活与生产方式来重新考量非遗技术,要抓住每一项技术背后的本质,非遗技术不是表面看起来的手艺精湛、工艺纯熟的炫耀,而是在古代特有的技术条件下学会限定性的创造能力。只有适合不同时期的技术,才能真正扎根社会生产这片土壤中。"环境"则是要对生产、制造、教育等各方面进行理性的判断和思考,确定如何古为今用才能让传统技术适应新的生长环境。不能一味地弃旧,更不能一味地盲从返祖回到手工艺生产时代。"活化"的最后一个要素还应该有"耐心"。文明的发展是时代进步的体现,技术的不断创新也是需要时间累积的,古人的智慧凝聚了几百年的思考与实践。今天无论是教学还是再创造都需要一个不断反思、不断迭代的过程。所以,非遗技术的活化在今天的实践教学中也应该一步步引导学生从正确理性的认识出发,用现代青年的思辨和专业知识来重构古人的智慧,以解决新时代社会发展所遇到的问题为目的,通过跨专业、跨领域的结合来共同完成非遗技术活化之蜕变。

将非遗中的技术与时代创新发展相结合,是本科阶段实践课程中通识文化素质教育的一个重要组成部分。作为非遗技术的传承与创新,重要的是将技术与传统"活化"。学生掌握了古代社会背景下一些经典的手工艺技术后,在今天工业化大生产、智能化制造的社会中,尝试将这些技术保留并与今天的时代背景、生活环境、生产条件相结合,形成真正的技术活化和文化继承,才是非遗宝藏留给我们的任务。让年轻人产生兴趣、了解学习,更进一步地让他们在今天仍可以使用(体验)恰是非遗技术在今天的价值所在。

【教学案例】

上文中提出,在实践教学过程中,要让学生正确地认识传统工艺和技术必须运用新工具、新材料、新思维、新目的、新工艺才能实现传统技术的新样态和新活力。下面通过具体案例,介绍如何引导学生从不同的新角度去实践非遗技术活化。

1) 蓝印花布桌游(新目的、新工艺)

学生通过小组调研后发现,传统蓝印花布由于是手工生产所以产量低,不能满足大众消费大批量的需求。同时,传统蓝印花布创新性较少,在现代社会失去了原生土壤。但是,蓝印花布本身具有强烈的视觉识别性,对于年青一代可以用蓝印花布为载体传播民族传统文化。小组通过激光切割、UV打印等现代技术,将蓝印花布进行再发展,设计出了一套较为完整的桌游系统。此套桌游不仅可以量产,还融合了现代技术,将年轻人对民族文化的热情注入其中。在游戏中可以体会传统布匹印染的相关发祥文化,如图1所示。

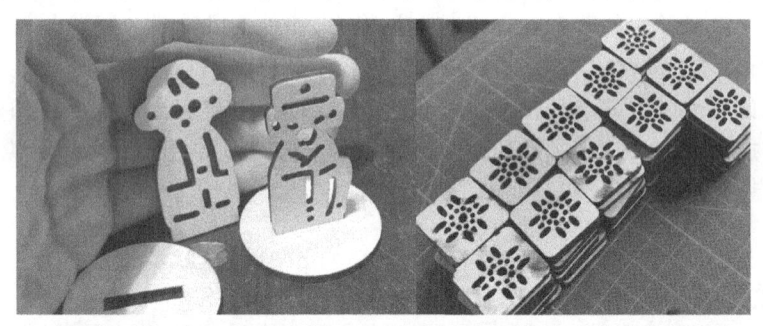

图1　蓝印花布桌游设计

2) "榫卯计":榫卯结构与时间管理(新材料、新方法、新思维)

传统木建筑中的榫卯结构是为了解决部件间拼插和牢固的问题,而今研究榫卯结构的小组在经过不断讨论和改进后,产生了跨领域的创造性方案,决定将传统结构拼插与时间管理相结合,通过经典的非遗榫卯技术步骤对应于改进个人工作学习效率的方法。方案从传统的"云型插肩榫"展开,首先将此技法应用在清华大学校园标志性建筑"二校门"的结构插件中；再结合以新型材料通过 3D 打印技术快速成形；最终将各部件对应在时间管理"四象限法则"中，使用者每完成一件计划任务，就可以拼插一件相对应的组件，最终完成整体"二校门"摆件的全部搭建，如图 2 所示。

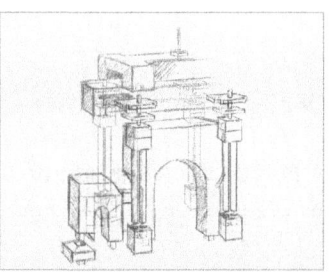

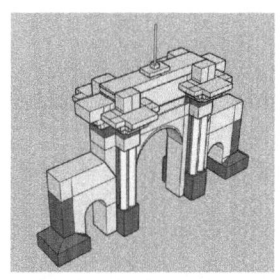

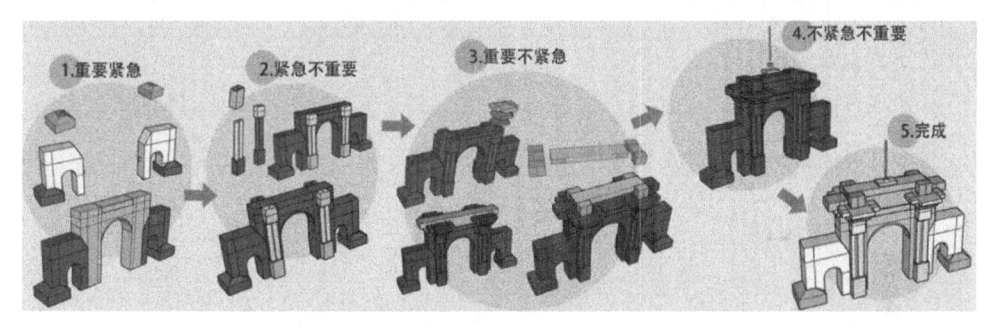

图 2 "二校门"摆件

通过这种将传统技艺的实践延伸，学生不仅学到了古老技术的具体实现方法，还能结合当下技术与材料，将技艺活化，变成更有生命力的新产品样态。

5 结语

技术的发展一定带有时代文明与进步的烙印，无论古代还是现代。我们要客观地认识与对待。不同时期的技术具有不同的时代特征，继承非遗技术的核心是正确认识其在今天的特殊性。要理性地分析，有选择、有目的地取舍，在现代社会环境中找到能让古老技术活化的不同方式方法。在实践教学中，不仅要介绍传统工艺技术，更要将当下的新工艺、新材料、新技术与之关联，在工业化大生产、智能制造的社会背景下，一定要在这个前提下将古老的技术"活化"。非遗技术的传承不是简单的模仿复制，而是打开思路、扎根脚下、放眼未来、不断尝试的再创造过程。

教育的目的不仅仅是传授知识,更是唤醒学生的生命感、价值感、责任感。通过动手动脑,让学生敬畏先人的智慧,敢于承担肩负的使命,能坚定地让每个人变得更加自信、自强。

参考文献

[1] 中国非物质文化遗产网[EB/OL].(2021-06-10)[2022-02-25].https://www.ihchina.cn/project.html#target.

[2] 国务院.国务院关于印发《中国制造2025》的通知[EB/OL].(2015-05-08)[2022-02-25].https//www.gov.cn/gongbao/content/2015/content_2873744.htm.

自主探究型线上教学实践探索
——以"工业生产概论"课程为例

汤 彬，杨建新

（清华大学基础工业训练中心，北京，100084）

摘要：疫情防控期间，作为清华大学文化素质核心课程的"工业生产概论"需要在保证教学质量的前提下顺利完成教学任务，因此原有的课程教学需要进行调整优化以适应线上教学的需要。本文分别从教学内容优化、教学环节设计、教学模式转变等方面详细介绍了该课程的教学实践探索过程。学生的反馈结果表明，该课程探索很好地达到了全过程教学管理、自主探究型学习的预期目标，也为工程通识类课程的线上教学提供了可供借鉴的教学改革思路。

关键词：线上教学；教学内容优化；教学环节设计；全过程管理；自主探究型

1 引言

"工业生产概论"课程是北京市精品课程，同时也是学校文化素质教育核心课程。课程面向全校本科生开放，涉及能源、冶金、化工、机械、汽车、建筑和新兴科技产业等主要工业部类，以系统科学的基本定律为线索，以学生团队形式参与工程实践为载体展开对产业的认识和学习。课程采用课堂讲授、案例研讨和实践操作3个层次有机推进的教学模式来强化教学效果，以课堂为导向，在读书、实践和合作探究中展开课程内容，深化学生对系统科学思维的认识，培养学生的团队精神、自主学习的能力和创新思维[1]。

在疫情防控期间，如何结合在线教学的特点，优化课程教学内容，重构课程教学环节，创新课程的教学模式和组织方式，实施教学全过程实时跟踪，同时充分发挥学生小组组长和助教的纽带作用，落实自主探究型学习过程，以期达到同质等效的课程预期目标，是我们课程线上教学实践探索的工作重点。

2 关键问题分析

本课程原教学环节由课堂讲授、小组案例研讨、小组合作报告等组成。疫情防控期间，学生不在学校，师生之间、同学之间无法实现面对面交流，因此课程讲授效果如何保证、小组案例研讨和小组合作报告如何有效开展等，均面临严峻的挑战。

以2020年春季学期"工业生产概论"课程教学为例。该课程共有57名学生选课，其中有2名北大学生、8名留学生。结合线上教学的需要和选课学生的情况，需要针对原有的课程教学模式，结合线上教学的特点进行调整和优化：

（1）传统课堂讲授改为线上授课，如何保证学生的听课效果、如何形成线上课堂的教学氛围、如何保证学生掌握预期的课程知识点，这些问题的解决重点在于如何优化教学环节、完善教学内容，提高学生的学习兴趣，同时实现学生全过程教学管理。

（2）小组案例研讨和合作报告改为通过线上完成，学生无法面对面交流，交流研讨环节如何有序推进、小组研讨效果如何保证、探究式的小组学习如何切实落实，这些问题的解决重点在于如何充分利用线上资源的优势,有效形成小组的凝聚力,并建立好小组和教师之间的良好沟通交流机制,能够有序推进小组的合作探究式学习进程。

3 解决方案

通过教学内容调整、教学环节设计、教学模式转变,并充分利用线上资源的优势,实现对课程教学的全过程管理,是实现保证课程线上教学质量,达到传统线下教学效果的关键所在。

3.1 调研学生需求,优化教学内容

开学初期即建立起课程的微信群便于师生交流,提前督促学生安装相应的线上软件,并对在安装线上软件过程中遇到困难的个别学生提供帮助和指导;在后续教学期间,将微信群、雨课堂和腾讯视频会议软件配合使用,充分发挥线上资源优势。在选课学生最终确定后开展课程前期调查问卷,了解学生的选课目的和期望学习内容,紧扣课程教学目标,并结合线上教学的特殊性编制出多个短视频资料以优化教学内容,提高学生的学习兴趣。在期中和期末还分别组织了课程的调查问卷,实时了解学生的学习状态和对课程的建议意见,并结合学生建议适时调整教学环节。

3.2 建立师生交互三级体系,确保教学全过程管理

在产业合作探究环节,结合学生的兴趣和意愿建立若干产业学习小组,并建立相应小组的学习微信群,同时课程教师和各小组组长再建立起组长专有微信群,形成了教师、小组长和各小组组员的三级教学研讨体系,小组组长组织本小组的产业学习探究工作,教师通过小组组长及时了解各小组开展小组合作探究进展情况,并给小组组长提供适时指导和帮助,提高小组组长的管理协调能力,有效保证学生学习状态和学习进度的全过程管理。

3.3 设计教学环节,坚持师生交互

结合线上授课的网络质量不确定性,上课前先和助教进行教学预演,将授课声音和视频播放质量调整到适宜状态,上课一开始先通过雨课堂回答问题的方式了解学生的网络质量,针对不同的网络问题提出必要的解决建议。上课期间采取雨课堂和腾讯视频会议同步进行的方式,并通过微信和课程助教实时保持互动,实时了解上课情况并根据助教意见及时进行线上授课的参数调整。在课堂教学内容讲授期间,不定时通过雨课堂平台抛出一些问题供学生及时回答和研讨,提高教学效果。设计与课程相关的产业热点问题供同学课下思考,并在后续上课期间随机挑选部分学生分享其观点,其他学生则可以通过腾讯视频会议聊天区分享各自的看法和建议,坚持课上、课下师生交互不断线。此外,通过课程微信群提供部分与课程内容相关的扩展资料供学有余力的学生自主学习。上述教学环节设计可以让学生有效地保持自主探究型的学习状态,提高了课程的教学效果。

3.4 以学生为主体,营造良好的教学研讨氛围

为弥补线上教学不在现场的遗憾,结合不同学生所处网络质量的差异,采取上下课打

铃的方式增加上课仪式感,在临下课前要求全体学生打开视频相互道别来增强课堂凝聚力,这一点也获得了学生的认可,有一名学生在期中课程调查问卷中专门提道:"让我印象最深的是每堂课下课时教师让我们开视频道别,教师的做法让我觉得非常感动。"在期末的小组产业合作探究汇报环节,让所有学生充当此教学环节的评委,评估其他小组同学的报告质量,这些举措体现了以学生为主体的教学理念,营造出良好的教学研讨氛围,得到了学生的高度认可。

4 教学效果

在课程教学过程中,我们注意收集学生的意见并关注学生的实习状态,结合学生的意见和建议及时进行教学环节调整,总体来看,课堂线上教学过程获得了学生的高度认可。

在期末的课程调查问卷中,对课程总体质量表示满意以上的学生占到选课学生的94%,90%以上的学生表示出强烈的意愿要将本课程推荐给其他同学。在期末调查问卷中有学生评价说:"课程内容很翔实,课件制作也很精美,配合雨课堂和视频等方式授课,上课体验非常好!"有的学生评价说:"在跟小组讨论的时候,感觉大家都很合作,给这段时光增加了些乐趣。"有的学生评价说:"我印象最深刻的是在教师引导下同学们讨论时良好的课堂氛围。"一名选课的北大学生评价说:"感谢教师给我们带来精彩的讲解!不仅仅是理论知识和产业事实,更重要的是看待它们的思维方法(系统观)。这样的课程,我想在北大是难以见到的,因此我十分珍惜这段学习经历,感谢教师,也希望清华、北大能进一步交流,相互开放课程。"

另外,从期中课程调查问卷中学生的反馈来看,学生也给予了课程积极的肯定评价。一名学生写道:"非常感谢这7周来为我们带来的精彩课堂。真的是受教了。每一次课件准备都非常精心,由上课的方式和抽查方式能看出来是非常走心的。这门课的讲授逻辑我非常喜欢,从方法论到具体工业场景的解说,很有启发性,对我这种文科生来说的确受益匪浅,再次感谢教师的敬业精神和教学水平。"一名学生写道:"虽然线上授课方式让师生之间的沟通变得有些困难,但还是被教师积极引导与关心学生学习与参与度的努力所感动,教师辛苦了!感谢~"

5 经验与启示

对本课程的线上教学过程进行梳理,有如下延伸思考:

(1)对于以理论教学为主且有小组探究合作学习的课程可适用本案例的类似经验。

(2)理论课程的线上教学模式关键在于建立线上教学的研讨氛围,上课的仪式感、课程的教学内容优化、适度的短视频应用、实时课堂小问题的设置等措施,均有助于实现对学生学习状态的全过程管理,增强课堂凝聚力,提高课堂教学效果。

(3)小组合作研讨环节的关键在于能否建立良好的协调沟通机制,充分发挥小组组长和助教的纽带作用。可通过建立组长专有微信群分享管理心得,帮助小组长提高组织协调能力,发挥小组长的积极性,并适时关心各小组的研讨进度,能够有效实现"群游"的清华教育理念。

6 结语

通过本课程的线上教学实践探索,我们也有一些心得体会和认识:

(1) 线上教学相较于传统的线下课堂教学具有其独有的优势。教师可以实时获得全体学生的学习状态和学习效果;教师针对学生的实时问题能够及时加以解决;为学生在课堂上提供了自由发言和积极开展研讨的机会;消除了地理限制,方便了学生组织开展小组合作研讨学习等。

(2) 线上教学的师生毕竟不处于同一间教室,要建立和传统课堂教学等效的教学氛围存在困难,线上学习时学生的课堂专注度也会有所下降,学习效果不能保证。

(3) 线上教学过程中,教师和学生在实际地理空间意义上无法做到面对面交流,学生对教师的亲近感降低,言传身教、教书育人的无形育人效果下降,对学校的归属感削弱了,对学校的文化传承效果也削弱了。同时,学生之间的交流也存在类似的问题,对学生的交流碰撞、创新意识的养成均存在不利影响,因而不利于学生的全方位教育和培养。

(4) 理想的教学模式应是以传统的课堂教学为主,优化教学内容,改善教学环节,并借助线上教学资源(如雨课堂等)实现学生教学状态的全过程管理,增强师生的交互程度,激发学生的学习兴趣,实现全方位的教书育人工作。

参考文献

[1] 汤木杉,叶桐,徐伟国,等.工业系统概论[M].3 版.北京:清华大学出版社,2016.

高校创新创业教育平台跨学科合作机制探索[①]

王 旭，周 晋，李双寿

(清华大学基础工业训练中心，北京，100084)

摘要：交叉学科合作是创新创业的重要动力，也是主要挑战之一。综合类高校具有多学科广交叉的特点，为开展创新创业教育提供了跨学科合作的肥沃土壤。清华大学人工智能创新创业教育平台组织校内18个院系共建了跨学科创新创业教育平台，在智能产品、智能机器人、智能交通、智慧城市、智慧医疗等5个交叉领域开展创新创业教育，并初步建立了一套跨学科合作机制。该机制对其他高校的创新创业教育也具有借鉴意义。

关键词：跨学科；创新创业；教育平台；合作机制

1 引言

近年来，"大众创业 万众创新"蓬勃发展，给科技发展和产业升级带来了强大动力。随着科技创新范式的进一步提升，逐渐呈现出上下游产业生态"纵向"深度贯通和多行业跨界"横向"融合发展的趋势。高校作为科技创新的重要队伍，使不同学科背景的教师、团队进行跨学科团队合作成为一种必然[1]。

教师跨学科合作具备了学科功能整合、资源整合和人才整合的巨大优势，但在实际操作中有效整合学科组织内的不同主体及不同知识类型以期产生相互联结的良性互动与价值创造，势必要解决学科功能分化、知识异质性与教师诉求差异带来的组织摩擦与创造性混乱[2]。

为解决跨学科合作带来的问题，全球各高校都在进行积极探索。例如，美国威斯康星大学麦迪逊分校于1998年创造性地提出了"集群聘任计划"（cluster hiring initiative，CHI），创建了"虚实结合"的跨学科学术组织形式——"集群"（cluster）[3]。

2015年，国务院办公厅印发的《关于深化高等学校创新创业教育改革的实施意见》中明确指出，要创新人才培养机制，探索建立跨院系、跨学科、跨专业交叉培养创新创业人才的新机制，促进人才培养由学科专业单一型向多学科融合型转变[4]。与此同时，有效引入企业等社会资源投入跨学科创新创业教育也是高校创新创业人才培养的新路径[5]。

2 清华大学人工智能创新创业教育平台

2.1 平台简介

清华大学人工智能创新创业教育平台（简称"清华 AI 双创教育平台"）始建于 2016 年，

[①]基金项目：清华大学本科教育教学改革项目——人工智能创新创业教学平台学生多样性的管理模式研究(DX06_02)；清华大学本科教育教学改革项目——人工智能创新创业能力提升证书项目(DX02_19)；清华大学本科教育教学改革项目——"课赛创"融合的创新型人才成长与评价体系构建(DX05_01)；教育部第二批新工科研究与实践项目——面向产业前沿的跨学科创新创业训练体系。

是清华大学国家双创示范基地重点工程"清华大学服务于双创教育的跨学科创客实践平台"建设项目之一，由清华大学18个院系共建而成，旨在培养人工智能应用领域的创新创业人才。清华AI双创教育平台含技术创新创业辅修专业、人工智能创新创业辅修专业、人工智能创新创业能力提升证书3个教学项目。未来将逐渐聚焦人工智能能力提升证书，以支持更广泛的受众和更灵活的学制[6-8]。

2.2 培养目标

平台培养目标基于国家创新驱动发展战略，面向全球共性的前沿领域，聚焦人工智能创新应用，通过导师指导下的团队项目实践和跨界学习，使学生掌握全球化背景下的创新创业理论、方法和工具；以创新产品开发为核心，提高学生的创新力和领导力，培养学生的创业意识、创新精神和创造能力。

2.3 专业及师资建设

平台建有智能产品、智能机器人、智能交通、智慧城市、智慧医疗5个交叉专业实践领域，并由来自清华大学18个院系的40余名教师组成联合导师团队，共同指导学生在5个交叉专业领域开展创新实践。

3 平台跨学科合作机制

清华AI双创教育平台由校内18个院系共建而成，包括基础工业训练中心、经济管理学院、美术学院、建筑学院、环境学院、航空航天学院、车辆与运载学院、临床医学院、计算机系、自动化系、电子工程系、机械工程系、工业工程系、土木工程系、水利水电工程系、生物医学工程系、工程物理系、电机系。

3.1 跨学科平台职能设计

为保障跨学科创新创业教育平台独立、完整地运行，清华AI双创教育平台具备完整的教学、教学管理、教学支撑职能，如图1所示。18个共建院系全部参与教学职能；基础工业训练中心除参与教学职能外，还负责教学管理和教学支撑两部分职能。

1) 平台教学职能

清华AI双创教育平台的教学职能担负培养方案的设计与实施工作，建有由基础必修课组、专业创新实践课组、选修课组共同组成的教学体系。其中，基础必修课组和选修课组由技术、设计、商业3个跨学科模块的课组共同构成。专业创新实践课组分为5个人工智能跨学科专业实践领域，分别是智能产品、智能机器人、智能交通、智慧城市、智慧医疗，是平台的特色培养环节。

图1 清华AI双创教育平台职能体系

2) 平台教学管理职能

清华AI双创教育平台的教学管理职能有教务管理、学生管理、师资管理、资源建设。

其中,教务管理、学生管理、师资管理分别对接与教学职能直接相关的主体,如大学教务处、各院系教学办公室、平台学生、授课教师等,完成实施教学的整体协调和组织工作;资源建设对接教学支撑体系,协调并建设教学所需要的各类资源。

3) 平台教学支撑职能

清华AI双创教育平台的教学管理职能包含教学场地支持、教学设施设备支撑、实践指导团队支持、跨学科合作发展支持。作为教学支撑平台,基础工业训练中心为教学提供专用教室、实践空间、创新创业实习场地等,并提供教学及实践所需要的各类设施、设备,为实践教学提供实验室人员指导,并支撑各院系开展跨学科合作发展。

3.2 跨学科平台组织模式

为保障清华AI双创教育平台的教学职能、教学管理职能、教学支撑职能有效开展,需要跨学科、跨职能、跨组织的多方团队共同支持。为此平台建立了跨学科组织架构,分别由教学管理团队、联合导师团队、企业导师团队、实验室支撑团队组成,如图2所示。

1) 教学管理团队

教学管理团队是平台的核心支撑团队,分别对接联合导师团队、企业导师团队、实验室支撑团队,在完成教

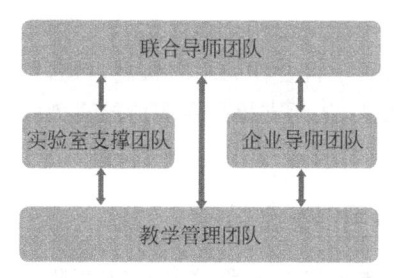

图2　清华AI双创平台组织模式

学管理职能的同时,协调并组织完成平台的教学和教学支撑职能。教学管理团队有以下3部分组成:

(1) 大学管理团队,包含教务处(教学管理机构)和创新创业专业委员会(学术指导机构)。

(2) 平台专属教学管理团队,包含平台主任、平台执行主任、平台执行秘书长、平台教务员、学生班主管等。

(3) 共建院系教学管理团队,包括共建院系教学主任和共建院系教务员。

其中,平台专属教学管理团队是教学管理业务的统一接口,负责对接大学管理团队和共建院系教学管理团队,以及联合导师团队、企业导师团队、实验室支撑团队。

2) 联合导师团队

联合导师团队承担平台的教学职能,由40余名来自18个院系的专业教师组成,共同设计并实施平台教学内容。联合导师按照各自擅长的专业,组成了5个交叉学科创新团队(智能产品、智能机器人、智能交通、智慧城市、智慧医疗)。各交叉学科创新团队分别由一名教师担任该团队的总负责教师,同时由教学支撑平台——基础工业训练中心配备一名总协调教师,对接教学管理和教学支撑工作。

3) 企业导师团队

企业合作及产业创新应用是推动创新创业教育发展的有效途径。清华AI双创教育平台积极开展产学合作教学,并正在逐步建设一支企业导师团队。企业导师团队配合联合导师团队,共同开展教学,并指导学生的创新创业活动。

4) 实验室支撑团队

跨学科专业创新实践是清华AI双创教育平台的教育特色之一。开展专业创新实践不

仅需要场地、设施、设备的支持,还需要专业实验指导人员的参与。基础工业训练中心依托人工智能实验室、设计与原型实验室、智能制造实验室、机械制造实验室、成形制造实验室5大实验室,共同支撑师生在五大专业实践领域开展实践教学,提供从实践场地、设施、设备,到实验室指导人员的全方位支持。

4 结语

交叉学科合作是创新创业的重要动力,也是主要挑战之一。建设面向跨学科合作的创新创业教育平台,需要建立完备、有效的学科交叉合作机制。清华大学基础工业训练中心作为清华大学人工智能创新创业教育平台的支撑平台,从职能建设和组织模式两方面构建了一套跨学科合作体系。平台职能建设涵盖教学、教学管理和教学支撑职能,并建立了平台跨学科合作的组织机制,包含教学管理团队、联合导师团队、企业导师团队和实验室支撑团队,从而支撑平台职能的有效实施。

参考文献

[1] 吕黎江,陈平.高校跨学科团队合作的障碍及其对策研究[J].中国高等教育,2019(18):53-55.
[2] 刘天华.教师跨学科合作的主要障碍及其解决途径[J].教学与管理,2020(33):59-61.
[3] 蒋家琼,张玲.美国一流大学跨学科集群教师管理制度及启示:以威斯康星大学麦迪逊分校为例[J].湖南师范大学教育科学学报,2020,19(4):119-124.
[4] 国务院办公厅.国务院办公厅关于深化高等学校创新创业教育改革的实施意见[EB/OL].[2015-05-13]. http://www.gov.cn/zhengce/content/2015-05/13/content_9740.htm.
[5] 栾宽,田文志,李金,等.校企合作培养跨学科创新创业人才[J].中国高校科技,2017(S1):4-5.
[6] 李双寿,李乐飞,孙宏斌,等."三位一体、三创融合"的高校创新创业训练体系构建[J].清华大学教育研究,2017,38(2):111-116.
[7] 李双寿,杨建新,王德宇.高校跨学科创客教育平台建设理念及实践[J].现代教育技术,2017,27(8):109-114.
[8] 王旭,周晋,李双寿.人工智能实践教学的创新探索[J].教育教学论坛,2021(4):73-77.

工程训练中劳动教育的传承和创新

杨建新,李双寿,汤 彬,王健美

(清华大学基础工业训练中心,北京,100084)

摘要:以工程实践和创新教学平台为基础,通过挖掘劳动教育的内涵、改革教学环节和教学模式、拓展工程训练系列课程中劳动教育教学的内容、改革课程评价方式等做法,推动劳动教育教学的有序、有效开展,营造出崇尚创造性劳动的教学环境,有助于培养学生正确的劳动价值观,树立劳动纪律意识,在团队协作过程中锻炼学生的动手能力和团队精神,在面向较大数量的学生培养创造性劳动意识方面取得了明显成效。

关键词:工程训练;劳动教育;创造性劳动;学习工厂

1 引言

习近平总书记在2018年全国教育大会上指出:"坚持中国特色社会主义教育发展道路,培养德智体美劳全面发展的社会主义建设者和接班人。"把"劳"字列入全面发展教育理念,具有重大战略意义。现代工程教育以"大工程"的概念为特征,以前沿性、系统性、交融性为重要标志,在新时代背景下的高等工程教育,需要建立符合时代特征的劳动教育价值观,有效挖掘劳动的育人价值,真正做到以劳立德、以劳增智、以劳创新[1]。清华大学一贯坚持"通识教育基础上的宽口径专业教育"的育人理念,努力构建德、智、体、美、劳全面培养的教育体系,重视为拔尖创新人才的成长营造良好的通识教育氛围。在工程实践教学中面临以下挑战:如何让学生发现劳动之美,培养学生正确的劳动观?如何优化课程教学模式,培养学生的创造性和劳动能力?如何营造有效的教学氛围,持续有效地推行劳动教育?这些问题亟待解决[2]。

清华大学基础工业训练中心一直是校内最重要的工程实践教学基地,训练中心的稳步发展见证了清华大学对学生工程实践能力和劳动意识培养的一贯重视。作为清华大学最重要的公共性实践教学平台,工业训练中心承载着各院系不同层次教育项目对工程实践创新育人的期待,也寄托着大家对严谨训练、真刀真枪实践的清华风格传承的期待。工业训练中心结合工程实践和创新教学的现有平台基础,通过挖掘劳动教育的内涵、改革教学环节和教学模式、拓展工程训练系列课程中的劳动教育教学内容、改革课程评价方式等做法,推动劳动教育的有序有效开展,营造出了崇尚创造性劳动的教学环境,在面向较大数量的学生培养创造性劳动意识方面取得了明显成效。

2 工程训练中劳动教育的组织形式和具体措施

1) 挖掘劳动教育内涵,塑造正确的劳动观

新时代劳动教育是在继承马克思主义劳动理论、发扬中华民族传统美德的基础上进行的[3]。将劳动教育理念贯穿工程训练系列、创新创业系列和工程素质系列课程的全过程,从工程实践、跨学科协作、创新创业活动等多个层面,借助赛课结合平台将课程内的劳动教育向科创延伸,全方位引导学生树立正确的劳动观,启发学生的创新意识。同时,拓展工

训练劳动教育的主体从工科学生向多学科学生转变,从教学内容设计上贴合人文主题,探究工程中的社会性问题,实现劳动教育的文、理、工、医等多学科全覆盖;建立劳动教育与科创之间的关系,强调潜心科研与核心技术研发过程中的工匠精神与创新精神,潜移默化地培育劳动观念、端正劳动态度、养成劳动习惯、增强劳动情感。

2) 优化劳动教育实践环节,培养劳动能力

劳动教育具有实践性,劳动是人类最长久、最普遍、最基本的实践,在实践中学得更多,感悟得就更深刻。落实以学生学习与发展成效为核心的教育质量观,从技术领先性、系统完备性、模式灵活性、知识融入性、思维启发性、实践落地性等多个维度拓展系列课程的劳动教育实践环节。以制造业产品全生命周期为教学内容载体,打破各实践环节相互孤立的局面,推行项目导引、团队合作的教学模式,强化学生的团队意识和创新实践能力。工业级的加工设备及相关技术支持让学生可以提前接触到高水平的制造技术。致力开发先进性、创新型实践教学环节,进一步优化劳动教育教学环节,培养学生精益求精的作风,实现对学生工程素养、工匠精神和创新思维的全方位培养,增长劳动知识、提升劳动技能。强调工程实践的系统性和综合性,重点推行"基于问题、基于项目、基于案例"的教学模式。通过学校相关院系、国内外企业等的主动参与,构建开放性的实践课程教学体系,引导学生树立正确的劳动观,增强劳动纪律意识,探索融传授知识与文化、培养能力与提高素质为一体的训练模式,适应新产业对未来人才的能力需求。优化劳动教育教学环节,培养学生严谨的劳动作风,使学生尊重劳动、崇尚劳动。劳动能力培养实例如图1所示。

3) 建设产业级学习工厂,营造劳动教育环境

劳动教育具有情景性,在真实的情境中,大学生的感受更真实,劳动教育的效果更明显。训练中心建设了基于"智能制造+互联网"的产业级学习工厂,完善的硬件设施为学生提供了产业级制造加工场所。与校团委联合建立赛课实践平台,与院系联动,以赛促课,以赛促教,为课内劳动教育寻找课外实践应用的意义。实践课程重点评价学生的动手实践能力、团队合作精神及创新性实践成果,并在课程教学实践中,通过按时考勤签到、规范实践着装、安全知识测试、安全规范操作和实践成果质量评估等多种方式强化学生的劳动纪律意识、安全操作意识、质量意识和创新意识的养成,营造出良好的劳动教育氛围,引导学生树立工匠精神并进行创造性劳动实践。营造劳动教育环境实例如图2所示。

图1 带领学生走向产业中的劳动,探究物流业劳动形态的变化

图2 融合"虚拟现实+智能制造技术",打造创造性劳动教育环境

4) 加强教学团队建设,强化劳动育人观念

采取外部交流学习和内部提升强化相结合,建设校内跨学科创客导师+国际化跨界驻校创客导师的师资队伍。通过教学试讲、不定期教学考核、教学技能示范交流、职工安全操作测试、教学现场安全管理等环节,在教学队伍中进一步弘扬劳动精神,促进教学团队建设,形成以国家级优秀教学团队为骨干,职称、学历、年龄、学缘等结构合理,教学为主、重视科研、勇于创新、乐于奉献的教师队伍。同时进一步完善劳动教育管理制度和监督制度,建设规范、安全的实践教育平台,提升教师队伍劳动育人的观念。

3 工程训练中劳动教育的实施效果

1) 教学受益面大,有助于引领学生树立正确的劳动价值观

作为全校工程能力训练基地和双创教育基地,工业训练中心每年金工实习或电子工艺实习类课程的选课学生人数达2300余人,每年工程文化素质核心课程(制造工程体验、制造工程实践和工业系统基础)的选课学生人数达1500余人,以"制造工程体验"课为例,选课学生的分布情况如图3所示。训练中心将立德树人融入工程训练教学理念,从课程实践环节开发、跨学科协作、创新成果展示、创业孵化尝试等多个层面开展建设,全方位构建创新课程教学体系,引导学生树立正确的劳动价值观。有学生在学习日志中写道:"要对劳动怀有敬畏之心。不仅仅对于劳动本身,对劳动工人、劳动机器等都要怀有敬畏之心。""表面上看是因为师傅们熟能生巧,但这背后是千万次练习及严谨的工作态度、工作作风。""这些天的实习中,感悟最深的有以下两点:合作能力与创新能力。"

图 3 劳动教育特色课程"制造工程体验"的学生覆盖面

通过赛课结合模式,还将课内劳动教育实践拓展延伸至第二课堂劳动教育,在开放实验室环境中,通过实践过程记录、实验室准入机制等培养学生的劳动意识,强化劳动纪律;通过创新问题发掘、跨学科创新协作等手段培养学生的创造性劳动意识。近年来,由学生自发组织的科创赛事逐年增加,说明学生在主动思考、主动劳动方面有了积极的提升。

2) 全员参与劳动教育,育人氛围浓厚

工业训练中心全体教职工就劳动教育融入工程实践教学在理念上达成了共识,全员参与教改已经成为常态,承担了多项北京市和校级教改项目,不仅促进了教学改革的深化,更重要的是全方位提升了师资队伍的理论水平、技能技术和思想认识。同时,通过开展外部交流学习、教学试讲、不定期教学考核、教学技能示范交流、职工安全操作测试、教学现场安

全管理等环节,促进职工在业务上不断进取,加强了教学队伍建设,建立了包括工程训练安全保障体系、教学过程质量管理体系和组织管理体系的具有实践教学特色的教学质量保证体系,建设出较完善的劳动管理平台。有学生在学习日志中写道:"一线指导师傅对安全的重视,对工艺流程的一丝不苟,以及以身作则的作风感动着我们每个同学。"

3)实践教育基地建设成果显著

近年来,工业训练中心落实以学生学习与发展成效为核心的教育质量观,结合行业发展,积极拓展先进性、创新型实践教学环节,数字化、信息化手段与实验教学的进一步深度融合,以制造业产品全生命周期为教学内容载体,积极拓展先进性、创新型实践教学环节。2016年获评国家级双创示范基地建设重点工程,2018年获学生实验室建设贡献奖一等奖,2018年获校级实验技术成果奖一等奖。

4 结语

工业训练中心通过挖掘劳动教育内涵,拓展工程训练系列课程中的劳动教育教学内容和环节,推动劳动教育的有序有效开展,有助于培养学生正确的劳动价值观,树立劳动纪律意识,锻炼学生的动手能力和团队精神,树立创造性劳动意识,将学生培养成崇尚劳动、尊重劳动的社会主义劳动者,树立"劳动最光荣、劳动最崇高、劳动最伟大、劳动最美丽"的社会风气,在中国特色社会主义建设的新征程中实现"两个一百年"奋斗目标和实现中华民族伟大复兴的中国梦,具有现实价值和深远意义。

参考文献

[1] 谢金.态度改变理论视野下大学生劳动教育的问题与对策[J].教育评论,2021(1):49-53.
[2] 彭泽平,邹南芳.新时代高校加强劳动教育的价值意蕴、逻辑机理与实践方略[J].黑龙江高教研究,2020(12):1-5.
[3] 任国友,曲霞.新时代高校劳动教育督导评价体系研究[J].劳动教育评论,2020(1):56-69.

第 2 部分
教学研究与课程建设

虚拟现实技术在机械工程训练中的应用

康存锋,马志华,马春敏,郑学科

(北京工业大学机械与能源学院,北京,100124)

摘要:机械工程训练是高校工学类专业的必修课程,是培养学生动手能力及创新能力的重要途径之一。但是机械工程实训平台的更新速度落后于技术的进步,造成学生无法接触到前沿实训设备,导致工程训练对学生实践能力与创新能力的培养受到极大限制。本文针对新工科下机械工程实践能力的培养,构建了虚拟现实技术和慕课(MOOC)相结合的"机械工程训练"课程体系,以机器人装配为例,详细介绍了如何采用理论知识介绍、实操、实训演示、虚拟操作等多种教学方式完成实训项目的学习和训练。通过这一教学体系增强了学生实践训练的体验感,对提高教学效果起到了很好的作用。

关键词:虚拟现实;机械工程训练;教学

1 引言

机械工程训练是一门实践性很强的课程,是机械工程、航空与航天工程等专业的必修课。近些年随着《中国制造2025》、"工业4.0"等概念的提出,以及对"新工科"理念探讨的不断深入,对各工科专业的课程特别是机械工程训练这种实践性较强的课程提出了新的挑战。同时,各高校积极探索理科衍生的新兴工科专业及多学科交叉融合的工程人才培养[1],这也让传统的机械工程训练难以满足当前的教学要求。只有不断适应时代及技术的变化,开设实践性强且具有一定趣味性的课程,才能让学生积极融入教学活动中,不断提升学生的动手实践能力、创新能力等综合能力素质,从而达到教学的目的。

2 国内外机械工程训练的现状

国外的高等院校开设机械工程等相关课程较早,并探索出了适应各国人才培养的教学方法。德国的普通高校一般采取6个实践学期和1个实习学期的组合方案,先通过前6个学期的理论学期再进行一整个学期的实习[2]。而除普通高校以外,德国为紧扣本地的工业发展趋势并锻炼学生的实践能力,在20世纪60年代组建了应用科学大学,学生在进入应用科学大学之前必须进行相关的实习,德国半数以上的机械工程师、计算机工程师等都来自应用技术大学[3]。麻省理工学院在2006年就可以选择"自由活动月"课程,学生可以在"自由活动月"进行实习、写论文、研究学科相关问题等。美国的其他高校,例如斯坦福大学、伊利诺伊大学等也采取类似的培养计划,而且实训课程的比重占全部课程的30%以上[4]。

国内的机械工程训练大多已经从传统的金工实训转变为工程能力训练,在传统的金工实习包括车工、铣工、钳工、砂型铸造等教学内容上逐步增加了数控车、数控铣、特种加工(线切割、激光加工、3D打印等),以及其他适应新时代的内容[5]。而国内各高校的教学方

---

① 基金项目:面向京津冀产业转型升级的新工科专业结构调整优化研究——以智能制造工程专业为例(E-ZNZZ20201202);北京工业大学教育教学研究项目——基于数字孪生构建数控加工训练教学模式的探索与实践(ER2020B048)。

法大多采用教师演示一遍学生接下来轮流模仿几遍的"示教式"教学,即通过多次集中地对同一加工工艺的训练来提升学生的动手能力。

3 现有机械工程训练存在的问题与解决方案

3.1 机械工程训练存在的问题

由于缺少较好的企业实习环境,各专业课课程设计仅包含一两门学科的专业知识,难以打破学科壁垒,学校开设的创新实验室由于容量有限也很难满足全部学生的要求,所以机械工程训练就是各高校学生增强实践能力与创新能力的最好途径,也是大学课程中为数不多的能将设计、工艺编排、加工制造、质量检测等问题综合到一起集中训练的课程。但是各大高校的机械工程训练课程的内容基本相同,并且形成了"一把锤子走天下"的局面[6]。随着信息技术与互联网的不断发展与普及,互联网上的新奇内容不断冲击着学生的眼球,这让学生逐渐失去了对传统课堂的兴趣,即便是实践性很强的金工实习也难以抓住学生的好奇心。此外,由于金工实习需要学生近距离接触生产车间与加工设备,所以难免会带来一些危险性,很多高校为了避免发生危险则减少了学生接触大型生产设备的机会,只让学生观察设备的运作而不去操作,这很难达到金工实习的目的。与此同时,各大高校对金工实习的资金投入有限,所以很多特大型设备及近些年的新设备、新技术学生难以接触,即便是已投入使用的设备也不能保证上课的学生人手一台。有限的课时与硬件资源大大降低了课堂的教学效率,学生脑中的新想法与新思路也难以得到及时验证。

3.2 解决方案的探讨

目前,不仅是机械工程训练面临许多问题,其他课程也同样面临诸多困难。现在有不少人提出利用慕课(MOOC)、微课及翻转课堂等新形式来调动学生的积极性,以增强学生对课程内容的理解。但是机械工程训练相比其他课程具有实践性强、对教学环境要求高、难以自学等特点,这也让翻转课堂及微课难以融入到机械工程训练中。慕课是在线教育的代表,其具有开放性、大规模、在线性三元属性,通过慕课可以让学生了解到最新的行业进展及接触大型设备,虽然慕课可以极大地培养学生的创新能力,但是工程训练的实践性在慕课中却难以体现[7]。

虚拟现实技术是以计算机技术为基础,通过软硬件的共同作用来达到环境模拟与仿真的技术。随着当前传感器技术的发展,虚拟现实技术可以利用配套手柄来对虚拟现实中的物体进行交互操作,这就弥补了慕课中实践性不足的缺点。本文将虚拟现实技术和慕课带入课堂当中,利用虚拟现实技术提高实践性,辅以慕课增强创新能力及对行业先进理念的认识,解决当前工程训练中存在的相关问题。

4 基于虚拟现实和慕课构建多层次机械工程训练

为了能够适应时代的要求,更好地培养学生的实践能力与创新能力,通过引进软硬件资源和自主开发适应本校教学大纲的特色教学课程与对应的教学资源组合,将虚拟现实技术和慕课引入机械工程训练,建构出一套多层次的机械工程训练教学体系,如图1所示。

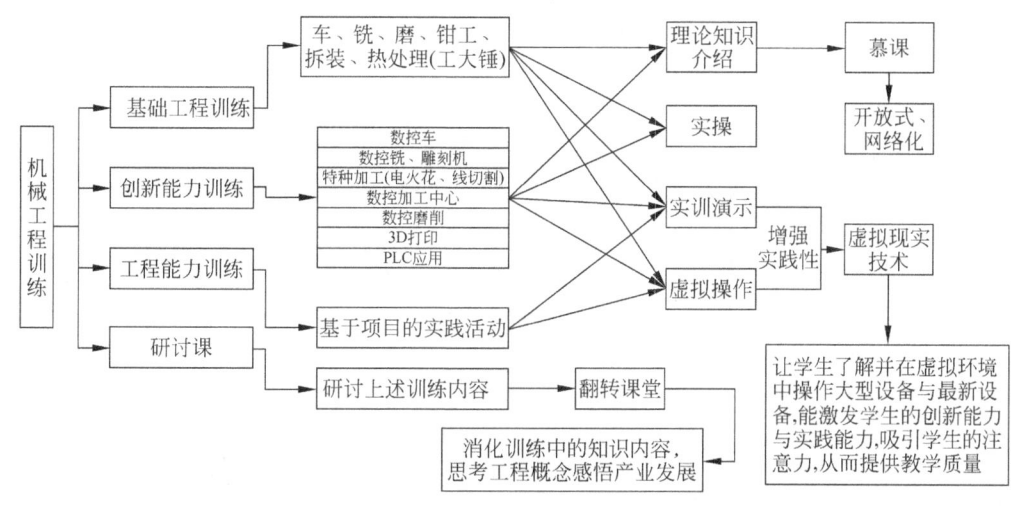

图1 "虚拟现实＋慕课"的教学体系

"机械工程训练"课程教学内容分为4个部分:基础工程训练、创新能力训练、工程能力训练、研讨课。根据每个部分中的教学目标,采用理论知识介绍、实操、实训演示、虚拟操作、翻转课堂等教学方式完成教学内容的学习和训练。在通过慕课完成基本理论学习的基础上,借助虚拟现实,学生进行交互式学习,增强了教学培训和演练效果,解决了教学中高危险、高成本、高污染与难看到、难动作、难进入、难再现的问题。

下面以机器人装配实训项目为例介绍虚拟现实在机械工程训练中的应用。

机器人装配实训项目由硬件部分、软件部分和课程内容3部分组成(见图2)。学生通过在虚拟环境中的练习来联系实际,从而达到教学目的。

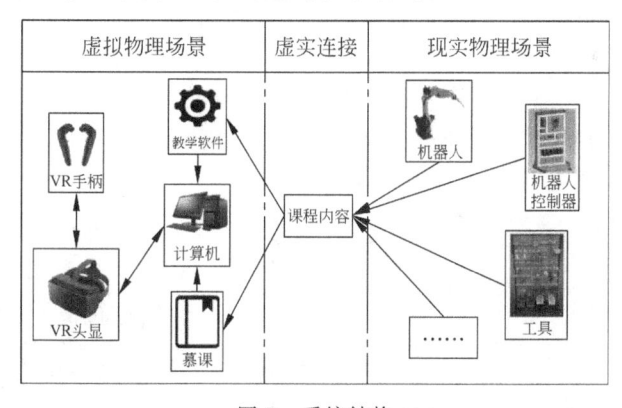

图2 系统结构

1)实验目的
(1)六自由度机器人机械结构认知。
(2)机器人模型特点认知。
(3)掌握机器人关节的机械构成。
(4)掌握电机与减速机的安装方法。
(5)掌握机器人本体中电气部分的连接。

(6) 掌握不同传动方式的力学原理及安装技巧。

(7) 学习机械原理和装配过程对运动精度的影响。

机器人装配实训流程如图 3 所示。

2) 实验内容

(1) 慕课基础知识讲解(30min)。通过慕课讲解机器人的分类、机器人的常用机构、电机减速器等部件的基本选型方法等基础知识,同时讲解机器人的装配流程与装配技巧,为接下来的实操做铺垫。

(2) 虚拟现实装配练习(30min)。在虚拟现实教学软件中选择"自动装配"来观看自动装配演示,初步了解机器人的装配流程。在虚拟现实教学软件中选择"爆炸图"即可观看机器人的爆炸图,如图 4 所示。

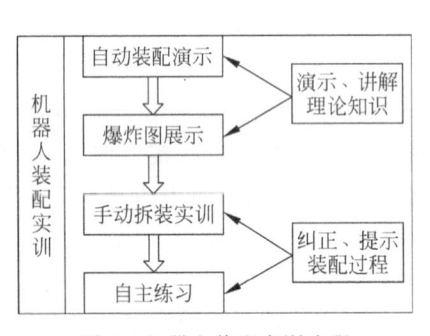

图 3 机器人装配实训流程

图 4 爆炸图展示

(3) 虚拟现实拆装练习(30min)。虚拟现实拆装练习由拆卸练习和装配练习组成。在虚拟现实教学软件中选择"手动拆卸"进入机器人拆卸练习。拆卸练习由两部分组成:第一部分由系统引导学生完成拆卸,即软件内提示面板提示拆卸流程(见图 5),待拆卸工件同步高亮显示(见图 6);第二部分由学生自主完成拆卸,系统不再主动提示。完成拆卸练习后可在软件中选择"手动装配"进行机器人装配练习。装配练习与拆卸练习类似,其第一部分由系统引导学生完成装配,第二部分由学生自主完成。

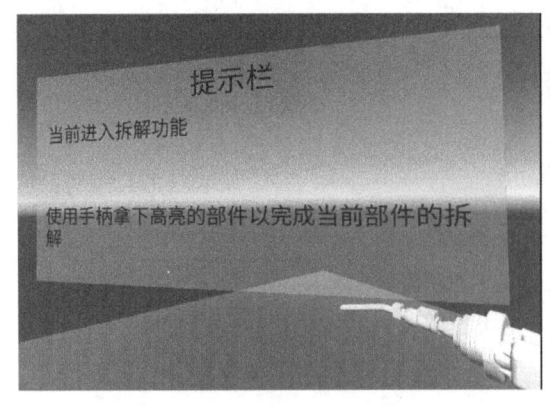

图 5 拆卸练习提示面板

图 6 待拆卸工件同步高亮显示

（4）测验检查(15min)。选择虚拟现实教学软件中的"测验检查"进入测验。在测验中学生需要自主拆卸机器人，拆卸完成后系统会自动进入装配模块，此时学生继续进行装配即可。在拆卸和装配过程中，发生拆装顺序错误时系统会自动减分且在提示面板上显示（见图7），待装配部件会呈高亮显示（见图8）。

图7　错误提示面板　　　　　图8　系统给出错误提示

5　结语

本文在保留原有课程基本训练内容的基础上，利用虚拟现实技术的沉浸性、真实性及慕课的低成本性开发了一系列机械工程能力训练模块，在带领学生了解先进技术与实训内容的同时，将原本抽象的内容立体化、形象化。虽然虚拟现实＋慕课的教学与真实环境仍有一些偏差，但是相比单纯的慕课教学、微课教学等其他形式，在保证内容完善性的基础上极大地增强了实践性。虚拟现实技术将真实的生产加工环境带到了学生身边，不仅去除了复杂环境中的危险性，改善了学习环境，还使得原本枯燥的教学增加了趣味性，更加生动地激发了学生的联想力与记忆力，让学生能够更加专注于教学内容，从而促进了学生实践能力与创新能力的提升。此外，由于软件系统具有很强的柔性，所以易于教师进行课程内容重构，使每一个训练模块更具个性。

参考文献

[1] 新工科建设指南（"北京指南"）[J].高等工程教育研究，2017(4)：20-21.
[2] 林振衡,翁若平,俞国锋.中德机械工程专业应用型人才培养方案比较研究[J].中国现代教育装备，2018(9)：78-81.
[3] 刘建强.德国应用科学大学模式对实施"卓越工程师培养计划"的启示[J].中国高教研究，2010(6)：50-52.
[4] 李拓宇,李飞,陆国栋.面向《中国制造2025》的工程科技人才培养质量提升路径探析[J].高等工程教育研究，2015(6)：17-23.
[5] 马鹏举,王亮,胡殿明.工程实践教学的现状分析与对策研究[J].高等工程教育研究，2011(1)：143-147.
[6] 侯学元."核心产品制造贯穿式"的金工实训教学模式研究与实践[J].大学教育，2018(9)：67-69.
[7] 张策,徐晓飞,张龙,等.利用MOOC优势重塑教学　实现线上线下混合式教学新模式[J].中国大学教育，2018(5)：37-41.

"工程材料"实验教学问卷调查研究

邱玉婷,刘雅静,赵 雷,史成坤,齐海涛

(北京航空航天大学工程训练中心,北京,102206)

摘要:为了解"工程材料"实验教学现状,本文作者在多个院系开展了本科生问卷调查,调查内容包括课程设置、学生学习习惯和学生学习效果3个方面。调查结果表明:学生充分肯定"工程材料"实验教学的必要性,但其在实验内容和提升本科生创新能力等方面仍存在不足。基于问卷信息反馈及多年的教学实践,本文提出了对其进行系统性改革的措施:优化实验教学内容,引进个性化、研究型教学方式,合理配置师资等,以期对深化教学改革有所裨益。

关键词:问卷调查;"工程材料"实验;实验教学

1 引言

"工程材料"是高校机械类与近机械类专业的重要基础课程之一[1-2],本课程囊括了材料科学基础知识和材料工程应用两方面的内容,具有较强的理论性与实践性。"工程材料"实验是该课程教学的重要环节,承载着帮助本科生进一步理解和巩固理论知识的重要任务[3-5]。为提高该课程的实验教学效果,本文对多个专业已学过该课程的本科生进行了问卷调查,客观分析该课程现阶段存在的问题、了解学生对实验课程的需求,最后结合学生的学习习惯对该课程的实验教学提出了系统性的教学改革措施。

2 调查内容与方法

本次问卷调查的对象为100名北京航空航天大学大二本科生,于秋季学期开展问卷调查。此次问卷调查是在实验课程结束后现场发放纸质问卷进行无记名填写,共收回100份问卷,可及时、准确地获得学生对实验的反馈。

3 调查结果与分析

3.1 "工程材料"实验课程设置调查

表1的调查结果表明,学生认为实验课对学好本专业课程能提供非常大帮助的占29%,提供较大帮助的占58%,提供一般帮助的占12%,这说明绝大部分学生认为"工程材料"实验课程对学好本专业课程有帮助,验证了实验课程对理论课程的辅助作用及其存在的必要性。

表1 "工程材料"实验课程设置调查结果

问卷题目	问卷选项及比例
你认为"工程材料"实验课对学好本专业课程的帮助	A. 非常大 29% B. 较大 58% C. 一般 12% D. 无 1%

续表

问卷题目	问卷选项及比例
你最希望通过"工程材料"实验课掌握的是	A. 实验设备的操作技能 14% B. 实验涉及的工程原理 7% C. 灵活运用理论知识,实现独立开展实验,并分析结果 10% D. 以上都是 69%
你最希望"工程材料"实验课的教学模式是	A. 传统验证性实验:按照教师要求做,学生基本不用思考,而且教师可以随时帮助解决问题 16% B. 综合设计性实验:教师提出命题,学生自行设计方案,然后进行实验,在教师的帮助下解决问题 51% C. 创新性实验:学生参加教师的科研课题,或者自带课题,题目选定后查阅资料,在教师的指导下制定实验方案,在开放实验室进行开放性实验 33%

培养什么样的人是高等教育需要解决的首要问题[6-7],学生希望有什么样的实验课是值得任课教师去关注的重要问题。针对"工程材料"实验课程设置的问卷调查表明,学生希望掌握的是:实验设备的操作技能占14%;实验涉及的工程原理占7%;灵活运用理论知识,实现独立开展实验,并分析结果占10%;上述3项全是的占69%。可见,大部分学生希望"工程材料"实验课程的设置在提升其动手能力和加深其对理论知识理解的同时,可以培养其独立分析与解决问题的能力。

上述这一点从学生最希望工程材料实验的教学模式问题中也可以得到类似的结果:仅有16%的学生选择传统验证性实验,有51%的学生选择综合设计性实验,有33%的学生选择创新性实验。由此可见,大部分学生赞同自行设计方案,然后进行实验,这也要求教师在实验室中的身份应从传统的"演示者"变成今后的"引导者"。过半数学生选择这种难易程度适中的实验存在着一定的合理性。原因是他们作为大二的学生,接触更多的是传统类验证性实验,对于第三个具有高阶性和挑战性的创新性实验存在一定的畏惧心理。因此,在今后的教学过程中,教师还需要认真研讨出更多合适的综合设计性实验,以供大部分学生选择[8-9]。不可忽视的是还有高达33%的愿意参与高阶性的实验课题的学生,我们可以将这种高阶性的实验课题理解为体验式的科学或工程思维训练。33%的学生主动申请从传统的"模仿者"转变为未来的"探究者",这是值得教师鼓励的事情[10-11]。为了满足创新性实验的教学需求,教师团队在教学内容、教学方式、教学资源等方面还需做进一步探讨,这在下文的措施部分会详细阐述。

3.2 学生学习习惯调查

随着新技术、颠覆性技术的不断涌现,时代在不断地变革,学生群体的学习习惯也在发生变化。精准了解学生的学习习惯,对于教学改革的科学应变具有重要的指导意义[12]。问卷可以作为一种有效手段帮助教师充分了解学生的学习习惯。在这次问卷调查中,我们也设置了相应的问题,见表2。

表2 "工程材料"实验课程学生学习习惯调查结果

问卷题目	问卷选项及比例
实验操作过程中仪器有时会出现一些故障,当出现这些故障时(可多选)	A. 总是认真仔细地观察,积极动手动脑思考,努力排除故障 45% B. 愿意去观察、动脑思考,但一段时间后会感到厌烦,缺乏持之以恒的精神 17% C. 不愿意去观察和动脑思考,只愿等教师来解答 0% D. 与小组成员或者同学进行讨论 43%
当实验完成后处理数据时发现实验数据与理论数据相差甚远,你会(可多选)	A. 改实验数据,将实验数据凑成"好的结果" 3% B. 将实验误差归因于仪器粗糙或其他原因 7% C. 分析实验结果,找出产生问题的真正原因 79% D. 寻求他人的帮助 16%

由表2可知,在实验操作过程中,当仪器出现故障时,43%的学生会选择与小组成员或者同学讨论,这可能与实验教学一般以小组为单位有关。45%的学生会选择认真仔细观察,积极动手动脑思考,努力排除故障,可见在培养学生独立思考、分析问题、解决问题等能力方面,我们还需继续加大培养力度。17%的学生会选择观察、动脑思考,但一段时间后会感到厌烦,缺乏持之以恒的精神,这与缺乏系统的科研训练或者创新训练有关。

在面对实验数据与理论数据相差甚远时,大部分学生还是会选择诚信实验,分析实验结果,找出产生问题的真正原因,极少数学生未能意识到篡改实验数据的严重性。这说明在今后的实验教学过程中,我们还应加强培养学生正确处理实验数据的能力。

3.3 学生学习效果调查

由表3可以看出,有92%的学生在现有"工程材料"实验课中积极主动,互相配合,可见绝大部分学生对实验课程的学习态度和实验操作的积极性很高。这不仅充分肯定了本次调研结果的可信度,还有利于推进新的实验教学改革与研究。但是还有8%的学生觉得在实验教学过程中个人属于助手角色,处于被动操作状态。由于实验课时和资源有限,工程材料实验主要由学生以小组的形式开展。任课教师在授课过程中也发现少数学生在团队合作中,确实很少独立操作。这说明我们应尝试个性化或多元化教学方式,让每名学生积极参与实验课程。

表3 "工程材料"实验课程学生学习效果调查结果

问卷题目	问卷选项及比例
在实验课中,你认为自己的表现如何	A. 积极主动,互相配合 92% B. 一般当助手,被动操作 8% C. 与己无关,应付了事 0% D. 不参与实验 0%
实验对自己哪些方面有所帮助(可多选)	A. 学会一些仪器使用方法 94% B. 学会一些实验技巧 74% C. 分析实验结果,找出产生问题的真正原因,对做实验的严谨态度有所认识 45% D. 能够独立写出完整的实验报告 24% E. 数据充分,会分析 44% F. 对本专业的认识加强 83% D. 其他 2%

对于完成实验之后给自己带来帮助的看法,大部分学生认为实验对于仪器的使用方法、实验技巧和加强专业知识理解有很大的帮助,而对于高阶学习的分析数据、独立写出完整的实验报告等能力的提高有待加强。实验报告本是实验教学效果呈现的一个重要方式,但部分学生以为实验报告就是记录数据,甚至不是独立完成,而是抄袭,或者没有任何结论和观点。这就要求任课教师在实验报告中及时反馈学生个人实验报告中存在的问题,帮助学生正确理解实验报告的意义,避免在其他教学过程中重复犯错。

4 "工程材料"实验课程的教学改革探讨

4.1 增加实验教学内容的前沿性,加强综合型实验设计

目前新材料技术发展日新月异,学生对于这些新材料的性能及应用有着浓厚的兴趣。与材料的更新换代速度相比,工程材料实验教学内涵的建设却相对滞后。如现有实验课程中的材料类型均为传统材料,如 20 钢、45 钢、硬铝合金、塑料等;多年的教学模式就是"选择不同材质的材料—测定力学性能(强度、硬度或者韧性等)—填写报告",其结果是学生对于材料性能的理解仅停留在单独的数据层面,不能对材料的性能差异有更深层次的理解和掌握。可适当引入先进材料作为新的实验载体,如碳纤维复合材料、太阳能电池等能源材料,将现阶段的热处理工艺、硬度测试、强度测试、韧性测试及显微组织观察等小实验经过设计修改成综合型实验,将材料结构、性能等灵活贯穿到整个实验中,加强学生综合知识的运用能力,提升学生解决指定材料中具体的科学或工程问题的能力。

4.2 引进个性化、研究型教学方式

为了更好地实现量大面广与拔尖人才培养的统一,除了在教学内容的设计上要注重前沿性和综合性,在教学方式上还应积极引进个性化、研究型的教学方式[13]。前期的调研结果表明,学生对于实验教学的预期并不是完全统一的:部分学生希望参与挑战度高、科研前瞻性强的实验课题,以期培养个人的科研能力和创新能力;部分学生希望可以自行设计方案,然后进行实验。在命题阶段,若给予了学生更多的选择,那么在实验后续的开展过程中,教师的引导不仅至关重要,而且也应因材施教,以满足个性化实验课题的顺利开展。针对低年级学生,研究型教学方式有助于培养其思维方式。以理想的实验课题作为载体,将科学上或者工程上解决问题的思维训练贯穿于整个实验,必将有益于学生创新思维和工程实践能力的提升。

4.3 合理配置实验教学师资

"新工科"背景下高校对人才的培养提出了更高的要求,因此,培养学生的师资队伍也应具备更加硬核的实力[14]。在工程材料实验教学中,任课教师不仅应具有扎实的材料方面的理论知识,还应当熟知当前材料科学的发展趋势。在高阶性的实验课题中,任课教师应当具备引导学生理论联系实践和分析、解决具体科学问题、工程问题的能力。而在思维训练方式等内容上,可以邀请相关学科经验丰富的实验教师、企业工程师,甚至是学科领头人参与到实验教学中来。实验教学的教学目标不单单是让学生掌握实验技能,而应该是将

实验课题作为工程训练或者科研训练的初级课题,更注重学生思维方式的训练,重点启发学生发现问题、分析问题和解决问题的能力。合理配置实验师资,将是实现这一目标的重要保障。

5 结语

实验教学是高校人才培养中非常重要的实践性教学环节。本次问卷调查不仅客观地反映了"工程材料"实验课程的教学现状,还帮助任课教师更加充分地了解了学生的学习习惯和学习效果。本文提出了优化实验教学内容,引进个性化、研究型教学方式及合理配置实验教学师资等措施,以期进一步提高"工程材料"实验课程教学质量,为深入推进人才培养提供支撑。

参考文献

[1] 范悦.工程材料[M].北京:北京航空航天大学出版社,2003.
[2] 朱张校,姚可夫.工程材料学[M].北京:清华大学出版社,2012.
[3] 马军民,黄晓鹏,孙步功,等.《工程材料》实验课教学改革探讨[J].内燃机与配件,2019(18):272-273.
[4] 崔承云.浅谈《工程材料》实验教学的改革[J].广东化工,2019,46(1):232,233.
[5] 武玉琴,唐令波,徐自立,等.工程材料课程综合实验教学创新与设计[J].高师理科学刊,2017,37(12):90-93.
[6] 孙伟锋,邱文教,邓蕾,等.一流本科人才培养体系的内涵和重构[J].中国大学教学,2019(3):25-28.
[7] 林健.引领高等教育改革的新工科建设[J].中国高等教育,2017(Z2):40-43.
[8] 范长岭,李玉平,陈石林,等.材料科学与工程专业材料化学基础实验的改革与探索[J].教育教学论坛,2018(42):127-128.
[9] 曲立杰.金属材料工程专业综合实验教学改革研究[J].教书育人(高教论坛),2019(30):108-109.
[10] 何杏宇,杨桂松,周亦敏.面向新工科建设的跨学科嵌入式实验教学[J].实验室研究与探索,2019,38(10):182-186.
[11] 刘锐,金龙一,孟龙月.化学化工专业本科生科研创新训练初探[J].实验室研究与探索,2019,38(9):182-185.
[12] 冯元新.大学物理实验教学现状的问卷调查与分析[J].浙江科技学院学报,2011,23(4):325-328.
[13] 马鹏举,邱玉婷,崔剑,等.面向"新工科""双一流"建设的工程训练系统性改革[J].实验技术与管理,2020,37(1):220-224.
[14] 李英花,高青山,张敏.实验课程现状的问卷调查与思考:以《饲料安全与营养价值评定》为例[J].高教学刊,2018(24):185-187.

基于微课的"机械制造基础"实验教学研究与实践

刘雅静，史成坤

（北京航空航天大学工程训练中心，北京，102206）

摘要："机械制造基础"作为一门来源于实践的课程，其实验环节必不可少，但目前面临的一些矛盾会导致实验效果欠佳。本文提出将微课引入机械基础实验教学，让微课作为教学补充，以解决现有的问题。详细讲述线上线下混合式教学模式的运行方式、微课制作要点和实际教学效果。根据学生做实验的情况和反馈，分析得出线上线下混合式教学模式的实际教学效果行之有效，微课值得大面积应用于实验教学，也可以推广到类似的其他实验、实践类课程。

关键词：微课；线上线下混合式教学模式；实验教学；机械制造基础

1 引言

"机械制造基础"作为一门来源于实践的课程，其实验环节一直是必不可少的，但目前面临一些矛盾，导致实验环节的效果大打折扣，作用不能完全发挥。第一，自主选课模式使学生的统一时间较少，影响实验课时。第二，在有限的课时内，实验内容相对固化，学生的发挥余地小。第三，实验完成后，缺少途径复习和回顾。过去单一的面对面教学形式已经不能完全满足现在的实验教学需求，需要改进教学方式，使课堂形式丰富起来，使实验内容充实起来。因此，我们在实验课程中加入微课手段，将线上线下混合式教学模式应用于"机械制造基础"的实验环节，让学生获得充分的锻炼，从而更深入地理解课程内容。

2 微课与"机械制造基础"实验

微课这一概念最早出现在美国，并且因互动性强、参与性强、传播速度快等特点而得到了迅猛发展。所谓微课，主要是在具体的教学活动中，以视频为载体，并紧紧围绕某一个知识点而展开的一种具有针对性、趣味性、综合性的教学活动。具体来说，微课不是单纯的视频教学，也不是对原本课堂教学的压缩，而具有其自身的特点：①时间短。与传统的课堂教学相比，微课教学时间比较短，一般为5~8min。它主要是以学生的学习规律为出发点而进行设计和规划的一种片段性学习方式，促使学生更好地学习知识。②主题突出。微课教学时间比较短，其设计常常围绕某一个教学主题展开。在这种单一的教学主题下，教学目标更加突出和明确。③教学内容比较少。在微课的教学模式下，教学内容比较单一，主要是结合相关的主题进行知识点讲解，对复杂的教学设计进行简化。④辅助性。微课是一种有效的教学辅助工具，是对课堂教学的有效补充，但不能替代整个课堂教学[1-4]。

以"机械制造基础"实验课程中的互换性测量为例，它包含相对独立的多个测量内容[5]。原来的学习方式是让学生利用文字资料进行预习，实验时按照教师所讲的操作步骤进行验证性实验。一次实验涉及的测量手段较多，就会出现学生没完全掌握教师教授的测量方法的现象，导致实验失败。同时实验的时间短，学生来不及仔细思考实验原理、实验内容与理论内容的关联性，更无法将理论知识进行扩展。

如果将实验按知识点制作成讲解短片，放在线上供学生学习，则可以起到以下几方面的积极作用：

（1）方便预习和回顾。学生不仅可以利用课下的零散时间进行学习，还可以"近距离"地观看实验操作，比起文字版预习报告，这种方式更直观，学生的兴趣更大，也能更好地熟悉实验流程。学生带着问题参与实验，有利于对相关内容的理解。课后如果对实验过程有疑问，还可以通过观看微课回顾自己的操作过程，获得更深层次的提高。

（2）翻转课堂模式开展设计性实验，提高学生的创新、研究能力。把固定化的内容做成微课，放在课下学习，而课上的时间用来解决学生的疑问，并且提供条件让学生进行灵活的设计性实验。实验课程的时间延长了，学生能够更深入地思考实验内容与理论知识的关联。

（3）重点突出。过去集中式的操作过程讲解，让学生听完后不能完全消化，而每一段微课是一个测量项目，主题更加突出，对于难以理解的内容可以反复回看。

总之，将微课引入本课程的实验教学环节，打造线上线下混合式教学模式是一种有益的尝试。

3　线上线下混合式教学模式实践

3.1　线上线下混合式教学环境构建

以"机械制造基础"实验课程中的互换性测量为例，构建线上线下混合式教学环境。

（1）线上环境。以微课为核心，理论知识为灵魂，搭建线上学习平台，在这个平台上，除了微课视频，还有本门课程的教学大纲、教案、PPT等相关资料。同时，设有师生互动区，提供线上交流、讨论途径。

（2）线下环境，即传统的课堂、实验室，包括硬件条件和师资条件。不能完全沿用过去的课堂环境，需要根据线上的学习内容规划和效果进行改造。硬件方面，提供学生扩展学习的条件，有利于其实现研究性实验。师资方面，教师不再是单纯的"传道"者，还应该有更广阔的视野，能引导学生深入挖掘知识。

（3）学习流程设计。同时开展线上和线下两种实验形式。线上运行方式是学生登录课程中心下载实验微课进行自主学习，完成线上预习调查问卷，同时预约实验室开放时段。学生在预约的时间完成实验，实验采用"微课＋操作"的形式，完全是学生自主完成。线下实验运行方式是教师就选择线下实验方式的所有学生调查其课表，确定可以安排实验的时间，反馈给学生，学生再根据个人情况选择实验，这个过程通常需要反复沟通。课表确定以后发放预习指导书和实验报告，安排学生预习。到了实验时间，学生按时完成实验，课上采取"教师讲解＋学生操作"的实验形式。对于漏选实验和缺勤实验的学生则转入线上模式。两种方式既可以独立运行，也可以相互融合。选择线下实验方式的学生也可以下载微课作为辅助学习资料，实验时以面授为主、视频为辅完成实验。线上线下混合式实验教学模式如图1所示。

3.2　微课制作

教学中，运用微课手段支持学生的课前预习和课后反馈。"机械制造基础"实验课前预

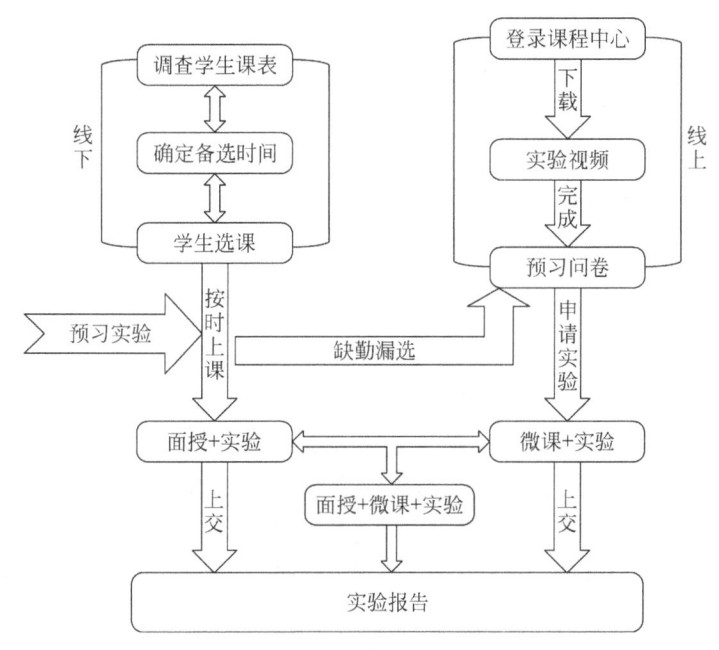

图 1　线上线下混合式实验教学模式

习的重点是理解实验原理，了解仪器构造，掌握仪器的使用方法、操作步骤、读数方法等；课后反馈的重点主要是实验报告的数据处理、误差分析中存在的普遍问题及课后思考题的详细解答等。因此微课视频要按知识点分别制作。

例如，将尺寸误差作为一个知识点，通过测量具体的载体"塞规的直径测量"进行微课制作，选用万能测长仪作为测量设备进行测量。详细讲解尺寸误差的内涵、影响、阿贝原则的测量原理、万能测长仪的使用方法和尺寸误差合格性判定规则等，做到每个环节都围绕这一个知识点展开。类似地，再选取测量某个零件的直线度、平行度、圆跳动、表面粗糙度作为形位误差、表面质量误差测量的典型代表，分别按照这几个知识点制作成单一微课，使"机械制造基础"实验的互换性内容丰富而全面。

微课要注重多种媒体和技术手段的配合，努力做到短小精练，便于知识点的理解，适合供学生多终端、零散时间学习。每个微课由 4 部分合成：第一部分是知识点讲解，主要采用"PPT＋音频"呈现，PPT 更容易讲透知识点，也符合学生的学习习惯。第二部分是关于仪器构造和原理介绍，主要采用照片、图片、动画、视频、音频相结合的方式予以展开。第三部分是读数方法和测量操作，主要采用录音录像呈现，适当加入图片和动画。第二、三部分是微课和制作拍摄的重点，一定注意拍摄角度，既要突出重点，又要顾全大局，做到远近动静结合，便于观看。第四部分是数据处理和结果分析，还是采用 PPT 呈现。

3.3　实际教学效果分析

经过几轮次实验教学，学生普遍反映与传统的实验课程相比，微课采用动画和实景结合的方式更加生动有趣，容易集中注意力；与抄预习报告相比，看微课更加直观，对于实验原理更容易理解；可以多次反复观看，能牢牢记住实验的步骤；实际操作过程中遇到的问题能够及时获得帮助，实验过程也更加流畅；实验后可以参看微课回顾实验过程，恰当地处理实验数据,从而得出正确的实验结论。

但是,这种过于顺畅快速的实验过程,学生会缺乏思考,代入感不强,实验与理论知识容易脱节,记忆也不深刻;对于实验原理和仪器的应用范畴更不能透彻理解,很难做到举一反三。因此还需要对理论知识有更深入的讲解,丰富微课的形式和手段,增加一些启发和思考的环节,扩展仪器的使用范围和内容,增加开放型实验的题目,让实验和理论知识有更紧密的结合,带动学生思考,使得实验更为有效。

4　结语

通过学生做实验的效果和学生反馈的情况可以看出,线上线下混合式教学模式在"机械制造基础"实验教学中是行之有效的。微课完全可以替代实验课的面授部分,可以更大面积地应用于实验教学,让更多的学生通过自学掌握仪器的原理和使用方法,自由选择实验时间;也可以作为"机械制造基础"课程理论教学的补充资料,加强理论与实验的结合;还可以作为开放测量实验室的操作指南。这种"微课＋实验"的教学模式也可以推广到类似的其他实验、实践类课程。

参考文献

[1] 李克东,赵建华.混合学习的原理与应用模式[J].电化教育研究,2004(7):1-6.
[2] 陈杰,黄鑫,贾辉.基于微课和翻转课堂的大学物理基础性实验教学研究[J].物理与工程,2018,28(3):109-111.
[3] 陈朝晖,王达诠,陈名弟,等.基于知识建构与交互学习的混合式教学模式研究与实践[J].中国大学教学,2018(8):33-37.
[4] 陈砚,单泉.基于慕课的机械基础课程群实验教学改革探索[J].教育现代化,2018,5(31):69-70,78.
[5] 马鹏举,史成坤,张兴华,等.加工工艺学[M].3版.北京:北京航空航天大学出版社,2014.

创新创业教育与机械工程专业课程教育融合的探索与实践

刘敬远[1]，杨建伟[1,2]，张 军[1]，周庆辉[1]，秦建军[1]

(1.北京建筑大学机电与车辆工程学院,北京,102616;2.北京建筑大学人事处,北京,102616)

摘要：在详细分析和比较机械类教学质量国家标准和我校机械工程专业人才培养目标的基础上,揭示了机械工程专业创新创业教育的实质及其在机械工程专业人才培养中的定位；分析了创新创业意识与机械工程专业课程、工程实践性教学的关系；以"机械工程材料"专业课程为例,对创新创业教育与机械工程专业课程教育在课程目标、教学实施方案和评价方法等方面的融合进行了探索和实践。

关键词：创新意识；专业教育；专业课程；人才培养

1 引言

制造业是国民经济的主体,是立国之本、兴国之器、强国之基。我国的制造业水平从18世纪中叶开启工业文明到社会主义制度建立之前,一直处于贫弱状态,我国为此受尽西方工业列强的侵略和掠夺。从19世纪50年代开始,我国才从无到有逐步建立了完备的社会主义现代工业体系,经过70多年的不懈努力和艰苦奋斗,我国制造业增加值位于世界前列,已经成为世界上的制造业大国。然而近年来的中美贸易摩擦使我们更清楚地认识到我国制造业的水平与世界先进水平相比仍然大而不强,尤其是在自主创新能力、资源利用效率、产业结构水平、信息化程度、质量效益等方面差距明显,转型升级和跨越发展的任务紧迫而艰巨。为了在以智能制造为核心的第四次工业革命中抢占未来竞争的制高点,把我国建设成为引领世界制造业发展的制造强国,为实现中华民族伟大复兴的中国梦打下坚实的基础,我国在2015年提出了《中国制造2025》计划。

为了健全人才培养体系,创新人才发展体制与机制,进一步提高制造业人才队伍素质,为实现制造强国的战略目标提供人才保证,教育部、人社部、工信部共同编制并于2016年发布了《制造业人才发展规划指南》,从制造业人才发展的现状和形势、指导思想和发展目标、重点发展领域与人才需求预测、人才培养的任务等方面进行了全面分析,为创新创业型制造业人才的培养指明了方向。

高等学校机械类专业承担着机械工程专业人才的培养重任,直接影响着我国机械科学与技术的发展,进而影响着我国制造强国战略的实现。机械类专业教学包括理论教学和实践教学,尽管开设了专门的创新创业课程,并且在专业教育与创新创业教育融合方面进行了一些探索[1-6],但是"创新创业教育理念滞后,与专业教育结合不紧,与实践脱节"仍然是高校机械类专业创新创业教育存在的突出问题。

因此,我们在"北京建筑大学教育科学研究项目"(项目号Y1730)和"北京建筑大学创新创业教育教学改革研究项目"的支持下,在创新创业教育融入工程实训和毕业设计探索与实践的基础上[6],从创新创业教育在机械工程专业人才培养中的定位、创新创业意识与机械工程专业课程、工程实践性教学的关系,以"机械工程材料"专业课程为例在机械工程专业课程中加强对学生创新创业意识的培养等方面,对创新创业教育与机械工程专业课程教育的融合进行了探索和实践。

2 创新创业教育融入机械工程专业课程教育的探索

2.1 创新创业教育在机械工程专业人才培养中的定位

机械类教学质量国家标准规定的培养目标为培养德、智、体、美全面发展,具有一定的文化素养和良好的社会责任感,掌握必备的自然科学基础理论和专业知识,具备良好的学习能力、实践能力、专业能力和创新意识,毕业后能从事专业领域和相关交叉领域内的设计制造、技术开发、工程应用、生产管理、技术服务等工作的高素质专门人才[7]。显然,高等学校的创新创业教育不是把每个学生都培养成企业家的创业教育,主要以培养具有创新意识的人才为目标,这种创新意识是学生根据社会和个体生活发展的需要,激发创造前所未有的事物或观念的动机,并在创造活动中表现出的意向、愿望和设想。具有良好的社会责任感、自主学习能力、工程实践能力、扎实专业能力和强烈创新意识的人才,是实现制造强国战略所急需的具有创新能力的人才,而其中一部分人才经过创业辅导和经验积累必然会成长为引领创新的企业家。

我校机械工程专业的培养目标是培养德、智、体、美全面发展,具备数理基础和人文社科知识,掌握机械工程及其应用电子技术的基础理论、基本知识和基本技能,接受科学思维和工程实践训练,满足国家经济可持续发展对机械工程及其应用电子技术的人才需求,能够从事工程机械及其应用电子技术的设计、开发、制造、维修和管理等工作,具有较强的组织管理能力、创新能力、继续学习能力和国际视野的复合型工程技术人才。我校机械工程专业培养目标中对创新创业教育的定位符合机械类教学质量国家标准的要求,依托首都建设和学校土木建筑类学科优势,培养服务首都、面向全国,依托建筑行业、服务城乡建设的工程机械及其应用电子技术专业人才。

2.2 创新创业意识与机械工程专业课程、工程实践性教学的关系

高等学校创新创业教育仅通过专门的创新创业课程显然不能满足创新创业教育的培养要求,需要将创新创业教育与机械工程专业教育深度融合才能达成机械工程专业教育的培养目标。创新创业教育的关键在于创新创业意识的培养,而深入分析创新创业意识与机械工程专业课程、工程实践性教学的关系,有助于创新创业教育与机械工程专业教育的融合。创新创业意识的培养与机械工程专业教育是密不可分的,机械工程专业课程教育是学生创新创业意识的重要专业理论基础,工程实践性教学在机械工程专业理论的指导下能够培养学生的创新创业意识、工程实践能力、表达能力和团队精神。与学习能力、实践能力、专业能力一样,创新创业意识培养也是创新创业能力培养的重要基础,是一个长期的、潜移默化和循序渐进的思维能力培养和形成过程,与机械工程专业课程的教育过程高度契合。

2.3 在机械工程专业课程中加强对学生创新创业意识的培养

机械工程专业理论教学的主要内容包括机械的基本理论、各类机械系统及产品的设计理论与方法、制造原理与技术、测控原理与技术、自动化技术、材料加工、性能分析与实验、工程控制与管理等,更加强调自然科学、工程科学与机械学科及相关学科专业的融合,更加

强调学习能力和知识能力的融合,更加强调设计制造、创新和工程技术能力的培养[7]。学生所处的阶段不同会受到专业能力、实践能力的制约,因此创新创业意识的培养要与机械工程专业课程所处的阶段相适应。每一门机械工程专业课程都不是孤立存在的,是机械工程人才培养体系中重要的一环。我们以机械工程专业课程中相对于其他专业课程较难实现创新创业意识培养的"机械工程材料"课程为例进行研究。

首先,我们对创新创业意识培养在"机械工程材料"课程中的定位和目标进行分析。"机械工程材料"课程是高等工科院校机械类专业必修的基础课,一般在二年级开始进入专业课前开课,该课程的重点是研究材料的成分、组织、工艺及性能之间的关系。学生通过学习能够掌握常见机械工程材料的组织特性、物理本质、力学性能,熟悉各种常用机械工程材料的化学成分、牌号、性能及热处理等特点,具备根据使用条件和性能要求,合理选择常见工程材料的能力,以及制定零件加工工艺路线的初步能力。通过上述分析,可以看出对于机械工程专业的学生在学习工程材料过程中创新创业意识的培养,不是让学生去研发新材料,这超越了学生现阶段的能力和认知水平,而是在学习和运用工程材料的基本理论分析和解决实际工程问题的过程中逐渐产生、丰富和形成创新创业思维,在了解企业相关实际工程需求的基础上,创新创业的种子就会在学生的心里逐渐生根发芽,直至长大。

其次,我们在教学过程中,以机器零件制造从选材、零件毛坯成形、预备热处理、粗加工及半精加工、最终热处理、精加工及超精加工到合格零件的整个过程为主线,使学生建立机器零件制造过程中材料的组织结构、化学成分与性能的关系,在教师的引导下清晰地了解工程材料课程的作用及其能解决的工程实际问题,这是激发学生产生创新创业动力的源泉。特别是在与机器零件制造过程中各个环节对应的"机械工程材料"课程的教学过程中,我们会提出一些关于材料成形和材料改性等企业中实际存在的工程问题,让学生在扎实学习"机械工程材料"课程的同时,从创新创业的角度选择其中一个工程实际问题,在教师的指导下进行市场调研、分析,形成一份解决工程实际问题的综合报告,这个过程可以使"机械工程材料"专业课程教学与创新创业意识的培养紧密结合起来,有助于学生创新创业思维的形成。另外,具有创新创业兴趣的学生可以在课外选择"机械工程材料"课程相关的实验或科研平台进行进一步的探索和实践。

最后,改革"机械工程材料"课程的评价内容,将"机械工程材料"课程与创新创业教育融合的创新创业实践综合报告纳入考核,注重考查学生分析、解决问题的能力,调整课程考核内容所占的比例,降低课程期末试卷成绩的比例,这样更能激发学生创新创业的激情。

3 结语

创新创业教育是我国高等教育所面临的一项艰巨任务,其改革的成效对提高高等教育质量、促进学生全面发展、推动毕业生创业就业及服务国家现代化建设具有重要的意义。创新创业意识培养是多方面的,通过专门的创新创业普及课程、创新创业活动等方式可以对大学生进行初步培养,而将创新创业意识培养与专业课程教育全面融合,更能激发学生创新创业的生命力,为实现中国制造强国战略培养高质量的创新人才。

参考文献

[1] 张东辉,刘春东,梁建明.高校机械类专业教育与创新创业教育的融合研究[J].无线互联科技,2019,16(23):96-98.

[2] 贾卫平,吴蒙华,李玉光,等.应用型机械类专业创新创业教育的研究与实践[J].教育教学论坛,2019(46):132-134.

[3] 秦静怡,李华,陈秀.西部高校新工科与创新创业教育融合的策略研究[J].重庆文理学院学报(社会科学版),2020,39(2):119-132.

[4] 商执亿.双创与专业教育相融合的机械类专业工程及创新能力培养模式研究[J].教育现代化,2019,6(A3):41-42.

[5] 樊姗,韩蕾蕾,孟超莹.创新创业教育在机电应用型人才培养体系中的深层次融合研究与实践[J].科教导刊,2018(35):178-179.

[6] 刘敬远,张军,秦建军,等.创新创业教育融入工程实训和毕业设计的探索与实践[M]//李双寿,杨建新.新时代工程实践和创新教学.北京:清华大学出版社,2018:36-39.

[7] 教育部高等学校教学指导委员会.普通高等学校本科专业类教学质量国家标准[M].北京:高等教育出版,2018.

工程训练教学质量保障体系的探索与实践

付 铁,马树奇,郑 艺,李春阳

(北京理工大学工程训练中心,北京,100081)

摘要:加强本科教学质量保障体系建设是高等学校提高人才培养质量的重要内容,也是高等学校教育改革发展的核心任务。工程训练作为高等院校本科教学工作的重要环节,对于保证和不断提高教学质量至关重要。作者从工程训练教学的特点出发,借鉴本科教学质量评估体系思路,对工程训练教学质量评价方法进行了研究,设立了相应的评价指标,并构建了工程训练教学质量监控体系的基本框架。在此基础上,以我校的工程训练实践教学为例,围绕教学质量保障方面提出了一些举措,并产生了较好的效果。

关键词:工程训练;教学质量;实践创新能力;监控体系

1 引言

20世纪80年代初,美国麻省理工学院发起的"回归工程运动"及其提出的"大工程观"理念[1],引起了世界各国对当前高等工程教育的重新审视和重视。我国在培养创新型工程科技人才方面也进行了多方位的改革与建设工作,如创新驱动发展战略、《中国制造2025》、工程教育专业认证、"双一流"建设、新工科建设等[2-6],无不体现了提高工程教育质量在人才培养中的重要性和必要性。而培养学生的工程实践能力和创新思维,也已经成为当代工程教育和实践育人的核心内容。

作为我国高等教育改革发展中出现的一种实践教学模式和高校重要的实践教学环节,工程训练是实现课内教学与课外实践相结合、理论知识与工程应用相结合、综合素质与创新能力相结合、人才培养与社会需求相结合,培养大学生实践能力和创新思维的重要途径。因此,如何确保和提高工程训练教学质量是高等院校工程训练中心最为重要的一项任务。鉴于此,针对当前工程训练实践教学质量评价及监控的特殊性、复杂性等问题,笔者围绕工程训练实践教学质量保障体系展开探索,以期进一步提高工程训练教学质量,推动工程训练中心可持续发展。

2 工程训练教学质量评价方法

工程训练是以体验、动手、探究和创新等实践环节为主的一种教学活动,其教学质量受教学对象、教学目标、教学体系、教学方法、教学内容、教学条件、教学资源、师资队伍及管理模式等诸多因素的影响。通过分析各项因素对工程训练教学质量的内在影响,并借鉴本科教学质量评估体系建设思路,建立工程训练教学质量评价体系。具体地讲,就是将影响教学质量的各个教学环节归类细化,设立一级评价指标和二级评价指标,并针对每项指标设定具体的、可操作的、量化的评价内容、评价标准及评价方式,其基本框架见表1。

表 1　工程训练教学质量评价体系的基本框架

一级评价指标(权重)	二级评价指标
指导思想(10%)	教学定位、教学理念
教学与改革(35%)	教学体系、教学内容、教学方法、教学手段、教学资源、教学效果、教学成果
设备与环境(20%)	仪器设备、教学场地、基础设施、文化建设
安全与保障(15%)	安全教育、安全管理、安全环境
队伍与管理(20%)	队伍结构、管理体系、管理办法、规章制度

3　工程训练教学质量监控体系

考虑到工程训练实践教学模块化、实践性、综合性及创新性等特点,基于"建章立制、政策落地和监控闭环"的思路,在上述工程训练教学质量评价体系的基础上,构建了由制度管理、过程管理和信息管理组成的多元化质量监控体系。

(1) 制度管理。教学质量保障体系的首要任务就是建章立制。根据前述教学质量评估体系,确定教学指导思想和质量方针,完善各项管理制度及相关文件,明确部门职责及相互关系,制定教学相关人员的岗位职责,等等。

(2) 过程管理。过程管理是教学质量保障体系正常运行的保证,主要是对整个教学环节的执行情况进行管理和监控,包括教学效果评价机制(如学生评教、督导组评教、教学过程检查、用人单位评价等)、设备状态监控机制(如设备完好率检查等)、环境安全监控机制等。

(3) 信息管理。建立顺畅、灵敏、高效的教学质量信息管理系统,能够及时有效地传递、分析、处理来自各个监控环节的相关信息,为管理者决策提供依据,并及时将结果反馈到各执行部门,不断完善教学质量保障体系。例如,对学生评教、督导组评教、教学过程检查及用人单位评价结果进行及时反馈,管理者针对有关意见和建议,组织相关部门进行质量保障体系的改进和完善。

4　工程训练教学质量的保障措施及效果

基于以上研究思路,工程训练教学质量评价体系和质量监控体系构成了工程训练教学质量保障体系的基本框架。下面以我校的工程训练实践教学为例,介绍在该教学质量保障体系框架指导下的实践和效果。

(1) 面向新时代创新型高素质工程人才的培养需求,工程训练实践教学采用"以学生为中心"的教学理念,培养学生的社会责任感、创新思维、探究精神和实践能力。

(2) 基于学生的学习和认知发展规律,构建了由工程认知实践、工程基础实践、工程综合实践和创新创业实践 4 个层次组成的分层次、分阶段、递进式工程训练实践教学体系。同时,积极开发基于问题、竞赛和项目导向的教学资源库和视频资源库,并以"学生为主体、教师为主导"的模式开展实践,培养学生的实践动手能力、创新能力和自主探究能力。近年来,工程训练中心的教师围绕如何提升教学质量的问题积极开展教学改革,承担省部级及校级教改项目 10 余项,发表教学论文 30 余篇。同时,学生在国家级和省部级科技竞赛中获奖 40 余项，在实践创新能力和综合素质培养方面效果明显。

（3）依据我校的总体发展规划，"十三五"期间在良乡校区新建了万余平方米的工程训练中心，并结合新时期背景下工科人才的培养要求新增、更新及升级仪器设备 300 余套，使实践教学条件得到明显改善。现年接纳来自全校的约 5000 名学生的实践教学、自主探究和创新活动，学生的主动性和学习兴趣明显增强，教学效果明显提升。图 1 所示为学生依托工程训练中心开展工程训练实践教学和创新活动的部分场景。图 2 所示为部分新增的以综合性、系统性和创新性训练为主的实训平台。

图 1　学生开展工程训练教学及创新活动场景

(a) 智能制造实训平台　　(b) 焊接机器人实训平台　　(c) 激光加工实训平台

图 2　部分新增先进制造实训平台

（4）考虑到新时期师资队伍、实践教学、仪器设备、安全保障及人才培养等方面要求的变化，对工程训练中心的规章管理制度进行了更新和完善，涵盖了安全教育、安全生产、仪器设备管理、教学检查与督导、教学管理（如教学资源共享、实训项目安排、考核方式及成绩核定与分析统计等）、学生评教、教职工岗位职责、绩效考核、激励机制及师资培训等内容。同时，还细化了教学过程中的设备状态监控机制和环境安全监控机制，并探索了工程训练管理信息系统的建设思路，初步形成了网络信息管理系统的基本框架。

5　结语

工程训练是培养大学生实践创新能力、实施实践育人的重要途径。加强工程训练课程教学质量保障体系建设是高校工程训练中心的一项重要内容和核心任务。文中提出的工程训练教学质量评价方法和教学质量监控体系形成了工程训练教学质量保障体系的基本框架。以此为指导，分别从教学指导思想、教学与改革、设备与环境、安全与保障及队伍与管理等方面进行了探索、研究与实践，保证了工程训练教学质量保障体系的有效运转和不断完善，在提高教学质量方面产生了较好的效果。

参考文献

[1] 纪颖.基于工程实践能力培养的研究型大学课程体系研究[D].天津:天津大学,2010.
[2] 刘广,阮锦强,马小惠.依托众创空间开展大学生创新创业教育实践探讨[J].实验技术与管理,2016,33(12):29-32,35.
[3] 李金华.德国"工业4.0"与《中国制造2025》的比较及启示[J].中国地质大学学报(社会科学版),2015,15(5):71-79.
[4] 李志义.对我国工程教育专业认证十年的回顾与反思之一:我们应该坚持和强化什么[J].中国大学教学,2016(11):10-16.
[5] 王险峰."双一流"建设背景下工程训练双语教学改革探索与实践[J].教育教学论坛,2019(51):129-130.
[6] 胡波,冯辉,韩伟力,等.加快新工科建设,推进工程教育改革创新:"综合性高校工程教育发展战略研讨会"综述.[J].复旦教育论坛,2017,15(2):20-27,2.

工程训练课程思政建设的实践与探索

尚 妍,靳 松,金 鑫,高守峰

(北京理工大学工程训练中心,北京,100081)

摘要:课程思政建设是落实立德树人根本任务的战略举措。为了做好工程训练课程思政建设,我们依据课程特点,结合工程实际,挖掘工程训练各工种中的思政元素,把校史教育、专业发展史引入课程思政教育中。

关键词:课程思政;工程训练;教学

1 引言

党的十八大以来,党中央高度重视高校思想政治教育工作,全面构建高校思政工作体系,紧紧抓住高校立德树人、铸魂育人的根本任务,提出了一系列新理念、新思想、新战略、新举措。习近平总书记明确指出,要用好课堂教学这个主渠道,思想政治理论课要坚持在改进中加强,提升思想政治教育的亲和性和针对性,满足学生成长发展需求和期待,其他各门课都要守好一段渠、种好责任田,使各类课程与思想政治理论课同向而行,形成协同效应[1]。教育部于2020年6月印发《高等学校课程思政建设指导纲要》,指出全面推进课程思政建设是落实立德树人根本任务的战略举措[2]。课程思政建设是全面提高人才培养质量的重要任务。高等学校人才培养是育人和育才相统一的过程。建设高水平人才培养体系,必须将思想政治工作体系贯通其中,必须抓好课程思政建设,解决好专业教育和思政教育"两张皮"的问题[3-5]。

高校工程训练系列课程是以"工程""实践""创新"为主题,培养学生的工程综合素质与能力的实践平台,是培养学生工程能力与素质的重要课程。该课程实践性强,注重学思结合、知行统一,可以激发学生勇于探索的创新精神、善于解决问题的实践能力。高校工程实训系列课程是工科学生的必修课或必选课,受众范围广。在我校,机械类学生工程训练课程的学时数为150学时,近机械类学生工程训练课程的学时数为100学时,其他工科学生工程训练课程的学时数为80学时。因此,工程训练课程的课程思政研究意义重大。

2 高校工程训练课程思政建设的现状

近年来,各高校在课程思政方面做了大量工作。以北京理工大学为例,2017年,我校发布《关于加强和改进新形势下学校思想政治工作的实施方案》,提出"统筹落实思政教育,全面推进课程育人"。2020年,发布《北京理工大学"课程思政"建设实施方案(2020—2022年)》,并于2020年10月成立了"课程思政教学研究中心"。通过召开课程思政建设交流推进会、在教师教学基本功比赛中开设"课程思政"专题,广大教师开展课程思政建设的意识和能力有了很大的提高。

工程训练课程教学团队积极参加"课程思政"的研究和实践,积极挖掘课程中的思政元素,使课程思政建设能力大大提高。但由于工程训练课程具有较强的理论性和实践性,教学任务重、授课学时紧,课程思政内容缺乏系统规划和精心设计,制约了思政元素的高质量融入,导致部分思政元素的加入过于生硬、形式过于单一,难以契合学生的思想动态,未能有效地激发学生思政学习的潜能。

工程训练课程是思想政治教育的"富矿",其原因在于每一个工种都蕴含丰富的学科人文素养,本身内嵌情感、理念和价值观的育人元素,长期以来专业课授课教师的教学关注点侧重于专业知识和技能的传授,理工类专业本身蕴含的思政教育资源尚未得到充分挖掘。

3 工程训练课程思政探索与实践

3.1 结合工程训练准则开展思政教育

工程训练课程中有很多设计和加工准则,这些准则蕴含着丰富的哲理。在课程讲授过程中,可以把这些设计准则巧妙地渗透到学生人格发展、个人与集体关系等问题的讲授上,而不是机械地灌输自然科学知识。

在金相组织性能测试课中,学习奥氏体、马氏体、珠光体的转变对动力学的影响因素时,可引导学生关注组织和性能的巨大改变来源于成分的微小变化,来源于温度、时间等工艺参数的微小变化[6]。热加工不仅要求成分精准,材料还要经过高温与长时间磨砺,这也正是"北理人"长期服务国防的精神,并由此形成了"德以明理　学以精工"的校训,以此激励学生爱校荣校、敬业奉献、服务国防建设,将个人发展与国家和民族的命运结合起来,成就国家和民族的希望。

通过学习车削、铣削、刨削、磨削、钻削等普通机械加工的基础知识,我们可以让学生深刻体会到工程训练课程的重要性。不管科技怎样发达,不管机床如何先进,普通机械加工的基础知识是一切工艺革新的基础,基础打不好,其他一切就是空中楼阁。由此引入"应该做好基础工作,不要急于求成,不要好高骛远"的思政元素。

通过学习车床、铣床等普通机械加工的操作技能和操作规范,可以培养学生的规则意识、制度意识。在实际操作过程中,要求学生严格按照要求,根据设备操作规程进行操作,让学生在校期间就养成良好的职业素养,引入"无规矩不成方圆"的思政元素。

北京理工大学的工程训练课程包括车、铣、刨、钳、磨、铸、锻、焊,是大多数北京理工大学学子要完成的必修课。将一块金属坯按照规范流程加工成一把"金工锤",作为学生的结课作业,也见证着难忘的大学时光。通过工程训练课程的产品——"金工锤"认识制造从无到有的实现,毛坯的铸造、工艺的制定、产品的切削加工和质量的保证,每个环节认真实践,并在创新环节中不断历练,精工细作,磨砺学生的工匠精神,使其在机械自动化高度发达的新时代成为中国由制造大国转向制造强国的新动力。

3.2 引入校史教育

北京理工大学是中国共产党创建的第一所理工科大学,前身是1940年创建于延安的自然科学院,自然科学院作为"党的历史上第一个开展自然科学教学与研究的专门机构",被载入党史。北京理工大学80年的发展历程展示了党创办和领导中国特色高等教育的伟大成就。深入挖掘我校具有红色特色课程的思政案例库,秉承红色基因进教材、进课堂、进头脑的教学理念,将我校优良的"红色基因"融入工程训练课程中。

马兰造纸、新方法制盐、发现南泥湾成为当时自然科学院为边区经济建设做出的三大贡献。在讲授数控车床的现状时,我国中高档数控机床的开发取得了较大进展,但我国自主创新能力不足,高档数控机床的国内供应能力不足。在讲授这部分内容时,可引入马兰造纸的校史。1939年1月,由于纸张短缺,党的方针政策宣传文件难以印发,中央机关和各学校的办公、学习也遇到了很大的困难。当时在自然科学院任教的华寿俊、王仕珍夫妇就发明了马兰草造纸术,解决了边区的用纸困难。著名的《论持久战》《边区群众报》等都是用马兰草纸印刷的。后来华寿俊还和其他同志经过多次实验造出了钞票纸,为边区当时独立自主经济体系的建立提供了保障。

通过把校史教育融入课程教学中,传承北京理工大学的红色基因,引导青年学生树立报国情怀,强化使命担当,自觉向"胸怀壮志、明德精工、创新包容、时代担当"的领军人才成长目标迈进。

3.3 引入专业发展史,开展思政教育

工程训练课程专业教师可以深入挖掘机械类学科史和人物史的丰厚教育资源,尤其是学科奠基人、名师大家,或用他们探索科学、追求真理的人生历程激励学生奋发向上;或用他们克服艰险、报效祖国的感人事迹塑造学生的家国情怀。例如,工程训练课程中的操作技能与机械工程、车辆工程等专业知识密不可分,可将中国汽车行业的发展史引入课程思政中。中国汽车行业经历了"追跑—陪跑—领跑"的发展历程,授课内容与最先进的车辆技术结合,可以让学生坚定"四个自信",激发爱国情怀。

在指导全国大学生工程训练综合能力竞赛时,可以融入孙逢春院士"新能源汽车电动车在中国行驶无禁区"的报国之志,带领团队创造了很多中国新能源汽车"第一"的事迹,激发学生崇德尚行、学术报国的远大情怀。

4 结语

对于机械专业的学生,思政教育尤为必要。"机械设计"课程作为本专业的核心课程,迫切需要开展课程思政,使学生掌握专业基础知识、机械操作技能和机械设计方法,同时具备健全的人格品质、正确的价值取向、团队协作意识、奉献精神和集体观念。

为达到工程训练思政课程的预期效果,结合工程训练中的机械加工准则开展思政教育,渗透到学生的人格发展、个人与集体关系中;结合各专业发展史中不怕牺牲、勇于探索的案例开展思政教育,塑造学生艰苦奋斗的精神、勇于探索的勇气和追求真理的决心;结合校史的研发开展思政教育,激发学生作为新时代的"北理人",传承红色基因,在学习领悟中坚定理想信念,在奋发有为中践行初心使命,为社会主义现代化强国建设做出新的更大的贡献。

参考文献

[1] 中华人民共和国教育部. 教育部关于印发《高等学校课程思政建设指导纲要》的通知[EB/OL]. (2020-06-01)[2022-02-05]. http: www. moe. gov. cn/srcsite/A08/s7056/202006/t20200603_4623437.

html?eqid=b04748c500024fb/00000036447884a.

[2] 习近平.用新时代中国特色社会主义思想铸魂育人 贯彻党的教育方针落实立德树人根本任务[N/OL].人民日报,2019-03-19[2020-12-26].http://cpc.people.com.cn/n1/2019/0319/c64094-30982234.html.

[3] 陆道坤.课程思政推行中若干核心问题及解决思路：基于专业课程思政的探讨[J].思想理论教育,2018(3)：64-69.

[4] 周翔,范存辉,刘向君."三全育人"理念下高校理工类专业课程思政建设研究：以地学学科为例[J].四川轻化工大学学报(社会科学版),2021,36(2)：33-46.

[5] 周元凯,左雪,樊玉杰.机械设计课程思政教学途径探讨[J].科教文汇,2018(30)：36-38.

[6] 黄陆军,崔喜平,张弛,等."热处理原理"课程思政建设探索[J].教育教学论坛,2020(45)：38-40.

关于研究型大学本科生工程实践能力培养的几点思考

高守锋，李 梅，付 铁，马树奇，丁洪生

(北京理工大学工程训练中心，北京，100081)

摘要：研究型大学担负着为我国培养各领域精英人才的使命，该类型大学的毕业生是各高校研究生院的主要生源，是我国国民经济建设的重要力量。本文立足于新工科背景，围绕研究型大学学生工程实践能力的培养，以北京理工大学工程训练建设为契机，从平台打造、师资力量培养及激励政策等方面论述研究型大学培养学生科研能力的方法。

关键词：研究型大学；产学合作；项目驱动；实践能力

1 引言

研究生教育是我国最高层次的学历教育，它具有知识传播、知识创新、人才培养和科技开发等多种功能，随着科技的进步和经济全球化趋势的加快，世界各国对高层次专业人才的要求也越来越高，其中，研究生群体是国民经济建设的重要力量[1]。在我国，随着高等教育大众化程度的不断加深，研究生的招生规模也在不断扩大(以北京理工大学为例，2018届本科生深造率达65.2%)，随之而来的研究生水平成为一个不容忽视的问题[2]。

2 本科生培养现状与面临的问题

工程技术人员是综合运用科学理论和技术手段去改造客观世界的群体，而大部分工科大学生及研究生在踏入工作岗位后会成为从事技术工作的专业技术人员或从事技术开发的研究人员[3]。目前，我国正处于高速发展阶段，对于这两类人才有着极大的需求。面对日益庞大而复杂的现代工程，如何提高工程技术人员的工程实践能力是教育界和工程界迫切需要解决的重要问题。

目前我国高校本科阶段的教育仍以课堂讲授为主，学生像是旁观者或局外人，参与度不够。这对学生创新能力的培养极为不利，课堂教学质量一般，不符合当前我国高等教育培养高层次创新型人才的定位与需求[4]，这一传统的教学模式对工程类专业学生的培养劣势更为显著。对这类专业学生综合素质的培养离不开实践教学，实践教学作为理论教学的重要补充，是培养学生创造性、实践性，激发学生主动学习、主动思考和积极探索的重要环节。学生本科阶段实践教学环节的淡化直接影响着研究生阶段综合能力的体现，因此，从本科阶段开始着力培养学生的工程实践能力，对其在研究生阶段乃至踏入工作岗位后独立解决工程实际问题能力的提升有着重要意义。

当前，我国的工程教育水平与世界先进国家仍然存在巨大差距，主要体现在工程教育人才培养目标不明确、工程教育实践教学体系不完善、工程教育师资力量落后、工程教育人才培养缺乏创新性等方面[5]。随着我国本科教学工程教育专业认证的逐步展开，国内各级各类学校十分关注学生工程实践能力的培养，并在各类专业中开展了有益的尝试。在高新技术领域，围绕国家战略，近年来全国高校围绕智能制造相关资源开展了大量实践教学、创新活动及综合能力培养等不同形式的教学内容。这些教学内容在一定程度上提升了大学生的创新能力与"大工程"意识,与此同时,也存在着诸如教学内容单一、系统性、连续性与自主性欠缺等突出问题,最终并没有真正发挥其应有的价值和效果。

3 工程训练中心智能制造生产线建设

近年来,随着德国"工业4.0"、美国"工业互联网"风靡全球,《中国制造2025》战略稳步推进,以新一代信息技术与制造业深度融合为特点的智能制造已经引发了全球性新一轮工业革命。在这样的新形势及背景下,社会及行业人才结构在当前及未来几年会发生很大变化,其中对智能制造人才的需求会日益强烈,这就给高等学校智能制造人才培养的改革提供了新的机遇和突破口。因此,在高校建立智能制造综合实训平台,针对学生开展智能制造理念、智能制造知识及智能制造能力等方面的训练,对于培养智能制造相关人才,服务国家、行业重大需求具有重要意义。为此,北京理工大学工程训练中心(以下简称"中心")以良乡校区新工程实训大楼建设为契机,与江苏昆山苏州博达特机电科技有限公司合作开发了面向全体本科生及部分研究生实践教学与研究的智能制造生产线。该生产线分为两部分,即基于PLC的物料搬运仿真平台和小型变速器智能制造平台,如图1所示。

图1 北京理工大学智能制造生产线

其中,仿真平台部分共有3套实验台,学生可以基于西门子博途软件编程,控制传送带、末端执行器等一系列功能部件实现对物料的分类及入库;智能制造平台部分包括生产物流及仓储系统、质检系统、加工制造执行系统及计算机信息控制系统。实验室总体造价500余万元。目前,围绕生产线的教学资源开发和师资力量培训工作已经全部完成,生产线已经投入使用一年有余,在教学过程中显现出不少问题,针对这些问题的教学内容创新工作正在进行中。

4 实践能力培养策略

创新理念树立、创新意识激发、创新能力培养是当代大学生教育的重点,为国家培养具有创新能力的精英人才是我国研究型大学的使命。实践对于创新的重要性不言而喻,创新意识的培养和创新思维的激发离不开工程实践,在动手动脑的实践过程中可以产生对学习对象更为深刻和新颖的理解,而实践教学平台及其配套师资力量、教学方法是培养大学生创新能力的重要课堂。

工程实践能力是工程技术人员综合素质的重要体现,除包括实践动手能力外,还包括构想、协作、交流等能力,而创新能力是建立在知识、能力、素质基础上的更高境界的表征,要培养创新能力就要以培养工程实践能力为根本,工程实践能力的构成包括动手操作能力、综合运用知识能力、工程设计能力、分析和解决问题的能力及人际交往实践能力5个部分。为了更好地利用生产线,服务于学生工程实践能力的培养,我们从教学内容开发和师资力量培养两部分展开论述,提出针对研究型大学工科类本科生的实践能力培养策略。

4.1 教学内容开发

智能制造内涵丰富,涉及多学科、多领域,与多门大学课程有着直接或间接的关系。对于学生而言,掌握每一门学科知识显然是不现实的,为此,我们提出了"项目导向"式实践教学方法。具体而言,紧密结合生产一线,发现一系列具有实际教学价值的工程案例,并基于智能制造综合实训平台做有针对性的调整,使之更适于实践教学。经调整后,工程案例应满足贴近学科前沿、趣味性及针对性强、涉及多学科等基本要求。此外,基于典型工程案例,结合专业教师与企业两者的优势,将实训教材、PPT、视频、微课、三维虚拟仿真动画等教学资源有机结合,开发形成包括控制技术、激光加工技术、机器人技术等一系列创新教育课程在内的多学科交叉融合创新实践课程体系。这些课程涵盖各前沿技术的通识基础、学科专业、工程创新,针对性强,贴近学科前沿,知识点难度由浅入深,体量小,能在短时间内全面提升学生的专业素养、创新意识与创新能力,对于各种类型的大学生创新实践活动乃至未来的工作大有好处。

4.2 师资力量培养

《国家中长期教育改革和发展规划纲要(2010—2020年)》指出,教学质量的提高是我国未来10年高等教育改革和发展的方向,不同于理论教学,实践教学环节操作性很强,学生是主体,而师资队伍是关系到教学水平的关键。青年教师工程素养能力的高低直接决定了学生工程实践能力的培养质量。目前,中心多数专业教师是从高校毕业后直接到校任教,缺少工作经历和实践经验,难以满足岗位要求;企业、科研院所等单位内的科研工作人员长期处于生产一线,经验丰富,因此,通过校企合作,与大型企业真正地实现资源共享,聘请企业中经验丰富、技术能力强的能工巧匠为兼职教师,可以极大地提升教学质量,对于学生的兴趣培养和面对具体工程问题时的分析方法及解决思路的形成都是至关重要的。

为了提高中心内部专业教师的教学水平和专业素养,中心定期选派教师到企业或相关规划设计部门进行学习,基于企业平台,实现对青年教师的再培训,锻炼他们分析和解决实际工程问题的能力,提高工程素养,这可以更好地反馈到实践教学中;同时,鼓励青年教师积极申报、参与横向科研项目,通过这些科研活动迅速提高他们理论联系实际解决实际工程问题的能力。当然,在规范青年教师队伍工程化训练制度的同时也离不开完善的考核机制和保障措施。

5 结语

工程实践能力对于工科大学生及研究生创新能力的培养具有重要意义,作为巩固理论知识和加深对理论认识的有效途径,工程实践教学是理论联系实际、培养学生掌握科学方法和提高动手能力的重要教学环节,在培养具有创新意识的高素质工程技术人员方面发挥着重要作用。培养既有创新能力,又能解决实际工程问题的高级专门人才是研究型大学工科院系的培养目标。本文基于已建成的智能制造综合实训平台,针对当前工程实训中的突出问题做深入探讨,进一步完善工学结合的校内生产性实训的教学标准、考核标准及管理制度,把实训基地建设成为实践教学中心、创业中心、技术研发中心和技术创新中心,将之真正建成多位一体的现代智能制造技术实训基地,以更好地服务于研究型大学工程类本科生。

参考文献

[1] 徐春光,安宇.新形势下研究生就业状况分析及对策研究[J].中国教育教学杂志,2006,12(1):73-74.
[2] 杨慧.大众化背景下我国研究生教育质量的探析[J].青年与社会:中外教育研究,2011(6):2.
[3] 孙欣.论我国高等工程教育框架的建构[D].沈阳:东北大学,2010.
[4] 魏松.案例教学法在《财政学》教学中的运用研究[J].内蒙古财经大学学报(综合版),2009,7(5):77-80.
[5] 黄进刚,陈婷婷,陈建军,等.工程教育认证对地方院校环境工程专业建设的影响[J].教育现代化,2016,3(32):59-61.

课程思政引领下工程实践教学新模式的探索与实践

李春阳,付 铁,郑 艺,庞 璐,张晓晖

(北京理工大学工程训练中心,北京,100081)

摘要:本文提出了课程思政引领下工程实践教学"一目标,两融合,三步走"的教学模式,阐述了该模式的构建内涵及组织和实施方法。运用该模式在实践育人中取得了显著成效,对于新形势下的课程思政教学改革具有一定的借鉴作用。

关键词:课程思政;实践教学;实践育人

1 引言

2020年5月,《教育部关于印发〈高等学校课程思政建设指导纲要〉的通知》指出,要深入贯彻落实习近平总书记关于教育的重要论述和全国教育大会精神,把思想政治教育贯穿人才培养体系,全面推进高校课程思政建设,发挥好每门课程的育人作用,提高高校人才培养质量。我校的"制造技术基础训练"课程是一门面向全校本科学生的机械制造工程训练的实践性技术基础课,属于必修课范畴,被列入北京理工大学教学改革和重点课程建设项目。该课程面向全校各专业。每年涉及4500名学生,其中校外约1000名,因此设计和实施好该课程的课程思政教学十分必要与迫切[1-2]。

2 "一目标,两融合,三步走"培养模式的内涵

2.1 "一目标"的内涵

"一目标"是立德树人,立德树人也是教育的根本任务。这一目标针对"制造技术基础训练"课程中不同的教学模块是不一样的,目前我校"制造技术基础训练"课程共有12个模块,结合课程模块的特点,制定每个课程模块内在的、精神上的培养目标,任课教师再根据这些培养目标,有针对性地设计课程思政内容、组织方式、讲课形式等一系列课堂行为[3-4]。

2.2 "两融合"的内涵

有了明确清晰的培养目标,如何实现这一目标就成为课程设计的原则。"两融合"是指将课程思政与课程内容相融合,工程实践教学的内容主要是让学生了解和掌握机械加工方法及工艺知识,其精神内涵和工匠精神紧密相连,有丰富的思政资源可待挖掘。例如,在钳工实践过程中,打孔环节就可以引入倪志福群钻的事迹,激发学生的创新意识以及尊重一线劳动者的意识[5-6]。

2.3 "三步走"的内涵

"三步走"即"定—做—改"。第一步是"定",即制定实践课程立德树人的培养目标,课程目标是根据各专业培养目标自上向下筛选设计制定的。第二步是"做",即有了明确的培

养目标,然后针对培养目标多层联动并结合实践硬件条件,设置相关课程体系与教学环节和内容,并严格按照该体系与内容实施。第三步是"改",即课程实施完成的根本是看教学效果,自下向上通过逐层的、全面的信息反馈机制,检阅教学效果是不是完成了最初的培养目标,取长补短持续改进教学培养计划,直至完成培养目标。

3 "一目标,两融合,三步走"培养模式的组织与实践

3.1 实践课程模块的教学内容设计

一个科学、合理、清晰的教学组织流程是一个好的培养模式所必需的,因此必须深挖各个模块思政元素,详见表1。

表1 实践课程模块的思政融合点

序号	课程模块	思政融合点
1	机器人创意组装	(1) 将课程项目与国防军事深度融合,课程项目包括组装调试小型排雷车、履带式全地形小车、遥控侦察小车等,以培养学生的国防意识、民族精神; (2) 对比国内外机器人技术,指出我国的技术"短板",激发学生的科研热情
2	智能制造与测量反求	(1) 引入美国芯片制裁事件,正视技术差距,鼓励学生投身基础科研的探索精神; (2) 对比国内外百年企业的数量,指出我国行业缺乏执着专注精神的现实问题
3	激光加工创新与制作	(1) 结合我校激光微纳实验室的先进研究成果,激发学生的民族自豪感,积极投身国家尖端科研项目; (2) 简介激光武器,增强学生的国防意识与民族自豪感
4	数控线切割创新与制作	(1) 引入电火花加工的发明过程,树立学生善于发现、勤于思考的创新精神; (2) 对比国内外高端电火花机床生产商的数量,指出我国行业缺乏执着专注精神的现实问题,激发学生的民族荣辱感
5	数控车削创新与制作	(1) 引入"东芝事件",使学生了解高端精密机床对于国防、工业的战略意义,增强学生的使命感; (2) 介绍精密零件的加工工艺如陀螺仪等,培养学生精益求精的工匠精神
6	加工中心创新与制作	
7	普车创新与制作	(1) 介绍大国工匠耿家盛等的先进事迹及其严谨规范、爱岗敬业、坚守执着、精益求精的工匠精神; (2) 讲述改革先锋孙永才,发挥自主创新精神,打造复兴号"国家名片"事迹
8	普铣创新与制作	
9	钳工创新与制作	(1) 引入倪志福群钻事迹及我校于启励教授在群钻理论上的实验与研究,强调理论联系实践的重要性; (2) 引入钳工张德勇、李会东的事迹,强调实践操作过程实事求是、不自以为是的原则,在实践中积累提升和创新方法

续表

序号	课程模块	思政融合点
10	热处理及组织性能表征	（1）引入微观组织观察的艺术之美，激发学生在科研的同时善于发现美，展现微观世界的魅力，激发学生的探索精神； （2）对比国内新材料科研情况，指出材料对于科学研究转化并实现产业化的重要性，激发学生对基础科研的热情
11	焊接成形创新与制作	（1）引入高凤林等大国工匠事迹，引导学生甘于奉献、埋头苦干，在最需要的"平凡"岗位上做出不平凡成绩的工匠精神； （2）介绍焊接技术在高铁、船舶等行业的重要性，增强学生对于行业的认同感和对于一线劳动者的尊敬，培养学生的劳动意识和劳动精神
12	砂型铸造创新与制作	（1）引入毛腊生等大国工匠事迹，培养学生遇到难题时的钻研精神和韧性品格； （2）介绍铸造技术在航天、航空等行业的重要性，消除学生对于铸造专业"苦、脏、累"的表面认识，增强学生对于行业的认同感和对于一线劳动者的尊敬，培养学生的劳动意识和劳动精神

3.2 实践教学内容实施

依据教学目标，结合北京理工大学良乡校区新中心的硬件平台建设，以多层联动为思路，将课程思政教学内容按计划实施。一是在课程课时上，制定每个模块不少于1个课时的思政教学时间。二是在制度上设立教学督导机制，进行随机课堂听课检查。三是建立以学生为主体的信息反馈机制，构建课上访谈、线上调查、督导回访与科学奖惩的课程思政教学质量评价体系和监控机制，实现实践育人过程中的有效质量监控和持续改进。

4 结语

以"一目标，两融合，三步走"的实践教学培养模式为指导的实践课程教学中，学生课堂表现明显改善，上课热情明显增强，思政育人取得了显著的成效，达到了"立德树人"润物无声的教学效果，并引导学生践行社会主义核心价值观，树立正确的人生导向。同时，随着课程思政点融合的不断深入，激励各实践模块教师主动结合学科特色，自主挖掘课程思政资源，尝试课程思政教学新模式。课程思政教学建设从无到有、以点带面在我校工程训练中心得到推广，逐步形成大思政工作氛围，为培养德、智、体、美、劳全面发展，担当民族复兴大任和社会主义建设的合格人才贡献力量。

参考文献

[1] 徐立娟,雷翔霄,唐春霞.工程能力训练视域下实践教学体系构建研究[J].现代职业教育,2020(24)：15-17.

[2] 郑艺,赵力更,付铁,等.构建工程训练教学质量监控体系的思考[M]//李双寿,杨建新.新时代工程实践和创新教学.北京：清华大学出版社,2018：110-112.

[3] 杨琳丽,王丽娟,杨立斌,等.构建学生教学信息反馈与处理系统完善高校教学质量监控体系[J].医学教育管理,2020,6(1)：1-5.

[4] 任博文,董人熹,王玮.工匠精神视域下的工程训练中心课程思政教学探索:以南京航空航天大学钳工和车工课程为例[J].教育现代化,2019,6(61):125-128,136.
[5] 李仕春,华灯鑫,邵伟.工科专业实施课程思政的路径探析[J].教育评论,2021(2):94-98.
[6] 施开波,付贵源,唐琳.课程思政视域下高校创新创业精神培育探索:以成都大学为例[J].黑龙江教育(理论与实践),2021(6):19-20.

新形态下机器人实践教学的探索与实践

李春阳,付 铁,郑 艺,靳 松

(北京理工大学工程训练中心,北京,100081)

摘要:在新一轮科技革命和产业变革的加速演进中,机器人技术起到了至关重要的作用,所以对机器人相关专业人才的需求越来越多,机器人实训也成为高等院校中必不可少的实践教学环节。作者以新工科的"学生中心、产出导向、持续改进"理念为指引,从机器人技术实训的硬件平台建设和课程开发等方面进行了系统的研究与探讨,形成了一套行之有效的机器人实践教学模式。教学实践表明,利用该模式进行教学在培养学生的创新能力、解决复杂工程问题能力方面取得了良好的效果。

关键词:机器人;实践教学;创新能力;工程能力

1 引言

2017年2月以来,教育部积极推进新工科建设,先后形成了"复旦共识""天大行动"和"北京指南",我国高校正着力探索全球工程教育的领先模式。"新工科"的内涵是培养未来多元化、创新型的卓越工程人才,重视创新型、综合化的工程教育理念。在新形态教育理念下,大学的培养模式也要随之革新。我校的"制造技术基础训练"课程是一门面向全校本科学生的机械制造工程训练的实践性技术基础课,属必修课范畴,其中新增设的"机器人实训"课程也被列入北京理工大学教学改革和重点课程建设项目。目的在于瞄准时代技术前沿,在提高当代大学生工程实践能力的同时,让大学生所学与社会需求相对接[1-2]。

2 "金字塔教学"培养模式的规划与建设

以新工科"学生中心、产出导向、持续改进"的理念为指引,工程训练中心以良乡新中心建设为契机,在软硬件上加快教学改革步伐,根据多年的工程实践教学与本校实际情况,结合当代人才需求,总结制定出了以学生培养目标为塔尖、以实践课程项目为框架、以学生效果评价为根基的"金字塔教学"培养模式。该模式的核心就是围绕目标,持续改进。首先要明确培养目标,然后针对培养目标多层联动设置相关课程的内容,利用全面的信息反馈机制,检验教学效果是否达到了最初的培养目标,以取长补短,优化完善教学培养计划,这是该教学模式的流程[3-4]。

2.1 以学生培养目标为塔尖

学生的培养目标就是每个学院对每个专业的培养目标进行梳理,得到各学院"制造技术基础训练"课程所支撑的本专业学生的培养目标,然后任课教师根据这些培养目标,有针对性地设计课程内容、组织方式、讲课形式等一系列课堂行为。

2.2 以实践课程项目为框架

有了明确清晰的培养目标,就要设计课程来实现这一目标。这就要求教师针对每个专业的学生,逐个逐条分析每一条培养方案,再结合实验室现有的软硬件条件来设计课程内容。做到每一部分课程内容都对应相关的培养目标,每一个培养目标都有一个或多个课程内容做支撑。课程内容要达到学生每次课都有产出,有明确的学习目标,要经常变化,授课过程始终坚持先探索、后告知的原则[5-6]。

2.3 以学生效果评价为根基

学生是教学过程的亲历者,亦应是教学一线信息的提供者和教学效果的评价者,教师做这些是为了培养学生,那么培养的结果当然主要由学生来评价与反馈。要建立一套行之有效的教学信息反馈机制,让教师及时有效地听到学生的声音。根据学生的反馈结果,教师来改进、完善和充实课程内容。

3 "金字塔教学"培养模式的组织与实践

"金字塔教学"培养模式的组织与实践流程如图1所示。

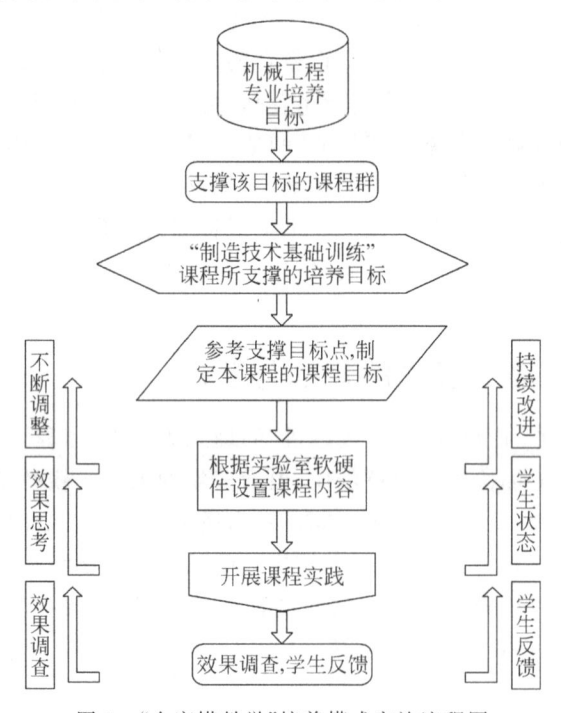

图1 "金字塔教学"培养模式实施流程图

3.1 实践课程教学目标

一个科学、合理、清晰的教学目标是一个好的培养模式所必需的,因此,制定"金字塔教学"培养模式的教学目标是首要的工作。教学目标来源于各专业的培养目标,以机械与车辆学院的机械工程专业为例,学院制定了12条该专业的毕业要求,学院针对毕业要求指定相关课程,"制造技术基础训练"课程主要支撑其毕业要求中的4条,我们对每一条培养目标做了详细分解,参考并制定机器人课程的培养目标如下:

对应其第二条课程目标是：能够根据课程所用机器人硬件对其机械、电气、控制、液压、气动分系统的工作原理、系统组成、工作特性进行发现、定义和分析。

对应其第三条课程目标是：能够根据课程硬件设计，开发简单的具有机械、电气、控制、液压、气动分系统的机电系统解决方案。

对应其第四条课程目标是：能够通过实验设计、数据分析、信息综合对复杂机电系统的工作原理、系统组成、工作特性进行研究，并得到合理有效的结论。

对应其第九条课程目标是：能够理解多学科背景下团队与个体、合作与分工的含义，具有一定的人际交往能力，能够在团队中根据角色发挥作用。

有了清晰明确的教学目标，就可以设计教学内容了。

3.2 实践教学内容设计

依据教学目标，结合北京理工大学良乡校区新中心的硬件平台建设，以多层联动为思路将教学内容划分为基础知识类实践、专业提高类实践、创新训练类实践、综合运用类实践4个层次，以及相应配套的硬件平台。每一类教学内容都有相对应的教学项目，让学生每一次课都有产出和可评价的实体。具体框架结构如图2所示。

图 2　多层联动框架图

3.3 建立全面的信息反馈机制

缺少学生及时反映教学要求的机会和渠道，致使教学问题、教师问题不能有效解决，会直接影响教学效果和人才培养质量。信息反馈不能搞形式主义，要建立及时有效的闭环监督管理机制。首先要定时收集、处理学生反馈的信息，要成立信息反馈督导组，核查信息反馈情况；其次是信息处理要科学有效，对于学生评价中的肯定与表扬应及时宣传，以提高教师的工作热情，对于学生的意见与建议，要以无记名的方式传达给教师本人，促使教师持续提高教学水平；再者是要及时将处理的信息发布到网上或是学生能及时查看的平台，提高学生反馈的积极性；最后是建立科学合理的奖励措施，不仅是对学生评价高的教师，对提出好的意见与建议的学生也是如此。

4　结语

以学生培养目标为塔尖、以实践课程项目为框架、以学生效果评价为根基的"金字塔教学"培养模式指导开设的实践课程完成后取得了显著的成效，促进了教师教学改革的主动性，使学生的工程实践能力和创新能力得到显著提升。

参考文献

[1] 付铁,张庆东,丁洪生,等.7R机械臂的研制及用于实践教学的探索[J].实验室研究与探索,2018,37(2)：196-198,215.
[2] 郑艺,赵力更,付铁,等.构建工程训练教学质量监控体系的思考[M]//李双寿,杨建新.新时代工程实践和创新教学.北京：清华大学出版社,2018：110-112.
[3] 杨琳丽,王丽娟,杨立斌,等.构建学生教学信息反馈与处理系统　完善高校教学质量监控体系[J].医学教育管理,2020,6(1)：1-5.
[4] 周菁.学生反馈电子问卷在大学的发展和应用[J].中国大学教学,2019(12)：40-43.
[5] 陈悦.挑战与应对：新工科背景下工程实践教育的思考[J].南京航空航天大学学报(社会科学版),2017,19(4)：87-91.
[6] 顾佩华.新工科与新范式：概念、框架和实施路径[J].高等工程教育研究,2017(6)：1-13.

新工科背景下激光加工教学体系的设计与实践

梅 梅[1]，高 楠[2]，马丽梅[1]

（1.北京石油化工学院工程师学院，北京，102617；2.北京石油化工学院人文社科学院，北京，102617）

摘要：激光加工是衡量一个国家工业加工水平的重要指标之一，把激光加工引入教学，设计、构建激光加工教学体系是工程训练教学研究中的重要课题。文章围绕实践和创新的时代主题，提出了"零起点、多层次"的激光加工教学体系，展示了教学内容，在实践中取得了良好的教学效果，激发了学生对激光加工的兴趣，培养了实践能力和创新意识。激光加工教学体系为应用型本科院校的工程训练教学改革提供了参考。

关键词：新工科；工程训练；激光加工；激光加工教学体系

1 引言

2017年以来，经过"复旦共识""天大行动""北京指南"三部曲，高校的"新工科"建设正进入扎扎实实的再深化阶段[1]。例如，西安交通大学把"起点高、基础厚、要求严、重实践、强创新"定义为新工科的办学特色[2]；哈尔滨工业大学强调"厚基础、强实践、严过程、求创新"的人才培养特色[3]；等等。可见，各高校在新工科建设过程中都强调了"实践"和"创新"的必要性。

工程训练是高等工程教育的重要组成部分[4]，是校内受众最广的实践平台，应把更多新技术、新工艺引入教学。激光加工现已成为广泛应用于工业生产、通信、信息处理、医疗卫生、军事及科学研究等各个领域的通用技术，对于促进科学技术的发展、提高生产率、形成新的产业作出了巨大的贡献[5]。

2 定位和办学宗旨

我院是一所市属应用型本科院校，以"首善之区 工程师摇篮"为办学宗旨，服务建设北京。为了更好地服务于经济社会发展，工程训练中心经过资源整合，更名为工程师学院，同时为了进一步提高学生的实践技能、创新意识和创新能力，我院一直致力于建设符合办学特色的科学合理的工程训练课程体系。激光加工作为一种高度柔性和智能化的先进制造技术，被誉为21世纪的"万能加工工具""未来制造系统的共同加工手段"[6]，必将成为工程训练的重要组成部分。因此，有必要设计、构建激光加工教学体系。

3 激光加工教学体系

我院的激光加工设备有：3台深圳大族光纤激光打标机、3台北京正天非金属激光切割机。后续还将引进金属激光切割机和激光内雕机等设备，进一步扩充加工手段，丰富教学内容。

---

①基金项目：产学研合作项目（202002075007）；2020年北京高等教育本科教学改革创新项目（202010017003）。

从新工科建设的内涵,即针对新技术、新产业与社会新形态的变化,推进面向可持续竞争力的新型工科人才培养模式的改革,把握6个方面的新特点,即新理念、新特征、新知识、新模式、新机会、新人才[7],以及本着教学内容与当代工业主流技术相衔接的宗旨,实践教学内容要与时俱进[8],为满足不同专业、不同年级、不同学习目标的教学对象的要求,设计构建了"零起点、多层次"的激光加工教学体系,如图1所示,主要包括基础训练、综合训练、选修课教学和创新创业服务。其中基础训练和综合训练在"工程训练"课程中运行,选修课教学面向校内各学院通选,创新创业服务主要满足"双创"活动及各类比赛的需要,以开放实验室、开设培训课程的方式运行。

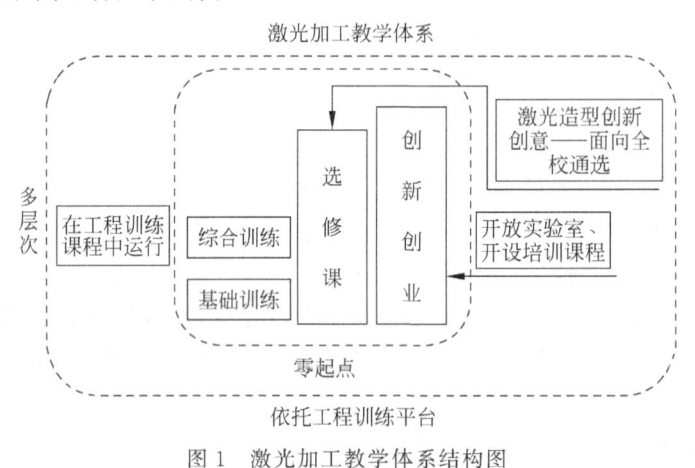

图1 激光加工教学体系结构图

3.1 基础训练和综合训练

工程训练是我院机械类和近机械类各专业的必修课,按照激光加工教学体系的总体设计,对教学时间和教学内容进行梳理,确定了基础训练4学时、综合训练4学时的教学安排,且教学内容递进不重复。

基础训练教学内容包括安全、基本理论及软件技巧、操作激光打标机完成小制作,在工程训练(Ⅰ)中运行,如图2所示,教学对象是一年级大学生,每批次6~8人,目的是培养学生基本的工程素养,完成自主创意设计,提高动手实践技能。

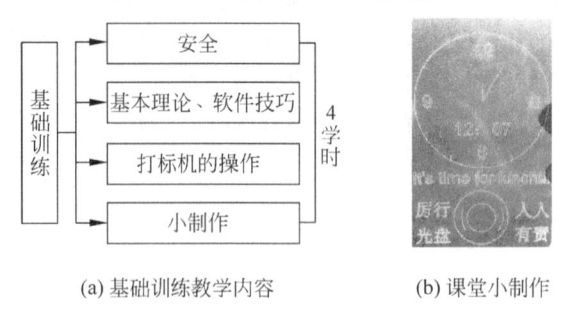

(a) 基础训练教学内容　　(b) 课堂小制作
图2 基础训练教学内容及学生作品

面对现代工程技术的发展,应该在保证基础性实践教学的情况下,加强综合性及创新性实践的内容[9]。工程训练(Ⅱ)面向二、三年级大学生,分小组以项目机制开展教学活动,旨在促使学生产生学习兴趣和专业兴趣,一旦形成这种强大的精神力量,就会具备积极探究知识奥秘或从事科学研究的意识倾向,也会激发学习的主动性、积极性和创造性[10]。激光综合训练每批次教学2组,有8~10人,这些学生均已完成基础训练并具备一定的实践技能,主要教学内容有:安全操作激光切割机制作无碳小车的齿轮和支撑板、无人机的机身及仿生四足机器人的上下支撑板和腿部组件,如图3所示,此时激光加工是作为整体项目的一个教学单元出现的,设计与绘图不占用激光加工的教学时间。在保证关键尺寸的前提下,学生可以在选材和造型方面自由发挥创新创意设计,实现个性化培养。

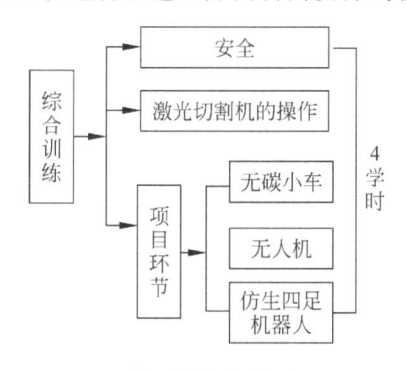

(a) 综合训练教学内容

(b) 仿生四足机器人

图 3　综合训练教学内容及学生作品

3.2　选修课教学

选修课面向校内各学院通选,组成的教学班中学生构成涉及文、理、工各专业。为了弱化专业不同显现的能力缺失,充分调动学生们的兴趣和积极性,采取项目驱动的教学方法,提高动手实践能力和创新思维。在教学过程中,依次引入"名片设计"(双面)"挂饰设计"和"创意设计"3个项目,如图4所示。"名片设计"是利用激光打标机在金属名片上制作;"挂饰设计"是在指定的尺寸范围内,设计并操作激光切割机完成制作;"创意设计"是基于前两个项目运行的经验,自主设计多个零件,组合完成制作。

"新工科是国家建设的硬实力,新文科是国家建设的软实力",在实践项目的推进过程中,学生查阅资料、自主构思、创新创意,或从兴趣爱好出发,或发挥专业所长,赋予了设计更多的文化元素,而实践成果又体现了文化的巨大魅力,两者相得益彰,常常给人耳目一新的感觉。

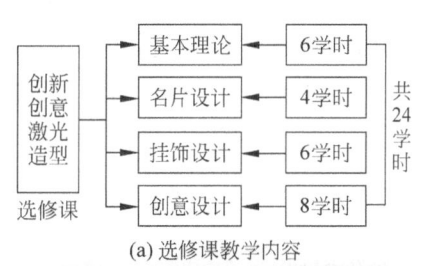

(a) 选修课教学内容

(b) 学生作品一

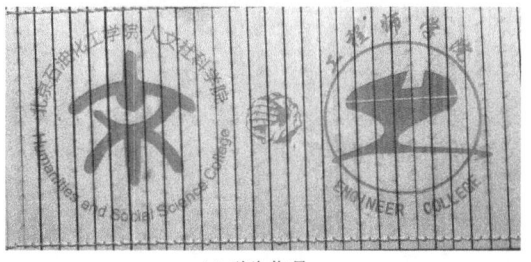

(c) 学生作品二

图 4　选修课教学内容及学生作品

3.3 创新创业服务

在"双创"和竞赛类活动中，学生偏爱创意的实现方式或实际用途，激光加工高效高速，非金属激光切割机更是创客实现设计的常规"武器"。创新创业服务提供两种方式：既可以参加培训自己动手实践，又可以预约由激光实训室的教师代为加工。培训在课余时间进行，内容贴近实践技能，如图 5 所示，采用线上线下、随来随学等灵活的教学手段，并制作挂图、编制学习手册等辅助学生实践。

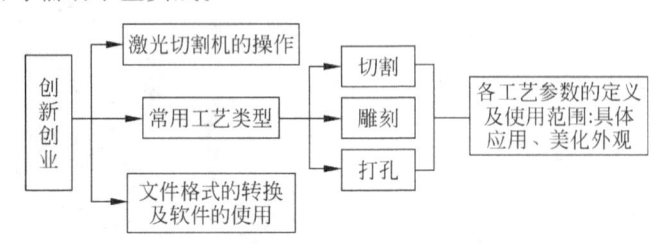

图 5 培训内容

创新创业是新工科建设的主要内容，是课堂教学活动的延伸和补充，是大学生创新能力培养的有效载体[11]。在"大众创业，万众创新"的时代背景下，我院的激光加工创新创业服务以开放实验室为手段，秉承"以学生为中心"的理念，组织培训，助力创客梦想成真。未来，在学习"工程训练中心将能够像图书馆提供图书一样，在全天 24 小时的大部分时间随时提供设备或服务"[12]先进理念的基础上，将进一步扩大激光加工实践平台的开放共享，支持学生开展各种创新创业活动及参加各项赛事。

4 成果

4.1 衍生效应

通过激光加工教学体系的培养，学生开阔了眼界，了解了这种高速、有效的加工方法，并能够在后续的学习中加以利用。比如，材料学院的学生使用激光加工制作实验所需的多种规格的掩膜板；对航模感兴趣的学生使用激光加工制作船身组件；对各种机电产品感兴趣的学生使用激光加工制作电子元器件的安装板；等等。

4.2 教学成果

负责激光加工教学体系运行的教师的教研能力得到了提高和拓展，到目前为止，已指导完成基于激光创意制作的大学生创新创业项目 2 项，申请 2020 年教育部产学合作项目 1 项。利用激光加工制作，参加各类比赛也频获佳绩，如：在北京市大学生综合工程训练能力竞赛中获三等奖 1 次、二等奖 1 次，在全国及北京市"互联网＋"大赛中多次斩获殊荣。

5 结语

我校的激光加工起步于 2014 年，开始仅针对基础训练开展教学活动，近几年在新工科建设的驱动下,学院逐步完善人员和设备配置,于2019年逐步建立起激光加工教学体系并推行实践。目前存在的不足主要体现在对"新文科"各学院工程认知实训的缺失,对更高层次教学、科研能力的欠缺和在校企合作方面不够积极,有待进一步提高和完善。

激光加工教学体系依托工程训练平台设计和实践,延伸了工程训练平台的教学使用范围,丰富了工程训练课程体系。工程训练平台是大学生在校近距离接触工程实践的有效途径,合理安排课程内容,在有限的时间内最大化提高教学效果,是每一位工科教师矢志不渝的追求,未来我们将继续做好新工科建设的践行者。

参考文献

[1] 吴岩.勇立潮头,赋能未来:以新工科建设领跑高等教育变革[J].高等工程教育研究,2020(2):1-5.
[2] 郑庆华.新工科建设内涵解析及实践探索[J].高等工程教育研究,2020(2):25-30.
[3] 徐晓飞,沈毅,钟诗胜,等.新工科模式和创新人才培养探索与实践:哈尔滨工业大学"新工科'Ⅱ型'方案"[J].高等工程教育研究,2020(2):18-24.
[4] 王群,蔡立军,刘彬彬,等.创新型工程训练教学模式的探索[J].实验室研究与探索,2020,39(8):236-239,282.
[5] 刘顺洪.激光制造技术[M].武汉:华中科技大学出版社,2011.
[6] 曹凤国.激光加工[M].北京:化学工业出版社,2015.
[7] 徐晓飞,丁效华.面向可持续竞争力的新工科人才培养模式改革探索[J].中国大学教学,2017(6):6-10.
[8] 何岚岚,张海光,胡庆夕.基于激光加工实践的进阶式课程体系建设探索[J].实验技术与管理,2018,35(12):228-231,241.
[9] 朱民.打造工程实践教学新体系的若干思考与实践[J].实验技术与管理,2020,37(10):251-254.
[10] 冯巧波,尹铁路,沈坤全,等.激光加工在工程实训中的应用[J].实验室研究与探索,2015,34(4):206-208,220.
[11] 李美艳,韩彬,林学强.基于"学研创"交叉融合的激光加工实验室建设与安全管理实践[J].实验技术与管理,2018,35(12):242-245.
[12] 付宇卓,李翠超,董德礼,等.工程服务中心:构建工程创新实践教育的支撑体系:上海交通大学国家双创示范基地案例分析[J].高等工程教育研究,2018(6):39-46.

军校工程训练实践课程改革探索

刘 谦,唐修检,杨军伟

(陆军装甲兵学院装备保障与再制造系,北京,100072)

摘要：针对新时代军队院校的人才培养需求和工程训练实践课程的特点,结合军队院校人才培养中的现实问题,提出工程训练课程改革的措施并进行了实践探索。课程改革包括教学内容体系化、教学实施军事化和课程考核实战化,从教学内容、教学实施和课程考核方面进行了论述,对提高人才的综合素质进行了探索。

关键词：工程训练；能力培养；课程改革

1 引言

新时代军事教育方针对军队院校人才培养提出的新要求：坚持党对军队的绝对领导,为强国兴军服务,立德树人,为战育人,培养德才兼备的高素质、专业化新型军事人才。教育必须适应并服务于社会的发展,这是教育改革的重大命题。我国经济社会发展既需要大量的学术型高端人才,也需要大批从事技术开发与应用的应用型人才[1]。军队院校的教育同样如此,并且在培养应用型人才方面的需求更加突出,需要加强"机械工程训练"课程等综合实践类课程建设,通过实践训练提高学员的综合素质,使培养的人才能更好、更快地适应岗位需求。军队院校指挥生长干部"合训分流"组训方式的全面推行及学院教育转型的不断深入,对学员综合素质培养和实践技能教育提出了更高的要求,亟待加强综合实践类课程建设。

2 人才培养中的现实问题

《国家中长期教育改革和发展规划纲要(2010—2020年)》指出,应着力提高学生的学习能力、实践能力、创新能力,教育学生学会知识技能、学会动手动脑、学会生存生活、学会做事做人,促进学生主动适应社会,开创美好未来。在新时代教育方针指引下,陆军装甲兵学院以培养特色鲜明、高质量的初级指挥人才为核心,深化改革,强化优势特色,全面推进教学模式转型,其中实验实践类课程起到了重要作用。在现代高等教育本科人才培养过程中,实践教学是组织学生进行基本技能训练、提高动手能力、增强创新精神的各种教学形式的统称[2]。

新形势下的实践课程教学要紧紧围绕初级指挥员培养的总体目标实施有效教学,向初级指挥员应具备的能力素质聚焦,由单纯传授知识,向传授知识、培养能力、提高素质并重转变。装备类和实践类课程在传授知识、培养技能的基础上,还要注重培养学员的组训能力和战斗精神,锤炼学员敢打敢拼、雷厉风行、令行禁止等优良作风。

面对新的更高的教学要求,当前人才培养中存在两个"不适应"：一个是培养目标由技术军官向指挥军官转变,既要强化第一岗位任职能力,又要夯实长远发展基础,原有的课程内容难以做到学历教育与任职能力兼顾；另一个是由于培养要求的提高,学员在同样的学习周期内要学习更多的内容,课程学习时间被压缩,学生面临学习任务繁重与学时紧张的问题。特别是由于军事人才培养的特殊性,在同样的学习周期内要学习更多的内容,学习要求高且时间压缩得更短。

大部分学员在学习中习惯于被动接受,不愿主动举一反三,结果学十存一,考试完成后所学内容忘记十之八九,理论知识掌握不扎实;而很多情况下疏于动手实践,常常限于纸上谈兵,不仅实践能力弱,更严重的是对自身水平认识不清,这在实践操作中体现明显,眼高手低,不会解决实践问题;实践水平不行,自认为不错或知道不行但不知道差距有多大,体现在后续的军事、战术、维保等实践科目中则为教学效果差、水平低,尤其是在突发情况、压力挫折面前,随机应变、临机决断的能力严重不足。

我院"机械工程训练"课程是在原"金工实习"课程的基础上进行的多种加工工艺的系统化合成,是"金工实习"课程的扩展和延伸。本课程通过车、钳、焊、铸等加工制造技术的综合训练,培养学员的工程实践能力和创新能力及装备运用意识,是本科学员学历教育中工程素质教育和技能教育的关键实践教学环节,对培养学员综合分析问题的工程思维能力和运用工程方法解决问题的工程应用能力具有重要意义[3]。"机械工程训练"是"机械加工基础"等先期课程理论知识的实践和应用,也是后续武器装备课程的实践认知基础,同时也可为学员今后的工作打下坚实的工程实践及综合能力素质基础。"金工实习"为工科院校各专业学员的必修或必选课程,机械类专业一般学时大于2周,文科类一般为1周认知实习。我院原"金工实习"课程时间为2周,几经调整后压缩为目前的1周。为适应新的培养目标需求,新版人才培养方案中原"金工实习"课程与"工程材料""机修加工基础"等理论课程合并,工程训练实践学时压缩为1周,且有进一步改革调整的趋势。目前采用教员讲解、学员操作、助教辅导的流程,完成基本的理论知识和实践操作内容,加工目标局限于传统的小锤、销子,对学员创新能力的培养锻炼有所欠缺。

3　课程改革探索

针对人才培养中的现实问题,亟须对工程训练等实践课程进行改革,以改善学习效果。为此,我们结合学院论证实施教学改革的契机,把"金工实习"拓展为专业综合实践课程"机械工程训练"。以清华大学为代表的一流高校认为工程训练突出以学生为主体,着重培养学生的实践能力、综合素质和创新精神。结合我院的人才培养方案,本课程能够成为力学、材料、设计、制图等前导课程与装备维修、综合演练等后续课程的桥梁和纽带,将前期的模块化理论知识与后续的实装化应用要求通过综合实践训练来连接贯通。

结合学院的人才培养设计理念,课程的知识目标由掌握机械装备维修加工知识技能向知识的深入理解和系统运用转变;能力目标由解决装备维修技术问题向围绕技术运用提升指挥等综合能力转变;素质目标由具备一定工程素养向具备创新思维解决实际问题的综合素质转变。总之,在传授知识、培养技能的基础上,向注重运用知识、培养作风、锻炼能力、提升素质转变。

根据学习内容多、学时短和标准高的要求,突出融合理念,通过理论与实践融合、技术与指挥融合、创新能力向战斗力转变3个方面的改革,实现减时增效,提升学员的综合能力。以技术操作实践为纽带,在实操中对前导课程的理论知识迭代学习,实现理论与实践的融合,提升知识理解和运用能力;以维修工程实践为载体,在维修技术实施中融入军事要素训练,实现技术与指挥的融合,提升综合实践能力;以科技创新实践为战场,在创新设计、专利申请和学科竞赛的实战氛围中锻炼能力,实现创新能力向战斗力转变。

教学改革包括:教学内容重塑,即将模块化知识链条化,形成前伸后延的内容体系;教学模式设计,即将技术实践置于军事背景中,形成指技融合的综合训练;教学考核实战牵引,即将课内考核与课外竞赛创新衔接,在实战磨炼中促进创新能力向战斗力转变。

3.1 教学内容体系化

教学内容体系化是指将原来的单项技术、单一零件加工前伸后延,形成设计、制图、材料、加工、检测和装配维修的全流程链条。结合学时短、设备少的实际情况,针对实战化训练的要求和机械工程训练的作用,论证优化相关教学内容,探索包含设计、加工、检测、装配和机电一体化等内容的综合素质培养方案,使教学内容与实战化训练紧密相关,达到提高学员综合素质的目的。在原有单项技能的基础上后延增加装备维修中需要的装配检测内容,构成零件维修加工训练环节;前伸增加维修方案设计环节,贴近维修实践;拓展先进技术应用提升科技素养,并支撑学习创新、科学思维和装备运用能力。维修方案设计中加强前导课程内容的串联运用和融会贯通;通过加工对象改变融合装配检测的新知识,在维修实践中解决问题、习得知识。例如,细长轴加工容易出现大小头的现象,其原因是加工受力问题,因此要学习材料、夹具、工艺等相关知识,用顶尖辅助加工解决问题,后续的装配检测应注意形位公差,以解惑、研究方式在应用中完成学习。利用网站、辅导资料等引导学员拓展学习先进技术,促使其积极参与学科竞赛和专利申请等创新活动。通过各部分的迭代学习夯实学历教育基础。

3.2 组织实施军事化

1) 军事素养贯穿实施过程

以军事背景下的装备维修任务实践为载体,将岗位任职所需的指挥管理等能力融入训练过程中,如通过分组操作锻炼分工协作能力,小组中 1 名组员操作车床,1 名组员为安全员,与其他组员完成辅助工作。如果组织协调不当,就会再次出现"火炮维护亡人"类的事故;二人同时操作设备,火炮俯仰造成炮尾挤压人员死亡。工程训练中涉及操作中的站位、站姿等问题,操作人员要避免处于危险区,在实践中要从小事做起,培养严谨的作风。军校的工程训练要把军事素养贯穿实施过程,进行指技融合培养,由正确做事向做正确的事转变,由办事员变为指挥员。

2) 瞄准"短板",磨炼、提高学员的综合能力

"精武杯"竞赛总结时学院院长提到学员欠缺实践技能和压力下的临机决断能力。这些短板必须通过实践培养和磨炼予以弥补。比如车床操作,操作者需要手脑配合才能控制车刀路径,精确控制需要在不到 1s 内判断方向并手摇完成,否则会因失误造成废品、打刀甚至伤人,这有助于锻炼学员压力条件下的快速判断和操作能力。当前学员缺乏联合意识、精度意识,这些意识通过工程训练实操环节可以得到磨炼提升。

3) 将课程思政融于实践

思想品德目标要求培育战斗精神和吃苦耐劳的作风,将课程思政融合在实践训练中。

"王杰班"和"两不怕"是我军的精神名片,而现在"骄娇"二气严重。钳工训练要求按照画线锯割平面,由毛坯料手工加工成具有一定尺寸形状要求的手锤。这个产品看似简单,但仅其表面加工就包括了平面、斜面、弧面、内孔面的加工,所以具有精度要求的加工合格率并不高。理论和实践的差距一目了然,而这一过程训练的不仅是技能,还可锻炼学员的意志,培养其吃苦耐劳的精神,提高其抗压受挫能力,只要坚持不懈,手起泡、出大汗、返工重来的困苦最终会被成功的喜悦代替。

3.3 学习目标能力化

提高学员的综合能力首先是改变其学习目标和过程,从灌输课堂向对话课堂转变、从封闭课堂向开放课堂转变、从知识课堂向能力课堂转变、从句号课堂向问号课堂转变。学习和训练的目标不是应试,而是"解惑";不是简单地教知识,而是领导学生学习,提高其学习能力。要从一门课程知识体系所解释的现象和要解决的问题入手,尝试通过课内外学习和研究甚或实践去解释这些现象,例如,冷却风扇细长轴加工大小头的问题,需要从力学、材料、刚度等角度回答有关问题,通过实践过程中采用的方式方法,在解决问题过程中习得知识、锻炼能力、提高素养、增加智慧。

课程改革和建设要构筑资源环境和支撑体系,支持学员能够实现这种模式的学习活动。比如营造融合网络资源的超现实学习和研究环境,帮助学员从过去的记忆和理解知识转变为通过研究问题和现象来解决问题,在实践中获得知识、能力、素养和智慧,教师从过去单纯的"教"变成现在的引导或者领导学生学习,以更好地发挥学员的主体作用。

在工程训练实践中,通过教学实施过程中学习目标的改革,实现以学为主体。例如,对相同的加工对象,让学员通过制定不同的加工路线和工艺规程,并做出综合分析和评判,完成创新设计—加工制备—装配成形—质量评价的全过程,同时把机械设计、互换性及互换原则和实践相结合,尤其要与装甲装备各种零件的公差要求、各种配合的类型等进行联系,把基本理论知识、方法、国家标准和装甲装备零部件及维修保障加工中可能遇到的实际问题相融合,初步具备从机械加工角度对具体问题进行系统思考、综合分析和准确判断的工程思维能力。积极创造条件,推动学员以教师科研课题、工程应用案例为背景开展第二课堂活动,培养学生的创新意识和创新能力,与学院或院外各类竞赛、科技创新活动相结合,指导并组织学员参加各类课外活动,促进学员科技创新能力和动手能力的提高。

3.4 训练考核实战化

训练效果看实战,所以考核目标应瞄准实战要求。"战场没有60分",课程考核将合格性考试与竞争性考试相结合,以团队任务的方式进行综合化考核,一方面通过评比任务方案及设计、工艺等进行知识考核,另一方面结合完成过程对组织、协调能力进行考核,并通过对抗比赛考核学员的应变能力。

课程结束不是学习的结束,也不是考核的结束,要创造条件模拟实战氛围锤炼学员的战斗力,发挥综合实践课理论紧密结合实际的特点,在课堂中渗透衔接装备实践问题,引导学员进行自主创新设计和专利申请,组织学科竞赛,吸引学员继续学习,开放实验室、网络平台资源,将课程内容延伸到课堂外,与学科竞赛、创新活动及专利申请等课外活动衔接,使真正的考核在实践中体现出来。例如,结合课程内容,围绕装备及维修保障,贴近部队装备需求,引导学员进行自主创新设计,优选方案进行专利申请以吸引学员继续学习。通过组织学员参加北京市大学生工程训练综合能力竞赛等,激发学员对动手、动脑、勇于创新的积极性,培养他们严谨、认真、踏实的学习和工作作风,同时增强和提高其创新能力和工程素质。课程改革研究期间,支持学员科技创新项目 90 余项,授权专利近 20 项,完成科技创新作品或方案 80 余项。近年来,我们先后组织 4 次院内大学生工程训练综合能力竞赛和 5 次奇思妙想创新方案大赛,参赛学员 1000 余人次,参加北京市大学生工程训练综合能力竞赛获奖 12 项,参加全国大学生工程训练综合能力竞赛、全国大学生科技创新大赛等获奖 15 项。

4 结语

达尔文在其著作《物种起源》中指出,能够生存下来的物种,不是那些最强壮的物种,也不是最聪明的物种,而是那些最能适应变化的物种。工程训练等实践课程是连接基础理论和专业知识的纽带,通过课程教学实现运用知识、培养能力、提高素质的功能,可以更好地满足部队发展对人才培养的需求,因此加强军校工程训练等实践课程建设具有重要意义。

参考文献

[1] 焦健.高校应大力培养应用型人才[N].光明日报,2014-03-06(5).
[2] 闫涛,巴国召,等.军队院校机械工程训练中心建设与管理初探[J].装甲兵工程学院学报,2013,12(27):182-184.
[3] 刘谦,唐修检,姚巨坤,等.机械工程训练对促进军校人才综合素质培养的思考[M]//李双寿,杨建新.新时代工程实践和创新教学.北京:清华大学出版社,2018:172-175.

金工实习课程蕴藏的思政元素和典型案例的深入研究[①]

李志勇,李军霞

(河北科技大学材料科学与工程学院,石家庄,050018)

摘要:根据课堂教学进度,深度挖掘金工课程的人文内涵和思政元素,发掘思政元素与金工知识深度融合的教学案例,并对典型案例进行了深入分析研究。对教学内容和教学方法改革的目的是将人文思想有机地融入专业课教学中,培育出既具备专业素质,又有文化内涵的复合型人才,达到全方位育人的效果。思政元素与金工知识深度融合的关键是教师自身哲学素养的提高,能够从某一专业现象问题中找出事物具有的共性问题,去解释带有普遍意义的其他问题。

关键词:金工知识;深度挖掘;思政元素;教学改革;全方位育人

1 引言

"大学之道,在明明德,在亲民,在止于至善。"[1]大学的任务就是教育学生具有好的德行,温故而知新,在学习专业知识的同时又能从专业知识中悟出人与自然、人与人之间相处的道理。唐代韩愈的《师说》中讲道:"古之学者必有师。师者,所以传道授业解惑也。"道,就是做人做事的方法和道理,是从具体事物中抽象出来的本质内容,它具有普遍性和指导性;授业,是教和传授专业技能和知识;解惑,就是解释疑难问题。韩愈在《师说》中,已经给教师的职责做了很好的注解。老子在《道德经》第四十八章中讲道"为学日益,为道日损。损之又损,以至於无为。无为而无不为。"[2]老子承认求学问,天天积累知识,越积累,知识越丰富,至于要认识宇宙变化的总规律或是认识宇宙最后的根源,就不能靠简单的积累知识,而是要通过具体的知识点悟出抽象的哲学道理和人文思想才行。

2016年12月7日,习近平总书记在全国高校思想政治工作会议上强调:"高校思想政治工作关系高校培养什么样的人、如何培养人及为谁培养人这个根本问题。要坚持把立德树人作为中心环节,把思想政治工作贯穿教育教学全过程,实现全程育人、全方位育人,努力开创我国高等教育事业发展的新局面。"[3]从而掀起全国高校对大学生专业思政课建设的高潮。

我国古代的哲学家、教育家与习近平总书记的课程思政指示有异曲同工之妙。因此,在专业课传授过程中挖掘蕴含的思政教育元素,在学习专业知识的过程中,培养学生的人文素养,教给他们为人处世的方法和道理,使自然知识与社会知识深度融合,培养学生的道德和思想素质,对于培养高素质复合型人才具有深远的意义。

2 融入专业思政的理论基础

课堂教学是教育活动整体的一个部分、一个环节,是教师在课堂上对学生传授知识、经验、方法和能力的过程,其宗旨是充实、壮大一个人的内涵。教育是按既定目标对人进行

[①]基金项目:河北科技大学2020—2021年度教育教学改革重点项目(2020-ZD09)。

德、智、体、美全面培养的活动过程,其宗旨是依据培养目标塑造一个人。教育与教学是不可割裂的,是相辅相成的。课堂教学是学校实现教育目的、完成教育任务的重要环节,同时也是教育的主要内容。课堂教学的主要任务是通过教学过程,教师向学生传授系统的科学知识,训练学生形成基本技能、技巧,发展学生的智力和解决各种问题的能力,同时也承担教书育人、全方位育人的任务。因此,教师在讲授专业知识的同时,如何从专业知识中挖掘出思政元素,达到授业传道、教书育人的最高目标是授课研究的重点。

3 专业思政研究的主要内容

专业思政不同于大学开设的思政课,但专业课教师要深入研究事物的运行法则和马克思主义哲学知识,研究具体与抽象、普遍性与特殊性之间的相互关系,结合金属工艺学专业知识的特点和章节内容,深入挖掘课程的人文内涵和蕴藏的思政元素,将思政典型案例贯穿于教学活动的全过程。我们根据每次课程的教学进度发掘了思政元素与金工知识深度融合的课程教学案例,具体内容见表1。

表1 授课要点蕴藏的思政元素和哲理

教学周/次	授课要点	专业知识蕴藏的思政元素与哲理	预期成效
1/1	绪论(方向):教学目标、教学方法、教学时间	做任何事强调方向的重要性,然后确定方向目标与时间、方法的关系	凡事预则立,不预则废。授课中传道的重要性
2/1	金属材料的力学性能:材料有强度、塑性、刚度和疲劳强度等性能	人的身体和精神与材料一样也具有弹性、塑性、强度和疲劳强度等指标,且身体各项指标随着锻炼是变化的	身体和精神要面对力而行,且不断锻炼和提高自己面对挫折的能力,注重身心健康对人生的重要性,树立安全意识
3/2	金属的晶体结构与性能:晶胞的致密度	阴阳相互作用产生万物。物质就是虚实体,所以有密度	使大学生对中国哲学思想有进一步的思考
4/2	金属的晶体结构与性能	人的知识结构与性能	知识结构对人发展的重要性
5/3	晶格缺陷对金属性能的影响	导致固溶强化,使得性能发生变化,缺点变优点	事物都是一分为二的
6/3	同素异构转变:金属在固态下随着温度或压力的改变,会发生晶体结构变化,即便是同一种金属材料在不同的条件下其力学性能也是不同的	人和金属一样,一个人在不同环境下成长,他的知识结构、思想素养、为人处世的方法会发生很大变化。习近平总书记强调:①生态文明建设;②着力提升维护社会和谐稳定的能力和水平,为经济社会持续健康发展创造良好环境	习近平总书记提出:"绿水青山就是金山银山。"以习近平同志为核心的党中央坚定不移地推进生态文明建设,坚持节约资源和保护环境的基本国策,牢固树立"绿水青山就是金山银山"的强烈意识和绿色发展目标

续表

教学周/次	授课要点	专业知识蕴藏的思政元素与哲理	预期成效
7/4	二元匀晶相图;相图建立的条件和步骤;在一定条件下得出的理论即成分变化规律;在缓慢冷却条件下,液体的成分沿着液相线变化,固体的成分沿着固相线变化	真理在一定条件下才是对的,离开条件真理就成了谬论。真理和谬误在一定条件下可以转化	真理具有普遍性,同时又受条件的制约。告知大学生要用发展的眼光看待问题和解决问题
8/4	铁碳合金相图	合金=交叉知识,相图引申为学为思为道的相互关系	处理好学与思的关系,文理兼修对人的发展的重要性
9/5	铁碳合金相图:一幅图可以推导出6万文字的相关知识	相图引申为学为思为道的相互关系,用《论语》和《道德经》的话引申知识之间是有相互逻辑关系的,是可以推导的	为学日益,为道日损。吾道一以贯之
10/5	总结讨论课:使大学生明白学习和思考的重要性,怎么学习;为什么总结?学习的最高境界和最高成果是什么?	①《论语》曰:"学而不思则罔,思而不学则殆。" ② 学习法则。典出《礼记·中庸》:"博学之,审问之,慎思之,明辨之,笃行之。" ③ 学习的最高境界。知之者不如好之者,好之者不如乐之者。 ④ 学习的最高成果。《道德经》:"为学日益,为道日损。损之又损,以至於无为。无为而无不为。"	使大学生明白:知识就是力量,所以要学习,要思考,在快乐中学习,通过学习思考,逐渐形成自己的知识体系
11/6	热处理的基本原理:钢的热处理在高温区是P,中温区是B,低温区是M,且组织和性能不同	钢在不同温度的组织和性能不同=人在不同环境下的成长,人生要学会选择	环境造就人:在什么环境下成长、跟什么人接触的重要性。 引申:人的差异在于时间、空间和自身努力的程度
12/6	根据课堂具体现象随时做大学生的思想政治工作。 ① 上课迟到; ② 上课玩手机; ③ 不来上课,上课睡觉,不努力学习; ④ 作业完成情况不好,上课提问的回答不上问题。 ……	① 上课迟到。向教师看齐,有看齐意识,耽误大家没有大局意识。养成干什么都无所谓的习惯,对自己成长不利。 ② 上课玩手机。做事精力要集中,要有自控力,自我约束是成功的要素之一。 ③ 不来上课,上课睡觉,不努力学习。用《礼记·中庸》里的话激励学生:"人一能之,己百之;人十能之,己千之。果能此道矣,虽愚必明,虽柔必强。" ④ 作业完成情况不好,上课提问回答不上问题。平时做好每一件事,提高自己的自信心,自信是成功做事的要素之一。 ……	"四个意识"是指政治意识、大局意识、核心意识、看齐意识。 社会主义核心价值观是:富强、民主、文明、和谐,自由、平等、公正、法治,爱国、敬业、诚信、友善

续表

教学周/次	授课要点	专业知识蕴藏的思政元素与哲理	预期成效
13/7	钢的整体热处理：退火处理、淬火处理、回火处理	退火处理：炉里缓冷，温水煮青蛙；淬火处理：水里快冷，欲速则不达；回火处理：事情过了进行纠正	对待不同的事物要有不同的方法。对于有的毛坯件，淬火容易淬裂，引申为老子的思想："物壮则老，是谓不道，不道早已。""能知古始，是谓道纪。"
14/7	金工实验实习课：力学性能实验、热处理实验和观察金相组织	理论与实践相结合	知行合一
15/8	毛坯生产：铸造、锻压和焊接	不同材料采用不同的方法成形，因材施教，因材而用	正确评估自己和别人，做到人尽其才
16/8	影响铸造性能、可锻性能和焊接性能的因素有本身的化学成分组织和外部条件	引申为影响事物发展的内因和外因，以及两者之间的相互关系	处理好事物发展的内因和外因，以及两者之间的相互关系
17/9	确定铸造合金的浇注温度原则；锻造温度范围既不能太高，也不能太低	做人做事一样，不能太左，也不能太右，适度为宜，否则物极必反	引申为马克思主义哲理：事物的双方在一定条件下向着相反的方向转化
18/9	铸造T形杆件的应力产生机理及消除方法：① 两个薄厚不一的T形杆件，在塑性-塑性和塑性-弹性阶段都不会产生应力，弹、弹阶段产生"你拉我拽"的现象叫作应力；② 消除方法：变形和裂纹	塑性：没有主张和观点；弹性：有主张和观点。社会矛盾产生的原因：人与人之间、夫妻之间、单位之间、地区之间、国家之间都有主见且观点不一致，又坚持自己的主张时，产生矛盾。解决方法：妥协、战争和分开	材料解决矛盾的方法是变形和裂纹，社会矛盾最好的解决方法就是彼此妥协，否则就是打架、战争和分裂，用"马加爵事件"教育学生。经济矛盾的解决方法也是一样的
19/10	塑性成形的基本概念和次概念（轧制、挤压、拉拔、自由锻、模锻、胎模锻和板料冲压）之间的相互关系	锻压＝塑性坯料＋模具＋力；挤压＝塑性坯料＋模具＋挤压力；轧制＝塑性坯料＋模具＋摩擦力；拉拔＝塑性坯料＋模具＋拉力；自由锻＝塑性坯料＋模具＋冲击力；模锻＝塑性坯料＋模具＋静压力；事物共性与个性之间的相互关系	核心概念具有普遍性，次概念都有其特殊性。掌握共性与个性之间的相互关系对于理解和掌握知识之间的逻辑关系的重要性
20/10	模锻模膛：对于大型锻件要经历制坯模膛、预锻模膛和终锻模膛；一次成形损坏模具，锻件有缺陷	社会和人做事也要遵守循序渐进的原则，否则相互作用的双方会受损或遭到破坏或引起社会动荡。举例：中国特色社会主义道路就是一条逐渐变革开放的道路，是中国稳定发展强大的道路。（①开放路径：从深圳一个点到珠海、汕头等几个点，再到沿海和内陆是渐进路线；②从社会主义计划经济到社会主义市场经济也是过渡）	通过模锻模膛，引申一个理论，然后对大学生进行"四个自信"教育。"四个自信"即中国特色社会主义道路自信、理论自信、制度自信、文化自信，使大学生坚定地跟党走，坚持走中国特色社会主义道路。反面案例：苏联解体给俄罗斯带来了无穷无尽的灾难和社会经济的倒退

续表

教学周/次	授课要点	专业知识蕴藏的思政元素与哲理	预期成效
21/11	焊接：焊接是制坯的方法之一，前面讲了铸造和锻压两种制坯方法，使学生具备举一反三的能力	《论语》曰："不愤不启，不悱不发，举一隅不以三隅反，则不复也。"孔子在教育方面反对"一言堂""填鸭式""满堂灌"的做法。有效教学的关键在于怎样启发学生去思考和琢磨，在学生充分进行独立思考的基础上，再对他们进行启发、开导，这才符合教学规律	如果只是单纯地将现成的答案灌输给学生，学生往往只知其然，不知其所以然，举一反三能启发学生的思维，更能增加和提高大学生灵活运用和独立思考的能力
22/11	总复习阶段：给同学讲明白：① 知识系统是如何建立的；② 教师：传道授业解惑也；③ 道的作用是什么；④ 学习的几种状态	① 知识系统是如何建立的：《老子》曰："为学日益，为道日损。损之又损，以至於无为。无为而无不为。"② 教师：传道、授业、解惑也；传道是第一位，授课是第二位的；③ 《老子》曰："执古之道，以御今之有。能知古始，是谓道纪。"④ 孔子曰："生而知之者，上也；学而知之者，次也；因而学之，又其次也；困而不学，民斯为下矣。"（《论语·季氏》）	通过互动式教学方法，在系统总结的同时，启发学生们：如何建立知识系统，在学习专业知识的同时，为学为思为道，因为道的作用是"执古之道，以御今之有，能知古始。"教师：传道、授业、解惑也；传道是第一位，授课是第二位的。习近平总书记在全国高校思想政治工作会议上强调，要用好课堂教学这个主渠道，各类课程都要与思想政治理论课同向同行，形成协同效应

4 蕴藏思政元素的典型案例分析

4.1 案例：金工绪论课蕴藏的哲学思想

金工课程第一节是绪论课，是金工课授课的开始，绪论课主要讲述金工的教学内容、教学目标、教学方法和教学时间的关系问题，为学好这门课指明了方向。进而引申出做事情前要进行打算，强调做事实现的目标与时间和方法的关系问题。从专业绪论课中提炼出蕴藏的哲学思想，使大学生明白"凡事预则立，不预则废"的道理。人生努力做事，抽象出来就是跟个人做功的数学模型打交道，这个数学模型就是

$$W_g = F_g V_g T^{[4]}$$

其中，F_g 为力；V_g 为速度；T 为时间。

人努力做事就是做各种各样的功，要想达到事半功倍的效果，就要在一个正确的时间做一件正确的事情，只有这样做事效率才会高。具体到金工这门课，要求学生在课堂上认真听讲，与教师相互作用，不能大脑开小差或玩手机，这样才能迅速掌握金工知识，再利用课后大量的时间复习，也可避免期末考试考不好或不及格。做其他事情也是如此。

4.2 案例：同素异构转变和过冷奥氏体等温转变 C 曲线蕴藏的哲学思想

金工第 3 次课讲授同素异构转变，金属在固态下发生晶体结构变化，图 1 所示是纯铁同素异构转变的冷却曲线。[5] 纯铁在 1538℃结晶后，形成具有体心立方晶格的晶体 δ-Fe；继续冷却到 1394℃时，δ-Fe 转变为面心立方晶格的晶体 γ-Fe；继续冷却到 912℃时，γ-Fe 又转变为体心立方晶格的晶体 α-Fe。同一种金属材料在不同温度的条件下无论其晶格类型还是力学性能都是不同的。

金工第 6 次授课讲过冷奥氏体等温转变 C 曲线，图 2 所示是共析钢等温转变 C 曲线。[6]

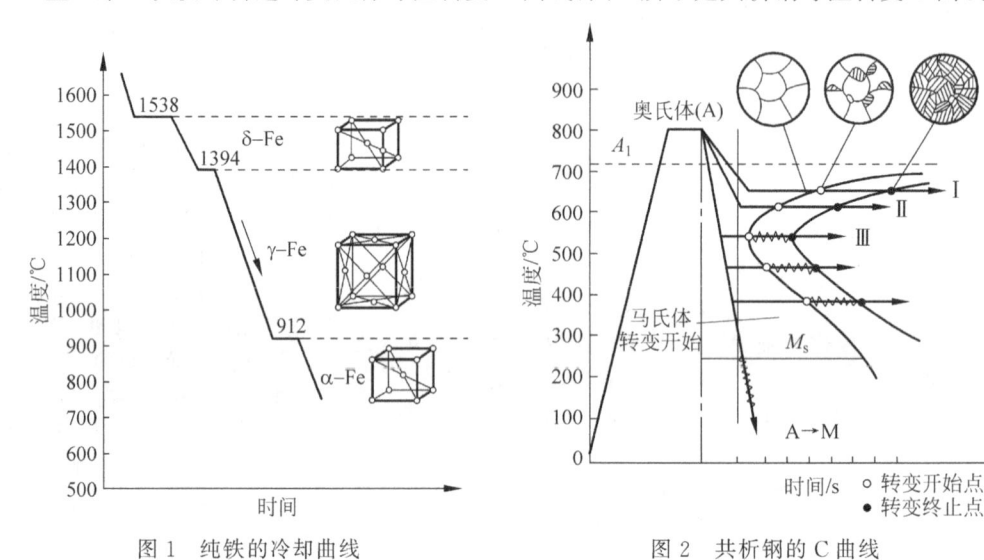

图 1　纯铁的冷却曲线

图 2　共析钢的 C 曲线

共析钢过冷奥氏体在不同温度下获得的等温转变产物组织也不同，可分为珠光体型转变、贝氏体型转变和马氏体型转变 3 种类型。在珠光体型组织转变中，由于转变温度不同、原子扩散能力不同形成的片层厚度也不同，这类组织可细分为珠光体、索氏体和托氏体。珠光体是过冷奥氏体在 A_1~650℃范围内的某一温度保温时，发生等温转变（见图 2 中曲线Ⅰ）得到的组织（F+Fe_3C）。因为过冷度较小，片层粗大（见图 3），用 P 表示，其强度、硬度较低。

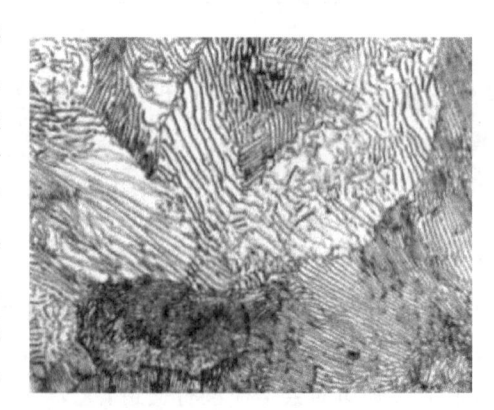

图 3　珠光体组织图

索氏体是过冷奥氏体在 650~600℃范围内的某一温度保温时，发生等温转变（见图 2 中曲线Ⅱ）得到的组织，仍为 F+Fe_3C。因为过冷度较大，片层较细小，为"较细的珠光体"，称为索氏体（见图 4），用 S 表示，其强度、硬度高于珠光体。

托氏体是过冷奥氏体在 600~550℃范围内的某一温度保温时，发生等温转变（见图 2 中曲线Ⅲ）得到的组织仍为 F+Fe_3C 两相混合物。因为过冷度更大，片层非常细小，为"极细的珠光体"，称为托氏体（见图 5），用 T 表示，其强度、硬度高于索氏体。

图 4 索氏体组织图   图 5 托氏体组织图

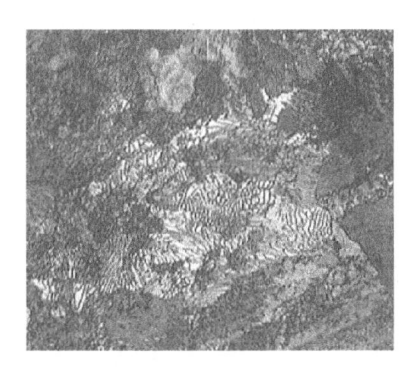

过冷奥氏体在"鼻子"温度至 M_s 点（550～230℃）范围内进行的转变称为贝氏体型转变。根据转变温度不同，可将贝氏体分为上、下两种贝氏体。电子显微镜研究表明，上贝氏体由许多平行排列的铁素体条，以及条之间不连续的短杆状渗碳体组成。其塑性和变形抗力较低，同时渗碳体分布在铁素体之间，易于引起断裂，所以强度低，塑性、韧性差。过冷奥氏体在350～230℃温度范围内等温转变为针片状的下贝氏体，下贝氏体呈黑针状或竹叶状，针片状铁素体内成行分布着微细的碳化物，所以具有较高的强度和韧性，以及较好的综合力学性能。

奥氏体以极大的冷却速度过冷到 M_s 点以下发生的转变称为马氏体型转变。由于转变温度较低，碳原子已不能扩散，只发生铁的晶格重构，由面心立方晶格变成体心立方晶格，形成了碳在 α-Fe 中的过饱和固溶体马氏体。马氏体的含碳量越高，晶格畸变越严重，硬度也越高，内应力也越大。

无论是金工第3次课讲授的同素异构转变，还是共析钢过冷奥氏体在不同温度下获得的等温转变产物，都是在不同温度环境下获得的组织和性能不同的产物。同样的道理，人和金属一样，一个人在不同的环境中成长，跟什么人接触，看什么书，他的知识结构、思想素养、为人处世的方法就会发生很大变化，"孟母三迁"的故事就是很好的例证。

在历史的经验中，既有"榜样的力量是无穷的""名师出高徒"等有益经验，也有"哥们义气害死人"之类的沉痛教训。授课时既要让学生明白环境对个人的影响是巨大而深远的，又要让他们清楚自己要具有选择和营造良好环境的能力。人具有一定的思想之后，就可以对周围的环境做"一分为二"的分析，既看到对成长有利的因素，并充分发挥这种因素促进人的成长，力争做到"近朱者赤"，以便早日成才；同时又要看到对人成长不利的因素，并尽量抵制、削弱其不良影响，努力做到"近墨者未必黑"。在人还没有选择能力的时候，社会、家长和教师一定要帮助和教育孩子，选择一个良好的发展环境。

4.3 案例：大型锻件在锻模结构中成形蕴藏的哲学思想

锻模一般由两部分组成，上模固定在锤头上，下模固定在底座上，上下模合拢，内部形成模膛构成锻件形状。模膛按其功用不同可分为制坯模膛、预锻模膛和终锻模膛。下面以弯曲连杆为例加以说明，如图6所示。

（1）制坯模膛。对于形状复杂的锻件，为使金属合理分配，很好地充满模膛，可先经制坯模膛使坯料逐步接近零件的几何形状。制坯模膛包括拔长模膛、滚压模膛、弯曲模膛、切断模膛。

（2）预锻模膛。预锻模膛可使金属坯料进一步变形，接近锻件的几何形状和尺寸，减少终锻变形量，使坯料容易充满终锻模膛，同时减少终锻模膛的磨损。

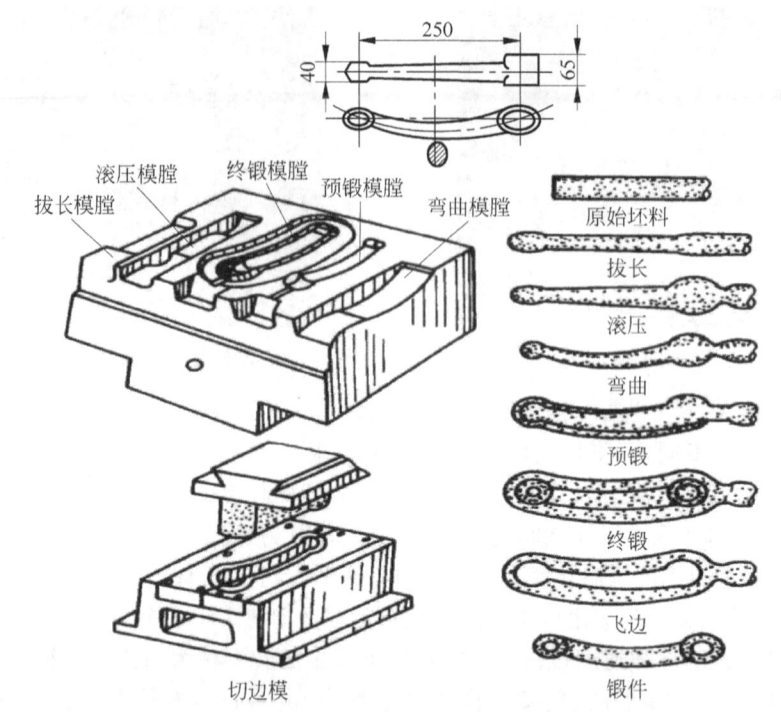

图 6 弯曲连杆模锻模膛及其锻造过程

(3) 终锻模膛。终锻模膛用来完成锻件的最终成形,因此其形状和尺寸应按锻件设计。根据模锻件的复杂程度可将模锻设计成单腔锻模和多腔锻模。

金工第19次课讲授锻模结构[7],下面以弯曲连杆为例进行分析,如图6所示。

大型锻件要经历制坯模膛、预锻模膛和终锻模膛,不能一次成形,否则会损坏模具,缩短其寿命,造成经济损失,且锻件本身又容易产生缺陷,这个过程就是要遵循循序渐进的原则。社会发展和人做事也是这个道理,都要遵循循序渐进的原则,否则相互作用的双方会受损或遭到破坏或引起社会动荡。例如,中国特色社会主义道路就是一条逐渐变革开放的道路(①开放路径:从深圳一个点,到珠海、汕头等几个点,再到沿海和内陆,执行的是渐进路线;②从社会主义计划经济到社会主义计划商品经济,再到社会主义市场经济也是走的过渡路线。),这是一条使中国走向稳定强大的道路。通过模锻模膛,引申一个过渡理论,然后对学生进行"四个自信"教育,使学生坚定地跟党走,坚持走中国特色社会主义道路。反面案例:苏联解体给俄罗斯带来了无穷无尽的灾难和社会经济的倒退。

循序渐进原则也可以用一个事物及特性过渡理论数学模型来表述:

$$\sum F_z = M \Delta V / \Delta t^{[4]}$$

其中,F_z是综合力量;M是一定规模的事物;N是状态变化量;t是单位时间。

事物及其特性包括人的心理本身都有一个强度极限,当受力超过事物的强度极限时,就会发生变形和损伤(或破坏)。

事物所承受的合外力$\sum F_z$与其发展速度的变化量ΔV和事物规模的大小M成正比,与事物变化所需时间Δt成反比。为了不使事物因超过其内部承受强度而受到损害,必须综合考虑事物规模的大小、单位时间的状态变化量或增加状态变化量的时间,以减少事物的承受力量,这样才能使事物平稳过渡,否则就会使事物内部遭受变形和损伤(或破坏)。这就是事物及特性过渡理论,简称为循序渐进原则。事物状态包括所有物体、社会心理及社会的各个方面,如事物的发展方向、速度、目标、财富、意识、知识、安全、健康、受力状态、温度等。事物及特性过渡理论的应用非常广泛,具体到金工内容为:淬火后回火处理、铸件延迟开型时间、金属型铸造和低压铸造开始铸造前的模具预热、铸件结构圆角的设计、锻模模膛的圆角设计、大型锻件锻模模膛的设计、板料冲压的多次拉伸、焊前焊件的预热等。将人文思想有机地融入专业课教学中,可以培养出既具备专业素质,又有文化内涵的复合型人才,提高大学生分析问题和解决问题的能力,达到全方位育人的效果。

5 融入专业思政拟解决的关键问题

专业课融入思政元素解决的关键问题是教师要具有马克思哲学理论、思想政治教育理论水平和对专业知识的把控和理解能力,把专业知识中某一具体现象问题上升到理论去解释带有普遍意义的其他问题。因此,作为教师,要想在授业的同时达到传道的最高境界,就必须具有哲学素养。研究的难点是在专业知识的授业过程中,如何结合各章节的知识特点挖掘出专业知识蕴藏的思政元素和人文内涵,把专业知识和思政元素恰到好处地进行有机融合,渗透人文思想,努力实现自然与人文、知识与技能、过程与方法的统一,使专业课堂既能科学地传承专业知识,又能达到文理相互渗透,这样既能理解专业知识,又能提高学生运用知识分析和解决实际问题的能力,促进学生身心全面发展和人文素养的提高。也只有这样,才能实现把思想政治工作贯穿教育教学全过程,达到全程育人和传道授业的目的。

6 结语

"金属工艺学"课程是河北省乃至全国工科院校开设的必修课,也是工科院校材料、机械、经管、理工等各专业的一门重要的全校通识理工科必修课程,河北科技大学每年授课学生2500人左右,"金工实习"也是"金属工艺学"理论课的实践课程,是全校工科学生的必修课程,每年授课学生约5000人。金工专业思政课的建设在全省乃至全国高校教学中具有非常高的推广价值,其意义重大。

参考文献

[1] 曾参.子思·大学·中庸[M].邵士梅,注译.西安:三秦出版社,2008.
[2] 老聃.老子[M].梁海明,译注.沈阳:辽宁民族出版社,1996.
[3] 习近平总书记在全国高校思想政治工作会议上强调:把思想政治工作贯穿教育教学全过程,开创我国高等教育事业发展新局面[N].人民日报,2016-12-09(1).
[4] 李志勇,刘建勋.人生成功发展学[M].石家庄:河北科学技术出版社,2020.
[5] 张双杰,李志永.金属工艺学[M].北京:兵器工业出版社,2010.
[6] 张忠诚,张双杰,李志永.工程材料及成形工艺基础[M].北京:航天工业出版社,2019.
[7] 张双杰,李志永.金属工艺学[M].北京:兵器工业出版社,2010.

现代工程训练中课程思政深度融合的建设探讨

宋佳秋,刘利刚,侯培国,贾婉君

(燕山大学工程训练中心,秦皇岛,066004)

摘要:工程训练中心是高校重要的基础实践基地,覆盖工科绝大部分专业,推行思政教学模式,可以发挥隐形思政引导和教育的作用。工程训练的精神内涵和工匠精神紧密相连,有丰富的思政资源可供挖掘,将思想政治教育融入专业技能的教学培养过程中,可以有效发挥工程训练课程的价值引领作用。

关键词:工程训练;课程思政;教学改革

1 引言

习近平总书记在全国高校思想政治工作会议上强调,要用好课堂教学这个主渠道,各类课程与思想政治理论课同向同行,形成协同效应。旨在使德育与智育相统一,推动实现全员全过程全方位育人[1]。在工程训练的实践探索中,选择一些基础性、核心性教学环节为"契合点",深入研究思想政治教育与工程训练的深度融合方案,建立两者之间有效的、紧密无间的协同关系,形成一套崭新的、完善的工程训练课程教学体系,同时培养一支政治过硬、素质过硬、工程训练教学能力突出的教师队伍,为新工科背景下培养德、智、体、美、劳全面发展的高素质人才提供有力的支撑。

2 我校工程训练中心开展课程思政的背景

2019年11月,在我校的机构改革调整中,将原工程训练中心、电子实验中心、计算机基础实验教学中心3个教学单元整合成新的工程训练中心,面向全校40多个本科专业开展工程实践教育,年接纳本科生12000余人,年教学工作量约42万学时、46万人时,量大面广,是规模最大的校级实践教学中心。该中心的教学面积共13500m^2,教学仪器设备3400多台/套,共有专业教师68人,其中党员教师34名,具有硕士及以上学历的教师33名,目前师资队伍中具有高级专业技术职称的占31%,具有中级专业技术职称的占37%,形成了以教师、工程师、实验师、技师为骨干的高素质师资队伍,能适应新形势下现代工程技术训练对师资队伍的要求,是一支专兼结合、富有特色的人才队伍。

经过3个基础中心的资源整合,新的工程训练中心建立起了多平台、模块化、综合交叉的工程训练教学新体系。该体系具有机、电、信3个平台,5大模块(普通加工实训、先进制造技术实训、信息化技术实训、电工电子技术实训、创新创业),涵盖21个实训项目,贯穿本科教学培养的全过程。以3个平台多年的潜心发展为基础,新的工程训练中心已经具备了国内先进的工程训练实践教学条件、优良的学习氛围、现代化的工程环境。中心拥有大量的常规机械加工仪器设备和先进的制造技术手段。例如,加工中心和数控机床、MPS柔性制造系统、3D打印实验系统、铸造系统加热炉、材料成形系列加工设备、特种训练系列设备、

---

① 基金项目:河北省高等教育教学改革与研究项目(2020GJJG069)。

电工电子实验台等,拥有1000余台计算机及网络设备的计算机中心,建立了丰富的网络教学资源和网络管理系统。

工程训练中心重视大学生创新实践活动的开展,开设了系统的创新实践教育系列课程,制定了较完善的政策和制度,建立了燕山大学工程训练创新协会,组织学生参加大学生工程训练综合能力竞赛、电子设计大赛、机械创新设计大赛等,并提供竞赛指导,为大学生开展课外科技创新实践活动提供了良好的学习锻炼环境,取得了一系列的竞赛成果。

"工程训练实践"面向学校本科各专业学生,给他们以工程实践的教育、工业制造的了解、工业文化的体验,是学生受众人数最多、专业覆盖面最广、课时最长的实践教学环节,是影响学生的重要公共基础课程。随着"大思政"思想融入教学,根据"工程训练实践"课程的特点,将工程训练课程与思政课融合,用习近平新时代中国特色社会主义思想铸魂育人,贯彻党的教育方针,落实立德树人根本任务。

3 工程训练课程与课程思政的融合建设

3.1 提升教师素养,牢固树立课程思政教学理念

要提升教师课程思政的素养和能力。首先,加强教师自身的思想理论学习,"师者,所以传道授业解惑也",传道者自己要明道信道,通过课题调研、支部学习等形式加大教师对专业思想政治内涵的了解和掌握,打破教学壁垒,与思政课教师进行常态化的交流研讨等,逐步提升专业教师的思政素质;其次,提升专业教师对课程思政的认识,明确自身的德育责任,充分意识到所授项目课程的协同育人价值,牢固树立育人观念,自觉建立育人意识;再次,注重教师育人能力的锻炼和提升,在充分理解课程思政内涵的基础上,改革教学内容、灵活掌握和运用教学方法;最后,教师主体在教学过程中树立的德行示范作用也不容忽视,课程思政的精髓与师德师风紧密相连,教师需要"以德立身、以德立学、以德施教"[2]。

1)抓住政治理论学习不放松,促进政治理论与实际工作相结合

有步骤、有计划、系统地组织工程训练中心的党员、非党员专业教师学习和掌握党的重要理论和政策,尤其是党的十九大精神和习近平新时代中国特色社会主义思想,结合实际工作开展交流研讨,提升理论的运用能力。党员领导干部带头学习、吃透理论内涵和精髓,主动分析和研究工作中存在的问题和不足,并及时予以改正。

2)严格做好组织建设,确保认真执行党的各项制度

严格遵照党组织对党员发展的相关规定规则和指示,严把入口关,坚持发展党员的程序要求;在新引进的青年教师中积极吸收发展党员;通过调研、通报等多种方式加强对各支部工作的监督和指导,保证"三会一课"制度的认真执行;做好党支部书记换届工作,选优配强教师党支部书记,使"双带头人"教师党支部书记全面覆盖。

3)持续深入开展师德建设,塑造教师高尚的职业道德

进一步加强师德师风教育。进一步开展多种形式的学习教育活动,进一步挖掘工程训练指导教师中涌现出的师德先进个人;同时,将师德师风教育融入日常工作,形成自觉树立高尚师德的良好氛围。创新师德建设工作方式方法。充分利用各种媒体宣传师德形象,弘扬师德正气;组织教师为师德建设建言献策活动等,以促使教师人人参与,人人接受培训、

接受教育。通过搭建平台,不断挖掘潜力,整合师德建设的各种教育资源,不断完善教师的人格,真正守住师德的底线,强化师德形象。

3.2 挖掘课程思政教学资源,创新课程思政教学方法

工程训练课程思政模式改革探索的核心要点是要同思政课程把握好政治方向的一致性,树立大局意识,同思政课程同向同行,共同推动大学生对国家的认可、政治的认同。工程训练课程立足实践,在现有实训项目课程教案的基础上,挖掘国家政策、发展战略等思政要素,结合大国工匠、改革先锋、感动中国等相关人物的优秀事迹,注入实践课程"执着专注、团队合作、精益求精、敬业守信、工程自信"等精神内涵,将思政素养、人文素养和职业素养渗透到具体的教学实践活动中。

实训指导专业课教师需要营造课程思政的环境与氛围,激发学生的兴趣,可以通过启发式、探究式、讨论式等课堂方式有效地开展课程思政教学,引导学生思考和探究,以保证课程思政的教学效果。在学生中开展"向身边的榜样学习""我最喜欢的英模人物分享会"等活动,让同学们主动分享个人感受,逐步引导他们主动思政、自觉思政,要求教师个人积极主动摸索,在实践教学中不断积累经验,也借助思政教育专家等外部智慧,实现教学相长。

1) 丰富课程内容,挖掘课程思政教学资源

工程训练的课程内涵与工匠精神紧密相连,专业教师可以以此为切入点,根据课程特点和不同的教学环节,挖掘更加广泛的课程思政资源,在思政教学规律和课程教学内容的要求下,认真思考二者的结合点。加深学生对思政内容的理解体会,让学生认识到思政内容、思政知识、思政精神的实际意义和价值[3]。表 1 列举了工程训练钳工教案中部分内容与思政的融合点。

表 1　钳工课程中融入思政要素

项目课程	课题	思政目标	思政融入点
钳工	钳工概述	思考数控时代钳工存在的意义	介绍大国工匠方文墨的"文墨精度",感受"精益求精"的精神
	锉削训练	理解"从认识到实践"的过程和重要性	引入钳工张德勇、李会东的事迹,强调实践操作过程要实事求是
	画线与锯削	细节处精益求精,执着专注	通过反面事例,讲现实加工中由于错误操作而引发的安全事故
	钻孔、攻螺纹	实际操作,感受工件加工对精度的把握和要求	强调国家政策指导,必须用"工匠精神",精益求精地推动提质增效、焕发生机

2) 优化教学过程,创新课程思政教学方法

创新教学方法,拓宽教学渠道,及时跟进新媒体技术发展,使课堂活起来。充分利用"互联网+课程思政"的思维,使教学手段和方法更符合青年学生的认知特点。通过网络教学平台,播放大国重器、国家时政热点等视频资料,借助弹幕功能增加趣味性,提高互动性,还可以利用平台增加微博性质的讨论区功能等,制造"课堂内容"的热点话题,提高课程吸引力和学生的参与度,让教学过程的设计更加适应新时代背景[4]。

3）组织课程思政竞赛

在工程训练中心内部广泛宣传动员，为课程思政改革的开展营造良好的氛围。通过沟通展示，引导教师切实履行思想政治教育责任，进一步提高实训指导教师课程思政的教学技能水平。从中评选出优秀课程、优秀课程思政教师，树立典型，发挥示范引领作用。

4）以工程训练校内创新协会为载体，提供竞赛立项指导

组织学生参加两年一次的全国（省）大学生工程训练综合能力竞赛。科技竞赛对大学生工程素质和创新能力的培养具有巨大的推动作用，在竞赛中可以提升他们的理论学习的热情，锻炼其意志品质，真正达到"以赛促学、以赛育人"的效果。

3.3 强调"教""学"效果，构建课程思政评价体系

课程思政教学评价体系是对于课程思政运作的相关情况的有效检测，主要包括对课程思政的目标、内容、主体、过程、效果等方面的评定[5]。将课程思政涉及的要素进行整合，需要衡量教学目标是否达到标准，这里包括工程训练专业课程的教学目标和课程思政课堂教学目标。评价的主体是教师和学生，教师是推动课程思政建设的主要实施者，因此要研究针对教师的评价；学生是知识的主要接受者，教学效果如何依赖学生，即接受方的学，因此评价中对学生的考核尤为重要。

课程思政处于起步发展阶段，可提供的经验相对较少，应在实践中不断摸索，研究多角度的评价指标，如目标制定、课堂实施、领导小组监督考察、学生反馈等应列在考核量中。评价是为了更好地提高教学效果，查漏补缺完善评价体系，不断进行反馈，不断检查验收效果，总结和积累一般性的规律。

可以采取以下措施：

（1）拟定课程思政评价标准，建立课程思政评价领导小组，通过学生反馈、专业教师自评、领导小组和思政理论专业教师评价等方式发现问题，改进教学效果。

（2）以教师和学生为评价主体，利用现有课程的打分机制，关注课程思政融入后学生的体验，对比前后教学效果的差异。

（3）制定激励机制，比如在年终考核、职称评定等项目上设定加分项，激励工程训练专业教师广泛参与。

（4）吸引同校、同行教师走进课堂，通过听课、评课等方式，指导课程思政建设不断完善。

4 结语

从工匠精神切入进行课程思政的教学改革试验，以工程训练中心的钳工、3D打印、车工实训，以及大学生工程能力竞赛等环节为试点，从建设课程目标、增减课程内容、修改课程计划，到最后的课程评估，建立完整的课程思政教学体系。师生共同学习和践行思政改革的目标要求，达到"立德树人"润物无声的教学效果。在工程训练中心内部形成良好的带头示范效果，为其他实训课程提供参考，激励更多项目工种的教师主动结合学科要求，自主挖掘课程思政资源，尝试课程思政教学的新模式，从无到有、以点带面在工程训练中心进行推广，逐步形成大思政的工作氛围。

参考文献

[1] 刘向兵.新时代高校劳动教育的新内涵与新要求:基于习近平关于劳动的重要论述的探析[J].中国高教研究,2018(11):17-21.
[2] 邱仁富."课程思政"与"思政课程"同向同行的理论阐释[J].思想教育研究,2018(4):109-113.
[3] 严剑刚,吴镝,吴飞科,等.工程训练课程教学探讨[J].上海第二工业大学学报,2018,35(1):76-81.
[4] 任博文,董人熹,王玮.工匠精神视域下的工程训练中心课程思政教学探索:以南京航空航天大学钳工和车工课程为例[J].教学现代化,2019(61):125-128,136.
[5] 陈仕国,胡立华,陈向文,等.金工实习课程思政元素发掘研究[J].机械管理开发,2019,34(11):262-264.

电工电子实习的在线开放课程建设

巴特尔

(内蒙古工业大学工程训练教学部,呼和浩特,010051)

摘要：教师作为知识的传授者、学生作为知识的接受者的教学模式长期以来保持不变甚至是各分职能。随着时代的发展,这种模式显现出来的弊端逐渐增多。面对种种问题,我国的教育先锋紧跟时代的步伐,引入了国外先进的教学模式——在线开放课程。

关键词：在线开放课程；资源；应用

1 引言

电工电子实习是培养学生实践操作能力和实践创新能力的教学课程,所以应当以学生为中心展开教学工作,在适当的引导下,以扎实的理论基础知识为土壤,发挥学生的自由思维和主观能动性,培养学生的工程能力和工程素养,使之成为高素质的实践型人才。

虽然工程实践课与理论课教学存在一定的差别,其以做为主、以讲为辅,但教师作为知识的传授者、学生作为知识的接受者的教学模式长期以来保持不变甚至是各分职能。随着时代的发展,这种模式显现出来的弊端逐渐增多,比如传统的课堂讲授知识传递方式单一,学生的现场操作只是在教师的指导下完成,创新能力更显不足。面对种种问题,我国的教育先锋紧跟时代的步伐,引入了国外先进的教学模式——在线开放课程。

在线开放课程是建设在线开放课程教学资源库,教师与学生之间通过网络教学平台进行线上学习、提问、交流、讨论并完成相关项目。传统课堂作为线下的教学,针对学生线上学习的问题、重点和难点进行讲解、实习操作。学生的线上学习成果和线下学习成果最后计入课程考核。

这样的混合模式充分发挥了教学过程中教师的主导作用和学生的主体地位,是目前高校教学设置中一种实用有效、前景广阔的教学模式。

我校电工电子实习中心的在线开放课程从课程建设团队、课程建设内容、课程考核设置到最后的实施已运行一年多。在线开放课程和传统课堂教学应当是有机结合、相辅相成、逐渐融合的,然而实际运行时难免会出现问题,下面主要对教师与学生的应用情况及平台本身的问题进行分析。

2 教师对在线开放课程的应用

当前我校大多数学院的课堂教学仍旧以传统教学模式授课,在线课程教学模式还只是少数课程,但其发展迅速,然而学校的相应机制还不够完善,导致教师的培训机会太少,对课程建设的积极性不高。大部分学院对线上课程建设投入不足,师资力量也有限。此外,多媒体应用技术发展越来越快,对教师运用的要求也越来越高,很多教师对应用技术的掌

---

①基金项目：内蒙古工业大学高等教育教学重点改革项目(编号：2015110)。

握还不够,不能有效地完成线上操作;在教学方法和理念上,缺少探究精神,对在线开放课程还不够重视,投入的精力也较少。

所以,学校需要在未来一段时间内对现有的教学管理制度进行改革,深化在线课程与传统课堂的有机结合,促使教学管理者和实施者能够有效地进行相关学习、工作,促进在线开放课程有效运行[1]。

3　学生对在线开放课程的应用

在线课程教学模式相较于传统课堂教学模式最大的改变就是学生减少了在课堂上的理论学习时间,有更多的时间主动完成线上的学习。而实际情况是,有些学生没有主动认真地进行线上学习,这时候教师对学生的监管作用就失效了,虽然我们可以通过线上问答、讨论了解学生的学习情况,但不够真实。学生进入大学之前大多都是接受学习,在进入大学之后,其学习模式、能力不一定能有效地监管自己来适应主动学习、终身学习的变化。如果过分盲目地强调学生主动进行在线学习,可能会起到反面作用。

所以,培养学生主动学习的能力首先是转变思路,线上测试和线下测试相结合,且线上内容不是单纯的录屏而是生动的、有吸引力的内容再现,线下能够让学生觉得线上的学习有所收获,让其有一定的成就感,这样才能真正实现主动学习和终身学习。

4　在线开放课程的平台

目前,在线开放课程的资源主要通过课程设计、编写和录制来完成,学生学习在线视频中的内容。若教师的表现或课程内容不够生动、形象,就不能很好地吸引学生。其中很重要的一个原因就是教师没有那么多精力、能力来完成对课程内容更生动形象的设计,这个时候与我们合作的在线开放课程平台就可以提供相关的技术支持和建议,本着互惠互利的精神加强合作,不断完善在线开放课程资源,以满足学校师生的在线教学和学习需要,进而促进在线开放课程资源的开发利用[2]。

5　结语

总的来说,在线开放课程教学模式是顺应时代发展的,是科技进步的产物,也是未来教学手段发展的必然方向,但我们也不能忽视了传统教学的优势,应当将两者有机结合、取长补短。同时,虽然在线开放教学模式在运行初期,学校、教师或学生会出现不适应的问题,但随着新的教学模式的不断推广应用,新知识、新技术的不断涌现,很快会得到大家的认可,并熟练应用,为培养优秀的工程实践人才,实现高校信息化提供助力。

参考文献

[1]　张大良.着力推动高校加快现代信息技术与教育教学深度融合:在基础课程教学改革研讨会上的讲话摘要[J].中国大学教学,2016(7):6-11.
[2]　石乐义,李阳.网络安全在线开放实验实践探索[J].实验室研究与探索,2018,37(9):215-219.

应用型高校创新创业教育融入专业教育的探索与实践

张恒慧,左义海

(太原工业学院工程训练中心,太原,030008)

摘要:新时期,高等教育使命正由专门人才培养向创新型人才培养转变,同时应用型高校也是地方高校转型发展的重要方向。在综合背景下,国家发展和社会需求对应用型高等院校人才培养提出了新的要求,加强创新创业教育与专业教育融合发展是新时期应用型高校建设的重要内容。本文通过深入分析现阶段本科院校专业教育与创业教育融合的现状及意义,结合高校发展探索实践,提出了相应的融合路径,为社会培养创新型人才提供借鉴参考。

关键词:应用型高校;创新创业教育;专业教育;融合

1 引言

创新创业教育起源于20世纪40年代的美国,并于20世纪80年代在美国等西方国家及联合国教科文组织的推动下,逐步成为教育改革趋势[1]。目前,国外高校通过建立完善的创新创业服务体系,加强创新创业服务总体建设,确立了具有纲领性的计划文件,成立了创新创业活动中心或孵化器等,为创新创业提供专门的场所和资源聚集,并为创新创业参与者提供创新创业的各类信息资源服务,另外还通过竞赛、会议等灵活多样地为创新创业资源服务。

相较于国外的创新创业教育,我国的创新创业教育起步较晚,始于2003年中共中央提出的人才强国战略。为响应这一战略,国内学者开始对创新创业教育开展应用研究。2010年5月,教育部发布的《关于大力推进高等学校创新创业教育和大学生自主创业工作的意见》指出,创新创业关于教育方面的宗旨需要贯穿于学生人才培养的全部过程。2015年5月,国务院办公厅发布的《关于深化高等学校创新创业教育改革的实施意见》指出,国家需要在创新创业方面有所创新,实现经济由量向质方面的升级与跨越,必须将着眼点放在高校对于创新创业的重视力度与改革程度,这种举措关系到高等教育当前乃至目前的改革进程,也是毕业生走出校园、走向社会能否实现高质量创业的"护身符"。教育部原部长陈宝生在2017年全国教育工作大会上明确指出:"将创新创业教育融入人才培养全过程,切实增强学生的创新精神、创业意识和创新创业能力。"[2]2020年9月11日,习近平总书记在科学家座谈会上指出,当今世界正经历百年未有之大变局,我国经济社会的发展和民生改善比过去任何时候都更加需要科学技术解决方案,都更加需要增强创新这个第一动力。由此可见,是否将创新创业放在重要位置及是否着重培养创新创业人才已经上升到国家战略层面,而且高校创新创业教育逐渐成为技术创新、社会发展及创新型人才培养的重要组成部分和有效途径,与专业教育密不可分[3]。

探索新时期创新创业教育和专业教育融合的路径与机制,向社会输送具备专业知识技能及创新精神的人才,培养学生的创新精神、创新意识及创新和创业能力,将创新创业教育融入专业人才培育的全过程,实现二者融合,是适应我国社会经济发展需要的高校教学改革的必然选择,也是高等教育值得研究的重要课题。

2 高校创新创业教育与专业教育的融合发展现状

经过几十年的发展建设,我国高校的创新创业教育从早期竞赛化向突出人才培养的教育功能转变,从最初的零散不成体系向制度化和体系化转变,从只针对少数精英学生面向针对全校学生的分层级、分类别转变,从单一课堂教学向多种模式转变,从注重知识传授向素质教育转变。但是,目前仍存在一些问题[4]。

2.1 教育理念融合不足

部分高等院校的大学生创新创业教育教学方案由学工部门统一负责,教材编写理论性较强,教学内容以思想灌输代替实际创业经验分享,教育形式枯燥单一,多以理论知识讲解和专家讲座的形式开展大学生创新创业教育,缺乏统筹规划和具体安排。由于创新创业教育与本科生专业教育的理念融合不足,部分高校的大学生创新创业项目存在研究领域较为片面、研究内容陈旧等现象,研究类型多为商业买卖活动,与学生的专业知识和专业技能相分离,导致学生对创新创业的认识仍停留在表层,无法实现其创新精神和创业能力的大幅提升[5]。

2.2 师资建设融合不足

大学生创新创业教育的教学内容不仅要注重创新创业理论知识的讲授,还要加强创新思维和创业能力的培养,所以建立具有创新思维和专业能力的师资队伍至关重要。目前承担大学生创新创业教育的师资队伍主要由从事学生工作或就业指导工作的人员组成,这类教师虽然教学经验丰富、教学功底扎实,但缺乏创业实战能力和经验。大部分专业课教师不仅拥有深厚的专业素养和过硬的专业技能,还具备一定的企业管理经验及创新创业经历,并且拥有与企业接触的机会和实践资源。由此可见,将创新创业教育与专业教育的师资队伍建设相融合,才能更好地激发大学生创新创业的潜能[6]。

2.3 创新模式融合不足

高校创新创业教育的主要任务是培养大学生的创新精神和创业实践能力,其能力的培养内容包括专业知识和专业技能及学生参与创业实践、解决实际创业问题的能力。然而,大部分高等院校实践创新与思维创新融合不足,使思维创新与实践创新相分离,创业课程的开设主要围绕理论知识的传授,导致学生的专业实习和创业课程相脱离,无法将掌握的专业理论知识真正运用到实践应用中[7]。

3 应用型高校创新创业教育与专业教育融合路径

3.1 创新应用型高校人才培养模式

新时期深化大学生创新创业教育革新发展已成为应用型高校加快本科教育改革的现实需要。应用型高等院校肩负着推动地方产业经济发展的重任,其人才培养目标应打破传统的学科本位和知识本位的育人观念,构建"专业+创新创业"高素质、复合型人才。在大力推动大学生创新创业教育的过程中,要坚持以专业教育为依托,以各类创新创业项目和活动为载体,在专业理论教学活动中融入创新创业知识,进一步提升学生的创新创业实践能力[8]。应用型高校不仅要重视学生专业理论知识的讲授,还要注重培养学生的专业实践能力,努力引导学生将专业知识、专业技能和创新意识相融合,从而增强学生的创新创业动机和创新创业精神。

3.2 理论课程嵌入创新创业教育,构建"专业+创业"教育的课程体系

首先,高校可以从创新意识、创业知识和创业能力3个视角建立分阶段、多层次的课程体系。对于大一学生,学习兴趣浓厚,应侧重于创新创业知识的普及和创新创业意识的培养。教师在教学中可从专业视角帮助学生了解学科发展的动态、前沿和趋势,最终通过通识课程实现对全体学生的创新创业教育。中期主要是大二、大三的学生,他们已经掌握了大部分专业知识,应侧重于提升创新创业技能,重点为有明确创业意向的学生提前讲授创业流程和在模拟项目的策划实施中运用到的技巧。后期主要针对大四学生,他们进入了实习实训阶段,应把重点放在对学生创新创业实践能力的培养方面。通过为大学生搭建创业孵化园、创新试验园等创新创业平台,以接近模拟实战的形式,实现对个别学生的拓展性教育[9]。

目前,我国高校开设的通识性创新创业课程很多,但具有行业特征和专业特色的代表性的创新创业教育专门课程群的建设尚在摸索中。首先,高校应借助自身的专业特色和学科优势,不断探索完善,积极创设具有校本特色的创新创业教育课程体系。其次,突破学科领域,对跨专业课程进行多元化搭配。同时,整理现有的专业课程,发掘潜存于专业课程中的创新创业元素,通过创新教学方法、优化教学设计,实现专业课程与创新创业教育的融合。再次,加快创新创业教育优质资源的信息化建设,运用互联网技术构建数字化、智慧型学习情景,建立一批优质的在线开放课程,如慕课、微课、网络精品课等,增强教与学的实时互动与协作。同时推行师生学分积累、认证与转换制度,推进线上线下混合式教学模式的有效实践[10]。

3.3 组建"专创融合"师资团队

要完成"专创融合"的教育任务,就必须先有一支具备专业教育和创新创业教育能力的师资力量,这是专创融合教育的智力保障。为师者必先取其识,传统教学过程中的专业教师往往不具备创新创业教育的能力,让他们利用专业课程教学课堂开展创新创业教育活动的难度较大;但是目前创新创业教育的师资主体大多是非专业教师出身的专职辅导员和学生工作者,形而上学和普适性的双创理念及双创知识教育可以教授,但是结合专业特点的创新内涵和创业项目却又无法给予专业和对口的指导。因此,打造的师资队伍中需要包括具备创新创业教育能力的专业教师、深度孵化项目的专职双创教师及校外企事业单位的导师。

在培训校内教师方面,目前大多数院校的创新创业课程主要依靠校内师资完成,以专业教师对双创教育的认知,包括理念和态度上是否认可、知识准备和经验储备是否充足,将直接影响双创教育的具体实施及成效。因此,可创造一些提升本专业教师队伍创新创业教

育能力的机会和激励条件,比如为教师提供培训机会,使其系统掌握双创教育知识框架,同时也为有成果转化意向和需求的教师提供知识储备。有条件的高校可以通过政策鼓励教师到企业进行顶岗锻炼,使其获取行业一线资讯、企业一线资源;将双创教育纳入职称评定和绩效考核范围内,鼓励教师入股学生创业的项目,并对创新创业教师在课时津贴、职称晋升、进修培训等方面给予优待,学校从多维度驱动专业教师积极参与双创教育,深度融入双创教育过程[11]。

在引进校外导师方面,聘请有丰富创新创业实践经验的人士作为双创导师来弥补现有教师实践经验缺乏的问题,其中包括企事业单位知名专家、企业高管、中小企业创始人、风险投资人及校友等。他们进课堂,为学生开设专题讲座,或者为学生提供到企业参观、调研、实习的机会。校外导师在双创教育上有独特的优势,他们能较好地激发学生的创新创业意愿,增强学生对创新创业的体验,是对校内师资的有效补充[12]。

3.4 融会贯通"学生竞赛—双创项目—众创空间"等双创实践平台

实践平台融合模式主要通过搭建校内实践平台和校外实习平台来展开。校内实践平台有多种形式,包括举办"互联网+"大学生创新创业大赛、各类大学生学科竞赛、"挑战杯"竞赛,开展大学生创新创业训练项目,建立众创空间、创业工作室,成立大学生创新创业社团,让学生在实践中激发自身的创新创业意识[13]。比如我校工程训练中心成立了多个创新工作室,对接全国大学生工程训练综合能力竞赛、机器人大赛等赛事,以赛促教、以赛促学、以赛促创,在大赛的训练和培养中脱颖而出的学生也逐步探索在校期间或毕业后对相关领域的创新创业工作,让职业生涯的创业或者就业建立在专业水平的高起点上。此外,学生在校期间通过参与包括机械、电子、控制、化工等多学科门类的综合能力实训课程,加强专业应用学习,并成立了多个具有创新创业教育功能的学生社团,还可以进一步在众创空间得到孵化,将实训课程项目中发明或者发现的好创意、好产品、好服务孵化成中小微企业。

校外实习平台主要分为两种:一种是以企业实训场地为依托,学校与企业共建顶岗实习基地,学生可在基地进行半年到一年的专业实习实训;另一种是学校和企业成立创新创业研究中心,共同进行技术研发、成果转化及微小企业孵化[14]。

同时在"互联网+"时代,应用型高校开展创新创业教育实践活动不仅可以利用现实的物质环境,还可以依托"互联网+"创新创业教育的实践活动平台,运用高校网络创新创业的实践阵地,将线上专业学习和线下创新实践相结合,为学生搭建互联互通的创业实践活动。

4 结语

在地方高校的发展转型中,把创新创业教育纳入应用型高校人才培养方案,贯穿人才培养全过程,是推动创新创业教育取得实质性效果的有效途径。因此,应用型高校应切实推进创新创业教育与专业教育的融合发展,强化专业教育与创业教育联动机制,变革创新人才培养模式,充分发挥高等院校对创新创业人才的教育引导作用,为新时代培养高素质、专业化的复合型、应用型人才,实现我国高等教育事业高水平、高层次发展。

参考文献

[1] 何阿飞.美国高校创新创业教育研究与借鉴[J].科技经济市场,2020(6):148-150.

[2] 中华人民共和国教育部.教育部关于应对新冠疫情做好2020届全国普通高等学校毕业生就业创业工作的通知[EB/OL].(2020-03-05)[2022-02-25].http://www.moe.gov.cn/srcsite/A15/s3265/202003/t20200306-428/94.html.

[3] 陈希.在推进高等学校创新创业教育和促进大学生自主创业工作视频会议上的讲话[J].中国大学生就业,2010(6):13-17.

[4] 刘洋,王娇楠.创新创业教育背景下高校专业教育与通识教育融合路径探究[J].创新创业理论研究与实践,2021,4(5):52-55.

[5] 王兰敬.高校创新创业教育融入专业教育的模式研究[J].高教学刊,2021(1):49-52.

[6] 何桂玲,张敏真,等.地方高校创新创业教育与专业教育融合路径研究[J].科教导刊,2020(34):13-14.

[7] 赵丽.高校创新创业教育融入专业教育的思考和分析[J].科技视界,2020(27):156-158.

[8] 朱啟进,寇鹏斌.应用化工技术专业创新创业教学模式研究[J].化工管理,2020(24):24-25.

[9] 田黎莉.双创教育融入专业教育认知偏差及改革路径:基于现代学徒制视角[J].西南师范大学学报(自然科学版),2020,45(7):186-192.

[10] 黄宏军,张楠楠,左晓姣,等.新时期下高校创新创业教育与专业教育的融合路径研究[J].教育教学论坛,2020(28):3-6.

[11] 童红兵,任文杰,秦丽娟,等.创新创业教育融入电子商务专业教育实证研究[J].办公自动化,2020,25(5):41-43.

[12] 陈少飞,张万鹏.新一代人工智能学科的课程体系建设思考[J].科教导刊,2019(33):26-27.

[13] 孟建军.高校体育课堂创新创业教育研究:基于美国斯坦福大学经验借鉴视域[J].文体用品与科技,2018(24):152-153.

[14] 雷杰.创新创业教育融入生物技术专业教育研究[J].决策探索,2018(8):57.

深化培养高校学生工程能力和创新能力的探索

韩嘉宇

(太原理工大学工程训练中心,太原,030024)

摘要:在国家创新创业教育背景下,目前很多高校工程训练中心开展了很多创新创业课程,工程实践内容的设置是提高创新意识和培养创业能力的关键环节。工程实训课程应与创新创业课程相结合,通过综合性改革和建设,循序渐进地提高学生的创新意识,拓展创新思维,培养创新能力。

关键词:创新创业教育;工程实训;创新意识;创新思维;创新能力

1 引言

工程训练中心是高校中针对理工科类学生进行工程基础实训教学的重要平台,其课程是培养学生创新意识、创新思维、创新实践能力的重要途径,这些都是创新创业人才必备的基本素质。相对于传统的工科人才,未来新兴产业和新经济需要的是工程实践能力强、创新能力强、具备国际竞争力的高素质复合型"新工科"人才。在"创新驱动"发展战略新形势下,工程训练中心的实训课程体系建设应该积极迎合高校创新创业教育改革的态势,通过综合性的改革来拓展和强化各实训环节的内容和功能,加强各环节之间的有机衔接,深化创新创业教育,循序渐进地提高大学生的创新意识、拓展其创新思维、培养其创新能力。创新能力不仅仅表现为对知识的获取、加工、吸收和运用的能力,而是一种善于把握机会的敏锐性,能够积极改变自己、适应并改变环境的能力。通过大学的学习和培养,大学生的创新实践能力是可以得到锻炼和提高的。培养学生的创新实践能力对于高校开展创新创业教育,为社会输送更多、更好的创新型人才具有重要意义。

2 工程实训教学的现状

目前高校工程训练中心的教学现状如下:

(1)技能训练时间较短,实操能力不强。在当前各高校高度重视理论教学的情况下,必修理论课和大量选修课程的开设,极大地压缩了工程实训课程的学时。加之工程训练实训项目较多,但人机分配比例相对不合理,使得学生的单机操作时间较短,设备的实操能力不强。

(2)缺乏创新意识与创新思维训练。实训环节基础实训操作所占比例较大,而综合性、创新性训练项目比重相对较少,学生缺少独立思考,无法将所学知识进行融会贯通,不能有效地锻炼学生综合解决实际问题的能力,也不利于培养学生的创新思维和创新能力[1-2]。

(3)引导不够、衔接不紧密、效率不高。由于受传统教育形式的影响,高校低年级学生基本无创新意识,因此高校有必要给予学生一定的兴趣与创新学习规划引导,避免其盲目性和无方向性。另外,指导教师与学生的衔接、不同层次训练内容与形式的衔接、理论课堂和实践课堂的衔接,均有待加强。

3 工程训练中心创新创业教育建设

创新来源于实践,实践是创新的先导,是创新之根。高校工程训练中心担负着高校工程实践教育的任务,是创新型工程人才培养的重要渠道和载体。太原理工大学始终秉承"求实、创新"的校训,坚持"以人为本、文体为舟、承载德智、全面发展"的办学传统,彰显"敢为人先、敢于竞争、勇于创新"的精神气质,突出"以学生为中心"的办学理念,学校以工程训练中心为实践平台,进行了一系列的实践教育教学改革和研究。

对于担负高校工程实训教育任务的工程训练中心,学校应通过综合性改革与建设来拓展和强化各环节的内容与功能,加强各环节的有效衔接。主要从以下6个方面进行建设:

(1) 项目驱动,激发创新意识、训练创新思维、培养创新能力。在工程训练伊始即分小组开展项目驱动训练内容,见表1。要求在课下每个成员经思考后提出一项具有一定功能的结构或产品立意(指导教师可按专业不同,对立意项目的类型与难易程度提出要求),并在小组内相互讨论拓展后在实操轮休时间段找对应的指导教师继续讨论、拓展,最终选定小组立项项目。其他后续项目驱动模块基本为此种训练流程,另外在相应的时间节点注重阶段性验收考核,强化训练要求。项目驱动训练能较好地激发学生的自主创新意识,训练其创新思维、培养其创新能力。

表1 项目驱动训练内容及模式

改革后		项目驱动模块一		项目驱动模块二		项目驱动模块三		项目驱动模块四		
		第一周	周末	第二周	周末	第三周	周末	第四周	周末	
项目驱动训练内容	课内	工程技能实训	撰写工程管理报告	工程技能实训	撰写结构设计报告	工程技能实训	撰写工艺设计报告	工程技能实训		验收答辩
	课外	调研选题	评审立项		结构设计图纸审核		工艺审核	加工装配调试	撰写成本分析报告,准备答辩材料	
模式		每个团队可选4~6人,团队合作完成项目目标和4份报告,验收答辩								

(2) 以项目为主线,系统性训练工程实施能力。从项目的调研选题、立项、设计、工艺制定、加工、制作到调试,从工程管理报告、结构设计报告、工艺设计报告到成本分析报告紧密衔接,训练内容丰富,较系统性地让学生经历了项目的具体实施过程,达到了对学生基本的工程实施能力和创新能力训练的目的。

(3) 学生为主、教师为辅,紧密衔接、提高效率。学生在工程实训过程中,应以学生为主导,学生可自由组队,在项目立意合理的情况下自由选择,而指导教师只进行引导,这样不仅可以提高学生的自主性和积极性,也可增强学生的团队合作性意识和自主学习能力。另外,学生和指导教师应经常沟通交流,团队各成员之间也应经常讨论,并进行分工配合,使实训内容环环相扣,各相关因素衔接紧密,进而提高了实训效率。

(4) "一个目标、四份报告",强化考核方式。"一个目标"是指学生所选项目要经过设计、加工、制作与调试4个环节,并最终获得实物,产品功能上要达到或基本上达到设计目标;"四份报告"是指工程管理报告、结构设计报告、工艺设计报告和成本分析报告,4份报告要求合理并全部完成。"一个目标、四份报告"的验收形式强化了考核方式,提高了考核要求。

(5) 大力推进学科竞赛及创新实践活动[3-7]。学生课外创新实践活动和各类学科竞赛是实践教学工作的进一步拓展，是培育创新人才成长的肥沃土壤。学校工程训练中心中应增加更多的创新创业项目，为学生从事创新实践及学科竞赛活动提供良好的外部平台。针对各项创新比赛，应大力鼓励学生积极参与，以提高学生的创新意识，培养学生的创新能力。

(6) 学校应加强校企合作关系。在实施工程实训教育改革过程中，要在互利共赢的基础上，纵深发展校企合作关系，寻求校企合作之间的共识。学校在人才培养过程中应以更加开放和积极主动的姿态与企业沟通，可采用项目建设论证会、实习对接洽谈会等形式，在培养目标、课程体系建设和理论教学改革等方面，积极与企业工程技术骨干进行交流沟通，进而赢得企业的帮助和支持，同时使企业在校企合作过程中的困难或者损失降到最低，实现利益最大化。高校学生应该积极主动地参与企业员工的培训、企业新产品和新技术的研发，这样可以增强企业的核心竞争力[8]。

4　深化创新创业教育改革的优势

通过深化创新创业教育，工程训练中心采用丰富的教学内容、以项目为主导的教学体系、系统化的训练方法及校企合作等方式极大地激发了学生的学习积极性与主观能动性，提高了学生的创新意识，增强了学生的创新能力。其主要优势有以下几点：

(1) 学生的创新意识明显增强，创新思维得以锻炼，解决问题的能力获得提高。通过以项目为驱动，以学生为主导的方式，指导教师只进行引导，学生的创新意识明显增强，创新思维也可得到锻炼。以项目为主线，系统性地训练，不仅可以使学生掌握工程实训的基本过程，加之通过模块化工程训练内容，强化实操能力，使学生运用所学理论和技能分析问题、解决实际问题的能力得到明显提高。

(2) 学生经历了系统化的工程基础创新能力训练，为后续创新活动的开展奠定了坚实的基础。通过系统化的工程基础创新能力训练，可以提高低年级学生对创新创业的兴趣，增强其信心。

(3) 学科竞赛不仅对学校的教学过程及内容具有检验、反馈的作用，还可以促进指导教师提高教学水平，使教师认识到在教学中培养学生综合思考和解决问题的能力的重要性。大赛对学生创新能力与素质的培养不言而喻，也有利于学生的团队协作精神和拼搏精神等非智力素质的提高。

(4) 通过校企合作的方式，将学校的行业特色和企业的职业特点紧密结合，将企业的敬业精神、创新精神、竞争意识融入人才培养之中，逐渐形成学校育人的品牌效应。首先，可使学生初步了解本专业在企业中的应用及其主要运用的场合；其次，是参与企业的培训可锻炼学生的创新思维能力，在遇到问题时能够快速有效地解决问题；最后，通过校企合作，学生也可以提前了解毕业后所从事的行业，为自己制定更好的职业发展规划。

5　结语

工程训练中心作为高校创新创业人才培养的重要部门，应与时俱进，与企业更加紧密地结合，打造出更加符合当代大学生的实训教学体系。在培养学生创新能力的同时，应增加学生的实际动手操作能力,培养更能适应当今社会和企业的人才。教育的方式和方法不是一成不变的,高校的教育应当顺应时代的潮流,积极推进教学实训改革。只有高校学生的教育不落伍,企业才能永葆青春,长久发展。

工程教育改革是牵一发而动全身的重大工程,需要加大投入来保障其改革成效。首先是投入精力,全校上下要达成共识,加强管理,保证改革工作落实到每个细节。其次是投入物力,加大学校内外实训教学基地的建设力度,提高实训教学的层次和水平,加大实训教学的经费投入,向实训教学和大学生科技竞赛方向倾斜,为工程教育改革和培养应用型人才提供强有力的保障。随着创新驱动发展战略对高等教育人才培养提出的更高要求,创新创业教育改革在各高校已深入开展,以培养大学生创新意识、创新思维与创新能力为目标,针对工程训练课程进行综合性改革,拓展其内容、强化其功能,建立分层次、系统化的课程体系具有重要的意义。

参考文献

[1] 石永军,刘峰,崔学政,等.机械类专业大学生创新与实践能力培养体系研究[J].实验技术与管理,2016,33(11):18-22.

[2] 陈立万,陈强,李洪兵,等.强实践促能力造就社会需要的应用型人才[J].实验室研究与探索,2016,35(3):173-176.

[3] TSELEPIS T J, LAVELLE C A. Design thinking in entrepreneurship education: understanding framing and placements of problems[J]. Acta Commercii,2020,20(1):1-8.

[4] 顾涵,钱斌,张惠国,等.基于学科竞赛的应用型本科院校创新能力培养模式探索与实践[J].实验室研究与探索,2019,38(8):213-215,281.

[5] COHEN D, HSU D K, SHINNAR R S. Identifying innovative opportunities in the entrepreneurship classroom: a new approach and empirical test[J]. Small Business Economics,2020,57(4):1-25.

[6] 张晔,张克辉,史进.基于学科竞赛的"电子信息类"专业创新能力培养模式探索[J].中国建设教育,2019(6):83-85.

[7] 李剑,马晓明.以赛促教:青年教师工程能力培养模式的探索[J].广州化工,2020,48(18):169-170,187.

[8] FAYOLLE A, LAMINE W, MIAN S,et al. Effective models of science, technology and engineering entrepreneurship education: current and future research[J]. The Journal of Technology Transfer,2020(46):277-287.

电子工艺实训教学改革初探

李琴琴

(太原理工大学工程训练中心,太原,030024)

摘要:"电子工艺实训"课程是电类相关专业工程实践能力训练的重要组成部分,是培养工科大学生工程素养和创新能力的主要途径之一。随着教育科技的不断更新发展和各类新型电子产品的广泛应用,"电子工艺实训"课程亟须改进。本文在分析电子工艺实训现状的基础上,提出将单片机编程应用到电子工艺实训中,为拓展实践教学内容,改进实践教学方法,创新实践培养模式提出了相应的对策。

关键词:单片机编程;教学改革;创新思维;实践能力

1 引言

近年来,我国电子工艺技术不断向着信息化、智能化的方向发展,促使相关企业不断升级转型,对人才的需求逐步转向具有综合实践能力的创新型人才。因此,提高本科生的工程实践能力,培养其创新思维势在必行。"电子工艺实训"是电类相关专业的一门重要的工程实践课程。该课程从基础电路焊接、设计到软件编程、智能控制,逐步探究简易机器人的运作机理,提出改善机器人运作性能的软、硬件指标,使学生了解机械装配、电路设计和软件编程之间的联系,分析内在因素和外在条件对简易机器人控制的综合影响,为日后从事相关科学研究或工程技术工作打下坚实的实践基础。本文在分析现有课程教学不足的基础上,提出了拓展电子工艺实训内容、改进实训方法、创新实训培养模式的具体措施[1]。

2 电子工艺实训的现状

目前开设的"电子工艺实训"课程,包含安全用电、基本技能实训、专业技能实训等部分,主要使用本校自编的《电子工艺实训》教材,尽管教材经过多次修订、改版,增加了基本电路设计、专业电路分析与测试等部分,使教材内容更加完善,但研究对象仍然以电工电子原理为主。近十几年来,随着智能控制方法和技术的发展,智能控制迅速渗透各专业领域,在熟悉或陌生的环境里智能机器人自主完成人类规定的目标已顺利进入生产过程自动化。"电工电子实训"作为工程能力实践的重要课程,仅仅局限于传统电工电子工艺的实践显然是不够的。因此,为适应智能控制的发展,在教学过程中有针对性地增加智能控制的相关知识是当务之急[2]。

再者,实训内容的调整与优化是工程能力训练改革的重点。基础技能的训练是专业技能的基础,电子工艺工程实践水平的不断提升离不开基础技能的积累,如电子元器件的识别与测试、常用电工工具的使用能力等均是学生必须掌握的基本技能。教师应当从这部分教学内容入手,使学生熟练掌握这些基础技能,为后续的专业技能训练和综合技能训练打下良好的基础。专业技能是衔接基础技能和综合技能的中间过程,也是电子工艺工程能力实践的核心部分,主要包括常用电路原理设计、手工焊接、电子产品的安装与调试。这部分内容需要由浅入深逐步展开详细教学。综合技能是在基础技能和专业技能的基础上为适应企业岗位需求变化而新增的实训内容,也是电子工艺实训教学的最高要求,如简易机器人装配、单片机编程基础、简易机器人自主避障和寻迹等。这部分内容可确保学生所掌握的技能满足社会实际需求。综上,优化教学内容是本课程教学改革的一项重要内容[3]。

除此以外,随着科学技术的进步,信息化教学已是大势所趋。显然,信息化教学能够有效地推动电子工艺实训教学的改革创新[4]。然而实际参加工程能力实践的学生不仅专业跨度大,实践基础和工程背景也非常薄弱;同一专业的学生因年级差异动手实践能力也有差距,传统的教学方式使基础薄弱的学生感到难度大,实习时间紧,而有点基础的学生也会感到实训内容简单枯燥、缺乏挑战,甚至产生工程实践只是基础技能训练的错误思想,严重影响了实训效果[5]。将信息技术与电子工艺实训内容相结合可以呈现出更丰富的教学资源,进一步满足不同学生的不同需求,从而有效增强课堂吸引力,激发学生的学习兴趣,达到优化教学效果的目标。故而,改变传统的教学方法是电子工艺实训教学改革的又一重要任务。

3 重构实训内容

随着智能电子工艺技术的信息化和智能化发展,新型智能产品如雨后春笋,这类产品集成了电子技术、电气技术与电工技术的特征,往往有三者的特性,如简易机器人。因此,在传统电子工艺工程实训的基础上,增加智能电工电子的相关知识尤为重要。目前,本课程的授课教师大部分有机器人竞赛指导经验,对智能电子工艺领域的知识非常熟悉,因而可以把自己的竞赛指导工作适时地引入实训课程中来,这样不仅能拓展教学内容,开阔学生的视野,还能增加学生对电子工艺的学习兴趣,培养其对工程实践未知领域的探索能力,最终对培养学生的创新思维能力起到事半功倍的效果。

此外,在智能电子工艺技术背景下,参加电子工艺实训的学生因专业不同,知识结构存在一定的差异。结合不同专业的学生,有针对性地引入不同的学科竞赛知识,通过有意激发学生的工程实践意识,更好地提升学生的工程实践积极性。例如,可将全国大学生工程训练综合能力竞赛的相关内容通过案例的方式引入实训课堂,针对机械类专业的学生,可将无碳小车项目的比赛内容引入进来;针对电子电气类专业的学生,可将智能物流机器人项目的相关内容引入课堂;而对于计算机类参加电子工艺实习的学生,可以适当地增加机器人竞赛项目中软件编程部分的内容。

4 采取多元化教学手段

4.1 优化传统实训方法

传统的实践技能训练主要依赖实践装置和设备,往往是教师先对理论知识和技能操作原理进行讲解,然后再让学生进行模仿和练习,这样能够有效锻炼学生的动手能力,但是也剥夺了学生在错误中锻炼自己的机会。如果教师在讲解完成后,通过不断提出问题的方式引导学生主动参与教学过程,即开展探讨式教学,这样不仅可以使课堂氛围更加活跃,学生的学习积极性更高,同时也可以培养学生的创新能力。另外,注重可视化设备与装置的选择与制备,要求学生使用独立的电子元器件自行设计与搭建电路,让学生将具体的实物与脑海中抽象的电气符号联系起来。由于实训时间限制不能现场搭建的电路,可以采用教师自主研发的电路板来满足定制教学需求。

4.2 开展在线实训教学

为使学生不受时空限制地进行实践性学习,电子工艺实训教学科的教师正在积极探索将在线教学应用在实践教学中的新模式,自主研发了以简易机器人为核心的在线实训课程,能够实现实践问题实时反馈、在线自动考核等功能,使学生可以不受时间、地点和设备的限制随时随地进行实训学习,从而突破了传统工程实践课程在时间、空间和形式上的限制,将实训场所从学校扩展至任何可以访问网络的地点。在线实训课程注重过程考核,突出探究式学习,可以完整地实现从理论理解、机械装配、软件使用、程序编制、课堂测验到报告提交的实训全流程,是课堂实训的有益补充[6]。

5 创新培养模式

5.1 科技竞赛结合创新实训

以工程创新能力培养为导向的"电子工艺实训"教学不同于传统的实训教学方式,创新教学的重点是将知识"填充"转变为知识探求,学生在实践过程中创造性地结合自身的知识体系和个人经验,通过探究构建稳定的、属于自己的个性化认知系统,在这样的培养模式下,一些有限学时的实训课程和验证性工程实践课是远远不够的,因此,与基础实训课相辅相成的科技竞赛教育对创新能力的培养是十分重要的[7]。

科技竞赛结合多所高校的创新教育环节实施,以达到科技竞赛能力和工程创新实践能力培养相辅相成的作用。例如,全国大学生工程训练综合能力竞赛是电子工艺实训教学创新环节的重要组成部分,从大学二年级开始,历时两年,由 2 名指导教师和 6 名经层层选拔留下来的学生组成,第一学期由教师指导学生进行各种工程实践基础技能训练,其余 3 个学期用于完成比赛项目,最终要求通过理论考核和实际操作完成比赛项目。电子工艺实训教学科的教师每年均担任全国大学生工程训练综合能力竞赛的指导教师,结合电子工艺实训教学和科技竞赛指导工作,引导学生实训联系竞赛,交叉工程实践与理论专业知识,激发了学生对科技竞赛和项目研究的热情,从工程训练中心申请科技竞赛的学生逐年递增。

5.2 校企协同育人,拓宽学生视野

在当前"就业难""难就业"的大背景下,加强实训部门和企业的沟通与交流,为我校人才培养提供了新的方式。电子工艺要求学生在拥有扎实理论知识的基础上,具备实际的动手操作能力,但目前由于电子工艺实训设备和传统教学方式的局限性,导致学生的实际动手能力缺乏。为了给学生将来就业打下良好的实践基础,电子工艺实训教学科正在努力探索校企合作的培养模式,以企业人才需求为导向,进行专项教学设计,培养与企业需求相适应的专业人才,以提高学生在就业市场上的竞争力。在这种创新性培养模式下,学生可以高效率地将自己所学到的理论知识应用到工作实践中,从而快速适应复杂的工作环境,积累工作经验,在短时间内为企业创造更高的利润。同时,电子工艺实训教学科将企业先进

的设备引入电子工艺实训环节,不仅控制了办学成本,也给学生提供了良好的实践平台,促使学生成为理论和实践全面发展的高素质技能型人才,协同合作培养模式实现了企业和学生双方的互利共赢[8]。

6 改革创新与成效

增强学生解决各种问题的能力,提高学生的工程实践创新能力是"电子工艺实训"课程改革的最终目的。经过多年的改革实践,电子工艺教学内容单调独立,教学手段单一,学生学习兴趣不高的问题得到了很好的改善,教学质量也得到了进一步的提升。

在传统教学内容的基础上重构了教学内容,从基础技能、专业技能和综合技能3个层次展开实训教学,满足了不同层次、不同知识背景的学生对工程实训的需要。

通过引入大量机器人竞赛实例,使实训内容紧密联系工程应用和生活实际,更好地锻炼了学生的工程实践意识和思维,提高了学生的创新实践能力。

优化传统教学方法,并采取线上线下相结合的方式,汲取不同教学手段的优势,强化学生的工程实践能力。

创新电子工艺实训教学培养模式,通过科技竞赛结合工程实训、与企业协同育人等方式,拓宽学生的视野,培养学生的创新能力。

除此之外,电子工艺实训还紧密联系创新创业基地,选拔有创新潜力的学生后期进入创新创业基地积极参与机器人竞赛项目,并取得了优异的成绩。

7 结语

在电子工艺实训教学改革中,我们将电子工艺实训教学紧密联系理论教学、重构教学内容、革新教学方法与教学手段贯穿于整个实训过程,并将不断探索新的教育理念、新的教育手段、新的实训培养模式,以适应新工科大学生工程实践能力培养的需要。

参考文献

[1] 田立辉,赵勇,王晓丽,等.以培养学生创新思维和实践能力为目标的"材料力学性能"课程教学改革[J].教育现代化,2018,5(50):63-64.
[2] 郑宝柱.电工电子实训教学改革与实践[J].现代经济信息,2019(14):436.
[3] 王留芳,董德礼,周拓宇,等.多模式、多层次电子电工实践教学改革的探索与实践[J].实验室研究与探索,2011,30(3):94-96.
[4] 陈步强.智能电子电工技术的实际应用研究[J].广东教育(职教),2019(4):116-117.
[5] 陈灵敏,陈安,蒋立力,等.工程能力视角下电工电子实训教学的探索[J].中国现代教育装备,2019(17):96-98,101.
[6] 张雪芹,宋继荣,陆勇骏,等.面向工程素养的电工电子实验课程改革和实践[J].实验室研究与探索,2019,38(5):216-220.
[7] 佟丽娜,秦传磊.面向创新能力培养的"电工电子学"实践教学探究[J].实验技术与管理,2019,36(9):16-18.
[8] 刘宇梅.基于校企合作模式电子电工工艺专业有效教学策略探析[J].现代经济信息,2019(31):436.

数控加工虚拟仿真实验教学方法的改革与实践

任杰宇，李卫国

（太原理工大学工程训练中心，太原，030024）

摘要：基于全球制造业格局发生深刻变革以及《中国制造2025》等战略的制定，本文提出了在非专注于职业教育的本科层次院校培养能将工件模型设计技能与数控加工、数控编程技术融合的复合型人才的教学改革方法与实践。依据教育部《教育信息化"十三五"规划》的总体部署，旨在探索一套通过虚拟仿真平台能将工业生产中从设计到加工各个环节涵盖在内的教学模式，并探讨虚拟仿真平台的发展趋势，为一直存在于理论学习与实践操作之间的鸿沟搭上一座桥。

关键词：数控加工；虚拟仿真；教学模式

1 引言

传统的本科数控加工课程授课以教师向学生教授数控机床加工原理、机床实操技能、学生实操的方式为主，随着被加工零件精度要求和复杂程度的不断提高，数控加工程序也变得复杂，传统教学中为验证加工程序的准确性只能采用廉价的材料试切方法[1]。此外，学生对于机床加工过程也缺乏直观全面的理解。以职业教育为主的大中专院校对于人才的培养集中在实践操作能力的提升上[2]，在此基础上，对于相关专业的本科生培养应将机械设计等理论与数控加工有机结合，避免从设计到加工出现"断层"现象。随着计算机技术的发展，结合计算机辅助设计（CAD）与计算机辅助制造（CAM）手段，通过计算机图形及实时模拟仿真展示实际加工过程必将成为未来培养新兴人才的重要途径。

2 虚拟仿真平台的具体体现

2.1 数控机床本体结构仿真

数控机床实体的封闭性较强，凭肉眼能观察到的结构不多，如果能够清晰地了解机床内部结构，掌握机床的工作原理，对实际操作会非常有利。我们很难做到将机床拆开来了解内部构造，但是借助 CAD 软件就可以完整地展示机床的整体结构，尤其是被封闭的区域。

计算机技术的迅猛发展使得 CAD 技术已成为制造业的核心内容[3]，目前常见的功能较强的 CAD 软件有 UG、CATIA、Pro/E、SolidWorks 等[4]，得益于软件强大的三维建模、零部件装配、运动学仿真等功能，可通过对软件中的机床装配体进行虚拟拆装，开展机床机构的认知学习。图1与图2分别为 SolidWorks 软件中展示的数控机床整体装配示意图与数控机床变速箱内部结构爆炸图。

2.2 数控加工虚拟仿真

经过多年的发展，数字化制造技术已经进入虚拟制造阶段，并形成了完备的应用体系[5]。目前，发达国家在新产品研制中全面应用了以敏捷制造、精益制造、虚拟制造、复合

图 1　数控机床整体装配示意图

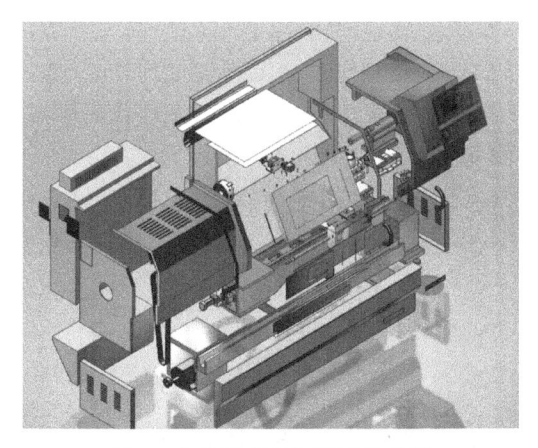

图 2　数控机床变速箱内部结构爆炸图

高效加工、自适应控制为代表的先进制造技术,并大大缩短了产品的制造周期[6]。通过数控加工程序表达的虚拟仿真作为虚拟制造的重要内容应该成为教学的重点。

在目前的数控加工编程教学中,程序的有效性通过实际加工来验证,借助仿真加工 CAM 软件可以模拟机床加工过程[7],并且可以实时查看零件的加工效果,在节省时间与材料的同时对可能出现的干涉、碰撞等危险情况做出预判并加以改进,从而为五轴数控机床的高效、安全应用提供了可靠保障。目前常用的软件有 VERICUT、NCSIMUL、斯沃数控仿真等[8]。图 3 为斯沃数控仿真软件的操作界面。

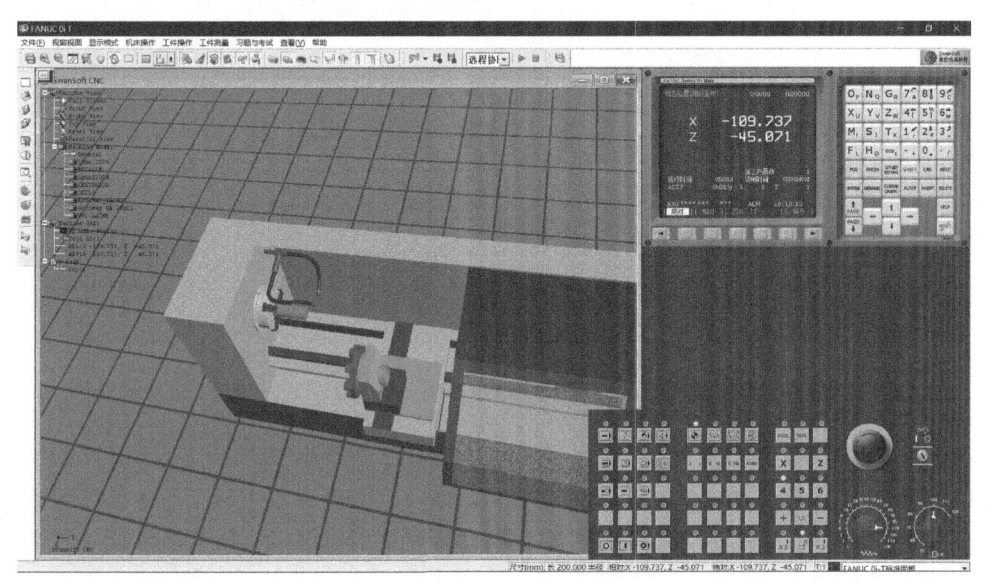

图 3　斯沃数控仿真软件的操作界面

在软件中可以手动输入单段加工程序,机床按照输入程序直观地显示出运动轨迹及所加工零件的状态[9],分段逐步理解程序指令的含义,图形化的加工过程便于学生加深记忆。

2.3　CAD/CAM 一体化平台

CAD 作为设计工具并不能直接体现效益,任何创意构想必须通过 CAM 加工出实物才能落地生根，但这并不代表二者独立互不相干，恰恰相反，随着许多 CAD/CAM 软件克服了产品数据交换标准不统一的问题，二者的发展已从单一、独立的产品发展成为综合、紧密的集成化系统[10]，借助这样的集成平台，可以引导学生完成产品概念设计、NC 代码生成、仿真验证、实际加工，实现从概念到产品的落地，锻炼学生理论结合实际的能力。

实现 CAD/CAM 的一体化从技术上来讲现在已经不是问题，高级的 CAD 软件直接内置了 CAM 功能，如 SolidWorks CAM。此外，还有许多专业的 CAM 软件为 CAD 软件开发了插件，用户只需在 CAD 内完成模型构建便可在软件内直接调用 CAM 插件。图 4 所示为在 SolidWorks 中挂载以五轴加工能力见长的 HyperMILL 插件。

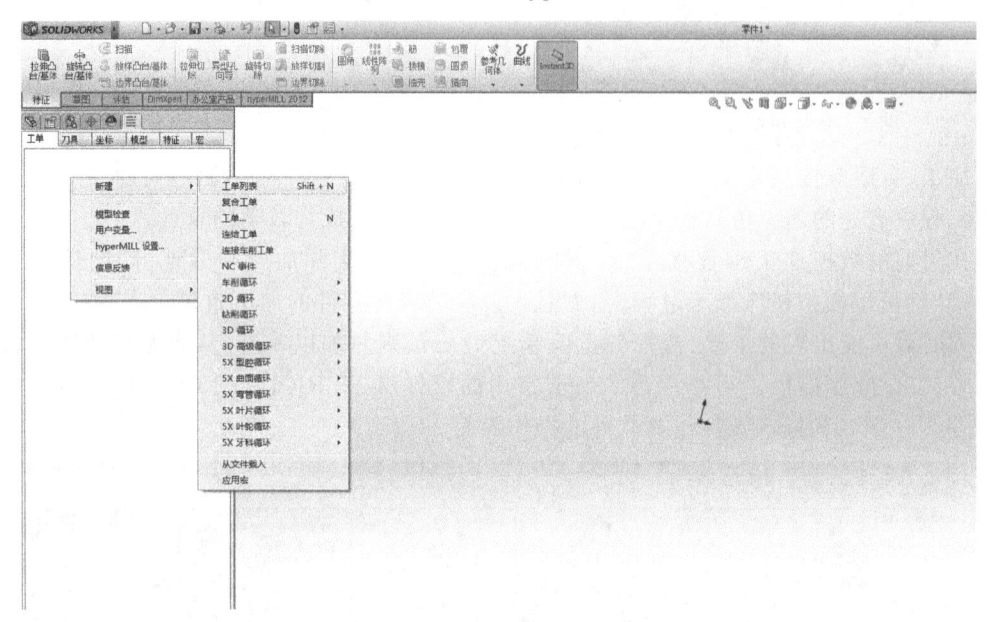

图 4 在 SolidWorks 中挂载 HyperMILL 插件

3 基于虚拟仿真教学方式的变革

3.1 强调自主学习能力的提升，培养创新能力

在传统的数控加工课程中，教师及学生的目标是学生能够掌握实操技能，完成特定工件的加工即可。虚拟仿真教学方式强调 CAD/CAM 结合，启发学生考虑影响绘图效率和加工质量的整体思路、绘制方案、绘制流程及绘图命令优劣性比较等，引导学生独立思考绘图及加工过程中的命令提示信息和出错信息，避免其产生依赖思想。此外，强调学生自主绘制模型，提高其创新意识与能力。

3.2 注重结合生产实际的需求，开展项目式教学

以教师为主导，学生为主体，选取贴近生产实际、契合社会需求的项目，改变传统的教师"一言堂"，践行"翻转课堂"教学理念。

传统的教学理念是以教师为中心，学生处于被动接受知识的状态，只在给定的框架内

完成任务,因此缺乏主动探索精神是常见现象。在项目式教学模式中,教师作为配角首先将项目的相关注意事项与涉及的知识点集中讲授,项目以小组为单位进行,学生通过网络等各种资源开展自主学习,给予学生更多的自由空间完成工件设计、编程、加工、检测。此外,鼓励学生考取技能证书、参加技能竞赛,在取得学历的同时也能获得相应的职业资格证书,以增强学生的就业及升学竞争力。

3.3 制定合理的课程考核方式,提高学习积极性

采用虚拟仿真平台的教学方式串联起三维建模、仿真分析、数控编程、上机操作加工等环节,看似加大了学生的任务量,实则是给予学生理论联系实际的机会,极大地促进了学生自主探索的欲望,因此,对学生参与的各个环节进行打分评价,不仅仅对最终工件的加工质量,更是对这一过程中,学生选择项目与生产实际的关联性、模型建立过程中体现的创新性、CAD/CAM 软件结合的紧密性、所加工工件与预定目标的差异性等各项指标分别赋分,特别是对在整个项目完成过程中体现出创新性及为解决实际问题通过自主学习采取授课范围以外措施的学生应当鼓励并且提高课程分数。

4 虚拟仿真平台建设展望

虚拟仿真实验教学作为教育信息化发展与实验教学相结合的创新目标和产物[10],必将成为未来高校信息化建设的重要组成部分,也是未来工程实践实训教学的发展趋势。

围绕培养机械工程专业复合型人才的目标,借助发达的网络基础和虚拟现实技术,构建集成开放式网络化 CAD/CAM/CNC 软件系统、网络化远程虚拟实验系统、仿真制造实验系统,同时依托工程训练中心丰富的设备,建设与实体实验教学优势互补、互依共存的虚拟实验教学体系,以此形成一个虚实结合的开放性实验教学环境,开发大量具有创新性和个性化的开放性实验项目,以强化学生的动手能力和工程实践能力,全面提升学生在机械工程技术方面的综合素质。

5 结语

在国家信息化发展战略的指导下,信息技术在实验教学中的应用正在逐步深入,有力地促进了教育模式、教学方法和学习方式的深刻变革,虚拟仿真实验教学的建设顺应了教育信息化的发展趋势和现实需要。与此同时,现代制造业的发展与进步为我们展示了当今社会所需要的技术人才,虚拟仿真实验课程提供的沉浸式、交互式学习平台与工程实训无缝连接为培养具有创新意识、创新能力的复合型人才提供了可能。

参考文献

[1] 刘旭波,熊智文,李学文,等."数控技术及应用"课程虚拟实验设计与实践[J].实验技术与管理,2018,35(8):121-124.
[2] 朱敏.浅谈数控仿真软件在技校数控专业教学中的应用[J].科技展望,2015,25(28):208.

[3] 庄亚非.计算机辅助工业设计发展状况与趋势[J].山东工业技术,2018(14):41,49.
[4] 岳海云.试论 CAD/CAM 一体化技术[J].甘肃科技纵横,2010,39(5):19-20.
[5] 栗鹏飞.机械 CAD/CAM 技术工业中的应用与发展[J].时代农机,2018,45(2):49-50.
[6] 林小夏.产品设计、仿真与数控加工异构信息集成技术及应用研究[D].杭州:浙江大学,2011.
[7] 武建伟,苑晓晨,樊建勋.CAD/CAM 技术在机械设计与制造中的应用[J].湖北农机化,2019(11):39.
[8] 杜薇.CAD/CAM 在模具设计与数控加工中的关键技术分析[J].中国设备工程,2018(17):83-84.
[9] 魏旭东.机械 CAD/CAM 的发展趋势探究[J].装备制造技术,2011(5):95-97.
[10] 祖强.国家级虚拟仿真实验教学中心评审指标体系解读[J].中国现代教育装备,2014(21):27-29.

面向《中国制造2025》的先进制造实训建设

阴 杰

(太原理工大学工程训练中心,太原,030024)

摘要：2015年5月,时任国务院总理李克强签批了《中国制造2025》,它是中国实施制造强国战略第一个十年行动纲领,为我国工业发展及人才培养提出了新的要求与方向。本科院校也相继建设了适应于制造业智能化发展的实训。太原理工大学工程训练中心的先进制造实训包含理论学习、数控加工实训、柔性制造单元实训、特种加工实训、增材制造实训、逆向工程实训等模块。

关键词：先进制造；实训基地建设；工程训练；工程综合运用能力

1 引言

在我国制造业的背景下,我们的制造行业中需要更多的产品创新设计师和生产系统管理员。除了高端学术科研型人才外,还需要大量的复合型技能人才,这些人才不仅要精通专业知识,还需要具备较高的相关技能。各个国家结合自身提出了不同的制造业发展战略,例如美国的"工业互联网"、德国的"工业4.0"、英国的"英国制造2050战略"和我国的《中国制造2025》等,均想在即将到来的第四次工业革命中占据主导地位。我国目前启动了《中国制造2025》和"互联网＋"两项重要计划,使工业机器人、激光加工、3D打印等各种先进制造技术相结合来实现智能制造。实施《中国制造2025》的关键在于人才的培养,我国需要大量具备较强工程实践能力和创新能力的人才,所以高等院校要加强学生综合素质的培养。工程训练中心是人才培养的重要场所,依托工程训练中心开展相关实训基地的建设对应用型人才的培养可起到重要作用[1-2]。

2 先进制造实训建设思路

2.1 实训基地建设现状

太原理工大学工程训练中心正式成立于2001年,其前身是太原理工大学机电厂。2006年12月成为首批教育部国家级实验教学示范中心,自2007年起依据学校着力培养高素质、复合型、具有创新能力的高级专业技术人才的办学宗旨,从中心建设发展的思路、实践教学的体系和内容等各方面不断深入改革。目前,工程训练中心建立了5个层次的育人体系,分别为工业认知实训教学、基础实训教学、综合实训教学、创新创业实训教学和校企合作协同育人。2017年在第3个层次"综合实训教学"的基础上,又开设了先进制造实训,在此之前该层次已开展电子电工实训和云制造实训。其中,云制造实训包含理论学习、数控加工实训、特种加工实训和数控仿真实训。起初,先进制造实训由柔性制造实训、激光加工实训、理论学习3部分组成,在教学过程中我们不断探索,并且通过与各个学校进行交流学习,逐步加入了增材制造实训、逆向工程实训和工业机器人实训等,目前开展实训的效果良好,借此机会将我们的建设及教学经验分享给大家。2019年,先进制造实训接纳了工程训练实习

3270 人、工业认知实训 810 人、"竞赛机器人制作技术基础"60 人、外国语学院课程设计 150 余人等。中心的 7 位教师利用寒假时间录制了一门在线 MOOC 课程——"大学生综合工程创新实训"。

2.2 选择并购置实训设备

先进制造实训需要配备相关的实训设备[3-4]。对于各种设备的采购应以先进制造实训教学为切入点，从数量、型号、维修等方面考虑设备的实用性，从目前各高校广泛应用的设备考虑设备的通用性，从培养学生的创新能力考虑设备的可开发性，并充分考虑设备的先进性与前瞻性。在学习教室中我们配备了黑板、投影仪及桌椅 60 套，最多可以同时容纳 2 个班级的实训。在柔性制造实训中，我们构建了 1 条用于生产叶轮、发动机转子、实习小锤子的柔性生产线，该生产线由上料系统、下料系统、桁架机械手、1 台数控车床、1 台五轴加工中心、1 台 CCD 激光检测机、1 台三坐标测量仪和 1 台金属激光打标机构成。在激光加工实训中，我们选择了金属激光切割机、非金属激光切割机、激光内雕机、激光焊接机和激光打标机。目前激光加工实训相关设备各有 1 台，学生在练习过程中若出现设备缺乏的问题，可通过分组交替练习暂时解决，有条件的学校可根据自身情况适当增加设备台数供学生操作。在增材制造实训中，我们采购了不同厂家、不同型号的 FDM 工艺设备，但考虑到实训人数多，操作者基本为无经验者，我们挑选了低成本的 16 台桌面级 FDM 工艺的 3D 打印机，每 2 台打印机还配备 1 台计算机，用于模型的获取和切片。在逆向工程实训中，我们购置了 1 台扫描仪，其他设备也在逐步补充。

2.3 实训内容

2.3.1 柔性制造实训

柔性制造实训主要面向自动化、电气工程、机械设计制造及自动化、车辆工程、机械电子工程、工业设计等专业的学生，实训时间为 1 天；参加工程训练其他专业的学生及参加工业认知实训的学生在该模块的实训时间为 0.5 天。学生在对理论知识进行不同程度的学习后，可参观实际加工过程。在加工过程中，我们预先下好了毛坯料并做了简单预处理，将毛坯料放入上料机中。以生产小锤子的锤头为例，启动生产线后，桁架机械手会自动从上料机抓取毛坯料并送入数控车床进行车削，借助翻转机掉头毛坯料后车削另外一端，进行尺寸测量后由机械手将毛坯料送至五轴加工中心对锤子的连接部分进行加工，再经三坐标测量仪精确测量、激光打标机打上所需商标后，将加工好的零件送至下料机，一把锤头就加工好了。

为了提高设备的利用率、增加生产效益，我们在编程时尽可能考虑让多台设备同时处于加工状态，产品的第 1 件和第 2 件、第 2 件和第 3 件甚至第 4 件会呈现同时生产的状态，通常我们以加工 1 个工件为例，在上料机的其他工位不放置毛坯料，这样第 1 个零件在加工的同时，学生们就会看到机械手开回了上料机去抓取第 2 个毛坯料进行加工，但是第 3 个毛坯料为空料，所以机器空转。

演示内容结束后，所有学生须完成该模块的实训报告，参加工业认知实训的学生需要写简单的观后感和自己的认识；参加 0.5 天工程训练的学生需要认识柔性制造单元及其特点、产品工艺和生产加工过程；参加1天工程训练的学生在此基础上还要做2个简单工序的工业机器人编程和部分设备的操作及生产线的操作。

我们的生产线桁架机械手选用施耐德系统 LMC058 运动控制器，编程练习是基于控制面板翻译后的程序，便于学习编程思路。数控车床和加工中心在其他工种中有详细学习。三坐标测量仪主要讲解测量过程及方法，并做单独演示，若时间充足可手把手地帮助学生体验手动测量过程。金属激光打标机在激光加工实训模块有单独训练，下文会提到。生产线的操作部分主要给学生介绍各台设备的开机方法及如何做好准备加工状态，如何操作控制手柄并开启生产加工过程，加工过程中出现各种问题的处理方法和加工过后如何关闭生产线及设备，最后学生分组完成练习，但不实际加工。

应特别注意生产加工过程中的安全问题，生产线开始时学生必须站到警戒线外，教师操作时也应站在警戒线外，生产线内不允许有人，设备单独操作时尤其是学生操作时一定要手把手教学，防止损坏贵重设备。另外，设备需要按照各厂家的要求做定期保养，以延长设备的使用寿命。

2.3.2 激光加工实训

激光加工实训主要面向参加工程训练及部分学科竞赛的学生，实训时间为 0.5 天；参加工业认知实训的学生仅做功能介绍及设备演示。对于光学专业和材料专业的学生，我们在理论知识讲解方面除了介绍各设备的用途、具体应用之外，还要介绍激光产生的原理、激光光路、激光器的分类方式、激光的特点、设备参数和加工工艺等知识。学生根据人数分组到各台设备轮流操作，其中激光打标需要将提前准备好的图片文件导入软件，在图片中加入自己的班级并排版，自行布局后将设备调至指定位置进行打标；激光切割主要练习将切割文件导入后，激光的调焦及试切和参数的设置，每组切割出一件小的工艺品；激光内雕需要将提前准备好的三维模型文件进行处理，将其转化为点云形式并进行整合计算，将作品雕刻到 50mm×80mm×50mm 或 20mm×20mm×12mm 的水晶块中；用激光焊接操作软件及设备对 2 块金属板材进行焊接。学生在操作这些设备过程中指导教师会全程陪同，以确保学生及设备的安全。作品完成后，根据每组学生的操作过程和作品完成度进行打分，并将其计入实训总成绩。

2.3.3 增材制造实训

增材制造实训面向参加工程训练和工业认知的学生，主要介绍增材制造的概念、应用领域和可用材料，以及成形工艺等。在实训教室中根据人数分组进行操作，每组不得超过 3 人，将准备好的三维模型文件导入切片软件进行处理，指导教师检查无误后进入 3D 打印机进行加工。部分专业在不同阶段对于三维建模软件学习的程度不同，对于有能力的班级和个人，我们在计算机中也提供了 SolidWorks 建模软件，学生可以利用课间或课后时间上机建模并处理打印。作品成形后进行后处理作业，并讨论分析自己作品的缺陷，思考产生缺陷的原因。学生操作期间须多名指导教师同时在场，以解决学生的问题和排除设备故障，确保实训的顺利进行。

2.4 未来发展方向

通过设备的开发来培养学生的创新能力,在柔性制造实训中,我们尝试用生产线去加工不同工艺相近的工件,并挑选部分优秀学生共同制作,目前已开发出一套新的加工程序。但是,调试过程较为复杂,每更换一整套工装和卡盘就要花费大量的时间和精力,在教学时需要切换回原状态下的尺寸,目前这个问题正在解决中,同时也要不断地尝试开发新的加工程序。

下一步正计划将虚拟仿真模块引入先进制造实训中,根据岗位需求与企业共同开发智能制造虚拟仿真、数字化设计与编程等实训项目,以培养适应数字化辅助设计、智能制造的技术型人才。可将柔性制造单元、工业机器人等与虚拟仿真相融合,让学生更多地接触实训内容。

3 结语

在《中国制造2025》背景下,高校应主动服务国家战略,加强先进制造实训基地的建设与研究,加快高校先进制造实训基地的建设步伐,为经济发展和社会进步提供强有力的人才支撑。

参考文献

[1] 韦相贵,傅水根,张科研,等.工程训练中心建设与管理问题探讨[J].实验技术与管理,2016,33(2):130-132.

[2] 韦相贵,傅水根,张科研,等.加强工程训练中心3个环境建设的研究与实践[J].实验技术与管理,2018,35(10):193-196.

[3] 张小冰,刘杰.产教结合的生产型实训基地建设与研究[J].教育与职业,2011(6):160-162.

[4] 包慧坚.产教融合的实训基地建设研究:以高职物流管理专业为例[J].广西教育,2014(11):172-174,176.

"工程训练"课程教学改革初探

冯再新,赵正杰,孔为民,肖 强

(中北大学工程训练中心,太原,030051)

摘要:针对我校工程训练实践课程存在的主要问题,结合《中国制造2025》和新工科教育的要求,对加强师资队伍建设、师资培训及以项目为驱动的工程训练实践课程教学改革进行探讨,促进工程训练实践课对创新人才的培养。

关键词:《中国制造2025》;工程训练;实践

1 引言

当前,创新驱动的新兴产业成为后疫情时代全球经济复苏和增长的主要动力,为了适应国家创新驱动发展,《中国制造2025》战略,教育部积极推动新工科建设,探索工程教育的新模式。"工程训练"是高等工科院校基础必修课,是一门重要的实践课程,肩负着传授制造工程知识,培养工程实践能力,提高工程素质,进而培养创新精神与创新能力等培养任务[1-2]。传统的工程训练主要包括普通车、铣、钳、铸、锻、焊、热处理等传统金属加工方法,内容较为单一,习惯上称为金工实习,即金属加工工艺实习,属于传统的制造业加工方法的实践,是工程训练的主要组成部分。

为适应现代工程制造、创新创业对人才的高要求,目前,国内大多数高校都在积极开展工程训练改革,如新建工程训练中心、挖掘工程训练实训项目、增加学生训练的内容、引进各种现代制造设备等[3-4]。我校2019年新建了建筑面积为24244.48 m^2 的工程训练大楼,分为车削、铣削、钳工、铸造、热处理、表面处理、锻压、焊接6个传统实训区,以及1个先进制造实训区、1个创新实训室、1个3D打印实验室、1个过程控制实验室,建有7个多媒体教室、1个智慧教室,建设了10个学生创新工作平台,主要设备461台/套,设备总价值1529余万元,在传统的车工、铣工、钳工、铸工、热处理、表面处理、锻压、焊工等实训工种的基础上,新增加了数控车削、数控铣削、砖塔冲床、激光切割、电加工、工业控制、3D打印等实训项目和内容。教学安排上将传统实训内容由93%减少到64%,现代实训内容由7%增加到36%,实训项目由7个增加到14个,见表1。

表1 工程训练实训时间安排 天

工种	车工	铣工	钳工	铸工	热处理、表面处理、锻压	焊工	数控车削	数控铣削	加工中心	特种加工	工业控制	3D打印	认知
5周	3	2	3	3	2	2	2	1.5	1.5	1	2	1	1
3周	2	1	1	1	1	1	2	1	1	1	2	1	0
2周	2	1	1	1	1	1	0.5	0.5	0.5	0.5	二选一		0

2 新工科背景下工程训练实践课程教学存在的问题

虽然为了适应新工科教育和不断进步的工业化,新建了工程训练中心,购置了现代加工设备,但在工程训练过程中,仍存在诸多问题需要解决,主要体现在以下几个方面。

2.1 师资力量严重不足

随着工程专业认证的需要,我校许多专业增加了工程训练,实训工作量不断增加,年实训人数达到 6570,实训时数达 65 万左右,还增加了 7 个新实训项目,同时,近年来一直承担我校全国大学生工程训练综合能力竞赛等项目的组织与实施工作。任务增加,新设备、新项目增加,师资队伍主要以工人为主,年龄偏大,学历、职称偏低,梯队结构严重不合理。学校虽然以校人事聘任形式引进了 7 名指导教师,但仍然难以开展创新性实践教学改革,远不能满足教学的需要。师资队伍存在的短板问题没有得到根本性解决,从长远发展来看,师资队伍仍然是制约中心发展的关键性因素。

2.2 教学理念与教学内容与新工科教育对教师的要求差距大

我校工程训练中心的教师大多是原来校办工厂的工人师傅,仍在以旧的教学观念应对工程训练课程,认为工程训练实践课程是以学习各种机械加工操作为主,按照加工工件的考核标准来评价学生工程训练的成绩,容易出现知识结构僵化、学生实训热情不足的问题,导致学生实践能力不扎实等结果。教师未从金工实习的传统观念中转变过来,学生也就缺乏学习工程知识的意识和动机。

2.3 工程训练课程综合性、工程性不够

目前我校参加工程训练的人数多,每批实训约有 12 个班 600 人同时到达工程训练中心,只能分散到不同工种同时参加实训,实训时将各种加工方法,按照实训教学安排逐个实习一遍,只要按照教师的示范,将加工工序完成或把相应的工件加工到要求的尺寸即可,各工种之间缺乏必要的联系,特别是传统工种和现代制造之间、机械加工与控制工程之间、工业设计与制造环节之间等,使学生觉得各个工种之间没有任何联系、没有相互配合、没有体现交叉融合训练,且很多工种用于教学的加工件多年来一直未改变,这对于学生综合工程能力的培养显然不足,也大大限制了学生在实践过程中自主创新能力的培养。

3 新工科背景下工程训练实验课程的改革

为解决目前我校工程训练实践课程存在的问题,建设符合新工科要求的工程训练[5],我校工程训练中心提出了"1233"的建设目标,即实现 1 个目标(创建一流中心),构建 2 个体系(层次化、模块化的实践教学体系,现代化的教学管理体系),加强 3 个建设(教学条件建设、师资队伍建设、工程训练文化建设),强化 3 个功能(实践教学功能、创新创业功能、社会培训功能)。就工程训练实践课程而言,亟须从以下 3 个方面着手进行改革。

3.1 加强师资队伍建设

教师是推动新工科教育发展的主要力量,是培养新工科人才的具体实施者。针对教师短缺的问题,要利用各种条件招聘并建设一支具有本科以上学历和一定实践经验的师资队伍,即使暂时没有编制,也要尽力争取学校层面的支持,招聘人事代理或临时工。同时,尽

可能利用好学院的教师,聘为兼职工程训练教师或聘请校外实践指导教师,多管齐下,打造一支年龄结构与职称合理的实践教师指导队伍。目前已招聘人事代理人员 7 名、临时工 4 名、校内兼职教师近 20 名,大大缓解了师资短缺的问题,特别是聘用了一些新增设备方面的教师,从事数控车、数控铣、加工中心等实践教学,显著降低了生师比,教学效果明显提高。

3.2 重视教学研究和教师队伍的培训

我校工程训练中心成立了专门的工程训练课程研究小组,负责教学内容、实践教学内容的研究,修订教学大纲、教案、中心管理制度及相关的教研、科研工作,研究不同工种之间的内容衔接与对比,以增加学生对于整个制造加工的全面认识和理解。

加强师资队伍的培训,有针对性地进行实践教学,如针对不同专业、不同年级(层次)学生的实践活动,根据学生的实际情况安排实践训练内容。对于无基础的低年级学生进行传统制造训练项目的教学,同时对不同加工方法进行比较;而针对高年级学生则基于工程目标的专项训练,让他们利用之前学过的知识及传统的加工方法,自己设计制造一个综合性的训练,而不再是按照传统的依葫芦画瓢的训练方式。

制定措施鼓励教师多参与实际的生产实践及科研活动,提高教师的实践水平和解决问题的能力,并将实践过程中的新内容、新技术、新方法融入课程中;鼓励学生参与教师的科研活动,将科研与实践教学有机结合,锻炼学生主动发现和解决问题的能力,培养其创新能力,推动新工科教育教学的实施。

3.3 项目驱动,在项目实施过程中得到综合训练

以参加"互联网+"、工程训练综合能力、机械创新设计大赛等各类竞赛,或参与教师科研活动,或结合专业实验、专业课程设计为抓手,学生以团队形式参与,在各类项目、科研或专业课程设计实施过程中团队成员按照所学专业和自身优势进行合理分工、合作,充分发挥自身特点和专业优势,在团队合作和相互学习中,将不同学科知识与实践融合,推进各类项目、专业实验、课程设计、科学研究等顺利进行、开展,共同完成"项目"、科研、专业教育等活动,促进学生在实践中对各类知识的综合运用,提高学生的工程实践和创新创业能力。

4 结语

《中国制造 2025》的关键在于人才,高校是推动《中国制造 2025》和人才培养的重要阵地,工程训练实践教育在培养创新创业人才中的作用越来越得到重视。适于新工科教育和创新人才的工程训练实践教育要不断改革、与时俱进,以满足创新驱动产业对人才的需求。工程训练实践教学需要不断加大师资队伍的建设和培养,不断进行实践教学内容、教学项目、教学形式的研究改革,注重课程体系安排、教学内容更新、学科交叉,充分发挥工程训练实践教学在创新型人才培养中的重要作用。

参考文献

[1] 李双寿,杨建新,王健美.新时代工程训练中心建设理念及探索[M]//李双寿,杨建新.新时代工程实践和创新教学.北京:清华大学出版社,2018:3-8.

[2] 中华人民共和国教育部高等教育司.关于开展新工科研究与实践的通知[EB/OL].(2017-02-20)[2022-02-25].http://www.moe.gov-cn/s78/A08/tongzhi/201702/t20170223_297158.html.

[3] 任光辉,付威,吴金栋,等.面向新工科的高校实验平台建设模式研究[J].实验技术与管理,2018,35(11):194-197.

[4] 全松柏,蔡立军.面向新工科的工程训练体系建设与实践[J].价值工程,2018,37(28):298-299.

[5] 刘洋,谢胜利,杜玉晓,等.面向新工科的工业4.0实验基地课程体系与平台构建[J].实验技术与管理,2018,35(11):229-233.

"工程训练"教学改革与探索

张义清，赵正杰，冯再新

（中北大学工程训练中心，太原，030051）

摘要：随着《中国制造2025》战略目标的实施，"工程训练"作为高校重要的实践课程，理应做出相应的改革，以适应时代发展的需要。本文从目前课程教学存在的主要问题出发，分析了教学中存在的不足，从加强师资队伍、改革教学内容、增加教学模式的多样性等方面对工程训练教学改革进行了分析与探讨。

关键词：工程训练；教学改革；创新实践

1 引言

当今世界，无论是发达国家还是发展中国家，都已达成这样的共识：制造业是一个国家的重要支柱产业，对国家的繁荣富强和国防安全至关重要。我国已是制造大国，但还不是制造强国。在经济全球化时代，新一轮科技革命和产业变革正在兴起，我国的制造业不仅面临自身创新能力不强、产业核心技术薄弱、共性技术缺位、资源浪费、污染严重等诸多问题，还面临着工业发达国家"再工业化"的严峻挑战。美国政府启动了"先进制造伙伴计划"，提出"在哪里发明、在哪里制造"的口号，要重新夺回制造业的世界市场。德国结合自己的国情，提出了以智能制造为核心的"工业4.0"计划，以确保德国的世界制造强国地位。英国发布了《未来的制造》报告，同时为加快促进成果转化，设立了先进制造、成形技术等7个高价值制造推进研发中心。打造具有国际竞争力的制造业，是我国提升综合国力、保障国家安全、建设世界强国的必由之路[1]。为实现制造强国的战略目标，由工信部牵头、主持制定了《中国制造2025》，作为中国政府实施制造强国战略的第一个战略目标：争取经过10年的努力，在2025年我国迈入世界制造强国的行列。要达成这一战略目标，离不开创新型人才的培养，这类人才又包括学术型人才和技术型人才，缺一不可。高等院校无疑是培养此类人才的主阵地，为此，各高校应将如何提高学生的创新实践能力作为高等教育改革的重要内容进行探究。

工程训练是高等院校工科类专业重要的实践基础课之一，是学生增强实践能力、提高工程素质、培养创新意识和创新能力不可缺少的重要环节。通常，工程训练内容包含冷加工（如车削、铣削、刨削、磨削、钻削、数控加工）和热加工（如铸造、锻压、焊接和热处理）等工种的实习。开课学生涉及机械类、近机械类等专业，"工程训练"是此类学生学习机械制造的基本工艺方法和培养工程素质的必修课，通过学习，使他们充分了解加工工艺知识，切实增强实践动手能力，为后续课程的学习、毕业设计的进行乃至以后从事工程技术工作打下必要的基础。近些年，一些院校的"工程训练"课程也开始面向信息、环境、管理等非机械类专业学生开设，一方面可以提高理工科院校非机械类专业学生的创新实践能力，培养专业的工程素养；另一方面还可以培养学生的安全、纪律及团队合作的意识，使其亲身感受到劳动的艰辛，体验劳动成果的来之不易，培养学生吃苦耐劳的精神，从而提高学生的综合素质[2]。

随着科技和社会的进步，加工方式正逐步由传统制造向智能制造转变，作为学生实践能力的工程训练教学,也应该与时俱进,积极进行转变。本文针对目前高校工程训练的现状,结合教学过程中存在的问题进行分析探讨,并提出相应的改进措施,希望为促进高校工程训练教学提供一些参考。

2 工程训练教学中存在的主要问题

由工程训练的内容与目的可知,工程训练主要培养学生操作设备的动手能力及奠定加工工艺基础。很多高校在传统金工实习工厂的基础上建立了适应时代发展的工程训练中心,并已开始注重培养学生的综合素质、创新意识,旨在提高学生的工程实践能力和创新精神[3],但作为工程训练中心关键的工程训练环节在培养学生的工程意识及创新意识过程中还存在以下几个问题。

2.1 师资力量相对比较薄弱,指导教师数量不足

根据教育部对工程训练教学的要求,指导教师应当具备实际操作和理论讲解两个方面的能力,也就是教师应当为双师型教师。但是从当前负责工程训练的教师构成来看,大多数教师都是从金工实习工厂转型而来的,实际操作能力较强,但学历普遍较低、年龄偏大,接受新事物的能力有限,理论知识比较缺乏。另有少量的青年指导教师,通常具有较丰富的理论知识和较高的学历,但缺乏实际操作经验。这两种情况都不能将实践操作和理论教学很好地结合到一起,导致金工实习教学效果欠佳。工程训练面临的另一个问题就是指导教师人数严重不足,学生、指导教师、设备三者之间不能达到一个合理的比例关系,往往四五十名学生只有1位或2位指导教师,指导教师在确保安全的前提下,只能压缩实训项目的内容,这样导致了实训项目简单化。学生动手训练时间不足,严重影响了工程训练的教学效果。

2.2 实训内容陈旧无特色,课程安排时间不合理

很多高校目前仍然在沿用老的金工实习教学大纲,教学内容千篇一律,主要是围绕着传统机械加工的基本工种展开,学生在教师讲解机械加工的要领和示范动作后,按照零件图纸和加工工艺等,通过车削、铣削、钳工、焊接等工序制造一把小榔头。这样的教学内容,虽然可以让学生对金属加工工艺过程有一定的感性认知,但是在学生看来,由于实习内容很简单,每个工种在很短时间内便掌握了,后面就是枯燥的重复操作,使学生处于被动的机械状态,缺乏创新思维的空间,再加上实训内容与实际脱钩,所以学生更没有兴趣了,也不想认真实习,积极主动性差。而且,部分学校为降低成本,人为地削减和压缩实训内容,那些涉及现代工业生产中新工艺、新技术的数控加工、线切割、3D打印等先进制造技术在金工实习中较少体现,导致学生实习质量下降。此外,国内高校工程训练实践课程的开设时间普遍在大二学年,有些院校甚至在大一下学期就开设这门课,此时机械类的学生尚未进行专业基础课的学习,还不具备的工程训练理论基础,学生处于一种懵懂状态,掌握起来难度很大,对于那些基本无任何背景知识的非机械类学生来说,学习就更吃力了,而且实习效果很不理想。

2.3 授课模式比较单一，实训考核方式简单

从我国高校开展的工程训练教学整体情形来看，绝大多数实训是以技能培训为主，教学模式大多沿用"师傅带徒弟"的方式。从零件图纸与工艺分析、下料到加工参数的选择，甚至操作技能，几乎由指导教师全部包办，学生所能做的就是按照教师的要求完成相关的工作即可。如此单一的教学方法，如此枯燥的教学内容，加上对学生"一视同仁"（不分专业、不分层次），往往造成部分学生"吃不饱"，部分学生"吃不了"，学习好的和学习差的学生都不满意，教师教学无所适从。另外，很多学生在接受实训时，是抱着混学分完成任务的心态，没有深入到教学过程中，完全处于被动的学习状态，机械地完成教师布置的相关任务，缺乏创造能力和对综合问题的解决能力，没有能力运用"构思—设计—实践—运营"即CDIO的模式来培养自己的综合能力，与实用型和复合型人才的需求相去甚远[4]。

实训结束后，成绩评定是工程训练的重要环节之一，该环节也在很大程度上决定了学生以何种心态和方式参与金工实习。教师通常根据学生在实训期间的表现、实训报告的书写和加工作品的质量对学生进行综合评分，实训期间的表现评分中主观评判占很大比例，随意性较大；实训报告的题目比较死板，大多是一些沿用了多年的填空题或选择题，在教材和网络上就可以查找到答案，养成了学生学习的惰性，也无法了解学生对理论掌握的真实情况。所以评分应将作品的最终质量作为主要考核依据。但这种评价机制的考核因缺少或忽视了过程评价而显得过于笼统，往往流于形式，无法准确合理地评判出实训效果的优劣。

3 提高工程训练教学效果的对策

3.1 加强师资队伍建设，形成合理的人员结构

建设一支年龄、学历和职称结构合理的教师队伍是提高教学质量的根本保证。实训指导教师应具有较强的综合素质，既要有扎实的理论基础，又要拥有丰富的实践经验；既要具备课堂讲授能力，又要具有现场示范指导能力。这种能力不是与生俱来的，需要经过后天的培养和学习才能具备。为此，一方面，对实训教师应采取各种切实可行且有效的措施进行培养、培训，如邀请教学经验丰富的教师进行"传、帮、带"，支持实训教师旁听有关课程。另一方面，鼓励并帮助实训教师进修学习、带队去企业学习、参加职业技能培训，使教师积累更多的实践经验，提高职业技能水平、教学设计能力和教学水平。相信这些措施定会为工程训练课程改革提供强有力的保障。

为应对工程训练指导教师的不足，可考虑外聘一些在企业有实际工作经验的优秀工程技术人员来担任指导教师，这些人员通常具有较高的理论知识和丰富的实践经验，无须过多培养就可以上岗。在这方面，我校做了一些大胆尝试，通过人事代理的形式招聘了几位教师，取得了很好的效果。但是，也有不足之处，由于体制的原因，他们的待遇和体制内的教师有很大差异，长期下去会影响外聘教师的工作积极性和创造性。为了充分发挥外聘教师的优势和潜能，学校要采取一系列激励机制，如工作量的计算与绩效挂钩[5]，计算绩效一视同仁，平等对待，坚持公平、公正、公开的原则，按劳取酬，对教学质量考核评定优秀的教

师进行奖励,对参与重大科研项目有重大贡献的予以表彰等,这些举措有助于外聘人员有归属感,能更快地融入实训团队。这些激励体制同样适用于体制内的教师。通过建立激励体制,既能监督教学工作的推进,又能提高教学质量,而薪酬绩效机制的完善也能使教师的辛勤工作得到回报,进一步提高了工作热情[6]。

3.2 改革工程训练教学内容,调动学生的学习积极性

当前很多高校开展的工程训练教学内容同质化严重,这影响到学生综合能力的培养,必须对工程训练教学内容进行改革。首先,要进行分类教学、因材施教,从不同专业出发,讲解针对不同专业需求的金工实习内容。这就要求教师根据专业教学目标和就业岗位技能的要求制订教学目的、教学内容、授课计划等,教师要熟练掌握每节课的内容、重点章节、课程难点。教师制订授课计划时应注重理论和实训相结合,做到课程先易后难、循序渐进、理论和实际衔接。笔者在讲授热处理实训时便采用此方法,针对不同的专业编写了与该专业联系紧密的教案和课件,并采用类比和对比等多种讲述方式,将晦涩难懂的专业理论讲述得简单透彻,让未曾接触过热处理理论的学生基本能听懂,收到了较好的教学效果。同时,在热处理实训过程中,还增加了一些创新内容,如将钢铁材料火花鉴别、表面处理、力学性能测试和金相组织观察等内容有机结合起来,使学生在较短时间内对金属材料性能有了更深入的了解,同时对热处理工艺对材料性能的影响有了更深刻的认识和理解。

目前,以先进制造技术及智能制造模式为代表的装备制造业发展迅速,很多高校的专业理论课程增加了大量的先进制造理论、特种加工技术及新材料、新工艺等,作为高校重要工程理论实践的工程训练课程也应该顺应这种变化。一方面,要增加数控设备,减少传统的机械加工设备;另一方面,要增加先进设备的实训内容,在保留传统加工核心内容的基础上大幅缩减传统工艺的实训。此外,要合理安排课程学习,处处以学生为中心,最大限度地调动他们的学习兴趣和积极性。

3.3 讲课模式多样化,考核内容差异化

由于现在的实训教学手段单一,导致学生学习兴趣下降,甚至厌学,实际教学效果大打折扣。在这种情况下,充分运用现代化教学模式显得尤为重要。如通过多媒体课件教学,能够充分展现教学内容、突出重点,也可以为教学提供便捷,增强授课效果。还可以将相关的视频、录像和动画等穿插在课堂教学中,如作者在讲解洛氏硬度计的使用时,通过动画的形式将静态的物体变成动态讲解,使抽象的问题变得直观生动,调动了学生的学习兴趣和主动性。目前,网络技术高度发达,还可以借助"互联网+"技术进行实训,通过购买教学视频或聘请专家讲课并现场录制视频,上传到网络平台,这样学生可以通过 App 自主观看学习,以实现资源共享和开放式教学。另外,还可以利用计算机虚拟仿真技术进行工程训练教学,通过计算机虚拟仿真技术所展现的形象的、逼真的实验场景和互动教学模式,不仅可以激发学生的学习兴趣,还能够激发学生的创新性思维,有利于学生综合能力的培养。此外,预先通过计算机模拟设备的操作使用和零件的加工过程,与操作规程进行比较,可验证自身操作程序的正确性和加工工艺的合理性,一方面,可以避免在实践环节可能出现的错误而导致设备损坏和人身伤害;另一方面,可以避免因误操作造成的原材料浪费,让学生在充分学习知识的同时降低了实训成本。

实习结束后对学生实训结果的考核不能搞"一刀切",要因专业而异,对学生在整个实训过程中的工作态度、技术熟练程度和对实训内容的了解、掌握程度等做出合理公正的评价。如在实训报告的题目设计方面,除保证有足够的基础知识的考查内容外,还应适度增加开放性题目,不设置标准答案,由学生总结有关实训过程中的感悟或发现的问题,注重对实践过程的考查,不宜以最终产品质量的考核作为评价核心。这样既可促进学生的积极性,又可避免部分学生书写实训报告时敷衍了事。此外,考核的内容按照实训时间的长短应有所区别。比如实习5周的专业,先安排3~4周的时间轮流学习各实训工种的基本技能,剩余1~2周时间留给学生,并进行分组,由每个小组自主设计一件产品,然后应用所学知识和技能加工出合格产品(可在实训教师的帮助下完成),然后由实训指导教师及每位同学共同参与评比。这种考核方式,一方面可以促进团队合作,另一方面还可以充分调动每位学生的积极性和创造性。多种评价方式共存的目的是更好地让学生融入工程训练的学习中。

4 结语

"工程训练"作为工科高校的必修基础课程,为实现制造强国和工匠精神的目标发挥着重要作用。从上文的分析可以看出,当前国内工程训练教学存在的问题较为突出,若不实施相应的改革,不仅无法达到预期的教学目标,还不利于学生创新能力的培养。因此,高校应从教学内容、模式、师资、考核形式等多个角度进行改革,激发学生的创造性,促进学生的实践能力不断提高,为早日实现《中国制造2025》的战略目标培养更多的人才。

参考文献

[1] 国务院.国务院关于印发《中国制造2025》的通知[EB/OL].(2015-05-08)[2022-02-25].https://www.gov.cn/zhengceku/2015-05/19/content_9784.html.
[2] 罗凤利,李光煜.全国大学生工程训练综合能力竞赛启示[J].中国电力教育,2013(14):145,219.
[3] 吴风波.高职院校信息化教学质量评价研究[J].科技世界,2018(26):115-116.
[4] 蔺用,刘守法.新型培养模式下金工实习教学经验与改革[J].价值工程,2016,35(16):190-192.
[5] 李漫.高等院校优秀教学团队的构建模式研究[J].科教文汇,2008(8):2-3.
[6] 何叶,李鑫.团队激励薪酬模式研究[J].软科学,2004(6):39-40,47.

新工科背景下钣金类产品加工虚拟仿真实验教学探索

窦一喜,温 洋

(天津大学机械工程国家级实验教学示范中心,天津,300350)

摘要:"金工实习"作为基础实践课,是"新工科"专业培养创新型人才的重要途径。为解决冲压实训教学中学生参与度低、教学效果差等难题,我校工程训练中心在"金工实习"课程中开设了钣金类产品加工虚拟仿真实验教学项目。该项目以产品制造为载体,以虚拟仿真教学为手段,将产品制造过程中的工艺方法、基础理论、设备认知和使用有机结合,使学生学习基础知识,了解新装备和新工艺的发展运用,提高运用知识解决实际问题的能力,培养大学生的实践能力和创新精神。

关键词:新工科;金工实训;虚拟仿真实验教学

1 引言

"新工科"是在当前国际竞争新形势和国家发展战略新需求下应运而生的教育改革的重大战略选择,以培养未来多元化、创新型卓越工程人才为目标,对高校传统工科专业课程的教学模式提出了新的要求[1]。随着国内多家高校纷纷出台"双一流"大学建设方案,2020年6月,天津大学发布了新工科建设"天大方案2.0",探索新工科建设发展的目标和行动路径。在"新工科"背景下,"金工实训"应打破固有的传统教学形式,引入虚拟技术,建设新的虚拟实验平台,应用新的教育理念,创新教学模式,结合智慧化教学方法和手段,设计更加合理的教学内容和教授形式,为新工科人才培养提供保障[2-3]。

2 虚拟仿真实验平台建设的必要性

冲压设备具有体积大、占地面积多、操作危险等特点,而且价格高,一般高校的工程训练中心只能采购少量的此类教学设备,有的学校甚至没有。冲压装备实训模块又是工程训练的重要内容之一,由于上述原因和教学条件的制约,在此模块教学中大部分学校只能压缩课时,教师做现场讲解和示范操作,这种教学方式学生参与度低、教学信息量小,学生难以看清机床的加工过程,因此实际的教学效果较差,不能满足以学生为中心的新工科人才的培养需求。但如果采用真实的教学资源进行工程实训,教学成本又太大,操作过程的危险系数高且短时间教学难以达到预期的教学效果。

要解决实训教学中这些难题,必须借助现代信息技术,采用虚拟仿真教学手段,改革课堂教学方式,增加教师与学生的互动和学生的实际参与机会。

3 虚拟仿真实验平台的建设内容

在钣金类产品加工虚拟实验中,共分为"7大模块+2种模式"共12个交互操作步骤。

3.1 7大模块

"7大模块"包括实验介绍、认识工厂、加工准备、安全教育、机床操作、产品制造、考核评价。

(1) 实验介绍模块:可以查看实验任务路线、了解实验目的、明确考核要求,同时在产品库中选定待加工产品。考核模式下则以此为导航,逐步进行实验操作。

(2) 认识工厂模块:默认模式为天津大学实践教学中心,可以查看工厂环境,熟悉中心现有的钣金加工设备。在自定义模式下,不同的学校也可以根据实际情况进行设备选择及增减。

(3) 加工准备模块:将所选产品的零件按加工工艺相似性分类,选出每类中最具代表性的零件进行工程图识图考核,同时学习待加工零件的机械加工工艺过程卡及检验工序卡。考核模式下以此为依据进行零件的加工。

(4) 安全教育模块:要求学生在实训前学习钣金加工的安全注意事项,熟悉实践教学中心的消防疏散路线。在考核模式下对学生进行入厂安全考察(人身安全与设备安全)。

(5) 机床操作模块:选择相应的钣金加工设备,掌握其安全操作规程,在导航栏及操作提示语的指引下,学习机床的操作方法。

(6) 产品制造模块:学生根据零件工程图、机械加工过程卡片进行虚拟加工。零件加工完毕后,经过虚拟检验,进行组件焊接及产品的整体拼焊,从零件库中依次调用相应的标准件进行产品装配,最终完成产品的制作过程。

(7) 考核评价模块:实验系统全过程记录学生的操作痕迹,最后生成考核评价。

3.2 2种模式

"2种模式"包括学习模式和考核模式。

(1) 学习模式:学生认知学习的过程,每步操作均有相关的提示语引导,学生可以在较短的时间内掌握实验内容,其流程如图1所示。

(2) 考核模式:在学习模式的基础上进行。学生在领取实验任务后,综合运用学习过的工程制图、金属工艺学理论,根据工艺流程要求和设定的不同工艺条件,解决加工过程中的技术难点,完成整个产品的虚拟加工过程。系统会根据学生的操作情况给出相应反馈,并全过程记录操作痕迹,最终给出考核评价。考核模式流程如图2所示。

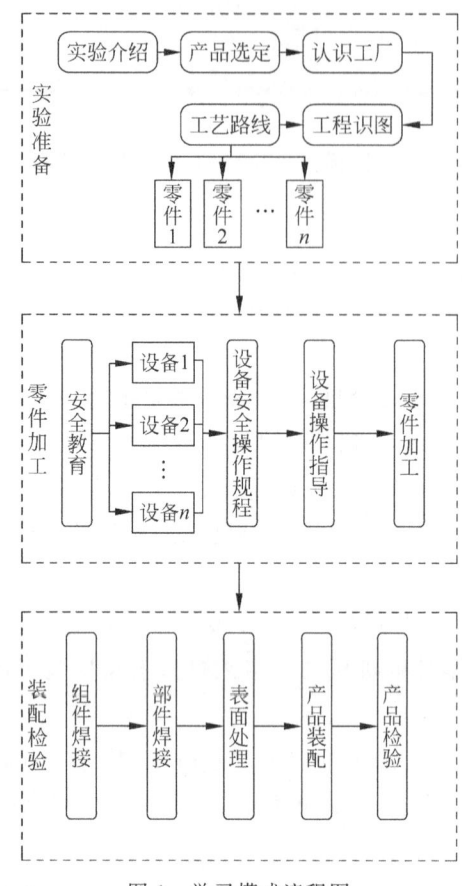

图 1　学习模式流程图

图 2　考核模式流程图

4　虚拟仿真实验平台的建设成效

4.1　构建了基于网络化，以学生为中心、自主学习为基础的工程训练模式

随着新工科建设如火如荼地进行，各高校更加重视实践教学环节，不断采购先进的加工设备，因实训内容增加而造成的实训操作时间缩短的矛盾日渐突出。因此，探索基于网络化的开放式教学模式，旨在突破时间和空间的限制，实现以学生为中心、自主学习为基础的线上线下相结合，课上课下相结合的工程训练实践有重要的现实意义。

学生根据分组和任务，利用网络资源自主学习（集中或分散），通过虚拟实验，学习工厂环境下的安全注意事项及完整的实验工艺流程，掌握零部件加工装配过程中相关设备的操作规程。

4.2　以项目为引领，开展自主式、探究式教学模式

传统式教学体现在工程训练上是单一加工设备的学习和操作。以项目为引领的教学模式则是通过项目牵引，以工艺为导向，在完成项目实验的过程中，学生要不断解决其中出现的问题，才能最终完成实验要求。这种教学方法有助于激发学生的学习兴趣，挖掘学生

的创新潜能，培养学生主动探索精神和学习热情，提高其工程素养。

5 结语

钣金类产品加工虚拟仿真实验以产品制造为载体，以虚拟仿真教学为手段，将产品制造过程中的工艺方法、基础理论、设备认知和使用作为一个整体呈现，虚拟实验过程中学生根据任务路线逐步进行，在钣金虚拟加工过程中全面考查识图制图、设备选择、安全操作、制造工艺、装配工艺等知识的掌握情况。系统根据学生的操作痕迹进行记录并分析，反馈实验结果并给出评价。在这一过程中，学生不仅学习了各门基础理论知识，了解了新装备、新工艺的发展与运用，更是通过这样的训练提高了运用所学知识解决实际问题的能力，培养了实践能力和创新精神，满足了新工科对实践教学的新要求。

参考文献

[1] 李春梅，何洪，李元，等．“新工科”背景下材料类专业“虚实互补”实验教学体系深化研究[J]．西南师范大学学报(自然科学版)，2020，45(4)：143-148.

[2] 刘琳，朱敏．高等工程人才培养的范式转变：关于“新工科”深层次变革的思考[J]．南京理工大学学报(社会科学版)，2017，30(6)：88-92.

[3] 齐振超，田威，王珉．智慧教育理念驱动的“新工科”专业课程教学模式探索与实践[J]．工业和信息化教育，2021(1)：20-27.

产品生产体验教学平台的研究与开发

范胜波,于晓然,卢广华,李丽琴,张　朝,宋晓威

(天津大学机械工程国家级实验教学示范中心,天津,300350)

摘要：按照企业批量生产模式,建设面向真实工业生产的工程实践教学平台。开展无限接近企业生产的全流程工程实践活动,串联工程问题,构建"服务学习、真实体验"的工程实践学习情境,推动产业需求与学校教育之间的转化,实现企业生产与工程教育的深度融合。在此平台之上开展内容广泛的工程实践,并探索以学生为中心的多元化工程训练教学模式。

关键词：工程实践；学习工厂；生产体验；产教融合

1　引言

"机械工程训练"课程由金工实习发展而来,是我国在高等院校内部设立的、具有中国特色的工程实践教学课程,其初衷是培养学生的工程实践能力,因此,工程训练以工程认识训练、工程基础训练、综合训练及创新作为主要教学内容。目前,新工科建设明确要求深化产教融合,加强校企合作。近年来,经过多方努力,中国的产教融合虽然在体制机制、政策规划、专业设置等宏观改革上取得了突破性进展,但在课程设置、教学实施、学习活动等微观层面上问题依旧突出,工程教育学术化现象依旧明显,特别是将产业需求转化为工程训练的具体教学内容,目前尚未形成系统有效的方法和路径。

借鉴德国"学习工厂"的工程教育教学理念[1-2],设计构建了一个无限逼近真实应用的产品批量生产工学结合平台,实践内容覆盖工程与工业生产设计和生产的全过程,以能力产出、利润最大化等优化目标为导向,通过参与者的行动或互动推动理念的持续改进,将理论知识与设计、加工、装配等实践技能整合起来,在真实的工程实践环境中实现产教深度融合,打通教育界与产业界的"最后一公里",拓展工程教育的纵向深度和横向广度[3-4]。

2　项目载体产品设计

项目载体为一款红酒塞,如图1所示,由塞体、胶圈、压环、旋钮和标牌5个零件组成。按照食品行业规范,塞体和压环选用304不锈钢材料,胶圈外购,选用食品级产品。由于旋钮不与红酒接触,故选用不锈钢或硬铝材料均可,标牌选用镜面不锈钢,用激光切割出圆片并打标。

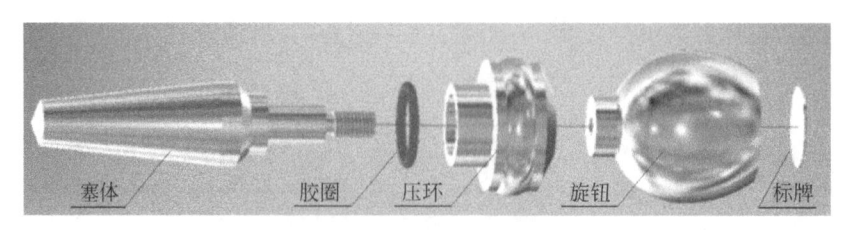

图1　红酒塞产品分解图

3 教学平台设计

3.1 零件加工

产品零件主要由数控车床加工完成。按照批量生产的数控车床配置要求,塞体加工划分为两道工序,分别在两台数控车床上完成。第一道工序选用宝鸡机床厂生产的 CK40 斜床身数控车床,加工螺纹端 3 个台阶轴,塞体上的螺纹不在数控车床上加工,留待钳工完成;第二道工序选用沈阳机床股份有限公司生产的 CAK3665 数控车床,加工塞体的锥体部分。压环加工选用台湾生产的 VTURN-16 车削中心,一道工序就可以加工完成。旋钮外形加工选用沈阳第一机床厂生产的 CAK6136P 数控车床,旋钮上的螺纹底孔、攻丝及锪孔工艺安排在装配线上完成。标牌选用镜面不锈钢材料,安排在激光加工实习模块完成,由实习学生使用激光切割机和打标机设计制作。

3.2 产品装配

产品装配线规划了 8 个工位,其布局如下。
工位 1:旋钮螺纹底孔加工;工位 2:粘贴标牌处的旋钮锪孔;工位 3:旋钮攻丝;工位 4:塞体套扣;工位 5:标牌粘贴;工位 6:红酒塞组装;工位 7:包装盒制作;工位 8:产品包装检验。
按照企业批量产品的生产要求,装配线 1~4 工位的钳工操作全部设计制作专用工装夹具,以确保零件的加工质量和效率。

4 项目教学知识点设计

4.1 推行"6S"现场管理模式

车削加工区域不得摆放与生产无关的杂物;根据企业生产需要,所有工装卡具、量具、原材料、成品等必要物品按照"三定"原则,即定点、定位、定量,有序放置,原材料、半成品、成品标识显著;环境清扫制度化、规范化,做到有章可循,有据可依;确保加工区域环境整洁、干净,并能持久保持,其目的是通过宣导再宣导、要求再要求培养规矩意识,养成良好的工作习惯,进而保证实习安全。

4.2 编制完备的生产文件

按照企业产品批量生产要求,制定标准作业程序,即"SOP"。包括每个加工单元的职能,人员岗位职责,部门工作流程,跨区域协作流程,生产工艺流程,设备操作和维修规范,现场管理和作业秩序管理,产品装配图、零件图、工艺卡、工序卡等内容。

4.3 配备专用工装夹具、量具

不同于单件生产,批量生产是为了获得较高的生产率和加工精度,大多选用专用的工装夹具,如弹簧卡套等;除了配备通用的量具外,在生产过程中更多使用的是专用量具,如通规、止规等。

4.4 选择合理的切削要素

工程训练中为了保证安全,车削时通常选择低转速、小切深和小进给量;为了节省成本,选用高速钢车刀;很少使用或仅用毛刷涂抹切削液。这样加工零件,不仅效率低,表面粗糙度往往也很差。产品生产体验按照企业批量生产的要求,根据加工材料选用相应的可转位刀片;选择高转速、合理的背吃刀量和进给量,全程使用切削液,以提高刀具的使用寿命,保证零件的质量。

4.5 开展专业相关研究

产学平台服务于不同专业的体验者。工业工程专业的学生可以模拟市场需求,开展精益生产等方面的工程实践;材料专业的学生可以开展零件选材方面的探索,在保证其实用性的前提下,降低成本;对于机械类专业的学生,则可以从零件的选材、结构、工艺、功能等多方面入手,开展创新设计和制作,推动产品的持续改进和创新。

4.6 探索以学生为中心的多元化教学方式

以学生为中心,根据学生已有的学习经验,开展多元化教学探索。

(1) 体验式学习:通过亲身实践,分析并理解获得的理论知识和技术知识,将其用于解决真实的工程问题。

(2) 基于问题的学习:在实践中提出问题,分析、讨论问题,运用相关理论知识和实践技能,通过参与者的行动和互动,最终解决问题。

(3) 基于项目的学习:以项目为载体,依靠团队合作,通过构思、设计、实施、运行,达到优化目标,推动项目持续改进。

(4) 研究性学习:在真实的生产流程中,通过确定研究问题,查阅文献,收集数据,分析数据,构建模型,最终产生研究结果。

多元化的教学方式应用于项目教学,旨在提升学生的工程实践能力,培养团队合作精神和创新意识。

4.7 构建学生创新创业平台

鼓励学生团队依托平台开展创意、创新、创业实践。面向市场需求,将订单管理、设备管理、耗材管理、能源管理、人力资源管理等精益管理方面的知识与产品生产相结合,通过一个批量产品生产过程的完整体验,开展从产品设计、工艺设计、成本分析、项目管理、产品销售到团队协作的产品全生命周期探索。实现从产品生产体验向公司运营体验的过渡,培养勇于投身实践的创新创业人才。

5 结语

机械工程训练即使现在普遍开展了项目制教学,与目前产业界对人才培养的需求依然有很大的差距。通过实施产品生产体验,使学生亲身感受企业生产组织、运营等活动,逐步实现教育界和产业界的"握手"。目前该项目已经完成了产品的真实制作过程,由于用于零件加工的数控车床有两台比较陈旧,不能联网,因此项目规划的制造执行系统(MES)和仓储管理系统(WMS)尚未建成,相关知识无法融入课程。随着设备的更新、生产平台的持续改进及教学经验的不断积累,在此平台之上不断拓展资源,引入智能制造、信息技术,开展更多的工程实践项目,服务学生的学习与发展,教学效果有望得到进一步提升。

参考文献

[1] 鄢彩玲,李鹏.德国"学习工厂"的经验与启示:兼论如何打通产教融合的"最后一公里"[J].国家教育行政学院学报,2020(10):70-77.
[2] 李冲,毛伟伟,张红哲,等.从工程训练中心到学习工厂[J].高等工程教育研究,2021(3):92-99.
[3] 李一.德国工业4.0"精益学习工厂"系统化构建与启示[J].职业技术教育,2020,41(10):68-73.
[4] 李双寿,李乐飞,孙宏斌,等."三位一体、三创融合"的高校创新创业训练体系构建[J].清华大学教育研究,2017,38(2):111-116.

新工科背景下工程训练中机器人教学模块改革的探索与研究

王 斌[1]，赵 庆[1]，宋晓威[1]，曹钧奕[2]

(1. 天津大学机械工程国家级实验教学示范中心，2. 天津大学机械工程学院，天津，300350)

摘要：本文就新工科背景下对工程训练中机器人教学模块的改革进行了深入探索与研究，针对工程训练中人数多、设备少、课时有限、教学模式及方式相对单一等问题，从实训平台建设、教学模式方面进行了探讨性的研究，提出构建分层次、多模块、线上、线下为一体的综合工程训练教学体系。

关键词：新工科；工程实践；机器人

1 引言

随着现今科技的快速发展，大量新技术、新产品应用到全球产业贸易及科研教育中。在此形势下，国家提出了创新、协调、绿色、开放、共享的新发展理念，实施《中国制造 2025》、"互联网+"、"'一带一路'倡议"等，提出了工程教育改革的方向，并于 2016 年提出了新工科的概念，先后形成了"复旦共识""天大行动""北京指南"，并发布了《教育部高等教育司关于开展新工科研究与实践的通知》(教高司函〔2017〕6 号)，为新工科的建设发展指明了方向[1]。

工业机器人作为多领域的综合体，是很好的工程训练教学内容[2]。把工业智能机器人引进工程实践教学课程中，让学生在掌握机器人基础知识、语言程序、竞赛应用的基础上，通过产业认知，探索机器人的实际应用前景，可以培养大学生的创新与创业能力。文章探索性地构建了新的工程训练机器人教学模块，对机器人的实践教学提出了一些建设性的意见。

2 机器人实践教学存在的问题

目前，多数大学工程实践教学中心的工业机器人教学模块由教学机器人、工作平台、控制柜、多媒体仪器及与课程相关的设备组成完整的教学体系，机器人多为 ABB、FANUC、安川等品牌，实训平台及其他设备由国内公司设计并提供。

在大多数学校的工业机器人实训教学中，工业机器人主要用于"工程训练"课程中的演示教学，采用教师操作、学生观摩的教学模式来完成各类教学模块，其中只有少数学校，如天津大学，会让学生亲自操作，通过实际操作来学习和体会机器人的工作原理及其代码应用。此教学模式存在如下问题：

(1) 机器人价格一般比较高，学校的购买力有限，实训工作台往往有限，只能采取学生观摩、教师演示的教学模式，学生缺少实践经验。

(2) 实训课程时间有限，对机器人的理论教学不够系统、深入。

(3) 除上课外，实训机器人利用率不高，无法实现其他教学外的价值转化。

2.1 基于线上线下混合教学模式的机器人教学平台建设方案探讨

在当今新工科对工程实践教学的新要求下，实训教学机器人应具备以下特点：

(1) 符合所有教学模块的相关需求。

(2) 具有很高的性价比,在功能模块和价格上有很好的灵活性,可以让高校有很多的选择,更好地为课程服务。

(3) 最重要的是具备开源性及可扩展性,可以让学校和学生根据自己的需求增、减模块,进行自主创新。

(4) 机器人辅助教学的拓展模块应具备可视、计算机视觉、远程操控、群体智能、多台协同工作等特点。

除上述几点外,实训教学机器人还应具备智能的人机交互界面、操作安全保护、维修简便等特点。学校应结合自身特点设置课程,并依据课程设置建设创新性机器人教学平台[3-4]。笔者提出建立工程训练工业机器人综合教学平台,实现线上课程教学、课程实训项目远程操控、线下具体实施并且结合视觉反馈的混合教学模式。为实现此教学模式,选用基于树莓派的 Hiwonder 品牌中的 ArmPi 开源编程型号的教学机器人,如图 1 所示。此机器人的特点为:内置了逆运动算法,并配备了高清摄像头,可以完成色块分拣、追踪抓取、智能码垛等功能。学生可以在此平台上学习计算机视觉、OpenCV、逆运动学算法等知识,还可以实现更多的创新应用以丰富课程内容,提高学习效果。

图 1 ArmPi 开源编程型号的教学机器人

2.2 工业机器人综合教学平台的特征

(1) 平台机器人具有典型性,体现了实现机械及电子控制各方面的教学内容。此机器人教学平台提供了六大零件模组,包括颜色分拣、智能码垛、颜色追踪、语音控制、集体遥控等多个基础教学模块,可轻松实现课程的教学内容,并且操作简单,通过线上视频教学可以帮助学生更好地学习课程。

(2) 将课程项目远程操控实施尝试性应用到平台中,并通过摄像头视觉得到及时有效的反馈,检验教学效果。基于"云课堂"等线上教学技术手段,学生可通过编程远程操控实验平台,完成课程练习项目,同时,平台通过摄像头等视觉反馈设备及时有效地向学生反馈实施效果,让学生找出问题之所在,以检验学习效果。

(3) 开放源代码,方便学生自主创新,适合教学/研究。此机器人混合教学平台提供图形化编程操控软件,学生可以通过线上课程学习平台基础课程,还可以通过学习 OpenCV 来实现图像处理、边缘检测、轮廓检测及人脸检测与识别和正逆运动学等教学内容。在此基础上学生可自主增减、组合各项功能,编写复杂程序,达到透彻认识机器人软、硬件工作原理的教学目标,提高学习效果。

3 探索新的教学模式

在国家大力发展新工科建设的大背景下,秉承产学合作协同育人的总体纲领,本课程以创新型人才培养作为核心目标,以工业机器人及"云课堂"为基础,结合工程实训教学的特点,在教学资源、教学内容及教学手段等方面探索高校实践教学改革的方向,主要研究思路如图 2 所示。

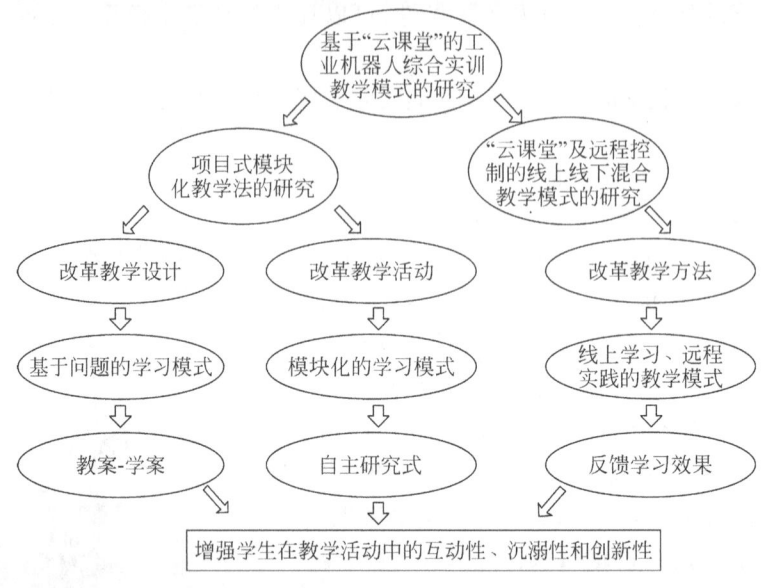

图 2 教学模式研究思路

3.1 线上线下混合教学模式的探索

基于"云课堂"线上教学及远程控制实施等技术手段,实现线上课程教学、课程项目线下远程操作实施为一体的混合教学模式,在此教学模式下,学生可灵活选择上课时间,并通过线上预约远程操控实施,解决了教学聚集和设备利用不均衡等问题,提高了学习效率。

3.2 分层项目式教学模式的探索

课程开展了机器人创新性综合实训模块,建立了基础编程及练习、进阶工程训练、视觉及语言拓展三大层次的教学模块,结合项目式教学法,将企业中典型的项目引入课程,在各个层次教学的基础上对学生进行项目式教学,让学生以组为形式完成项目考核并最终评价。

3.3 构建产、学、研、竞赛一体化的教学体系

教学、科研、竞赛、产业化这 4 个方面对于现今机器人工程实训教学来说是一个不可分割的整体。课程通过"项目作业+平台内竞赛+总结报告"的教学模式对学生进行考核,通过课程的学习,学生可以积累机器人的实践、开发经验,从结构设计、机电控制到计算机视觉、图像识别、机器人通信等多方面得到良好的锻炼,为参加各类机器人竞赛提供足够的训练和知识储备。

3.4 混合教学模式的特点

(1) 工业机器人综合实训混合教学模式以分层项目式教学为基础,以促进产、学、研、竞

赛结合作为引导,以培养高层次人才为目标,促进学科交叉,建立了分层教学模式,因材施教,从根本上解决了培养与需求的矛盾。

(2) 课程结合教学共享平台,将"云课堂"、慕课等先进的教学技术手段运用于线上授课,丰富了学生学习课程的方式,增强了授课的灵活性与学生的参与度,提高了教学效果。

4 结语

在高校中如果能有效地实施机器人工程实践教育,可以激发学生对科研和创业的兴趣,培养创新精神,激励创新思维[5]。在当今新工科的倡导下,社会对学生动手实践能力、创新能力的要求日益增高,机器人工程实践作为一个新兴的教学平台,探索其教学内容和教学模式,促进其教学改革,对新工科的发展和学生的培养有着积极的意义。

参考文献

[1] 钟登华.新工科建设的内涵与行动[J].高等工程教育研究,2017(3):1-6.
[2] 杨建军,董大伟,孙仁云,等.基于工程应用型人才培养的汽车拆装课程研究[J].实验技术与管理,2016,33(2):192-194,200.
[3] 杨兴明,郭太峰,鲁昌华,等.全国大学生电子设计竞赛赛题分析和启示[J].电气电子教学学报,2007,29(4):54-56.
[4] 潘玉恒,鲁维佳,龚威.电子设计竞赛在人才培养机制中的作用[J].实验科学与技术,2009,7(3):94-95.
[5] 刘英杰,石初军,王勇.大学生电子设计竞赛对高教改革及人才培养的作用[J].华东交通大学学报,2005,22(12):273-274.

新工科背景下关于"工程材料与机械制造技术基础"课程实验改革的思考

于树强,李　清,卢广华,李丽琴

(天津大学国家级实验教学示范中心,天津,300350)

摘要：随着新工科建设的推进,作为机械类专业基础课程之一的"工程材料与机械制造技术基础"课程的实验改革势在必行。本文针对当前实验中存在的问题,提出从3个方面进行改革,开设探究性、综合性的实验,提升学生的实践和创新能力,实现新工科人才培养的目标和要求。

关键词：新工科；工程材料；实验改革

1 引言

新工科是为主动应对新一轮科技革命与产业变革,支撑和服务创新驱动发展、《中国制造2025》等一系列国家战略,由教育部提出的新一轮工程教育改革[1]。新工科需要产教融合,需要教育转型,需要从经验分享走向实操实训,从形式主义走向注重实效,从知识考试走向能力养成,从单一能力走向系统集成能力[2]。这是对学生的实践创新能力、解决复杂工程问题能力提出的前所未有的高要求[3]。当前,新工科教育应由轰轰烈烈的理念倡导和顶层设计走向扎扎实实的实践落实和质量提升新阶段[4]。

"工程材料及机械制造技术基础"课程是机械类的专业基础课程,其内容包括工程材料的基本知识、钢的热处理及表面工程技术、液态成形技术、压力加工、连接成形、粉末冶金、切削加工、数控加工技术、特种加工等,理论性和实践性很强。目前课程实验多为验证性实验,实验、实践环节与科技前沿、工程实际相差较远。为了充分锻炼和提升学生的动手操作能力和实践创新能力,紧跟新工科建设的步伐,实验教学改革势在必行。

2 目前的实验开设情况

目前我校金工实验室开设了5个实验,均是"工程材料与机械制造技术基础"的课程实验,面向机械专业大二的本科生。这5个实验分别是：金相显微镜的使用与金相试样的制备；铁碳合金平衡组织的观察与分析；碳钢热处理后的显微组织观察与分析；合金钢、铸铁和有色金属的显微组织观察与分析；金属塑性变形与焊接接头的显微组织观察与分析。通过动手实验,学生能够掌握金相试样的制备方法和金相显微镜的操作,对常用的各种金属材料有直观的认识,能够认识其组织形态并分析形成过程,另外对金属材料的塑性变形和焊接理论也有感性的认识。总的来说,本实验基本能覆盖工程材料中部分的授课知识。但是现有的实验主要是验证性实验,在教师讲授完实验内容之后,学生按部就班地进行显微组织的观察和记录,不能有效地调动学生的积极性,培养其提出问题、解决问题的能力,因此需要开设综合性的实验。

3 实验教学改革的思路

由于机械制造技术这部分内容在大三年级会单独开课,并且有相应的课程实验,所以本实验室开设的实验主要面向工程材料。因此,关于开设综合性、创新性实验的思考主要包括以下几个方向。

3.1 仪器升级,改善实验效果

高等院校是教学科研工作的主要领域,是培养人才的重要基地,仪器设备是认识世界的工具[5]。近年来随着新工科建设的推进,实验室仪器设备的升级有了较大的空间。为提高实验效果,介绍先进仪器的操作方法,目前实验室已升级了显微硬度计、自动金相试样镶嵌机、自动磨抛机等设备,后续计划为传统光学显微镜配备数码图像采集系统和分析软件。例如,显微硬度计升级后,在实验碳钢热处理后的显微组织观察与分析中,除了观察和分析不同试样在进行不同形式热处理后的显微组织特征之外,增加了45钢经不同形式热处理后的硬度测试,使学生能更直观地了解热处理对碳钢硬度的影响,同时学习图像采集系统和软件的操作,加深对维氏硬度测量的原理和不同硬度之间转换关系的理解。显微硬度计与图像采集系统如图1所示。

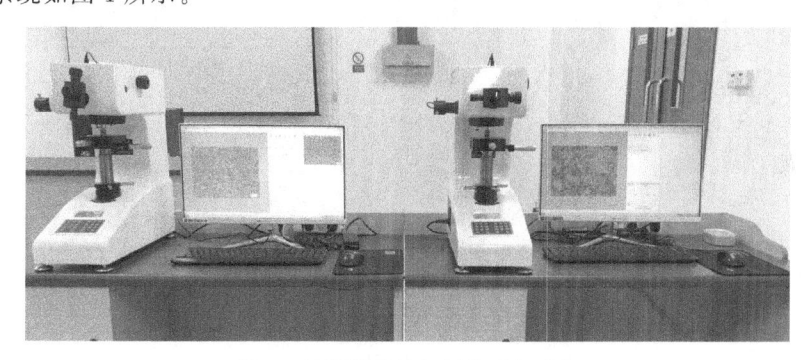

图1 显微硬度计与图像采集系统

3.2 问题导向,开设探究性实验

以贴近学生学习生活的实际问题为切入点,由教师提出问题,学生设计实验方案进行实验,根据实验结果分析并解决问题。从简单的工程问题入手,以此来锻炼、培养学生解决复杂工程问题的能力。我校机械专业的学生从大二开始就会进行3周的工程训练,在此之后才会开始本课程的学习。学生在钳工实训时会遇到这一问题,即不同毛坯的下料难易程度有差别,有的学生很快就完成了下料,而有的学生则需要花费很长时间。因此我们可以提出一个实际问题,即钳工实训所用毛坯是否存在硬度差别,若存在,分析造成此种现象的原因。学生要解决这个问题,就需要完成取样、磨制、抛光、浸蚀等金相试样的制备过程,还需要测量硬度、观察金相组织,同时需要班级内分组进行,组与组之间要分享数据、整合数据,进行对比分析,从而提出自己的结论,完成实验。

通过这个实验,学生需要从几个方面来分析可能影响材料硬度的因素,如含碳量、热处理、塑性变形等,在锻炼学生动手能力、团队协作能力的同时,使学生加深了对本课程所学知识的理解,提高了运用相关知识解决工程问题的能力,是对学生综合能力的一次考验。

3.3 搭建桥梁,开设综合性实验

我校机械专业针对大四学生开设了一门必修课——先进制造技术实验。此实验需要学生完成一个机械产品从理论设计到实际加工的完整过程,实验教师主要负责指导学生进行加工、装配。由于笔者同时兼任先进制造技术实验的工作,因此对于金工实验室如何与先进制造技术实验搭建桥梁,以达到更好的实验效果是值得探索的。

目前先进制造技术实验加工时采用的主要是铝材,并没有严格按照设计时的材料选用,这主要是从材料成本和加工时间来考虑的。为更好地改进此实验,要求学生严格按照设计流程选材,再在实验室材料库内选择毛坯,之后完成对毛坯材料的力学性能测试。这就需要金工实验室开放配合,包括金相分析,硬度测试,抗拉、抗压强度测试,疲劳试验等,通过实验测试数据与理论设计对比,便可确定选材方案,进行后续的加工。先进制造技术实验制作的RV减速器分度盘如图2所示。

图2 先进制造技术实验制作的RV减速器与分度盘

4 结语

随着新工科教育实践的深入,新工科教育的推进范式已经由理念倡导和顶层设计转向实践落实和质量提升。本文以提高学生综合能力、培养新工科人才为出发点,从基层实验教师的角度,针对目前工程材料实验存在的问题,提出开设探究性、综合性实验的改革思路。随着改革的实施与发展,能更好地提升学生严谨的科学素养和创新思维能力,为培养多元化、创新型的"新工科"人才提供支撑。

参考文献

[1] 王立英,秦珠,廖怡,等.新工科下多学科交叉创新性物理实验课程改革[J].大学物理,2019,38(9):43-48.
[2] 张安富,刘超.《中国制造2025》背景下的新工科构建[J].中国大学教学,2017(9):21-23,33.
[3] 张宁,赵毅强,兰旭博,等."新工科"背景下关于虚拟仿真实验的几点思考和建议[J].实验技术与管理,2020,37(3):185-188.
[4] 李家俊.以新工科教育引领高等教育"质量革命"[J].高等工程教育研究,2020(2):6-11,17.
[5] 张小蒙,王益民.高校教学科研用仪器设备国产化研究[J].实验室研究与探索,2017,36(6):291-294.

新工科背景下高等院校工业机器人实践课程探究

于晓然

（天津大学机械工程国家级实验教学示范中心，天津，300072）

摘要：第四次工业革命已经到来，工业机器人在其中占据着十分重要的地位。在新工科背景下高等院校实践教育改革稳步进行，对工业机器人实践课程的开发迫在眉睫。通过对高等院校工业机器人实践课程的探究和经验分享，能够有效提升工程实践教育质量，有助于培养出符合新工科理念的高素质工程科技类人才。

关键词：新工科；工业机器人；实践课程

1 引言

随着互联网智能时代的到来，第四次工业革命已经迫在眉睫，以人工智能、大数据、虚拟现实等新技术为核心，以物联网、"工业4.0"为理念的新生产线和供应链建设正在迅猛发展。但与此同时，对工程科技人才也提出了更高的诉求。我国提出新工科建设旨在为新一轮科技革命和产业变革培养适应第四次工业革命发展的工程科技人才[1]。学生不仅要掌握必备的学科专业知识和专业技能，更要与时俱进将知识与技能不断迭代更新，同时有能力将新旧知识与技能进行整合、融会贯通。

工业机器人作为实现第四次工业革命的重要基础，也是"工业4.0"发展的必然产物，它能够将先进的计算机技术和工业生产活动完美融合，给制造行业提供巨大的经济效益，提升制造业的社会竞争力，但其运行过程复杂，涉及的技术领域十分广阔，属于还在不断发展的新技术。为顺应时代发展与新工科教育理念，工业机器人的理论课程在近些年也被陆续列入工程类学生的培养计划中，但在实践课程方面，我国高等院校目前仍没有系统地将其作为实训课程，实验课的内容也以理论验证实验为主。高校学习与实际工作生产之间一直有一道难以逾越的鸿沟，而工程实践类课程的设立正是为了尽量消除这一差距，所以在工业机器人高速发展并投入自动化生产的当代，对高校工业机器人实践课程的探索研究势在必行。

2 新工科对高等院校学生工程实践能力的新要求

面对新技术、新产业的迅猛发展，创新性科研成果不断涌现，需要卓越工程人才作为后续支撑。在新工科建设下回归工程实践的趋势是工程教育改革发展的必然规律，为高校培养学生工程实践能力指引了方向。在工程实践能力方面，新工科建设的持续推进对工科学生的工程实践能力提出了新要求。

2.1 跨界整合能力

在科学技术快速发展的当今时代，行业和学科间交叉融合及产业间的跨界整合都表明了当今的很多工程问题不仅仅聚焦在单一学科的技术难题解决上[2]，以工业机器人为例，它涉及机械工程、自动化、计算机、数学、人工智能等多个领域。所以新工科要求在学生培养中不但要注重基本工程技术,还应进一步具备跨学科专业、跨行业的知识能力储备和综合素养等,即要求学生具有专精的学科专业知识、多领域专业背景、较强的分析与解决复杂工程问题的能力和系统的跨界整合能力。

2.2 适应发展能力

未来新技术、新产业的发展大多是跨专业、跨行业的发展,因此卓越的工程师所具备的工程实践能力显然不能局限于自身专业领域的知识,还需要了解国际先进技术及相关行业的发展趋势、综合进展、发展策略,具备一定的可迁移能力,主动适应社会环境的变化。

所以在工科学生的工程实践培养环节中,要能够给学生提供真实的工程情景,重视拓展学生对技术发展的整体认知,培养学生的智能化、数字化、信息化思维,提升学生对虚拟与现实空间的想象能力,以提高其适应不同环境的能力。

2.3 分析、解决复杂工程问题的能力

随着技术集成的提升,工程人才未来会面对更具灵活性的具有多元化的学科背景问题。从问题可能涉及的范围进行深度排查,收集、分析和组织信息,形成全面性、综合性的分析思维,对问题进行识别和界定。此外,现代工程问题更具复杂性,需要学生具有敏锐灵活的思维方式,全方位考虑问题,同时也善于使用技术工具解决工程实际问题。

2.4 团队交流协作能力

工业化变革下复杂的实际工程问题大多是靠团队协作解决的,这需要一个具有连贯性和整体性的解决方案,智能、合作和自我组织的相互协作机制也需贯穿于解决方案的整套技术操作系统。团队组成一般是跨学科、跨专业,甚至是跨文化的多样性团队。建立和谐的管理、竞争和合作机制有助于团队协作的展开。此外,团队需要具有一定的执行力,团队内部应该分工明确、各司其职、相互配合,掌握有效的交流技巧,实现团队效率的最大化。

3 工业机器人实践课程在新工科中的作用

3.1 工业机器人发展及应用现状

1954 年,美国人 Grorge Devol 设计出世界上第一台可编程机器人,并于 1962 年为美国通用汽车公司(GM)安装了第一台工业机器人 Unimate[3]。而我国工业机器人技术起步较晚,1977 年,王嘉岐教授的技术团队研制出了国内第一台 JSS35 型点焊机器人。20 世纪 90 年代后期,国家发布"863"计划,建立机器人集群合作研究基金,鼓励高等院校和科研院所开展相应的技术研究,为工业机器人的发展提供了保障基础。进入 21 世纪后,随着机械工程、电子电气工程、计算机技术的快速发展,工业机器人的研究上升到了一个新的台阶,其应用也极大地提高了生产效率,其中 3C(computer,communication,consumer electronic)产业和汽车等核心制造业的自动化生产线、自动化工程是工业机器人应用最密集的领域。同时因为具有高精度、可长时间不间断运行、适应各种工程环境等特点,工业机器人也广泛应

用于焊接、装配、铸造、搬运、材料加工、喷涂行业[4]。

3.2 高等院校工业机器人实践课程的必要性

我国实施工程实践类课程的初衷是通过创造准工业化生产环境,使学生自己动手完成一系列的工程训练项目,从而直接获得对现代工业生产方式和生产工艺过程的基本知识,提升学生的工程素养。在新工科背景下,对培养学生工程素养的要求进一步加深,工程实践类课程改革也在逐步进行。工业机器人作为实现自动化生产的基础,已在现代自动化工厂中大量投入使用,是先进制造业中不可分割的一部分,也是未来制造业转型升级的一大核心方向。所以将工业机器人纳入高校工程实践类课程势在必行,这不仅符合时代与技术的发展趋势,也符合我国为应对未来科技发展培养新型工程科技人才的战略目标。

3.3 高等院校工业机器人实践课程的定位

高等院校与中职类院校为国家培养人才的目标不同,所以在课程设置偏重与定位上也各有特点。与为社会培养专业技能型人才不同,高等院校更倾向于培养具有一定科研能力的知识型人才,并可以与技术型人才进行对接。高等院校实践类课程的目的也在于此,以了解、认知培养为主,配合技能培养为辅。具体到工业机器人,不要求学生掌握调试、装配、维护、维修、保养工业机器人等的相关技能,但需要了解工业机器人的运行机理,掌握本专业知识在其中的应用,并能够操作工业机器人完成一些特定任务,为今后在涉及工业机器人的实际工作或科研领域打下良好的认知基础,并提高学生对先进制造业相关知识的学习兴趣。

4 高等院校工业机器人实践课程建设遇到的问题

为顺应第四次工业革命发展与新工科理念,我校已实验运行1年工业机器人实践课程,在此过程中总结出了课程建设中可能会出现的问题。

4.1 硬件设备

硬件设备问题主要分为两个方面:一是购买设备的资金问题,一台优质工业机器人配套上相应的教辅配件需要20万~30万元,为保障平均每班30人的教学质量,课程初期仅设备投入就需要上百万元;二是设备选购问题,为确保长期且优质的教学质量,较真实地还原实际工程环境,在工业机器人品牌选择和功能模块选择上需要仔细斟酌。

4.2 教学内容与教学形式

工业机器人实践课程作为高校实践课程中全新的一环,定位与中职类院校有明显的区别,没有之前的经验可以借鉴,需要教师具备全新的思想观念,根据高校培养方案与新工科建设要求设置全新的教学内容及教学形式,掌握好理论教学、认知教学和实践教学之间的平衡,积极从学生反馈中改进教学方案。同时全新的实践课程必将挤占原有的实训课程时间,在实训课程总课时不变的前提下,工业机器人实践课时很可能受限。所以要求教师做好统筹规划,在有限的授课时间内既能保证授课质量,又能完成授课任务。

4.3 教师资质

传统的工程实训教师大都没有接受过工业机器人培训，所以有资质的授课教师极其匮乏。一方面需要师范类院校加强这方面的培养，另一方面需要在职教师积极开展自我提升，单位和组织也应提供相应的学习机会，使教师的各项能力符合新工科实践教学的要求。

5 高等院校工业机器人实践课程设计探究

5.1 课程目标

依据新工科对新型工程科学类人才的要求，以及高等院校学生培养方案，工业机器人实践类课程旨在通过模拟生产工况让学生操作工业机器人完成相应的作业，从而了解工业机器人在当今制造业中的重要地位，提升学生对工业及制造业相关知识的学习兴趣，且为未来工作和科研中涉及工业机器人的领域打下良好的认知基础。

5.2 课程内容

课程内容应理论内容和实践内容相辅相成。理论内容除常规工业机器人相关知识外，还需因地制宜，与学生所学专业知识挂钩，激发他们的学习兴趣与求知欲；实践内容则以团队项目主导，用解决实际问题的方式让学生将理论与实践相联系，达到工程教育跨越学校与企业间鸿沟的目的。

5.3 教学方式

因为工业机器人授课内容多，授课时间有限，所以建议使用线上、线下综合授课模式；线上教学以理论知识为主，线下教学以演示教学和实际操作为主。同时考虑到工业机器人初期投入成本较高，不能保证每1人或每2人操作1台设备，所以操作和考核以学生组队的方式进行，不仅可以解决设备短缺问题，还能够培养学生团队的协作能力。

5.4 评价体系

评级体系分为理论与实际操作两个部分：理论部分以当堂书面考核的形式体现，实际操作部分以团队任务完成度的形式展现，权重以实际操作部分为主。

6 结语

通过对高等院校工业机器人实践课程的探索，开发出了更多教学资源，根据反馈，学生明确了教学目标，对工业机器人及自动化生产产生了浓厚的学习兴趣，希望可以以此推进新工科工程实践课程改革和工业机器人实践课程的发展。同时在试运行中我们也遇到了很多问题尚待解决，课程建设还需持续完善。

参考文献

[1] "新工科"建设复旦共识[J].高等工程教育研究,2017(1):10-11.
[2] 林健.多学科交叉融合的新生工科专业建设[J].高等工程教育研究,2018(1):32-45.
[3] KAGA T,FUKUDA T. Group behavior control on dynamically reconfigurable robotic system[J]. International Journal of System Science,2001,32(3):353-363.
[4] 本刊编辑部.我国工业机器人现状与发展[J].机器人技术与应用,2013(2):1-3.

基于录播技术的无接触式金工教学改革

毕 胜，刘金勇，杨玉军，王俊亭，邢武芝，张顺华

(天津工业大学工程教学实习训练中心，天津，300387)

摘要：本文描述了目前由于疫情的影响，本科金工教学中存在的问题与情况，提出了人员集中、不利于疫情防控等问题，简述了录播技术的优势及应用范围。从课程选择、硬件准备、教学过程方面叙述了将一种录播技术应用于金工教学，并对应用结果进行了说明，同时为后续的研究提供了方向。

关键词：录播技术；车工；无接触

1 引言

自 2020 年新冠疫情暴发以来，为了响应"停课不停学""停课不停教"的号召，多数教师将自己的教学场所搬到了线上，在线上进行教学，并取得了不错的教学成果[1]。金工实习作为一门实践基础课，是学生系统性地了解机械加工整体过程的必修课程，也是大多数学生在本科学习过程中自主加工的唯一机会，具有不可替代的重要性[2]。金工实习由于其自身独特的实践性，单纯地进行线上教学是不可行的，采用线上配合线下的方式才能取得较好的教学效果。但在疫情之下，传统的"师傅带徒弟"的授课方式存在人员集中、不利于疫情防控等问题。

为了解决上述难题，本文提出了一种基于录播技术的金工实习教学改革方案，在严格疫情防控的情况下，取得了比传统教学方式更好的教学效果。

2 基于录播技术的无接触式教学方法

2.1 录播技术的优势及应用范围

录播技术是指通过设备对现场的视频、音频进行摄录，再与其他电子设备输入的图像信号、音频信号进行合成，产生符合需要的流媒体文件，将文件用于存储、直播、点播及后期编辑的技术。录播技术的核心分为两部分：录制和播放[3]。录制有单流录制模式和多流录制模式，播放有单流效果和多流效果。

录播技术目前广泛应用于教育系统、企业单位、政府机关、司法系统、医疗系统、军队系统、金融机构、招标机构等各种组织机构，可以完成视频录制、远程教育、远程医疗、电子商务、在线直播、作战演习、远程法庭、远程培训等多种任务。录播技术在教育行业的表现尤为突出，通过录播技术仅在疫情防控期间，108 万名教师开出了 110 万门课程，2259 万名学生参与了在线学习，全国高校在线课程开出率达 91%，实现了在线教学与课堂教学质量的实质等效。但通过调查发现，对于金工课程，大多数学校采用的方式为线上放置录制好的课程，让学生自行预习，再通过线下进行实际操作，此方法与传统方法差距不大。由于金工实习的特殊性，在线下教学过程中仍不能避免学生聚集的情况，不能满足较好的教学与防疫要求。

2.2 录播技术应用于金工教学

(1) 课程选择

通过调查发现,目前教学实习过程主要包括车工、钳工、铣工、刨工、磨工、钣金、焊接、数控车床及加工中心多个模块。由于虚拟仿真技术在焊接、数控车床与加工中心3个模块的广泛应用,其授课方式在很多学校已有别于传统的"师傅带徒弟"模式,可以做到一人一机分散教学,有效地避免了学生聚集[4]。其他传统工种受限于其工种特点在被调查的学校中仍采用传统方式进行授课,容易造成学生集中,不利于疫情防控。本文通过选取某高校金工课程中的普通车工教学环节,利用录播技术实现无接触式教学,并对其教学效果进行了验证。

(2) 硬件准备

录播系统的使用离不开硬件的支撑,在本研究中所需要的硬件见表1。

表1 录播系统的硬件

名称	数量	功 能
监控矩阵主机	1台	①显示高清摄像头B采集到的视频信息,了解学生的学习情况;②学生的提问会显示在显示器上,教师可以了解学生的问题或与学生对话
矩阵控制键盘	1个	①用于切换高清摄像头A,以适用于不同的教学要求;②控制与学生通话的接通与挂断
高清摄像头A	4个	4个高清摄像头A从4个角度分别拍摄教师机
高清摄像头B	4个	4个高清摄像头B从不同角度采集整个实验室内的情况,保证能采集到全部学生的情况
交换机	1台	实现多个摄像头信号之间的切换
单路VGA视频分配器	4台	将高清摄像头A输入的某一路视频信号分配为多路视频信号输出,以供多台视频设备同时使用
终端平板电脑	48台	①显示高清摄像头A采集到的视频信息,进行观看学习;②学生可以进行提问或发起与教师的通话
扩音器	4个	播放教师的音频信息
麦克风A	1个	收录教师的音频信息
麦克风B	48个	收录学生的音频信息

上述硬件有其不可替代的作用,通过各个硬件之间的配合可形成完整的无接触教学系统。在实际使用过程中,可以针对不同的教学工种、不同的场地情况及不同的授课需求调整硬件数量及规格,以达到最适合自身教学的效果。

(3) 教学过程

教学开始,教师通过麦克风组织学生打开终端平板电脑,选择对应的软件,确认所有学生能够接收到图像和声音,如图1所示。

根据自身讲课需求,教师通过图2中的控制器来控制4个高清摄像头A,使终端平板电脑的软件显示不同的画面,利用不同的画面通过麦克风A讲解不同的知识点。在授课过程中,观察监控矩阵主机中学生反馈的问题,在必要时,打开学生的麦克风B,与之对话,并解决其问题或回答其提问。根据授课计划完成最终讲解。

图 1　终端平板电脑　　　　　图 2　控制器

讲解完成后,进入实习阶段,教师可通过高清摄像头 B 对学生的实习情况进行观察,间隔时间在实验室内巡查,及时发现学生的实习问题并解决。此外,还可以通过观察监控矩阵主机中学生提问的情况,对学生进行单独辅导。若问题存在共性,则可利用软件与麦克风 A 进行统一指导。

3　结语

通过本系统的使用,可以有效解决教师不足的问题,尤其是在授课阶段。能够更快、更有针对性地发现学生实习过程中存在的问题;能够在授课阶段让学生看得更清晰,学得更透彻。通过与往届学生成绩的对比,使用了本系统的学生,实习效果更好,成绩较往年有一定程度的提高。

在未来的发展中,可对本系统的硬件进行升级。比如,使用可移动的摄像头,通过摄像头的移动让学生更关注教师讲课的内容;可以使用分辨率、清晰度更高的终端平板电脑,让学生观察得更加仔细[5];还可以对软件进行升级,使其传输速度更快,避免出现卡顿等情况。教师也应该适应本系统,改进自身的授课方式,为学生提供更好的教学。

参考文献

[1]　范敏,赵秀婷.多媒体技术在机械制造基础课程中的应用[J].河南农业,2014(4)：36-37.
[2]　蒋建军,张荣鉴,杨爽.基于 WebRTC 的交互式视频教学平台的设计与实现[J].信息技术与信息化,2020(12)：190-192.
[3]　门超.金工实习先进制造环节的教学改革与研究[J].现代盐化工,2019(3)：109-110.
[4]　龙新征,欧阳荣彬,李若淼,等.面向高校的在线教学云直播平台体系架构设计与应用[J].深圳大学学报(理工版),2020,37(S1)：144-199.
[5]　韩东.应用型本科高校金工实习教学中存在的问题及对策[J].湖北农机化,2019,2(19)：99-100.

"金工实习"课程创新教学改革与实践[①]

刘　健，贾文军，张江亭，郭　玲，李红凤，淮旭国，王俊亭，邢武芝

(天津工业大学工程教学实习训练中心，天津，300387)

摘要：本文针对传统金工实习教学内容无差异、教学模式单一、设备人机比不满足要求、缺少德育功能等问题，紧密围绕学校应用型人才培养的办学定位，在大工程教育背景下，充分发挥天津工业大学的一流纺织学科优势，以培养新工科综合工程人才为目标，以自制教学仪器设备、开展项目式实践教学为特色，以传统制造、先进制造、智能制造、思政教育为主线，开展以学生为主体、层次鲜明、多学科交叉、信息化与数字化融合、贯穿立德树人的金工实习实践教学。在工程实践中培养学生的家国情怀、工匠精神，提高不同专业学生的学习和实践兴趣与积极性，锻炼学生的团队合作能力，培养学生的创新精神和综合工程素养。

关键词：金工实习；新工科；自制设备；信息技术；思政教育

1 引言

"金工实习"又叫"金属加工工艺实习"，是一门实践性很强的技术基础课程，是机械类专业学生熟悉加工生产过程、培养实践动手能力的必修课，也是非机械类专业教学计划中重要的实践教学环节，更是高校实施新时代劳动教育的重要内容[1-2]。

但是，通过调研发现，当前部分高校的金工实习教学仍存在以下问题：

（1）教学内容无差异且相对独立，难以满足不同专业学生毕业达成度的要求。现在各高校的"金工实习"课程内容一般包括车工、铣工、钳工、数控车、数控铣、特种加工（电火花线切割、激光加工等）、铸造、焊接等，传统的金工实习教学大都针对所有专业安排相同的教学内容，即不区分专业，开展一成不变的实训任务。这样的"金工实习"课程难以满足不同专业学生毕业达成度的要求，无疑不符合现代对专业工程认证工作的需求；另外，实习内容中各工种相对独立，不利于培养学生系统的工程实践能力及全局意识[3]。

（2）现场教学方式单一，难以顾及所有学生的听课感受，教学质量较差。金工实习传统制造技术涉及的普通车床、普通铣床、钳工台等设备成本低、占地面积小，各高校一般有足够的台套数，因此工位较多，可满足1名或2名学生在一个工位上操作。另外，车工、钳工等工种的操作工序较多，指导教师需要详细示范，但传统金工实习一般采用教师示范、学生围观的方式进行教学，外围学生很难听到和看到教师的动作，教师很难顾及所有学生的听课感受，教学质量较差[4]。

（3）某些工种教学设备台套数少，无法满足学生的需求。国内大部分高校的金工实习车间场地有限，另外某些大型加工设备、精密设备，如数控加工中心成本高，导致用于实践教学的某些仪器设备数量少，实践教学用设备的人机比低。另外，像数控加工中心这类设备的自动编程学习周期较长，安全操作注意事项较多，学生很少有机会亲自上手实践数控机床，特别是加工中心[5]。

[①] 基金项目：教育部高等教育司产学合作协同育人项目(201902306015)，天津工业大学2019年校级教育教学改革立项项目(2019-2-77)。

（4）教学偏重于传递知识和技能，缺少德育功能。在传统的金工实习教学中偏重于传递知识和技能，没有将立德树人贯穿于整个实践教学过程中，没有深入发掘德育因素，缺少对学生的道德品质、职业素养、家国情怀等的引导和培养[6]。

2 "金工实习"创新教学改革及实践

2.1 基于专业特色实训项目的金工实习实践教学

为了满足不同专业的人才培养目标的要求，积极开发综合性、设计性实验项目，开展项目驱动式实践教学。如图1所示，我校针对一流纺织专业开发了"教学型绳带编织机""教学型纱线缠绕机""教学型细纱机""手摇横机"等符合纺织专业特色的创新拆装实践项目，针对电气、自动化、电子等控制类专业开发了"数控雕刻铣装配及调试""瓶盖分拣系统"项目，针对机械专业开发了"迷你台钳设计与制作"项目[7]。通过具有专业特色产品的工程实践，使学生了解产品设计、方案论证、加工制作、性能测试的完整过程。通过上述方式，解决了金工实习教学内容单一、工种独立及学生系统工程能力较弱的问题。

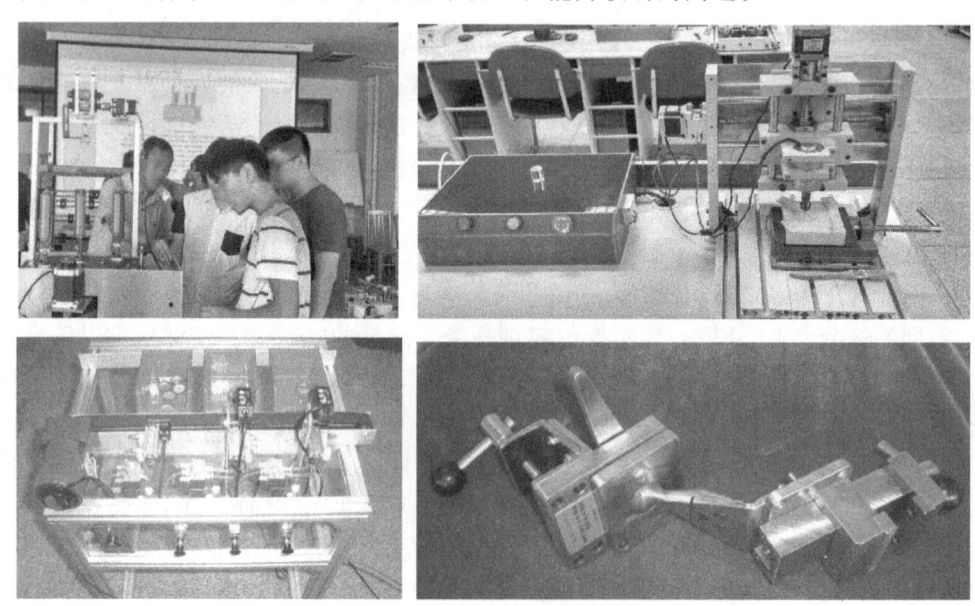

图1 基于专业特色实训项目的金工实习实践教学

另外，为推动新技术与工科学生的知识、能力、素质要求深度融合，天津工业大学工程教学实习训练中心充分发挥学校纺织行业的特色优势，以纺织"一流学科"建设为契机，在综合人工智能、大数据、物联网、云计算等新技术的基础上，建设完成纺织智能制造实训创新中心。如图2所示，纺织智能制造实训创新中心的主体实践平台主要包括集成了人体三维扫描、3D选款、AGV系统运送纱线、工业机器人上料、电脑横机织造、自动熨烫、成品输送及码垛等功能的智能制造生产线及RFID设备管理与综合应用系统、视频监控系统、智能管控系统等。在金工实习教学中增加了符合时代背景的智能制造实训教学内容。

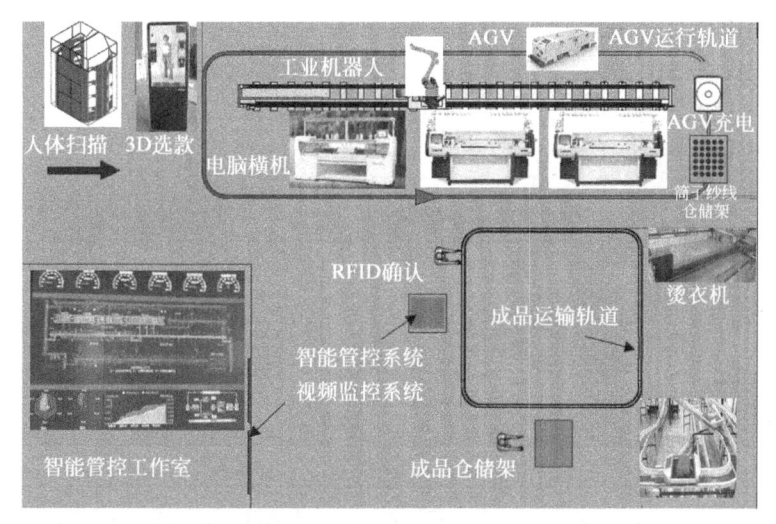

图 2 纺织智能制造实训创新中心

2.2 针对多工序、多工位传统制造建设协同示教平台,将现代信息技术融入课堂

针对车工、钳工等传统机械加工实训室,建设了影音同传实时示教系统平台。图 3 所示的车工示教系统平台包括:搭建了 2 台套普通车床教师示范工位,4 个摄像头分别对准整机、变速箱、主轴、刀架等重要位置,实现全方位摄录,另外 48 台学生工位机床安装显示器,同时,实训车间安装音频扩音系统,这样,2 名学生 1 个工位,不用围观,在自己工位上即可从显示器中观看指导教师的操作,2 名学生还可以相互协商操作。在此过程中,其他 3 名教师对学生的操作进行巡视及指导。该示教系统平台解决了传统机械制造实训教学中教师示范、学生围观的状况,在保证安全的同时,提高了教学质量。另外,为应对大量增加的学生人数,将目前的 2 个理论教学所用的教室建立了影音同传系统,指导教师在一个教室讲解示范,另一个教室的学生也可以清楚地听到和看到相应的内容。该教室目前已应用于安全教育及钳工示教。

图 3 现代信息技术融入金工实习课堂

2.3 自主研发教学仪器设备、建设虚实数控仿真平台,增加学生动手实践的机会和安全性

以"小型化、规模化、系列化"为原则,我们通过师生合作立项的方式,自主研发教学仪器设备 50 多台套,如小型数控雕铣机(3~5 轴)、小型车铣复合数控机床、3D 打印机、物料

筛选装置、五自由度气动机械手夹持装置、教学型绳带编织机、教学型纱线缠绕机等。特别是基于开发的 20 台套三轴联动数控雕铣机建成完成了机电控实验室（见图 4），可容纳 1.5 个班同时授课，2 名或 3 名学生用 1 台设备学习数控编程及数控机床操作。

图 4　基于自制数控雕铣机的机电控实验室及实习场景

学生通过对自制教学设备——数控雕铣机的动手实践，更加深刻地体会和理解了数控铣床的加工原理、特点和加工方式，真正做到了理论与实践相结合。以学生为主体，从图形设计、数控程序的编写与调试、实际刀路的仿真到最后的雕刻加工，学生经历了完整的自主学习训练过程，最重要的是建立了一个产品的整体加工知识体系。通过本实验课程的学习，学生主动动手实践，不但提高了学习兴趣、学习积极性，而且锻炼了其思维创新能力。

另外，我们还建设完成了虚实结合的数控仿真实验室，如图 5 所示，包括 16 台数控仿真器和数控仿真软件，集成了 FANUC 数控系统面板，可与计算机主机安装的虚拟设备进行模拟操作及数据传输等。采用硬面板仿真模拟器操作虚拟机床设备的仿真方式，硬面板模拟器硬件具有外挂式手轮硬件接口，并接有外挂式手轮，可模拟真实操作，可让学生练习对刀等重要操作。数控机床结构仿真能对数控机床进行虚拟结构建模和运动行为仿真，同时模拟加工无误的数据可直接通过数据传输到达真实的数控加工设备。

图 5　虚实结合的数控仿真实践教学

2.4　以学生为主体，将思政元素与金工实习相融合，做到立德树人

围绕"金工实习"工程实践环节深入挖掘思政元素：

（1）从"金工实习"课前安全教育开始，注重学生文化素养的提升，将学生的安全意识、成本意识、规范意识等贯穿金工实习的整个实践过程，并在实践过程中加强了对学生的监督。

（2）根据不同工种的特点，设置相应的思政主题，要求教师进行"融入式"思考，形成教案并体现在教学过程中。如车工、钳工、装配等传统机械制造工种实习过程中以"工匠精神"为引导，在教学中有机融合"大国工匠"纪录片，在实践中提高学生敬业、精益、专注、创新等方面的素质；先进制造工种突出国家先进文化的发展方向，结合智能制造、绿色制造的先进理念开展教学。

（3）为不同专业的学生量身定制了思政教学内容，增强学生自身发展的自信心和方向感。例如，环境工程专业突出"绿水青山就是金山银山"的发展理念，在生态环境建设中寻找与金工实习教学内容的切合点；再如，纺织工程专业可以结合对美好生活的追求，更深刻地理解新时代社会矛盾的变化和经济改革的方向。

（4）在机械拆装及创新实践中，通过创新教育和创新驱动的引入，强化"金工实习"课程对创新能力培养的功能，引导学生参加各类创新实践竞赛，提高学生的认知能力。

3 结语

在大工程教育背景下，充分发挥天津工业大学一流纺织学科的优势，以培养新工科综合工程人才为目标，以自制教学仪器设备、开展项目式实践教学为特色，以传统制造、先进制造、智能制造、思政教育为主线，开展以学生为主体、层次鲜明、多学科交叉、信息化与数字化融合、贯穿立德树人的金工实习实践教学。其中，传统制造实践是基石，旨在传承工匠精神、锻炼学生的实践能力；先进制造是抓手，引导学生创新设计、提高学生的实践兴趣；智能制造是阶梯，引领学生认识《中国制造2025》，培养学生的综合工程实践能力；思政教育是路标，坚持正确的办学方向，把握思政教育的正确路标。

参考文献

[1] 赵俊杰,陈建红,黄卫萍.新时代高校落实劳动教育的实践路径研究[J].传播力研究,2020,4(24)：179-180.
[2] 刘玉方,徐彦泽.加强实习实训劳动教育[J].北京教育(德育),2019(4)：93-96.
[3] 雷凯,左跃群.新时期金工实习模块化教学模式研究[J].科技资讯,2020,18(12)：106,108.
[4] 贾文军,刘健,淮旭国,等.工程训练信息化教学手段的研究与实践[J].科教导刊,2018(11)：30-31.
[5] 王良,车晓毅,李志刚,等.基于PPCNC提升学生工程训练综合能力的实践教学研究[J].实验技术与管理,2019,36(9)：32-35.
[6] 陈仕国,胡立华,陈向文,等.金工实习课程思政元素发掘研究[J].机械管理开发,2019,34(11)：262-264.
[7] 王浩程,刘玮,刘健.基于项目的金工实习教学改革与实践[J].高校实验室工作研究,2015(3)：3-5.

世赛标准和行业规范在"工业机器人实训"课程中的应用

钟 平

(天津职业技术师范大学工程实训中心,天津,300222)

摘要：针对现有的"工业机器人实训"课程,根据世界技能大赛机器人系统集成项目的技术标准和汽车行业的规范要求,本文提出了一种融合世赛标准和行业规范的教学方法,并应用于实际教学过程,教学效果良好,颇受学生欢迎。

关键词：世赛标准；工业机器人实训；行业规范

1 引言

现有的"工业机器人实训"课程以工业机器人的操作和维护为主,主要包括工业机器人的基本操作、典型应用、系统接线及故障排查等方面的内容,这些内容虽然是工业机器人实训的重要知识点,但是在实训教学过程中,大部分任务对象与实际工况相差较多,项目的教学过程与项目实施过程也有较大差距,导致学生对工业机器人学习的动机不明确,学习效果不理想,毕业以后学生独立完成工业机器人项目的难度较大。

为了解决工业机器人实训教学中的问题点,本文将世界技能大赛机器人系统集成项目的技术标准与汽车行业的典型工业机器人应用场景相结合,提出了一种改进现有实训课程的教学内容和教学过程,缩短了工业机器人教学与实际企业应用之间的差距,进而提高了学生的学习兴趣和动力。

2 世赛标准与行业规范的结合

世界技能大赛机器人系统集成项目的技术规范包括七大部分内容,分别是工作组织和管理、沟通及人际交往技巧、布局和设计、安装与连接、自动化及编程、调试维护和故障排除、文档简报和报告。技术规范中对项目的组织、管理至项目的设计实施有全流程的技术要求,涵盖的知识点较全面且具备过程评价体系,参照此技术规范进行教学过程的整体设计,能让学生对工业机器人系统有一个整体而全面的掌握。

汽车行业是当今应用工业机器人技术较为成熟、应用领域较为广泛的代表,冲压车间、焊装车间、涂装车间和总装车间对工业机器人的需求量较大[1]。在工业机器人的具体应用中,企业对于机器人系统的安全、效率和生产精度特别关注,因此引入汽车行业规范的重点就是将工业机器人系统的整体安全、生产效率和生产精度引入实训教学环节,培养学生的安全意识和工匠精神,为今后就业打下扎实的基础。

3 教学内容和教学过程

根据机器人系统集成项目的技术标准对"工业机器人实训"课程的内容进行调整,增加布局和设计、安装与连接两部分内容；根据汽车行业的规范要求,增加安全规范和工匠精神的要求。

"工业机器人实训"课程的整体教学内容包括机器人系统布局和设计、安装与连接、安全规范、基本操作、典型应用、系统故障排查,并将工匠精神贯穿教学过程。

"布局和设计"环节中使用三维设计软件 Inventor 设计机器人的系统工具、外围设备系统;使用数字双胞胎 Tecnomatix 软件将工业机器人本体、工具、外围设备及配套生产线组合成一套数字化生产线,在这套数字化生产线中,要求学生根据生产工艺对系统进行整体布局和设计。

如图1所示,按照实际的工厂空间位置和生产线的生产工艺引导学生使用软件完成整个生产线的布局。

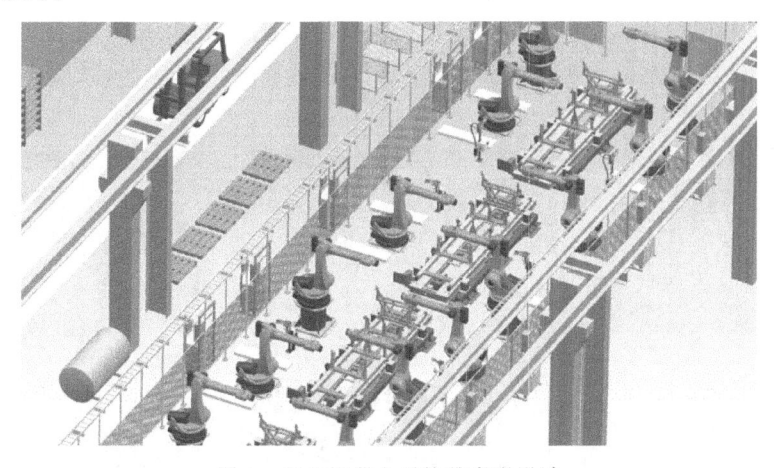

图1 工业机器人系统的布局设计

在通过软件实现系统的虚拟安装和布局后,可以按照电气系统的要求连接机器人和外围设备之间的输入/输出等控制信号,并使用离线编程工具对机器人进行编程和仿真,使其能够按生产工艺要求执行精确、复杂的装配等操作工艺,从而让学生直观地操作整条生产线的生产工艺,增强学生的成就感。

"安装与连接"环节要求学生按照数字化生产线的布局完成工业机器人工具的组装和定位,并将机器人系统的外围、生产线等设备进行机械组装和电气连接。

"安全规范"包括设计时考虑对人员的防护、末端夹持器夹持工件的防脱落措施、机器人系统和外围设备在动力消失或变化时的预防措施、运动部件在设备布局时的间距等安全预防措施。同时,还应考虑由于人员的误操作,或系统未及时检测各项安全及防护功能而使设备及系统在工作时造成故障和失效的预防措施[2]。

"基本操作"包括工业机器人示教器的基本操作、坐标系统的基本使用、各种运动指令和逻辑指令的应用、系统设置等内容。

"典型应用"包括码垛、焊装、涂胶、搬运、喷涂等典型应用工艺的编程和实际系统的联调等。在工业机器人的典型应用中将汽车行业中的典型工艺要求和实际工况环境结合起来调试,如涂胶应用项目,要求学生在应用中考虑胶条粗细均匀、美观,无漏胶、断胶等现象,同时考虑环境温度波动对胶泵供胶的影响及周围风向对出胶质量的影响,要求在调试过程中综合考虑相应因素后再进行相关的调整。

"系统故障排查"包括测试设备和系统的标准和方法,故障发现、问题解决和优化策略等内容,同时还会使用 HTML 或其他 Web 技术为机器人系统的用户开发人机界面(HMI)应用程序,便于操作人员的维护管理等。

4 教学效果

采用世界技能大赛标准与行业规范相结合的教学内容进行授课,不仅能让学生对工业机器人系统有一个完整而全面的了解和掌握,同时通过引入世界技能大赛评价体系,可使学生在课堂学习过程中及时得到确切的反馈,加深其对技能的掌握。

以工业机器人 TCP 测量教学环节为例,通常 TCP 测量误差在 0.5mm 为合格。图 2 为学生练习 TCP 测量过程。学生在教学中按照世赛标准挑战极限、破纪录,追求精益求精,将标准合格率从 60.7% 提高到 85.7%,优秀率从 14.2% 提高到 60.7%(见图 3 和表 1),促进了培养学生的工匠精神和劳动品质。

图 2 学生工程实践

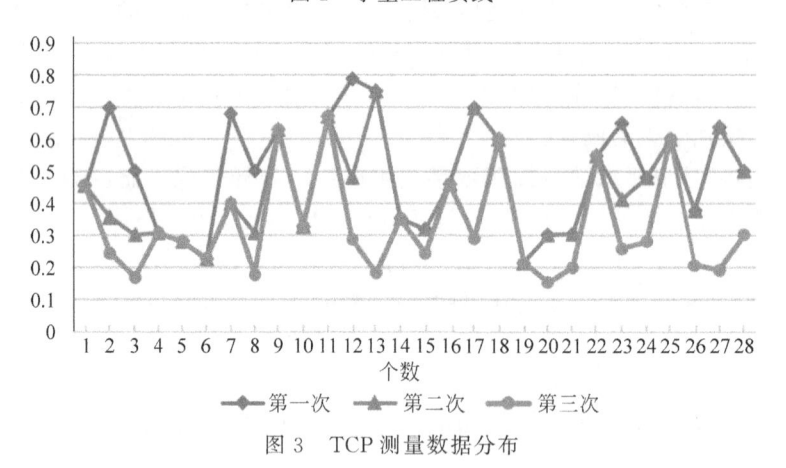

图 3 TCP 测量数据分布

表 1 TCP 测量结果统计

测量次序	平均值/mm	合格率/%	优秀率/%
第一次	0.494	60.7	14.2
第二次	0.438	75.0	17.8
第三次	0.330	85.7	60.7

5 结语

结合世界技能大赛标准与行业规范,对"工业机器人实训"课程的内容和教学过程进行丰富和完善,可以让学生系统地掌握工业机器人的应用技能,加深对生产安全意识的认识,加深理解生产工艺和生产精度,为培养学生精益求精的工匠精神打下了良好的基础,该教学过程值得在实际教学过程中推广。

参考文献

[1] 钟平,李华雄.多机器人协同系统在汽车焊接生产线中的应用[J].天津职业技术师范大学学报,2018,28(1):31-34.
[2] 中国机械工业联合会.工业机器人 安全实施规范:GB/T 20867—2007[S].北京:中国标准出版社,2007.

基于 OBE-CDIO 教学模式的工程训练实践课程教学改革与实践

李 蕊

(中国民航大学工程技术训练中心,天津,300300)

摘要:当前工程训练教学实践课存在工程能力与综合素质培养不足、课程评价方式单一的问题,影响了学生毕业要求的达成。针对此问题,该课程基于成果导向教育(OBE)理念,依据专业毕业要求,制定了该课程的预期学习产出和指标点。以 CDIO 工程教育标准为指导,重构教学内容,增加案例教学环节,开展项目式学习,构建评价反馈体系。实践结果表明,改革后的工程训练实践教学课程对促进学生毕业要求作用明显。

关键词:成果导向教育;CDIO;工程训练;预期学习产出

1 引言

随着"一带一路"倡议的推进和《中国民用航空发展第十三个五年规划》的制定实施,我国民航业正处于快速、优质的发展阶段,中国已成为仅次于美国的第二大航空运输大国和运输强国。2018 年,民航全行业完成运输总周转量 1206.53 亿 t·km,比上年增长 11.4%;全行业完成旅客周转量 10712.32 亿人·km,比上年增长 12.6%;全行业完成货邮周转量 262.50 亿 t·km,比上年增长 3.4%[1]。未来至 2033 年,中国预计将新增中大型飞机 6200 架,占全球的 17%。民用航空器维修人员为民航安全保驾护航,机务维修人员的能力和素质直接影响航空器的维修质量。行业发展对维修工作的专业技术性提出了更高的要求,机务人员必须具备优良的综合素质[2]。

2 OBE-CDIO 教学理念

CDIO 以培养下一代工程师为目标,代表构思(conceive)、设计(design)、实施(implement)和运行(operate)。2000 年,美国麻省理工学院、瑞典皇家工学院等高校共同倡导创立 CDIO 工程教育改革模式[3]。CDIO 改革包括 CDIO 理念和与之适应的学习目标(教学大纲),其愿景是为学生提供一种在实际系统和产品的构思—设计—实施—运行的背景环境,强调工程基础的工程教育。CDIO 理念自 2005 年引入中国以来,在中国高等工程教育界萌芽、扎根、开花和结果[4]。清华大学、成都信息工程学院、汕头大学等高校陆续在机械类[5]、电气类[6]、土木工程类[7] 等工科课程中应用 CDIO 教学模式开展探索实践工作。我校于 2009 年开展 CDIO 工程教育改革,2010 年在电子信息工程专业进行试点,笔者负责试点班的工程训练实践课程改革工作[8];实践经验还应用于"工程材料及机械制造基础"理论课程的教学改革中[9],但目前针对民航特色类实践课程的 CDIO 教学改革经验还较缺乏。

成果导向教育(OBE)于 1981 年由美国人 Spady 率先提出后,以惊人的速度获得了广泛重视和应用。经过 10 年左右的发展,形成了比较完整的理论体系,被认为是追求卓越教育的正确方向。美国工程认证协会(ABET)全面接受了 OBE 的理念,并将其贯穿于工程教育认证标准的始终。2013 年,我国被接纳为《华盛顿协议》签约成员[10]。国内清华大学[11]、北京交通大学[12]、北京理工大学[13]、福州大学[14] 等高校已陆续开展基于 OBE 理念的教学研究与改革工作。OBE 教育理念遵循"以学生为中心""以成果为导向""持续改进"

3个核心理念,对促进和引导专业建设与教学改革、提高工程技术人才培养质量至关重要。

OBE理念与CDIO模式均获得了国内外教育界的广泛认可,两种教育理念相互呼应,并追求共同的教育目标。CDIO作为一种人才培养模式,起初的适用范围仅是工科学生,汕头大学等高校将工学院的CDIO改革经验推广到全校,构建了以OBE教学体系为骨架的"先进本科教育",形成了OBE-CDIO一体化教学改革理念[4]。其中,OBE是目标,CDIO是手段,两者相辅相成。具体来说,OBE根据毕业生应具备的能力对课程进行"逆向设计",实现每门课程内容与所要求的能力矩阵相匹配;CDIO以产品研发到产品运行的生命周期为载体,让学生以主动的、实践的方式学习工程,培养工程实践能力和创新能力,是对OBE所设立目标的具体实践。与传统教学方法相比,OBE-CDIO教学理念实现了以下转变:①学生由围绕课本学习到围绕项目学习;②学习过程由教师讲授为主到以学生自主学习为主;③由记忆理解到内化应用知识点。北京科技大学[15]、华东理工大学[16]等高校已开展以OBE-CDIO为理念的实验室建设和实践教学探索工作。

3 OBE-CDIO工程教育模式下钣金课程的教学改革路线

3.1 工程训练体系下钣金实践课程的现状

在工程教育体系中,工程训练课程对工科学生是至关重要的教学环节。钣金实践课又称飞机结构修理课程,是民航类院校面向机械类(包括飞行器动力工程、飞行器制造工程、工业工程等)专业和非机械类(包括通信工程、电子信息工程等)专业学生开设的工程训练科目,是"工程材料及机械制造基础"实践课和航空维修专业实习课的重要组成部分。同时,钣金是EASA(欧洲安全条例)PART 66 SUB-MODULE 07A教学大纲中7.8 riveting和7.14 material handling章节的内容[17]和FAA(美国联邦航空条例)的主干内容,也是我国CCAR(中国民航规章)第147部7.11节与第66部11章共同涵盖的基本技能培训模块。因此,钣金实习课程是高校学生养成教育阶段培养计划中的必修环节,也是从事机务维修的专业人员职业生涯中必须具备的基本技能,如图1所示。

我校钣金实践课程的现状如下:①以教材为依据,以教师课堂讲授为中心。教师根据教学大纲和任课说明书的计划,组织展开教学活动,知识讲授以课堂讲解为主。②实训内容单一。实践环节学生以现有的统一图纸为操作依据,学生完成的作品千人一面。③考核标准单因素化。主要依据学生所完成产品的质量进行成绩评定,对学生的学习过程关注较少。

可见,以往的钣金实践课程关注"教什么",而非"学什么",采用传统的"以教师为中心"的教学模式,缺乏学生自主学习的环节,制约着教学效果和质量的提升,不能充分发挥促进培养学生责任意识、解决问题能力、终身学习能力[18-19]的作用。同时,航空技术不断发展,行业对民航维修人员的能力素质提出了更高的要求。为提升教学效果,满足企业、学校对人才培养的需要,该课程需要重新进行思考定位,在培养民航机务维修类人才中发挥应有的作用。基于OBE工程教育理念,充分借鉴CDIO工程教育模式,结合国际工程教育改革、工程教育认证的教学改革势在必行。

3.2 钣金实践课程改革

1) OBE-CDIO教育模式下钣金课程改革路线

钣金实践课程是一门兼具丰富理论内涵,实践性又很强的科目,适合开展OBE-CDIO

图 1 钣金实习的作用

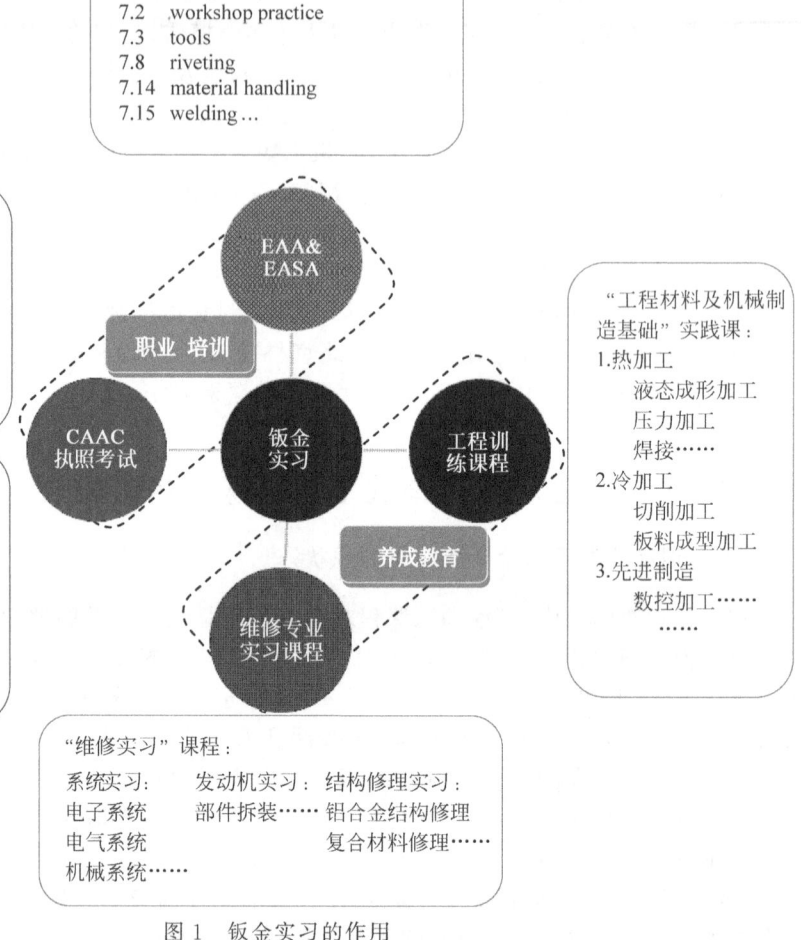

教学模式改革。以社会、企业需求,专业培养目标和毕业需求为导向,结合课程特点制定课程的预期学习产出,确定指标点。以成果为导向逆向设计课程内容和开展形式,并基于CDIO 工程教育模式进行正向实施。CDIO 模式采用的 12 项标准在专业培养目标与具体的教育输入、过程和结果之间架起了一座桥梁[20]。

此次教学改革工作以我校飞行器制造工程专业的培养目标为导向,以预期的学习产出为中心,遵循 CDIO 标准,从理论教学、实践教学和教学评价 3 个方面展开。首先,在课堂理论教学环节,从优化配置教学内容、改变教学方式、增加案例教学过程等方面进行改进。改变"填鸭式"的灌输教授模式,增加学生自主学习环节,课堂教学以重、难点知识讲解为主。结合民航专业特色,融入案例教学环节,以学生为中心提升学习效果,契合 OBE 理念以专业培养目标为导向的内涵。其次,钣金实践课程是以学生动手实践为主的课程,教学改革工作彻底改变了所有学生遵循一张图纸,以固定模式加工产品的现状。改革后的实践环节,学生自主完成钣金结构件的构思、设计和实施,综合运用机械制图、机械制造等课程知识,在主动学习、主动实践过程中充分发挥主观能动性,提升工程能力。教师在指导学生解决工程问题的过程中,工程实践能力也获得了极大提升。最后,健全评价体系,使其符合CDIO 标准 11 的要求,教师指导、参与学生工程问题解决的全过程,在学习评价环节更加系统、全面地考核学生的学习情况；健全教学反馈机制，持续改进教学工作。

OBE-CDIO 教育模式下钣金课程改革路线如图 2 所示。

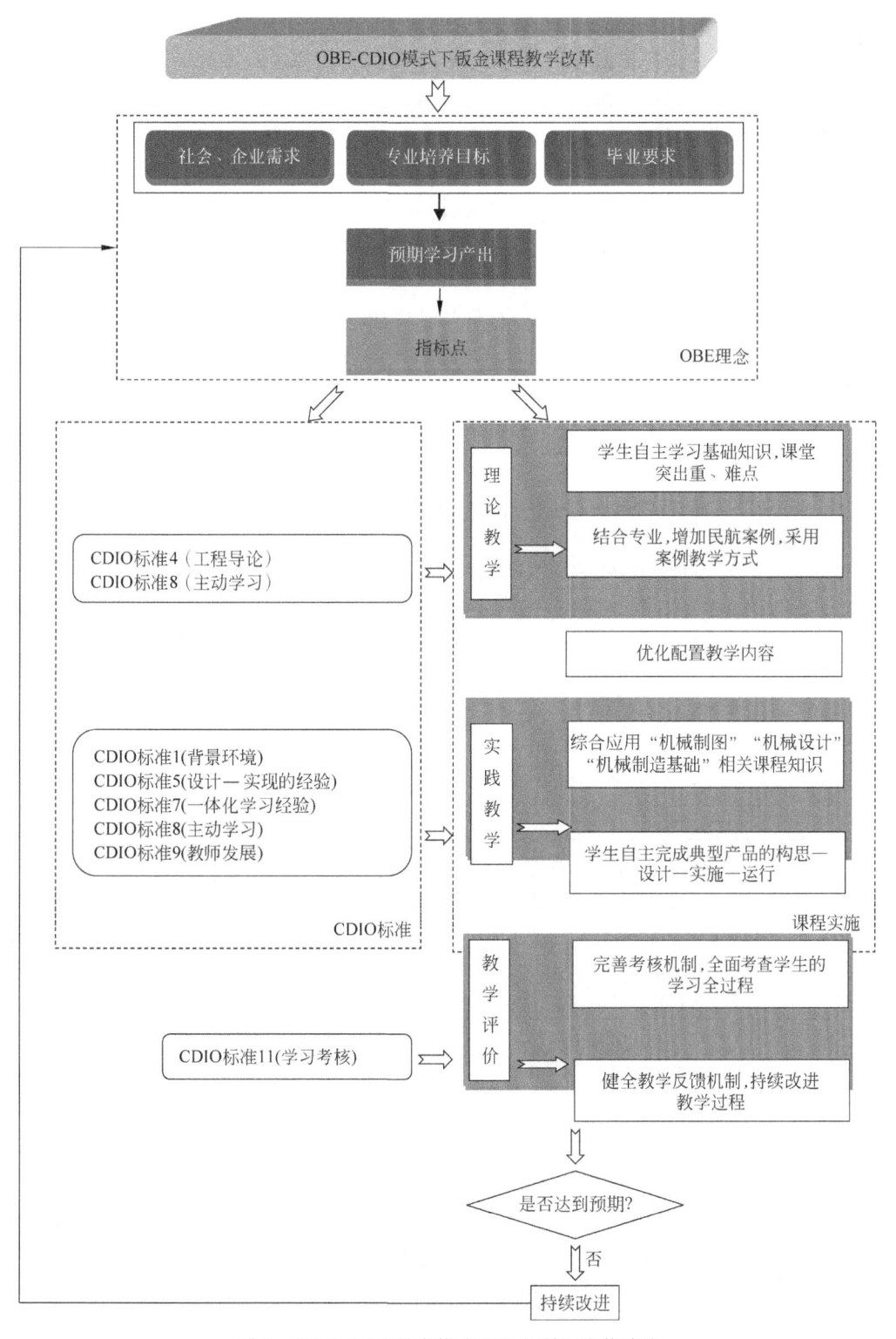

图 2 OBE-CDIO 教育模式下钣金课程改革路线

2) 实践课程与预期学习产出的关系

OBE教育模式以预期的学习产出(interned learning outcome,ILO)为中心,学习产出是整个教学活动的核心和驱动力。我校飞行器制造工程专业的培养目标是:以航空维修为特色,培养适应国内外现代民航发展需要,具备扎实理论基础和综合素质,系统掌握飞机维护、改装、大修、结构件深度修理等专业知识,具有较强实践能力的应用型高级技术人才和管理人才。《华盛顿协议》中给出的工程教育培养的最终目标,是使学生获得以下12个方面的能力:工程知识、问题分析、设计/开发解决方案、调研、现代工具的应用、工程师与社会、环境与可持续发展、道德操守、个人与团队工作、沟通交流、项目管理与财务、终身学习[21]。落实到本课程,结合飞行器制造工程专业的毕业标准,预期对工程知识、问题分析、设计/开发解决方案、个人与团队工作、现代工具的应用、道德操守、沟通交流、终身学习这8个方面的能力进行着重培养。依据专业培养目标和毕业需求制定本课程的预期学习产出,随后根据预期学习产出确定指标点。表1给出了课程培养能力、预期学习产出和指标点之间的对应关系。

表1 课程培养能力、预期学习产出和指标点之间的对应关系

能力培养	预期学习产出	指标点
Ⅰ.工程知识	(1)了解国内和国际民航环境; (2)具备掌握飞机维护、改装、大修、结构件深度修理专业知识的能力	Ⅰ.1认知和了解未来职业; Ⅰ.2学习掌握工程知识; Ⅰ.3学习、掌握实践课基本知识
Ⅱ.问题分析	(1)具备将数学、科学知识应用于航空维修领域、分析、解决工程和研究问题的初步能力; (2)在航空维修中运用相关知识发现和解决问题的能力	Ⅱ.1熟练掌握航空器维修手段; Ⅱ.2综合应用数学、科学等知识分析、解决问题
Ⅲ.设计/开发解决方案	具备应用工程知识解决工程问题,设计、开发相应解决方案的能力	Ⅲ.1实现理论联系实际,解决工程问题和航空问题; Ⅲ.2制定设计/开发解决方案
Ⅳ.现代工具的应用	具备在航空维修专业实践中运用基本技能和现代技术的能力	Ⅳ.1掌握工具、设备的使用方法; Ⅳ.2锻炼和提升实践能力; Ⅳ.3掌握航空器维修的基本技能
Ⅴ.道德操守	理解和遵守航空维修职业道德,具备严谨务实的机务作风	Ⅴ.1培养和提升思想素质; Ⅴ.2培养和提升机务作风
Ⅵ.个人与团队工作	具备在航空维修中多学科和多样化团队中有效工作的能力	Ⅵ.具备个人与团队协同工作的能力
Ⅶ.沟通交流	具备在团队中有效沟通的能力	Ⅶ.提升沟通表达能力
Ⅷ.终身学习	能够跟踪航空维修领域先进技术,具备终身学习的能力	Ⅷ.发现并积极解决问题

钣金实践课程设置须与预期的学习产出相适应,支撑能力培养要求。现有课程教学环节与预期产出指标点的对应关系见表2,可见以往的课程设置对学生设计/开发解决方案的能力、沟通交流能力和终身学习能力方面的培养存在欠缺。改进后的理论教学和实践教学环节更加注重学生综合能力和素质的培养,可以更有效地支撑预期教学成果。

表 2 课程设计与学习预期指标点的对应关系

教学环节		教学内容	Ⅰ.1	Ⅰ.2	Ⅰ.3	Ⅱ.1	Ⅱ.2	Ⅲ.1	Ⅲ.2	Ⅳ.1	Ⅳ.2	Ⅳ.3	Ⅴ.1	Ⅴ.2	Ⅵ	Ⅶ	Ⅷ
现有教学模式	理论教学	钣金概述（航空器的基本结构、航空器结构修理的常见方法）		√	√					√	√						
		钣金在航空器维修中的应用	√		√					√	√						
		钣金维修基本理论（板料弯折计算、铆钉材质、铆钉尺寸、铆钉件号、铆钉排布）		√	√	√				√	√						
	实践教学	航空器结构修理常用工具	√	√		√				√		√	√				
		航空器结构修理补片制作		√		√				√		√	√				
		航空器结构修理铆接操作		√		√				√		√	√				
		模拟航空器结构修理案例	√			√		√		√		√	√				
		综合性零件制作	√	√		√				√		√	√				
改进后的教学环节	理论教学	自主学习模式	√	√	√	√					√		√	√	√	√	√
		案例教学	√	√	√	√				√			√	√			
	实践教学	自主设计综合性零件制作	√	√	√	√	√	√		√			√	√			√

4 OBE-CDIO教学模式下钣金课程教学改革实施

4.1 钣金课程理论教学部分的改革实践

1）优化教学内容配置，开展以学生为中心的自主学习模式

钣金课程涉及的理论知识丰富，在保证学生有足够的课时完成实践动手环节之外，课堂教学还需讲授铆钉材质、件号、排布等基础知识和板料成形基本理论与计算推理，以及钣金在飞机结构修理与改装中的应用等。面对教学内容繁多而课时有限的挑战，如何优化配置教学内容，高效利用有限的课堂教学资源，是亟待解决的问题。理论教学改革以学生为中心，转换教学模式，将以往占用课堂教学大部分时间的基本概念、基础知识讲解安排在自学环节中完成，通过课堂提问、演示等方式检验自学效果。例如，铆钉材质、铆钉排布等通俗易懂的基础知识可安排学生自主学习，教师将PPT、视频等资源上传至网络平台，学生结合教材和互联网资源，独立学习，发现问题。课堂教学则以重、难点知识，学生设计方案讨论为主，突出学习脉络，高效、充分地利用课堂资源。

2）突出专业特色，增加案例教学环节

传统教学侧重传授知识，而案例教学强调培养学生发现问题、分析问题及解决问题的能力，进而提高学生的素质。钣金课程与民用航空器维修工作紧密联系，是飞机结构修理的重要方法，引入民航案例开展案例教学，将学生带入维修场景是本次教学改革课堂环节变革的重要部分。教师深入民航生产一线，采集素材，整合应用于对应章节的课程教学之

中,将案例教学贯穿于课堂教学始终,获得了学生的广泛好评。

参加"工程材料及机械制造基础"实践部分钣金课程的学生为大一或者大二年级的新生,没有进行实践课程训练的经历,对工程训练课程没有认知。在课程初始阶段以案例带入情境,可以帮助学生快速进入学习状态。首先,以 2009 年国航成都基地一架波音 737-300 机型飞机腐蚀损伤的案例引出问题,针对航空器发生结构损伤应采取的处理办法提问。通过该设问启发学生自主思考、讨论处置方案,在学生得到可行性方案解决问题时,教师及时予以肯定。此过程中,学生不仅认识了钣金实习的加工对象是制造飞机结构的铝合金板材,还初步了解了飞机结构修理的流程,明确了后续课程涉及的理论与实践内容的应用,激发了学生继续学习的兴趣。随后,课程进展至飞机结构修理常用方法介绍,经教师讲授,学生对贴补式和镶平式两种常见修理方法已形成理念上的认知。此时,教师通过实物教具展示和对中华航空公司"611 空难"事故案例的讲解,使理论知识以可见可触的形式呈现。"611 空难"主要是由于结构修理不当和金属疲劳引起的,该事故造成 206 名乘客与 19 名机组人员全部遇难,成为台湾发生的最严重的空难事故。这样可使学生在学习飞机结构修理常用方法的同时,建立更为重要的安全责任意识。板料成形和铆接实操学习是本课程的核心内容,学生在经历大量重复性基本操作练习后,普遍存在松懈抵触心理。此时安排介绍 Ameco 执行波音 767 飞机翼尖小翼结构改装案例,学生不仅复习了钣金操作的基本方法和安全注意事项,还了解到自身使用的工具和练习的操作在民用航空器维修生产一线上的真实应用,学习热情得到激发,会主动积极地参与后续实操练习。钣金操作在航空器维修应用章节,以机身遭受雷击为例,介绍铝合金结构修理的全过程,将生产的全过程展示给学生。

OBE-CDIO 教学模式的钣金课程案例教学实例如图 3 所示。

4.2 钣金课程实践教学部分的改革实践

金属板材是钣金加工的对象,其使用量占每年全世界金属使用量的 50% 以上,金属板材钣金加工工艺是机械制造业板料成形和连接的重要手段,广泛应用于汽车修理等领域,钣金加工也是飞机铝合金结构修理中最重要的维修手段。以往钣金课程实践环节着重训练学生的基本技能,依据教师给定的图纸,学生完成固定产品制造,按照工艺卡片完成固定维修工作流程。此次教学改革完全颠覆了以往的实践教学模式,由学生自主构思—设计—实施—运行产品,综合运用各学科知识,参与产品全生命周期的过程中,取得了较好的实践效果。在构思设计阶段,教师仅提出产品设计的总体要求和评价标准,对产品形状、尺寸和工艺流程不做规定,即规定:①产品长×宽×高的范围;②产品须涵盖板料成形和铆接两个基本训练内容;③产品须体现规范性、创新性、复杂性、实用性。根据图 4,学生可以确定应该做什么样的知识准备。OBE 强调知识的整合而非拆分,通过对创新性综合零件制造相关单元知识的聚集、提炼、应用和创新,为学生解决复杂工程问题奠定了基础。学生查阅资料,团队协作,运用"机械制图""机械设计"课程的有关知识完成产品图纸初稿的绘制。经加工可行性分析,修改设计方案,确定最终图纸,学有余力的学生可以使用 SolidWorks 软件绘制零件和装配件的三维图(见图 5),然后撰写加工工艺流程卡片及工程文档。最终实现产品的加工制造,完成实施工作。

图 6 所示的所有作品均由学生自主完成,其中包含特定形状零件(Y 形零件、工字形零件)的设计制造,还包含桌椅组合产品和仿真动物外形加工的铆接作品。部分学生在产品

图 3 OBE-CDIO 教学模式的钣金课程案例教学实例

设计中还考虑到产品的实用性,加工出了具有一定应用价值的钣金作品,图 7 所示为朱同学设计的书立书挡,简洁实用,作品利用两块简单的"L"形板材通过铆钉连接,解决了多本图书摆放时易倾倒的问题。刘同学设计的作品可固定于桌面实现手机架的功能,还可固定于桌面边角实现挂钩的功能,构思巧妙,用途多样。

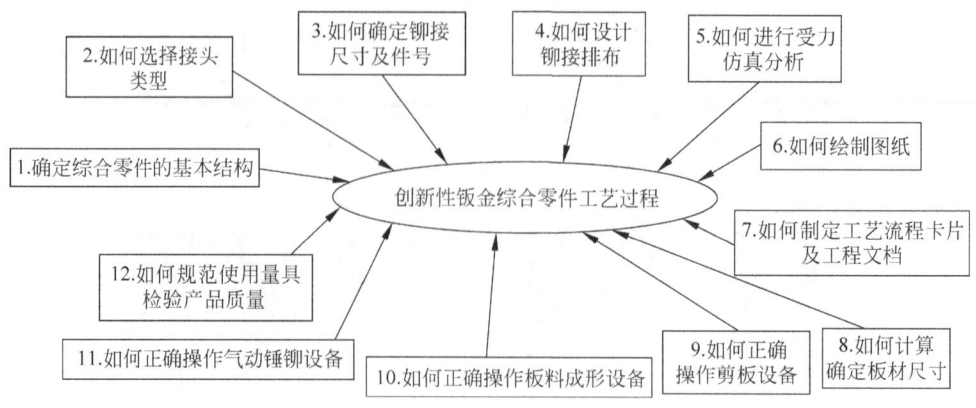

图 4　创新性钣金综合零件工艺过程所需的知识结构图

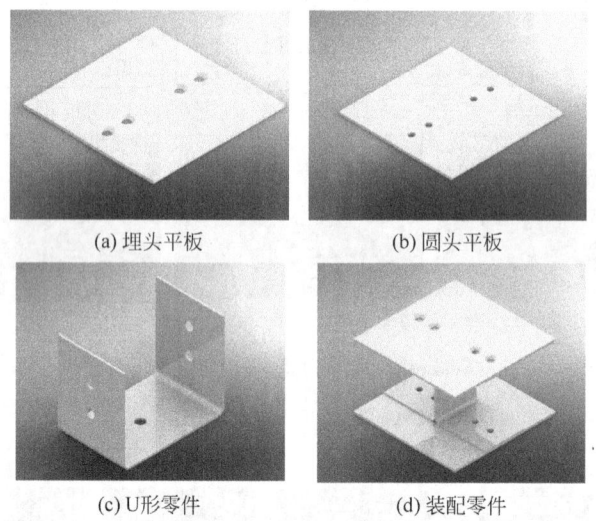

(a) 埋头平板
(b) 圆头平板
(c) U形零件
(d) 装配零件

图 5　学生绘制的 SolidWorks 三维图

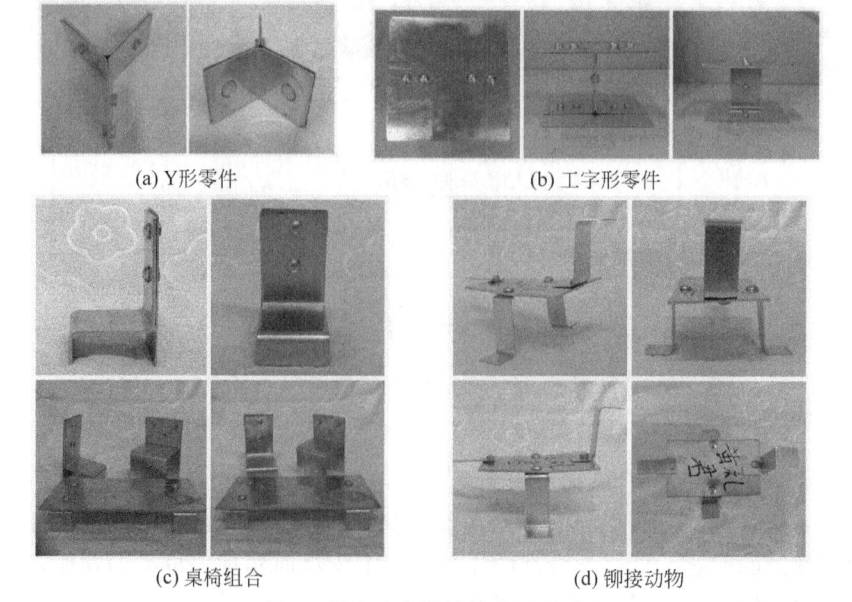

(a) Y形零件
(b) 工字形零件
(c) 桌椅组合
(d) 铆接动物

图 6　学生自主设计的产品展示

(a) 书立书挡　　(b) 手机架　　(c) 挂钩

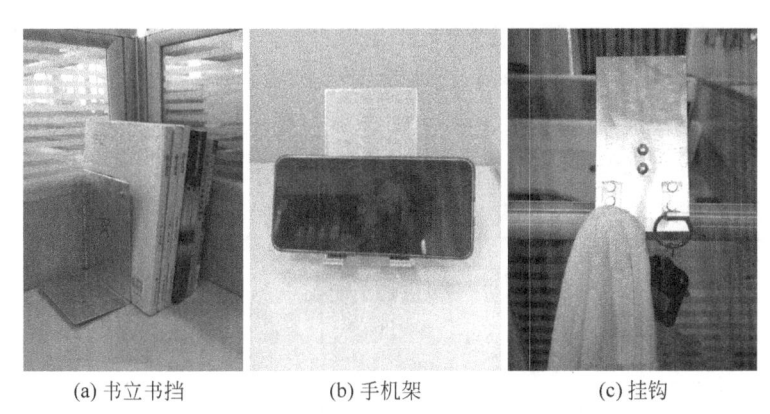

图 7　学生自主设计实用性作品

4.3 钣金课程教学评价部分的改革实践

1) 制定多维考核机制

OBE 模式强调学生获得的能力与成果。CDIO 标准 11 要求对学生的考核须对个人、人际交往能力及过程的建造能力等方面的学习效果进行综合评定。以往的实践课程考核仅对学生最终作品的质量（尺寸精度、粗糙度、垂直度等）进行评定，以单因素评定学生，且平时成绩占比较低。制定合理的多维度考核方式，可反映课程的质量，也可更好地追踪学生学习的薄弱环节，为实现课程的持续改进提供支撑。根据以往的授课经验，学生平时表现的好坏决定了其最终的学习效果，因此在新的考核机制中加大了平时成绩比例，弱化了零件加工质量在总成绩中的比重（见表3）。全面考查学生的学习能力、创新能力、应用知识解决复杂问题的能力，使考核结果更加全面地体现学生的学习过程，反映学生工程实践的能力。

表 3　钣金实习考核比例

项　目		考核内容	分数比例/%	
			分比例	总比例
平时	学习过程评价	出勤	40	20
		课堂参与度	30	
		自学情况	30	
	产品设计(设计阶段)	组内表现	60	20
		课堂展示	40	
大作业	产品设计(实施阶段)	规范性	25	50
		创新性	25	
		复杂性	25	
		应用性	25	
	实习报告	书写准确性	100	10

2) 课程效果反馈

(1) 学生反馈调研及结果分析。为完善教学评价机制，实现 OBE 理念要求的持续改进的教学目标，进行例行结课师生交流会，在填写教学意见调查表的基础上，开展教学目标达成度调查。该问卷基于问卷星平台的问卷调查功能设计和实现，调查问卷对应于 8 个预期学习成果,采用李克特5级评价法,从"非常不满意""基本不满意""一般""基本满意""非常满意"依次计1~5分,获得的分数越高,表明学生对教学目标达成的满意度越高。在采用新旧教学模式的班级中分别随机抽取50名学生作为调查对象,有效问卷率100%,问卷调查的数据结果见表4,为简化表格,用数字或字母标号代替预期学习成果或指标点的具体内容。

表 4 调查问卷数据结果

问 题	对应的预期学习成果	指标点	以往教学模式	OBE-CDIO教学模式
(1) 本次实习是否能让你对未来职业有更为全面的认知和了解?	Ⅰ	Ⅰ.1	4.0	4.6
(2) 是否掌握并能应用实习课程的基本知识?	Ⅰ,Ⅱ	Ⅰ.2,Ⅰ.3,Ⅱ.1	4.6	4.8
(3) 是否可综合应用数学、机械等学科知识,分析、解决问题?	Ⅱ	Ⅱ.2	4.2	4.7
(4) 在整个实习过程中,你的动手能力是否得到了提升?	Ⅳ	Ⅳ.1,Ⅳ.2,Ⅳ.3	4.7	4.8
(5) 在实习中,是否理论联系实际,解决了一些工程问题(航空问题)?	Ⅲ	Ⅲ.1,Ⅲ.2	3.8	4.5
(6) 在实习中能否及时发现问题并积极地去解决它?	Ⅷ	Ⅷ.1	4.3	4.6
(7) 在教师的指导下,你的机务作风是否得到了培养和提升?	Ⅴ	Ⅴ.1	4.4	4.6
(8) 在实习中,你的团队能力和沟通能力是否得到了锻炼和提升?	Ⅵ,Ⅶ	Ⅵ.1,Ⅶ.1	4.0	4.7
(9) 在创新性零件设计过程中,你是否获得了工程能力的提升?	Ⅰ,Ⅱ,Ⅲ	Ⅰ.2,Ⅰ.3,Ⅱ.2,Ⅲ.1,Ⅲ.2	4.0	4.5

由调研结果可见,传统教学模式下学生在以下指标点的达成度不高:Ⅰ.1、Ⅱ.2、Ⅲ.1、Ⅲ.2、Ⅵ.1和Ⅶ.1。应用OBE-CDIO教学模式实施教学改革,尤其是增加了创新性综合零件设计环节后,使预期学习效果的薄弱环节得到大幅提升。

(2) 教师反馈。教师课后总结经验,发现问题,定期开展教学研讨会。反馈结果显示教师对课程的投入量明显增加,教学改革实践工作获得了教师和学生的广泛认可,主要反映在以下几个方面:①通过案例教学,学生开阔了视野,真切感受到了维修一线的生产情况,对未来职业的预期更加清晰。②实践环节自主设计产品,初始阶段很多学生表示不理解、不适应,抵触情绪明显。经过教师指导和团队成员的相互鼓励,学生逐渐将理论知识与实践相结合,形成各具特点的设计成果,掌握了解决工程问题的能力。③学生的创新能力及自信心得到极大增强,部分学生表达了参与创新创业项目的意愿。

5 结语

当前,各国工程教育界均认同以成果为导向的OBE教育理念,积极践行CDIO工程教育模式。以OBE理念为目标,CDIO教学模式为实施指南的OBE-CDIO教学模式正在逐渐推进，为高等工程教育和工程专业认证提供了有力保障。结合学校的专业培养目标，突出中国民航大学的专业特色，符合 CDIO 标准的工程训练课程的教学改革取得了一定的成果，后续工作还有很长的路要走。OBE 理念为教学改革指引目标，CDIO 教学大纲明确了教学改革的方法，对今后工程教育中工程训练课程的改革完善意义重大。

参考文献

[1] 中国民用航空局.2018 年民航行业发展统计公报[EB/OL].(2019-05-08)[2022-02-25]. http://www.caac.gov.cn/XWZX/MHYW/201905/196106.html.
[2] 高扬,李晓旭.民航机务维修人员胜任素质模型研究[J].安全与环境工程,2016,23(1)：168-172.
[3] 顾佩华,包能胜,康全礼,等.CDIO 在中国(上)[J].高等工程教育研究,2012(3)：24-40.
[4] 顾佩华,胡文龙,陆小华,等.从 CDIO 在中国到中国的 CDIO：发展路径、产生的影响及其原因探究[J].高等工程教育研究,2017(1)：24-43.
[5] 郝志秀,季林红,冯娟.基于 CDIO 的低年级学生工程能力培养探索：机械基础实践教学案例[J].高等工程教育研究,2009(5)：36-40.
[6] 王天宝,程卫东.基于 CDIO 的创新型工程人才培养模式研究与实践：成都信息工程学院的工程教育改革实践[J].高等工程教育研究,2010(1)：25-31.
[7] 李庚英,赵晓华,熊光晶."土木工程材料"CDIO 模式的设计与实现[J].高等工程教育研究,2009(5)：41-43,51.
[8] 李蕊,王岩韬,贺毅.CDIO 人才培养模式下金工实习课程改革探索[J].中国民航大学学报,2012,30(5)：41-45.
[9] 李蕊,贺毅.基于 CDIO 的金属工艺学课程体验式教学改革[J].实验室研究与探索,2017,36(6)：186-191.
[10] 李志义,朱泓,刘志军,等.用成果导向教育理念引导高等工程教育教学改革[J].中国高等工程教育研究,2014(2)：29-34,70.
[11] 苏芃,李曼丽.基于 OBE 理念,构建通识教育课程教学与评估体系：以清华大学为例[J].高等工程教育研究,2018(2)：129-135.
[12] 周春月,刘颖,张洪婷,等.基于产品导向 OBE 的阶梯式实践教学研究[J].实验室研究与探索,2016,11(35)：206-208,220.
[13] 付铁,郑艺,丁洪生,等.工程训练课程的 OBE 教学设计与实践[J].实验技术与管理,2018,35(1)：180-183.
[14] 唐凤翔,郑允权,黄剑东.基于成果导向的制药工程专业实验教学改革实践[J].实验技术与管理,2019,36(4)：217-221.
[15] 阎群,李擎,崔家瑞,等.OBE 准则下 CDIO 在实验室建设中的探索[J].实验技术与管理,2019,34(8)：231-234.
[16] 周双喜,韩震,黄强.CDIO-OBE 工程教育模式的材料力学实践教学研究与探索[J].实验室研究与探索,2018,37(8)：176-179.
[17] FLETZ K. Aviation maintenance technician certification series module 07A：maintenance practices[M]. the United States of America：Aircraft Technical Book Company,2016.
[18] 徐瑾,李志祥.对工科大学生素质要求的调查分析[J].北京理工大学学报(社会科学版),2013,15(2)：155-160.
[19] 周凤桐.大学生的素质要求与能力培养探析[J].中国高教研究,1998(5)：90.
[20] CRAWLEY E F,MALMAVIST J,ÖSTLUND S,et al. 重新认识工程教育：国际 CDIO 培养模式与方法[M]. 顾佩华,沈民奋,陆小华,译. 北京：高等教育出版社,2009.
[21] International Engineering Alliance. 25years Washington Accord[M]. New Zealand：International Engineering Alliance Secretariat,2014.

锂电池及装配仿真的工程训练教学实践

初　晓,林蔚然,王健美,张　琦,李双寿

(清华大学基础工业训练中心,北京,100084)

摘要:将锂电池生产及装配仿真引入工程训练课程中,通过线上仿真平台,使学生熟悉锂电池生产装配工艺的详细流程、配套设备、工艺控制参数和注意事项等;通过线下锂电池生产平台完成锂电池产品的制备工作。锂电池生产线上仿真和线下实操的有机结合,可以有效解决设备台套数不足、制备流程复杂、材料成本较高和安全保障较差等矛盾,使锂电池从只有少量学生参与的专业实验,向大量学生受益的工程训练教学转变。

关键词:锂电池;虚拟仿真;线上线下;工程训练

1　引言

工程训练教学是我国高校人才培养过程中重要的实践教学环节,是符合现阶段中国国情并独具特色的校内工程实践教学模式。工程训练教学以实际工业环境为背景,以产品全生命周期为主线,给学生以工程实践的教育、工业制造的了解和工程文化的体验。工程训练类课程教学强调实践性和通识性,具体表现在让学生在真实的工程环境中,通过亲自动手和体验,达到提升基本工程实践能力和素养的目的;工程训练教学内容上强调系统性和综合性,具体表现在实践过程强调将产品全生命周期的一系列相关活动与工作综合为系统,并注重多专业领域的知识与技能的交叉融合[1-2]。

清华大学的工程训练课程在近几年加快改革步伐,以优化整合基础训练,提升强化综合型、创新型训练为指导思想。在教学实践中,以综合性项目或产品为载体,有效提升学生学习的主动性和积极性,实现以学生为中心和主体、以教师为主导的教学方式转变。

能源和环境问题是21世纪人类面临的两大难题,严重制约着人类的生存和社会的可持续发展。这不仅是科研人员关注的科学问题,更是全社会关心的民生话题。锂电池产业是解决这一问题最具潜力的行业,已在智能手机、平板电脑、新能源汽车、大规模储能、航空航天、船舶舰艇等领域得到了广泛应用,在其他新兴领域也有着非常广阔的应用前景。锂电池制造已成为机械制造的重要分支,开展锂电池原理学习和装配实验也非常必要和急迫[3-4]。

2　锂电池生产装配平台

清华大学基础工业训练中心和清华大学深圳研究院在"优势互补,资源共享,共同发展"的基础上共建了碳立方实验室,实验室拥有完善的材料合成设备、锂电池生产及测试设备。锂电池生产装配的主要工艺和设备如下:

(1)电极浆料配制。该工艺可以实现电极浆料的配制,即将干料和溶剂按比例配制,倒入真空搅拌机中进行真空搅拌,得到电极浆料。

(2)电极片涂覆。该工艺可以实现电极浆料在箔材(铜箔、铝箔)上的涂覆,即将箔材缠绕于涂布机中,在原料端加入电极浆料,涂覆后进入烘箱进行干燥,最后得到电极片。

(3) 电极片辊压，即将电极片放入辊压机中进行辊压操作。

(4) 电极片分条，即将电极片放入分条机中进行剪裁，得到符合尺寸要求的电极片。

(5) 焊极耳，即使用点焊机将极耳和电极片焊接在一起。

(6) 电芯组装，即将正极、负极和隔膜按照顺序叠放好，放在卷绕机上进行卷绕，得到电芯。

(7) 外壳冲压，即使用铝塑膜成形，选好合适的模具和垫块，压制出合适的电池外壳。

(8) 电池封边，即将电池置于铝塑膜外壳中进行包裹，然后在热封机上完成封边。

(9) 干燥，即在手套箱内对封装好的电池进行干燥。

(10) 注液与真空静置，即在真空环境中剪开铝塑膜外壳，在电芯中注入电解液并真空静置。

(11) 真空封口，即在真空封装机中实现电池的再次封口。

(12) 热压化成，即将电池放入热压化成机中进行热压化成。

(13) 真空封口，即在热压化成之后，再次剪开铝塑膜外壳，进行抽真空封口。

(14) 性能测试，即在完成电池组装之后，将电池分别连接电池性能测试系统和电化学工作站，进行性能测试。

锂电池生产装配平台已经与材料学院、化工系、核研院、汽车系、环境学院等校内单位，以及青海大学、中南大学等多个课题组合作，已申请多项专利并发表了成果论文。另外，也承担了材料学院部分学生的专业实验，同时为清华大学学生碳立方创新研究协会提供场地、设备和技术支持。

虽然锂电池生产装配平台比较先进，但仍存在以下问题：

(1) 装配过程复杂。锂电池的装配过程包括10余道工序，影响电池性能的工艺参数多达上百个，在现场实验中难以保证学生对相关流程的有效掌握，存在操作不当所带来的安全和设备损坏风险，以及损耗严重等问题。

(2) 实验设备的台套数量较少，要么分组操作导致学生实际操作率下降，要么学生串行操作，实验花费的时间较长。

(3) 新能源材料和新技术的引进有助于进一步提高锂电池的性能，其效果的实现需要反复的实验、数据记录及验证，实际应用的成本较高。

总之，该平台比较适合科研和少量学生的专业实验，如果要让数量较多的工程训练学生受益，以上矛盾会更加突出。

3 锂电池装配工艺仿真系统

针对以上矛盾，我们开发了虚拟仿真教学系统，学生可以通过该仿真系统掌握锂电池的装配及设备操作流程，学习相关知识点，开放探究思考；然后开展锂电池生产的实操，并在系统中记录现场实验数据，形成虚拟仿真及现场实训相结合的教学模式。

因此，在锂电池装配虚拟仿真系统中我们设计了实验总览、实验步骤、交互操作、实验记录、探究单元和考核评价六大模块。

(1) 实验总览：学生能够自主学习锂电池的相关背景与理论知识，系统了解实验内容，三维交互式地浏览整个实验场景和设备。学生还可以进一步认知每种实验设备，通过交互式点选,了解相关按钮和界面的操作。

(2) 实验步骤:针对每一步工序,系统提供了操作全流程的仿真动画、相关描述与说明,辅助学生建立对该步工序的系统认知。

(3) 交互操作:通过三维交互界面使学生按照正确的操作步骤选择操作部件、实验原料,在仿真环境中完成整个实验,系统在后台实现对学生操作情况的记录。

(4) 实验记录:学生进行现场实验后,在该模块中记录实际的工艺参数、实测性能指标,在掌握实验操作的基础上,进一步分析工艺参数对电池性能的影响。

(5) 探究单元:采用启发式教学,设定相关的探究单元,引导并鼓励学生就如何通过石墨烯等新材料的开发、新技术的应用,进一步提高电池性能等主题进行开放式思考。

(6) 考核评价:结合学生的仿真操作、实验数据、开放探究等部分成绩,进行综合评价。

4 教学实践和教学效果

锂电池装配仿真与实验探究获评教育部2018年度国家虚拟仿真实验教学项目,2020年该项目获评清华大学实验技术成果奖一等奖。

自2018年开始,我们把该内容进一步投入教学和"三创"活动中,在"机械制造实习"和另外一门选课学生数量较多的通识课"制造工程体验"中,锂电池的生产制造及仿真环节已经进入教学实践,累计受益的学生达3000多人。经调研,学生对该环节的总体满意度为44%,较满意度为51%;对环节内容安排合理的较满意度达到了91.6%;认为学习内容略有压力,需要努力的占比74.4%。从学生的反馈来看,锂电池装配与仿真环节的内容安排和难度总体上还是比较合理的,教学效果较好。

5 结语

在锂电池完善的线上虚拟仿真平台和线下生产平台协同下,不仅可以满足少部分研究生科研和部分学生专业实验的需要,助力高质量论文和科研成果的产生,也能满足量大面广的工程训练和通识课程学生的需要,扩大了受益面,有助于学生开阔视野,激发他们对锂电池技术的认知和思考。

参考文献

[1] 傅丽凌,杨平,骆德渊,等.探索工程训练新模式 实施大学生个性化层次化培养[J].实验室研究与探索,2013,32(1):85-87,154.
[2] 朱瑞富,孙康宁,贺业建.综合性大学工程训练中心发展模式设计与实践[J].实验室研究与探索,2011,30(4):85-87,99.
[3] 孙宏斌,冯婉玲,马璟.挑战性学习课程的提出与实践[J].中国大学教学,2016(7):26-31.
[4] 李硕豪.论一流本科教育的基本特征[J].中国高教研究,2018(7):12-16.

基于云平台的虚拟机在实践教学中的应用

杜 平,马晓东,王健美

(清华大学基础工业训练中心,北京,100084)

摘要:随着信息技术的不断发展,传统计算机实验室已不能满足新的学科和技能要求,开始逐渐向虚拟化实验室转变。运用虚拟化技术、分布式技术、网络技术将计算资源进行组合,通过云平台统一管理维护,可以降低教学成本,提高资源利用率,学生可不受时空限制进行远程访问。本文以清华大学基础工业训练中心的工业云平台为例,详细介绍了其硬件资源、平台系统配置及虚拟机软件安装。云平台建成运行两年多,在相关课程中取得了良好的教学效果。

关键词:云平台;虚拟机;实践教学;信息化

1 引言

计算机作为信息时代的主要载体和工具,不仅在人们的日常工作、生活中占有重要地位,在高校的相关课程设计中也是必不可少的重要资源[1-2]。除了信息类的专业课程,一些其他理工科专业也开始大量利用计算机进行辅助设计、仿真优化和制造。近些年,随着大数据、云计算及人工智能等技术的迅猛发展,计算机的应用会越来越广。

早期的计算机实验室建设时需要投入较多的硬件设备、软件环境、网络环境等,这些硬件设备随着使用年限的增加,老化得非常快,同时快速发展的电子技术和计算机技术使其现有的功能不能很好地满足新学科师生的需求,给教学实训带来了很大困难。如何在节约成本的同时解决教学实验设施设备的问题,满足新时代、新技术下新学科、新技能的需求,成为当前高校教育迫切需要解决的问题。

基于云平台的虚拟化计算机,运用分布式技术、虚拟化技术、网络技术将计算资源组合在一起实现共享,通过云平台统一管理维护虚拟机,学生可不受时空限制进行远程访问操作[3-4]。它的主要优势有以下几点:

(1)建设成本低。云平台融合了计算、网络、存储、安全资源的虚拟化,形成弹性的数据中心资源池,大大降低了建设成本和维修成本,提高了资源利用率。

(2)管理简化。由硬件管理为主转向软件管理为主,管理者只需通过云平台对服务器与虚拟机进行管理。

(3)安全性高。虚拟化技术使虚拟机形成逻辑隔离,业务独立,任意一台虚拟机出现故障,处于同一物理机的其他虚拟机不会受到影响,不同虚拟机间的操作系统也可以实现异构。

(4)利用率高。可以满足多种教学需求,只需对应地重新安装虚拟机及其对应的系统、环境和软件,通过互联网即可实现跨时间和地点操作。

(5)多系统共存。根据需求可虚拟出多个系统(Windows或Linux),实用性、操作性强。

本文以清华大学基础工业训练中心(iCenter)的工业云平台为例,详细介绍其硬件资源、平台系统配置、虚拟机软件安装及其在相关实践课程中的应用效果。

2 基于云平台的虚拟机建设

iCenter 工业云平台的整个系统架构如图 1 所示,由硬件系统层、云平台层和虚拟系统层 3 部分组成。

图 1 iCenter 云平台的系统架构

2.1 硬件系统层

工业云平台建立在 iCenter 的数据中心基础设施之上,由 6 个机柜组成,包括云平台管理区、虚拟化资源区和物理资源区 3 部分,如图 2 所示。具体的硬件配置如下:

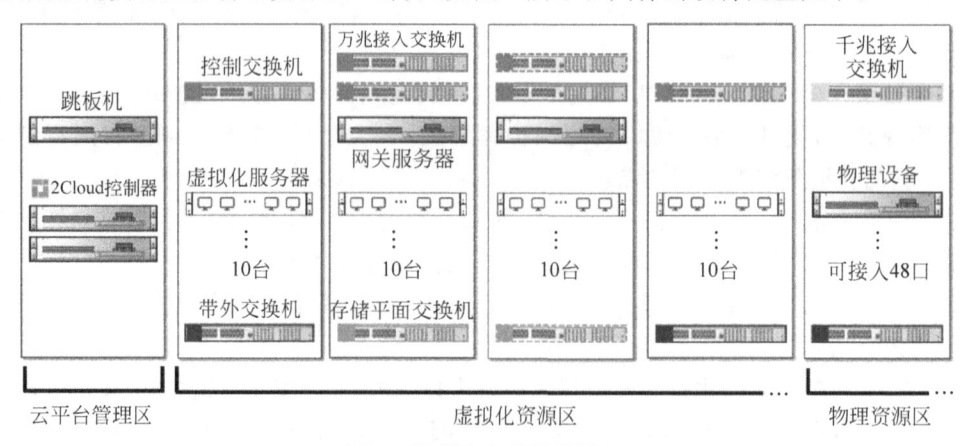

图 2 数据中心的硬件设备

(1) 服务器:4 个机柜安装了 40 台 Dell PowerEdge R730 机架式服务器,每台服务器的配置为双 Intel Xeon E5-2650 8 核处理器,192GB 的内存,20TB 的硬盘。

(2) 网络设备:包含 1 台 Arista DCS-7050SX-64 SDN 万兆交换机,以及多台华为 S5700-24TP-SI-AG 千兆控制交换机和 S5700S-28P-LI-AC 千兆带外交换机,用以搭建云平台局域网及与外网的连接。

(3) 安全设备:按照国标的强制要求,机房配电容量为 120A,并加装容量为 60kV·A

可保证运行1小时的UPS断电保护系统、防静电地板、通风管道和空调,保证内部环境监控和物理安全。

2.2 云平台层

工业云平台采用的是云杉网络公司提供的2Cloud Pack企业私有云产品。它以软件定义网络(software defined network,SDN)技术为核心,提供全栈的基础设施即服务(infrastructure as a service,IaaS)。IaaS是云服务中的最底层,主要提供对计算基础设施的利用,包括处理器、内存、存储和网络,用户能够部署和运行任意软件,包括操作系统和应用程序[5]。

工业云平台可实现iCenter业务的快速部署,为教师、学生、创新团队按需提供逻辑隔离的虚拟私有云(virtual private cloud,VPC)。在VPC云中,用户可以获得虚拟化、物理、安全(AV/IPS/Firewall等)、存储及专业软件等资源服务。目前工业云平台承载运行了多个应用,例如iCenter网站、智慧门禁系统、监控系统、课程维基、互联网工具软件、虚拟现实、GitLab代码共享等。

2.3 虚拟系统层

虚拟化技术就是将各种实体物理资源(处理器、内存、存储、网络等)予以抽象、转换成多个逻辑单元,从而打破实体结构间不可分割的障碍,实现对资源的最大化利用和最优化管理[6]。当前主流的虚拟化技术包括VMware、KVM、Hyper-V等。

根据教学需求,对不同的操作系统选择适当数量的服务器,运用虚拟软件创建虚拟机,并动态分配好CPU、内存、硬盘、I/O设备及网络资源。将所需要的软件与其环境安装配置到虚拟机中,利用云平台系统的镜像管理功能将其制作为模板,通过云平台系统快速投射给对应的虚拟机,如图3所示。最后通过交换机、路由器、服务器实现与学生个人电脑及虚拟机之间的操作。

云杉公司的2Cloud Pack采用的是KVM虚拟化技术,内置了包括Windows和Linux在内的多种操作系统的虚拟机。

(1) Windows虚拟机使用的是Windows Server 2012版,它是微软公司设计开发的新一代服务器专属操作系统,可快速构建、部署和扩展应用程序和网站。Windows系统的应用多为图形化界面,所以此类虚拟机可通过远程桌面(remote desktop protocol,RDP)协议远程访问。而远程桌面客户端在大多数Windows系统中是默认自带的,使用非常方便。

(2) Linux虚拟机使用的是CentOS 7和Ubuntu 14两个版本。Linux操作系统免费开源、性能稳定、安全高效,在大数据、云计算、物联网和人工智能领域应用非常广泛[7]。Linux系统的应用主要以命令行界面为主,终端用户可以通过SSH(Secure Shell)协议远程访问。但是随着人工智能、机器人等应用的兴起,对Linux图形化界面的需求逐渐增多,VNC(Virtual Network Console)便是Linux下提供图形界面远程显示的主要方法。

此外,iCenter工业云还有一台基于VMware虚拟化技术的服务器,可以支持用户定制的操作系统。VMware是从个人用户到数据中心虚拟化解决方案的领导厂商[8]。例如为满足某个课程的特殊需求,教师可先通过VMware Workstation安装配置好操作系统和应用开发环境,将这个虚拟机导出为OVF(Open Virtualization File)格式的镜像文件,再导入安装了VMware ESXi的服务器里。ESXi是VMware面向企业级应用的版本,通过直接访

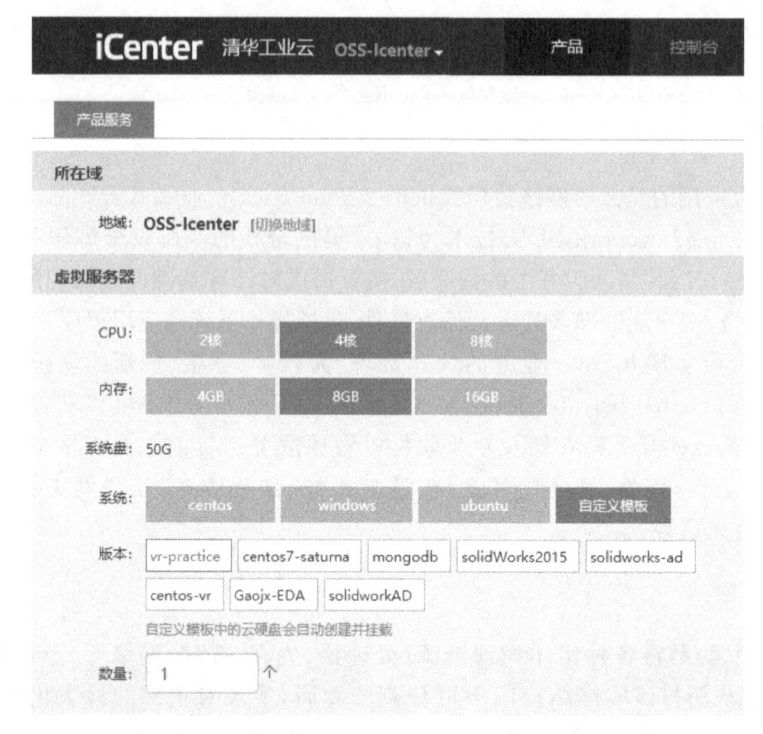

图 3　iCenter 云平台管理系统

问并控制底层资源可有效地提高虚拟机的性能。ESXi 服务器可以通过 vCenter Server 进行集中管理，例如配置 CPU、内存、磁盘、网络等资源，批量复制部署虚拟机，如图 4 所示。

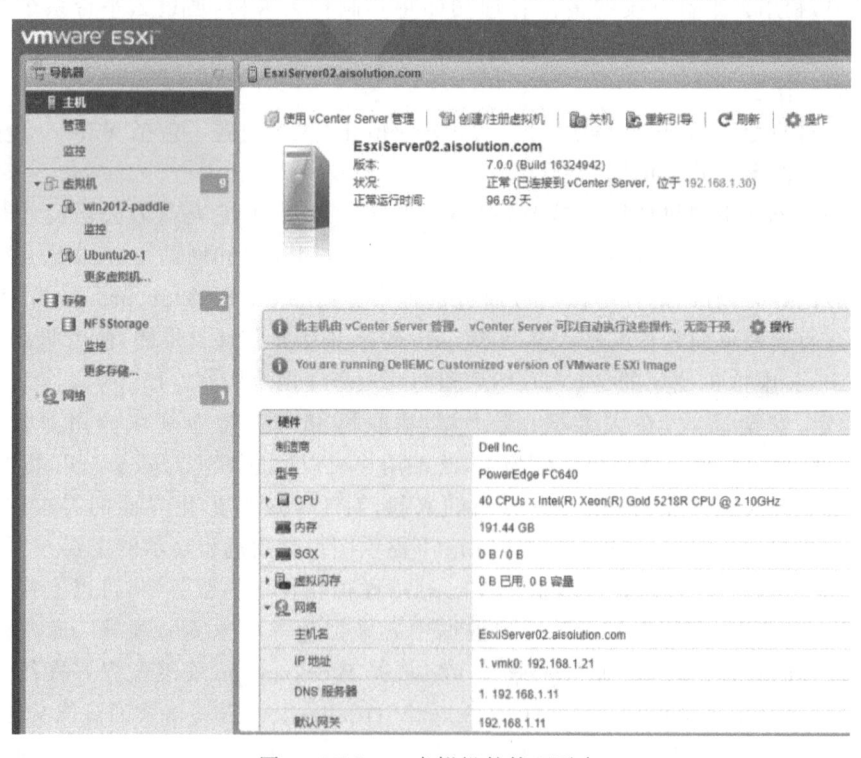

图 4　VMware 虚拟机的管理平台

3 应用案例

iCenter 工业云平台经过两年多的建设,在多门课程中发挥了重要的支撑作用,例如"金工实习""电子实习""制造工程体验""智能制造实践"等。将一些通用的大型工业软件或复杂的开发环境提前安装配置到虚拟机,大大降低了学生在自己电脑上安装的难度。通过云平台系统快速批量部署虚拟机,学生就可以打破时空限制,随时随地通过网络远程访问。目前整个系统正常运行可支持 30~50 人同时在线使用。

Windows 虚拟机主要安装了机械、电子类的设计仿真软件,例如 SolidWorks、JDSoft SurfMill、JDSoft ArtForm、Labview、Multisim、Altium Designer 等,如图 5 所示。Linux 虚拟机主要应用于机器人项目的开发,采用 Ubuntu 18 系统和 ROS Melodic 机器人操作系统,以及配套的相关工具,如三维数据显示 Rviz、机器人运动学仿真 Gazebo 等,如图 6 所示。

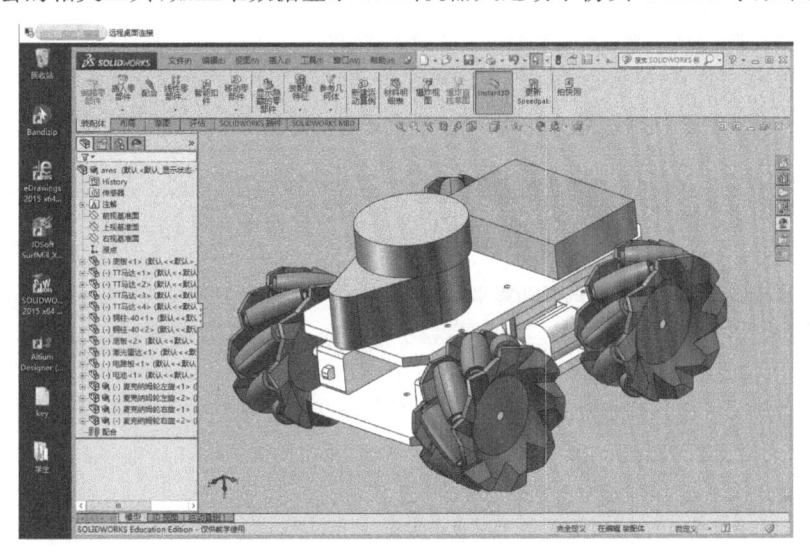

图 5 Windows 虚拟机应用示例

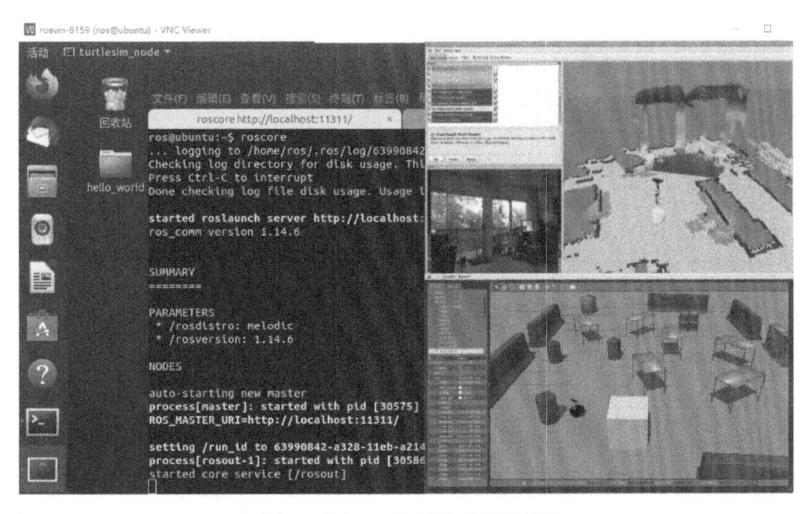

图 6 Linux 虚拟机应用示例

4 结语

随着信息技术、电子产业、互联网技术的发展,云计算技术不断成熟,建设基于云平台的虚拟机实验室是目前计算机实验室的重要方向。把云计算的技术和方法运用到高校教学和实验室建设中,可以充分利用云平台开放共享的优势,整合高校优质的网络、信息资源,降低教学成本。通过云平台服务于课程教学和创新实践体系,在创新实践教学内容及教学方法的支持下,既满足了学生自主研学和创新实践的要求,又提高了本科生的综合素质和创新能力。

参考文献

[1] 贾林可,熊文渝.基于云平台的虚拟机实验室建设研究[J].技术与市场,2019,26(3):109,111.
[2] 姚佳岷,温武,丘凯伦,等.云计算虚拟化实验室建设探索[J].中国现代教育装备,2019(7):27-30.
[3] 金永霞,丁海军,孙宁.云计算实验室的建设与创新实践教学[J].实验技术与管理,2017,34(6):223-227.
[4] 贾红艳.基于云平台虚拟实践教学的移动互联网人才培养研究[J].电脑迷,2018(1):125.
[5] 赵少卡,李立耀,凌晓,等.基于OpenStack的清华云平台构建与调度方案设计[J].计算机应用,2013,33(12):3335-3338,3349.
[6] 郭永香.以虚拟化技术为基础的云计算平台架构探索[J].电子世界,2020(15):97-98.
[7] 张志鹏.基于云平台的Linux实践课程设计与研究[J].信息与电脑(理论版),2020,32(23):144-147.
[8] 张松林,高建,李树波.虚拟机VMware在Linux操作系统管理教学中的运用[J].现代信息科技,2019,3(24):123-125.

人工智能通识课程实践环节的设计与探索

高建兴,周　晋,王　旭,马晓东,王浩宇,伊　丽

(清华大学基础工业训练中心,北京,100084)

摘要：结合人工智能通识课程,通过课程实践环节把人工智能学科与通识教育接轨,让各学科学生能够通过课程对人工智能有深入的了解。借助百度飞桨平台,利用现有的样例对社会热门的关于人工智能的产品进行详解,使复杂高深的人工智能课程内容能够通识,进而扩展学生的知识视野,提高学生学习的全面素质。

关键词：人工智能；通识教育；实践教学

1　引言

人工智能与基因工程和纳米技术并称为 21 世纪 3 大科学技术,它是一门新兴的边缘学科,是结合了计算机科学、信息论、控制论、语言学、心理学等多种学科相互渗透的基础发展起来的,主要研究方向是通过用机器来完成拟人(模仿和实现)行为,从而开发出与之相关的理论和技术。它所执行的与人类智能有关的智能行为是依靠智能机器来完成的,这些行为涉及人类正常的学习、思考、理解、判断、推理等活动[1]。

2020 年,中央明确指示要加快推进国家规划已明确的重大工程和基础设施建设,其中要加快一些新型基础设施建设进度(5G 网络、数据中心、人工智能等的建设)。新基建是立足于高新科技的基础设施建设,主要包括 5G 基建、大数据中心、工业互联网、特高压、人工智能、城际高速铁路和城市轨道交通、新能源汽车充电桩等七大领域。人工智能作为新基建的一大领域,将会作为新一轮产业变革的核心驱动力,促进部分经济环节生产重构,以及分配、交换、消费等活动的进行,促使新技术、新产品、新产业的产生。

人工智能在计算机上实现时主要有两种方法：一种是工程学方法,就是利用传统的编程技术,使系统呈现智能的效果,这就需要人工详细规定程序的逻辑,在项目复杂的情况下,各种逻辑关系过于复杂,人工编程就容易出错,同时调试的时间会很长,版本更新比较漫长。另一种就是模拟法,即利用遗传算法和人工神经网络完成,利用神经网络来完成人工智能的环节,要求编程者具有生物学的思考方法,入门难度较大。

通识教育和专业教育是中国教育的两种方式,当前世界一流大学的课程体系分为专业课程、通识课程和自由选课 3 部分。通识教育的目标就是在现代多元化的社会中,为接受教育者提供通行于不同人员之间的知识能力和价值观。通识教育是素质教育里最有效的实现方式。在通识教育中,贯彻"博学与精专相统一的个性化素质教育",把通识教育分解成包含哲学社会科学、人文、自然科学与技术、美学艺术、实践能力等素养模块。鼓励学生结合自身实际进行跨学科、跨专业自由选课,充分发展自己的个性,达到博学多识；鼓励学生从严、从难、从自身实际出发进行自主选课,从而增强学习的主动性,全面提高个人素质。在清华大学第二十五次教育工作讨论会上,将推进建设"以通识教育为基础,通识教育和专业教育相融合"的本科教育体系,实现"通专融合"的教育理念,改革通识教育体系,提升通识课程质量作为一项重要的内容进行讨论[2]。由此看出,现阶段的大学已经把通识教育作

为一项重要的教学内容来进行了。

如何把人工智能课程与通识教育结合起来,让所有参与课程的学生能够在教学中获得知识,包括那些不懂编程语言、不会各种程序控制硬件的学生。而在我们的人工智能课程(人工智能思维)中,文科生占比近50%,这给了我们把人工智能课程和通识教育结合起来的机会,通过实践的方式让他们能够听懂、学会。

2 利用开源平台资源,降低实践难度

在本实践课程中主要利用百度飞桨平台提供的开源例程进行深度学习。应用深度学习框架有助于建模者节省大量而烦琐的外围工作,更加聚焦业务场景和模型设计本身。同时,深度学习工具简化了计算,降低了深度学习的入门门槛。

百度出品的深度学习平台飞桨(PaddlePaddle)是主流深度学习框架中一款完全国产化的产品,与 Google TensorFlow、FacebookPytorch 齐名。2016年,百度飞桨正式开源,是国内首个全面开源开放、技术领先、功能完备的产业级深度学习综合平台。相较于国内其他平台,飞桨是一个功能完整的深度学习平台,也是唯一成熟稳定、具备大规模推广条件的深度学习平台。[3]

飞桨平台主要有如下优势:

(1) 开发便捷的深度学习框架。支持声明式、命令式编程,兼具开发灵活、高性能;网络结构自动设计,模型效果超越人类专家。

(2) 超大规模深度学习模型训练技术。千亿特征、万亿参数、数百节点的开源大规模训练平台;数万亿规模参数模型实时更新。

(3) 多端多平台部署的高性能推理引擎。兼容多种开源框架训练的模型,不同架构的平台设备轻松部署推理速度,全面领先。

(4) 产业级开源模型库。开源"100+算法"和"200+训练模型",包括国际竞赛冠军模型;快速助力产业应用。

3 应用实际案例进行实践操作

接下来以其中一节课的实践内容展现人工智能通识课程实践的过程。在课程中通过制作个性化的"蚂蚁呀嘿"来了解整个实践的过程。具体实验步骤如下:

(1) 打开浏览器

建议浏览器:https://aistudio.baidu.com/aistudio/projectdetail/1586056。

(2) 单击网页右侧的"运行一下",如图1所示。

(3) 弹出"选择运行环境"窗口,选择"高级版(1算力卡/小时)",然后单击"确定"按钮,如图2所示。

① 若算力卡总余额为0,"高级版"无法选择(见图3),则单击"申请"按钮,填写个人基本资料后(见图4),回到步骤(1)重新操作,即可获得算力值。

② 若有另一个项目在运行中,首先单击"停止运行",显示"已停止"后,再选择"高级版",如图5所示。

图 1 运行"蚂蚁呀嘿"

图 2 "选择运行环境"窗口

图 3 高级版无法运行界面

图4 填写个人基本资料界面

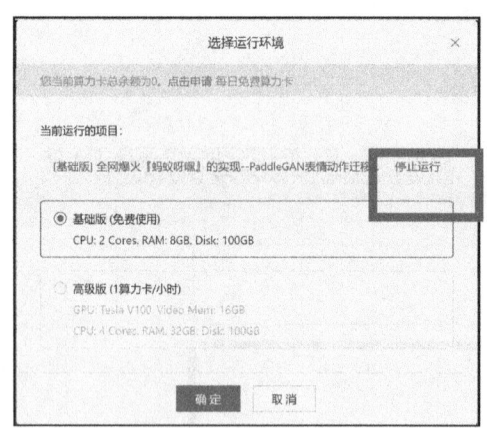

图5 停止运行另一个项目界面

（4）环境启动成功，单击"进入"按钮，如图6所示。

图6 环境启动成功界面

（5）系统自动打开的新网页即为"蚂蚁呀嘿"编程及其运行环境，上传需要处理的图像文件和动态化图像的视频文件，单击网页左上角的上传文件标志，如图7所示。如果不上传视频文件，即为示例所用视频。

（6）单击上传文件弹窗中的上传标志，选择要上传的文件，如图8所示。

（7）上传完毕，可在左侧窗口中看到文件，如图9所示。

（8）修改代码中的源文件，为个人指定处理的文件。如图10所示，点击编号为[4]的代码段（修改斜体文字部分）：

图 7　上传文件标志

图 8　上传文件操作

图 9　完成文件上传

!export PYTHONPATH = $ PYTHONPATH :/home/aistudio/PaddleGAN && python -u tools/first-order-demo.py --driving_video ~/work/$fullbody.MP4$ --source_image ~/work/秃头乔哥$.png$ --relative --adapt_scale

注意：

① 步骤(6)上传文件完成后，会提示上传路径。如果上传路径不是～/work，除文件名

图 10　修改代码中的源文件

外,路径也要相应地修改正确。

② 可以支持多种类型的图像文件,文件后缀务必一起更新在代码中。

建议:实验教师提供几个小视频供学生选择使用。

(9) 单击"运行全部",如图 11 所示。

图 11　"运行全部"按钮

(10) 运行完毕(右侧绿色的"运行中"转变为"空闲中"),下载结果文件。单击菜单下的 PaddleGAN-> applications-> output,下载程序中命名的结果视频文件,双击运行。例如,双击 qiaoge.mp4,就可以生成一个个性化的"蚂蚁呀嘿"了。

4　结语

利用飞桨平台的开源资源,按照相应的步骤,每位学生都能够顺利完成整个"蚂蚁呀嘿"小视频的制作过程。人工智能通识课程实践环节的设计能够让学生在收获兴趣的同时,也能对人工智能的相关知识有所了解。学生在学习的过程中,也对百度飞桨平台有了进一步的了解,对于学有余力和有兴趣的学生,可以在课外时间继续学习,以丰富知识,提高能力。

参考文献

[1] 丁圣勇,樊勇兵.解惑人工智能[M].北京：人民邮电出版社,2018.
[2] 清华大学通识教育委员会召开本学期第二次会议[EB/OL].(2019-11-12)[2022-02-25].https://news.tsinghua.edu.cn/info/1181/33946.htm.
[3] 飞桨开源深度学习平台介绍[DB/OL].（2020-08-16）[2022-02-25].https://blog.csdn.net/hesishaochen49/article/details/108041138.

涡喷发动机制造工艺在工程实践教学中的应用

高 炬，李 璠，彭世广，朱丽君，姚启明，杜 平，陈 斌，
张秀海，王 群，邢小颖，高党寻，张余益，马 运

（清华大学基础工业训练中心，北京，100084）

摘要：航空发动机是国家发展的重要工程，是大国之重器。传统的金工实习是以工种为单元，各工种独立完成教学。把航空发动机引入工程训练中最大的优点是：通过发动机项目带动所有工程训练环节，它串联了车工实习、铣工实习、焊接实习、铸造实习、钳工实习和测量实验，把最先进的加工方法、机器设备和检测手段引入金工实习教学中，把工业发展最前端的技术引入教学，提高了学生的兴趣度。

关键词：涡喷发动机；制造工艺；工程实践教学

1 引言

培养具备良好工程素质和创新能力的高质量工程技术人才是高等院校工科类专业本科教育的主要目标[1]。但近年来，国内工程实践教学模式和教学安排与上述目标呈现出不协调的状况，具体表现在以下几个方面：

（1）教学内容通常按照传统的工种划分，缺乏一定的综合性。当前教学内容大多数是单一的教学过程，每个内容是一个知识点，相互之间的关系与影响并不密切。如果通过一个完整的生产制造过程，将能够更加全面地描述机械制造过程的概念、原理和工艺。

（2）对学生工程意识和工程能力的培养不足。教学内容应该强调的是知识和技术的融会贯通，培养学生学习、吸收和运用现代科技解决实际问题的能力，教育学生树立安全意识和环保意识，锻炼和提高学生与人沟通的能力，培养学生认真工作的态度和克服困难的精神，以及创新意识和创造能力。

（3）教学内容与当前工业界的新技术结合不密切。当前的教学内容侧重基本的工艺训练，以训练学生的基本工业技能为目标。应当增强学生对先进科技感性和理性的认识，使他们清楚这些技术产生的背景，最恰当的应用场合、应用条件和可能给企业带来的经济效益。

西方发达国家的工程实践教学是以学生为中心，充分发挥学生的主动性和积极性。在教学过程中，教师根据岗位需求和职业技能标准设计实践教学活动，在任务实施过程中十分注重学生动手能力的培养，将学习环境和工作环境融为一体。学生成为实践教学的主体，教师成为指导者、辅助者，在充分调动学生主观能动性的基础上引导学生完成职业技能的训练。尤其是日本的实践教学，就是学生自主选择的个性化量身定制。[2]

2 应用意义

航空发动机是当今社会的热门话题，是国家重点发展的项目，也是多数学生的关注点和兴趣点。在训练中心开展的各类工程实践教学活动中，已有针对涡喷发动机的成功教学案例，为开展实施涡喷发动机制造工艺研究与教学应用创造了良好的条件，奠定了坚实的基础。此外，将涡喷发动机作为教学应用内容，还有以下几点重要意义：

(1) 涡喷发动机适宜作为教学案例。涡喷发动机是涡扇发动机的简易版,工作原理与航空涡扇发动机相同,被用作航空运动产业的发动机。相较于涡扇发动机,涡喷发动机在结构上较为简单(见图1),但工作原理与涡扇发动机相似;同时,涡喷发动机大量应用于战斗机发动机领域,以涡喷发动机作为教学案例,不仅能够激发学生的学习兴趣,其难易程度也更加适宜应用于实际教学中。

图1 涡喷发动机结构示意图

(2) 涡喷发动机可以全面体现机械制造的各项概念、原理和工艺。将涡喷发动机制造以项目制的形式引入金工教学,学生在学习传统教学内容的同时可以了解航空发动机的原理、结构、零部件制造和装配,全面了解各种加工设备的原理和工艺,以及保证零件加工精度的方法和各项在线检测技术,充分调动学生的学习兴趣,培养学生的综合创新意识和能力,达到良好的教学效果。

(3) 将OBE方法融入教学内容设计。OBE教育理念也被称为成果导向教育,是基于学习产出的教育模式,注重对学生学习的产出进行分析,反向设计学生的教育结构及相关评价体系。OBE理念强调学生的主体作用,以社会需求为导向,注重培养学生把学术知识转化为解决实际问题的能力,与现代工业训练的宗旨紧密关联,对于指导工程实践教学内容设计具有十分重要的意义。

(4) 对教学参与人员技术水平和教学水平的显著提升。教学应用的研发过程对每一位参与成员都是一项全新的挑战,有利于他们在各自熟悉的加工领域不断学习和钻研新技术,显著提升自身的技术水平和教学水平。

3 教学内容

通过介绍涡扇发动机的生产过程,揭示涡喷发动机的制造工艺流程,将涡喷发动机制造以项目制的形式引入工程实践教学,如图2所示。

具体内容环节如下:

(1) 发动机原理的表达与应用。掌握涡喷发动机的基本原理和总体结构方案内涵,通过实际案例使学生深入观察发动机的构造特点,理解其结构设计理念。

(2) 发动机机械加工方法的学习和认识实践。了解和实践焊接、冲压、铸造、车削、铣削、钻削、磨削、激光加工等机械加工方法,形成对机械制造的基本认识并具备基本的加工实践能力。

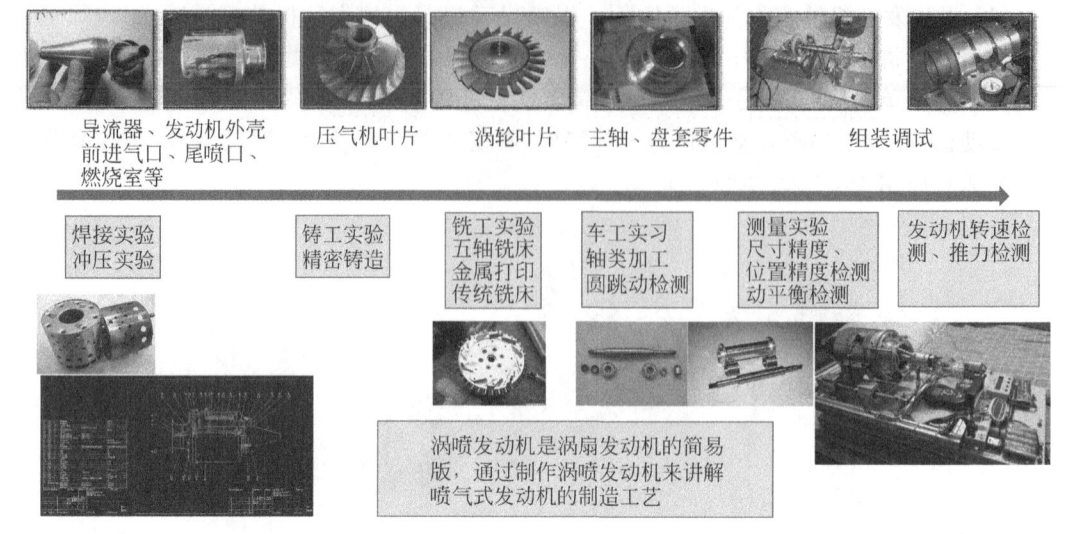

图 2 涡喷项目在工程实践教学中的核心应用内容

(3) 发动机典型机械零件的快速成形及增材制造实践。选择包含典型机械零件的机构,设计出典型机械零件图,并通过3D打印和激光加工等方式加工出零件(见图3),检测并装配出机构(见图4),引入公差、配合等精度和互换性概念。

图 3 零部件加工工艺教学

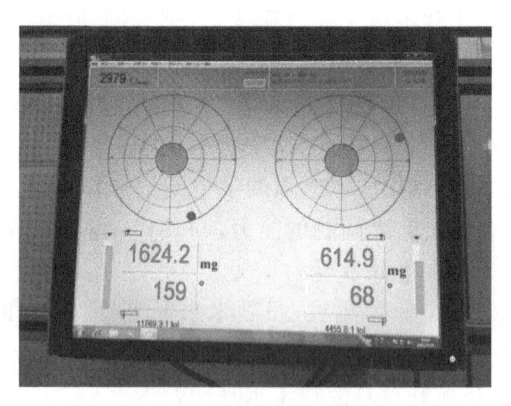

图 4 动平衡检测工艺教学

(4) 实验室和企业参观实践(见图5)。带领学生至实验室和企业实地参观,深化对涡喷发动机设计与制造基本原理和方法的学习认知,完成设计制造的全过程,形成实践总结报告。

图 5 课程参观实践

4 课程建设

4.1 课程目标

涡喷发动机制造工艺实践课程的建设目标旨在：系统地开展金工教学，如车削、铣削、数控加工、精密铸造、检测、装配等相关内容；教授发动机专业知识，如原理、结构、工艺知识等；相关产业前沿介绍，包括目前国内产业情况、国际产业情况及国内外差距，例如，发动机研究包括中国在材料领域的研究现状与发展、发动机结构的现状与发展、发动机的机械结构与国外的差别。

4.2 课程分类

根据学生专业和兴趣程度的不同，开设初级与基础专业两类课程。

（1）初级或普及型课程（见图6）：从发动机的结构原理，加工工艺，工艺对装配、质量等方面的影响开展课程，主要针对非专业类或通识类课程，如金工实习中可采用此种教学方法。或以倒推的方式，从实体模型介绍到加工工艺，到结构设计，再到发动机性能，即"what-how-why"的过程。该类课程旨在通过发动机这一产品，让学生了解传统和现代工艺技术。

图6 涡喷发动机课堂教学

（2）基础专业型课程：从发动机的结构原理、设计与制造融合、装配、发动机研制过程的数字化技术应用等方面开展课程，主要针对航天航空学院或机械工程学院等相关专业的理工科学生进行，使学生在对航空发动机有感性认识的同时掌握各种传统和现代的制造工艺。该类课程旨在培养学生从产品整体角度，掌握各类工艺技术，能够为后续的产品设计奠定工艺基础，培养面向制造的设计理念。

5 结语

通过涡喷发动机项目带动所有工程训练环节，它串联了车工实习、铣工实习、焊接实习、铸造实习、钳工实习、测量实验，把最先进的加工方法、先进的设备、先进的检测手段引入金工教学中,把工业发展最前端的技术引入教学,提高了学生的兴趣度。随着课程资源的发展与深入,可将发动机的设计、制造、装配等全过程纳入智能制造实验室的数字化平台进行全生命周期管理,整合并充分利用工业训练中心的软、硬件资源,形成发动机设计制造一体化的课程。

参考文献

[1] 李双寿,杨建新,王健美.新时代工程训练中心建设理念及探索[M]//李双寿,杨建新.新时代工程实践和创新教学.北京:清华大学出版社,2018:3-8.
[2] 沟引宁,直妍,柴林江.基于新工科需求的多层次实践教学体系探索[J].重庆电力高等专科学校学报,2021,26(2):52-55,59.

一种机器人通识教育的课程设计方案

郭 敏

(清华大学基础工业训练中心,北京,100084)

摘要: 在众多学科中,机器人作为目前在国际上广泛研究的技术已逐渐转变为一门重点研究的新学科,同时机器人教育也开始逐步进入大学通识教育课程中。本文针对目前机器人教育专业门槛较高的情况,结合课程教学实践提出了一种机器人通识教育的课程设计方案。

关键词: 机器人教育;通识教育;课程设计

1 高校机器人教育现状

2014 年 6 月 9 日,习近平总书记在两院院士大会上作的报告中提到:"机器人是'制造业皇冠顶端的明珠',其研发、制造、应用是衡量一个国家科技创新和高端制造业水平的重要标志。"2015 年颁布的《中国制造 2025》国家战略规划中明确指出机器人将作为我国重点发展的十大领域之一。

面对机器人技术的飞速发展与广泛应用,高校作为人才培养的重要孵化基地,机器人教育逐步提上日程。目前,多所高校成立了机器人专业或与机器人研究相关的实验室,开设机器人开发应用的相关课程。但是目前的机器人教育仍存在不少问题,本文所介绍的课程方案是一种基于通识教育的课程设计方案,同时也在实际的教学环节中进行了实践。

1.1 国外机器人教育现状

目前发达国家,比如美国和日本的机器人教育已经不再稀缺,并且逐渐变成学生在大学期间的一门必修课程,高校及科研机构都在积极研究探索并快速推进机器人教育的发展。

自 20 世纪 90 年代开始,美国高校就已经逐步将机器人相关课程融入已有课程体系中,将机器人技术拆分到"计算机原理与汇编语言""机械设计"等课程中。例如,1994 年美国麻省理工学院将乐高机器人应用到相关的课程中,课程的主要内容是设计并实现乐高机器人的模型构建,旨在更贴近工程设计行业的实际,锻炼学生的设计创新能力[1]。此后,麻省理工学院开设的"机器人学导论"等课程,将制作实物的实践过程有机结合到理论课程中,同时将动手实践能力作为考核的标准之一。除此之外,斯坦福大学也有相关的课程,其针对性更强,通过了解企业特定需求制作机械臂等类似工具,并将其制作过程作为实践课程教授给学生。

1.2 国内机器人教育现状

自 2015 年教育部启动机器人相关专业的申报工作后,截至 2018 年,国内已经有 60 多所院校的机器人专业通过审批[2]。综合来看,目前我国高校的机器人教育课程的内容有较强的专业门槛限制,针对机器人的相关课程主要面向特定专业或相关的实验室,完成行业教育启蒙和相关科研工作,其课程的主要内容是设计开发,对学生的专业素养要求较高。

这样的隐形高门槛使得一些非专业背景的学生缺少对机器人的基础认知和基本基础[3]。针对这种情况,本文探讨一种机器人通识教育课程设计模式。

2 机器人课程单元设计

2.1 课程单元主要内容设计

机器人课程单元主体设计针对非专业背景的学生,目标在于为这些学生提供接触机器人的机会,了解机器人的基本原理,完成机器人简单的编程设计,能够参与部分机器人相关比赛项目。

此课程单元内容设计主要分为 4 个部分:

(1) 机器人的历史沿革。事物的发展演变是我们了解事物的基本方式,我们通过历史文献的相关记载结合一些神话传说,追本溯源了解机器人的历史。神话传说、电影动画的加入增加了课程本身的趣味性,使非专业背景的学生更容易理解机器人这种自动执行指令的特殊装置。以机器人的历史沿革作为课程的开端符合通识教育基础性、广博性、统整性的理念。

(2) 机器人机械结构了解与实践。机器人的独特之处在于其具有特殊的机械结构。本课程采用的一种小型仿人机器人,其本身的外形结构对学生而言具有很强的吸引力。基于拆装实践的机械结构学习在一定程度上满足了学生的好奇心,同时加深了学生对于机器人机械结构的印象,此外拆装的学习过程让非专业背景的学生甚至于相关专业背景的学生对机器人的机械结构有了一个直观而形象的认知。

(3) 机器人软件编程设计与实践。鉴于本课程的目标受众是非专业背景学生,所以选择的软件是一种图形化的编程设计。机器人的操作也选择半自动化的操作模式,即通过遥控手柄完成机器人的操控。图形化的编程设计方式满足了学生对机器人进行编程操作的基本诉求,降低了编程的门槛限制。同时,编程界面中设置有代码框,学生可以通过代码框中的内容实现对代码逻辑的基本了解。

(4) 机器人比赛项目设计与实践。在机器人比赛中,部分比赛项目所涉及的原理相对简单。类似半自动的足球比赛,学生需要完成的任务基于一些基本的足球动作设计和足球比赛规则执行,即使是非专业背景的学生也可以通过掌握的知识实现比赛的项目设计。对于学生综合应用多种知识大有好处,符合通识教育跨学科的基本理念。

2.2 课程单元拓展内容设计

机器人课程单元拓展设计针对相关专业背景的学生,目标在于为相关专业的学生提供机器人开发的机会,了解机器人的设计原理,掌握机器人的编程设计,可以结合深度学习等其他工具进行机器人的编程开发。

此课程单元内容设计主要分为 3 个部分:

(1) 传感器介绍。传感器作为人工智能的基本输入设备在生活、工业、科研等场景中有着非常重要的地位。因此,传感器的基础知识对于学生之后的专业课程有着很好的铺垫作用。即便是非专业背景的学生,了解传感器的相关知识对于其未来的智能生活也有重要的作用。

（2）机器人传感器编程设计与实践。本课程的核心是机器人，所以如何将传感器与机器人进行结合就成了这门课程的重点。首先要实现机器人与传感器的物理连接，其次是通过传感器的数据输入完成机器人的程序设计。这部分编程设计采用流程图的方式完成程序逻辑的设计。依旧是图形化的编程方式，贴合学生高中阶段所学的算法课程，学生更易于理解和操作。完成这部分的编程任务后，学生就可以完成一些简单的任务型比赛内容了，如竞速比赛要求机器人沿着固定跑道跑完全程，其中会涉及地磁传感器的方向纠偏设计、步态算法设计等相关知识。

（3）机器人视觉编程设计与实践。随着人工智能技术的不断深入，机器人作为人工智能领域的重要组成部分，实现视觉识别的功能是必由之路。在本部分内容中，学生需要掌握机器人 ROS 系统的相关内容、人脸识别等深度学习算法的相关内容、目标追踪定位抓取的相关内容等。

2.3 课赛结合单元内容设计

机器人课程单元的课赛结合设计针对全体学生，目标在于激励学生对机器人学习的热情。通过比赛，学生提升了机器人开发的灵感，激发学生的创造力。该课程单元作为课外实践单元基于具体的赛事赛程要求对参赛学生进行集中的针对性训练，着重加强学生的设计编程操作，鼓励学生自主创新完成比赛项目。

3 结语

在人工智能快速融入我们日常生活的今天，机器人作为其中重要的分支，普及机器人教育越发重要。作为创造主力军的高校学生，掌握机器人技术已经成为基本要求，所以面向全体本科学生的机器人通识教育课程必不可少。本文中介绍的课程单元基于现有的课程实践，今后将不断更新与完善。

参考文献

[1] 王益,张剑平.美国机器人教育的特点及其启示[J].现代教育技术,2007,17(11):108-112.
[2] 刘海英,陈鹏举,邓立霞,等."新工科"背景下本科生机器人课程建设的探索与思考[J].中国多媒体与网络教学学报,2020(2):165-166.
[3] 魏博,赵杰,邓聪颖.浅谈高校机器人教育现状、改革与实践[J].教育现代化,2018,5(6):77-78.

传统内燃机动力技术的通识性实践教学设计

林蔚然,卢祖祥,赵 萌,任晗啸

(清华大学基础工业训练中心,北京,100084)

摘要:通过对内燃机技术实践教学模块的通识性设计,使其更适合不同专业的学生学习和探索。在教学实践中获得了学生的一致好评,提升了相关通识课程如"能源技术创新与实践"的整体教学效果。

关键词:内燃机;发动机;实践教学;通识课

随着全球能源短缺和环境污染问题的日益突出,节能减排已成为人类社会发展的共同需求。2020年,习近平总书记在联合国大会上提出在2060年前实现碳中和,这意味着我国将在2017年国务院印发的《"十三五"节能减排综合工作方案》的基础上进一步推进节能减排工作,这也是2020年中央经济工作会议确定的八项重大任务之一,而交通运输是节能减排改革的重点领域,包括铁路运输、公路运输、水路运输、航空运输等,其中内燃机技术仍是占据主导地位的动力技术[1-2]。

20世纪20年代,内燃机的出现解决了交通工具的动力技术问题,引起了人类社会主能源形式由煤到石油转变的所谓"第二次能源革命",石油成为战略资源,从而也带来了一系列生产关系甚至世界政治经济格局的改变[3]。经过100多年的飞速发展,时至今日,内燃机技术在能量密度、热效率、燃料灵活度等方面进步显著[4-6]。内燃机动力技术作为日常生活中应用最为广泛的能源技术之一,其中涉及燃烧动力、机械、车辆等多学科内容,大多数非专业学生往往知其然却不知其所以然[7-8]。因此,内燃机动力系统是非常适宜用作本科学生通识课程的实践教学项目。

1 课程建设背景

内燃机作为车辆工程及相关专业的主干课程内容之一,在不断优化理论内容设计和应用现代教学手段的同时,越来越多教师关注到其实践教学环节的重要作用。吉林大学汽车工程学院通过开展高水平汽车发动机结构实验室建设,完成了8个功能区域的设置,教学过程中将发动机实物和展板教学与供给系统、电控系统和整机的拆装实践教学相结合,不仅丰富了教学内容,还显著提高了教学能力和效果[9]。南京工程学院在突出本校课程特色内容的基础上,大力建设实践环节,建设可模拟实际情况的发动机实验台,使学生能够对发动机的各项性能指标和参数进行实验测定,提高了"内燃机原理"课程的教学质量[10]。山东理工大学同样进行了内燃机课程的实践教学改革,其内容包括记录和分析实验数据及发动机拆装等,并取得了较好的教学效果[11]。

内燃机是第二次工业革命的关键支撑技术,时至今日仍在为现代化交通运输提供动力。但如何减少热机运行中的能量损失和对环境的污染,仍是困扰我们的难题。因此,在本科生通识性课程中加入热机实验环节教学是非常有必要的。而如上所述的已有内燃机

---

① 基金项目:清华大学三创教育教改项目(583022901);清华大学教材立项建设项目(ZY01_03)。

技术实践教学项目具有较高的知识深度,更适用于配合专业课教学。对于通识课程,如"能源技术创新与实践"及"能源与社会"的选课学生专业背景分析显示,文科类和艺术类学生约占15%,理科专业学生约占50%,工科专业学生占35%,整体来看工程背景较弱,对工程问题和解决方法了解有限[12]。因此,要想将内燃机技术的实践教学模块引入通识教育中,还需要按照通识课程的教学理念进行改进。

2 课程建设内容

根据学生的学习背景及需求,教学团队首先选择具有典型性、难易适中的热机模型。经过广泛调研和拆装测试,本实践单元分别选取一种单缸内燃机模型作为主要的拆解和拼装教具,如图1所示。在教学设计中,也对相应的实践环节进行了"挖坑",引导学生自己在组装中发现这些关键问题,并思考解决的方法。单缸内燃机模型在组装时要特别注意各进排气门的开闭顺序,其精确调整十分困难,要考虑到进排气门的"早开晚关"。学生通过亲自动手拆装,留心模型构件细节,并通过回想发动机的运行原理来理解其机械构成,从而感受到这种机械结构设计的巧妙之处。同时,在模型拆装环节完成之后,设计了效果检验环节。在组装成功后热机模型可以进行简单的做功,这种努力后的小小成就感极好地激发了来自不同院系同学的学习热情。

图1 内燃机拆装实践教学过程

除了已有可拆装的模型外,我们还精心挑选、采购、组装和调试了具有代表性的4种内燃机模型,包括双缸内燃机、涡轮发动机、双缸V形汽油机、直列四缸汽油机。为了调动学生的学习热情,在拆装环节前面加入了多种热机模型的演示环节,如图2所示。通过对这些内燃机模型的现场演示和功能讲解,引导学生思考和总结不同种类热机的技术特点和适用场景,从而发现热机技术创新和演进的规律。

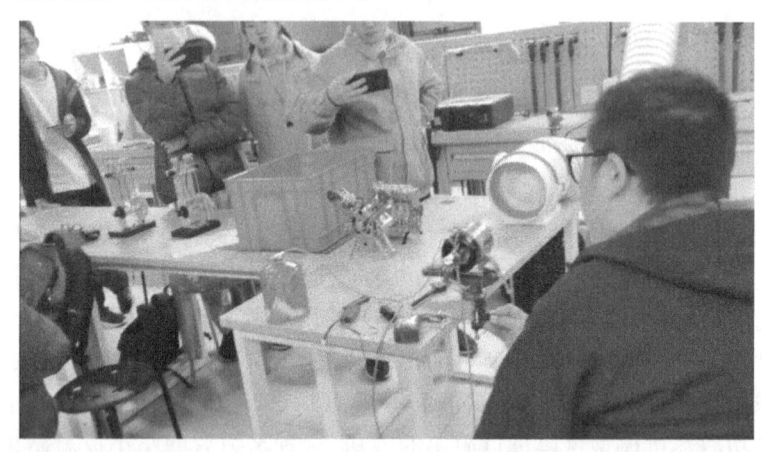

图2 内燃机模型演示实验教学现场

在整个实践教学设计过程中,融入了多个传统内燃机课堂教学重点知识,如内燃机的结构特点、分类及对燃料的要求,内燃机能量利用效率的定性比较及分析等。同时,通过对多种热机模型的展示与讲解,引出国外对先进、高效热机技术的封锁,我国科研人员持续投入技术攻关所取得的进步,激发学生的爱国情怀和自立自强的决心和信心。最后,通过2人或3人小组合作完成模型的拆解、组装和调试,也对学生的团队协作能力有了较为充分的锻炼和培养。

3 课程建设的初步效果

课程结束后,通过调查问卷对教学效果进行了初步调研,学生普遍认为本实践教学环节设计有助于对内燃机机械结构、工作原理的理解和掌握,同时也希望对难度较大的内燃机启动和原理做更多的展示和讲解。可以看出,学生对整个实践环节的效果是非常肯定的,同时学习的积极性也被充分调动起来,本实践教学的设计很好地实现了教学目标。

参考文献

[1] 吕明朗. 浅谈我国大功率内燃机排放现状及排放后处理发展规划[J]. 内燃机与配件,2021(6):189-190.
[2] NESTEROU E,乔英忍. 苏联内燃机车制造的发展[J]. 国外内燃机车,1990(9):24-29.
[3] 伍赛特. 内燃机车技术发展趋势展望[J]. 现代工业经济和信息化,2021,11(3),19-23.
[4] 王明月. 基于焦炉气的HCNG发动机燃烧排放特性研究与数值模拟[D]. 北京:清华大学,2010.
[5] 杜秀达,刘扬. HCCI内燃机工作过程控制方式及前景[J]. 内燃机与配件,2021(11):66-67.
[6] 陈林根,夏少军,冯辉君. 不可逆循环的广义热力学动态优化研究进展[J]. 中国科学(技术科学),

2019,49(11):1223-1267.
[7] 杨建华,曾东和.内燃机专业实验室建设模式的研究与实践[J].实验室研究与探索,2007,26(9):116-118.
[8] 张蕉蕉,袁建虎,安立周,等.基于教学做融合的"内燃机"课程模块化教学[J].科技创新与生产力,2020(4):94-96.
[9] 谭满志,苏岩,李小平,等.汽车发动机结构实验室建设与实践[J].实验技术与管理,2018,35(1):249-251.
[10] 任成龙,王俭朴."内燃机原理"课程教学的改革与优化[J].教育教学论坛,2016(21):77-78.
[11] 杨彬彬,刘泽砚,郭鹏江,等."内燃机构造"课程思政教育教学改革探讨[J].教育教学论坛,2020(38):62-63.
[12] 林蔚然,汤彬,陈凯,等."新工科"背景下能源类通识课程综合实践教学项目的探索[J].实验技术与管理,2021,38(1):148-152.

微型涡喷发动机典型零部件创新实践教学[①]

彭世广，高　炬，马　运，王龙兵，高党寻，邢小颖，姚启明，李双寿

(清华大学基础工业训练中心,北京,100084)

摘要：本文重点阐述了清华大学基础工业训练中心在微型涡喷发动机典型零部件熔模铸造教学中的创新实践方案，探讨了采用线上价值塑造环节和线下动手制作设计环节的实施计划方案，旨在通过该实践教学方案的实施激发学生对我国航天事业的热爱，提高本科生的协作、创新设计、探索未知领域的能力。

关键词：涡喷发动机；创新实践；价值塑造；航天事业

1 引言

众所周知，航空发动机被誉为现代工业的"皇冠"，但是航空发动机的研制一直是中国航空业的一块"心病"。尤其是发动机内部的叶片，是加工的重中之重。叶片属于航空发动机温度最高、应力最复杂、环境最恶劣的部位，是航空产品第一关键零件。极端的工作环境对叶片的设计、材料和工艺都提出了严格的要求，它的产品质量直接决定了航空发动机的性能。目前，国外在这方面仍对中国进行技术封锁，只能靠我们自力更生、艰苦奋斗才能在这一领域有所突破。创新实践教学在应用型高校的人才培养中发挥着重要作用，是培养应用型人才的必由之路，是科学研究的助力器，是为社会服务的重要途径。因此，目前在有基础的高校开展微型涡喷发动机典型零部件铸造教学的创新实践，对我国在全球高科技领域占有"一片天地"具有重要的实践意义。

2 教学内容及方案

2.1 教学目标及基本要求

1) 知识与技能

(1) 掌握微型涡喷发动机典型零部件在发动机中的重要作用及其基本原理相关的基础知识。

(2) 掌握学习过程中所用设备的日常维护、保养及基本安全防护知识。

(3) 熟悉微型涡喷发动机典型零部件的工艺设计和产品成形加工过程。

(4) 熟悉微型涡喷发动机典型零部件所用材料的铸造、热处理工艺及参数。

(5) 了解微型涡喷发动机典型零部件所用材料的名称和作用。

(6) 了解零部件铸造、热处理所用设备的基本原理和关键参数。

2) 过程与方法

首先通过教学视频和动画及 PPT 直观地向学生解析压气机、涡轮机在发动机中的作用，涡轮叶片冷却技术的基本原理、表面强化技术的原理；其次让学生利用模拟仿真软件

[①] 基金项目：清华大学本科教育教学改革项目——"课赛创"融合的创新型人才成长与评价体系构建(DX05_01)。

Magma 和 Anycasting 模拟压气机、涡轮机及叶片的精密铸造,初步学习认识浇注和凝固过程,了解凝固过程中的缩孔缩松、气孔、应力变形和热裂等缺陷;最后将不同学科背景的学生采用团队形式组合,通过机械图纸设计、材料成形工艺设计、加工及装配工艺设计等环节,完成压气机、涡轮机及叶片典型零部件的制造。为了提高学生的学习热情,课余时间会安排学生进行微型飞行器的试飞、航拍,体验天空工场等环节,体验涡喷发动机的魅力。

3) 情感态度与价值观

使学生认识到航空航天在一个国家战略发展中所起到的重要作用,培养当代大学生对我国航天事业的热爱,最终为国家培养复合型工科人才,满足航空航天事业人才的需求。

2.2 教学环境、设备及教具

(1) 教学课件、大赛成果展示及相关视频。

(2) 压气机及涡轮机成品、轮盘和叶片分解部件、蜡模和制壳,如图 1 所示。

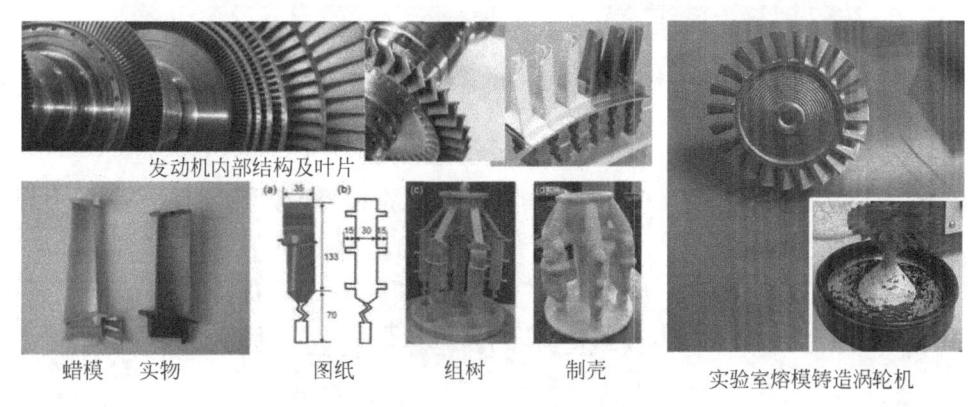

图 1 典型零部件及教具

(3) 铸造虚拟仿真教学系统 1 套,3D 精密铸造系统 1 套(3D 蜡模打印机 1 台、桌面级真空铸造机 1 台、大型真空铸造机 1 台),高精密热处理炉 10 台,显微镜 10 台,力学性能检测设备 1 台。相关系统和设备分别如图 2 和图 3 所示。

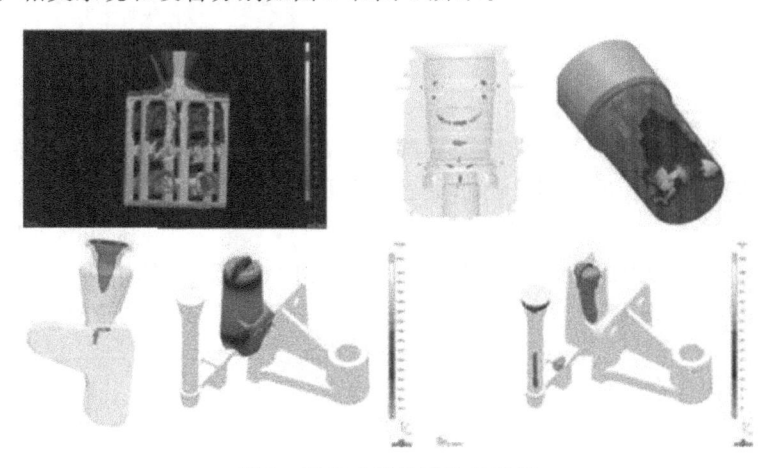

图 2 铸造虚拟仿真教学系统

(4) 学生体验场地——天空工场,其团队及部分作品展示如图 4 所示。

图 3　精密铸造、热处理炉和检测设备实物照

图 4　天空工场团队及部分作品展示

2.3　教学重点、难点

1）教学重点

如何利用复杂且专业性很强的微型涡喷发动机典型零部件加工制造实践教学环节培养学生对航空航天事业及顶级制造业的兴趣和热爱。

2）教学难点

如何让学生认识到压气机、涡轮机及叶片的先进结构设计、精密铸造工艺及所用的材料成分对涡轮机的寿命影响，并让学生切实体验到精密铸造对涡轮机及叶片制造的重要性。

2.4　教学环节安排及方案

微型涡喷发动机典型零部件铸造教学的创新实践环节，针对不同的专业对象可以开设体验课、实践课、学生自组团体项目探究课等，并设置不同的教学时间。下面以机械工程学院、航天航空学院、材料学院、电机工程系大二、大三学生的体验课为例展示其时间安排,见表1。

表1 微型涡喷发动机典型零部件铸造教学体验课安排表(2个半天)

模 块	项 目	任 务	上课时长/min
模块1 典型零部件与发动机的概述	项目1 基本概念的讲解; 项目2 涡轮发动机先进技术; 项目3 零件的技术及基本原理	任务1 熟悉典型零部件的基本概念及工作原理; 任务2 掌握所用设备的基本原理和关键参数; 任务3 了解所用材料的名称和所用部位的作用	60
模块2 典型零部件的拆卸与组装	项目1 压气机的拆卸与组装; 项目2 涡轮机的拆卸与组装; 项目3 叶片的拆卸与组装	任务1 熟悉典型零部件的内部构造及其设计原理; 任务2 了解零部件的内部构造设计难点与重点; 任务3 了解零部件设计材料的重点	90
模块3 仿真软件Magma和Anycasting的学习	项目1 软件Magma的练习; 项目2 软件Anycasting的练习	任务1 了解浇注和凝固过程,以及凝固过程中的缩孔缩松、气孔、应力变形和热裂等缺陷; 任务2 了解模拟软件的基本操作方法	30
模块4 零件作品设计	项目 分组零件设计	任务 通过团队合作完成作品零件草图设计	60
模块5 典型零部件的精密铸造技术概论	项目1 整体叶盘的精密铸造讲解; 项目2 叶片的精密铸造讲解; 项目3 叶片表面处理讲解	任务1 熟悉典型零部件的精密铸造技术; 任务2 掌握叶片制造的关键参数; 任务3 了解后续处理对典型零部件的作用	60
模块6 蜡模与壳体的制备体验	项目1 蜡模制备体验; 项目2 组树与壳体制备体验	任务 通过团队合作完成制壳工作	30
模块7 精密铸造体验	项目 完成作品的铸造体验	任务1 了解铸造工艺参数(浇注工艺参数); 任务2 掌握所用设备的日常维护、保养及基本的安全防护知识	60
模块8 热处理技术及动平衡检测体验	项目 完成作品的部分后续处理及相关检测技术的体验	任务1 了解热处理工艺对作品的重要性; 任务2 熟悉动平衡检测应用的必要性及测试技术	90

以上教学方案是以2个半天类型为例,该类型的体验课主要是让学生了解典型零部件在发动机中的重要作用及基本原理,并完整体验涡轮机及叶片的精密铸造过程。

图5所示为制造工程体验课学生在体验Anycasting模拟涡轮机浇注系统及熔模铸造涡轮机过程现场。

图 5 制造工程体验课学生在涡轮机熔模铸造现场

3 开展涡喷发动机典型零部件铸造教学的意义

3.1 兴趣中开展价值塑造

目前高校都在以"价值塑造、能力培养、知识传授"三位一体的育人理念深化教育教学改革,其中价值塑造排在首位,可见其在教育教学中的重要性[1]。当然,社会已处于现代化的阶段,所以知识越来越重要。实践学习的本质是"自学",而且学习知识的方法伴随着智能手机、AR技术的出现使得知识获得的方法更容易。因此开展学生感兴趣而且国家、政府或企业急需的产品或项目的教学更有利于开展价值塑造。涡喷发动机典型零部件由于结构复杂,制造加工难度非常大,具有技术含量高、硬件投入大、质量要求高等特点,亟须开展技术攻关,进而实现航空发动机零部件的智能再制造及满足维修保障要求。因此开展该部分的教学更能塑造学生"热爱祖国、为国争光的坚定信念,勇于攀登、敢于超越的进取意识,同舟共济、团结协作的大局观念,淡泊名利、默默奉献的价值观念"。

3.2 激发学生对我国航天事业的热爱

新时代,习近平总书记发出了"探索浩瀚宇宙,发展航天事业,建设航天强国,是我们不断追求的航天梦"的战斗令[3]。使命引领未来,创新决定未来,未来的发展靠人才。而涡喷发动机典型零部件铸造教学在某种程度上激发了学生对我国航天事业的热爱,进而为航天事业储备必要的人才。

3.3 培养未来工程师所需的工程素质

采用线上价值塑造环节和线下动手制作设计环节的教学方式,充分利用了实验室现有的教学资源。学生们以产品或项目驱动,并以产品或项目为核心,开展所需知识、技能和工具的学习,协同完成产品制作或工程项目,可以提升他们的全球视野、工程伦理意识、创新意识、合作意识、发展意识和服务意识,特别是跨学科创新能力。

4 结语

清华大学基础工业训练中心开展了微型涡喷发动机典型零部件铸造教学创新实践方案和实施计划的探索,该方案和计划的实施能提高实验室高端教学资源的利用率,将产品或项目融入创新实践中,激发学生对我国航天事业的热爱,更能进一步落实"三位一体"的育人理念。

参考文献

[1] 李双寿,杨建新,王健美.新时代工程训练中心建设理念及探索[M]//李双寿,杨建新.新时代工程实践和创新教学.北京:清华大学出版社,2018:3-8.

[2] 杨建新,李双寿,王健美.跨学科双教育体系建设的路径与方法[M]//李双寿,杨建新.新时代工程实践和创新教学.北京:清华大学出版社,2018:101-105.

[3] 符志民.逐梦航天 协同发展:2019年中国航天日感怀[J].中国航天,2019,4:59.

设计与制造、机械与电子、艺术与工程相结合构建通识工程教育课程单元

韦思健,张秀海,李 屹,王蓓蓓,高建兴,陈开峰,彭 进,杨德元,高 英

(清华大学基础工业训练中心,北京,100084)

摘要:本文介绍了清华大学"制造工程体验"课程电子产品设计与制造教学单元的建设思路与教学实践。该单元以产品设计制造为线索,由教师指导学生综合使用机械、电子设计与原型快速制造技术制作个性化创意电子产品,不限专业、零基础体验和学习电子产品设计与制造技术及制造流程。课程内容结合设计与原型快速制造、机械与电子、艺术与工程。

关键词:设计与原型制造;工程体验;通识教育

1 引言

随着社会与经济的发展,我国高等学校学生的专业分布开始发生一定的变化,越来越多的学生选择非传统工科专业,大学的通识教育构成也在发生变化,工程通识教育课程也成为其中的重要组成部分[1-2]。

清华大学"制造工程体验"课程面向全校不同院系学生,重点培养工程思维。课程通过在真实制造场景下制造全生命周期的体验,传授现代制造工程知识、培养工程思维和素养、塑造创造性劳动价值观。每位学生在课程中可以任选两个产品制造实践单元,体验各种制造技术与方法。

"制造工程体验"课程CC03单元的建设目的是让学生体验电子产品设计与制造技术和方法。建设之初采取的方法是用原"电子工艺实习"课程的简化版,学生在单元课程中先学习设计、制造电路板,再进行焊接、安装、调试等工作,完成一个电子产品的设计制造全过程。现课程与原课程的最大区别就是课程难度相对下降和课时减半。但这样的设计并未得到学生的认可,选课学生很少,开课次数和选课学生数均名列13个课程单元的后两名,课程单元面临无法开设的境地。

2 建设思路与实践

2.1 建设思路

在这种情况下,我们对单元课程的设计和内容,围绕两个基本点进行了再分析:一是单元课程设计与课程目标和学生学习需求的契合度;二是单元课程设计与实验室优势和现代设计制造技术发展趋势的契合度。基于以上两点分析,我们对CC03教学单元进行了彻底重构,将单元课程定位于电子产品设计与原型快速制造技术。同时,我们还有3项考虑:其一,现代电子产品的设计与制造都是基于多种数字设计与制造的综合使用;其二,原型制造是最契合清华大学学生的学习需求和实验室优势的;其三,在通识工程教育中如果加入艺术特征会更契合学生需求和激发学生的学习兴趣[3-4]。

基于以上分析和考虑,CC03单元课程的教学目标修改为,以产品设计制造为线索,由

教师指导学生综合使用机械、电子设计与原型快速制造技术制作个性化创意电子产品,不限专业、零基础体验和学习电子产品设计与制造技术及制造流程。课程内容结合设计与原型快速制造、机械与电子、艺术与工程,通过在真实制造场景下制造全生命周期的体验,传授现代制造工程知识,培养工程思维和素养,塑造创造性劳动价值观[5-6]。

2.2 教学核心设计——3D建模设计实践

学生通过3D建模设计实践,掌握建模软件实体的建模功能,了解机械零件设计中的尺寸要求、公差要求和技术要求,掌握设计中的产品功能要求、个性化要求和零件之间的配合要求。培养学生的设计能力和严谨的科学作风,提升他们参与工程项目的技术思维和艺术思维。

任何一件电子产品,除了功能需求外,其外形结构是否符合大众要求、是否符合美学要求,也是决定其能否成功的关键。由于选修本课程的大多是文科院系的学生,他们的艺术思维活跃,艺术创作灵感多样化,结合我们的产品外形设计,在建模设计中,积极引导他们在满足功能的前提下,做多样化的艺术创作,使电子产品更有艺术性和生命力,使艺术创作更好地为产品设计服务,为学生在未来的工作中能更好地用艺术为工程制造服务打下基础。图1所示为学生的3D建模设计作品。

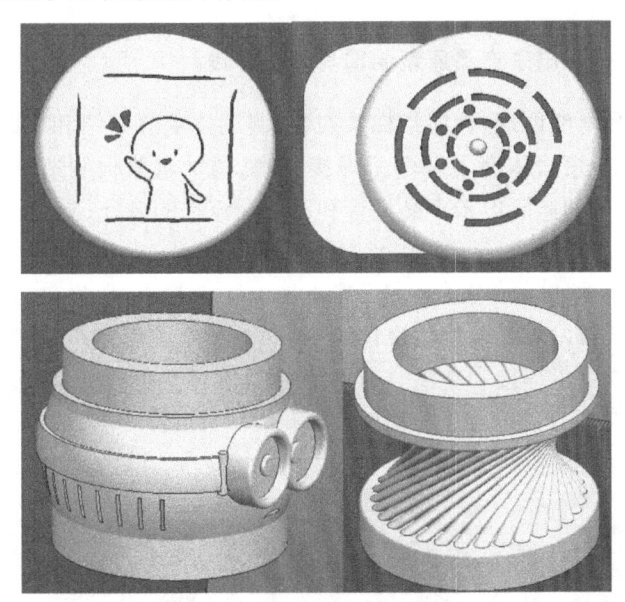

图1 学生作品——3D建模设计

2.3 教学核心设计——3D原型制造实践

学生通过3D原型制造实践可以了解3D打印的基本原理、工艺种类和应用,掌握熔融挤压工艺塑料3D打印机的操作方法,掌握零件打印方向和支撑的关系,以及零件后处理方法。

通过这一环节使学生了解初始制造的基本含义,那就是任何一件新的作品问世都要经过多次反复的构思、设计、制造、验证、修改、再设计、再制造的过程。在这一过程中,培养学生的动手能力、协作能力、劳动素养、环保意识和严谨的工程科学精神。

比如,在零件打印完成后,发现尺寸出现了偏差,使零件形态发生了变化,要和同学们一起讨论零件变形的原因,是设计问题吗?是设备制造问题吗?是参数设置问题吗?是材料应力问题吗?在带领学生究其原因的过程中,找到正确的思路和解决办法。

再如,在零件原型打印完成后,会产生支撑废料,这些支撑废料该如何处理?是否一扔了之?从而引出问题和思考,与学生共同讨论该如何有效地处理打印废料问题,提升他们的环保意识。

2.4 教学核心设计——电子设计自动化实践

学生通过电子产品设计过程中的原理设计、制板设计实践,配合讲课内容了解和体验电子产品设计的全过程。同时,设计实践中学生还需满足后续制造中所运用两种工艺制程的要求,进一步了解设计、制造和工艺之间的关系。

其中关键的教学设计包括 3 点:其一是电路设计软件使用虚拟仿真技术可直接形象地判定电路的正确性,适合零基础的学生学习;其二是结合最新的液态金属印刷电子技术设计电子艺术画,体现了艺术与工程的结合,激发了学生的学习兴趣;其三是设计过程中重视设计与工艺的结合。

2.5 教学核心设计——电子产品原型制造与调试实践

通过对实践产品电路原理、性能指标及安装、调试技术的介绍和实践,使学生进一步了解电子产品制造的全过程,体会了解电子焊接技术、两种电路板制造技术、产品组装技术、调试技术,进一步了解和体验电子产品设计和制造全流程的设计、制造、测试 3 个关键环节。同时,在制造过程中培养安全、劳动、成本、责任等意识。

其中关键的教学设计同样包括 3 点:其一是个性化制造,学生自己设计的产品结合现代电子制造典型工艺技术 SMT,使学生体验个性化、数字化等现代智能制造的特点;其二是通过学生实际完成手工焊接和装配、调试等工作,培养学生的安全、劳动等意识;其三是注重产品调试教学,体现产品的全生命周期管理和产品质量管理。图 2 所示为学生作品范例。

图 2　学生作品范例——蓝牙音箱和液态金属电子艺术画

3 教学效果

CC03 单元完成教学重构后,从 2019 秋季学期开始按新的教学方案实施,在 2019 年秋季学期和 2020 年春、秋季学期均受到学生的欢迎,由之前的开课次数和选课学生数均名列 13 个课程单元的后两名,转变为开课次数和选课学生数分别名列 13 个课程单元的第三名和第四名,2020 年秋季学期后 8 周选课学生人数达到 99 名,超过了可选该单元学生人数的 50%。尤其是在 2020 年春季学期的教学中,由于受疫情影响开展网上教学,CC03 单元坚持线上实践教学与线下实践教学"同质等效"的教学要求,不降低教学标准,严格按实际制造要求指导学生完成和修改设计作业,直到符合制造工艺要求为止,但学生的选课总人数和开课次数仍然分别名列 13 个课程单元的第三名和第四名。在清华大学"制造工程体验"课程期中匿名调查中,CC03 单元非常满意度为 57%,在 13 个教学单元中排名第四,教学效果良好。

4 结语

通识教育中的工程教育是通识教育的重要组成部分,通识工程教育有很多形式,对于非工科和低年级学生,基于实践的通识工程教育是一个很好的形式,对于培养学生的工程思维具有非常重要的作用。通识工程教育,仅靠说教是不够的,一定要从现实问题出发,分析问题、解决问题。但如何设计课程尤其是其中的实践教学单元仍有很多问题需要解决,虽然在之前的工作中做了一些尝试,并取得了一些成果,但是如何在教学中契合课程目标,引导学生的学习兴趣并挑战自我,还有很长的路要走。希望通过我们的持续努力,抵制"格雷欣法则"的影响,做一枚有价值的"良币",带给学生更好的课程体验。

参考文献

[1] WEI S J, WANG B B, GAO J X. Construction and practice on the optimum multi-module EDA practice teaching platform[C]//Engineering Education and Industrial Training,Beijing,China,2015:353-356.

[2] WEI S J, LI S S, LI S L, et al. Constructing electrical and mechanical innovation platform supporting the self-innovation of students[C]//Engineering Education and Industrial Training,Dalian,China,2012:443-446.

[3] ZHENG Y, HE Z Z, YANG J, et al. Personal electronics printing via tapping mode composite liquid metal ink delivery and adhesion mechanism[J]. Scientific reports,2014(4):4588.

[4] 林健,彭林,JESIEK B. 普渡大学本科工程教育改革实践及对新工科建设的启示[J]. 高等工程教育研究,2019(1):15-26.

[5] 任喜伟,张震强,闫红超. 电子工艺实习教学信息化改革探索[J]. 中国教育信息化,2019(2):60-62.

[6] 顾佩华. 新工科与新范式:概念、框架和实施路径[J]. 高等工程教育研究,2017(6):1-13.

建立柔性化机械加工实验教学平台

徐伟国,王　群,张余益,梁迎春,郭　巍,李　佼,李　睿

(清华大学基础工业训练中心,北京,100084)

摘要：建立一个面向不同层面实验教学需求的柔性化实验教学平台是非常必要的。清华大学基础工业训练中心机械制造实验室转化实验室种类丰富的设备和科研加工服务技术优势,建立了满足不同层面实验教学需求的柔性化机械加工实验教学平台。

关键词：实践教学；机械加工；柔性化实验教学平台

机械加工行业在技术上发展很快,而每一次管理或技术进步都给制造业在生产率方面带来了很大变化。从这一教学需求出发,对应的实验教学的内容也需要不断更新和调整,因此给实验室建设方面提出了要求,即需要持续优化和更替新旧软硬设备,使之与教学内容相匹配。因此,我们建立了满足不同层面实验教学需求的柔性化机械加工实验教学平台。

1　平台建设内容

2017 年,清华大学工业训练中心机械制造实验室从已有的近 50 台机床中,优选划拨出 10 台车床、2 台铣床、10 台数控车床,再基于课程教学需求,开始筹建开放性实验教学平台,对于机床设备功能和性能不足的问题,通过添置新设备加以解决,分别于 2018 年购买了 1 台车铣加工中心(Swiss DT13),于 2019 年添置了 10 台测量设备(闪测仪),组建了柔性化机械加工实验教学平台(见图 1),并匹配结构呈梯队化、种类呈综合化的师资队伍,包括相关教师和实验技术人员共 11 人,其中副教授、高级工程师、高级技师各 1 人,工程师 2 人、助理工程师 3 人、技师 2 人和高级工 1 人。实验平台占地面积 500 余平方米,主要完成不同层面实验教学要求的中心教学任务及其他院系(如机械系)部分实验教学任务,每年接待实验教学学生近 3000 人次[1]。

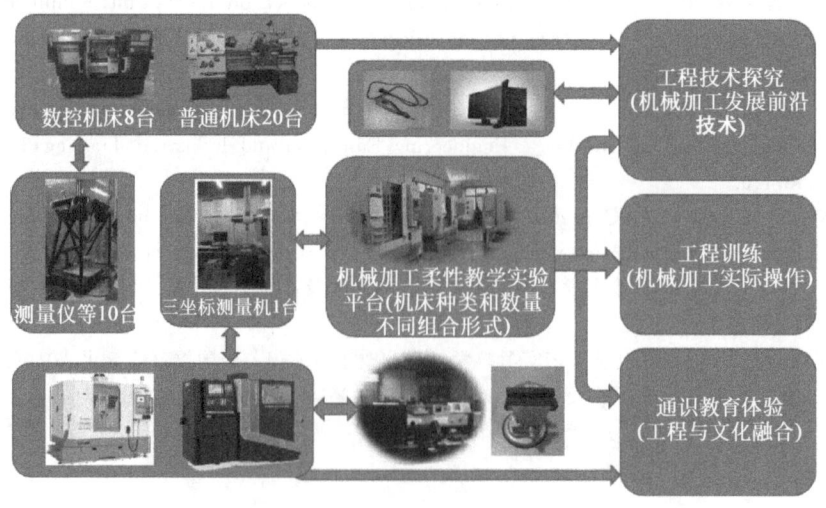

图 1　按照教学需求建立的柔性化机械加工实验教学平台

新组建的柔性化机械加工实验教学平台可以根据不同的教学需求,开发出适合不同层面学生学习训练的教学环节及课程。例如,开发出适合于实验室科研探究课的教学单元,对机械加工精度的实现原理深入调研和研究;面对机械类学生的专业需求,学习机械加工工程训练课程(相当于二级工水平)及工程思维的"金工实习 A"课程的机械加工实践模块;开发适合于通识课程"制造工程体验"课程中的工程和文化结合的学生"文创"作品制造体验等,具体如下。

1) 面向工程研究方面的机械加工发展前沿技术的教学需求

这是指教学中深入探讨工程技术研究方面。以探究课第 67 单元为例,课程通过机械加工产品的制造过程,让学生了解到精密机床是国民经济发展的基础,技术装备的水平和质量影响尖端技术和国防工业的发展,也影响机械产品的精度和表面质量,以及国际竞争力。随着科学技术及高新技术的发展,精密及超精密加工技术或者五轴联动数控机床系统在工业生产中的地位越来越重要,尤其是在尖端技术领域,例如航空、航天、计算机、现代武器、光学仪器领域等,机械加工制造更为重要。

教学中启用精雕数控加工中心和精密的三坐标测量机,教学中研究以下方面的技术前沿:精雕机床的加工精度要靠机床本身的精度来保证;机床精度的高低主要取决于机械和电气两个方面;引入机床综合几何形状误差的概念、机床运动精度的概念、机床重复定位精度的概念等。实验过程中探究(零件或刀具等)实际位置与标准位置(理论位置、理想位置)之间的差距和精度关系等一系列技术问题如图 2 所示。

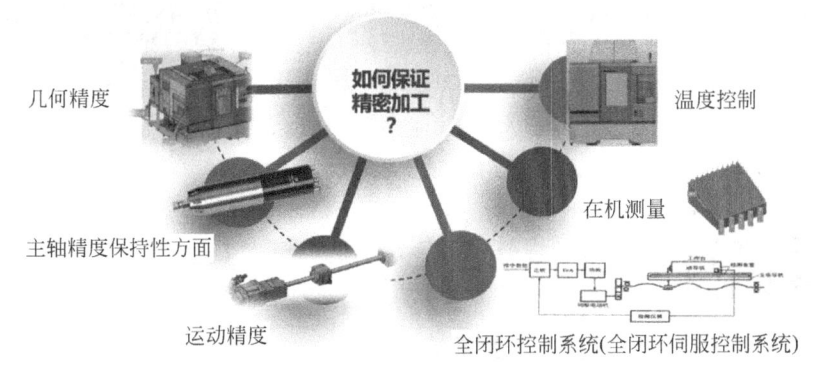

图 2 探究机械加工前沿技术中加工精度的关联和影响因素

2) 面对工程训练方面的机械加工实操的教学需求

工程训练的教学目的是:培养学生使用工具的能力;培养学生运用所学知识解决问题的能力;培养学生相互协作的能力等。例如,机械加工中车工部分的工程训练要求如下:掌握车床的操作方法并加工零件;熟悉选择零件的装夹方法;了解各种回转表面的加工方法及所用刀具;了解盘套类或轴类零件的基本工艺过程。

根据以上教学需求,柔性化的机械加工实验教学平台启用了部分普通车床投入教学,主要用于学生加工各种回转表面,学生通过对普通车床的操作,深刻体会到对车床上安装的工件,应确保其被加工表面的回转中心与主轴中心重合,以保证工件的正确位置等加工要求。同时启用了部分数控车床,而通过数控车床的使用,使学生了解程序的内容和使用方式,理解加工程序和机床的匹配关系。安排普通车床和数控车床组合教学,除了可以使学生更有效地掌握零件加工工艺的制造过程，还可以提升学生对工程制造的系统认知、资源有效利用意识、工艺安排及过程管理能力等综合工程应用能力。

3) 基于通识教育方面的工程与文化等多学科融合

工程实践教育的新局面之一是面向通识教育。因此，柔性化机械加工实验教学平台助力于文、理、工科学生的交流融通。例如，平台通过启用能够实现多曲线加工的五轴精雕加工机床和普通铣床的配合，以现代数控技术的发展为技术基础，实现了多种艺术专业的学生以机械加工的形式实现自己的设计和创意。文化创意产品是以文化为元素，融合多元文化和学科，利用不同载体而构建的再造与创新产品[2]。文化创意产品的核心就是最大限度地发挥人的创造力。机械加工实验课程，以铜镜文化创意产品开发为研究内容，学生根据自己的设计加工出铜镜外形，这个过程实现了工种融合项目教学方法。从这个角度看，柔性机械加工实验教学平台可以融入艺术、科学等综合素质的通识教育理念，在培养科学、人文、工程交叉融合的复合型人才中起到重要作用。创意产品设计分别如图3所示。

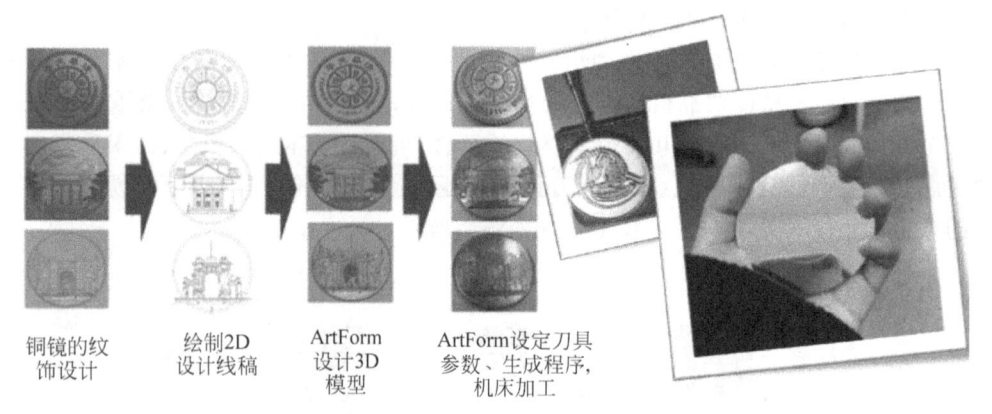

图 3 创意铜镜产品设计和铣削加工精度体现

2 平台建设特点

（1）柔性实验平台适应多层面的教学需求。平台根据机床的不同加工范围和使用性能，优化组合和数量配比，以满足不同的教学要求。除此之外，平台的柔性化特点使教学模式转变快捷，教师能够灵活有效地进行实践教学。

（2）实验教学平台软、硬设备使用效率高。由于平台的组建是从教学需求出发，详细规划并预测课程的规划和发展，按照教学需求优化配比机床数量，简化搭配机床种类，分析和讨论多种方案，最后综合考虑经费使用，因此教学设备和设施种类使用效率高，从而收到了很好的教学效果。

（3）实验平台建立本身就是系统化设计结果。在机床组建过程中，方案和系统规划是经过反复讨论推演后形成的，使得平台在今后的教学发展变化中仍然具备潜力，能够适应未来发展的需要。例如，现有平台可以优化重组，组建一定程度上的生产线，为工业系统工程、精益生产等未来教学提供实验实践。

3 平台建设效益

机加工实践教学平台在组建和发展的过程中不断投入教学中使用，2017年秋季学期、2018年和2019年的教学实践表明，教学效果良好，达到了平台所规划的教学效益。机加工实验教学平台从2017年开始筹划，具体开设的课程如下：

首先，工程研究方面的课程，如"实验室科研探究"国家级精品课中共开设了3个探究单元，即"智能制造中精密在线检测技术及应用"（92单元）、"当代'核舟记'——体验精雕数控铣"（93单元）及2019年秋季新开设的"精密机床加工技术及应用"（67单元）。其次，在2018年暑期和2019年暑期，平台作为"金属工艺实习"课程的重要组成部分，每年接待近2000名学生；而在2018年秋季，2019年春、秋学期，在通识教育课程"制造工程体验"中开设了4个课程单元，此外，还承担了其他课程如"制造工程基础""制造工程实践""现代加工技术与实践"和"工业系统基础"的实践教学环节，两年来承担教学工作量3000多人时。

对于机械制造实验室教学而言，实验教学平台的原则是让学生掌握好加工技术的实验知识，并掌握实验操作能力，注重引导学生独立思考，甚至是独立设计与探究，使学生的想象能力、思维能力及创新创造能力等得到良好的发展，因此面向不同层面的开放式实践教学即是一种创新教学的尝试。

4 结语

新工科教育在从科学理论式向工程实践式不断深度转化，在转化的过程中，产生了"融合创新"的新工科教育模式，如工程技术探究、工程训练相关、通识课程等，除此之外，还协同各工种互通，全面融合，融合过程中切实考虑到教学内容的技术需求、学生的专业交叉需求和社会人才需求的综合教学需求。柔性化的实验教学平台经过系统化的设计，可以优化教学资源，以良好的软、硬件很好地满足新时期实验教学的需求，为新实验平台建设提供研究基础，为新时期的工程教育模式提供参考。

参考文献

[1] 张余益,陈远洋,郭巍,等.基于普铣与数控铣融合式工程训练教学方法研究[J].设备管理与维修,2020(3):24-26.
[2] 郭巍,张余益,李睿.基于"工种交叉,产教融合"的文创产品课程开发与设计[J].科技创新导报,2020,17(2):231,233.

探索赛课结合的创新型教学模式[①]

章鹏飞,朱丽君

(清华大学基础工业训练中心,北京,100084)

摘要: 本文以清华大学 iCenter 技术创新实验室结合 2017 年全国大学生工程训练竞赛中的电控越障小车赛题开设的工程体验课为例,以竞赛项目作为课程学习内容,以比赛的结果作为课程考核成绩的方式,探索赛课结合下的创新型教学模式,实现赛课结合对不同学科学生实践能力、创新能力的培养。

关键词: 赛课结合;创新教学;因材施教

1 引言

随着高等院校工程训练综合能力的提升,实验室教学课程逐渐成为课程教学体系中的重要环节。如何改革传统的教育教学理念与方法,有效推进素质教育和高水平人才培养?实施赛课结合能够有效激发广大学生的创新意识,培养并提高大学生探索问题、解决问题的实践能力,锻炼其应用能力,培养协作精神。这是一个从以往的知识传授、技能培养,过渡到系统集成、工程能力训练,再到以学生为主体的创新驱动培养模式[1]。

2 赛课结合,竞赛是课程的依托平台

全国大学生工程训练综合能力竞赛是教育部高等教育司主办的全国性大学生科技创新实践竞赛活动,是有较大影响力的国家级大学生科技创新竞赛,也是基于国内各高校综合性工程训练的教学平台。赛事是为促进创新人才培养而开展的一项公益性科技创新实践活动,旨在加强学生创新能力和实践能力培养,提高本科教育水平和人才培养质量。

基于 2017 年全国大学生工程训练综合能力竞赛(重力势能驱动的自控小车越障竞赛)的要求,在整个比赛项目的结构设计方面运用了快速成形加工方法,如 3D 打印和激光切割;在控制方面采用了目前最为流行的开源硬件 Arduino UNO 控制板作为我们的核心控制器。配合其他传感器模块、控制模块实现对小车行进过程中的转向控制,以达到避开障碍物的结果。比赛既保留了无碳小车原有的重力势能驱动的"无碳"概念,又增加了电控的趣味性。

3 赛课结合,赛点即课程设计内容

竞赛是锻炼人智力的、超出课程范围的一种特殊考试,要求灵活性很强,熟练度很高。竞赛还可以使人获得更多的知识,提前接触该学科的相关知识,培养学生对于专业方面的兴趣和素养,有利于学生学会自主思考,锻炼独立解决问题的能力,为今后的发展打下基础。

[①]基金项目:清华大学本科教育教学改革项目——"课赛创"融合的创新型人才成长与评价体系构建(DX05_01),教育部第二批新工科研究与实践项目——构建学科交叉、虚实结合、校企协同、赛课融合的大学生工程创新能力竞赛平台。

在本课程设计方面，由于"制造工程"这门课是面向全校学生的一门工程体验性课程，面对的学生来自不同的学科(计算机、美术、人文社科、机械、电子等学院)，如何将专业性很强的比赛项目转换成可以兼顾非理工科学生的课程成为本课程设计的难题，基于对学生的问卷调查和学生的反馈意见，我们设计出以"通识教学＋团队训练＋比赛考核"的教学模式。本课程设计如图1所示，包括"机械设计＋软件编程＋电工电路＋社区文档"4个模块，课程中教师对所有学生进行机械设计和程序设计基础内容的讲授，让大家对不同学科的设计基础知识有一定的了解，对于文理科不同知识层次的学生我们采取知识点打包的方法，例如程序设计，文科学生采用图形化编程，理工科学生采用计算机语言编程，如图2所示。这种比对学习方式可以使学生在学习不同知识的同时，不会觉得自己基础差而学习起来感觉难，从而提高学生的学习兴趣。

图1 课程设计

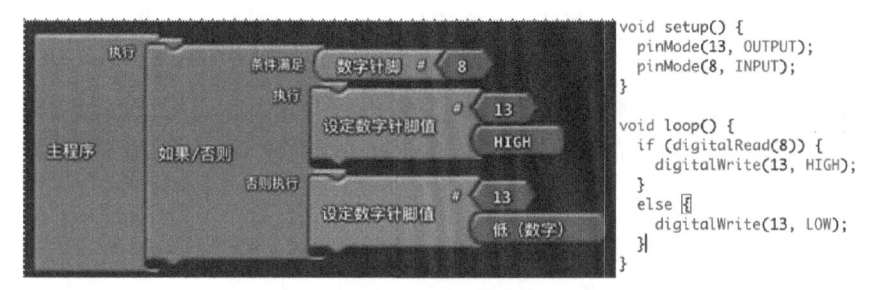

图2 不同的程序

为了提高教学的趣味性，我们将目前很流行的虚拟现实技术引入到课堂中(见图3)，带学生了解AR/MR的设计和应用。我们在AR/MR中虚拟装配比赛小车部件，在体验新技术的同时也了解了小车部件的作用，为加工和安装小车起到了推波助澜的作用。为了展示学生的创新思维，我们还设计了风帆小车环节，即在原有小车的基础上将重力势能变为风能来驱动小车，更大限度地将学生的创新思维应用到小车的设计中。

最后，对于课程的考核，以无碳小车在赛道中实际实现避障的功能为主要考核内容，风帆小车环节在实现小车能动的基础上更多考核学生的创新设计。

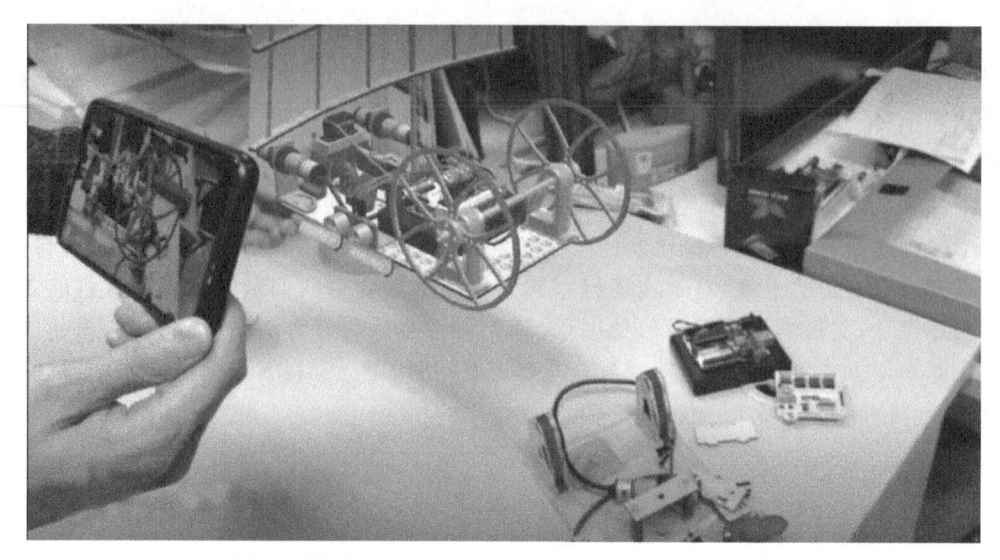

图 3　虚拟现实

4　赛课结合,锻炼学生的综合能力,提高教学水平

全国大学生工程训练综合能力竞赛以实践为主,赛题和科技创新相结合,紧跟时代前沿。竞赛的内容往往是一件产品或一个项目的设计,将课程内容与大赛赛点相结合,根据大赛的要求制订完善的教学计划,明确学生的学习目标。教师在教学过程中,可以根据技能大赛的标准来训练学生,要求学生在"做中学,学中做"。学生在实践学习过程中通过教师的指导和同学之间的合作交流,自主研究探索,同时提出问题、分析问题、解决问题,在整个过程中学生能够提高分析和应用能力,从而提高了学习的时效性和实效性。竞赛获奖使学生的荣誉感、成就感得到提高,增强了学习信心,大大提高了其实践能力和团队合作精神。教师通过指导学生参加大赛,亲身体验及言传身教,有效地提高了教师的实践操作能力,同时在竞赛过程中可以相互借鉴经验,改革创新教育教学的方式与方法,提高教学质量。

5　结语

清华大学在人才培养方面,一贯倡导学生在掌握扎实的基础理论的前提下,注重提高实践动手能力与创新能力。通过将工程训练实践教学环节与竞赛相结合,更好地解决了原有实践教学环节中存在的实验内容单一、无法系统地与实际工程问题相结合等问题,同时也逐步引导学生从知识讲授、技能训练到对产品、项目系统化与集成化的学习与思考,全面提升了学生的实践能力和创新思维能力。

参考文献

[1]　李双寿,杨建新.新时代工程实践和创新教学[M].北京:清华大学出版社,2018.

产教融合背景下大学生创新创业教育的研究与探索[①]

周 晋[1]，王 旭[1]，李双寿[1]，陈 震[1]，李三平[2]，曹 贺[2]，高建兴[1]

(1.清华大学基础工业训练中心，北京，100084,2.戴尔科技集团中国研发中心，北京，100084)

摘要：在新时代背景下，国家创新驱动发展战略提出以建设创新型国家为目标。把创新创业教育贯穿人才培养的全过程，既是"双创"目标达成的有效路径，也是新时代大学的使命与担当。国家的产教融合政策为高水平大学加强创新创业人才培养指明了方向，使大学生的成才之路有了多种选择。研究与探索产教融合在双创教育中的改革方向和落地方案就成为了双创教学改革的关键任务。本文教学团队通过两个学期的教学改革探索，在践行校企合作，开展大学生双创教育方面进行了有益的尝试。

关键词：创新创业教育；产教融合；校企合作；教学改革

1 引言

2021年5月，习近平总书记在两院院士大会、中国科协第十次全国代表大会上指出，高水平研究型大学要把发展科技第一生产力、培养人才第一资源、增强创新第一动力更好地结合起来，发挥基础研究深厚、学科交叉融合的优势，成为基础研究的主力军和重大科技突破的生力军[1]。近年来，"大众创业 万众创新"蓬勃发展，不仅推动了新旧动能的模式转换和经济结构的转型升级，也逐渐成为高等教育改革发展的重要力量。在此背景下，加强大学生创新创业教育的研究与探索，把创新创业教育贯穿人才培养全过程[2]，激发人才的创新潜力，促进高等教育内涵式发展，既是"双创"目标达成的有效路径，也是新时代大学的使命与担当。

党中央和国务院制定的产教融合政策，为高水平大学加强创新创业人才培养指明了方向，使大学生的成才之路有了多种选择。《国务院办公厅关于深化产教融合的若干意见》中明确指出，校企协同，合作育人，逐步提高行业企业参与办学程度，健全多元化办学体制，全面推行校企协同育人。深化"引企入教"改革，支持引导企业深度参与职业学校、高等学校教育教学改革，多种方式参与学校专业规划、教材开发、教学设计、课程设置、实习实训，促进企业需求融入人才培养环节[3]。

2 产教融合带给创新创业教育的变化分析

2.1 树立学生为国家解决急迫需要和长远需求的价值导向

创新创业要坚持问题导向，敢于解决国家紧急、紧迫的问题。在创新链和产业链的融合中，企业位于主体地位，是创新研究的出题者。在过往案例中，一些科技领军企业经常能

[①]基金项目：清华大学本科教育教学改革项目——人工智能创新创业能力提升证书项目(DX02_19)；清华大学本科教育教学改革项目——《人工智能思维》通识课程的思政建设(DX02_24)；清华大学本科教育教学改革项目——"课赛创"融合的创新型人才成长与评价体系构建(DX05_01)；教育部第二批新工科研究与实践项目——面向产业前沿的跨学科创新创业训练体系。

够发挥准确把握市场需求、高效地开展集成创新、整合和组织多种资源的优势,完成从认知领先到科技领先,再到产业领先的转变。通过产学合作,将国家、产业的重要问题甚至是卡脖子问题带到高校课堂,发挥大学生志存高远、敢于创新、思路开阔、学科广泛的优势,既让他们思考民族复兴的科技发展之路,又能激发他们的学习志趣和创新精神[4]。

2.2 人才培养与社会实际需求建立紧密联系

党的十九大报告强调加快实施国家创新驱动发展战略,并明确提出了建设创新型国家的具体目标,即到21世纪中叶实现"五个"强国建设:科技强国、质量强国、航天强国、网络强国、交通强国[5]。建设创新型国家,关键在人才。产教融合与校企合作能为人才培养与社会实际需求建立起紧密联系,防止高校培养的人才结构与社会需求脱节,避免把学术水平作为人才评价的唯一标准。同时,企业走入高校教育,能建立起创新创业的校园文化氛围,激励大学生勇于创新、敢于实践,培养学生的创新意识,并主动学习各种创新创业能力,从而满足新时代经济社会发展对创新人才的需求[6]。

2.3 校企合作实行"双导师制"协同育人

创新创业教育的目标之一是培养多学科复合型人才,鼓励来自不同领域的学生开展跨学科交流,以培养新时代人才应对不断涌现出的新兴行业和多种类型的挑战性问题[7]。开展校企合作双导师联合授课与指导机制,可以发挥学校导师专业理论扎实和企业导师技术思路开阔的优势,实现学生的理论学习和实践能力并举发展,从而保障跨学科人才培养的质量。教师团队的多学科背景和合作能力就是跨学科教学活动的必要基础和重要示范,企业导师的加入丰富了团队的学科方向和合作手段。在联合教学中,学校导师发挥理论和教学方面的特长,指导学生掌握专业知识和学术科研能力;企业导师培养学生以需求为导向分解问题的能力,通过跨学科团队合作,掌握交叉创新和共同解决问题的能力,并在实践中对多学科知识融会贯通。

2.4 校企资源相互取长补短

在校企合作的联合教学中,校企双方可以发挥各自的优势,建设更加优质的教学资源。首先,企业导师参与学校课程的教学计划制订;其次,由企业提供实习基地和企业已拥有的硬件资源;再次,企业可以指派优秀的管理者或技术专家担任企业导师并到学校授课;最后,为促进校企相长,双方导师可以互聘和互相授课的方式增进了解,交流学术,提高双方的教学和研发技能,为教学合作打下良好的基础。通过校企合作,企业可以接触人才,获得来自学校师生的创新思路;学生可以扩大视野、知识与能力;教师则可以了解到产业前沿问题,学校得到发展。由此实现学校与企业"优势互补、资源共享、互惠互利、共同发展"的双赢结果。

3 基于产学合作的创新创业实践

2020年4月,清华大学基础工业训练中心与戴尔科技集团(以下简称"戴尔公司")达成合作,在人工智能方向开展产学合作协同育人的研究与探索。通过连续两个学期的实践,在教学设计、创新和成果等方面积累了有益的经验。

3.1 主要做法

1) 企业前沿科技走入课堂

戴尔公司的技术专家参加到"人工智能思维""实验室科研探究"和"人工智能产品创新实践"3门课程的教学活动中,演示戴尔最新研发的ADAS(高级驾驶辅助系统)小车,讲授深度学习和计算机视觉,学生亲手实践小车组装、数据采集、数据清洗、数据训练和深度学习算法参数调节等环节。总计约36个院系410名同学参加了课程的合作教学课堂(见图1),学生反馈良好,知识吸收顺畅,显著激发了学生的学习热情,课后许多学生与企业专家交流不断。

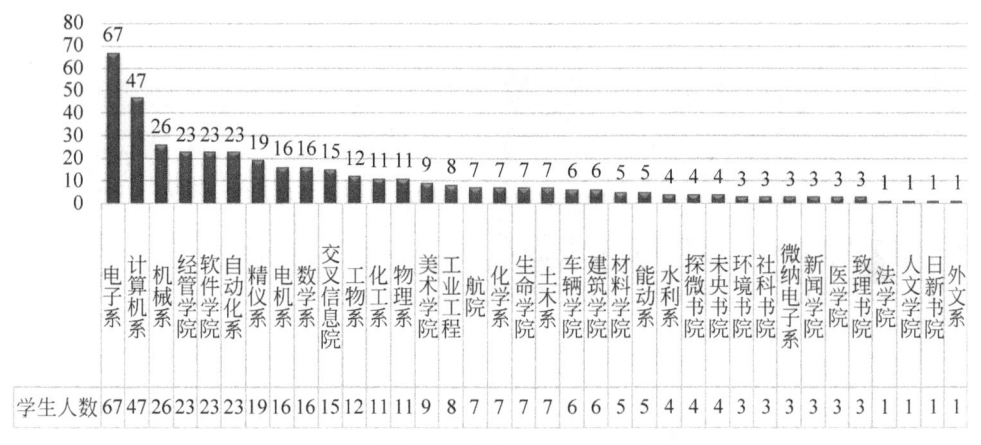

	电子系	计算机系	机械系	经管学院	软件学院	自动化系	精仪系	电机系	数学系	交叉信息院	工物系	化工系	美术学院	工业工程	航院	化学系	生命学院	车辆学院	建筑学院	材料学院	能动系	水利系	探微书院	未央书院	社科学院	微纳电子系	新闻学院	医学院	致理书院	法学院	人文学院	日新书院	外文系
学生人数	67	47	26	23	23	23	19	16	16	15	12	11	11	9	8	7	7	7	6	6	5	5	4	4	4	3	3	3	3	3	3	1	1	1	1

图1 参加校企合作教学的学生分布

2) 学生走进企业

戴尔中国研究院举办开放日(open day),邀请清华大学"人工智能思维"课程的师生参观企业的最新科技研究成果,企业专家展示了深度学习应用到国家队龙舟赛艇项目上的实例,现场演示了国家队训练用的划船机、训练时系统里的数据,学生现场体验了国家队的划船机。"人工智能思维"课程也在戴尔中国研究院开展了现场授课环节,学生小组分享了课程报告,教师与戴尔专家共同进行了点评和指导,如图2所示。

3) 校企联合培养

在授课教师的组织下,学生有机会参加戴尔公司的科研团队进行实习和项目锻炼,为增进学生在人工智能方向的学习兴趣提供了更好的环境,帮助学生体验真实的产业应用场景,学习企业做事的高效业务流程,如图3所示。

3.2 创新点

1) 开发了基于ADAS小车的人工智能思维教学环节

课程教师提出,拟人思维是人工智能思维的一种思维方式,深度学习近年来取得了骄人成绩,反映了拟人思维在当前人工智能发展中的显著价值,语音识别、自动翻译、拍照翻译、自动驾驶都是深度学习的"代表作"。基于戴尔ADAS小车,我们联合开发了自动寻路、自动避障和遵守交通灯指示行驶等功能的智能小车教具,让学生在实践中感受深度学习的

(a) 体验划船运动姿态检测　　　　　　　　　　(b) 参观企业

(c) 校企专家共同评议学生项目　　　　　　　　(d) 校企师生完成实践汇报会

图 2　学生随联合课堂走进企业

(a) 校企双方联合授课　　　　　　　　　　(b) 校企双方联合指导学生实践项目

图 3　在人工智能创新创业教育课程中，开展校企合作协同育人

价值，深入理解其原理，掌握学习算法的改进与调试。

2) 开发了校企合作教学的讲授和实践环节

以往企业走入校园的形式是专家进行一堂讲座，讲座与课程教学大纲有范围交叉，但缺少实际联系，学生无法明白讲座与课程知识体系的关系，会出现"精彩但不相融"的问题。我们通过学期开始前的大量沟通和反复设计，将深度学习知识点和 ADAS 小车实践环节与"人工智能思维"课程教学大纲建立联系、有机融合，在每讲课程中，教师与企业专家同时登场、轮流讲授，发挥各自的优势，为学生打造了一门理论与实践相结合、算法与问题相结合、技术与前沿相结合的"新"课程。

3) 开发了走进产业场景的体验式教学环节

基于产业前沿问题，如国家体育队训练动作的科学识别、分析与指导，让学生从真实场景中发现问题、分析问题和解决问题，这种体验式的教学环节更能激发学生的创新创业志趣，促进他们彼此间的主动探究和跨学科合作。最后专家分享了方案中蕴含的技术和思维方式，给学生留下了深刻印象，更有助于他们在未来不断体会和运用。

3.3 工作成效

1) 校企合作是培养创新创业人才的有效模式之一

大学生学习的理论知识与创新技术，只有走进产业前沿，体验行业现状和技术发展情况，在实际问题的解决中不断实践和锻炼，才能够反复修正、加固认知，最终转换为真实能力。在过往的实践中，许多优秀创业人才都是在企业实际问题中发现的创业需求和创业机会，最终走上创业发展的道路。戴尔作为世界领先的信息技术企业，聚集了众多顶尖的产业专家，通过企业实践机会能让学生及时接触到行业前沿信息，从而为学生建立创新意识和发展创新能力提供了良好的实践契机。

2) 教师与企业专家之间的技术相互促进

教师与学生的开阔思路和深入学术研究能为企业专家带来更多的研究视角和观念突破，企业专家带来的产业前沿场景能让师生们寻找到更多高价值的研究问题，学习到深入的专业技术，了解到更多务实的解决问题的思路。

3) 教学合作可以引导出研究合作等多种深度合作

通过"同授一堂课"的教学合作，学校能够深入认识到企业的优势，比如，明晰产业问题，拥有丰富的技术经验，拥有大量数据（人工智能研究的重要基础）等；企业能够学习到学校在人才、学术视野和学术深度上的优势，比如，学生的创造性、多学科交叉性，研究人员丰富的学术观点和长期研究的积累等。从教学合作的这个起点出发，以课程和学生实践为长期纽带，可以逐步讨论出越来越多的研究兴趣点，自然而然地引导出更深入的研究项目合作，从而有可能取得更大的合作成果。

4 结语

国家创新驱动发展战略势在必行，高等学校的创新创业教育在其进程中担当着重要使命。深化产教融合、校企合作的一系列国家政策为大学生创新创业教育指明了行动路线，因此，研究与探索产教融合在双创教育中的改革方向和落地方案就成为了双创教学改革的关键任务。产教融合为双创教育带来了若干可喜的变化，主要包括：树立大学生关心国家需要的正确价值观、加强人才培养与社会需求的联系、校企合作实行"双导师制"协同育人、在资源建设上校企相互取长补短。通过两个学期的教学改革，教学团队开展教学创新，践行校企合作，在人才培养、校企相长等方面取得了预期成效，积累了宝贵经验。

参考文献

[1] 新华社. 两院院士大会中国科协第十次全国代表大会在京召开 习近平发表重要讲话[EB/OL]. (2021-05-28)[2022-02-05]. https://www.gov.cn/xinwen/2021/05/28/content_5613702.htm.
[2] 陈希. 将创新创业教育贯穿于高校人才培养全过程[J]. 中国高等教育, 2010(12): 4-6.
[3] 国务院办公厅. 国务院办公厅关于深化产教融合的若干意见[EB/OL]. (2017-12-19)[2022-02-05].

http://www.gov.cn/zhengce/content/2017-12/19/content_5248564.htm.

[4] 王旭,周晋,李双寿.人工智能实践导引的教学探索[J].创新创业理论研究与实践,2020,3(24):51-53.

[5] 习近平.决胜全面建成小康社会 夺取新时代中国特色社会主义伟大胜利:在中国共产党第十九次全国代表大会上的报告[M].北京:人民出版社,2017.

[6] 王旭,周晋,李双寿.人工智能实践教学的创新探索[J].教育教学论坛,2021(4):73-77.

[7] 李双寿,李乐飞,孙宏斌,等."三位一体、三创融合"的高校创新创业训练体系构建[J].清华大学教育研究,2017,38(2):111-116.

浅谈面向数字化工厂的智能检测技术课程实验设计

王 群,杨建新,左 晶,徐伟国,刘 怡,陈远洋,章鹏飞,熊婧辉,曾 武

(清华大学基础工业训练中心,北京,100084)

摘要:随着人类工业化进程的发展,测量技术作为产品质量控制的一种手段面临着革新和改进,越来越趋于数字化、自动化、智能化。本文以清华大学基础工业训练中心"面向数字化工厂的智能检测技术"课程中的实验设计为例,探索高校工程训练中心测量实验的发展和建设方向。

关键词:智能检测技术;数字化工厂

随着人类工业化进程的发展,特别是信息化、智能化技术的高速发展和应用,"工业4.0""智能制造"等新概念和模式不断涌现,同时也给产品质量控制提出了新的要求,而测量技术作为产品质量控制的一种手段也必然面临着革新和改进。近年来,检测技术的发展越来越趋于数字化、自动化、智能化,工业测量始终围绕"测量到、测得了、测量准、测得快和测得省"的目标在高速发展[1]。

1 课程实验设计背景

目前,高校现有测量实验室开设的课程,大多以某一高、精、尖技术为核心进行深入研究,侧重于尖端科技,受众群体相对固定。而清华大学基础工业训练中心拟开发的"面向数字化工厂的智能检测技术"课程以智能制造中贯穿的测量技术应用为主线进行建设,面向全校本科学生,采用课堂讲授、现场教学、自学讨论、实践操作等教学方法,以"仿真+实践"的方式,虚实结合,侧重实际应用,让学生多方位、多层面参与,从而了解面向未来工厂的智能检测技术的发展情况及其应用场景。

该课程实验的设计围绕课程教学目标开展,通过实验,让学生体验生产过程的序前、序中、序后这一完整的测量控制如何实现,从而理解"智能制造中的测量闭环,保证产品高效、高精度、柔性化生产"。

2 实验设计

智能检测技术的应用须构建车间状态数据与智能制造工艺流程的结合,探讨智能设备与智能检测技术在智能制造系统中新的应用模式[2]。实验设计,围绕课程教学目标,以智能制造中贯穿的测量技术应用为主线,从运动精度测量、数控机床在机测量、智能产线在线测量、零件精度评定测量4个子方向开展建设,并进行统计过程控制(SPC)、测量系统分析(MSA)等质量数据综合管理,如图1所示。

2.1 运动精度测量方面

数控机床的精度检测和维护直接影响着产品质量及其稳定性。及时检测数控机床的定位精度、重复定位精度、几何精度及联动精度,对高档数控机床精度进行主动管理,有利于机床的合理使用,并可延长其使用寿命。

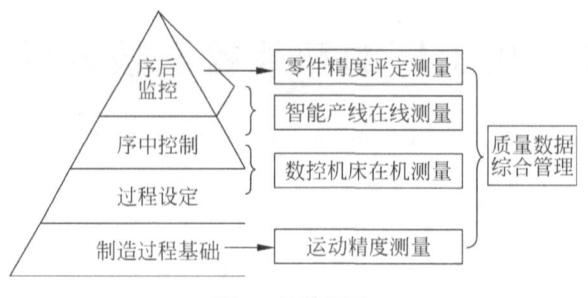

图 1　设计思路

实验的设计是希望学生能思考"为什么"—"怎么做",我们结合目前工业中的实际应用,选取其中的一个点进行实验开发。目前,我们开发了"数控机床直线轴定位精度实验"如图 2 所示。

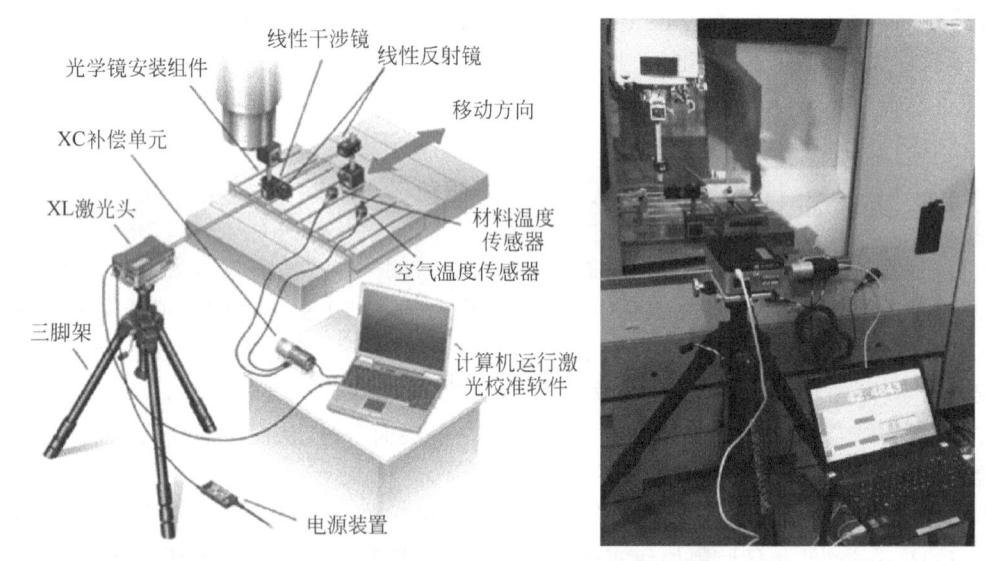

图 2　数控机床直线轴定位精度实验装置

该实验利用雷尼绍 XL80 激光干涉仪对数控机床直线轴的定位精度进行检测。学生通过安装光学镜组件、直线轴定位精度测量光束准直—检测软件数值单位设定—检测软件采集"定义"设定等操作过程,熟悉利用激光干涉仪检验数控机床精度的一般步骤,理解误差补偿和故障分析过程。最终学生将利用相应的软件生成补偿参数,并使用软件图形比较功能查看补偿效果。

2.2　数控机床在机测量方面

数控机床在机测量是精密测量单元的重要组成部分。加工过程中,我们借助机床测头,可测出机床锥度孔磨损、对刀不准确等造成的误差,并对误差自动进行补偿,从而确保机床加工精度,杜绝数控机床因二次装夹工件进行修复造成的误差,实现数控加工下线前的检测[3]。

课程建设上,侧重于"测量辅助加工"这一理念,基于此教学目标,实验的设计则以某实际工件曲面雕刻这一典型生产案例为原型,向学生说明数控机床在机测量技术。为此,我们开发了"基于在机测量的蛋雕案例分析实验",如图3所示。

图3 在机测量实验过程

该实验采用精雕GR100机床,配备JDSoft SurfMill9.0软件,以及雷尼绍OMP400机床测头。学生通过CAD模型绘制—CAD模型上布置测点—加工界面中选择曲面测量程序,修改相应的参数,拾取测点—选择合适的加工方法,修改相应的参数—后置处理—机床上雕刻鸡蛋图案(曲面加工)等操作步骤,理解在机床加工中,如何进行自动测量并在随后的加工中使用测量数据进行补偿,以获得正确的加工结果,满足工件高精度加工要求的过程,并了解实际工件——曲面,因变形造成加工深度不均匀这一问题在实际生产中的一种具体解决方案。

2.3 智能产线在线测量方面

随着智能制造的推进和市场竞争的日益激烈,智能制造中对产品制造质量的要求,包括对于加工精度过程管控意识、质量意识的需求越来越高。

对于智能产线在线测量方向,实验设计中,我们依托中心现有的智能在线检测平台,开展现场、大批量、高精度的接触式智能在线检测教学环节,并引入质量管控概念,开发了"在线检测技术应用与质量管控SPC实验",如图4所示。

图4 智能产线在线测量实验过程

该实验设备采用以基于比对仪的智能在线检测平台,质量管控软件采用Q-DAS的QM-Tool统计分析软件中的QS-STAT模块及O-QIS模块。学生通过检测规划—工件装夹方式确定—检测程序编制—工件检测—现场质量监控与预警—质量评价与分析等操作过程,理解在线检测的实现过程,并通过直方图、单值进程图等分析理解什么是质量控制,如何才能有效地进行质量管控,从而树立质量意识,建立预防的思维和管理的思维。

2.4 零件精度评定测量方面

随着工业的发展，出现了越来越多的形状复杂、尺寸精度要求较高的零件，传统的检测工具及检测技术已经不能满足企业生产的需求，各种先进的零件精度评定技术不断涌现。

该方向实验设计中，我们以中心现有的三坐标测量机、闪测仪为依托，开发了"薄壁零件的三坐标测量实验"，如图 5 所示，以及"基于闪测仪的非接触式批量检测实验"，如图 6 所示。

图 5 薄壁零件的三坐标测量实验

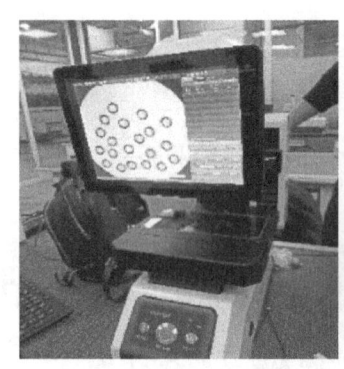

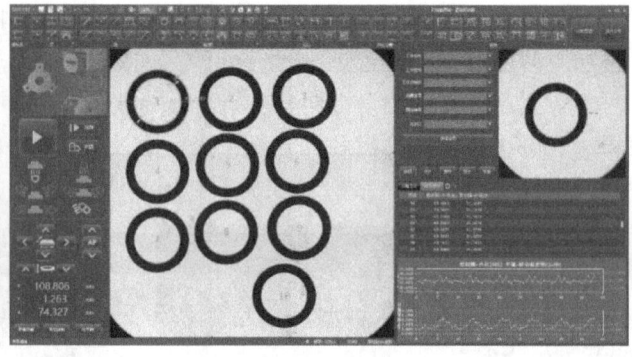

图 6 基于闪测仪的非接触式批量检测实验

薄壁零件的三坐标测量实验使用 GLOBL PLUS060806 移动桥式结构三坐标测量机，学生通过使用 PC-DMIS 软件进行检测规划、测针配置、坐标系建立、测点布置等，并在三坐标上测出薄壁零件的几何尺寸和形位公差。该实验中，我们采用的是接触式检测方式，通过实验，让学生了解目前常用的三坐标检测技术的应用范围，以及典型零件的测量过程。

而基于闪测仪的非接触式批量检测实验则来源于企业实际生产检测需求。例如，航空某院对于橡胶密封圈的内、外径检测量较大，而这种轻微受力就变形的零件，既不易采用接触式检测方式，又因量大且种类繁多，不适宜制作工装才能测量的方式，故最终选定基于闪测仪的非接触式批量检测方式。该实验是一种光学检测技术应用，操作较为简单，学生通过对焦、制作密封圈检测模板、批量检测等操作，即可快速检测密封圈的内、外径。

3 结语

在"面向数字化工厂的智能检测技术"课程的建设中,理论层面上,我们从工业测量与计量的关系、工业测量背后的理论基础及技术支撑体系、工业测量的过程管理及管理依据、工业测量结果的溯源和比对方法、工业测量结果与产品验收的关系及应用方法、工业测量技术的发展及现状等方面进行了教学设计。

实践层面上,我们侧重教会学生思考,对不同的工业测量系统,如何选择测量工具,走近先进的测量技术,通过这些技术的实际应用,培养学生的实践能力和质量意识,并能进行简单的质量分析。

参考文献

[1] 李明,于冀平.几何量工业测量的现状与发展[J].仪器仪表学报,2017,38(12):2959-2971.
[2] 史红卫,史慧,孙洁,等.服务于智能制造的智能检测技术探索与应用[J].计算机测量与控制,2017,25(1):1-4,8.
[3] 马长辉.数控系统中在线测量技术的应用[J].电子技术与软件工程,2016(5):140.

基于设计思维的项目式基础工程训练教学模式改革与实践

董宝光,杜　平,林蔚然,彭世广,周　晋,李　璠,初　晓,梁志芳,
陈　凯,魏绍飞,罗　勇,陈开峰,章鹏飞

(清华大学基础工业训练中心,北京,100084)

摘要:当前,拔尖创新人才培养对通识教育和跨学科培养的需求越来越明显。清华大学基础工业训练中心主要针对人文艺术类学生开设了工程教育类通识课程——"制造工程实践",运用设计思维模型重构课程结构和内容,提出了基于设计思维的项目式基础工程训练教学模式,将设计与制造有机融合在课程实践中,提高了项目选题的社会性和真实性,激发了学生的学习兴趣;组织多学科的师资队伍合作完成教学,形成跨学科人才培养机制,提高了学生的运用跨学科的知识解决实际工程问题的能力、团队的合作的精神以及严谨、求实的工程素养。

关键词:设计思维;工程训练;跨学科;创新人才培养

1 引言

当前,拔尖创新人才培养对通识教育和跨学科培养的需求越来越明显。一方面,我国高中长期存在的文理分科制度导致一批文科生缺乏科学精神和工程意识,理科生缺失人文素养,这一现状迫切需要高校加强通识教育;另一方面,现代科学的生长点和突破口往往集中在学科交叉领域,如果我国想在基础学科、原始创新等关键领域追赶世界先进国家的步伐,还需要在跨学科人才培养上下足功夫。"制造工程实践"是一门面向全校本科生的通识选修课程,文科、理科、工科等多学科背景学生交叉组队,采取"大班上课+小组研讨"的教学组织模式,以全国高校大学生工程训练综合能力竞赛的"智能物流小车"项目为载体,通过机械设计、制造加工、电子硬件设计、编程控制等模块由学生亲自动手完成制作。通过课程的理论学习与动手实践,让学生了解工程系统的概念,体验工程文化,掌握基本的制造技术与手段,培养设计思维、计算思维和工程思维,提升工程实践能力、创新思维和团队合作意识。在课程实施过程中我们发现存在以下问题:学生对单一的项目题目缺乏兴趣,有一定的畏难情绪[1];学生在创新思维培养方面缺乏理论和方法指导,缺乏创新方法和工具的应用,不能系统地培养创新思维;设计与制作衔接不畅,设计的概念较大,工程制作的能力有限,产生"虎头蛇尾"的教学效应,影响教学效果;等等。针对上述问题,教学团队运用设计思维模型重构"制造工程实践"课程结构,调整教学内容,提出了基于设计思维的项目式基础工程训练教学模式,经过教学实践,解决了上述问题,达到了教学改革的目标,为设计思维在工程教育类通识课程的应用进行了探索,可供同行参考。

2 设计思维与课程重构

2.1 设计思维模型

设计思维[2] (design thinking)最早发源于设计界,是一套科学的提升创造力的训练方

法,具有广泛的适用性,斯坦福大学 D-School、伊利诺理工大学设计学院已经将设计思维列入必修课程,并深受学生喜爱。设计思维是一套以同理心[3]的角度对目标群体进行深入观察并整合跨领域分析工具,从而获得洞见,最终设计出令目标群体感动和愉悦的产品/服务的方法,它包括建立共情[4]、定义问题、构思创意、原型制作、测试迭代 5 个步骤,是可以不断循环迭代的过程。具体的过程模型[5]如图 1 所示。

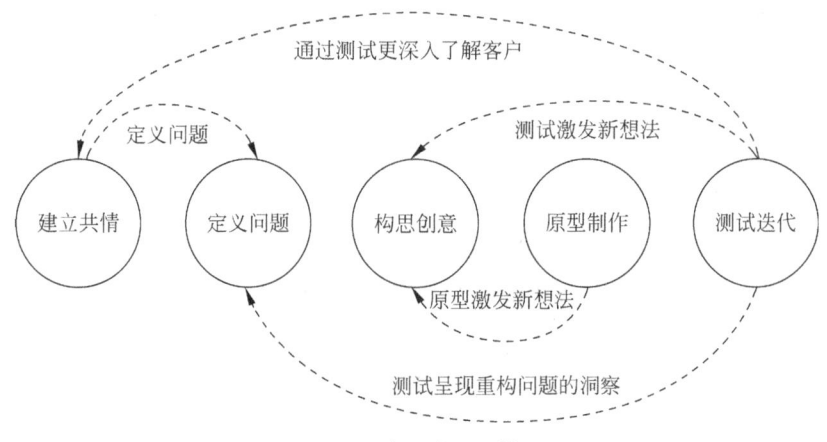

图 1 设计思维过程模型

2.2 基于设计思维的基础工程训练教学模式

通过在"制造工程实践"课程前期引入设计思维的同理心、定义问题和头脑风暴 3 个步骤,针对当前社会热点问题的痛点,引导学生进行服务机器人的立项和开题报告;课程中期分别带领学生"真刀真枪"地实践服务机器人原型制作的设计与制造,学生团队不断测试迭代服务机器人的项目作品;课程结束时,在学生自己设计的场景中检验服务机器人的功能是否达到立项和开题的预定目标。设计思维贯穿整个"制造工程实践"课程的教学过程中,同时在项目设计、原型制作及测试场景设计与制作等环节循环迭代设计思维训练环节。具体的教学模式见表 1。

表 1 基于设计思维的项目式基础工程训练教学方案

设计思维步骤	教学目标	教学内容与学时	教学成果	评价方式
全流程体验	了解课程目标、内容及考核方式,激发学生学习的积极性	课程概论理论讲授 1 学时;设计思维的工程项目实践体验 4 学时	乐高机器人设计与搭建	搭建的乐高机器人是否完成项目任务要求
建立共情(同理心)	了解设计思维理论与步骤,掌握同理心地图和用户画像工具的使用	设计思维理论讲授 1 学时;同理心地图和用户画像工具使用练习 4 学时	用户画像和同理心地图	用户画像和同理心地图展示,教师与其他组学生综合评价

续表

设计思维步骤	教学目标	教学内容与学时	教学成果	评价方式
定义问题	了解工程思维,掌握用户体验历程图和使用 Point of View (POV) 优化核心问题陈述表	工程思维理论讲授1学时;用户体验历程图和使用POV优化核心问题陈述表练习4学时	用户体验历程图和POV问题陈述表	用户体验历程图和POV问题陈述表展示,教师与其他组学生综合评价
构思创意	掌握思维导图和头脑风暴法构思解决问题方案	思维导图和头脑风暴法练习3学时;工程项目任务分解图和甘特图练习2学时	问题的工程解决方案(服务机器人)、工程项目任务分解图和甘特图	工程项目任务分解图和甘特图展示,教师与其他组学生综合评价
原型制作	基础工程能力训练	服务机器人结构设计基础工程能力训练5学时	服务机器人结构设计图纸	服务机器人结构设计图纸完整性、实用性的综合评价
		工程材料理论讲授1学时;服务机器人结构件加工制作训练4学时	服务机器人结构件	激光加工机床和3D打印机操作的技能评价
		服务机器人控制电路设计与制作训练5学时	服务机器人电路板焊接与电路接线	电子焊接技能与电路接线工艺评价
		服务机器人软件编程能力训练5学时	服务机器人的基本移动程序代码	基本编程能力评价
		服务机器人传感器使用训练5学时	常用传感器的电路连接与程序控制代码	常用传感器使用能力评价
		服务机器人执行机构使用训练5学时	舵机的电路连接与程序控制代码	舵机的使用能力评价
		能源技术理论讲解1学时;服务机器人整机装配与调试14学时	服务机器人整体功能的实现	服务机器人功能实现的完整性和准确度评价
测试	搭建测试场景,服务机器人演示与小组结课汇报	测试场景设计与搭建5学时	测试场景	测试场景搭建的完整性和匹配度评价
		服务机器人演示与课程答辩,个人课程总结撰写5学时	完成预定功能的服务机器人和答辩汇报PPT	服务机器人在测试场景下的演示是否符合预期设定的目标和小组汇报的综合评价

2.3 课程评价方法

学生的课程成绩总分为100分,其中课堂考勤20%,课程作业20%,开题报告10%,期末考核30%,个人总结20%。本课程的开题报告和期末考核评分采用"同行评议"机制完成。采用同行评议评分，不但增加了评分的客观性，而且可以让学生们更早地接触同行评议机制。开题报告和期末考核完成之后，每位学生将被要求用匿名投票的方式为其他小组评分。学生评分占开题报告和期末考核成绩20%的比例。

3 课程实施经验总结

（1）教学团队成员根据各自的学科背景和工程能力组成结构化、跨学科的师资辅导队伍，开展团队集中研讨、小组备课、课前预演、课后复盘，教学过程中设置学生反馈问卷，及时收集学生的意见和建议，不断完善以学生为主体、教师主导的实践教学方法，提高团队的教学能力，形成结构化、跨学科的实践教学辅导团队。实践教学团队结构与学科背景如图2所示。

（2）基于服务机器人的项目教学载体将实践教学内容分为机械设计与加工工艺、电子设计与加工工艺、基本的控制软件编程、机电设备装配与调试4个教学模块，实践教学人员根据教学改革任务，准备教学环境、设备和材料，建立与教学改革配套的实践教学条件和保障体系标准。

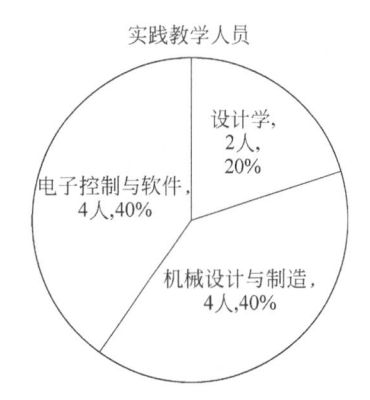

图2 实践教学团队结构与学科背景

（3）针对当前某一社会热点问题或学生感兴趣的问题，比如老龄化社会、二胎儿童的陪伴、996社畜养宠物、机器人取外卖、智能绿植养护等真实问题，使用用户画像、同理心地图、用户体验历程图、POV优化核心问题陈述表、头脑风暴、思维导图等设计思维工具和创新方法进行系统化创新能力的实践训练，设计出每个小组不同服务机器人的项目产品功能，既解决了项目要求单一的问题，又提高了学生的学习兴趣。同时，学生经过完整的设计思维实践过程，系统地培养了创新思维。项目的开发总是多周期的，设计思维贯穿了整个服务机器人开发过程的每一个周期。例如，有的学生团队在设计遥控方式时，排除了最简单的智能手机蓝牙遥控方案，因为学生的用户画像是高龄独居老人。根据同理心考虑，他（她）可能并不具有使用智能手机的能力，身边也没有年轻人指导，因此，学生先考虑使用摇杆来控制，最后决定使用语音遥控。

（4）通过设计思维工具的使用，93.94%的学生运用设计思维的方法引导出小组的工程实践项目——服务机器人的功能，使用户需求、项目设计和工程制作有机融合，有序地连接在一起。经过对问题的准确定义和工程解决方案的不断测试和迭代，避免了设计与制作衔接不畅和"虎头蛇尾"现象，提高了学生解决实际问题的能力和教学效果。设计思维让学生在初期通过用户画像、POV问题陈述表和用户体验历程图很好地明确了用户及其需求。学生利用同理心思维考虑了用户需要完成的任务及其完成任务过程中的痛点，这种对症下药的设计会使服务机器人更受用户青睐。前期设计思维训练课的成果为学生中后期的方案设计及开题和结题报告打下了重要的基础。

4 结语

本次教学改革主要研究和实施以教师为主导、以学生为主体,针对当前某一社会热点问题,通过设计思维的方法,采用项目式教学,依托学生感兴趣的服务机器人为项目载体,学生以团队方式参与,进行跨学科的工程设计、工艺知识、原型制作的实践学习,测试迭代服务机器人项目作品,实物产品原型在特定场景完成既定任务为评价标准的工程实践教学模式和课程内容建设。

学生调查问卷反馈结果:98.48%的学生通过设计思维的学习和实践了解了设计思维理论;87.88%的学生通过同理心、定义问题和创意构思的实践学会了几种设计思维工具的使用;95.45%的学生认为运用设计思维的方法能提高创新实践能力;93.94%的学生在设计思维实践学习中,组建跨学科团队完成学习任务,培养了团队合作精神。学生说,"这门课真的十分特别,给了我机会去历经项目从设计到完成的完整过程。以前在课程中学到的机械、电子、编程等知识也得到了实践,不再是在题目中涉及,而是在完成一个项目中用到。这种见到由机械、电子和编程等多方面知识组合而成的一个实体项目成功运行的感觉是十分特别且有成就感的"。

参考文献

[1] 郭磊,徐桂珍,龚永超,等.基于设计思维的高职机电类专业创新实践课程教学模式探索与实践[J]. 教育信息化论坛,2020(12):11-12.
[2] 布朗.IDEO,设计改变一切[M].侯婷,何瑞青,译.杭州:浙江教育出版社,2009.
[3] 勒威克,林克,利弗.设计思维手册:斯坦福创新方法[M].高馨颖,译.北京:机械工业出版社,2019.
[4] 葛斯特巴赫.设计思维的77种工具[M].方怡青,译.北京:电子工业出版社,2020.
[5] 徐敏雅,朱路生,何永鹏.基于设计思维的创新创业课程教学模式研究与实践[J].农机使用与维修,2021(2):102-104.

智能养老机器人在人工智能课程思政中的应用

冯 博，周 晋，李双寿

（清华大学基础工业训练中心，北京，100084）

摘 要：近年来，人工智能已成为新一代科技与产业升级的核心驱动力，基于人工智能思维的复合型人才教育也发展为各个高校重要的建设方向。"课程思政"对高校的立德树人和价值塑造有着重要意义，应该在教育教学的全过程始终贯穿。本文面向人工智能通识课程，设计了一种基于智能养老机器人的教学方案，通过舞蹈动作引导和陪伴老人开展健康生活。该方案的目的是在开展人工智能实践教学的同时，培养学生的责任担当精神，在老龄社会时代，关注和关爱老年人，激发学生发挥专业特长解决时代问题。

关键词：人工智能；机器人

1 引言

2017年7月18日，国务院发布了《新一代人工智能发展规划》，从国家战略层面为人工智能发展制定了目标。随后，教育部发布了《高等学校人工智能创新行动计划》，中共中央、国务院又印发了《中国教育现代化2035》，对校园、教学、管理、服务平台的智能化建设和教育的信息化变革提出了明确要求。

在当下这样一个人工智能快速发展的时代，国家的明确指引为相关产业的发展和人才培养提出了要求，对这辆迅猛的快车踩下了油门。对比近两年我国与全球人工智能的发展情况，在AI相关论文发布数量、企业数量、融资总额、产业规模、专利申请数量等方面，我国均居世界头部阵营，具有充分的市场竞争力。

在人工智能为社会带来迅猛变革和诸多便利的同时，围绕人工智能产生的各种社会问题也越来越突出。而其中的道德伦理问题引起了更多的争议，如AI换脸带来的肖像权问题、面部识别带来的个人隐私问题、自动驾驶事故问责问题、AI出版物的管控问题等，一时成为社会关注的焦点。这无疑是人工智能技术发展道路上的一把双刃剑。原本冰冷的设备和应用因人工智能技术的运用而逐渐超越了原本的作用范围，并在某些社会生产生活领域中替代了人类。如何衡量和解决其在生产生活中造成的过错，如何基于伦理道德的角度引导和约束人工智能对人类的服务，如何能在项目设立之初就规避可能出现的问题，在其应用前景上赋予更多人文关怀的内容，这不仅仅是人工智能产业要解决的问题，更是对教育提出的挑战[1-2]。

响应国家全面推进课程思政建设的要求，在人工智能教育不断发展、生态系统逐渐构建的当下，本文以相关产业已经暴露出的伦理问题为切入点，从探索具体实践教学环节的改革出发，本着不断巩固和更新人工智能知识和技术传授的同时又不忘加强伦理观、道德观建设的初心，从具体的教学内容开发上做一些探讨[3]。

---

① 基金项目：清华大学2020年本科教育教学改革项目——"人工智能思维"通识课程的思政建设（DX02_24）。

2 以智慧养老为背景的课程思政教学改革

截至 2020 年年底,我国 60 岁及以上老年人口达到 1.85 亿,占总人口的比重达 13.7%。老年人口的健康和生活质量已经成为社会各界广泛关注的焦点。人类社会老龄化是医疗进步、教育水平提高和经济发展的成就,但与此同时,老年人的健康保障及生活起居问题也随之而来。近年来,随着人工智能技术的不断发展,智能化观念逐渐渗透到人们的生产和生活之中,其中,智能养老发展潜力日益凸显,以养老陪伴机器人为代表的智能陪护设备逐渐出现,智慧养老概念应运而生。陪伴机器人不仅能通过音乐带给老年人心情愉悦的环境氛围,还能通过舞蹈动作引导老年人做健身操(见图 1)。许多大学生有与家中老年人共同生活的经历,以陪伴机器人舞蹈设计为题,以智慧养老为学习人工智能技术的社会与产业背景,能有效地激发学生的学习动力与创新热情。

图 1 老年人跟随陪伴机器人一起舞蹈的示例

2.1 以"正确的价值观培养"为本

从人才教育的角度讲,教学环节应注重培养学生的社会责任感和敢于尝试解决挑战性问题(如人工智能发展与伦理道德出现冲突时)。实践教学课程的设计本身也是一种对人工智能项目方向选择思路的引导和启发,会在潜移默化中传达价值取向和思维方式。因此,我们在理论教学内容环节穿插人机交互和动手操作的实践环节,并注重课后有所思、有所得的体验教学。在实践环节创新性地赋予课程正确的价值观及人文关怀导向,意在提升学生的社会责任感。

2.2 注重人文关怀

研究人工智能的目的之一,就是使机器可以独立从事一些原本需要人类参与才能完成的复杂工作。随着研究的深入和展开,人工智能逐渐发展壮大成了一门拥有多个分支领域的计算机科学。其中诸如机器人、计算机视觉、机器学习、自然语言处理等,在各行业成为热门方向,相关产品层出不穷。可以用作人工智能实践教学的教具有很多种,如适合用于了解机器学习方面的智能小车、可以方便地了解和研究算法并开发相关项目的云开放平台、配合各种硬件和编程就可以 DIY 智能家居的树莓派微型电脑等。而人形机器人具备仿人形的外形结构,配合语音、摄像头、传感器等外部设备,通过计算机视觉、机器学习等系统编辑的内部运行逻辑,更容易在预定的交互内容中引发交互者的同理心,更适合模拟人与人之间的交流和感情的传递。这与设计初衷吻合。

2.3 提高实践作品的实用性和趣味性

我们的实践教学环节最终设定为:用人形机器人设计并制作一段带领老年人活动身体

的健身操。该教学环节的主题立足于具体的社会需求,探讨人形机器人在养老事业中可以发挥的空间和作用,同时兼具学习活动中的趣味性和生动性。

3 教学实践环节设计

3.1 智能养老机器人的硬件学习

随着近些年相关领域的发展,越来越多的智能产品涌现出来,其中很多产品是面向教育领域的,比如本文所拟体验课程采用的教学教具——人形机器人(Aelos教育版),如图2所示。

图2 Aelos教育版人形机器人

如图3所示,此款机器人拥有类人形的外观设计和17个由舵机控制的可动关节。标配单目摄像头、红外传感器、地磁传感器,并有3个外接传感器端口和多种可选传感器。内置树莓派模块,支持TF存储卡;外放扬声器,可播放音频文件。PC客户端可为机器人编辑运行逻辑,支持可视化编程方式和传统编程方式,且对编程能力要求很低,入门简单易上手。在诸多传感器组合搭配下,具备完成有一定复杂行为的潜力,支持无线遥控器控制,整体设计具有一定的坚固程度,上手使用时可以不用过于在意一定程度的磕碰、摔砸等意外,较为耐用。综合考量,这是一款较为适合用于开发相关课程的教学教具。

Aelos机器人的17个舵机分别应用在类人形的四肢和颈部,虽然腰部不能活动,但仍然拥有较为灵活的行动能力,可实现单足站立、翻滚、倒地起身等较为复杂的动作。

关机状态下,可以直接通过外力扭动各个关节,通过实际感受来了解它们的转动区间,从而对机器人可实现的造型有初步认识。机器人正面的胸部是3个用于外接传感器的接口,接口上方是红外距离传感器探头;背部装配有一小块LED显示屏。

观察机器人"臀部"向下的立面,可以看到一个不被壳体覆盖的区域,这里有充电接口、冷启动开关、热启动开关和Micro USB接口。

开机后,所有舵机进入锁止状态,此时不建议通过外力强行扭动各关节,否则可能会对

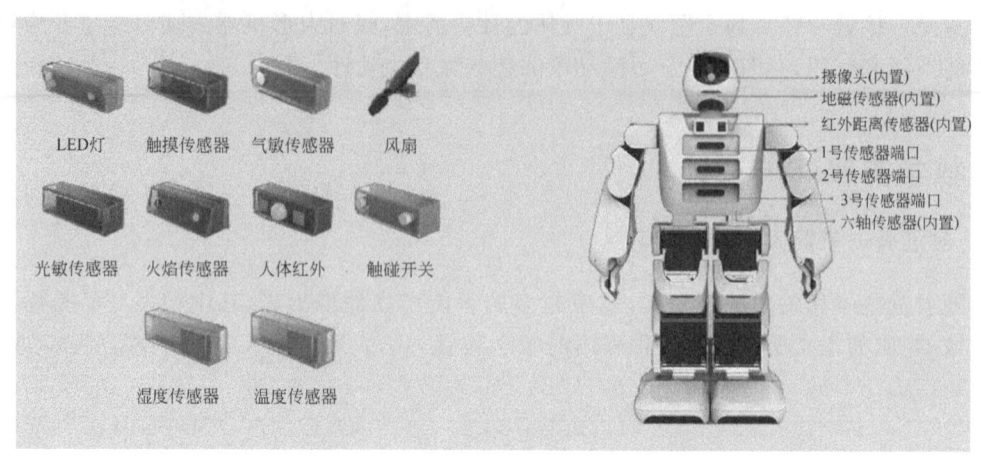

图 3 多种传感器

舵机造成损坏。开机后背部显示屏点亮,可以看到传感器的相关信息,能从此处观察传感器的相关参数(暂不详述)。

3.2 机器人软件客户端

Aelos 客户端有简化版、教育版和专业版,3 个版本各有优劣。简化版的特点是简单实用,稍作介绍即可掌握使用方法,极为快捷,适合作为教学使用。教育版的特点是使用了 Blockly 模式的可视化编程界面,对需要传感器的项目较为友好,能够实现一定复杂程度的逻辑,适合中长期教学使用。而专业版更贴近智能机器人的应用开发,这里不做推荐。本文选择简化版,其客户端主界面如图 4 所示。

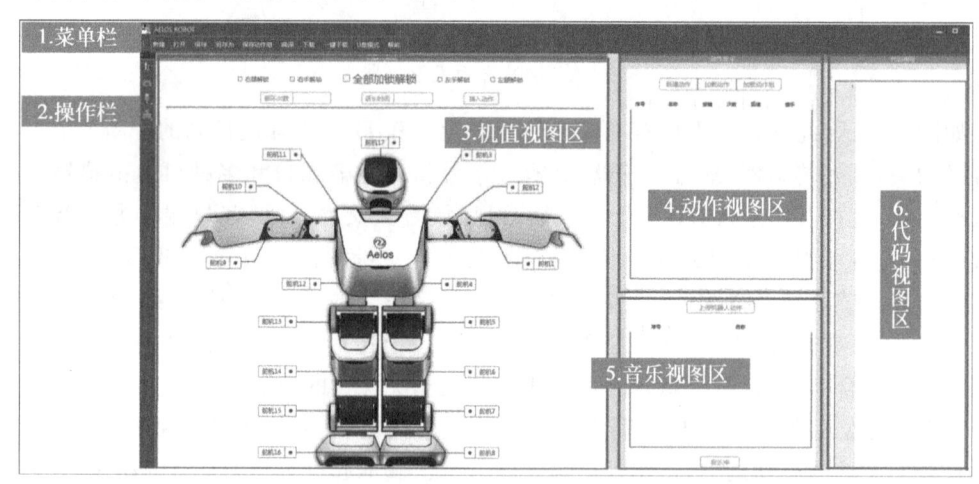

图 4 Aelos 简化版客户端主界面

3.3 机器人健身操的设计与制作

传统的健身操一般由背景音乐和健身操动作两部分组成。因为机器人具备存储功能,从客户端控制机器人进入 U 盘模式,即可获得机器人存储空间的使用权限,此时可将准备好的背景音乐存入机器人储存空间内指定的音乐存放地址,以备配合健身操使用。

动作制作的部分在客户端已有完整的制作流程。首先新建工程文件,然后连接机器人,调整机器人的姿态,再完成动作。

1) 通过 Micro USB 接口连线可以与 PC 客户端连接

单击操作栏中的串口按钮![],打开机器人对应的串口,提示连接成功,表示客户端和机器人连接成功了。

2) 机器人的姿态调节

有两种办法,分别是参数法和人工法。这两种方法用到的功能区都在机值视图区。

(1) 参数法:每个舵机在客户端中都有专属调节控件,如![]可以通过改变其中的数值直观地看到机器人姿态的改变。这种方法适合在整体姿态已经基本成形,但需要细微调节某个关节角度时使用。调节参数的操作都是在舵机对应的调节控件中进行的,主要有 3 种方法:①直接拖动滑块左右移动来改变机值;②单击机值两侧的三角按钮来增大或者减小机值;③直接通过左击激活数值输入框并填写数值。

(2) 人工法:在客户端解锁一个或多个舵机,然后通过直接上手扭转的方式为机器人调整姿态。这种方法直截了当、效率高,适合需要完全改变机器人姿态时使用。解锁的方法有两种:一是在机值视图区上侧直接全部解锁所有四肢或某一肢(见图 5),随后可以扭转多个舵机。二是单击某一机值调节控件左上侧的小圆点来解锁其对应的舵机,可扭转单一舵机。

图 5 解锁四肢

参数法、人工法可以配合使用,编辑动作时可以不拘泥于单一的手段,以充分发挥不同方法各自的优势,提升制作效率。

3) 动作代码的生成

动作视图区是机器人动作的列表,在这里可以创建新的动作,还可以加载从别的动作工程文件中已保存的动作或动作组。单击新建动作按钮后,可以在动作列表中生成一个动作,如图 6 所示。

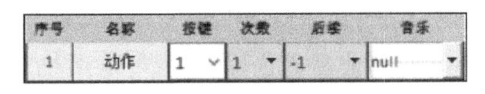

图 6 动作生成

图 6 中各项说明如下:

序号——不可自定义,每个动作会由系统生成一个不会重复的序号。

名称——为动作起的名字。

按键——指定触发本动作播放的遥控器上按键的序号。

次数——每次播放该动作后重复的次数。

后续——通过填入其他动作的序号,可以在本动作播完后继续播放序号对应的动作。

音乐——指定本动作播放时伴随的音乐。

通过参数法或手工法获取到满意的姿态后,单击机值视图区上部的插入动作按钮,可以直接生成相应的一小段描述当前姿态的代码块,如图 7 所示。

"MOTOR"开头的四行代码直接记录了四肢所有舵机的参数(因版本原因,这里并没有包含颈部舵机的参数)。

想要制作一段具有健身操复杂度的动作,首先需要理解什么是动作。动作是一个有时间属性的概念,简单来说,动作是由一个姿态以一定的速率向另一个姿态过渡,或在某个姿态维持一段时间。从代码来看,两个姿态的过渡就是描述这两段姿态的代码块的简单罗列,如图 8 所示。

```
MOTORA, 100, 75, 144, 92, 100
MOTORB, 100, 75, 144, 92, 100
MOTORC, 100, 30, 80
MOTORD, 100, 30, 80
WAIT
```

图 7　代码块

```
FOR 3
SPEED 50
MOTORA, 101, 145, 41, 110, 102
MOTORB, 95, 151, 39, 109, 102
MOTORC, 190, 19, 10
MOTORD, 190, 54, 96
WAIT

MOTORA, 101, 145, 41, 110, 102
MOTORB, 95, 151, 39, 109, 102
MOTORC, 190, 54, 95
MOTORD, 190, 53, 95
WAIT
DELAY  500

ENDFOR
```

图 8　两个姿态过渡的代码

从图 8 中可发现,还有几种命令可以用于丰富动作编辑的多样性。

"SPEED"可以控制姿态与姿态之间转变的速率,范围是 10～150,可省略,省略时速度为此前代码中出现过的 SPEED 数值,如果前面没有,则默认为 30。数值所描述的动作速率具体是多快,需要在编制机器人动作时自行体会。

"DELAY"行代码上方紧邻的这一段代码块所描述的姿态维持时间的数值范围是 100～6000ms,如省略即是 0ms。

"FOR"和"ENDFOR"会根据参数决定这两行之间的动画重复播放次数。

其中,对"SPEED"和"DELAY"的灵活使用,可使健身操动作的节奏感和已选好的背景音乐完全契合。"FOR"循环可以明显减少代码量,提升效率和可读性,为后续工作带来便利性。

Aelos 使用的代码方式接近人类自然语言,使得机器人动作的编辑十分快捷、简单而且直观,不需要使用者具备计算机语言基础和编程思维方式,适合不同专业、不同年龄的人使用。

4) 音乐的查看和选择

单击音乐视图区的音乐库,可以查看已经储存在机器人内的所有音乐。如果已经为健身操准备好了音乐,并已通过 U 盘模式拷入,则可以在这里查询到。在动作视图区选中对应的动作,单击音乐栏的下拉按钮,从划出的菜单中选取对应的音乐,即可让机器人在播放该动作时,同时播放这首音乐。

健康操的乐曲选择应该选择对象人群喜欢的类型,比如《我的祖国》《浏阳河》《小苹果》

等,用他们熟悉的、喜欢的旋律充分调动老年人参与的积极性。

3.4 机器人健身操的表演展示

制作时,选中一行代码块,然后单击操作栏的单步执行按钮 ,随时测试每个代码块对应的姿态,以及各姿态之间的过渡是否合理、是否需要加入过渡帧。不过该按钮只能测试动作的过渡和姿态,不能测试速度和持续时间。

完成一整套动作的设计和制作之后,可从动作视图区指定伴随的音乐,定义控制该动作播放的遥控器按钮,然后将整套信息上传到机器人并测试最终结果。

连接遥控器,单击操作栏的遥控器信道设置按钮输入信道码,范围是001～099中的任意数值,单击确定后,重启机器人。遥控器的样式和传统家用游戏机的手柄一致,长按"Y"和"A"按钮,可听到长鸣声,则进入配对模式,此时左摇杆每单击一下代表10,右摇杆每单击一下代表1,根据此前设置的信道码按动左右摇杆累计输入对应的数值后,按下"BACK"键,再次听到长鸣声,则配对结束。这里需要注意的是,在配对结束前,每次按压摇杆都会听到短鸣声,需要等待短鸣结束后才可以进行下一次按钮按压。接下来尝试用遥控器控制机器人,测试是否配对成功,如果不成功,重复一次配对操作,保证过程不要有错误。

按键的序号:左侧十字键,从上键开始逆时针数,分别是1、2、3、4;右侧4个功能键,从Y键开始逆时针数,分别是5、6、7、8。

按下设置好的按键,即可测试自己编辑好的健身操动作。图9所示为在某节目中表演群体舞的人形机器人。

图9 在某节目中表演群体舞的人形机器人

4 结语

作为一门发展快速的综合学科,人工智能在各行各业中所起到的作用逐渐占据主导地位。如何将人工智能融入教学环节,在人才培养中与时俱进,同样也是摆在各高校面前的重要课题。本文以老龄化社会日益严重的实际情况为出发点,设计了以人工智能产品为媒介,助益老年人生活的教学方案。启发学生从多维度、多角度来思考人工智能应用在现实生产生活中的更多可能性,在掌握人工智能技术的同时,也要掌握人工智能思维。通过对具体社会问题的关注,紧扣"课程思政",为学生社会责任感的培养和价值观的塑造带来积极的作用。

参考文献

[1] 高德毅,宗爱东.课程思政:有效发挥课堂育人主渠道作用的必然选择[J].思想理论教育导刊,2017(1):31-34.
[2] 王旭,周晋,李双寿.人工智能实践教学的创新探索[J].教育教学论坛,2021(4):73-77.
[3] 王旭,周晋,李双寿.人工智能实践导引的教学探索[J].创新创业理论研究与实践,2020,3(24):51-53.

第3部分
师资队伍建设与教学方法改革

新工科下数字孪生技术在智能制造工程专业实践课中的探讨[①]

郑学科,康存锋,马春敏,马志华

(北京工业大学机械工程训练中心,北京,100124)

摘要:新型产业的出现使复合型人才的需求量增加,新工科为了更好地适应市场,解决人才缺口,在专业培养方面应更加综合。智能制造工程专业是为了适应现代产业的发展而设立的专业,现代化企业中单一技能的岗位已经逐渐减少,而复合技能岗位的需求日益增多。为了适应这种情况,智能制造工程专业实践课的内容要采用现代企业常用的工业模式在实验室中进行实践和验证。数字孪生技术在实践课中的应用使培养的人才的技能不仅更加专业而且更适应市场的需求。

关键词:数字孪生;智能制造

1 引言

信息化的迅速发展影响着各行各业,工业人才的专业需求也随之改变。新科技和产业革命对高等教育提出了新的挑战。机械工程专业已经不能满足未来制造业的人才需求,而利用信息技术来解决工程问题的复合型技术人才可以保证各环节的高效衔接,因此全新的智能制造工程专业应运而生。

新工科专业主要指针对新兴产业的、以互联网和工业智能为核心的相关工科专业。需要在传统的工科基础上升级改造,培养实践能力强、创新能力强、具备国际竞争力的高素质复合型新工科人才。这就要求智能制造工程专业设置这些方面的专业课程来支撑。

2 国内外数字孪生技术在制造业中应用的现状

与欧美发达国家相比,数字孪生技术在中国的研究相对晚一些。美国国家标准与技术研究院于2012年提出了MBD(基于模型的定义)和MBE(基于模型的企业)的概念,其核心思想是要创建企业和产品的数字模型,数字模型的仿真分析要贯穿产品设计、产品设计仿真、加工工艺仿真、生产过程仿真、产品的维修与维护等整个产品生命周期。MBE和MBD的概念将数字孪生的内涵扩展到了整个产品的制造过程[1]。

美国密歇根大学的Michael Grieves于2003年提出了基于虚拟模型的数字孪生思想,这一"与物理产品等价的虚拟数字化表达"概念,最初被定义为能抽象表达实体装置并在真实或模拟条件下进行测试的数字复制品,旨在更清晰地表达装置的有关信息,从而将所有数据放在一起进行更高层次的分析[2]。2015年之后,世界各国分别提出国家层面的制造业转型战略。这些战略的核心目标之一就是构建信息物理系统(cyber-physical system,CPS),实现物理工厂与信息化的虚拟工厂的交互和融合,从而实现智能制造。数字孪生作

[①] 基金项目:面向京津冀产业转型升级的新工科专业结构调整优化研究——以智能制造工程专业为例(E-ZNZZ20201202);北京工业大学教育教学研究项目——基于数字孪生构建数控加工训练教学模式的探索与实践(ER2020B048)。

为实现物理工厂与虚拟工厂的交互融合的最佳途径,被国内外相关学术界和企业高度关注[2]。

目前,我国处于经济增速换挡、结构调整阵痛、新旧动能转换相互交织的关键时刻,在这种情况下要保持经济稳定增长就需要不断优化升级产业结构,使产业向中高端水平迈进。

3 现有智能制造专业中实践课的状况与改进方案

为适应新工科人才的培养和产业转型变革的新形势,顺应《中国制造 2025》等国家政策,培养引领现代产业发展的高素质复合型和创新型人才,需要以校级一流专业为基础,以新工科专业智能制造工程为抓手[3],打造出适应市场需求的切实的实践项目,作为智能制造工程专业的亮点。在机械工程专业转型为智能制造工程专业的过程中,基础课需要变动,专业课需要更替,实践课更需要改造。

3.1 智能制造工程专业实践课的状况

智能制造工程专业的实践课是与企业设计生产制造紧密相关的课程,培养的人才进入工作岗位能否更好地适应工作,实践课中的实践很重要。首要接触到的就是相关专业的软件工具,利用所学的理论知识,解决实际工作中的问题。复合型人才需要更多方面的适应,而通过实践课的实操能够缩小这些不适应。

现有的智能制造工程专业实践课还是以机械工程专业的实践课为主,利用软件进行传统方法的制造和加工,很少引入虚拟与数字化孪生技术。大部分实践课只在软件中进行关键参数的仿真,与设备完全脱节,然后传输到设备的存储器中进行实现。而在实践课中设备实现时经常会出现问题,需要反复下载修改的程序,这样不仅实践课的效率降低了,在多次修改后还会出现数据混淆的低级错误,不能实现数据实时传输和修正。

3.2 智能制造工程专业实践课的改进方案

在实践课中引入数字孪生技术,可以使软件中的虚拟仿真和设备的实现过程同步,对于参数的修改也有更好的监控效果。下面以"数控加工训练"实践课为例加以说明。

以前,学生首先学习数控软件中的自动编程内容,之后在软件中完成虚拟仿真,确定程序后发送到相应的机床上,然后学生按照自己打印出来的加工参数单进行安装工件、安装刀具和对刀等机床操作,确认无误后启动程序加工零件。实践课的传统数控加工流程图如图 1 所示。

引入数字孪生技术之后,在软件中建立模型和关键参数,这样就可以在 VNCK 中进行监控了,当出现问题时,VNCK 提前进行报警,既能避免程序加工过程中的碰撞,又可以避免程序的不合理现象。无论是机床参数的变动,还是程序的微调,都可以在 VNCK 的监控界面中直接修改。实践课引入数字孪生技术的数控加工流程图如图 2 所示。

通过对机床设备和零件的加工一起进行监控,能够真实地反映加工的状态,这样不仅能够避免传统仿真过程中发现不了的碰撞,还可以提前报警,便于查找和解决问题。

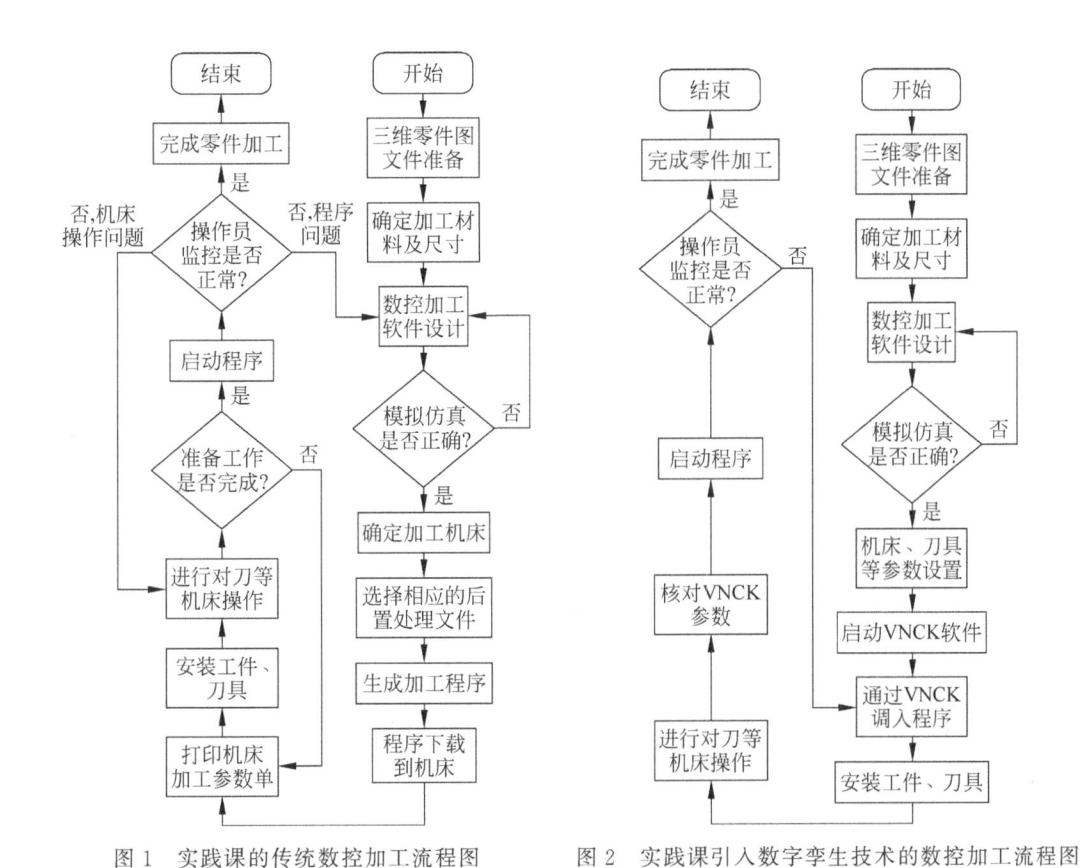

图 1　实践课的传统数控加工流程图

图 2　实践课引入数字孪生技术的数控加工流程图

4　新工科下数字孪生技术对智能制造实践课的重要性

在智能制造实践课中,不仅数控加工环节可以采用数字孪生技术,产线产能、机电控制等方面也可以进行数字孪生技术改造。新工科对人才的培养方向是跨专业、复合型、创新型人才,同时市场对综合素质的岗位需求也在逐渐增多,即一个工作岗位需要拥有多项技能。因此,智能制造工程专业的实践课程不仅要在专业领域进行突破,实践内容还要不断拓展。

5　结语

数字孪生技术的应用非常广泛,涉及各个领域,它能够将真实的状态在软件中进行参数化模拟仿真,并且与现实设备进行通信,最终达到协同进行的目的,从而更好地避免真实设备发生故障。

对于新工科人才的培养,高级人才是不可缺少的,这意味着传统模式必将被行业所淘汰,利用数字孪生技术手段能够降低设计成本,缩短生产制造周期。

参考文献

[1] 张新生.基于数字孪生的车间管控系统的设计与实现[D].郑州：郑州大学,2018.
[2] 陶飞,刘蔚然,张萌,等.数字孪生五维模型及十大领域应用[J].计算机集成制造系统,2019,25(1)：1-18.
[3] 潘斯宁,胡沐芳,罗士君,等.新工科背景下地方高校智能制造专业群人才培养模式研究[J].决策探索,2021(5)：75-76.

基于项目驱动的北斗导航实践教学改革探讨[①]

王 娜,齐海涛,史成坤,陈娇娇

(北京航空航天大学工程训练中心,北京,102206)

摘要: "导航系统实验"课程是一门工程性较强的航空航天特色实践类课程。北斗卫星导航系统的工程创新需要与实践教学配套完成,然而目前北斗卫星导航系统的校企合作还处于初级探索阶段,没有达成协同育人、培养高质量创新人才的效果。本文针对北斗卫星导航系统的应用与实践课程,分析校企合作协同育人的现状及问题,研究项目驱动的校企合作教学方法,解决目前北斗卫星导航系统理论和实践分离、内容独立的问题,以构建学校与企业资源、信息共享的"双赢"可持续模式,为课程的进一步改革提供新的思路和借鉴。

关键词: 校企合作;项目驱动;实践课程

1 引言

国家"双一流"建设方案中提到要培养富有创新精神和实践能力的各类创新型、应用型、复合型优秀人才,加强创新实践教育,因而大力推进高质量本科生培养是推动"双一流"建设的必要举措。工程训练是培养学生实践能力和团队协作能力的综合实践教学环节在人才培养中具有十分重要的地位[1-2]。

北斗卫星导航系统作为我国航空航天领域的重要分支,具有专业性强、工程性强、综合性强的学科特点。针对实践教学而言,大多采用传统观摩验证型实验教学方法或者大系统型项目教学方法。

传统观摩验证的实验教学方法以参观学习为主,学生参与度较低。实践教学主要是对北斗卫星导航系统的基础功能进行简单介绍及演示,无法做到动手能力和创新意识的培养。

大系统型项目教学方法以完成系统项目为教学目标。对于低年级本科生来说,32学时的理论课程不足以支撑其完成系统项目。学生对于完成项目具有浓厚的兴趣,但对实际的软件编程及调试又无从下手。

以上两种教学方式容易让学生陷入"没必要做"或者"没法去做"的两个极端。然而,研究型学习对于培养学生发现并解决问题的创新型思维形成具有潜移默化的作用。因此,如何将研究型学习融入工程背景下北斗卫星导航系统的应用与实践课程中,掌握行业应用中北斗卫星导航系统的知识要点,提高学生的动手能力与创新思维,成为本课程设置和实施的重点内容。

2 "北斗卫星导航系统的应用与实践"校企合作协同育人教学模式设计

2.1 问题分析

"导航系统实验"是一门航空航天特色实践类课程。该课程具有工程性强、知识点多、

[①] 基金项目:北京航空航天大学一般教学改革项目——基于北斗的工程创新与实践教学校企合作协同育人。

学科交叉等特点。同时，由于选课学生来自不同学院的多个专业，学生基础知识具有层次化差异，使得课程对象呈现多元化特征。因此，如何设置满足工程专业本科生教育需求且体现实践性、创新性、综合性特征的课程内容，以及如何设计满足不同层次学生需求的实践教学方法，以实现专业理论知识与工程项目的有效衔接，提高学生解决复杂专业导航工程问题的能力是导航系统实验课程建设和实施中一直努力解决的问题。把课程的哪些环节放在线上，放在线上后还能否让学生获得上述能力，是值得探讨的问题。笔者认为本门课程教学需要解决以下几个关键问题[4]：

（1）北斗卫星导航系统的理论与实践相对独立。目前的教学方式使专业课程教师与企业实践课程教师沟通不足，两部分教学内容无法做到有效衔接。

（2）实践教学内容较为简单，且不够系统。目前的实践教学依赖于企业提供的导航设备，没有充分考虑教学需求。

（3）学生差异化特征对课程实施的影响。由于选课学生涉及多个专业，须在明确学生层次差别的基础上提出难易程度不同的项目，从而有效提高学生的自主性学习、合作性学习和研究性学习能力。

2.2 课程顶层设计

"导航系统实验"作为一门综合了传感器、检测、导航、信息融合等多学科知识的特色专业实践类课程，具有很强的工程实践性。项目驱动式教学法注重工程实际以及教育本身系统性和完整性的结合，适用于导航系统实验教学。在项目驱动教学方法中，项目训练的设计是整个教学的关键，并且直接影响教学效果[2]。"北斗卫星导航系统的应用与实践"课程以企业开发的功能套件为载体（见图1），开展北斗卫星导航系统的多学科综合设计研究及实验验证，以项目驱动为手段，形成多个具有紧密相关度的工程项目。对实验内容进行递进式分割，同时考虑到不同层次选课学生的学习需求，采取讲授与自学互动的"启发-探究"式教学方法，鼓励不同专业的学生组建合作团队。通过所有实验项目的锻炼提高学生的工程基础知识能力、个人能力、团队合作能力和工程系统能力。

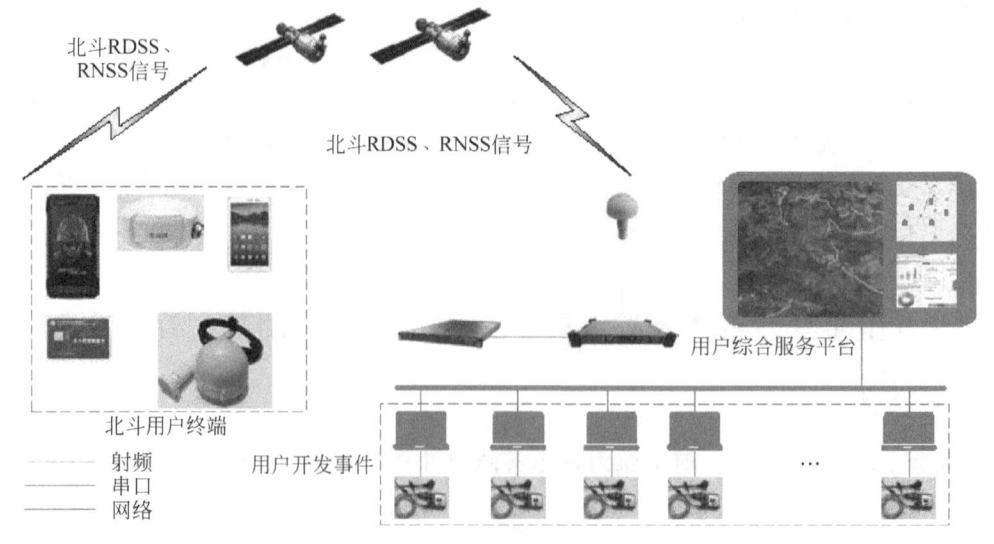

图1 北斗卫星导航实验平台

2.3 "北斗卫星导航系统的应用与实践"课程建设

1) 项目驱动的工程化实验内容

项目驱动的教学方法是指在教学过程中,以项目为主线,把相关知识点融入项目的各个环节中去,层层推进教学。通过对问题的深化或功能扩充来拓宽知识的广度和深度,直至得到一个完整的项目解决方案,从而达到学习知识、培养能力的目的[3,5]。以"工程需求-项目驱动-成果导向"为手段,通过终端硬件、软件平台、综合应用、课程拓展递进式分割导航系统实验内容,形成多个具有紧密关联度的工程项目。

2) 面向不同层次学生的"启发-探究"互动式教学方法

不同专业的学生呈现出明显的差异化特征。授课方法必须充分考虑并解决差异化特征对课程实施的影响。如果实验项目难度采取"一刀切"的方式,复杂项目不利于能力一般的学生解决基本工程问题,简单项目则限制了创新意识较强的学生充分认识和解决复杂工程问题能力的培养。因此,须在明确学生层次差别的基础上提出难易程度不一的实验项目,从而有效提高学生自主性学习、合作性学习和研究性学习的能力。

授课过程采用项目驱动为导向,教师启发为辅、学生探究为主的开放性、跨学科、合作式、透明化、互动教学模式。每个模块化工程项目以目标为导向、内容为载体、创新能力为核心,具有难易程度不同的研究目标和要求。模块化工程项目之间的知识点联系紧密且互相支撑。这种以项目导向、学生为本的导航系统实验教学模式注定具有很强的实践性和综合性。通过一个或多个模块化工程项目生命周期的完整训练,能够很好地提高学生综合运用多学科知识解决实际工程问题的能力、自主学习能力及团队合作能力。

项目实施过程中,鼓励不同专业的学生组建实践合作团队(3~5人一组),如图2所示,自由选择难度适宜的工程项目开展设计与研究,并且每个项目分别指定不同人员承担组长角色,定期开展问题总结与讨论,从而实现多学科背景下每名学生个体、成员及负责人的角色转换。最后,依据"三度"(项目复杂度、团队合作度、论述清晰度)准则给予公正评价。

图2 学生分组测试短报文功能

3 "北斗卫星导航系统的应用与实践"项目驱动教学的实施和效果分析

基于以上设计思路,"北斗卫星导航系统的应用与实践"课程于2020年秋季学期开展了项目驱动教学,对校企合作协同育人模式进行了实践。课程结束后,通过调查问卷的方式获得学生对课程的感受和建议。下面结合调查问卷结果对线上教学实施过程和教学效果进行分析,并对课程未来的深入改革提出建议。

3.1 项目驱动教学的实施过程

目前"北斗卫星导航系统理论"课程由专业教师讲授,实践课程由企业专业技术人员指导完成。校企合作仍处于初级探索阶段,针对理论课程教师和实践课程教师沟通不足,两部分教学内容无法有效衔接的问题,组织校内教学团队与企业专业技术人员进行北斗工程创新与实践教学主题研讨会,探索深度合作模式及具体的实施路线,优化整合教学内容。

教学模式采用分阶段分层次训练项目设计方法,根据学生的掌握程度及教学需求,更新教学设备,实现实践教学的可持续发展。通过微信群、邮箱等多种互动平台实现教师与学生的及时互动式教学。

考核方式综合考虑理论知识与实践教学的掌握,结合前沿导航技术发展及国内外时事,设定课程大报告题目,培养学生的空天报国情怀及科研好奇心,为进一步深造打下基础。

3.2 调查问卷结果

课程结束后发布匿名调查问卷,问卷内容主要是课程难度、课程收获和课程建议。问卷结果为本课程教学提供了宝贵的资料。

根据问卷结果,73%的学生认为课程难度适中,基本能够掌握课程内容;92%以上的学生(见图3)能够从理论课的学习中掌握学科发展动态,通过案例教学了解前沿导航技术;76%的学生能够通过实践课全面提升动手能力,做到理论与实践的有机结合;77%的学生(见图4)通过对"北斗卫星导航系统的应用与实践"课程的学习有较大收获。

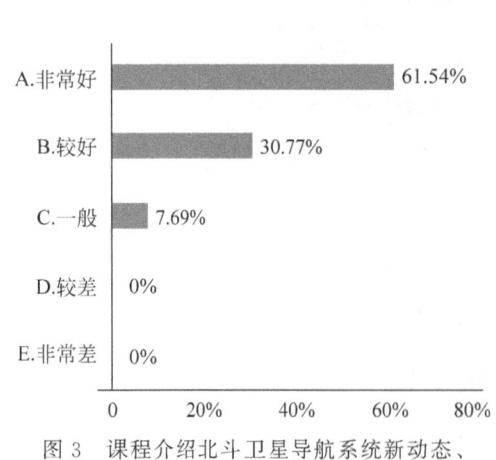

图3 课程介绍北斗卫星导航系统新动态、新发展的情况统计

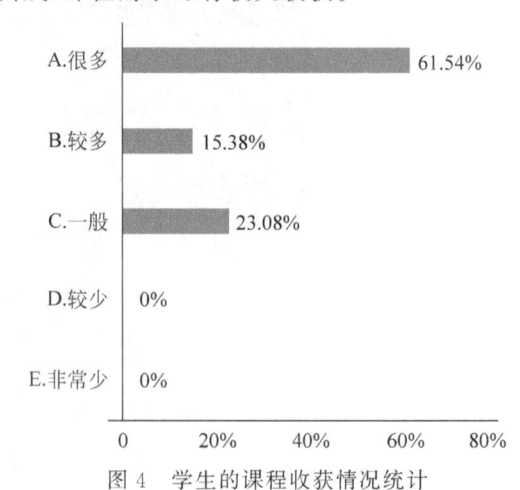

图4 学生的课程收获情况统计

4 结语

2020年教育部产学合作协同育人项目对接会提出"融合创新,助力高等教育高质量发展"的主题。当前在国内,这种校企合作协同育人的教学模式已被越来越多的高校所接受,并列入相应的教学改革计划。本文提出项目驱动的校企合作教学方法,通过基础功能、高阶小系统、最终行业应用级项目训练的设计,最终实现基于北斗卫星导航系统的工程创新与实践教学校企合作协同育人教学模式。在项目驱动的教学模式下,通过有效的校企合作协同育人,提高教学质量,并在选课人数及学生评价上有所体现,提升低年级本科生对科研的好奇心及探索精神,培养其空天报国的情怀,为今后从事相关的科研工作奠定良好的基础。

参考文献

[1] 王文胜,杨兴文.以项目驱动的工程训练教学设计及运行管理模式探索[J].中原工学院学报,2021,32(2):91-94.
[2] 汪文凌,朱民.新工科背景下项目驱动数控加工实训教学改革探索[J].现代职业教育,2021(24):190-191.
[3] 郝中骐,刘莉,史久林,等."双创"背景下光电类课程微项目驱动教学研究[J].教育教学论坛,2021(17):148-151.
[4] 胡燕,孔凡哲,陈心浩.实验项目驱动式教学促进四大关键能力的实证研究[J].实验室研究与探索,2021,40(2):191-196,203.
[5] 樊秀梅,张兴辉,阿喜达,等.校企合作的项目驱动案例教学法研究:以物联网工程专业为例[J].陕西教育(高教),2021(2):21-22.

面向"互联网＋3D打印"创新训练教学内容建设[①]

庞 璐，付 铁，马树奇，李春阳

(北京理工大学工程训练中心，北京，100081)

摘要：随着"互联网＋"行动计划的不断推进，"互联网＋"模式也逐步应用到教育领域，形成互联网教育这一新形态。经过多年建设，我国的工程训练大大拓宽了原有的领域，突破了金工实习的教学体系，建成了集工程基础训练、先进制造技术训练、创新实践训练和综合素质训练于一体的现代工程训练教学体系，其中 3D 打印技术训练也纳入了工程训练的模块。以"互联网＋"新模式为切入点，针对各学院、各专业学生开展 3D 打印创新训练的教学内容建设，对于高校教学改革及人才培养具有重要的意义。

关键词：3D 打印创新训练；"互联网＋"；教学内容

1 引言

随着"互联网＋"行动计划的不断推进，"互联网＋"模式逐步应用到教育领域，形成互联网教育这一新形态[1]。与此同时，习近平总书记指出"要在增强综合素质上下功夫，教育引导学生培养综合能力，培养创新思维"，强调要培养学生的综合创新能力与创新思维，对高校的学生培养和教学改革方面提出了新的要求。经过多年的建设，我国的工程训练大大拓宽了原有的领域，突破了金工实习的教学体系，建成了集工程基础训练、先进制造技术训练、创新实践训练和综合素质训练于一体的现代工程训练教学体系，其中 3D 打印技术训练也纳入了工程训练的模块。

在这样的新形势及背景下，随着创新创业教育的不断推进，很多高校都在探究如何发挥 3D 打印技术的教育价值，培养学生的创新意识与创造思维。目前，全国不少高校形成了 3D 打印创新训练的教学体系，但大多数形式单一，没有很好地落实以学生为中心的教学理念，没有将新产业、新技术、新理念等引入教学内容和课程体系改革中，因此难以形成体系健全、课程完善、内容创新的课程及教学资源库。以"互联网＋"新模式为切入点，针对各学院、各专业学生开展 3D 打印创新训练的教学内容建设，对于高校教学改革及人才培养具有重要的意义。

2 建设背景

北京理工大学工程训练中心是面向本科各类专业学生实施工程素质教育、工程实践教学和科技创新创业活动的工程实践公共资源平台，担负着我校学生实践创新能力培养和人才培养的重要使命。2006 年，中心获批北京市级和国家级实验教学示范中心，并在 2012 年顺利通过了"十一五"国家级实验教学示范中心验收。硬件配套方面，为适应新时期我校的人才培养目标和学科发展战略，在良乡校区工程训练中心建立了新的 3D 打印实验室，新购置了一批 3D 打印设备(光固化 3D 打印机 1 台、高精度 3D 蜡模打印机 1 台、桌面型 3D 打印机 20 台)，专门用于工程实践教学及创新实践活动。

[①] 基金项目：教育部产学合作协同育人项目——面向"互联网＋3D 打印"创新训练教学内容建设。

3 建设方案

3.1 基于"互联网+"开发典型教学案例

依托现有的 3D 打印创新实训平台,结合新形势下的人才培养要求,以工程训练课程为载体,围绕课程教学内容的要求,针对不同专业的学生,分别开发与专业或技术领域密切相关的典型教学案例。通过互联网平台,将创新与创业有机结合,根据专业需求发布产品主题,学生根据主题进行作品创新设计,并将产品设计模型发布在互联网平台上,根据市场反映情况对案例进行评价,并在教师的指导下修改完善模型,最终形成适合不同专业的典型教学案例。同时,借助 3D 打印技术与互联网平台培养学生的创新意识,激发其创业热情。

3.2 基于"互联网+"制订教学计划

以设计的典型教学案例为授课主体,结合不同专业学生的不同需求,制订相应的教学计划。"互联网+3D 打印"教学内容主要分为 3 部分,包括理论学习、技能扩展、创新训练,教学内容由浅及深、从单一到综合,可以更好地匹配不同学生的接受能力,以构建多层次的"互联网+3D 打印"技术教学体系[2]。

(1) 理论学习。以教师授课为主,通过讲授的方式,充分利用多媒体课件、图片、视频的形式让学生对 3D 打印技术有全面的认识。

(2) 技能扩展。以学生操作为主、教师授课为辅,通过计算机操作演示的方式,使学生掌握三维建模的方法、具备实际操作 3D 打印机的能力。具体教学内容包括了解软件的功能及特点,学习三维设计软件(UG)的建模原理及操作,学习使用切片软件,操作使用 3D 打印机,能够完成简单零件设计、建模、打印的全过程。

(3) 创新训练。以学生自主设计为主、教师指导为辅,让学生综合利用前两个阶段所学内容,结合自身学科的专业知识,提出产品设计思路,并完成创新产品的三维模型设计及打印,增强学生的创新意识,锻炼学生的创新能力[3]。

具体的教学设计方案见表 1。

表 1 教学设计方案

项目	教学内容	教学方法	教学要求	时间安排/min
理论教学	3D 打印技术的起源和发展、原理与流程、优势及应用介绍	课堂讲授+实例分析+提问+讨论等	了解 3D 打印技术的起源和发展,对 3D 打印技术有系统的认识,掌握 3D 打印的原理及流程	45
	UG NX11.0 建模入门	课堂讲授+实例分析+提问+讨论等	掌握三维建模方法,熟悉 UG NX11.0 的建模步骤,能进行简单零件的建模	45
	完成实例 1 建模任务	实践训练	能利用 UG NX11.0 完成较复杂零件的建模	45
	完成实例 2 建模任务	实践训练	能利用 UG NE11.0 完成复杂零件的建模	45

续表

项目	教学内容	教学方法	教学要求	时间安排/min
技能扩展	利用UG NX11.0进行产品艺术设计,完成较复杂的生活用品或者工艺品的创意设计	实践训练+现场指导等	能利用UG NX11.0完成复杂零件的创新设计,培养学生的综合创新能力	120
	介绍分层切片软件3D Star及Ultimaker Cura的使用方法,对创意模型进行分层切片及路径规划	现场指导	熟悉分层软件的使用方法,并能对模型进行缩放、调整位置及分层切片,能认识到各参数设置对零件打印精度的影响	60
创新训练	任务描述及学生分组	课堂讲授	由理论教师负责,使学生明确任务需求	20
	使用桌面3D打印机,完成创意模型的打印,并对模型进行后处理	现场指导+讨论等	能利用3D打印机完成较复杂零件的打印工作,培养学生的动手能力及综合创新能力	120
	作品评价与互评	讨论	由实践指导教师组织各组学生进行打印作品的评价与互评,每组上台演示	50
	使用桌面3D打印机,完成创意模型的打印,并对模型进行后处理	现场指导+讨论等	能利用3D打印机完成较复杂零件的打印工作,培养学生的动手能力及综合创新能力	120
	作品评价与互评	讨论	由实践指导教师组织各组学生进行打印作品的评价与互评,每组上台演示	50

3.3 基于"互联网+"开放共享教学资源库

基于"互联网+"形成完整的、可开放共享的教学资源库、模型库及项目库。教学资源库包括3D打印相关知识教学视频、3D打印设备操作视频、三维模型设计视频,学生可以根据需要通过在线或下载提前学习,拓宽知识面[4-6]。模型库包括二维平面图形和三维模型,向所有师生开放,学生可以选择自己感兴趣的图形进行设计或对已有的三维模型进行修改,将其转化成3D打印机可识别的数据文件,最后传回模型库,进一步扩充模型库资源。项目库主要是3D打印产品项目案例。学生可以根据自己的专业兴趣自主选择3D打印产品,参与一个产品从研发、设计、生产到推广的全过程。鼓励学生自行设计,团队协作,培养学生的综合创新意识和团队协作能力[7]。

4 结语

"互联网+"概念的提出赋予了实践教学新的内涵,基于"互联网+"进行3D打印创新训练教学内容建设,使得各个学校对3D打印创新训练如何开展有了新的思考,让教学实现开放化,提高了教学质量;使得教师的教学方式有了更多的可能性;使得学生有了新的学习环境,可以不受时间、空间的限制,充分了解学习内容,激发了学生的积极性,培养了学生的思维能力和想象能力,学生也实现了多元化、多层次的自我发展。"互联网+"模式的进一步推进,信息技术、物联网、云计算和互联网平台的应用都为实践教学的不断发展创造了新天地,对工程训练实践教学来讲是机遇,也是挑战,如何充分利用"互联网+"模式,进一步推动实践教学改革是一个需要不断思考的问题。

参考文献

[1] 田春霖.浅析"互联网+"在高等职业院校技能实践中的应用[J].职业教育,2015(20):18-20.
[2] 雷黎,王焕磊,陈守刚,等.基于"新工科"人才培养的3D打印综合实验设计[J].实验室科学,2021,24(1):65-68,71.
[3] 席明龙,李立军,艾伟.互联网+3D打印实践教学模式探究[J].学园,2018,11(11):65-66.
[4] 周谧,周健,潘训海.基于互联网+3D打印技术的实训课程改革研究[J].实验室科学,2018,21(4):127-129,132.
[5] 赵小英.基于互联网+的《3D打印》创新实践教学课程改革的探索与开发:以贵州理工学院为例[J].科技风,2020(6):80.
[6] 安芬菊.3D打印实践教学改革研究[J].轻工科技,2020,36(10):194-195.
[7] 莫远东,连海山,莫德云,等.校企共建3D打印实验室在实践教学中的应用探讨[J].实验室研究与探索,2020,39(8):232-235.

钳工实训中的创新设计与制作

马树奇，包英杰，邓伯秋，白 云

(北京理工大学工程训练中心，北京，10081)

摘要：工程训练实践教学应以培养学生的创新精神和创新能力为核心。在众多工程训练教学模块中，在钳工实训中开展创新设计与制作是最为理想的。不同专业的学生实训时间不同，也应有不同的要求。学生在创新设计与制作中热情很高，效果很好。

关键词：钳工；创新设计与制作；教学组织；教学要求；教学效果

1 引言

工程训练系列实践教学在高校人才培养工作中具有重要的作用，承担着培养大学生从课堂走向实践、理论联系实际、创新精神、工程素质及动手能力的责任。《人民日报》2020年4月14日发表的《扩大内需必须深化供给侧结构性改革》文章中指出："……新的供给可以创造新的需求。但说到底，是生产决定消费。生产什么才可能消费什么。"明确了创新在生产中的重要性。工程训练实践教学自然应该以培养学生的创新精神和创新能力为核心[1-2]。

2 钳工实训中开展创新设计与制作的条件

创新是生产实践的最高层次，工程训练教学也必须兼顾学生的基础知识与基本能力培养。随着现代生产技术的快速发展，激光、电火花、测量反求、机器人、智能制造等诸多内容进入了工程训练教学。北京理工大学工程训练中心目前开设的工程训练教学共有14个模块，而且内容还在持续增加。但是纵观历史传承及现在新增的所有教学模块，在钳工实践教学中开展创新是最理想的。无论是学生创新的空间，还是实现手段，以及安全保障，都具有其他模块不可比拟的优势。对于自己创意的作品，学生通常会全力投入，力图做到尽善尽美，具有极高的主动性和责任心。

由于学生对于钳工作品创新投入了极大的热情，因此其主观能动性得到极大的发挥，动手能力、分析/解决问题的能力均能得到最好的锻炼。北京理工大学工程训练中心自2019年1月搬迁至良乡校区以来，在工程训练系列课程(从1学分到4学分)的钳工教学中持续开展钳工创新实践，各班均达到了非常好的教学效果，获得学生高度评价。

3 钳工实训创新设计与制作的教学组织

3.1 教学模式

我校的工程训练教学目前开设了14个模块，分别是铸造、焊接、热处理与组织观察、车削、铣削、钳工、数控车削、数控铣削、数控电火花线切割、激光加工、机器人创意组装、3D打印、测量反求、智能制造。系列课程的基本安排如下：

(1) 1 学分——工程训练时间共 5 天,安排 10 个模块,每个模块 0.5 天。
(2) 2 学分——工程训练时间共 10 天,安排 10 个模块,每个模块 1 天。
(3) 3 学分——工程训练时间共 15 天,安排 10 个模块,每个模块 1.5 天。
(4) 4 学分——工程训练时间共 20 天,安排 10 个模块,每个模块 2 天。

因此,就钳工教学而言,共有 4 种教学模式,分别是 0.5 天、1 天、1.5 天和 2 天。在安排钳工实训教学时,我们遵循以下原则：

(1) 各模式均应先安排 45min 的课堂教学。
(2) 各模式均以学生创新的作品为主要教学目标。
(3) 指导教师在实训过程中进行操作示范和指导。

安排课堂教学是为了强化教师在工程训练教学中的指导作用。在课堂上不仅要讲述钳工的基础知识,更要对学生的创新设计提出具体要求,使学生从一开始就明确创新设计、加工质量和生产安全的基本思想。

要求学生进行创新作品设计,也是对学生的督促,更是教师的责任。对于消极应付的学生,教师应及时予以批评指正。工作态度和学习态度的培养同样是学生素质培养的一部分。

现场指导教师必须在学生开始动手实践之前进行安全规程讲解、正确动作示范及基本操作步骤分析,以便学生在创新实践过程中培养正确的工作技能,同时保证实训安全。

3.2 教学目标

由于学生的专业不同,学分及时长不同,因此对各种模式钳工创新的要求也不相同,具体如下。

1) 1 学分认知实训

1 学分认知实训时间为 0.5 天,包括：

(1) 认识钳工的地位及工作范围。
(2) 分组及安全操作要领讲解示范。
(3) 在 40mm×40mm×4mm 的钢板上创意设计作品图案。复杂度要求：①4 条边以上的多边形或者曲线轮廓；②材料利用率高；③充分利用现有的工具,操作安全规范。
(4) 在规定时间内完成作品制作。

1 学分认知实训的学生作品如图 1 所示。

2) 2 学分基础实训

2 学分基础实训时间为 1 天,包括：

(1) 认识钳工的地位及工作范围。
(2) 分组及安全操作要领讲解示范。
(3) 在 60mm×60mm×4mm 的钢板上创意设计作品图案。复杂度要求：①6 条边以上的多边形或者曲线轮廓；②材料利用率高；③充分利用现有工具,操作安全规范；④至少有 1 个基本尺寸为整数,尺寸公差为 ±0.1mm。
(4) 在规定时间内完成作品制作。

2 学分基础实训的学生作品如图 2 所示。

图 1　1 学分认知实训的学生作品 　　　　　图 2　2 学分基础实训的学生作品

3) 3 学分综合实训

3 学分综合实训时间为 1.5 天,包括:

(1) 认识钳工的地位及工作范围。

(2) 分组及安全操作要领讲解示范。

(3) 在 60mm×60mm×4mm 的钢板上创意设计作品图案。复杂度要求:①6 条边以上的多边形或者曲线轮廓;②材料利用率高;③充分利用现有的工具,操作安全规范;④至少有 2 个基本尺寸为整数,尺寸公差为±0.1mm。

(4) 在规定时间内完成作品制作。

3 学分综合实训的学生作品如图 3 所示。

4) 4 学分综合实训

4 学分综合实训时间为 2 天,包括:

(1) 认识钳工的地位及工作范围。

(2) 分组及安全操作要领讲解示范。

(3) 在 60mm×60mm×4mm 的钢板上创意设计作品图案。复杂度要求:①6 条边以上的多边形或者曲线轮廓;②材料利用率高;③充分利用现有的工具,操作安全规范;④至少有 2 个基本尺寸为整数,尺寸公差为±0.1mm;⑤对加工件各表面进行抛光,纹路美观,表面粗糙度为 $Ra1.6$。

(4) 在规定时间内完成作品制作。

4 学分综合实训的学生作品如图 4 所示。

图 3　3 学分综合实训的学生作品 　　　　　图 4　4 学分综合实训的学生作品

4 结语

对于1学分和2学分的课程,实践教学的重点在创意图形设计,并在指定的时间内完成。作品应有一定的内涵,设计图与完成结果应一致。目的在于培养学生的创新精神,体验实际动手制作的全过程,切实提高其动手能力和端正劳动态度。

对于3学分和4学分的课程,学生专业多为近机械类和机械类,除了要求自主创意具有一定复杂度要求的作品图案,还要重点培养其对于加工精度的认识、质量意识及动手能力和劳动态度。他们的作品应具有一定的实用性,这些都是最终成绩评价的考查点。

经过一年的钳工实训创新设计与制作教学,我们高兴地发现学生在此过程中展现出极高的热情、创新意识与能力以及责任心。许多学生表示,这是他们第一次亲手设计并制作出完全属于自己的作品。学生在设计与制作过程中倾注了大量心血,在制作过程中付出了努力与汗水,因此对于自己的作品珍爱有加。迄今为止,很少发现有人在实训过程中消极应付,所有人都在努力奋斗。他们大多数选择牺牲休息时间,甚至是午餐时间来把自己的作品做到尽可能完美。

可以说,在钳工实训中让学生自主设计、自主完成制作,使工程训练实践教学达到了理想的效果。

参考文献

[1] 扩大内需必须深化供给侧结构性改革[N].人民日报,2020-04-14(1).
[2] 付铁,马树奇.制造技术训练教程[M].北京:北京理工大学出版社,2018.

项目教学法在大学数控加工实训教学中的应用策略

金 鑫,付 铁,马树奇,高守锋,尚 妍

(北京理工大学工程训练中心,北京,100081)

摘要:项目教学法以项目为体,教学为用;以学生为体,产品为用。采用这种方法在大学数控加工实践教学中可以改善学生的学习效果,提高学生的应用能力,锻炼学生理论与实践知行合一的实用思维。据此,对项目教学法进行分析,明确教学目标,选择教学方案,提出教学策略,制订教学任务,丰富教学内容,科学教学分组,推动教学实践,开展教学讨论,反思项目总结,让学生在全面掌握专业理论知识的基础上,全方位提升实践动手能力与实用思维。

关键词:项目教学法;大学;数控;实训教学

1 引言

大学生教育在我国教育人才体系培养中占据重要地位,大学教育旨在为国家培养德才兼备的骨干人才。在数控加工教学体系中,数控车工、数控铣工实训不可或缺。提高数控实训教学质量可有效强化学生的专业技能,锻炼和培养学生的理论实践综合应用能力,构建学生的知识框架体系。故在大学生数控加工实训教学活动中引入项目教学法,对于提高学生的专业知识应用水平及职业道德素养有着重要的现实意义[1-2]。

2 项目教学法的内涵

项目教学法是科学教学方式的一种,是国内外教育事业蓬勃发展的产物,是一种全新的教学措施,对于学生兴趣的培养及教学效果可以起到极大的促进作用,可进一步提升学生的应用能力与创新思维能力。其显著的特点是以项目为体,教学为用;以学生为体,产品为用。整个项目的主体是学生,从项目初期的信息采集、整理、加工到选择设计方案,再到项目实施及最终评价,由教师引导,学生实践,在完成项目式教学的过程中共同进步。

理论与实践相结合是项目教学法的主要特点,其更加注重培养学生动手实践的能力。在学生动手实践的过程中,以相关专业的理论知识为基础,发现问题并进行分析与探讨,达到理论与实践的有机融合,对于项目的每一个环节进行明确甄别,以期达到更为优质的实践教学效果。项目教学法在锻炼大学生动手能力的同时增强了其大局意识和整体观念,在开展项目之前对于专业理论知识的认知不仅在书本上,更落实于实践之中,从理论到实践、从抽象到具体、从内容到形式、从整体到局部,理论为框架为体,实践为内容为用。在实践中检验并发展专业理论,对于学生专业能力素质的培养具有重要的意义[3-4]。

3 将项目教学法应用于大学数控加工实训教学中的意义

3.1 培养学生的学习兴趣

大学数控实训课程的开展是基于学生了解机械制图、机械加工工艺、数控指令编程、几何精度与测量、机械制造等专业理论知识基础之上的,这些课程的特点是专业复杂并抽象,加之应有的传统教学模式未能充分发挥学生对于学习的主观能动性,故学生学起来较为吃力,不能系统地将知识融会贯通,使学生在数控加工实训学习中迷惑困扰,自身的学习兴趣也随之降低。基于此,对原有的教学模式进行发展与改革变得尤为重要,项目教学法便脱颖而出。它依托一个具体的任务展开,和数控加工实训教学内容具有一定的适配性,将其贯彻到教学体系中,通过具体的项目,教师再辅以针对性的指导,从分析图纸、选择材料、刀具和工、量具的准备开始,可以充分发挥其学习和思考的主观能动性,自主地进行学习与交流,应用所学知识设计零件的加工工艺,编制与校验加工程序,完整地加工产品,最后进行检验评价。与传统的教学模式相比,项目教学法的引入使得传统课程的枯燥乏味变得目标明确而过程有趣,在提高学生动手实践能力的同时也夯实了其理论基础,增加了学习过程的参与度,积累了实践经验,并极大地激发了学生的学习兴趣与动力,提高了其求知的欲望,师生通过交流与讨论,对解决问题的过程进行深度思考与探索,推动教学进展,使得教学体系更具完整性和系统性。对教学模式的进一步改革与发展是深入探究教育、提升教学效果的大势所趋。

3.2 优化数控加工实训教学效果

大学生数控加工实训的内容主要包括数控车削和数控铣削两部分。数控车削包括简单外圆的车削加工及圆弧轮廓加工、槽的车削加工、内外螺纹的车削加工。数控铣削包括Mastercam软件的基本绘图功能、二维轮廓编程、轮廓及槽的加工、曲面加工等。通过对"指尖陀螺"项目的特征进行零件图分析,设计并制定工艺规程,制作工艺卡片,安排工序,依次进行数控车削加工陀螺手持部分及数控铣削加工陀螺。传统的实训教学采用的模式是数控车削与数控铣削分开进行教学,学生机械式地练习,而数控车削与数控铣削的加工密不可分,故不利于学生将专业知识进行有机融合,并且在这种模式下学生的参与度较低,教学效果较差。用项目教学法将数控车削与数控铣削有机融合到数控实训教学中,可以让学生进行对比学习,建立知识框架体系,利用项目中工种交叉的特点进一步开发学生的创新性思维,学生在根据具体的项目任务独立完成知识探索学习的同时,分工讨论,明确项目实施的步骤,将项目的主体放在学生自身,创造更多学生展现自我的实践机会,潜移默化地提高学生分析和处理问题的能力,提高其综合素质和专业技能水平,高效地完成数控加工实训内容。

3.3 建设数控加工实训教师团队

项目教学法的引入可以有效地增强数控车削与数控铣削教师团队的建设与发展。在加强学生们完成项目能力的同时,也增强了教师之间的沟通和拓宽了工种交叉的领域,可以让教师在考虑彼此工种工艺安排的同时,进一步丰富和完善教学知识体系与框架。在项目教学法贯彻的同时,教师们参与项目自评与互评,准确地进行反思,对彼此的加工工艺有一个全方位的理解,对于教学的改革与发展有开拓性的意义。

4 项目教学法在大学数控加工实训教学中的应用策略

4.1 明确教学目标,设置项目任务

大学数控加工实训教学旨在为国家培养理论与实践相结合,德、智、体、美、劳全面发

展,学术研究、工程应用协同发展,交叉学科的创新复合型人才。在项目教学法教学过程中,教师的教学目标要明确,教学内容要符合实际,项目任务要能综合地将所学知识进行融合与贯通。要根据学生现有的知识掌握情况、水平能力、兴趣爱好、社会生产需求等因素设置项目任务,培养学生的专业水平素养,让学生真正地将理论与实践进行有机融合,丰富知识框架体系,渗透知识深度和扩展知识广度,提高应用实践能力水平,同时,养成良好的学习习惯,内外兼备,全方位提升。

本次研究中设置"指尖陀螺"作为项目任务。指尖陀螺具有典型的凹凸轮廓曲面、内外螺纹装配和轴向定位等特点,其数控加工是企业的真实加工任务,具有一定的典型性和代表性,而且该任务具备接受任务、分析任务、编程、加工、装配、检测、总结等完整的步骤,学生可选择不同的加工工艺方案完成,具有开放性的特点。依托学校现有的实训设备,本项目可以对学生的专业能力水平、团队协作和讨论探究等综合能力起到很好的强化作用。

指尖陀螺的加工图及装配图分别如图1~图4所示。

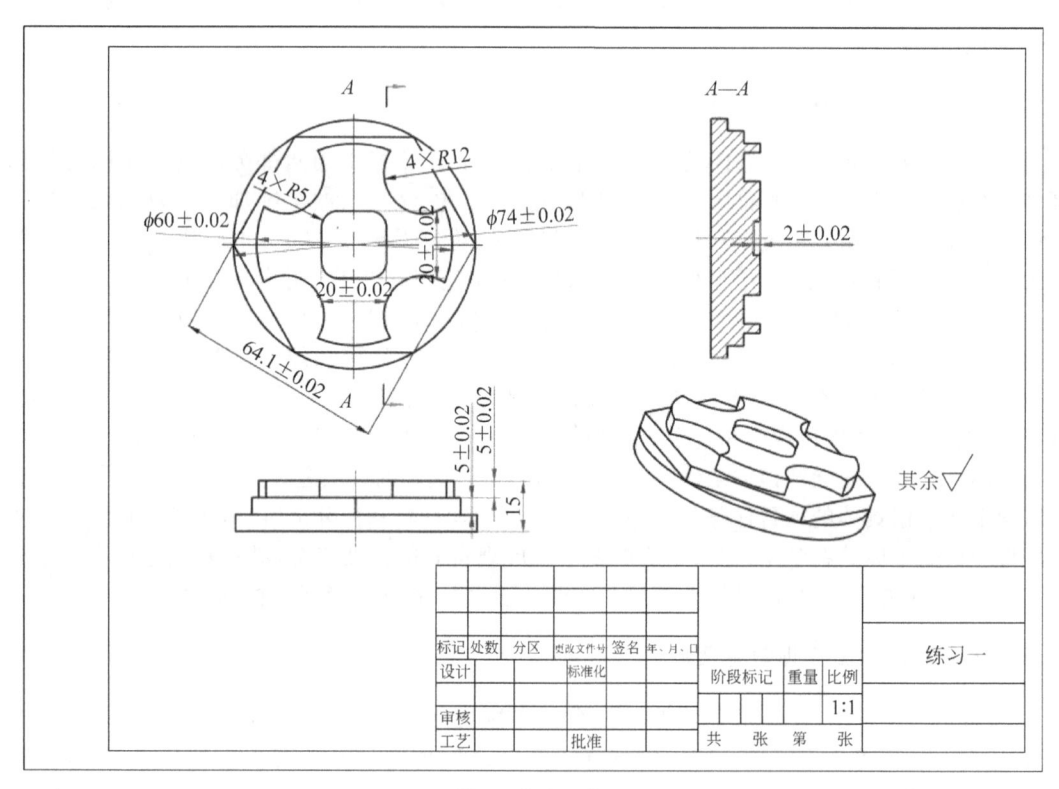

图1 指尖陀螺

4.2 科学分组,各司其职

在数控加工实训的实际教学中,通常将学生进行分组依次完成项目,主要原因是:①考虑学生操作的安全性;②考虑设备的利用率和学生的参与度;③充分发挥学生的主观能动性,以小组作业的形式完成。在项目教学法中也同样进行分组,以项目任务的完成度作为评分标准,让学生进行自主学习与讨论,可以充分激发学生的潜能,融合集体智慧,提高效

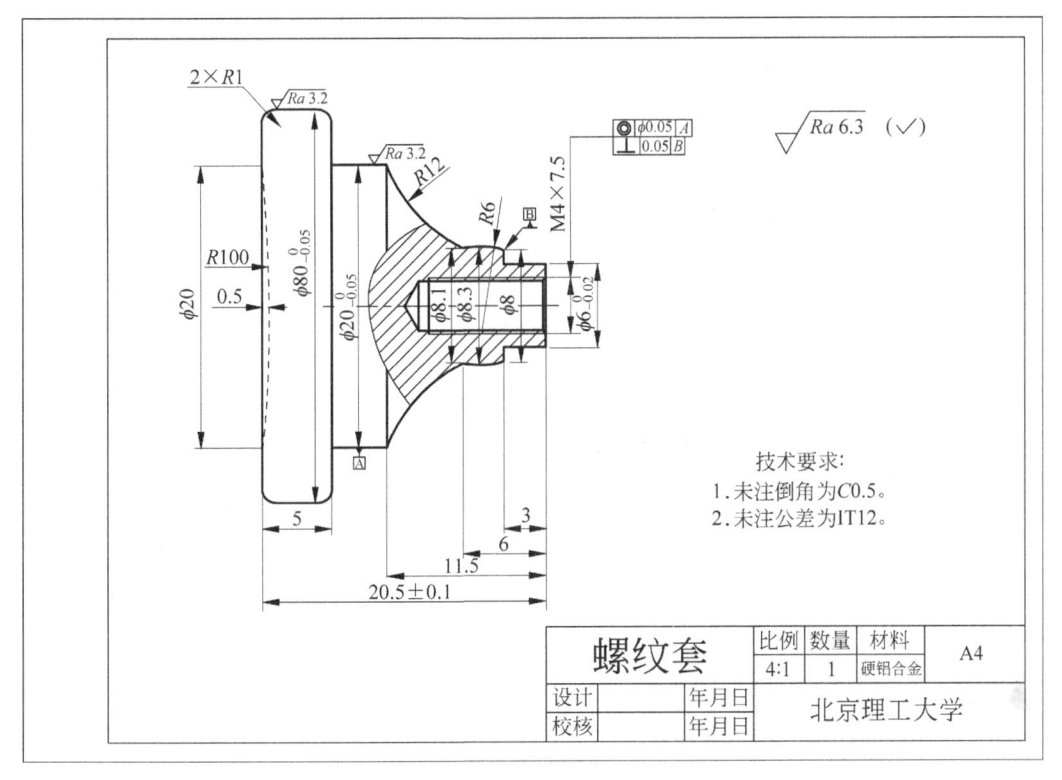

图 2 指尖陀螺纹套

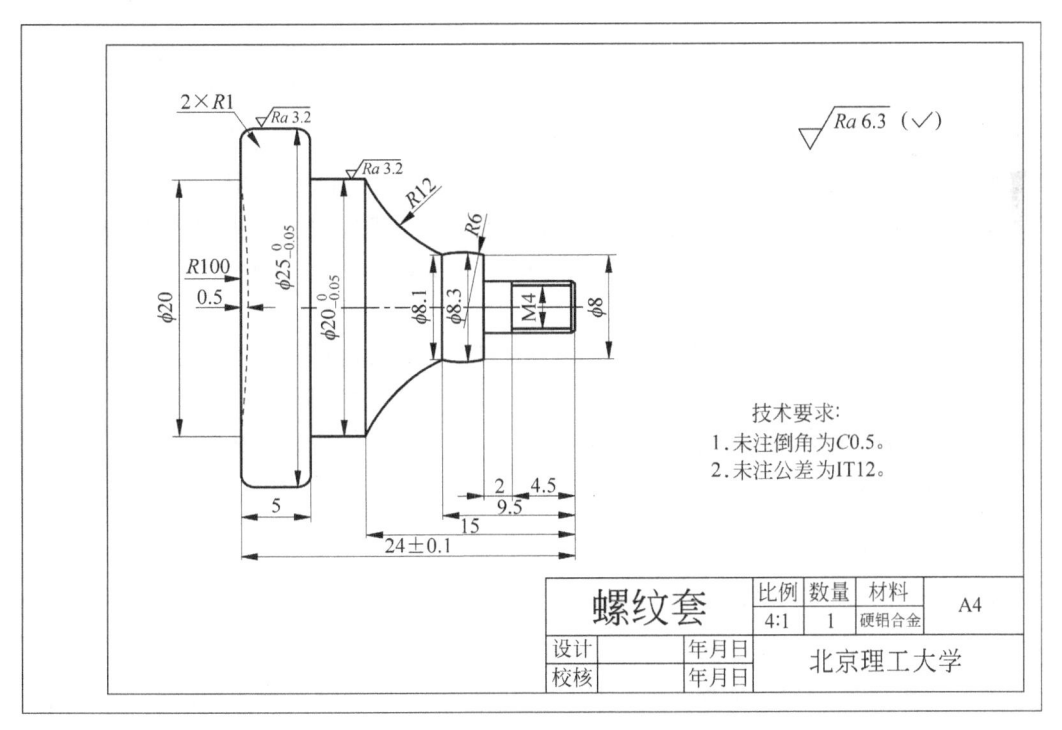

图 3 指尖陀螺螺纹轴

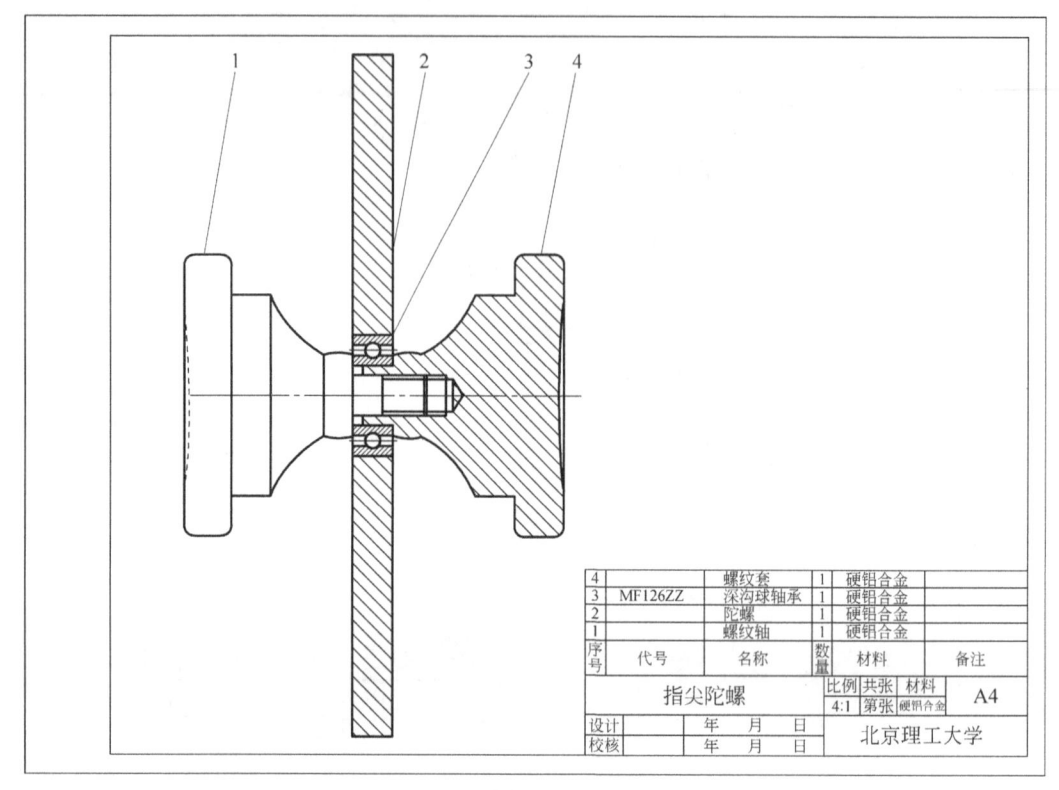

图 4 指尖陀螺装配图

率。分组时,要考虑到学生的个性和共性并充分了解每个学生的专业特长和性格特点,给予学生更大的自主选择的权利,进行科学分组,教师给予一定的指导,要求学生明确组内分工,细化个人工作细则和项目的整体进度。分组完成后各小组针对项目任务搜集、加工、整合资料,制定方案,落实项目,最后是成果展示与评价,并进行自评与互评,直至项目结束。

在"指尖陀螺"项目的开展过程中,教师在给学生分组时一般采用民主投票的方式,引导学生在组内发挥各自的特长并分饰不同的角色,比如,组织能力强的学生为组长,熟悉加工工艺流程的学生完成工艺编排,动手能力强的学生为操作技术员,洞察力强的学生为质检员等。按企业的实际生产流程教学,规范学生加工零件的流程和各个环节的操作。整个项目进行中以学生为主体,教师随时审阅学生的项目进度,给予学生改进性和指导性意见,控制项目的节奏,确保学生顺利完成项目任务,这样可以激发学生对数控加工的兴趣与主观能动性,实现理论与实践真正的有机结合。

4.3 多元评价,精准定位

项目评价是项目结尾收官不可或缺的环节,这一环节根据学生加工的产品进行项目评估,既是对学生在项目开展中所取得的成果的肯定,又可以进一步指出学生在实践项目中的缺点与不足,为下一次实训项目奠定良好的基础。同时,让学生感知理论与实践结合的不同形式与内容,间接地帮助学生高效地完成学习任务。项目评价的主要内容包括学生自评、组内互评和教师专评,整个评价公平、公正、公开,细化至学生在项目各个环节的表现,由点及面全方位覆盖。

评价过后的教学反思更为关键,教师要指导学生总结分析项目完成过程中频繁出现的问题,探寻解决的方法,反思不足之处,并进行教师项目互评,根据学生自评、互评,教师项目自评和互评,精准定位,在完善教学课程体系的同时,丰富教学内容和加强教师团队的交流和建设,交叉完成学科项目的学习与渗透,全方位发展,这对教学的改革与发展具有开拓性的意义。

指尖陀螺的加工样品如图5所示。

图5 指尖陀螺加工样品

5 结语

简言之,项目教学法在大学数控加工实训教学中的应用使整个教学内容更具体,形式更多样,有很强的针对性。于学生,学习不再枯燥乏味,在深入了解所学专业理论知识的同时,又能深入掌握数控加工的相关技能,还能在二者的结合中提升自己的综合能力;于教师,更容易调动学生学习的主观能动性,增加学生的参与感,增强了实训教学效果,完善了知识架构体系,发展了教学培养模式,助力高校实现既定的教学目标。针对大学数控加工实训的教学现状,应多元化项目教学法的实际应用,明确教学目标,合理设置项目任务,注意科学分组,展开项目实践,最后进行多元评价,加强反思,力争为社会和国家培养更多德才兼备、知行合一、三观正确、理念先进、技术过硬的骨干人才。

参考文献

[1] 王灵珠.数控机床编程与加工"项目教学法"教学实践措施分析[J].科技资讯,2019,17(10):151,153.
[2] 王茜.项目教学法在中职数控铣加工教学中的运用对策探析[J].职业,2019(13):66-67.
[3] 杜强.项目教学法在中职数控加工实训教学中的应用[J].职业,2019(2):97-99.
[4] 王焱.项目教学法在中职数控车工实训教学中的应用策略[J].内燃机与配件,2021(6):241-242.

云计算技术在工程训练中的应用探索

马树奇，李占龙

(北京理工大学工程训练中心，北京，100081)

摘要：本文简要介绍了云计算技术的分类，重点讨论了工程训练中心建设中云计算技术的应用场景，并通过案例分析讨论了云计算系统建设的基本思路、配置概算，简略讨论了云计算系统的建设成本及效益。

关键词：云计算分类；工程训练中心；信息化建设；成本效益

1 云计算技术分类及应用简述

云计算(cloud computing)是分布式计算的一种，本意指通过网络"云"将巨大的数据计算处理程序分解成无数个小程序，然后通过多部服务器组成的系统处理和分析这些小程序，并将得到的结果返回用户。现在也指分布在不同地理位置的用户将计算需求通过网络上传到服务器("云端")进行计算，再将结果返回用户[1]。

云计算通常有两种分类方式，即按照所提供服务的方式分类和按照服务提供者与用户的关系分类。

1.1 按照所提供服务的方式分类

云计算按照所提供服务的方式可以分为3类：

(1) IaaS(infrastructure as a service)，基础设施即服务。

(2) PaaS(platform as a service)，平台即服务。

(3) SaaS(software as a service)，软件即服务。

实际上，在上述3类服务方式中，PaaS建立在IaaS的基础上，SaaS则建立在PaaS的基础上，分别用于不同层次的用户。

1.2 按照服务提供者与用户的关系分类

云计算按照服务提供者与使用者的关系，可以分为公有云、私有云和混合云。

(1) 公有云：由第三方厂商拥有和运营，向企业或个人提供服务资源。这种方式通常具有较强的可扩展性，用户只需要缴纳不同的租金，即可灵活地使用各种不同配置的资源服务，甚至超算能力，但用户使用中通常需要电信公司提供的公共网络链接，网速及相关安全因素会影响使用效果。

(2) 私有云：用户自己拥有和运营所有的计算资源，只向本单位提供服务。这种方式通过内部专用网络连接，安全性更高，可靠性更好，但不便于根据业务需要灵活扩展，使用及维护成本高。

(3) 混合云：即"公有云＋私有云"。平时业务不多时，使用私有云资源；在业务高峰期时，临时租用公有云资源。这是一种成本和安全的折中方案。

2 工程训练中心的云计算需求

作为制造技术理论与实践教学的主要场所,工程训练中心的信息化与智能化建设对于教学理念、手段与效果的提升作用是极其重要的,而云计算已经成为信息化的主要技术形式。

工程训练中心的主要云计算需求包括三维建模与数控加工仿真教学、机床设备管理,以及教学管理、实验室管理、物料管理等。

2.1 三维建模与数控加工仿真教学

在工程训练教学过程中,3D打印、激光加工、线切割加工、数控车削、数控铣削等大多需要学生使用 UG、CATIA、SolidWorks、CAXA、Mastercam、AutoCAD 等大型工程软件进行三维建模,有时还需要生成刀轨文件并进行加工仿真,以确定生成的数控代码基本正确。因此,在正常教学过程中,最多同时使用 5 个机房,其中有 3 个机房(3D打印、数控车削、数控铣削)会同时进行三维建模与加工仿真,另外 2 个机房可能使用 AutoCAD 或者 CAXA 进行二维图形绘制。

如果以云计算的方式来建设云机房,每个自然班最多 40 人,那么上述应用规模就是:

$$40(人) \times 5(机房) = 200(学生终端)$$

再加上每个机房还要有教师机,实际同时使用的云终端数是 205 个。

根据以往的工作经验,这些云终端应具有不低于 4 核的 CPU+8GB 内存+256GB 外存,以达到普通 i5 PC 机的处理能力。

2.2 机床设备管理

机床设备管理是指全部主要机床设备的联网与智能化管理。由于绝大多数机床(包括数控机床)不接受外部的直接控制指令,因此需要通过智能终端实现对机床的控制,主要实现指导教师、学生对机床的使用权限管理、实训文档图纸现场查阅、实训成绩管理及实训过程的音/视频监控。

这些智能终端完全可以通过云计算方式实现,按照每班最多 40 人的基准,其数量概算如下:

$$40(普通车床)+20(普通铣床)+20(数控车床)+10(数控铣床)+8(数控线切割机床)=98(套)$$

这些云终端不需要很强的运算及图形能力,但要求有很高的可靠性及对机床进行控制的配套接口设备。

2.3 教学管理及其他

教学管理是指教师使用云终端,完成教学过程监控、成绩管理、教学与科研等工作。由于教师的具体需求不同,因此一部分云终端可能需要较强的三维建模、运算能力,甚至是人工智能的部分功能。

以云计算的方式代替传统 PC 机解决教学管理信息化的突出优点是:可以实现高水平的资源共享;具有高可靠性与保密性;便于实现软件正版化,减轻了教师维护计算机的负担；只要能上网就可以进行漫游式移动办公，便于实现工位共享。

3 云计算系统案例分析

下面通过云机房建设的具体案例来分析其中涉及的主要硬、软件及可能出现的问题。本案例以 5 个机房，每个机房 41 个云终端为例。

3.1 云计算系统硬件配置概算

首先需要对云机房的建设规模进行概算，主要计算 CPU、内存、外存、GPU 与显存方面的需求，这些将决定最终云终端的使用性能。

云终端的性能参见表 1。

表 1 每个云终端的配置与性能参考

性能水平	CPU 核心数/个	内存/GB	GPU 显存/GB	外存/GB	备 注
i3	2	2	1	256	性能过低，不可用
i5	4	8	4	256	可满足基本的 3D 教学要求
i7	8	16	8	256	可满足大多数三维建模及中小型渲染的要求

根据以往的建设经验，普通云计算系统至少应按照 i5 水平建设，否则在使用过程中会出现性能低下的问题，并进一步影响其可靠性甚至可用性，从而引起教学事故。

3.2 CPU 配置

$$CPU 核心数 = 每个云终端分配的核心数 \times 云终端数$$

按照表 1 中 i5 的水平，则有

$$CPU 核心数 = 4(核心) \times 41(终端/机房) \times 5(机房) = 820(核心)$$

注：这里的核心数即线程数。

在普通的云计算系统中，考虑到性价比，通常部署的服务器为双 CPU。常见的 Intel 至强处理器的核心数见表 2。

表 2 常见的 Intel 至强 CPU 核心数

序 号	型 号	核 心 数
1	E5-2699 v3	18
2	E5-2698 v3	16
3	E5-2697 v3	14

根据计算结果(1)，在上述 5 个机房的配置中，以 E5-2699 v3 为例，其所需 CPU 数量为

$$CPU 数 = 820 块/18 = 45.6 块$$

即所需 CPU 的数量为 46 块。

由于每台服务器通常包含 2 块 CPU，因此需要服务器的理论数量为

$$理论服务器数量 = 46 台/2 = 23 台$$

由于服务器虚拟化管理、资源调度等方面的系统消耗，云计算系统的运行效率约为 0.8，因此实际需要的服务器数量为

$$实际服务器数量 = 23\,台/0.8 = 28.75\,台$$

即实际需要的服务器数量为 29 台。

3.3 GPU 显卡配置

GPU 显卡配置主要通过显存容量测算。根据表 1 所示,按照 i5 的入门配置水平,每个云终端应具有 4GB 显存,则需要的显存总量为

$$GPU\,显存总量 = 4GB \times 205(终端) = 820GB$$

常见的支持 GPU 虚拟化技术的显卡有 NVIDIA Tesla M60、P100、V100 等,其显存容量多数为 16GB,其中在不考虑机器学习等方面性能的情况下,M60 具有较高的性价比,则需要的显卡数量为

$$显卡数量 = 820GB/16GB = 51.25(块)$$

即需要 52 块显卡。

同理,可以计算出所需内存及外存的容量,本文不再赘述。

4 成本效益分析

单纯从成本看,云计算系统要远高于普通 PC 机联网。本例中如果再计算用于作业调度管理的服务器,服务器数量将达到 34 台左右。按照普通双 CPU 服务器的一般价格计算,本系统的建设成本也要超过 350 万元,折合每个云终端约 17000 元。相对于一台 i5PC 机约 5000 元的价格,云计算的投资无疑是很高的。

但从另一方面看,云计算系统的大多数硬件及软件均属于一次性投资,以后可以根据需要不断扩展,而且从根本上免除了由专门人员对机房设备的维护,可以节省人力,提高效率。

另外,云计算系统具有的高共享性、集中管理、高可靠性是普通 PC 机系统无法实现的,尤其适合通过共享实现软件正版化,可大大减少正版软件许可证购买方面的投资。

5 结语

云计算无疑是当今制造业实现信息化的重要途径,随着 5G 移动网络及人工智能技术的不断发展,云计算系统在可靠性、灵活性、可扩展性、漫游能力等方面会表现出极强的成长能力,虽然初始投资较大,但其大多数投资并不会随着时间的推移而贬值,其计算能力却能够不断积累与成长,甚至随着人工智能技术而进化,展现出传统 PC 网络无法匹敌的优势。

参考文献

[1] ERL T, MAHMOND Z, PUTTINI R. 云计算:概念、技术与架构[M]. 龚奕利,贺莲,胡创,译. 北京:机械工业出版社,2014.

以学生为中心的工程训练课程创新实践研究

陈 琪,曹建树,马丽梅,许恩江,赵 晶

(北京石油化工学院工程师学院,北京,102617)

摘要:工程训练课程对工程科技人才的培养具有重要的作用。"以学生为中心"是工程教育专业认证的核心理念。从这一理念出发,我们对工程训练的相关实践课程进行了改革与研究,使学生在新工科背景下,以主动的、系统的、融合的方式提高自己的工程意识和实践能力。

关键词:以学生为中心;工程训练;工程教育

1 引言

  高校的主要任务是培养社会需求的人才。现代社会对人才的需求是全方位的。中国工程院的报告中指出,综合性、实践性、创新性是工程教育的重要特点。工程教育专业认证的核心是以学生为中心,强调学生能力的培养,如自学能力、分析与解决问题的能力、主动学习能力、主动实践能力、团队工作能力、交流与沟通能力等[1]。工科人才培养体系中一个非常重要的环节就是工程实践,在工程实践中落实"以学生为中心"的理念,培养学生的能力非常必要。

  工程训练为本科生提供了实践平台,是非常重要的实践环节,与学科专业人才培养形成一个完整的培养体系,是高校人才培养中不可或缺的一部分。近年来,工程训练已从一门课程向一个体系发展,相应的教学内容也在不断调整。"以学生为中心"理念下的项目教学法源自德国"行为引导式"的教学形式,教学过程以项目为主线,强调学生的综合能力培养,目的是使学生通过项目训练真正学到知识,全面提高学生各方面的能力,为社会输送高质量的优秀人才。教学过程中学生是主体,教师起指导作用,实现了学生从被动接受到主动学习的转变。在完成项目的过程中,学生熟悉项目从设计到完成的全过程、实践项目的基本要求及实施过程的重点与难点,提高了学生理论与实际相结合的能力、发现问题和解决问题的能力、创新能力、综合运用知识的能力、合作交流能力和工程实践能力,为将来更好地服务社会奠定了基础。

  我校工程师学院面向本校及周边高校开设工程训练系列课程,承担在校学生的工程素质基础训练、专业训练和创新训练教学任务。该课程紧跟工程实践教学前沿,以"构建真实工程环境,培养现代工业精神"为理念,深化校际与校企间合作,资源共享,拓宽了工程训练的内涵,建设了面向合作高校各专业学生的分层次、模块化的教学体系,创建了校际、校企产学一体的教学管理模式,构建了基于新工科工程训练体系和培养校企合作工程能力的新机制。

  工程训练担负着高校全面提高本科生的工程素质和工程实践能力,培养综合型、应用型和创新型的高质量、高层次现代工程技术人才的重要任务,在培养新工科人才方面所起的作用是理论课程无法替代的。

---

①基金项目:北京市教委面上项目(Z11-003);北京石油化工学院 URT 项目(2021J00090)。

由于工程训练教学内容的不断扩大与教学学时之间存在很大的矛盾,有必要对工程训练体系的教学内容、教学方法、培养模式进行建设和改革,使工程训练教学体系更加灵活,并与学生紧密联系,更好地满足学生的工程实践需要,提高学生的综合实践能力。

2 以学生为中心的工程训练的改革与实践

基于"以学生为中心"的理念,工程训练体系建设应依照工程教育发展的内在逻辑和工程技术人才的培养规律,在实际的工程实践教学中,结合实际情况,以大工程意识、创新意识和工程实践综合能力的培养为目标,以工艺技能训练为基础,整合相关高校的优质资源,建立具有较高覆盖度、能满足相关合作高校不同学科需求的课程体系。以工业生产手段与方式为基础设计的包含42个实训项目的六大课程模块,可以强化新技术、新工艺和综合创新实践,完整展现工程训练的所有内容,体现了工业产品生产的全过程。

以课程教学要求为门槛,将产、学、研合作企业中适合于教学目标与要求的工业产品引入工程训练课程,建立基于企业当前产品研发与生产项目的校企动态教学联盟。校企共建实习车间,共同开发实习实训项目,教师与企业技术人员共同研讨设计以制造工艺为主线的基于真实工业环境的教学方案,使教学内容呈现于产品生产过程中,体现新理念的精髓。

我校工程师学院主要承担学校本科学生工程训练的教学任务。在工程训练课程体系建设中,注重对国际先进教育理念的理解,在工程训练实践教学体系中,引入模块化、项目化教学模式,形成了由工程认识、基础技能训练、综合创新训练组成的分层次、一体化实践教学系统,其构成主要包括基础必修工程训练课程模块、工程创新设计课程模块、全校通选系列创新实践课程模块、大学生课外竞赛创新实践项目模块,形成了多种教学方式、模式共存的实践课程体系,改变了传统的只有必修课实习的工程训练模式,为学生提供了多元化的学习实践平台,以满足不同专业、不同兴趣的各类学生的学习需要,提高了学生的综合素质和工程能力。

3 以学生为中心的工程创新设计实践系列课程

在工程训练课程体系中,增加工程创新设计训练模块,可以让学生进一步了解工程背景,并运用新理念,在产品设计、项目创新中体现"做中学"的原则和"基于项目的教育和学习",使学科之间的知识相互融合,有利于提高学生学习的主动性和自觉性,培养其综合应用各科知识解决基本工程问题的能力[2-3]。

我们以工程创新实践实验室、现代制造实训室及课外大学生实践基地为平台,面向全校学生先后开设了"初级工程创新设计及实践""机器人技术及实践""数控铣技术""3D打印技术""激光技术实践""竞赛机器人实践""创新思维训练"等一系列通选课程,这些课程均是以学生实践为主,以学生为中心,面对项目为研究对象的实践课程。以"初级工程创新设计及实践"为例,面对不同专业、不同年级的学生,要求以典型工程项目为实例,如焊接机器人、电梯、洗衣机、巡线小车等,进行以项目为核心的项目设计、分析、组装搭建、调试、控制等实践训练,具体步骤为:项目方案提出、可行性分析、模型结构设计与搭建、编写控制程序、下载程序到控制器并调试、项目结题、项目答辩、成绩评定。一般由3名或4名学生组成一个项目组,推选1名组长,担当项目经理的角色,对任务进一步划分(包括方案步骤、人员分工、时间分配等),小组成员按照分工,独立收集、分析和整理项目的相关信息,确定所承担的项目任务、计划方案。在项目初期,教师处于主导地位,帮助学生完成项目分析和设计方案。但随着项目的进行,教师只需定期检查项目进展,并对难点问题进行及时指导即可,学生完全成为项目实施过程的中心,教师的作用主要是引导学生利用各种信息资源,学生则通过团结协作,独立探寻"问题"的答案。

学生在熟悉了模块化工程创新组件的"软、硬件"后,可自行构思出合理可行且难度满足要求的设计方案,充分发挥他们的主动性与创造性。同一设计项目往往会有不同的设计方案,例如,机械手的结构,原理都是四杆机构,在实现时则可用齿轮、齿条及基础板梁的组合搭配实现,在机械手传动方面,可选择带传动或齿轮传动,学生可以根据所学专业知识进行分析、实践,选择合理的传动方式。模块化工程创新组件平台提供了图形化编程软件,具有直观、易学、易用的特点,在编写复杂程序时,可用C语言等高级语言,则更易于实现。对于熟悉这些编程语言的学生,鼓励他们尝试使用高级语言编写控制程序。学生在实践过程中不仅综合运用了包括结构设计、控制等方面的相关专业知识,并且自行完成了从方案设计、材料选择、程序编写到最后实现功能的实践全过程,提高了学生分析问题和解决问题的实际综合能力。通过典型工程项目的"构思、设计、实现、运作"体现了实践理念"做中学"的原则和"基于项目的教育和学习",使学科之间的知识进行融合,提高了学生的动手能力、创新意识和综合能力。

这些课程理论联系实际,以项目实践为主,综合运用所学知识,趣味性、实用性强,受到学生的普遍欢迎。这些通选系列工程创新实践课程丰富和扩展了工程训练体系,充分利用了实践教学资源平台,其优势显而易见。一方面,学生可以根据自己的专业及兴趣,对所选课程进行深入学习,极大地提高了学生的实践能力,挖掘了学生的特长;另一方面,不同专业背景的学生通过组成项目组,交流协作、团队作战,可以突破本专业的狭窄视野,有利于培养知识面宽、专业过硬、胸怀宽大、个性凸显的综合型、高素质人才。

4 以学生为中心的大学生课外竞赛创新实践

我校在2003年成立工程师学院之时,就在院内设立了面向全校大学生创新实践中心(基地)的专门组织机构,协助教务人员制定有关政策和管理条例,组织实施建立以竞赛、辅助科研项目为核心的大学生科技创新活动。

大学生课外竞赛创新实践项目是工程训练体系的重要组成,是课内实践训练的重要补充,通过竞赛创新项目训练平台,可以使学生完成构思、设计、实施、运行的系统训练,培养学生对工程、经济、管理、组织、团队意识、创新能力及知识的综合应用能力。

近年来,我校通过专项资金投入,建设了"机器人技术及实践平台""工程创新设计及实践平台""智能车研究与制作平台""太阳能光伏发电技术平台""计算机信息技术开发训练平台""水下机器人竞赛平台""单片机技术应用与研究平台"和"金工综合技能竞赛平台",并为低年级学生成立了Toys House工作室等,依托这些创新实践项目,借鉴实践理念,进行项目化管理,学生可以通过自主选择、自主创新项目参与实践活动。同时,通过相关创新实训课程教学来"辐射"学生的科技活动和科技竞赛,有目的地引导学生在"玩中学"和"做中学",并组织他们参加各级项目的科技竞赛,以培养他们的实践创新能力。

在竞赛创新项目模块的管理上,实行学分制管理,包括申请立项、审核、指导、监督、答辩、结题、参赛获奖等环节,对于完成项目的同学,给予学校承认的创新学分。

依托创新竞赛项目,常年组织业余活动小组,定期参加校内竞赛,优胜者参加市级或国家级比赛,提高了学生的创新能力和竞争意识,取得了优异成绩,近年来共组织学生参加URT(大学生科研训练)项目100余项,先后组织参与了50多次校内外各级各类科技竞赛,获得国家级大赛冠军5项,亚军8项,季军8项,一、二、三等奖50多项,参加竞赛的学生达1000多人次,受益学生达3000多人次。

特别是在近年的全国大学生"互联网＋"创新创业大赛和全国大学生"挑战杯"创新创业大赛中,我校学生多次取得国家及北京市一、二、三等奖的佳绩。

5 结语

以培养学生工程创新能力为目标,打造和完善新工科工程训练体系,通过基础必修工程训练课程的改革、系列工程创新实践通选课程的建立和以竞赛、辅助科研项目为核心的大学生科技实践基地的完善,在不同层面探索和实践,使大学生在工程或近似工程背景下得到了工程能力的培养和锻炼;同时为学生提供了多元化的学习平台,以满足不同专业、不同兴趣的各类学生的学习需要,有利于学生在训练实践中自主学习,提高学生学习的主动性和自觉性,有利于培养学生综合应用各科知识解决基本工程问题的能力。

参考文献

[1] 陈平.专业认证理念推进工科专业建设内涵式发展[J].中国大学教学,2014(1):42-47.
[2] 马鹏举,王亮,胡殿明.构建多学科交叉的现代工程训练平台[J].高等工程教育研究,2009(5):127-129,160.
[3] 庄哲民,沈民奋.基于CDIO理念的1级项目设计与实践[J].高等工程教育研究,2008(6):19-22,56.

地方高校工程训练(金工实习)"先进制造"模块的建设与探索
——以河北科技大学为例①

王　勇¹,张双杰¹,张忠诚¹,李　力¹,周增宾²

(1.河北科技大学材料学院,石家庄,050018; 2.河北科技大学工程训练中心,石家庄,050018)

摘要:针对"工业4.0"和《中国制造2025》背景下制造业不断转型升级对高等院校工程技术人才提出的更高要求,探索建设符合地方本科高校特点的3D打印和工业机器人实训项目,丰富"先进制造"实习模块,增加开放式实习训练项目所占的比例,更好地支撑专业建设和培养工程人才的实践创新能力。

关键词:地方高校;工程训练;先进制造;3D打印;工业机器人

1 引言

近年来,随着"工业4.0"[1]和《中国制造2025》的推进[2],我国制造业不断转型升级,新技术、新装备得到大范围应用,建设了一批智能工厂和数字化工厂,迫切需要掌握先进制造技术、具备良好工程实践能力的人才。

作为本科生工程教学中的重要通识性实践基础课程,工程训练(金工实习)教学规模大、受众人数多,多年来在培养学生动手实践能力、树立正确工程思维和激发创新意识等方面发挥了重要作用[3]。近年来,面对新技术的发展和制造业转型升级,从事工程训练(金工实习)教学的不少学者进行了有益的探索。特别是在以3D打印和工业机器人为代表的先进制造领域,清华大学基础工业训练中心[4]和沈阳航空航天大学工程训练中心[5]等单位将3D打印技术与铸造工种相结合应用于实践训练项目中,内蒙古工业大学工程训练中心[6]和福州大学机电工程实践中心[7]等诸多单位设置了独立的3D打印实习项目,清华大学基础工业训练中心[8]、西南交通大学工程训练中心[9]和桂林电子科技大学工程训练中心[10]分别从弧焊、工业机器人在线与离线编程和柔性制造等多个角度进行了工业机器人应用于工程训练(金工实习)的探索,均取得了良好的效果。

在传统的工程训练(金工实习)中加入3D打印、工业机器人编程等需要独立设计制作的内容,可以在开放式训练中,让学生自主进行产品的设计、制作和加工;将"创新设计"和"创意制作"引入工程训练(金工实习)过程,可以在充分调动学生积极性和主动性的同时,有效提高学生的创新创造能力和实践能力。

2 实习项目及组成

目前河北科技大学工程训练(金工实习)实践课程面向材料、机械、经管、纺织、电气、信息、化工、生工、环工、建工、艺术等11个学院的46个专业开设,学生统一在工程训练中心进行2~4周的培训,完成铸工、车工、数控加工、3D打印等9个工种的实操实训,每学年实习学

---

①基金项目:河北科技大学2019年度教育教学改革项目(2019-ZDB01)。

生6000余人,影响范围大、覆盖面广,在学生工程实践创新能力培养方面发挥着重要作用。

2017年之前,金工实习包括实习概论、基本技能训练和先进加工技术训练3个模块,其中实习概论以理论课的方式介绍实习的目的、内容、主要规章制度和入厂三级安全教育,基本技能训练包括车工、钳工、铣工、刨工、磨工、铸工和焊工等7个工种,先进加工技术训练包括数控车和数控线切割2个工种。除数控线切割为学生根据其独立创新设计的一个封闭的一笔画图形自行进行切割外,其余8个工种均为指导师傅演示操作+学生独立操作完成规定图样的加工。受实习安全和工艺特点限制,教学内容偏陈旧,缺乏开放式教学环节,存在"重制造、轻创造"的问题,学生只能在师傅指导下简单地模仿和复现,限制了其创造力和能动性的发挥。

2018年和2020年建设的3D打印、工业机器人2个工种的实习项目,考虑到设备状况和实习安全,先后取代了原来的刨工和磨工项目,使先进加工技术训练和基本技能训练项目的比例从2∶7提高到了4∶5,显著优化了实习项目的结构,大幅度提高了开放式实习训练项目的比例。

3 "先进制造"模块的建设和探索

3.1 主要思路

在先进制造技术高速发展和大规模应用的背景下,我校各专业对工程训练(金工实习)课程的教学内容提出了更高的要求。因此,我们面向产业需求和技术发展,在原有数控车削和线切割的基础上有计划地开展了关于3D打印和工业机器人实习项目的教学研究工作,充分调研了产业界的应用现状和一流高校先进教学单位的经验,设计出符合地方高校实际情况的实习项目。目的是在开放式实践训练项目中激发学生的创新创意意识,为培养具有较强创新意识和工程实践能力、胜任行业发展需求的应用型和技术技能型人才提供支撑,更好地服务于地方产业结构转型升级和经济社会发展的需要。结合新工科建设的机遇,改革现有工程训练(金工实习)课程内容,为本课程今后的可持续发展提供参考和借鉴。

3.2 "3D打印"实习项目的建设

2018—2019学年第1学期组织金工教研室和工程训练中心的教师探索建设3D打印模块,先后完成了指导师傅培训、试运行、打印教室重新建设等工作,购置了28台计算机、11台3D打印机,建设了局域网多媒体教学打印教室。2018—2019学年第2学期正式将3D打印列入工程训练(金工实习)中,截至目前已连续运行3个学期,学生反映良好。实习内容包括"三维建模"和"FDM 3D打印"2个环节。考虑到学时限制和学生的接受能力,三维建模环节专门设计了台灯作为演示示例,使用了拉伸、旋转、圆角、拔模、扫描、放样、抽壳和拉伸切除等8个主要的三维造型命令,并编制了讲义以方便学生练习。图1所示为三维建模教学案例及其使用命令。

在掌握基本操作命令的基础上,学生独立利用建模软件进行三维建模,最后将建模文件转化为.stl格式导入FDM 3D打印机,设置打印参数进行打印。图2所示为学生实习现场和三维建模作品。

图 1 三维建模教学案例及其使用命令

图 2 学生实习现场及其建模作品

3.3 "工业机器人"实习项目的建设

在3D打印工种投入运行的同时,我们于2018年7月开始了工业机器人项目的筹备工作,先后赴长春艾迪博格科技有限公司、唐山宏创科技有限公司、清华大学基础工业训练中心等单位进行了调研,并利用华北地区金工研究会学术年会和教育部高等学校机械基础课程教学指导分委员会/教育部高等学校工程训练教学指导委员会组织的相关学术会议与金工实习、工程训练相关专家进行了交流。2019年上半年完成了实习项目的教学设计和设备的选型工作,到2020年中,克服新冠疫情的不利影响先后投入50余万元引进了3套安川MA1440弧焊工业机器人系统,完成了招标采购、调试安装和人员培训等工作,编制了操作指导书等教学文件,开发了机器人弧焊实习项目。在讲授焊接工业机器人系统基础知识和演示示范教学之后,学生首先通过复现演示示例掌握工业机器人的基本操作,然后分组设计图案进行编程示教和焊接,实现了基础训练和创新创意的结合。图3所示为学生实习现场和自主设计、施焊的作品。

通过该实习项目的训练,学生掌握了工业机器人的基本操作技术和编程技术,分组自

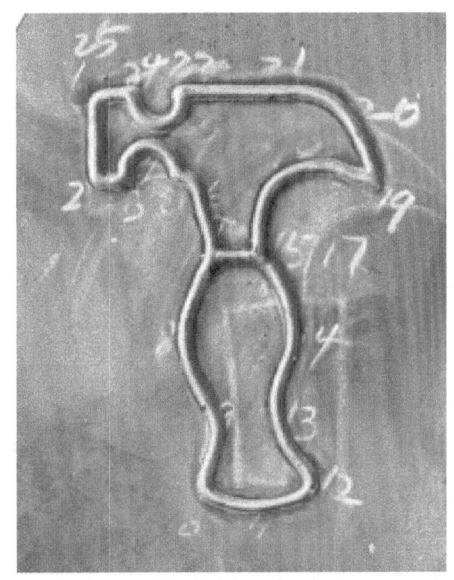

图 3 学生实习现场和设计、施焊的作品

主设计了图形、编写了运行程序,最终实现了焊接。在开放题目下锻炼了学生的工程实践能力和创造能力,激发了学生的兴趣,取得了良好的教学效果。2020 年 11 月,我们在河北省率先实现了工业机器人应用于本科生工程实践训练,已有机械电子工程、材料成型及控制工程、工业工程等 15 个班级 525 名学生参加了该项目的实习。

4 地方高校建设"先进制造"模块的经验

4.1 有限目标,量力而行,层层推进

地方高校实习实训项目建设最大的制约条件是经费限制,一般难以做到像一流高校和高职高专院校那样投入大量经费用于硬件建设。但工程实训(金工实习)又有实践性强、覆盖面广、学生人数多的特点,要求在保证安全的前提下,一个实习项目至少配备 3~5 台套的设备才能满足学生同时操作的需求。此外,设备可靠性要好,能够满足整学期连续运行,保证顺利完成排定的教学计划。所以在设备选型时要充分考虑到在有限经费条件下,设备的先进性、台套数、可靠性和教学使用成本的平衡。"3D 打印"目前有熔融沉积(FDM)、光固化(SLA)、选区激光烧结(SLS)、选区激光熔化(SLM)、电弧增材(WAAM)等多条技术路线,操作的安全性、设备成本和使用成本差别巨大。选区激光熔化(SLM)设备单台为百万元人民币,所用金属粉末数百元每千克。工业用的光固化(SLA)设备单台需要几十万元,所用光敏树脂数百元每升。虽然技术路线先进、打印精度高,但从设备成本和使用成本的角度来讲,当下难以用于实习项目训练。因此选择熔融沉积(FDM)用于实习比较合适,其单台设备几千元到上万元不等,所用 ABS 或 PLA 材料也只有几十元每千克。机器人分为工业机器人、服务机器人、特种机器人等几种,工业机器人市场上有几十个品牌,从 ABB、KUKA、发那科、安川,到松下、那智不二越,再到新松、广数、钱江、埃斯顿、新时达。其主要参数中轴数从 5 轴到 7 轴,负载从 3kg 到 1t,臂展从 1440mm 到 4200mm,功能从弧焊、搬运

到码垛、机床上下料。机器人本体单台价格从几万元人民币到几百万元人民币。此外还可以配合变位机、激光跟踪、AGV 小车等外部设备扩展出多种功能。因此,项目建设前应充分做好调研和规划,边开展教学设计边进行设备选型,建立项目库,根据经费和教学需求分步实施,不追求一步到位。

4.2 新工科背景下建设学科交叉实践平台,在实践中促进学科融合,争取多方位支持

3D 打印涉及机械、材料、化学、控制等多个专业的知识。工业机器人集中了机械工程、电子技术、计算机技术、自动控制原理及人工智能等多学科的研究成果。除机械类、材料类等制造业专业的需求外,3D 打印还可以针对工业工程、土木工程、飞行器设计与工程、产品设计等专业的需求开设应用类课程。机械工程学院机电专业、材料科学与工程学院焊接工程专业和电气工程学院自动化专业等往往开设有"工业机器人"类的课程,不少高校近年来增设了智能制造工程或工业机器人专业。但专业学院要兼顾科研需求,可用于学生实践的设备台套数往往较少,学生实操环节学时有限。地方高校相关专业的科研实力和水平较一流高校有一定的差距,相关专业的硬件建设水平和层次不是太高,可以利用新工科建设的契机,联合相关院系专业建设开放性的实践教学平台。在满足实习教学的基础上,更深入地服务本科专业人才培养,扩大工程训练(金工实习)课程的影响,争取校内外更多的支持。

4.3 通过开设选修课等形式完善课程体系,搭建竞赛科研平台

很多地方高校实践类课程体系不太健全,缺乏高质量的实践类选修课。而"金工实习"一般开设在二年级基础课向专业课过渡的阶段,虽然覆盖面大,但需要照顾到大多数学生,存在"重基础、轻尖端"的问题,不利于分类施教。因此可以在硬件建设的基础上,面向有兴趣和学有余力的学生开设以实践为特色的选修课。通过较为系统的理论知识教学,将前沿理论知识、最新研究成果和创新创业实践经验融入课堂,使学生能够理清知识脉络,认识技术发展规律,进而根据所学专业和兴趣特长,找到自己创新创业的契合点。

在全校范围内面向具有基本创新创业素质和能力的学生,采用基于项目和竞赛的实践教学模式,搭建开放的竞赛、科研平台,对选拔出来的学生进行训练,积极参加全国、省级各类科技竞赛和工程训练系统的比赛。在提高创新能力的同时,激发学生的兴趣、想象力和创造力,进一步训练和提升学生独立思考和实践的能力,培养学生的团队合作精神。

5 结语

通过近 4 年的教学改革探索与实践,河北科技大学金工教研室协同工程训练中心,先后完成了"3D 打印"和"弧焊工业机器人"2 个实习项目的建设,在自主设计实习内容的基础上,完成了人员培训和硬件建设,应用于教学实践,取得了良好的教学效果,受到了学生和相关专业教师的欢迎,得到了有关专业工程教育认证专家的充分肯定。

今后,还要进一步深入调研专业建设和人才培养的需求,探索开放式训练项目下多元化过程性评价体系的建设和课程思政的新形式,有机整合先进制造项目和传统制造项目,在实习中融入质量管理、成本管理等理念。

参考文献

[1] 张曙.工业4.0和智能制造[J].机械设计与制造工程,2014,43(8):1-5.
[2] 周济.智能制造:《中国制造2025》的主攻方向[J].中国机械工程,2015,26(17):2273-2284.
[3] 孙康宁,林建平,等.工程材料与机械制造基础课程知识体系和能力要求[M].北京:清华大学出版社,2016.
[4] 邢小颖,汤彬,马运,等.铸造实践教学中3D打印工艺研究与探索[J].铸造技术,2021,42(3):239-242.
[5] 杨兵,杨静,马宇超,等.结合3D打印对铸造实践教学的探索与改进[J].中国铸造装备与技术,2020,55(4):48-53.
[6] 郭文霞,张海川.工程训练开设3D打印技术实训课程的探索与实践[J].中国现代教育装备,2019(15):49-51.
[7] 陈为平,林有希,黄捷,等.新工科下3D打印工程实训教学的探索与实践[J].武汉轻工大学学报,2019,38(6):107-110.
[8] 高党寻,姚启明,杨建新,等.弧焊机器人实践教学平台的建设与规划[J].焊接技术,2020,49(8):79-82.
[9] 陈小勤,周丹,王淑伟,等.工业机器人在本科工程训练实践教学中的探讨[J].中国教育技术装备,2020(12):132-133,136.
[10] 谢民雄.高校机械工程训练中实施柔性制造实训的探讨[J].产业与科技论坛,2019,18(6):192-193.

基于雨课堂的激光加工实训创新能力培养[①]

庞 博,王景磊,刘海亮

(内蒙古工业大学工程训练教学部,呼和浩特,010051)

摘要:激光加工课程是一门实践性较强的基础课,对人才培养目标起重要的支撑作用。针对课程特点,在教学内容和方法等方面进行探索,以完善教学效果,培养学生的工程实践、知识综合应用、创新和团队协作等能力。

本文探讨了利用雨课堂和项目教学法改进传统工程训练教学模式的方法,分析了雨课堂对于大学生创新能力培养的积极作用,并以金属拼装作品为例,具体探讨了项目驱动教学法对提高大学生创新能力的作用。

关键词:雨课堂;激光加工;创新能力;工程训练

1 引言

工程训练中心[1]作为现代高等工程教育实施的重要载体,借助于其在学校实践教学中的地位和资源优势,率先突破了学科专业的限制,将学校内部资源整合集中,成为工科专业学生开展创新实践的新天地[2-3],更是"新工科"要求下培养伟大工程师的摇篮[4]。

内蒙古工业大学工程训练教学部依托已有的工程训练教学体系,借助互联网资源,开设了激光加工实训教学内容,引导爱好工艺制作、学有余力的学生自主开展创新设计和动手制作,为培养高素质的工程师人才提供了实践平台。

2 激光加工实训教学状况

激光加工是利用光的能量经过透镜聚焦后在焦点上达到很高的能量密度,靠光热效应来加工材料的。激光加工不需要工具、加工速度快、表面变形小,可加工各种材料。用激光束可以对材料进行各种加工,如打孔、切割、划片、焊接、热处理等。激光加工作为一种应用广泛的新兴技术,让学生耳目一新,兴趣盎然,普遍存在于高校的"工程训练"课程中。激光加工实训教学拓展了学生的知识面和创新思维,锻炼了学生的创新实践能力,深受学生喜爱。然而目前高校"激光加工实训"课程仍存在以下两方面问题:

(1)实训模式和实训内容单一。由于激光加工技术种类繁多、应用广泛,技术类型包括激光切割、激光打标和激光内雕等,针对不同学科和专业的学生,应科学区分学生的差异,开展多样化的实训教学。

(2)教学设备资源不足。教学设备数量不够,不能让每个学生操作设备进行作品加工,更未能实现多种激光加工设备在作品加工中的融合运用。

实践表明,"激光加工实训"课程对学生的吸引力很大,但无法满足部分爱好工艺制作、学有余力学生的要求。因此,针对激光加工实训应开展创新课程建设与创新能力培养。

[①]基金项目:内蒙古工业大学教改基金项目(2020365)。

3 激光加工实训创新课程的建设

为解决目前激光加工实训教学中存在的问题,我们建立了基于雨课堂的激光加工实训创新课程。创新课程建设的关键在于激发学生的学习兴趣和培养学生的创新能力;不同之处在于实践类课程往往以"作品驱动"的方式进行,因而作品的选题至关重要[5]。

(1) 注重实训作品的外观造型、结构设计和文化创意,并时刻关注当代大学生的爱好,通过兴趣爱好激发学生的创作热情,提高课程的吸引力。

(2) 注重作品设计加工的可行性,同时考虑激光加工实训设备的实际情况,保证学生在规定学时内能完成课程标准教学内容的实训。

(3) 注重课程实践性的特点,让学生分组讨论设计、分组协作加工,体现出学生在设计、工艺及加工等方面的综合能力,锻炼学生综合创新能力。

(4) 控制实训作品的难易程度。难度太低,则达不到训练效果,也会让学生感觉简单而失去兴趣;难度太高,则学生会有畏难情绪,进而影响创作的积极性。因此,需要针对不同专业、不同层次的学生,设定不同层次的实训作品,并给予充分发挥的空间,让学生通过适度的学习和努力能够顺利地完成作品的创作。

3.1 激光加工实训课程教学资源的建设

混合式教学模式实施的前提是建设好课程资源。根据教学大纲的要求,在前期网络课程的基础上,碎片化教学知识点,构建理论教学和实践教学微课知识体系,形成知识结构体系,制作有针对性的适用于雨课堂的手机端教学课件、微课,如图 1 所示。

激光加工实训是一门实践性很强的课程。教师根据课程标准的要求,将一些概念性知识通过 PPT 的形式发布到雨课堂平台,而将一些实际操作的内容以视频和 Word 文档的形式发布。布置实训项目和习题测试任务时,要设置截止时间,借此督促学生及时完成任务。雨课堂的课中学习情况统计如图 2 所示。

图 1 雨课堂的手机端教学课件   图 2 雨课堂的课中学习情况统计

3.2 基于雨课堂智慧教学工具的课堂教学设计

雨课堂是清华大学研发的一套免费的智慧教学工具,教师可以通过一个插件将教学视频、习题、语音等信息融入PPT中,然后利用微信在课前把预习内容推送给学生,师生通过微信的"扫一扫"功能进入课堂,同步PPT开展互动教学,课后教师对学生不懂的知识点进行答疑,实现了课前、课中、课后全流程的互动及数据记录分析。

课前预习阶段,教师需要提前编写教学设计方案,并制作出课前推送PPT及授课用PPT。将一些基础的知识点放到课前推送的PPT中,复杂的知识点放到课堂上进行讲授。在课前推送的课件中不仅可以插入MOOC及各种网络教学视频,还可以插入教师自己的语音讲解,以帮助学生理解学习。

课中面对面教学阶段,教师开启雨课堂授课,学生通过扫描手机屏幕上的二维码或输入课堂暗号签到。运用课堂讲授法对本节课中比较复杂的知识点进行详细讲解。学生在听讲的过程中有不理解的地方可以弹幕互动反馈给教师,在教师端可以接收到反馈的统计,比如某一页PPT不懂的有几人,还可以在每个知识点的学习后推送一道相对应的雨课堂测试题,随时了解学生对当前知识内容的掌握情况,并及时调整教学进度。

课后巩固阶段,学生可以进一步复习课上教学的PPT、不懂的内容及做错的知识点。如果学生还有疑问,可以通过"报告教师"与教师随时保持联系。授课用PPT在教师开启雨课堂授课的同时已经同步传到学生端,学生在课堂上不懂的内容和错题,雨课堂也已经进行了分类收集。

3.3 基于雨课堂智慧教学工具的课堂教学实践

将雨课堂应用于激光加工实训教学实践中,以期解决两个方面的问题:第一,将雨课堂应用到激光加工实训教学实践中,改善原本课堂中存在的学生参与度低的问题;第二,提高学习者对激光加工的学习兴趣。在实践过程中,为了方便小组教学活动的开展,将班级学生按6人或7人分为一组,分组时依据"组内异质,组间同质"的原则,采用项目驱动教学方法促进大学生创新能力的提高。学生作品展示如图3所示。

图3 学生作品展示

4 结语

按实践能力与创新精神培养的要求设计工程训练的教学内容,建立基于雨课堂智慧教学的激光加工实训创新课程。在雨课堂支持下的激光加工实训教学过程中,通过其直观性可以极好地将教学重、难点表达出来,促进抽象知识的具体化,通过这种更加简易的学习方式,可以有效地促进教学效果的提升。

工程实践能力和创新精神的培养必须有相应的工程实践环境和条件,期待一个建立在具有现代工业制造技术与装备基础之上的实践教学基地的诞生。

参考文献

[1] 梁延德.我国高校工程训练中心的建设与发展[J].实验技术与管理,2013,30(6):6-8.
[2] 李学涛,谭金铃,白广华.工程训练中心对大学生创新能力的培养性实践探索[J].高教学刊,2015(21):214-215.
[3] 陆兴发.新工科视域下大学生综合创新能力提升的教学设计探讨[J].赤峰学院学报(自然科学版),2018,34(1):149-151.
[4] 王秀梅,胡蝶,房静,等.工程训练中心利用多学科综合优势开展创新教育的探索实践[J].实验技术与管理,2018,35(2):6-9.
[5] 戴明华,张红哲,姜英,等.新工科背景下激光加工实训选修课的探索实践[J].实验室科学,2020,23(1):164-167.

一种主动学习型的工程训练教学新模式

王景磊,庞 博,刘海亮

(内蒙古工业大学工程训练教学部,呼和浩特,010051)

摘要:工程训练的教学模式要服务于人才培养目标,要注重培养学生分析和解决实际工程问题的能力。在新的教学模式探索中,学生可以自主完成由产品结构分析与加工方案选择、零件设计与加工工艺制定、零件加工制造、产品装配调试等环节组成的训练流程,实现将理论知识与实践技能有机结合的主动学习。

关键词:工程训练;教学模式

1 引言

工程训练脱胎于金工实习,长期以来,工程训练延续着"师傅教,徒弟学"的教学模式,学生的学习过程主要是重复教师的操作方法和步骤的被动学习,缺乏自主思考和主动解决问题的创造性,收获有限。这种教学模式注重对学生进行技能训练,适于培养技术工人而非工程师,这与本科工程教育的人才培养目标存在着较大差距。

改革教学模式,让学生以主动的、实践的方式对工程知识进行系统学习,建立课程之间的有机联系,使学生在创新设计、解决实际工程问题等方面得到全面系统的训练和提升,这是完全有必要的。

2 新模式的教学目标

新的教学模式突出"做中学"[1-3]的教学特点,以简单的工业产品为载体,学生可以以合作分工的形式完成由产品结构分析与加工方案选择、零件设计与加工工艺制定、零件加工制造、产品装配调试等环节组成的完整训练流程。目标定位于把学生培养成能够全面思考问题,综合运用已有的理论知识解决实际的工程问题,或者能够为某个工程问题提供综合性解决方案的工程师型人才。

3 新模式的教学设计

依据新的教学模式,以台灯为具体案例进行教学设计。台灯模型如图1所示。

3.1 结构分析与加工方案选择

台灯的照明功能由电路实现和控制,台灯的实体零部件应实现遮光、支撑、连接、稳定放置和美观等功能。台灯一般包括灯罩、灯口、支架、灯身圆柱筒(连接柱体)、底座和连接螺钉等,其结构分析如图2所示。

选择加工方案要考虑零件的材料属性、外形特点和尺寸精度等要求。对于灯口、灯身圆柱筒和螺钉等零件,其外形具有回转表面的特征,主要起连接作用,以螺纹连接即可,这些零件的尺寸不大,但对尺寸精度有一定的要求,可以采取车削加工。底座要有一定的重量以起到稳定灯身的作用,尺寸稍大,可考虑选取金属材料作为加工原料,采用线切割方法

图 1　台灯模型　　　　　图 2　台灯结构分析

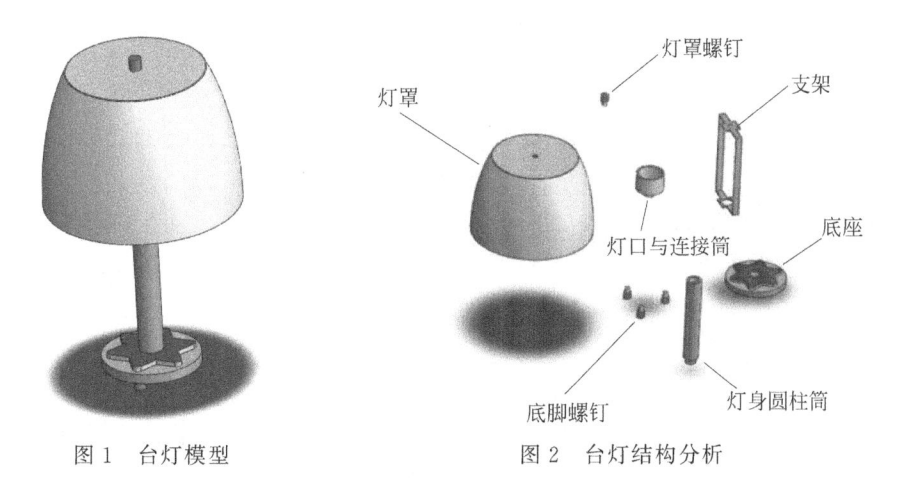

下料并加工轮廓外形。底座上表面可以有装饰性的凸起花纹，由于形状较复杂，可以考虑采用数控铣削加工。支架尺寸小，其上有连接孔，可以采用钳工加工。灯罩为薄壁零件，尺寸大，如采用切削加工的方法则材料浪费较多，可以考虑采用3D打印的方法加工。

3.2　零件设计与加工工艺制定

零件设计时要综合考虑被加工材料的特性、以何种机械结构实现零件的功能、加工精度、美观性、零件之间的配合等问题。制定加工工艺时要综合考虑如何安排工序，如何选取切削用量，使用什么样的机床、刀具与夹具，机床的实际情况，以及机床操作者的操作技能和熟练程度等因素。最终要以零件图、工艺卡片或数控程序来表达设计和加工意图。下面以回转体零件灯口、灯身圆柱筒和底脚螺钉为例，介绍零件设计与加工工艺的制定过程，分别如图3～图7所示。

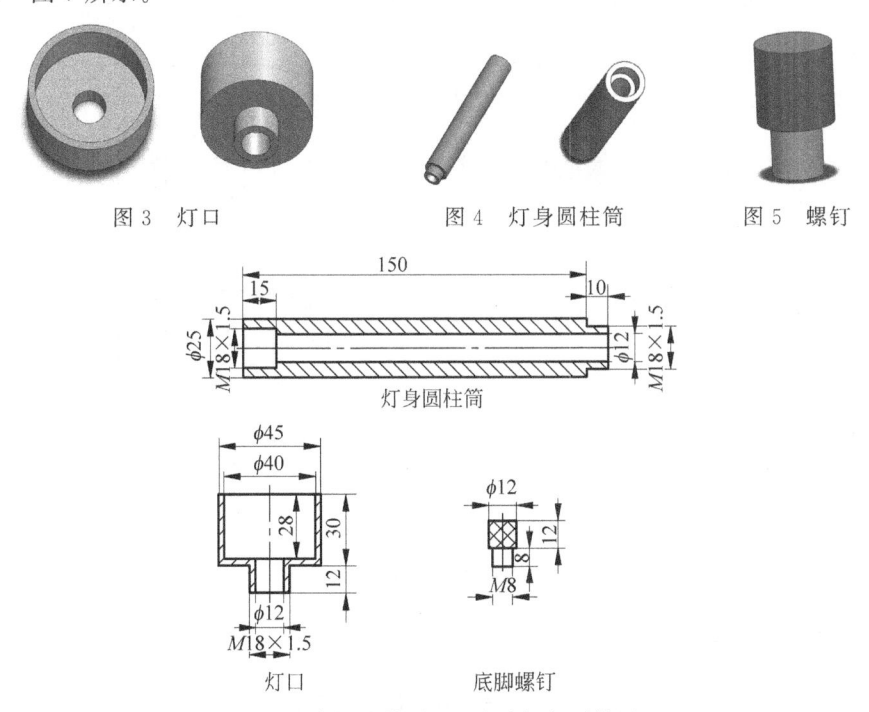

图 3　灯口　　　　图 4　灯身圆柱筒　　　　图 5　螺钉

图 6　灯身圆柱筒、灯口、底脚螺钉零件图

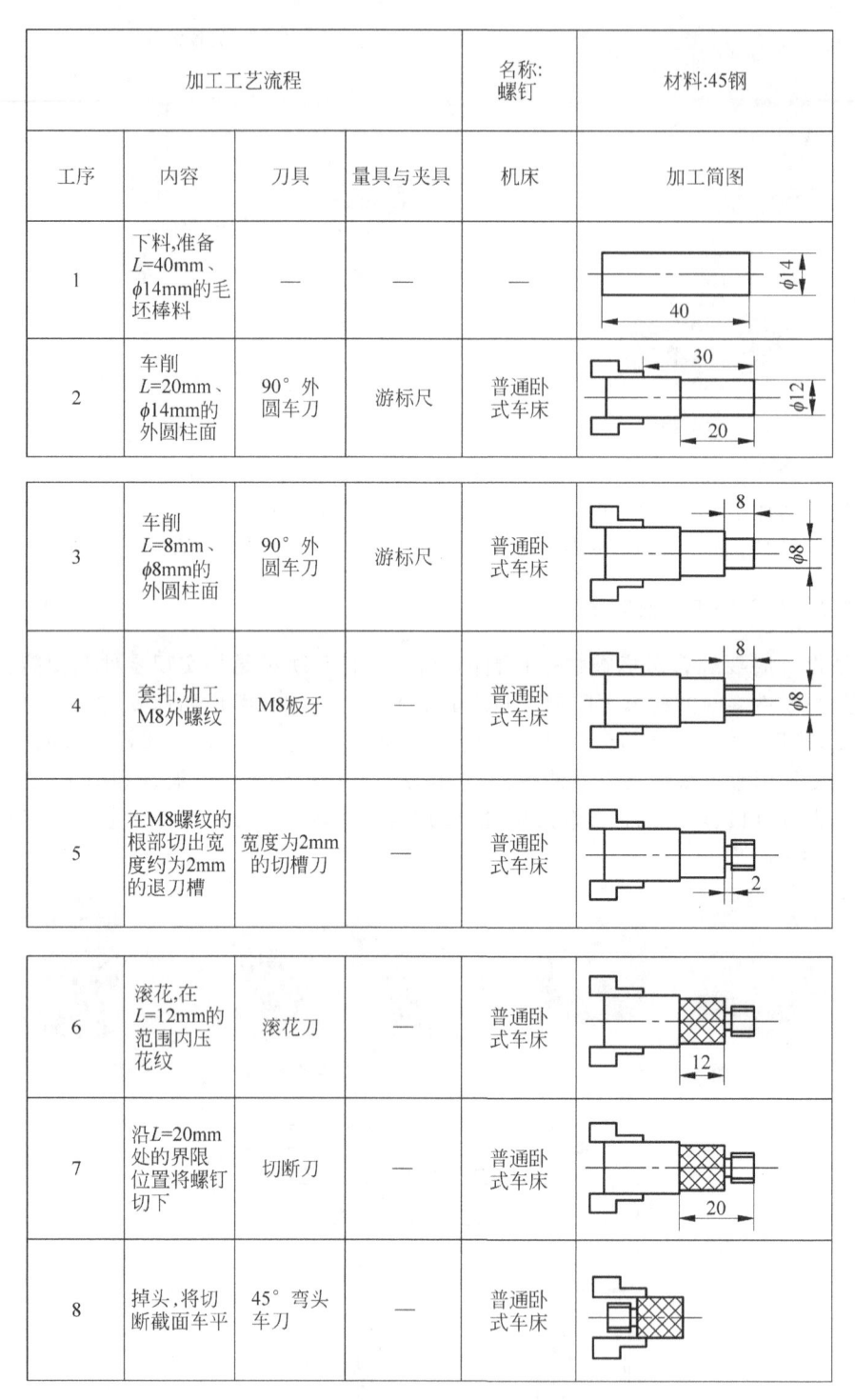

加工工艺流程				名称:螺钉	材料:45钢
工序	内容	刀具	量具与夹具	机床	加工简图
1	下料,准备 L=40mm、φ14mm的毛坯棒料	—	—	—	
2	车削 L=20mm、φ14mm的外圆柱面	90°外圆车刀	游标尺	普通卧式车床	
3	车削 L=8mm、φ8mm的外圆柱面	90°外圆车刀	游标尺	普通卧式车床	
4	套扣,加工M8外螺纹	M8板牙	—	普通卧式车床	
5	在M8螺纹的根部切出宽度约为2mm的退刀槽	宽度为2mm的切槽刀	—	普通卧式车床	
6	滚花,在L=12mm的范围内压花纹	滚花刀	—	普通卧式车床	
7	沿L=20mm处的界限位置将螺钉切下	切断刀	—	普通卧式车床	
8	掉头,将切断截面车平	45°弯头车刀	—	普通卧式车床	

图 7 底脚螺钉的车削工艺卡片

3.3 零件的加工制造

在零件图与加工工艺得到工程训练教师的认可之后,学生按照选定的加工方案分工种完成零件的加工。学生要严格遵守安全守则，按照加工工艺完成加工流程。教师要全程监控学生的加工情况，及时处理机床、刀具等安全问题，保证人与设备的安全，确保零件的加工质量。

3.4 产品装配调试

将加工好的零件按照设计图纸进行装配，保证零件之间正确的连接关系，如出现零件加工质量问题则返工处理。

4 新模式的教学组织

教师与学生的角色要发生转变。教师不再是师傅，而是导师和技术顾问，除保证学生使用加工设备的安全之外，还要在学生进行加工方案选择和加工工艺制定等方面提供理论指导和技术支持，辅导学生"试着做一名工程师"。学生不再是学徒，要真正地尝试做一名工程师，通过分工合作的方式自主完成产品的结构分析与加工方案选择、零件设计与加工工艺制定、零件加工制造和产品装配调试等内容，以团队的力量解决问题。

教学形式可以采取线上与线下相结合的混合式教学，将讨论环节放在线上完成，设计与加工制造放在线下完成。另外，在教学组织中应注意融入课程思政的内容，例如责任与使命、工匠精神、安全意识、质量意识、合作意识、综合性思维和工程素养等，实现对学生潜移默化的影响，在提高学生专业素质的同时提升其人文素养。

5 结语

工程训练的教学模式要服务于人才培养目标，新的教学模式注重培养学生分析、解决实际工程问题的能力，将学生的学习状态由被动转变为主动，帮助学生自觉地将理论知识与实践技能相结合，为其成为合格的工程师打下坚实的基础。

参考文献

[1] 杨斌,王振玉.基于产品的工程训练教学改革探索与实践[J].实验室研究与探索,2013,32(11)：189-192.
[2] 米伟哲,宋洋,赵亚楠,等.基于CDIO理念改进工程实践教学[J].中国现代教育装备,2011(23)：81-83.
[3] 查建中.论"做中学"战略下的CDIO模式[J].高等工程教育研究,2008(3)：1-6,9.

基于产品的综合能力实训项目的改革探索与实践

赵晓红,张恒慧

(太原工业学院工程训练中心,太原,030008)

摘要:随着高等教育改革的不断深入,对工程训练教学也提出了更高的要求。如何开展工程训练教学,使其助力21世纪人才培养,已成为高等工程教育研究的热点问题之一。太原工业学院工程训练中心在综合能力实训项目教学改革方面做了大胆的尝试,建立了基于产品的综合能力实训项目的教学新模式,并取得了良好的教学效果。

关键词:工程训练中心;训练模式;工程教育

1 引言

自20世纪90年代,美国麻省理工学院掀起了"回归工程实践"的浪潮以后,工程教育在我国教育界中逐步形成共识[1-3]。我国几乎所有的本科院校都在原校办工厂、实习工厂的基础之上或整合相关院、系实验室,建立了规模更大、门类更全、师资水平更高、实验设备更先进的工程训练中心[4-5]。我国高等工程教育进入了一个崭新的发展阶段。太原工业学院工程训练中心成立于2009年,是为了培养应用型人才需要而建立的面向全院学生的工程实践训练基地,同时也是我院教师进行科研工作及工程设计、制作的平台。

2 基本情况

工程训练中心现有建筑面积10000m^2,从2012年开始,学院加大投资力度,在充实原有普通加工设备的基础上,先后购置了数控车床、线切割机床、电火花机床、加工中心、快速成形机、三坐标测量仪、慧鱼教学机器人、粉末冶金设备、注塑机、柔性制造系统、热转印设备、激光加工设备等一大批先进的实践教学设备,总资产达2800余万元。开设了普通车削、普通铣削、刨削、钳工、焊接等传统的实践训练课程及数控车削、加工中心、电火花线切割、电火花成形、快速成形、逆向工程、柔性制造技术、三坐标测量、工艺品制作等先进制造技术的实践训练课程;可同时容纳7个班的300余名学生进行工程实践训练。

工程训练中心立项建设以来,大力开展实践教学改革,尤其是针对工程训练内容和工程训练教学模式的改革,目的就是使工程训练教学能够和专业理论课程的学习无缝衔接,使得课程体系更加符合应用型人才的培养需要,进一步增强学生的实践动手能力和创新能力。

3 基于产品的工程训练新模式

2015年,在教务处指导下,开设了以项目驱动法为主要教学方法的综合能力实训课程。该课程以任务为主线、学生为主体、教师为引导,将工程活动贯穿于全新的实训课程,学生通过项目制作掌握实践技能。课程组织形式以小组为单位,采取教师引导与学生自主实践相结合的分散式教学方式,学生主动参与、自主协作、探索创新。教师逐步引导学生发现问题、解决问题。2020年以前,此类实训课程主要以机械、电子、自动控制为主,没有学过相关专业基础课程的学生尤其是文科类的学生学习难度大,使工程教育的普及性受到制约。自2020年开始,工程训练中心开始了基于产品设计和制备的精细化学品DIY实训项目,以制备手工皂、护肤产品为目标,全校学生通过自主报名、选拔,3人一组,首先在教师的指导下进行文献资料的检索和汇总,完成综述报告和实验方案,接着进行相关课程的提纲式学习,了解项目所需知识结构以便进行后续的自主学习;实验方案经过反复修改论证后可以在教师指导下完成实验,制备的产品要进行基本测试,了解其性能指标。最后通过项目答辩可以获得相应的创新学分。通过项目培训,学生初步掌握了工程分析、设计及实践和科学研究的基本方法,拓宽了知识面,提高了学生自主学习和独立工作的能力,以及综合实践与创新能力,培养了学生的团队精神、创新精神和踏实严谨的工作态度。

4 新模式解决教学中的主要问题

基于产品的综合能力实训项目的教学改革经过一学年的试点,改革成效显著。新训练模式主要解决了教学中3个方面的问题:

(1) 改革综合能力训练教学模式,以市场常见的产品为载体,构建起"任务引领式"工程训练教学新模式,将实践教学内容任务化,将工程认知、专业技能训练、综合创新能力训练3个层次的训练项目任务化,即以总的实践教学任务为框架,细分"子任务"并作为支架,以手工皂、护肤品为载体,在产品方案设计、制备工艺、性能检测等环节安排阶段性任务,使学习者沿着"支架"逐步攀升。它打破了传统实践教学中师传生受的旧框框,变被动实践为主动参与。在执行阶段性任务的过程中,教师根据任务的要求进行知识的引导,并激励学生更好地完成任务,极大地激发了学生的学习热情和实践兴趣,使学生在完成任务的过程中,汲取了需要掌握的知识。它以工程教育理念为指导,以应用为主,以学生能力培养为核心,改变知识的单向传播,强调培养积极、主动的学习态度;在完成任务的过程中,强调学生之间的团结协作,开阔学生的思路。在实践教学中既有"教"的设计,又有"学"的设计;既有自主学习,又有合作探究,充分发挥了学生的主体作用和教师的主导作用。

(2) 教学与科学研究互动、互促,科学研究反哺教学,使教师从课程的实施者走向既是课程的实施者又是课程资源的开发者、实践教学体系的研究者,解决了教学和科学研究长期处于孤立的局面。

(3) 通过实施这一新的综合能力训练教学新模式,使学生在完成任务的过程中既能够掌握专业知识和操作技能,又能够真实体验企业的生产过程,提升对职业工作的感悟,经历这种教学模式的学生正是企业所需求的,从而使我们的培养目标真正和市场接轨。

5 新模式的教学推广

以实际产品为载体构建的"任务引领式"工程训练教学新模式对学生的培养更具针对性,教学内容更加具体,使学生的动手能力和创新能力获得了较大提高。基于产品的工程训练教学改革,不仅是相关专业工程训练内容的改革,更是工程训练教学模式上的改革。

改革真正实现了学生在"做中学和学中做"的教学思想,符合工程教育理念,特别适合我院应用型人才的培养。

6 结语

《教育部等部门关于进一步加强高校实践育人工作的若干意见》(教思政〔2012〕1号)中明确地将高校实践育人工作上升到了走中国特色社会主义道路和实现中华民族伟大复兴的高度、并强调要深化实践教学方法的改革,重点推行基于问题、基于项目、基于案例的教学方法和学习方法。基于产品的综合能力训练教学改革符合文件精神,有助于学生学习能力和工程实践能力、创新能力的提高。作为一名教育工作者,应积极探索和研究实践教学改革,努力培养出更多社会和行业发展需要的高素质人才。

参考文献

[1] 张小兵,李建明.关于高校工程训练中心的几点思考[J].长沙铁道学院学报(社会科学版),2010,11(4):237-239.
[2] 王金学.工程训练中心建设与教学管理改革探讨[J].实验室科学,2008(4):1-4.
[3] 叶云,李巧玲,王晓峰,等.大学工程训练中心的建设与实践[J].机械管理开发,2007(4):152-154.
[4] 朱瑞福,孙康宁,贺业建,等.综合性大学工程训练中心发展模式设计与实践[J].实验室研究与探索,2011,30(4):85-87,99.
[5] 宁秋丽.建设可持续发展的工程训练中心[J].实验室科学,2007(2):1-2.

热处理工程实训教学的改革及实践

车雨衡

(太原理工大学工程训练中心,太原,030024)

摘要:本文从课程特点和教学现状出发,对热处理工程训练的内容进行了调整和充实,在一些传统实训内容中开拓创新,采用理论结合实践的方式,培养学生自主探索的能力,拓宽学生的思维深度和广度,使学生直观地认识理论知识在实际应用过程中所面临的问题,进一步培养学生发现和处理工程问题的能力,全面提高学生的综合研究和自主思考能力,最终达到理论指导实践,实践验证理论的教学目的。

关键词:金属热处理实验;教学改革;教学实践

1 引言

随着当今科学技术的蓬勃发展,高校人才培养模式发生了改变,当代本科生教育改革的重心应集中于大学生综合能力的培养和创新能力的提高[1]。高校人才培养正向着"厚基础、复合型、应用型、创新型"模式转变,所以各高校实践教学的改革对新人才的培养作用重大。作为实践教学基地之一的工程训练中心,其职能也由传统的金工实习转变为先进的工程训练,在一些传统工程实训的基础上开拓创新。

热处理是将金属材料通过适当的加热、保温和冷却过程,使金属材料内部组织按照一定的规律变化,通过改变材料表面或内部的金相组织结构来获得预期的力学性能和加工性能。相较于其他加工工艺,热处理不会改变工件的形状,但会使工件材料的金相组织发生明显改变,也会使工件表面的化学成分发生改变,从而获得工件的预期使用性能。在热处理工艺中,可通过淬火、回火、氮化、调质、时效或渗碳等工艺改变材料的微观结构或表面的化学组成成分,从而提高材料的使用性能,比如材料的强度、硬度、韧性、耐磨性能和耐腐蚀性能等。作为机械制造中的重要工艺之一,可以达到提高金属材料机械性能、消除其组织内部残余应力和改善金属材料切削加工性能的目的[2]。热处理基础工程训练是将课程教学内容中的理论知识转化为一个可实施的操作过程,再通过具体操作任务的完成来进行教学的方法。该教学方法在实训教学中颇具优势,实训过程中能有效地将课程的理论知识与实践过程结合起来。同时,实践过程中的操作主体为学生,教师作为引导者对学生予以配合并起到辅助作用,这种形式可以充分调动学生对工程问题思考的积极性和主动性。

2 热处理工程训练的基本情况

2.1 金工课指导组对热处理工程训练的基本要求

教育部高等学校机械基础课程教学指导分委员会金工课指导组于 2009 年 12 月颁布了《高等学校金工系列课程教学基本要求及其研制说明》,明确了热处理实训的基本教学要求:

(1) 了解常用钢铁材料的种类、牌号、性能特点及选用方法。

(2) 了解热处理的原理、作用及钢的常用热处理方法、设备。
(3) 了解表面处理的概念、工艺与方法。
(4) 了解热处理的环境保护及安全技术。

2.2 热处理课程开展的现状

收集到的资料显示,大多数高校在工程训练过程中热处理课程所占学时较少;课程内容简单,多以认知性学习为主;一般只对机械类专业开设,除几所重点大学外其他高校近机械类或非机械类专业一般不开设热处理课程。由此可见,在高校工程训练中对热处理课程未引起足够重视,热处理课程开展的力度和广度仍有待提高。

2.3 我校热处理课程及时间安排

根据金工课指导组对热处理实训的基本教学要求,结合我校现有的工程实训设备和指导教师的资源,对于非机械类学生的实训,热处理实训时间为0.5天,实训内容为正火与淬火。具体安排为:集中讲解热处理安全操作规程,热处理概述、退火、正火、淬火与回火的概念、目的及工艺方法,安排学生进行正火与淬火操作训练示范,讲解洛氏硬度计的工作原理及检测操作,最后对正火与淬火试样的洛氏硬度进行检测训练。由于时间有限,实训内容比较多,因此安排比较紧凑。同样,近机械类学生的热处理实训安排也比较紧凑。

机械类及金属材料工程专业的学生实训时间为1天,实训内容为正火、淬火与回火。具体安排为:集中讲解热处理安全操作规程,通过教学片了解钢的热处理及表面热处理的基本概念,详细讲解退火、正火、淬火与回火的概念、目的及工艺方法,安排学生进行正火与淬火及回火的操作训练示范,讲解洛氏硬度计的工作原理及检测操作,最后对正火与淬火及高温、低温回火试样的洛氏硬度进行检测训练。最后,帮助学生对锤头进行淬火及低温回火处理。

3 热处理工程训练的课程改革

3.1 强调热处理课程的重要性

热处理是改善金属材料使用性能和工艺性能的一种非常重要的工艺方法,是强化金属材料、提高产品质量和寿命的主要途径之一,绝大部分重要的机械零件在制造过程中必须进行热处理[3]。

在教学实践中引导学生正确认识零部件设计图纸中的技术要求是如何规定零部件的性能指标,以及如何通过热处理达到材料性能要求的,还可以让学生先在洛氏硬度计上测量没有经过热处理的锤头的硬度值,然后对锤头进行淬火及低温回火后再次测量其洛氏硬度,直观感受锤头硬度的变化,加深学生对热处理影响锤头硬度变化的认识[4]。在实训过程中不仅要让学生掌握技术技巧和专业知识的应用,更要引导学生爱岗敬业、诚实守信、安全文明生产、严格遵守操作规程等素质和能力的养成[5]。

3.2 教学方法方面的创新

多与学生互动,了解学生的学习需求,然后在调查分析的基础上,对教学方案和教学模式等进行改善和调整,并根据学生的需求,在"高效性"和"生动性"的基础上,使用多媒体、虚拟仿真软件等教学工具,对"工程材料及热处理"课程中所涉及的各种材料的形式、热处理工艺流程等,通过 Flash 视频、图片等进行展示,使用 PPT 课件对学生讲学,以一种图文并茂的形式吸引学生的课堂注意力[6]。

笔者在教学过程中发现,如果一味地对学生进行理论知识的讲解,学生对于其中的一些概念、工程和定理等容易一知半解,并不能收到良好的教学效果,在这种情况下,就需要教师增加学生动手操作的部分,可以先由教师讲解和示范,再由学生根据教师的示范自己动手操作,当学生熟悉实验流程和实验反应原理后,则可以让学生自主思考其他的实验可能性,创新实验内容。在"工程材料及热处理"课程教学中强化实验教学,对于学生学习能力的增长具有积极的影响,也是学生学习"工程材料及热处理"课程知识的一种重要途径和手段。如在学习操作洛氏硬度计时,在教师示范操作后,每个学生可以自己动手操作,不限于实验试块,也可以测量自己的锤头在经过热处理前后洛氏硬度的变化,还可以让班长等带头给同学作报告讲述自己手中的试块经过热处理后硬度的变化,以加强师生间的互动,活跃课堂气氛。同时,要求每位学生参与工作任务,教师在学生操作的过程中,认真记录学生在实训过程中操作是否规范、作品的质量是否达标、实训的态度和综合分析问题是否有所提高等[7]。

在对学生进行热处理课程教学的过程中,教师要根据学生的具体学习情况和实际学习表现,对学生的总体成绩水平及综合学科能力等方面做出科学的考核和评价,通过学生对热处理工艺的掌握程度、操作技术的规范性、成品的展示和在实训中的表现做出相应的评价,给在课堂中表现积极的同学加分,以培养学生的积极性。还应指出学生在操作过程中易犯的错误及误操作,培养学生自主思考和运用专业知识解决实际问题的综合能力。

3.3 教师自身教学素养及理论水平的提升

高校学生在学习热处理课程的过程中,仅能够从教师的讲解中了解相关理论知识,为了进一步提升教学效果,需要教师在教学内容上不断改革和完善,使学生对于课程知识的把握更加全面。注重基础性、实用性,尽量列举实物、实例,让学生经常接触零部件,可以使学生对理论知识产生较大的兴趣,充分利用模型、挂图,使抽象的知识具体化,便于学生理解;重点讲解"四把火",抓住"性能(处理前)—工艺—组织—性能(处理后)"这一主线。

我校的热处理教学侧重于材料力学性能的检测,仅通过显微镜观察晶体内部结构来认识不同显微组织,对于初学者来说很难,且太耗费时间,所以辅以晶体结构挂图对材料力学性能进行讲解,可以让学生快速掌握、了解结构—组织—性能之间的相互联系,为学生后续学习工程材料概论、金属材料性能、金属的晶体结构与结晶、铁碳合金相图分析等理论打下坚实的基础。

热处理作为工程实训中的一个特殊工序,让学生积极参与进来,对带教教师提出了很高的要求。带教教师不仅要有扎实的理论知识,还要有熟练的实践操作技能,还要具有较高的理论与实践相结合的指导水平。在自己能进行热处理操作的基础上,还要娴熟地指导学生进行热处理操作,使学生做到理论与实践相结合,最终做到心中有数、质量可控地生产出合格的热处理零件[8]。

除此之外,带教教师不仅要教会学生如何进行热处理,还要对热处理过程中的安全及规范操作进行指导。安全是高质量生产的前提,在所有的制造与生产活动中,安全永远占据第一位,带教教师要在学生操作之前把安全操作规程讲解到位,并要求学生严格按照操作规程进行操作[9]。还要做到在学生操作的每个环节、每个时刻都关注学生的安全,让学生充分认识到安全的重要性。此外,还应让学生树立爱岗敬业、诚实守信的职业道德。因此,在热处理工程实训过程中,增加实践操作环节,对带教教师提出了更高的理论知识和实践操作技能要求,还要具有很强的责任心[10]。

4 结语

热处理工程实训教学的改革,既要加强学生对热处理理论知识的学习,更要加强学生实践动手能力的培养,以加强理论与实践能力的结合。以理论联系实际的方式,引导学生自主探索,全面提高学生的综合研究和自主思考能力,使学生的学习效率、学习积极性显著提高。此实践教学过程也可应用到其他的工科专业,为地方院校顺应新工科的发展提供参考,为社会培养遵纪守法、爱岗敬业、诚实守信的高水平人才贡献力量。

参考文献

[1] 冯佃臣,胡晓燕,李涛,等."金属热处理工艺"实验课程的教学改革与实践[J].中国电力教育,2014(2):166-167.
[2] 唐昌平,吴凯,刘文辉,等."金属热处理原理与工艺"课程综合实验的教学改革方法探索[J].教育现代化,2018,5(24):70-71.
[3] 滕宝仁.热处理课程在高校工程训练中的重要地位[J].黑龙江教育(高教研究与评估),2011(6):93-95.
[4] 涂斌.浅谈提高热处理实训质量[J].大众科技,2010(3):149.
[5] 白谕幸.基于项目导向法在《热处理综合实训》教学中的探讨[J].佳木斯职业学院学报,2018(2):215-216.
[6] 郑朝霞,马红兵.翻转课堂在工程训练教学中的应用探索[J].中国教育技术装备,2018(18):86-87,92.
[7] 杨涵.从"思政课程"到"课程思政":论上海高校思想政治理论课改革的切入点[J].扬州大学学报(高教研究版),2018,22(2):98-104.
[8] 陆道坤.课程思政推行中若干核心问题及解决思路:基于专业课程思政的探讨[J].思想理论教育,2018(3):64-69.
[9] 赵鸣歧.高校专业类课程推进"课程思政"建设的基本原则、任务与标准[J].思想政治课研究,2018(5):86-90.
[10] 陈宝生.坚持以本为本 推进四个回归 建设中国特色、世界水平的一流本科教育[N].中国教育报,2018-06-22(1).

ViBe 算法和"HOG+SVM"的行人检测模型在创新实践教育中的模型建立探讨

金卓阳

(太原理工大学工程训练中心,太原,030024)

摘要:为了提高行人检测系统的检测率,提出了一种基于 ViBe 算法结合方向梯度直方图(HOG)+支持向量机(SVM)的行人检测模型。首先,采用 ViBe 算法进行前景分割,有效提取运动目标区域;其次,利用 Canny 边缘检测算子迅速定位;再次,在行人识别部分通过缩小检测窗口尺寸来降低 HOG 的特征维数;最后,以 pedestrains 行人检测数据集为测试样本进行模型性能验证。结果表明,该行人检测模型具有较高的检测效率与准确率,创新性较高。

关键词:行人检测;ViBe 算法;方向梯度直方图;支持向量机;区域提取

1 引言

行人检测是机器视觉领域的研究热点,近年来在智能监控、辅助驾驶、人体行为分析等领域中得到广泛应用[1-2]。然而,由于行人外观易受多种外界因素影响,且在视频摄取过程中存在多种干扰,易导致图像分辨率低,特征信息不显著,再加上场景变动频繁等原因,使行人检测的准确率受到了较大的限制。

运动目标区域提取与行人识别是基于机器视觉行人检测的两个主要部分[3]。目前,运动目标区域提取的主流算法有:①光流法[4]。该方法在进行运动目标提取时,虽然无须预先知道场景信息,但易受光线变化影响,且计算量大,实时性差。②帧间差分法[5]。该方法通过直接比较相邻两帧之间对应的像素点值的变化,能简单快速地提取出运动目标,但对噪声非常敏感,当目标运动较慢、形变较小或相邻帧重叠时,易出现运动目标的错提取或漏提取。③背景建模法[6]。该算法具有实现简单、提取结果完整、适合实时处理等优点,得到了广泛的研究与应用,其中的 ViBe 算法是一种应用最为广泛的像素级视频建模或前景检测算法[7],效果优于所熟知的集中算法,对硬件内存占用也少。本文正是利用背景建模算法中的 ViBe 算法进行了运动目标区域的提取,以此减少行人检测的搜索区域。

但是,以上提到的算法只能进行前景图像的提取,而无法识别前景图像中所包含的信息类别。因此,为了快速构建前景图像并进行行人识别,本文提出一种基于 ViBe 算法结合方向梯度直方图(histogram of oriented gradient,HOG)+支持向量机(support vector machine,SVM)的行人检测模型。首先,对待检测的原始视频图像进行预处理,包括图像灰度化、滤波、二值化;其次,采用基于单帧背景建模的 ViBe 算法对预处理后的视频图像进行前景目标提取;再次,采用 Canny 边缘检测算子检测运动目标的轮廓并对行人候选区域进行迅速定位;最后,应用 HOG 特征和 SVM 分类器对 pedestrains 行人检测数据集进行训练,识别运动目标,并在图像中将行人框出。模型的总体结构如图 1 所示。

图 1　模型的总体结构

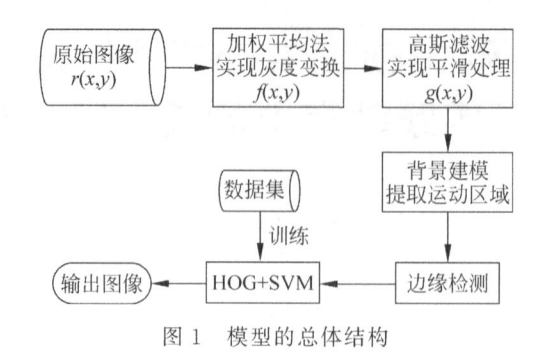

2　视频图像预处理

由于原始视频图像中存在较多的图像噪声、边缘信号弱、远景目标模糊等干扰，需要对原始图像进行预处理，以方便后续视频图像的前景目标提取。本文首先采用加权平均法对图像进行灰度转换，然后使用高斯滤波对图像进行平滑处理，最后对图像进行二值化处理。对 pedestrains 行人检测数据集部分图像进行预处理的效果如图 2 所示。

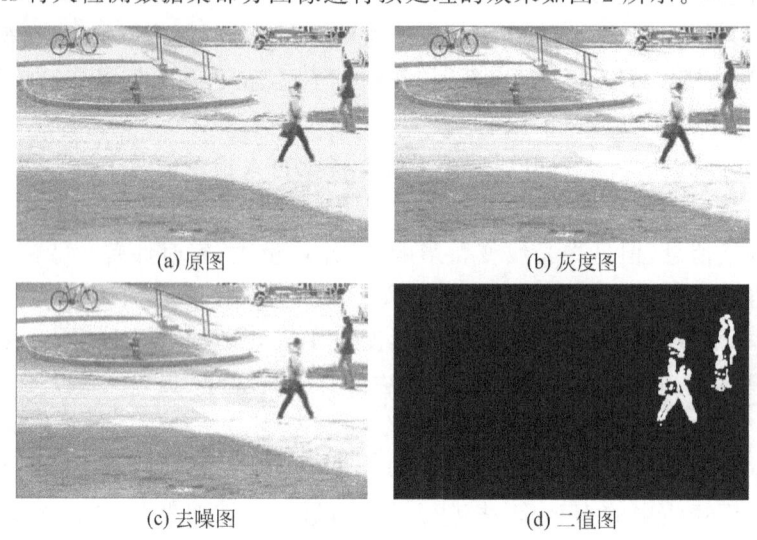

图 2　图像预处理效果

3　基于 ViBe 算法的运动目标区域提取

本文使用 ViBe 算法对视频图像进行前景目标提取。ViBe 算法采用背景帧的像素样本构成像素的背景模型，将输入帧的像素值和背景样本集匹配，根据预设阈值判定该像素点是否属于背景点并更新背景模型。ViBe 算法主要包括建立背景模型、前景目标检测与背景模型更新 3 个部分[7]。

3.1　建立背景模型

为图像的每个像素点分配含有 N 个样本的背景库，假设一个像素与其邻域像素的像素值在时间轴上服从相似的概率分布。从像素 X_t 的四周八邻域中等概率采样并填充到背景库中建立背景模型。定义 $v(x)$ 为灰度图上位于 x 点处的像素值，v_i 为选取的样本。像素 $v(x)$ 对应的模型为

$$M(x)=\{v_1,v_2,\cdots,v_n\} \tag{1}$$

3.2 前景目标检测

通过比较待检测单元与背景库内单元的差值是否在预设的阈值范围内来判断像素点是否属于背景。以图 3 为例进行说明，定义一个以 $v(x)$ 为中心，以 R 为半径的球体 $S(v(x))$，$S(v(x))$ 表示所有与 $v(x)$ 距离小于 R 的点的集合，用 $M(x)$ 落在球体 $S(v(x))$ 内的样本个数 n 来描述 $v(x)$ 与背景模型的 $M(x)$ 的相似度。对于给定的阈值 $n_{\min}$，如果 $n<n_{\min}$，则 $v(x)$ 为前景。前景二值图 $F(x)$ 表示为

$$F(x)=\begin{cases}1, & \text{if } n[S_R(v(x))\bigcap M(x)]<n_{\min}\\ 0, & \text{其他}\end{cases} \tag{2}$$

3.3 背景模型更新

通过使用待检测单元对背景库进行持续更新。背景模型更新具有如下特点：如使用被判定为背景的像素按一定的概率如 $1/\Phi$ 来更新背景库（Φ 为二次抽样时间因子），则每个像素被保存在背景库内的概率是按指数递减的；当前像素背景库被更新后，随机更新八邻域像素的一个背景库。ViBe 算法流程如图 4 所示。

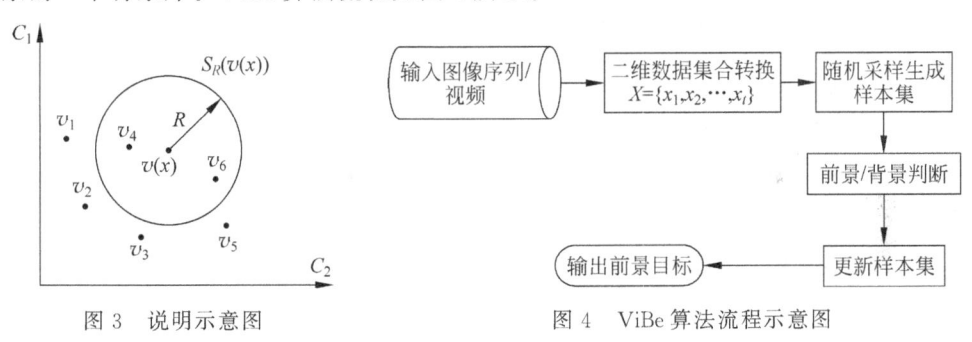

图 3 说明示意图

图 4 ViBe 算法流程示意图

4 边缘检测

边缘是图像中局部强度变化最明显的地方，它存在于不同目标、不同区域及不同颜色与背景之间[1]。边缘检测作为图像处理中的一个重要处理过程，其目的是提取目标区域和背景区域的边界线。本文运用二阶导数算子 Canny 边缘算子提取运动目标边缘轮廓，快速获取运动目标准确的外边界[8-9]。Canny 边缘检测的具体实现步骤如下：

（1）对完成高斯降噪的图 $g(x,y)$ 使用一阶微分算子计算像素点梯度的大小和方向，首先计算 (x,y) 处的偏导数 g_x 和 g_y：

$$\begin{cases}g_x=[g(x,y+1)-g(x,y)+g(x+1,y+1)-g(x+1,y)]/2\\ g_y=[g(x,y)-g(x+1,y)+g(x,y+1)-g(x+1,y+1)]/2\end{cases} \tag{3}$$

则此点的梯度值 $t(x,y)$ 和梯度方向 $\theta(x,y)$ 为

$$\begin{cases} t(x,y) = \sqrt{g_x^2 + g_y^2} \\ \theta(x,y) = \arctan\theta(g_y/g_x) \end{cases} \quad (4)$$

(2) 对梯度进行非极大值抑制,保留局部梯度极大值。其过程为：将某点的梯度值 $t(x,y)$ 与其梯度方向上两侧的梯度值比较,判断 $t(x,y)$ 是否为局部极大值,若是,则将该点标记为候选边缘点。

(3) 双阈值检测。Canny 算子采用双阈值进行边缘检测,首先选取高、低阈值分别为 T_1 和 T_2,然后对图像进行扫描,对标记为候选边缘点的像素点进行阈值判断：将梯度值小于 T_2 的像素点的灰度值置为 0,得到 $I_1(x,y)$；再将梯度值小于 T_1 的像素点的灰度值设为 0,得到图像 $I_2(x,y)$：

$$I_1(x,y) = \begin{cases} I(x,y), I(x,y) \geqslant T_2 \\ 0, I(x,y) < T_2 \end{cases} \quad (5)$$

$$I_2(x,y) = \begin{cases} I(x,y), I(x,y) \geqslant T_1 \\ 0, I(x,y) < T_1 \end{cases} \quad (6)$$

(4) 边缘连接。在边缘连接过程中,以图像 $I_2(x,y)$ 为基础,以图像 $I_1(x,y)$ 为补充来完成边缘检测。

5 基于 HOG+SVM 的运动目标分类

HOG 特征结合 SVM 分类器的行人检测方法具有较高的检测率,但其计算量较大。本文通过缩小正样本和检测窗口的大小,将 3780 维 HOG 特征向量降为 1764 维,并以 pedestrains 行人检测数据集为基础,建立新的小样本库；最后通过样本库更新和二次训练 SVM 得到最终分类器。

5.1 降维 HOG 特征提取

HOG 的核心思想是所检测的局部物体外形能够被光强梯度或边缘方向的分布所描述[10]。HOG 特征描述是利用梯度特征和边缘特征对目标进行描述,主要包括图像归一化、计算梯度、基于梯度幅度的方向权重投影、特征向量归一化等部分,构建 HOG 特征的流程如图 5 所示。

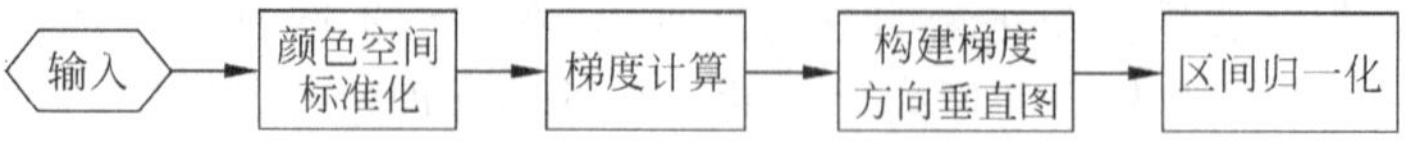

输入 → 颜色空间标准化 → 梯度计算 → 构建梯度方向垂直图 → 区间归一化

图 5 HOG 特征的提取流程

其中对于图像中的像素点 (x,y),其梯度幅值 $G(x,y)$ 和梯度方向 $\theta(x,y)$ 的计算分别为

$$G(x,y) = \sqrt{G_x(x,y)^2 + G_y(x,y)^2} \quad (7)$$

$$\theta(x,y) = \arctan\left[\frac{G_x(x,y)}{G_y(x,y)}\right] \quad (8)$$

$$G_x(x,y) = H(x+1,y) - H(x-1,y) \quad (9)$$

$$G_y(x,y) = H(x,y+1) - H(x,y-1) \quad (10)$$

式中, $G_x(x,y)$ 和 $G_y(x,y)$ 分别为水平方向和垂直方向的梯度, $H(x,y)$ 为输入像素点的像素值。

由于局部光照的变化及前景-背景对比度的变化,使得梯度强度的变化范围非常大,为进一步保证检测效果,可进行局部归一化处理。本文采用 L_2-norm 实现归一化,其中 v 表示归一化前的向量, $|v|_k$ 为 v 的 k 阶范数, ε 为一个微小量:

$$L_2\text{-norm}: v \to \sqrt{v/(|v|_1+\varepsilon)} \quad (11)$$

5.2 小样本库的建立

在对 SVM 进行训练前,需要创建相应的样本库。本文以 pedestrains 行人检测数据集为基础,结合大量拍摄视频中的样本素材初步形成样本库,其中训练样本裁剪成 64×64 像素大小。

5.3 SVM 分类器

SVM 作为一种监督式学习算法,常用来分析线性可分问题,对于识别小样本问题具有极好的预测精度[11-12]。一个样本集为 (X_i,T_i), $\boldsymbol{X}_i$ 为一个 n 维样本向量, $T_i \in \{1,-1\}$ 为样本标签。在 n 维空间中,用于分类的最优超平面为: $\boldsymbol{wx}+b=0$。其中, $\boldsymbol{x}$ 为样本集 $\boldsymbol{X}_i$ 中的点, $\boldsymbol{w}$ 为线性函数的法向量。

将上述线性分类问题转换为一个凸二次规划问题。根据对偶条件,转化为对偶问题,约束条件为 $0 \leqslant \alpha_i$ 且 $\sum_{i=1}^{k} \alpha_i T_i = 0$:

$$\max \sum_{i=1}^{k} \alpha_i - \frac{1}{2} \sum_{i,j=1}^{k} \alpha_i \alpha_j T_i T_j \boldsymbol{X}_i^\mathrm{T} \boldsymbol{X}_j \quad (12)$$

这样,可得到最优分类函数,其分类的阈值为 b:

$$F(\boldsymbol{X}) = \mathrm{sgn}\Big(\sum_{i=1}^{k} \alpha_i T_i \langle X_i, \boldsymbol{X} \rangle + b \Big) \quad (13)$$

5.4 SVM 训练及样本库更新

在本模型中,检测窗口的大小为 64×64 像素,其 HOG 特征维数是 1764,为保证操作的实时性,选用线性核函数进行训练[13],其训练流程如图 6 所示。

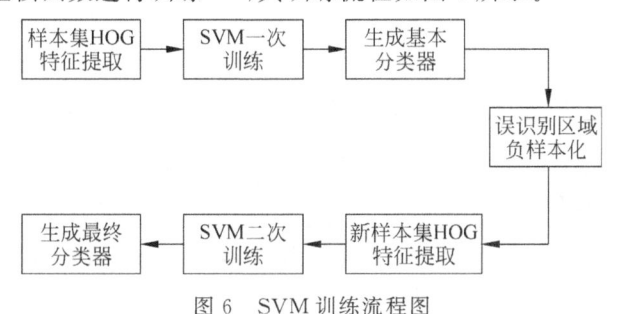

图 6 SVM 训练流程图

6 实验及结果分析

6.1 模型求解

为了验证本模型的性能,训练样本由 3000 个正样本(源于 pedestrains 行人检测数据集中部分正样本)和 7000 个负样本(源于 pedestrains 行人检测数据集中部分负样本)构成。本行人检测模型在一台 3.3GHz 的 CPU、4GB 内存的计算机上进行训练和测试,程序在 PyCharm 2017 中搭载 Python 3.6.7 实现。主程序主要由图片预处理、前景图像分离、HOG+SVM 训练和识别 3 部分组成。其中,在"HOG+SVM"训练和识别中直接导入 openCV 库中训练好的行人检测 SVM 模型,用输入图片的 HOG 特征集合 image 测试得到 class_name,对于行人则 class_name 为 1,非行人(骑车人)则 class_name 为 0。而后遍历边缘,即对多个运动目标进行识别,如果运动目标是 1 的概率大,则以绿框标出,反之则为骑车人,用红框标出。

6.2 结果展示

通过上述分析,采用 Python 建立上述运动目标检测模型的算法,对视频图像中的前景目标进行提取,并采用"HOG+SVM"的方法对前景目标进行分类识别。表 1 给出了帧差法建模、单高斯建模及 ViBe 建模 3 种方法对前景目标的检测效果的对比结果。

表 1 3 种目标检测模型对比

原图	帧差法建模	单高斯建模	ViBe 建模

由表 1 可以看出,ViBe 算法的检测效果最佳。帧差法建模虽然算法逻辑简单,但是,由于不能一次提取所有相关的特征像素点,导致运动目标内部产生空洞现象,不能得到完整

的运动目标。单高斯建模法采用单模态分布,不能很好地适应背景点的值分布较分散的情况,且不能检测出完整的运动目标,而且高斯建模方法采用的是参数化的建模方法,背景初始化过程长,参数估计慢。而 ViBe 建模方法采用背景帧的像素样本构成像素的背景模型,是一种非参数化的建模方法,采用单帧图像初始化,在前景目标轮廓清晰度、检测完整性方面具有优越性。

6.3 模型评价

本文选取精确率 Precision、召回率 Recall 及两者的调和平均值 F-measure 作为运动目标检测评价指标[14],其中 Precision 反映的是算法检测结果的准确率,Precision 值越高,代表检测结果的准确率越低,反之准确率越高;Recall 反映的是检测出的运动目标的完整程度,Recall 值越小,代表检测出的运动目标越不完整;F-measure 反映的是算法的综合性能。

本文利用 ViBe 算法结合 HOG+SVM 的方法对样本图像(179 帧)的 4 个运动目标进行了 50 次检测,根据检测结果对 3 个性能指标进行统计平均,得到表 2 的量化结果。

表 2 运动目标检测评价结果

质量评估标准	视频图像序列
Precision	0.926
Recall	0.891
F-measure	0.893

从表 2 可以看出,该算法提取前景目标的完整性接近 90%,对前景目标进行分类识别的准确率高达近 93%,较大地提高了行人检测的准确率。

7 结语

本文提出了一种基于 ViBe 算法结合 HOG+SVM 的行人检测模型。首先,该模型对待检测的原始视频图像进行预处理;其次,采用基于单帧背景建模的 ViBe 算法对预处理后的视频图像进行前景目标提取;再次,采用 Canny 边缘检测算子检测运动目标的轮廓并对行人候选区域进行迅速定位;最后,应用 HOG 特征和 SVM 分类器对所提取的运动目标候选区域进行行人判别,并选取精确率、召回率及两者的调和平均值作为运动目标检测的评价指标。试验结果表明,该算法具有较高的检测效率、较低的误报率和漏检率,能在复杂场景下实时进行行人的检测,具有较好的创新性。

参考文献

[1] 陈丽枫,王佳斌,郑力新.采用 HOG 特征和机器学习的行人检测方法[J].华侨大学学报(自然科学版),2018,39(5):768-773.
[2] ENZWEILER M,GAVRILA D. Monocular pedestrian detection: Survey and experiments[J]. IEEE Transactions on Pattern Analysis and Machine Intelligence,2009,31(12):2179-2195.
[3] 许腾,黄铁军,田永鸿.车载视觉系统中的行人检测技术综述[J].中国图象图形学报,2013,18(4):359-367.

[4] 胡瑞卿,田杰荣.基于光流法的运动目标检测算法研究[J].电子世界,2019(5):58-61.

[5] 罗敏,刘洞波,文浩轩,等.基于背景差分法和帧间差分法的车辆运动目标检测[J].湖南工程学院学报(自然科学版),2019,29(4):58-61.

[6] 杨恒,王超,姜文涛,等.基于随机背景建模的目标检测算法[J].应用光学,2015,36(6):880-887.

[7] 丁哲,陆文总.基于ViBe背景建模的运动目标检测算法[J].计算机系统应用,2019,28(4):183-187.

[8] 张晗,钱育蓉,王跃飞,等.基于ViBe的改进对运动目标边缘检测[J].计算机工程与设计,2019,40(9):2471-2477.

[9] 张杜,陈元枝,邱凭婷.基于ViBe算法及Canny边缘检测的运动目标提取[J].微型机与应用,2015,34(14):36-38.

[10] 薛茹,常岐海,吴宗胜.基于Gabor小波与HOG特征的目标检测方法[J].电视技术,2014,38(7):182-185,206.

[11] 杨萌.基于支持向量机的行人检测技术研究[D].北京:中国科学院大学,2018(10):74.

[12] 溪海燕,肖志涛,张芳.基于线性SVM的车辆前方行人检测方法[J].天津工业大学学报,2012,31(1):69-73.

[13] 龚露鸣,徐美华,刘冬军,等.基于混合高斯和HOG+SVM的行人检测模型[J].上海大学学报(自然科学版),2018,24(3):341-351.

[14] 田仙仙,鲍泓,徐成.一种改进HOG特征的行人检测算法[J].计算机科学,2014,41(9):320-324.

车工实训中的安全隐患及解决方案

梁 菁

(太原理工大学工程训练中心,太原,030024)

摘要: "车工实训"是工程实训课程中的实训项目之一,是工科类本科生必要的实训项目。但由于各种原因导致车工实训过程中存在诸多不安全因素,这些因素可能导致人身伤害或财产损失,这是应极力避免的。

关键词: 普通车床;教学实训;安全隐患;解决方案

1 引言

"工程实训"课程是工科类本科生在践行理论联系实际过程中的实践课程之一,普通车床实训作为其中的一个实训项目,在培养学生的工程实践能力、动手能力、创造能力和分析、解决问题的能力方面起到了重要的作用[1-2]。但是学生在第一次接触普通车床的时候,头脑中还没有形成良好的安全操作意识和规范,甚至有的学生还有恐惧心理,极易发生误操作,导致安全事故。而且普通车床也没有防护罩和自动安全保护功能,在高速旋转的工作条件下,容易造成人身伤害或者设备损坏。所以采取必要的措施,加强安全管理,保证学生的实训安全显得尤为重要[3-5]。

2 安全教育

学生在车工实训操作时,应严格遵守车床安全操作规程。操作车床时必须穿工作服,紧袖口、紧领口、紧下摆,女学生必须戴帽子,不允许穿凉鞋、拖鞋、凉皮鞋、高跟鞋进车间。在车间内不允许打闹、不允许大声喧哗、不允许随意启动电源开关、不允许多名同学同时操作车床。操作机床时,必须戴好防护眼镜,不允许戴手套和围巾。车床运转中不能测量工件,不能用手摸工件表面,变速时必须停车。每天实训工作结束后,应将工具、量具、刀具、工件放到指定位置,将操作手柄打到空挡位置,将尾座、中拖板、溜板箱移到后位并关闭电源,清除切屑,擦拭机床,加注润滑油,清扫工作场地[6]。

3 车工实训中的安全隐患

3.1 未遵守安全制度

1) 串岗或嬉戏打闹

有些学生初次接触普通车床时出于好奇,不遵守分组要求随意串岗,或在实训场地内随便走动,这样可能导致正在运行中的车床因无人看管而造成损坏,还会干扰到其他正在实训的学生。更有甚者,出现嬉戏打闹的现象,这样可能会导致学生误碰机床造成启动或停车,或由于惊吓导致误操作而发生危险。

2）不按要求穿戴

有些学生没有穿长袖工作服、戴护目镜，这样有可能造成身体上的伤害。工作中的车床周围有飞溅的铁屑，刚切下的铁屑的温度在 200℃ 左右，容易使操作者烫伤、划伤，甚至是铁屑崩入眼睛，对眼睛造成较大的伤害，溅落到地面的铁屑也极易扎伤脚。

衣服或头发被卷入车床。有些学生没有严格遵守紧袖口、紧领口、紧下摆的要求，有些长头发的女生不把头发扎起来并塞到工作帽中，这些松散的物体一旦接触到高速旋转的车床主轴，并与之发生缠绕，将会造成严重的伤害。

3.2 卡盘扳手伤人事故

1）装夹工件时身体碰到主轴箱操控杆

由于学生在进行车工实训时没有掌握普通车床的安全操作要领，对安全知识认识不足或对设备使用不够熟悉，在进行工件装夹的过程中身体容易触碰到主轴箱操控杆使车床启动，造成卡盘扳手甩出伤人或损坏设备等安全事故。

2）装夹工件时误开机床

学生在用卡盘扳手装夹工件时，同组的其他同学容易误开机床，机床一旦启动，扳手就会随主轴高速转动，如果手柄刚好打在手指上，极易造成手指骨折。

3）装夹工件后未取下扳手

装夹完工件后，卡盘扳手经常会被遗留在卡盘上，忘记取下，此时开动机床，卡盘扳手就会沿着转动方向瞬间飞出，向下飞出会损坏导轨，向后飞出极易甩到操作者的面部或身上，造成严重的机床安全和人身安全事故。

3.3 刀具损坏

学生在初次进行普通车床实训时，由于疏忽和经验不足，往往会误判刀架与卡盘的实际距离，在自动刀架靠近卡盘时，不能及时停住，导致刀架撞上卡盘，造成机床和刀具损坏。或者由于心理上的紧张、技术上的生疏，或操作车床的流程不规范，比如误启动主轴反转、刀架未固定紧等，轻者可能造成车削刀具损坏或者工件报废，重者可能造成刀具、工件破损致使掉落部分飞出，造成学生身体上的伤害。

3.4 工具掉落

工具、夹具、量具及工件用完后要放回指定位置，不能随意摆放，更不能拿着工具摆弄、玩闹，否则在车床启动时，这些物品一旦掉在旋转的卡盘或主轴上，就会飞出，有可能砸伤学生。

4 车工实训中发生事故的解决方案

4.1 建立普通车床实训安全制度

1）完善普通车床实训安全规章制度

规章制度不能只挂在墙上，而是需要强有力地执行下去。在普通车床实训过程中，有关的规章制度有《车削技术训练安全操作规程》和《机械加工(车)》,其中详细规定了在普通车床实训过程中对指导教师和学生的要求,如果能严格按照要求进行操作就能避免事故的发生。同时在实训教学过程中要对学生分组和设备使用情况进行记录,了解学生使用车床的情况,一旦发生问题也能很快找到责任人,增强学生在实训过程中的责任感。

2) 重视安全教育

学生对普通车床不熟悉,操作不认真,以及对设备的危险重视程度不够,必定会带来安全隐患。故在操作前,必须对学生进行安全知识和安全技能培训,让他们完全掌握岗位的规章制度、设备的操作规程,并观看操作视频及以往出现的事故案例视频,这样可以让学生对车床的操作有初步的了解,对危险性有充分的认识,以提高其重视程度。

3) 增设挡屑保护罩

安装外保护罩可以阻挡铁屑飞溅,避免车床操作人员被高温铁屑烫伤;保护罩也能引导铁屑积存至铁屑盘,从而保护实训场地环境。

4.2 改进卡盘扳手

为避免卡盘扳手飞出伤人,可采用以下两种改进方法:

(1) 在卡盘扳手端部安装弹簧。装夹工件时,将卡盘扳手插入钥匙孔,同时位于钥匙孔底部的弹簧被压缩,松手时,扳手在弹簧回复力的作用下自动从孔内弹出掉落,这样,扳手在卡盘上便放不住,也就不会被遗落在卡盘上了,会被学生随手取下。

(2) 设置卡盘扳手安全装置。通过车床安全保护装置实现对学生的操作规范管理。学生在操作时不取下卡盘扳手,机床则无法启动,以保证在进行工件装夹或者卡盘扳手未取出前,操纵杆对主轴箱的运转不起作用。只有工件安装完毕,卡盘扳手从卡盘上取出后,操纵杆才能对主轴的运转进行控制,这样可避免卡盘扳手飞出伤人,从而提高学生的安全操作意识,养成良好的职业素养。

4.3 刀架防碰撞报警急停装置

利用红外线传感器监测卡盘与刀架之间的距离,当检测到卡盘与刀架距离过近时,则实现报警提醒、紧急停止等功能。防止刀架撞上卡盘,造成机床和刀具损坏。

4.4 工具放回指定位置

工作时所用的工具、夹具、量具及工件应尽可能靠近或集中在操作者周围。物件放置应有固定的位置,使用后及时放回原处,并摆放整齐,以减少寻找工具的时间,提高工作效率。同时要按工具用途使用工具,不得随意替用。使用完量具后应擦净、涂油,放入盒内保存。

5 结语

本文基于机加工实训用的普通车床结构,结合教学经验,对该实训教学设备进行研究,提出了多种安全保护方法,减少了实训中的安全隐患,操作简便,易于实施,既能为实训教学和学生操作提供安全保障,又能使学生养成良好的安全操作意识和动作规范,避免在实训过程中发生安全事故,为学生安全操作设备保驾护航。

参考文献

[1] 李光提,宋月鹏,王征,等.本科生普通车床实训教学方法浅议[J].实验室科学,2018,21(1):161-163,167.
[2] 黎家宝.提高普通车床实训安全新方法[J].南方农机,2019,50(15):179,182.
[3] 陆崇义.普车实训的弊端与应对[J].黑龙江科技信息,2013(28):103.
[4] 王裕红.浅析普通车床的维护和保养[J].机电信息,2013(3):61,63.
[5] 唐先军,唐方红,龙清.基于实训教学环境的普通车床安全装置改造[J].新型工业化,2017,7(4):102-105.
[6] 刘一波,张英才.关于车工实训基本操作要领的探讨[J].现代制造技术与装备,2020(2):202-203.

新时期背景下工程训练中心的建设

王恩泽

（太原理工大学工程训练中心，太原，030024）

摘要：结合高校工程训练中心的发展历程，对其存在的主要问题进行分析，探讨了自身发展变化的态势，提出了建设新型工程训练中心的建议，借由引入新理念和新技术，推动产、学、研相结合、相互促进，以期打造出能培养应用型人才的智能化工程训练中心。

关键词：工程训练；建设；分析；教学

1 引言

随着改革开放的深化，为贯彻落实国家教育部门提出的教育要面向现代化的要求，各大理工科院校开始加快建设金工实习基地；随着时代的进步，为了适应国际形势的变化，实训教学也要进行深入改革，各校实习基地纷纷进行改造升级，涌现出了以清华大学等高校为首的新型教学实训基地，即工程训练中心。在大数据、5G 等前瞻性科技成果快速转化的背景下，各地开始加速推行人才引进政策，应用型人才越来越受到重视，各院校也纷纷把培育兼具理论知识基础和优良实践能力的学生作为教育教学改革的重大课题，在"双创"政策的影响下，培养学生更趋向于塑造应用型人才，而这一目标的实现离不开高水平应用型院校的建设，体现在新型工程训练中心的建设上[1]，因此如何建设面向现代化的工程训练中心至关重要。

2 各院校工程训练中心的现状和存在的问题

工程训练中心作为我国高校中实施工程教育的实践性教学平台，是一种新的实践教学模式载体，是理工科高校工程教育教学中不可缺少的一环，是书本理论课程和网络视频课程所无法替代的。分析显示，工程训练中心存在一些问题，如教学思维的局限性、管理方式的差异、建设方向的不明确、工业系统认知教授不足、新式设计加工实操方案少、老旧设备多且升级改进空间小、废料回收利用水平较低等。现代大工业生产加快了新技术的投入，与传统实训教学的差距也日益加大，普通工程训练中心无法再现一线生产制造企业的工作环境与流水线，尤其是从设计研发到试制生产到反复修改设计、再试产、定型到量产、市场调研反馈、产品升级换代等的全流程。这会导致学生空有理论，在实际生产中无从下手，无法在实践中加深认知。

3 问题原因简析

3.1 中式传统教学理念根深蒂固

传统的苦读圣贤书、唯有读书高的观念是自古以来读书人流传下来的习气，所以教师更愿意站在光明的讲台上和舒适的教室里,而不愿意从事实务工作,觉得离开书本就学不到什么知识,再加上工程训练部门教学条件差,这就导致重课堂而轻上手,学生更加难以将理论知识加以实践[2]。

3.2 我国的国情问题

我国一直是发展中的人口大国,正处于较长期的和平阶段,面对经济下行的压力,经济增长速度跟不上高校数量的增加、新专业的开设和院校扩招的速度,而教育投入的资源本就有限,加之国家对高精尖技术的追求,让人觉得其地位比不上实验室和课堂,成本高、效益低。

3.3 工程训练师资力量不足

教学实训的教师数量增长缓慢,年轻人不愿意到实训岗位工作,而经验丰富的工程师也因待遇前景等原因不愿加入。这都会对应用型人才的培养产生不利影响,而这些问题均是需要通过加强自身的建设来完善和解决的。

4 工程训练内涵的认知和观念的转变

要建设新型工程训练中心,就要把握工程训练的深入含义,引入行业新理念,树立大工程意识,强化学以致用观念的重要地位,开阔师生的视野。

调查数据显示,国内各大院校的工程训练中心在不断发展,随着实训教学的深入开展,加深了作为教学的作用,教授的内容也得到充实,不单单是早期的金工实习,还有长课时的电工电子实习,推出了先进制造、激光加工、云制造实训等。

工程训练中心应通过加强与机电学院的共同建设,同时积极寻求与大工业企业的交流合作,以期能与企业联合研制新产品,打造产、学、研一体化的新型工程训练平台。这都为工程训练中心的发展建设带来了新的契机。

5 工程训练中心的新基建

要建设双创导向的实训课程,鼓励学生创新设计,引导学生参与创新赛事和创业项目,并适量开展专业技能培训。例如,在机加工实训方面,开设 Mastercam 等软件教学,条件不足的院校可考虑开设在线指导加工教程,页面嵌入仿真加工模拟软件。

要搭建智能化训练平台,建设开放型学习平台,提供视频课来引导有兴趣的学生,并且多开展校企联合培训讲座[3]。

6 结语

教学实训是提升学生动手实践能力的重要途径,高校的工程训练中心尚处于教学改革的过渡时期,虽有一些问题但势头向好。通过多方面措施加强新型工程训练中心的建设,推动产、学、研相结合,培养学生的大工程意识和应用能力是今后努力的方向,这将为建设制造业强国奠定基础。

参考文献

[1] 韦相贵,傅水根,张科研,等.工程训练中心建设与管理问题探讨[J].实验技术与管理,2016,33(2):130-132.
[2] 傅水根,严绍华,李双寿,等.创建国内领先的工程训练教学示范中心[J].实验技术与管理,2006,23(4):1-2,31.
[3] 徐向棋,李杰,邢时超,等.地方应用型高校的工程训练教学探讨[J].教育教学论坛,2019(27):201-202.

探索以工程训练为基础，面向非工科专业学生开展工程认知教育，培养创新意识

陈　宏，周大武，张　良

(太原理工大学工程训练中心，太原，030024)

摘要： 近年来，在国家提出推进新工科教育教学发展重大战略的背景下，越来越多具有工科特色或以此作为优势学科的高校在非工科类专业学生的培养计划或毕业要求中融入工程认知能力培养，以此拓宽学生的知识面，激发其创新意识。太原理工大学作为一所典型的工科特色院校，依托工程训练中心这一国家级实验教学示范中心，率先开展了针对非工科类专业学生的工程认知通识教育实践课，围绕四大模块教学环节建设特色教学模式，培养学生的创新意识，弘扬工匠精神。

关键词： 工程认知；通识教育；非工科专业；创新意识

1 引言

随着科学技术的飞速发展，如今各行各业之间的单一界线越来越模糊，行业之间的糅合和交叉也越来越多，而对人才的需求也由单一专业转变为需求更多的多面手，需要人才能够在许多专业和领域有所涉猎。高校作为人才培养的重要场所，也在积极地进行改革与探索，在人才培养机制中强化对知识体系的多领域、多层面、多方位进行创新，培养出更多的复合型人才[1-2]。

在新工科的建设探索中，学者们发现学科间的相互渗透、优势互补是至关重要的，尤其是将人文社科与工科进行学科交叉融合。工科中的工程训练教学环节在培养学生工程实践能力和创新能力方面具有理论教学不可替代的作用，通过在非工科学生的培养计划中融入工程认知通识教育，让非工科学生有了认识、了解，甚至动手实践的机会，实现了跨学科认识学习[3-4]。

工程训练的目的是提高学生的工程素质，而工程素质的培养则是建立在学生对工程背景知识的了解和认识，以及对工程意识训练和培养的基础上逐步形成的。非工科专业学生所学到和接触到的这些工程背景知识较少，因此，如何培养和提高他们的工程素质，正是工程认知通识教育课程不断探索和改革的方向[5-6]。

2 工程认知通识教育的现状

太原理工大学工程训练中心开展工程认知通识教育已有多年，并已将其作为中心五大教学层级中的基础层，以4个模块开展教学，利用学期中周末的时间，由机械加工经验丰富或对工业了解全面的教师负责教授，学生主要来自经济管理学院、外国语学院、马克思主义学院等人文社科类专业，课程时长一般为8课时。

(1) 展板模块。这一部分主要讲解工业发展史、我国的工业结构、工业产品的柔性设计、工业材料的种类及最新技术的发展状况。使用文字和图片相结合的展板，以简洁、明了的方式进行信息传递，让非工科的学生能够轻松地接受工程素质教育的第一节课。

(2) 传统设备及工艺讲解模块。这一部分主要讲解工程材料和机械加工的传统工艺，包括车、钳、铣、磨、铸、锻、焊及热处理。教师带领学生深入车间，对各工种的典型设备及加工工艺进行详细讲解，对同类型的设备及工作方法进行简单介绍。在这个环节，面对各类真实的加工设备，学生从惊奇、探求到认识、了解，他们可以动手进行简单的操作，或者由教师进行较复杂的操作演示，直视原材料如何变成精美的零件。例如，在钳工讲解时，学生可以实际测量，并动手锉削一些小工艺品。通过这样的实践环节，将工程意识植入学生的大脑中。

(3) 先进制造技术加工模块。近两年，工程训练中心加大了先进制造技术设备的建设力度，将原来只能在展板和视频上讲解的知识，变成可以在现场展现给学生，包括当下一些先进的激光切割设备与激光焊接设备、五轴联动加工中心、国产数控车床及配套的传动设备和机械臂等组成的柔性制造系统。为学生讲解每一台设备的构造、工作原理、加工范围，并进行操作加工演示，把先进的技术和加工手段植入学生的心中。

(4) 智能机器人创新模块。这一部分主要讲解机器人控制电路的控制原理、制作过程，控制程序的设计步骤及历年来参加各类全国大学生机器人竞赛的各类机器人的工作原理及制作过程，未来机器人的发展方向等。在这里，学生可以认识和了解到电控产品和自动控制产品的制作过程。通过全体系的工程认知通识教育，把现代化工业产品的创作思想、加工过程、优化设计、控制机制等工程知识介绍给人文社科专业的学生，让他们在了解认识之后能够与自己所学专业知识进行融合，在进行相应的课程设计时，能够产生具有工科特色的灵感激发，最终达到学科间深度交叉的效果。

3 不断充实和完善工程认知通识教育的内涵

当下，众多高校已经普遍认识到进行普惠性工程认知能力培养的重要性，借助"新工科"建设的良好契机，对传统课程体系进行改革，让学生能够提早为将来走向工作岗位做准备、做积累。可能"今天"接受工程认知教育的英语专业学生，在将来应聘一个制造业跨国企业翻译员岗位的时候，会因为这段经历而受到面试官的青睐。

科学技术的日新月异，同时也要求从事实践教学的教育工作者紧跟时代步伐，不断探索追求新领域、新技术，将前沿科技知识传授给学生。太原理工大学工程训练中心在四大模块核心内容的基础之上，不断加大制造业新技术教学内容的比重，一方面，充分利用现有设备，包括FMC柔性制造生产线、工业级机械臂、非金属激光切割机、金属激光切割机、激光内雕机及各类3D打印机；另一方面，积极引进VR、AR设备，利用虚拟仿真技术进行安全可靠的设备模拟操作，使学生可以打破时间和空间的限制，在互联网的支持下通过手机、计算机等硬件登录虚拟平台进行学习。先进技术设备是未来发展的方向，也是启发学生工程思维与创新意识的主要平台，加之经验丰富的教师针对学生所学专业的分析与引导，让学生在实践中体会创新，在学科交叉的影响下变得更加勇于创新、善于创新。

4 结语

工程认知不是一门简单的单系统课程，需要广泛地了解多领域专业知识，对于高校培养学生的专业深度与广度有着重要意义。借助工程训练中心这一既包含传统与先进，又充满实践与创新的多维度平台,让非工科专业学生以真实的体验与感受去了解工业运行的基本过程,建立工程系统概念,完善知识结构,培养创新意识。

  社会的发展推动着高等教育的改革,在更多新技术、新装备充实和完善下的工程认知通识教育,将会培养出更多学识丰富、视野开阔的综合型人才。

参考文献

[1] 竺志超.工程素质认知教程[M].武汉:华中科技大学出版社,2010.
[2] 左时伦,何高法.工程认知实习中开展创客教育的尝试[J].重庆科技学院学报(社会科学版),2016(4):103-105.
[3] 廖冬梅.综合性高校工程认知与基础实训教学的实践与探索[J].实验室科学,2019,22(3):128-133,138.
[4] 薛小强.基于工程认知的专业实习教学改革[J].创新创业理论研究与实践,2020,3(20):58-60.
[5] 刘晨曦,郭二廓.新工科视野下经济类学生工程认知能力培养的教学探索[J].高教学刊,2019(8):78-80,83.
[6] 马傲玲,彭晓雷,张猛持,等.高校虚实结合的工程认知教育平台建设与实践[J].现代职业教育,2020(44):98-100.

现代工程训练中心信息化建设的探索与实践

赵正杰[1]，靳 鸿[1,2]，郭超凡[1]，高 梅[1]

(1. 中北大学工程训练中心，太原，030051; 2. 中北大学电气与控制工程学院，太原，030051)

摘要：随着技术的革新与发展，教育信息化逐步迈向智慧化，《教育信息化十年发展规划(2011—2020年)》中明确提出要运用人工智能、大数据、云计算等当代热门的信息技术打造智慧校园，其重要组成部分就是建设智慧教室。智慧教室的出现及推广是新时代未来教育的发展方向，如何利用智慧教室环境改进教学模式、教学手段，发挥学生的主体地位是目前迫切需要解决的关键问题。本文针对教育智慧化与教学模式融合进行研究，构建以学生为中心，以互动教学为核心，以智慧教室环境为依托的多维互动网络；通过立体化数字教材建设、深度互动网络拓扑设计、全方位、全过程的教与学数据分析，实现教学完整性、可评估性及互动程度的提升，形成全方位互动的课堂形态，为教育信息化建设与智慧教室环境的深度融合提供参考与途径。公共资源共享可以借助移动互联网的优势，结合App的使用，极大地提高师生的使用效率，为学生实训和创新提供助力。信息网络化建设为工程训练实践教学提供了最优化的实践教学资源，为教师提供了简便有效的实验室管理和教学方法，使学生与工程训练发生最方便简洁的沟通，从而更好地完成实践教学。

关键词：智慧教室；自组织；互动；信息化；教学模式

1 引言

伴随云计算、移动互联网、物联网等新兴信息技术的发展，教育信息化逐渐步入智慧教育时代，智慧教室是智慧教育发展的基础、智慧校园的基本元素[1]。

国外智慧教室研究开始得较早，可追溯到1988年由罗纳德·雷西尼奥提出的"SmartClass room"。2008年，自IBM公司提出"智慧地球"的概念以来，物联网与互联网开始全面整合，实现协同发展。在智慧地球的大背景下，关于智慧教育的核心阵地——智慧教室的研究引起了广泛关注[2]。

互动是教学的核心，教学互动的匮乏造成课堂氛围沉闷、师生关系比较紧张，不仅难以激发学生的学习动机，还抑制了学生能动的学习活动，抹杀了学生的创造思维和探索精神[3]。国外关于互动的研究不仅着力在理论建构方面，更着力在互动技术的实现和应用，智慧教室的出现与应用为教学互动提供了更好的实现形式，如何将两者进行结合以发挥更好的教学效果是目前值得关注和研究的焦点。英国杜伦大学的研究者与SynergyNet软件公司合作，设计了一种全交互式智能课桌系统[4]；英国雷丁大学关注互动技术，研究了智慧教室的学生交互行为；美国亚利桑那州立大学的智能教室实现了小组之间的交流和合作学习[2]。国内朱书强等[5]认为，高质量、适时适当的"交互"则是未来教育的核心，通过交互式白板营造了一种"多屏互动、交互融合"的教学媒介环境；王麟等[6]认为未来教室将以互动为核心，以智能、人机互动等技术为支持。

当代信息技术的飞速发展深刻影响着教育行业。教育部印发的《教育信息化十年发展

---

① 基金项目：山西省高等学校教学改革创新项目——实践教学开放式、智能化管理模式的开发与应用(J2017075)。

规划（2011—2020年）》中明确提出要运用人工智能、大数据、云计算等当代热门信息技术打造智慧校园，其重要组成部分就是建设智慧教室[7]。2016年6月教育部印发的《教育信息化"十三五"规划》、2017年1月国务院印发的《国家教育事业发展"十三五"规划》中均明确指出"推动信息技术与教育教学深度融合"，综合利用互联网、大数据、人工智能和虚拟现实技术探索未来的教育教学新模式[8]。智慧教室的出现及推广不仅代表了未来教育的发展方向，还使教师在教学模式、课程观、教学观、角色转换、技术使用程度、合作互动活动设计等方面面临着严峻的挑战。如何在信息技术的支持下，培养具有主动实践能力的智慧型人才[9]；如何让教师能够施展高效的教学方法，让学生能够获得适宜的个性化学习服务和美好的发展体验[10]；如何利用学生在学习过程中伴随生成的大量行为数据，进行个性化的学习诊断、学习决策和多元评估等问题，都是当前新形势下人才培养迫切需要解决的关键问题，也是落实智慧教育理念，深化和提升信息时代、知识时代和数字时代素质教育的关键问题。

本文在以上背景下，将智慧教室教学环境与互动教学的策略、方法相融合，进行"互联网＋教学"新模式下的教学模式探讨，将新技术因素与教育教学进行结合，突破传统教学方式方法的限制，探索以学生为中心的高效的教育教学新方法，为逐渐普及化的智慧教室环境下的教育教学提供参考。

2 自组织节点互动教学模式的基本环节设计

基于智慧教室的自组织节点互动教学模式实践以学生为中心、以课堂教学为核心、以教学资源为依托，将课堂讲授内容向课前和课后进行拓展；利用人工智能及大数据处理技术进行各种维度的数据分析，将碎片化的数据系统化，形成教学闭环系统，从而实现教学效果的提升，如图1所示。

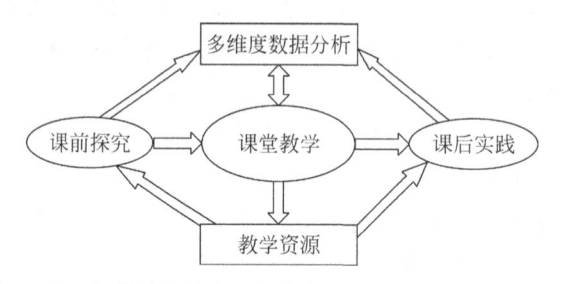

图1 基于智慧教室的自组织节点互动教学模式的基本环节

选修同一课程的学生和授课教师以节点的形式存在，不同教学环节的节点与节点之间，每个节点的子节点之间的拓扑结构都可能发生变化，因此，节点具有自组织的特性。这种形式的节点与节点之间，每个节点内的子节点之间具有一定的协作、互动关系，可形成多维互动网络，并且每个子节点都具有一定的任务可刺激其活跃度，达到互动的有效性。这个多维互动网络的构建形式还可以通过教学全过程的大数据分析结果进行调整，以达到最优化。

3 主线三环节师生节点基本拓扑结构的建立

利用智慧教室支持电子白板、智能平板、智能手机、PC机等多种教学终端的特点,使全员参与成为可能。每位学生通过自己的终端连入智慧教室的无线网络,承担节点任务,参与教学活动并接受监督。

课前环节,因为学生对所涉及的内容较陌生,教师应该具有指导作用,其节点拓扑基本结构如图2所示。子节点与所属的节点通信,教师与每个节点通信,及时了解学生对知识点的认知情况,为课堂教学做好准备。

课后环节的基本网络拓扑如图3所示。与课前不同的是,学生经过课堂讲授对所学知识具有较全面的了解,提出的问题也较具体,因此教师需要与每个节点及节点附属的子节点通信,给予个性化的指导。

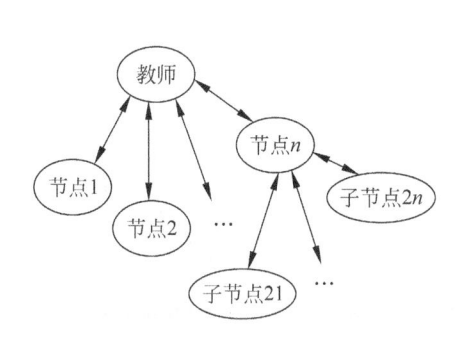

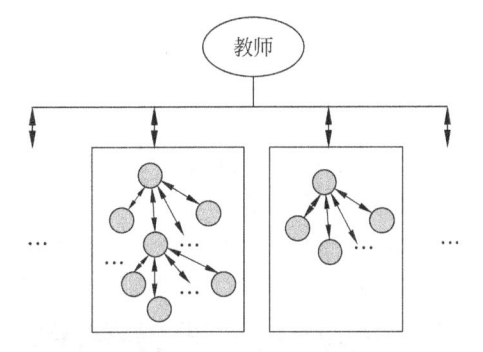

图 2 课前环节教师与学生节点的基本组织结构　　图 3 课后环节教师与学生节点的基本组织结构

课堂教学环节的节点网络结构为动态变化结构,其拓扑与教师提出的任务性质、学生理解程度等有关。教师在拓扑中所处的位置与课前、课后相比更加灵活,可以是节点也可以是子节点,其基本组织结构如图4所示。

在以上3种基本拓扑结构的基础上,根据教师组织方式的不同,按照辩论、讨论、分享、项目等不同任务模式可以进行变化,找到任务模式与网络结构的最优匹配,实现师生、生生的最佳互动。

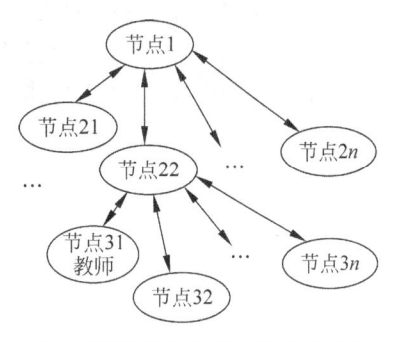

图 4 课堂环节教师与学生节点的基本组织结构

4 教学资源平台建立研究

无论课前、课中还是课后,学生的参与与互动都需要一定的教学资源作为基础。智慧教室现代化智能设备为资源平台的建立提供了可能性,也对教师的教学资源形式提出了要求。

4.1 立体教材建设

传统的纸媒教材在视听刺激和对学习者动手动脑能力培养方面关注较少,可结合智慧教室的信息呈现方式,通过立体教材建设来解决这个问题。立体教材内含视频、三维动画,可以更好、更直观地体现教学内容,如图5所示。教材的相关章节通过扫描二维码进行实践视频观看,更直观、更形象,在智慧教室上课过程中可通过多屏互动随时进行调用、显示。

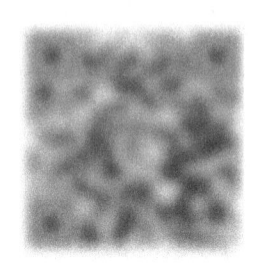

图 5　立体教材视频及链接二维码

4.2　云录播与智能库管理

教学资源平台需要包括立体教材、测试题库、任务库、实践项目库、作业库等多种资源库,利用智慧教室的知识库管理功能可实现在线添加、导入方式创建个性化知识库等功能,从而建立课程的教学资源平台。各种库内资源可以支持 PC 机、手机、手持 Pad 等智能终端随时随地进行查阅,方便学生学习,如图6所示。

图 6　利用智慧教室的知识库管理功能建立多种资源库

5　多维度数据分析及其对互动网络的优化

5.1　教学效果评估与大数据分析

1) 学生个性化评估

学生在学习过程中会伴随生成大量的行为数据,这些大数据是提供个性化的学习诊断、学习决策和多元评估等个性化自适应学习服务的科学依据。

构建数据库,利用云平台可以对某个学生学习的每个环节,在后台进行数据收集、管理和分析,为教师提供更充分、更全面的数据资料,有针对性地设计此学生在互动网络的节点形式,以充分调动学生学习的主动性,如图7所示。

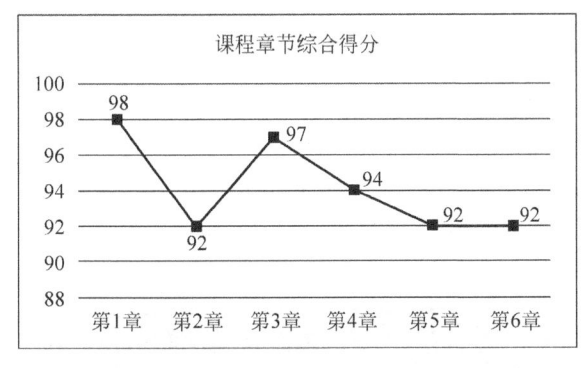

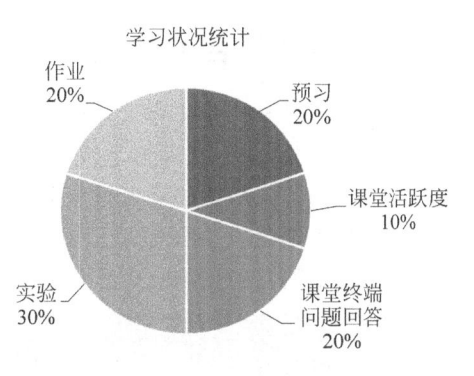

图 7 数据在线分析

2) 课程评估

对所有学生的课前相关数据进行分析,明确学生对新知识点、相关已学习知识点的掌握程度;对课堂所有学生的数据进行分析,可以分析教师知识点讲授方法、实现途径、讲课节奏等情况;对课后所有学生的数据进行分析,可以明确学生对知识点的掌握程度、理解程度和应用程度。这些分析可以帮助教师明确改善教学方向,如图8所示。

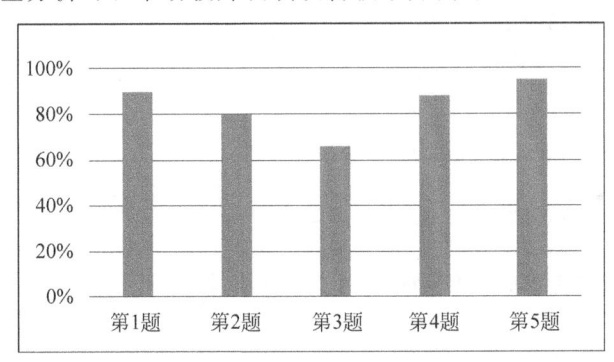

图 8 预习环节的分析与反馈

5.2 评估结果对互动网络构建的调整策略

1) 节点与子节点的关系调整

与前面研究的内容相结合,根据学生对知识的掌握情况、活跃度等因素及时调整网络中节点与节点的关系、节点与子节点的关系,进行节点合并、拆分,子节点位置与节点位置互换,子节点层级的改变等操作,确实保证每位学生的互动能力,既要保证学习优秀的学生有延伸的可能性,也要保证学习吃力的学生具有较强的参与度与活跃度。

2) 调整互动网络构建方式

依据学生学习效果的分析调整网络构建方式。利用多功能讲台、多组合形式的课桌椅构建节点间的讨论式结构;通过照片、图表和动画视频等介质构建节点间的知识分享式结构；建立开放性的问题情境，教师以组织者的角色进行指导、规范，构建多节点探究式结构；使教师指导和学生自主探究相结合、传授知识和解决问题相结合、单一性思考和求异性思维相结合。

6 资源共享平台的建立

围绕建设具有我校工程训练中心特色的专业化仪器设备共享网络和服务体系，推动仪器设备资源优化配置，实现智慧教室、大型仪器设备资源共享共用，为我校的教学实训及科研创新提供助力。借助移动互联网的优势，结合我校企业微信的推广使用，将资源共享平台在企业微信上建设小程序可以极大地提高师生的使用效率，随时随地可在掌上进行教室、设备、场地的预约使用。工程训练共享平台如图9所示。

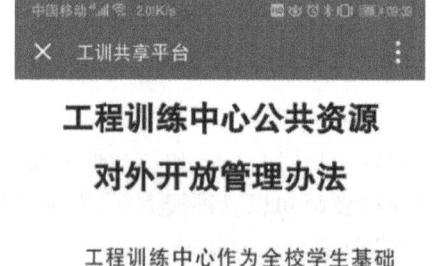

图9 工程训练共享平台

7 结语

随着"互联网＋教育"的推动和智慧课堂的普及，仅凭教师讲授、学生被动学习的传统教学模式已经无法满足现代教育的需求。本课题利用"互联网＋"的思维方式和智慧教室的信息技术手段，通过师生节点构建的多维互动网络建立师生与智能感知控制技术、大数据分析技术、人工智能识别技术等先进技术的深度应用与融合,建设了全方位互动的课堂形态,建立了新型的信息化课堂教学模式。

参考文献

[1] 李风燕,张婧.智慧教室方案设计概述[J].中国教育技术装备,2019(16):37-39.
[2] 张亚珍,张宝辉,韩云霞.国内外智慧教室研究评论及展望[J].开放教育研究,2014,20(1):81-91.
[3] 蒋立兵,毛齐明,卢子洲,等.高校教师应用智慧教室实现教学转型的现状及建议[J].中国远程教育,2019(3):77-83.
[4] 王莹.未来的学校课桌:智能课桌将使科幻片场景在教室中展现[J].中国信息技术教育,2008(12):91-92.
[5] 朱书强,刘明祥.交互式电子白板技术在大学IT类课程教学中的应用研究[J].电子技术,2016,45(11):43-46.
[6] 王麒,许亚锋,张际平,等.未来课堂云支持系统模型设计与功能研究[J].中国远程教育,2014(6):69-76.
[7] 刘永川.智慧教室展望[J].教育现代化,2019,6(82):168-170.
[8] 程月,赵丹."互联网＋教学"新模式下的智慧教室信息化平台发展探究[J].教育现代化,2019,6(14):191-193.
[9] 祝智庭.智慧教育新发展:从翻转课堂到智慧课堂及智慧学习空间[J].开放教育研究,2016,22(1):18-26,49.
[10] 祝智庭.以智慧教育引领教育信息化创新发展[J].中国教育信息化,2014(9):4-8.

"工程训练"课程思政教学改革实践
——以 3D 打印为例

刘 姿,赵正杰,孔为民

(中北大学工程训练中心,太原,030051)

摘要:课程思政是当前形势下实现高校德育功能的一种重要方式。3D 打印作为工程训练课程中的一个模块,实践教学过程中蕴含大量的思政元素。通过设计教学内容和教学环节,在 3D 打印实践教学过程中,将课程内容和思政元素有机融合,可以培养大学生的爱国情怀、创新意识和工匠精神,提高学生的创新实践能力,落实课程思政的育人要求,达到立德树人的效果。

关键词:课程思政;工程训练;3D 打印;工匠精神

1 引言

习近平总书记在 2016 年全国高校思想政治工作会议上强调:"要用好课堂教学这个主渠道。""其他各门课程都要守好一段渠、种好责任田,使各类课程与思想政治理论课同向同行,形成协同效应。"[1]教育部原部长陈宝生在 2018 年新时代全国高等学校本科教育工作会议上的讲话中也提到,高校要明确所有课程的育人要素和责任,推动每位教师制定开展课程思政教学设计,做到课程门门有思政,教师人人讲育人[2]。2020 年教育部发布的《高等学校课程思政建设指导纲要》指出,要发挥好每门课程的育人作用。这就要求教育要实现立德树人,高校所有的课程教育都要做到德育与智育相统一。

工程训练作为培养大学生实践能力和创新意识的主要环节,给大学生以工程实践的教育、工业制造的了解、工业文化的体验,是工科院校的必修课[3]。中北大学"工程训练"课程,每年面向全校 60 多个专业,6000 余人,数量多、范围广,是大学生在未系统接受专业知识培训之前,对工业生产的内容、形式等进行学习的先修课。"工程训练"课程教学以实际工业环境为背景,以产品全生命周期为主线,与其他课程相比,"工程训练"课程蕴含的思政元素具有自己的特点。在整个课程实践教学过程中,职业素养、工匠精神、安全生产等贯穿始终。因此,将思政教育引入"工程训练"课程,可以充分发挥"隐形"思政的作用,更有利于引领大学生形成正确的价值观,培养他们的创新意识和创新实践能力,提高其综合素质。

2 "工程训练"课程与课程思政的融合

依托"工程训练"课程开展思政教育,需要深入挖掘课程和教学方式中蕴含的思想政治教育资源,开发教学内容和教学环节,在实践教学过程中,使学生既学习了工程训练知识,又在学习过程中受到价值观的引领,将教书育人落到实处[4]。"工程训练"课程包括车削、铣削、钳工、铸造、热处理、焊接、数控车削、数控铣削、特种加工、3D 打印等多个实训模块,不同模块所蕴含的思政元素也不完全相同。因此,本文以工程训练中的 3D 打印模块为例进行课程思政教学设计,将思政元素与 3D 打印实践内容有机融合,落实课程思政的育人要求。

工程训练 3D 打印坚持理论与实践并重的教学原则,内容包括安全教育、3D 打印概述、三维建模、逆向工程概述、桌面级 3D 打印机及三维扫描仪操作、指定作品建模及打印、设计作品建模及打印、设计作品交流和实验室打扫整理 9 部分教学内容。根据不同专业的学科背景、不同的训练需求,可选择部分内容进行教学。例如,机械类学生须进行全部内容的学习,经管等人文社科类学生则只需要学习安全教育、3D 打印概述、桌面级 3D 打印机操作和实验室打扫整理 4 部分内容。工程训练 3D 打印课程的内容、所蕴含的思政元素和融入途径见表 1[5]。

表 1 工程训练 3D 打印课程的内容、思政元素及融入途径

课程内容	思政元素	融入途径
安全教育	工匠精神,严把安全关,做到文明生产	讲授、观看视频
3D 打印概述	时代精神、科学精神、民族精神	讲授、观看视频
三维建模	国家荣辱、积极进取精神	讲授、案例操作
逆向工程概述	科技伦理	讲授、观看视频
桌面级 3D 打印机及三维扫描仪操作	工匠精神	讲授、案例操作
指定作品建模及打印	精益求精、团队精神	讨论与实践操作
设计作品建模及打印	创新精神、团队精神	讨论与实践操作
设计作品交流	职业素养、团队精神	讨论与实践操作
实验室打扫整理	培养学生的劳动观念及规范的理念	实践操作

3 "工程训练"课程思政的教学实践

"工程训练"课程作为高校人才培养过程中重要的集中性实践教学环节,结合国务院 2020 年 3 月 20 日印发的《关于全面加强新时代大中小学劳动教育的意见》,培养大学生的工程实践能力和创新实践能力,在实践教学过程中实现知识传授、能力培养、人格塑造和价值引领的统一[6]。

3.1 培养爱国情怀和责任感

在工程训练 3D 打印教学过程中,将思政点和国家战略结合。通过 2015 年 8 月 21 日我国"3D 打印教父"——西安交通大学卢秉恒教授在国务院的《3D 打印与中国制造 2025》讲座引入 3D 打印技术。在讲解我国 3D 打印技术发展的过程中,以西安交通大学卢秉恒教授和西北工业大学黄卫东教授为例,讲述他们团队在研究 3D 打印技术过程中,冲破艰难险阻,将我国该项技术从最初的跟班,发展到在某些方面领跑,使学生们清晰地认识到我国 3D 打印技术的国际地位和发展水平,感受科学家不畏艰险的科学精神和奋力赶超的民族精神,增强学生的自信心和自豪感,激发他们的爱国热情[7]。在讲解三维建模过程中,以 "2020 年哈工大、哈工程等高校被美国禁止使用 Matlab 软件"事件为例,讲述我国在自主研发科研软件领域处于薄弱地位,要求学生承担社会责任,要为国家担当,脚踏实地地为国家的强大作出应有的贡献。

3.2 培养创新意识,提高创新能力

在工程训练3D打印教学过程中,教师以法兰盘加工为例讲解车削过程的减材成形,以校徽浇铸为例讲解铸造工程的等材制造,进而引出增材制造——3D打印技术。在第三次工业革命大发展的背景下,3D打印作为一种新兴技术,蕴含着"创造、创新"思维。它对传统设计理念和机理的颠覆,革命化地改变了人类的制造模式。在讲解3D打印的特点和应用时,不仅要让学生学习这门技术的基础知识,更重要的是让学生了解创新、创造对社会变革的巨大作用和影响。在设计作品建模及打印教学过程中,学生自主设计一件校庆纪念作品,并将其打印制作出来。教师通过常见校庆文创作品分类介绍、校庆文创作品开发注意事项介绍、产品研发报告介绍等环节,引导学生应用3D打印技术进行创新设计,提高他们正确认识问题、分析问题和解决问题的能力。

3.3 培养工匠精神

习近平总书记在党的十九大报告中指出要"弘扬劳模精神和工匠精神,营造劳动光荣的社会风尚和精益求精的敬业风气"[8]。工程训练3D打印课程的安全教育内容包括安全意识的培养和纪律观念的形成,要严把安全关,做到文明生产。在实践操作过程中,以学生为主体,采取任务驱动的教学模式,学生以小组的形式进行指定作品的建模及打印、设计作品的建模及打印、设计作品的交流。在该模式下,要求学生必须具备协作共进的团队精神和精益求精的职业道德品质,强化责任意识,发挥工匠精神。在实验室打扫整理内容中,要注重培养学生的劳动观念及规范的理念。

4 结论

"工程训练"课程作为课程思政的有效载体,要在教学过程中有机地融入思政元素,实现无痕思想教育,起到润物无声的育人效果[9]。通过"工程训练3D打印"课程的思政教学设计和实施,落实课程思政的育人要求,培养学生的爱国情怀、创新意识和工匠精神,提高学生的创新实践能力,实现了"立德树人"根本任务。

参考文献

[1] 习近平.把思想政治工作贯穿教育教学全过程,开创我国高等教育事业发展新局面[N].人民日报,2016-12-09(1).

[2] 陈宝生.坚持以本为本 推进四个回归 建设中国特色、世界水平的一流本科教育[EB/OL].(2018-06-21)[2022-02-05].http://www.moe.gov.cn/jyb_xwfb/gzdt_gzdt/moe_1485/201806/t20180621_340586.html.

[3] 赵正杰,靳鸿,孔为民,等.工程训练[M].北京:国防工业出版社,2020.

[4] 郑朝霞.课程思政视域下工程训练教学实践:以热处理实训为例[J].中国教育技术装备,2019(22):125-126,131.

[5] 严剑刚,吴镝,刘赛."3D打印技术"公选实践课程教学探讨[J].上海第二工业大学学报,2018,35(4):303-306.

[6] 葛新锋,栗伟周,秦涛.分层次、多模块、开放式工程训练课程思政教学探索与实践[J].高等职业教育（天津职业大学学报）,2021,30(1)：68-72.

[7] 孙春华,陈雪芳.高职专业课开展课程思政教育的探索与思考[J].苏州市职业大学学报,2020,31(3)：5-8.

[8] 任博文,董人熹,王玮.工匠精神视域下的工程训练中心课程思政教学探索：以南京航空航天大学钳工和车工课程为例[J].教育现代化,2019,6(61)：125-128,136.

[9] 高占凤,聂国权,张建超.在工程训练课程中进行课程思政的实践探索[J].石家庄铁路职业技术学院学报,2021,20(1)：106-109.

工程训练中数控实训教学改革的实践探索

马 鑫,牛晨林,孔为民

(中北大学工程训练中心,太原,030051)

摘要:本文以中北大学工程训练中心开展的数控实训课程为研究对象,阐述了在工程训练实践教学中开展数控实训的主要内容和效果,通过对不同工科专业的学生开展数控实训,使学生的工程实践能力得到了有效提升,工程训练教学质量得到了有效保障。

关键词:工程训练中心;数控教学;实践教学

1 引言

工程训练中心是高校实践教育的重要教学机构,是培养学生创新能力、实践能力的重要教学平台。作为《中国制造2025》的十大专业领域之一,数控机床技术是众多制造行业的基础,在智能制造产业的发展进程中占有不可替代的重要地位。因此,数控机床与数控技术在高等院校工程训练中越来越受到重视[1-3]。

我校工程训练中心的实训教学内容不仅包括传统实训内容,如普通车工、普通铣工等教学实习,还包含现代实践教学内容,如数控车削、数控铣削、特种加工等实训教学。随着各高校工程训练中心实践教学改革的进一步深化,代表着先进制造技术发展方向的数控加工技术越来越受到各高校的重视,数控实训也越来越多地出现在各高校的工程训练实践教学内容中[4-5]。

中北大学工程训练中心是我校重要的实践教学基地和创新创业基地,近年来,我校加大了数控实训设备方面的投入,现有数控车床18台、数控铣床9台、数控加工中心8台,并配置了专用的独立实训车间。以此为基础,我校工程训练中心积极探索、不断优化数控实训教学模式,取得了较好的效果。

2 课程描述及教学方法分析

结合我校工程训练的实际,数控车床实训的教学时间分为一天8学时和两天16学时两种。为达到理想的工程训练教学效果,在科学配置课程的基础上,注重教学方法的运用。经过探索与实践,工程训练中心的教师总结了一些比较有成效的教学方法。

首先,数控车床是用计算机数字控制的车床。和普通车床相比,数控车床是将编制好的加工程序输入数控系统中,由数控系统通过车床 X、Z 坐标轴的伺服电动机控制车床进给运动部件的动作顺序、移动量和进给速度,再配以主轴的转速和转向,从而自动地加工出各种形状的轴类、盘类零件,可进行内外圆柱面、圆锥面、圆弧面、螺纹等的切削加工,并进行切槽、钻孔、扩孔和铰孔等工作。相对于普通车床,还能加工一些复杂的回转面,如球面、双曲面、椭球面等。数控车床具有加工精度稳定性好、加工灵活、通用性强等特点,能适应多品种、小批量生产自动化的要求。因此,数控车床是使用较为广泛的一种数控机床。实践教学证明,通过有机融合各工种的实训内容,揭示各项目间的关联性,能够最大限度地突出本项目的知识特点,增强教学效果。

其次,进行启发和引导。在教学实践过程中的一些关键教学点设置一些小问题,通过启发和引导,鼓励学生积极思考,并提出解决问题的办法。例如,为使学生了解刀补指令如何运用,并体会到刀补指令在机床操作中的重要作用,在零件加工好后,让学生再次测量尺寸,并与设计图纸进行对比,在发现误差问题后,引导学生对加工过程进行回顾和思考,并提出运用刀补指令保证精度的方案。

最后,在教学实践过程中,增加生动、活泼的教学互动环节,让学生参与其中。

3 增加特色实训内容

在基础型数控实训的基础上,结合我校的军工特色,为学生增加实践数控操作。数控车削技术是将传统的车工技术和现代数控技术相结合的一种先进制造技术,其秉承了传统手工车床灵巧的操作特点,且不需要长时间练习手工车削就可以进行生产加工,克服了普通车床费工费时的缺点,加工效率高,顺应了时代的发展。

学生通过使用数控车床,能够自我加工出 7.62 子弹模型,如图 1 所示。

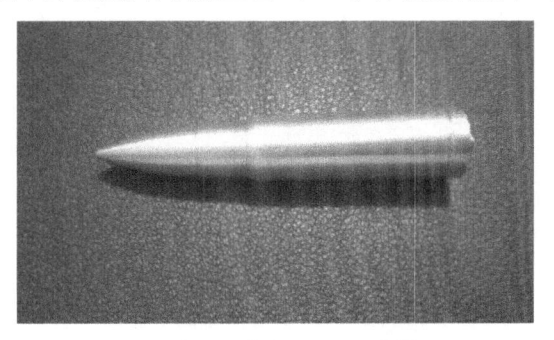

图 1 学生制作的 7.62 子弹模型

4 结语

数控技术是一种利用计算机通过数字化信息来实现加工自动化控制的先进制造技术,它是制造业实现自动化、柔性化、集成化和网络化的坚实基础。数控实训是工程训练实践教学的重要环节,在工程训练中具有较高的实用价值和较为广泛的拓展应用。

实训教学证明,数控实训课程将理论课程与机床操作有效结合后,通过对不同工科学生开展数控实训,不仅可以开阔学生的眼界,还能让学生的工程实践能力和指导教师的业务水平得以有效提升。另外,我校工程训练中心在保障完成现有教学任务的基础上,对学生开放教学资源。在完成该实训内容后,学生能够积极、主动地使用开放实验设备进行多种零部件的设计和加工制作,良好地支撑了学生后期的毕业设计、科技竞赛、科研项目、创新创业项目等多方面应用,达到了学以致用的教学效果,培养了学生的工程能力,提高了他们的实践技能,为其创新、创造能力培养奠定了基础。

参考文献

[1] 霍亚光,刘海明,秦小利,等.工程训练教学中数控实训的改革与实践[J].实验科学与技术,2019,17(6):102-107.

[2] 许晓东,雷福祥,廖结安,等.工程训练平台下数控实践教学改革探索[J].新疆农机化,2018(3):41-43.

[3] 蒋海燕,王国超,饶玉梅.工程训练数控实训教学改革与实践[J].教育教学论坛,2018(10):134-135.

[4] 马晓欣,孙长山,刘丽娟,等.基于中小规模工程训练中心的数控加工训练教育模式初探[J].教育现代化,2019,6(84):248-249.

[5] 武强强,武乐强,沈亮,等.数控雕刻在工程训练教学中的探索与实践[J].实验技术与管理,2018(4):183-185,191.

特种加工技术在工程训练中的应用

王素生,高 梅

(中北大学工程训练中心,太原,030051)

摘要:本文介绍特种加工技术的概念及发展趋势,从特种加工技术在大学生工程实践教学中的应用入手,培养学生的创新思维和创新方法,以理论教学与工程实践紧密结合,充分利用现有的优质资源,推动工程实践教学改革,从而提高学生的综合创新能力。

关键词:特种加工;激光切割;创新思维;工程训练

1 引言

特种加工技术与工艺在机械制造领域得到快速发展,在工业界和学术领域越来越得到重视,应用规模不断扩大,院校及专家学者、科技人员的研究力度也在加大,融合创新、高端发展是当前的主流[1-2]。特种加工技术在工程训练和培养学生创新发展中的应用,收到了良好的教学效果并得到了学生的好评[3-4]。

2 国内外特种加工技术的发展趋势

特种加工技术是 20 世纪 40 年代发展起来的。随着材料科学和高新技术、尖端国防及科学研究的发展对机械加工领域提出了高速度、高精度、高可靠性、耐腐蚀、高温高压、大功率、尺寸大小两极分化等要求,使机械制造业面临着一系列需要解决的加工技术难题。采用传统加工方法十分困难,甚至无法加工,所以要冲破传统加工束缚,寻求新的加工方法,即将电、磁、声、光、化学等能量或其组合施加在工件或加工部位上,从而实现材料去除、变形、改变性能等非传统的加工方法。

特种加工技术应用范围较广,主要包括电火花加工(EDM)、电化学加工、电解磨削加工、化学加工、电弧加工、激光加工、超声加工、离子束加工、电子束加工、等离子弧加工、快速成形加工等。

特种加工技术的特点有:①不依靠机械能,主要依靠其他能量(如电、化学能等)去除金属材料。②加工过程中工具和工件之间不存在明显的机械切削力。③各种加工方法可以任意复合,扬长避短,形成新的工艺方法,以突出其优越性。所以特种加工可以加工硬度、强度、韧性、脆性高的金属材料或者非金属材料,而且长于加工复杂、微细表面和低刚度的零件。

目前国际上特种加工的研究主要集中于:①微细化,即微细电火花加工、微细超声波加工、微细激光加工、微细电化学加工等。②特种加工的应用领域正在拓宽。③广泛采用自动化技术,充分利用计算机技术对特种加工设备的控制系统、电源系统进行优化,建立综合参数装置、数据库系统以及 CAD/CAM 系统等,实现特种加工柔性制造系统。

我国的特种加工技术起步较早。20 世纪 50 年代,我国工厂已经设计研制出电火花穿孔机床,60 年代末,上海电表厂的工程师发明了我国独创的快走丝线切割机床,上海复旦大学研制出电火花线切割数控系统。改革开放后，随着我国沿海经济特区的快速发展，特种加工企业和研究机构增加，其中国内 3 家单位的单向走丝线切割技术有很大提升，苏州电加工机床研究所有限公司的 DK7632 获得了国家"863"项目的支持，苏州三光科技有限公司的 LB600 单向走丝线切割机床和北京安德建奇数字设备公司的 AW310TA 都获得了国家科技重大专项基金的支持。国内中高端机床市场多注重精度，可以达到较高的定位基准和精度。

根据中国机床工具工业协会特种加工机床分会对全国电加工机床行业 22 家重点骨干企业经营数据的汇总统计，2019 年电加工机床销售总量为 14065 台，与 2018 年相比下降了18.6%。从各类电加工机床的销量看，电火花线切割机床仍是电加工行业应用市场的绝对主力军，占比超过市场份额的 70%，其中往复走丝电火花线切割机床的销量为单向走丝电火花线切割机床的 6.7 倍，占整个销售量的 60% 以上，销售额与单向走丝电火花线切割机床平分秋色。

特种加工技术在高硬度、高精度材料加工中能够发挥较好的作用，广泛应用于航空、航天、机械、微电子工业、国防工业等领域。常用的类型有：电火花加工、电化学加工（电解加工）、高能束加工及超声加工。随着我国科学技术的快速发展，须采用特种加工技术来制造相关的仪器、设备和产品，特种加工技术不仅促进了机械制造业的发展，在现代工业领域里也发挥着越来越重要的作用，所以特种加工技术既有广大的社会需求，又有着巨大的发展潜力。

3 特种加工在大学生工程训练中的应用

人才培养，国之大计；立德树人，民族大任。2021 年 4 月，习近平总书记在清华大学考察时强调，"党和国家事业发展对高等教育的需要，对科学知识和优秀人才的需要，比以往任何时候都更为迫切"。培养什么人，怎么培养？是当前我国高等教育面临的重大课题。时代向前，不断创新，为适应国家和社会发展对复合型人才的需求变化，各高校审时度势，积极探索创新型人才培养模式，为推动"双一流"高校建设注入强劲的动力。

2011 年开始，我校把特种加工技术应用于创新实践教学中，对不同的专业安排不同的实训时间，帮助学生进行创意设计和加工。最初我们购进了 1 台非金属激光切割机和 1 台数控精密雕刻机床，主要用于亚克力、塑料、皮革、木头、广告纸等材料的加工，课程在机械类 5 周学时的学生中开展试点，创意设计主要以学生为主体，教师引导，重点讲解机床和软件的使用，对学生在操作过程中遇到的难题进行解答和引导。2015 年，根据教学大纲的要求，实训学生人数增加，我们又先后购进了电火花线切割机床和金属激光切割机，其加工速度快、精度高，操作和设计更方便。通过对不同特性机床的操作，学生的创新能力得到了提高。

2018 年，我们重新制定了教学指导要求，建立先进制造实训区，根据机械类和非机械类的不同教学要求，合理安排教学计划和教案，丰富教学内容，学生广泛参与。除了创新实践，还对学生学科竞赛和各类竞赛进行创意加工，并且开设了"大学生无碳小车创新实践"选修课程，将特种加工技术作为一门工程实训课程，列入整个实践教学体系中，学生反响强烈，收到了良好的教学效果。

利用特种加工技术对学生开展创新实践的认识教育和教学改革,是当前我校工程训练中心的主要任务之一。我们要培养学生的创新思维、创新意识和创新能力,希望通过特种加工训练使所有学生都能开阔思路,创造出美好的未来。

在工程实践教学中,学生要接触十几种机电设备,了解、熟悉和掌握其中一些的结构、软件和使用方法,并与传统设备进行比较,取长补短,拓宽思维空间,用新的工程理论和工程方法解决工程设计中遇到的问题,将创新潜力、创新理论与实践相结合。对于本科生,指导教师要正确引导,创新工作方法,培养学生的创新精神,形成一套良好的人才培养机制。创新教育模块训练基于学生的创新理念和思路,结合传统实训和学生的专业设置、教学指导要求、目标和具体任务等建设,把创新模块进行优化,从认知和创新实训两方面入手,实现突出自主、强化个性、结构合理、内容充实的教学新理念。

4 结语

特种加工实践教学是新时代培养现代大学生创新能力的重要目标,经过几年的改革和建设,我校工程训练中心的硬件和软件资源不断丰富和加强,初步形成了一门完整的实训课程。在课程建设中也遇到了一些困难,如教师短缺、设备不能及时补充和优化升级等问题,但我们在立足目前的教学环境,通过指导教师培训和内涵式建设,优化课程体系,建立创新实践平台,整合优质资源,拓展训练渠道,充分挖掘潜力,争取更多的学生进行综合素质训练,让特种加工课程更好地为提高学生的创新思维和创新能力服务。

参考文献

[1] 曹凤国.特种加工手册[M].北京:机械工业出版社,2010.
[2] 李明辉.中国机械工程学会年会暨第九届全国特种加工学术年会论文集[C].北京:机械工业出版社,2001.
[3] 赵大纲,靳松.激光加工工程训练教学探索与实践[M].工程实践与创新教学.北京:清华大学出版社,2014.
[4] 余承业.特种加工技术[M].北京:国防工业出版社,2003.

工业控制实训在工程训练中的教学模式探索

牛晨林，李志伟，孔为民

(中北大学工程训练中心，太原，030051)

摘要：本文以中北大学工程训练中心为例，阐述了工业控制实训开展的意义，探讨了基于PLC的工业控制实训教学方法及过程，对如何培养工科创新型人才提出了一些探索。

关键词：工程训练中心；PLC；工业控制；实训教学

1 引言

随着自动化技术的快速发展和广泛应用，工业智能装备人才需求旺盛，"工业4.0"、《中国制造2025》、智能制造等业态热流涌动，对传统的工科人才培养模式提出了挑战。因此，在现代工程训练课程体系中增加工业控制等新型实训科目显得尤为必要[1-3]。

中北大学工程训练中心是我校本科教育教学中重要的实践教学基地和创新创业基地，每年承担全校62个专业、6000余人、65万人时数的实训任务。为培养学生的实践能力，基于理论知识增加学生的动手能力，提升学生的基本工科专业素养，配合"新工科"战略的实施，把学生培养成为掌握各种新技术的复合型工科人才，作为全校学生在校内集中接受工程素质培养的实践教学部门，我校工程训练中心开设了基于PLC的工业控制相关实训课程，要求学生在完成本专业课程学习的同时，还能够具备将智能制造等前沿技术与本专业知识进行学科交叉的能力[4-6]。

2 实训教学安排

结合我校工程训练的实际，根据教学安排，工业控制实训的教学时间为2天、16学时。工业控制实训分为3个单元模块进行教学，分别为控制体验单元、程序编写单元和触摸屏设计组态单元。

学生在控制体验单元中能够学习到断路器、刀开关、继电器、接触器等常用低压电器的知识，同时能够使用到变频器、步进电动机等器件来体验控制的过程；在程序编写单元，学生能够通过西门子博途TIA V14软件，使用梯形图(LD)语言进行程序设计，从而通过PLC控制负载进行动作；在触摸屏设计组态单元，学生能够通过触摸屏设计组态软件对触摸屏界面进行设计，进而对PLC进行控制。

3 实训平台简介

实训平台主要分为3部分，即基础控制部分、编程部分、触摸屏设计组态部分。基础控制部分由断路器、继电器、接触器、变频器、电动机和西门子S7-200系列PLC等组成。编程部分由工控机、西门子S7-1200系列PLC和蘑菇头按钮、指示灯、蜂鸣器组成。触摸屏设计组态部分包括1台威纶通MT8071ip系列触摸屏。

4 实训教学方法及过程

4.1 控制体验单元设备

通过教师讲解,学生掌握断路器、继电器、接触器等常用低压电器的使用方法后,继而通过使用西门子 S7-200 系列 PLC 和配套的触摸屏来体验控制过程。控制实验单元由流水灯、变频调速、温度 PID、运动控制 4 个单元组成,学生能够通过与之配套的触摸屏上的组态按键,对变频器、固态继电器、步进电动机进行控制,从而完成控制过程的体验。

4.2 程序编写单元

在程序编写单元中,实训教室配备了 20 台西门子 S7-1200 系列 PLC 供学生编程使用。实训教师首先通过 1 小时的编程方法讲授,让学生能够对编程软件及编程思想有大致的了解。接着实训教师再带领学生分阶段、分步骤进行不同难度的编程演示和操作,让学生能够对基本指令有所理解。最后,学生通过实验指导书中 10 个典型程序的针对性学习和编写,具备使用梯形图语言进行编程的能力。

4.3 触摸屏设计组态单元

学生通过使用威纶通 Easy Builder Pro 软件,能够在组态画面中设计诸如按钮、警示灯和文本等元素,并根据不同元件的颜色或样式区分其功能。将 PLC 软件中导出的变量表作为与触摸屏之间的桥梁,学生能够掌握 PLC 与触摸屏之间相互通信的知识,成功地通过触摸屏控制 PLC 进行动作。

5 结语

工业控制实训是工程训练中的重要环节,学生通过亲身体验,可以养成良好的工程素养,培育处理复杂工程问题的能力。实训教师言传身教、潜移默化的影响,也能对学生的工程思维、创新思想起到良好的促进作用。我校工程训练中心的工业控制实训教室在完成现有教学任务的基础上,开放教学资源,最大限度地提升设备的利用率。本项工作获得了广大师生的好评,对高校创新人才的培养发挥着重要作用。

参考文献

[1] 周峥嵘,何流洪.读懂新形势 抓住新机遇 实现新跨越:新工科范式下工程训练中心的建设[J].高教学刊,2021(6):69-71,75.
[2] 杨林丰,陈毓莉,罗婕.工程训练中工业控制实训项目的教学设计[J].自动化与仪器仪表,2013(5):60-61,63.
[3] 王博,祁广利,张航伟,等.电气控制与 PLC 工程实训项目研究[J].教育教学论坛,2020(21):281-282.
[4] 张猛持,陈云,马傲玲,等.浅谈开放型工程训练中心的管理模式[J].实验室科学,2019,22(2):

157-159.

[5] 韩伟,段海峰,江丽珍,等.新工科背景下高校工程训练中心的建设与管理[J].实验技术与管理,2020,37(7):238-242.

[6] 吴宏岐,冯元.改革PLC实验教学模式、提高学生工程实践能力[J].高校实验室工作研究,2009(1):16-17.

激光切割技术在工程训练教学中的应用研究

李丽琴,卢广华,范胜波,于树强

(天津大学机械工程国家级实验教学示范中心,天津,300350)

摘要:激光加工技术作为现代先进制造技术的典型代表,将其融入工程训练教学是大势所趋。考虑到激光切割技术在教学科研及学生竞赛中的广泛需求,特别将其设置为独立的教学模块。学生通过线上教学资源及虚拟仿真实验,掌握设备的操作方法,之后利用真实设备进行创意产品的制作。我们将加工过程中常见问题的原因排查及解决过程也规划为训练内容,更能锻炼学生解决复杂工程问题的能力,使教学设计更全面、更系统化。

关键词:工程训练;激光切割;教学研究;问题排查

1 引言

《中国制造2025》中明确指出制造业是国民经济的主体,是立国之本、兴国之路、强国之基[1]。我国各工科高校所开设的"机械工程训练"课程则是培养高端制造人才的主阵地,随着新工科建设步伐的加快,工程训练的教学改革也迫在眉睫。实现训练科目的综合化、多样化、系统化,融合先进制造技术,成为工程训练教学改革的主流趋势和方向。

天津大学实践教学中心在工程训练改革的道路上积极尝试与探索,将很多现代前沿的加工技术融入教学之中,如激光加工技术、3D打印技术[2]、逆向工程技术[3]、虚拟仿真技术[4]等。通过详尽周密的课程设计,以上内容或独立开课,或与其他传统训练项目相结合,都得到了很好的应用。

2 激光切割技术的实训教学

激光切割技术自20世纪60年代以来就受到了机械制造科研领域的高度重视。它是先进制造技术的典型代表[5]。我中心近几年将激光技术引入工程训练教学中,采购了一批国内先进的激光设备,如金属/非金属激光切割机、激光焊接机、激光打标机、激光雕刻机等。其中,考虑到金属激光切割在教学、科研及科技竞赛中的广泛需求,将其设为单独的教学模块。

在金属激光切割教学中,我中心采用线上线下相结合的方式开展教学活动。由学生通过中心网站学习线上教学资源及虚拟仿真实验,提前学会设备的安全操作方法,之后设计创意作品。线上准备工作完成后,可以和实验室预约时间,独立操作设备进行零件的加工制作。通过长时间的教学实践,取得了不错的教学成效,我们也对学生操作机床时遇到的一些典型问题进行了总结,给出了解决方案并上传至教学系统,由学生自行学习。与此对应,把加工过程中遇到问题时如何排查及解决,也规划为训练内容。

2.1 切割效果不好或切不穿

学生在制作产品时,多数情况下会选择不锈钢板材进行加工。在使用机床进行切割作业时,常遇到不锈钢板材切割面不光滑,或被切割件与固定板材不能很好分离的情况(见图1),

导致学生难以找到问题产生的原因,无法自行解决。

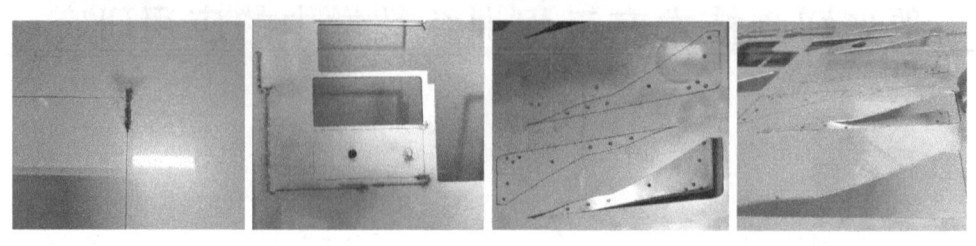

图 1　切口不光滑及切不穿现象

以上现象时有发生,多数是由于切割辅助气体的气压值不足、焦距调整出现问题、冷却系统散热效果差、切割速度过快等造成的。一旦出现切不穿等现象,我们会安排学生对以上原因进行逐一排查,首先,根据切割材料查阅参数表,按表格给出的参考值对气压和焦距进行再次调整(见图2),并适当降低切割速度,使切割面平稳,减少下部熔渣。若未解决,再考虑冷却系统等问题。

图 2　激光切割参数调整

切割效果不好或切不穿的现象在学生进行切割加工作业时经常发生,我们把常见的解决方案进行整理归纳,作为线上教学资源上传至中心教学系统,供学生学习后进行问题的独立排查和解决,这也是培养学生实践能力的重要途径之一。

2.2　切割顺序设置不合理

学生进行板料切割加工时,如果切割顺序设置不合理,即加工件内部孔的切割和加工件边缘的切割顺序出现问题,常导致被加工件的形状不符合或达不到预期的效果(见图3),只加工出了零件的外轮廓,零件内部的孔在切割开始前,整个零件便已经与板材脱离。遇到此类问题,需要使用机床切割软件重新进行切割图形的排序,重新设计切割顺序,应遵循的原则是:先内后外,先小后大。

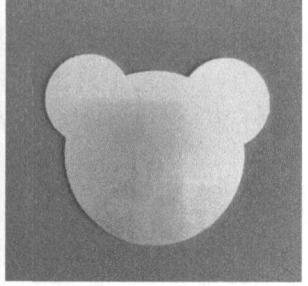

图 3　切割顺序不合理所得的零件

所谓"先内后外"的原则,即是针对内部多孔类的零件,应采用先切割位于零件中间的孔,再逐步向外进行,使切割热可以规律性散发;"先小后大"是指当零件内孔大小不一致时,应首先切割尺寸比较小的孔,使零件受切割热量的影响降低。按以上切割原则对切割图形进行排序,出现的问题将会迎刃而解(见图4),顺利完成产品的加工制作。

2.3 切割补偿不合理

学生加工制作组合类产品时,首先会针对产品单独的构件进行切割加工,最后再进行整个产品的装配。在产品构件组装的过程中,常存在装配不上、装配失败的现象。究其原因,是在构件切割时,学生单纯根据图纸尺寸进行切割,而忽略了添加切割补偿。

图 4 合理切割顺序所得的零件

在切割作业时,由于激光束自身存在一定的直径,故激光束会沿切割轨迹将金属材料熔化,使得工件的实际尺寸与图纸尺寸存在一定的偏差,因此在切割前应根据板材厚度加入计算好的补偿量。图5所示为学生自行设计并制作的飞机模型。加入合理的补偿值之后,可以顺利完成整个产品的组装。如果增加补偿后,装配过程仍出现问题,可考虑适当进行补偿值的调整。

图 5 学生自行设计并制作的创意产品

3 结语

激光切割加工效率高、质量可靠,可应用于多种材料。将其融入工程训练教学之中,既能增加训练项目的多样性,又能解决课时压缩对教学的限制问题。激光加工设备操作简单,学生可以在指导教师的监督下实行自主操作,设计并制作个性化创意产品。同时,对于加工过程中遇到的问题,由学生自行排查并解决,将这个过程也融入训练环节,更能体现教学的完整性与系统性。实践证明,开设激光切割工程训练教学项目可以充分激发学生的浓厚兴趣,提升学生的工程实践能力和工程创新意识。

参考文献

[1] 屈伟,张卫卫.数控激光切割技术在工程训练中的探索与应用[J].科技经济导刊,2019,27(27):72.
[2] 陈为平,林有希,黄捷,等.新工科背景下高3D打印工程实践教学现状及展望[J].中国现代教育装备,2020(9):59-60,63.

[3] 杨林丰,许耀荣,徐忠阳,等.逆向造型与多轴加工开放式工程训练教学研究[J].机械制造与自动化,2019(2):23-26.
[4] 蔡宝,朱文华,顾鸿良,等.基于虚拟现实的工程实践教育探究[J].高教学刊,2021(3):84-87.
[5] 黄晓萍,侯俊.激光切割技术在高职专业课程中的应用实践[J].轻纺工业与技术,2019,48(7):156-157.

工程训练铸造教学综合性改革初探

卢广华,范胜波,朱振云,李丽琴

(天津大学机械工程国家级实验教学示范中心,天津,300350)

摘要:针对工程训练中砂型铸造教学的改革,可以在现有条件的基础上,与其他先进技术进行交叉融合,通过合理的教学设计,使学生参与从产品构思到铸造成形的全过程,培养综合实践能力。同时,为符合社会高速发展的需要,应将现代精密铸造乃至智能铸造技术融入工程训练教学,开阔学生的视野。就工程训练指导教师而言,在对学生实践能力、创新意识培养的同时,也应密切关注学生人格的塑造,在教学活动中实现对学生的正确价值引领。

关键词:工程训练;砂型铸造;新技术融合;精密铸造;价值引领

1 引言

"机械工程训练"是高等院校面向工科专业群学生开设的一门实践类课程,是理论与实践充分融合、以实践操作为主要特色、培养学生综合性基础工程能力的平台,是学生学习工程技术知识、提升实践创新能力、培养工程文化素质的重要途径。天津大学将"机械工程训练"课程制定为全校理工类专业学生的必修公共基础课,在全面推进新工科建设的进程中,工程训练的教学改革也担当着重要的角色。

铸造作为现代机械制造工业的基础工艺,是制造复杂零件最灵活的方法[1]。作为工程训练的基本环节,能够在有限的时间内完成实训教学目标:既让学生掌握铸造的基本知识和技能,又能提高其创新意识和能力,同时充分利用课堂空间,对学生进行人文素质[2]及正确价值观的引领,成为新形势下铸造教学模式改革的风向标。

2 铸造教学中的价值观引领

工程训练中的铸造教学主要是砂型铸造基础知识和技能的传授,教学的主体是全校理工科专业的学生,这就使得最初的课程设计往往局限于工程技能的训练,而缺少了人文底蕴,不符合学生全面、综合发展的需要。同时,实践类课程的特点决定了师生间的互动比较多,指导教师的一举一动会潜移默化地影响学生,对学生工程素质的培养起到不可忽视的作用。

基于此,我校实验教学示范中心进行了铸造课程的实地改革,在前期的铸造概论里融入了铸造文明史与发展史的内容,以增加课程的人文内涵[3]。在课程中,通过影视资料或实际仿品,给学生展示我国古代的经典铸造艺术品(见图1),使学生欣赏其无与伦比的艺术魅力,并通过讲解古代铸造技术[4],思考其中的科学价值,深刻理解科学技术对人类文明的推动作用。

在实习过程中,由学生独立操作、体验砂型铸造生产的全过程(见图2),并在其中渗透"6S"管理理念与安全生产规范,教师通过言传身教、以润物无声的形式,对学生进行价值观上的引导,使学生充分理解劳动创造价值的道理,全面培养学生科学的劳动观和良好的工程素质。

商后母戊鼎(泥范铸造)　　战国曾侯乙尊盘(失蜡铸造)　　东汉五铢钱范(铜范铸造)

图 1　古代经典铸造艺术品及其铸造方法

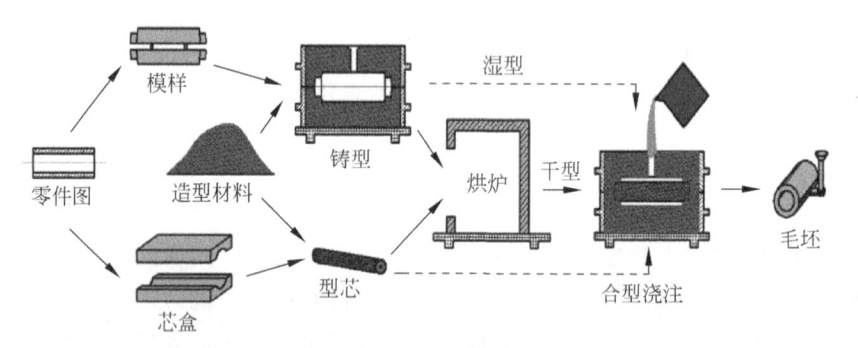

图 2　砂型铸造生产过程示意图

3　铸造教学内容改革方案

3.1　砂型铸造与新技术的交叉融合

传统的砂型铸造教学主要由教师讲解理论内容,并亲自进行造型示范,学生按照既定的步骤进行模仿与重复,教学过程如图 3 所示。这种单向灌输式教学,使学生难以深度理解不同造型方法的特点,理论知识与实际操作脱节。同时,由于实训中心现有的铸造模样种类较少,学生普遍感到实训过程枯燥乏味,创新潜能受到限制。而实训最终的考核,也仅从铸件存在的缺陷情况评定,难以覆盖全部的知识点。

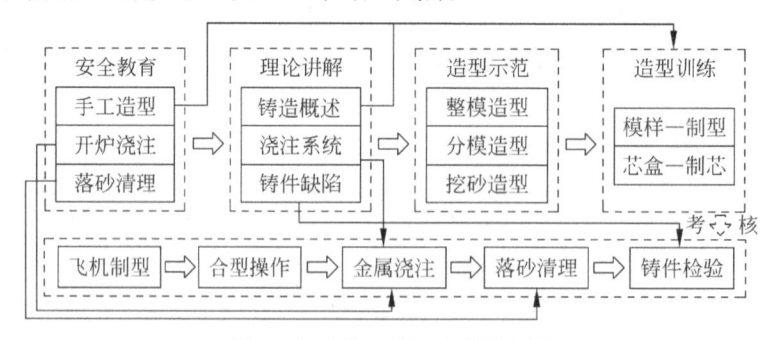

图 3　传统铸造教学流程示意图

当前,3D 打印技术、逆向工程技术[5]快速发展,为解决传统铸造实训中存在的问题提供了新的解决思路:三维建模和三维扫描技术可以用来设计个性化模样,之后采用 3D 打印使数字模型实体化。3D 打印出的模型具有良好的机械性能,可以直接作为模样应用于砂型铸造,以此方法便可以使铸造模样多样化。图 4 所示为我校学生设计并铸造成形的作品。而且,针对同一作品,学生也可以制定不同的铸造方案(选择造型方法、合理设计浇注系统等),3D 打印出模样与芯盒,通过实践检验方案的可行性。

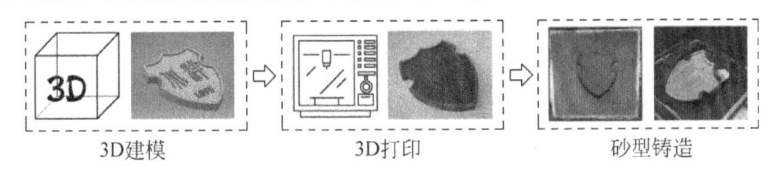

图 4 学生创意作品的制作流程

在最终的考核评定上,也打破了传统的单一主观性评价,而是采用全过程评价方式,包括作品的形状复杂程度、铸造工艺方案的设计合理性、铸件缺陷等,覆盖铸造实训的全部知识点。

3.2 传统铸造教学内容的升级改造

按照《中国制造 2025》的要求,工程训练的教学需要与时俱进,与现代工业发展和科技进步相适应。因此,需要不断地对传统训练项目进行改革与升级,融入国内外的先进制造技术。就铸造实训而言,要使训练内容从砂型铸造逐渐向精密铸造、智能铸造的方向发展,在提升学生兴趣与获得感的同时做到与产业接轨。

我校实验教学示范中心正在重点研究,计划建设一个符合学校特点的个性化精密铸造实验教学平台(见图 5),使传统铸造工艺向先进铸造技术过渡。运用逆向工程技术、三维建模技术、3D 打印技术、压膜注蜡和真空铸造等多种方法实现三维数字化制造,学生可通过计算机进行前期辅助设计,最终实现作品的精密铸造成形,丰富了制模的想象空间,为创意设计与创新制作提供了展现的舞台。

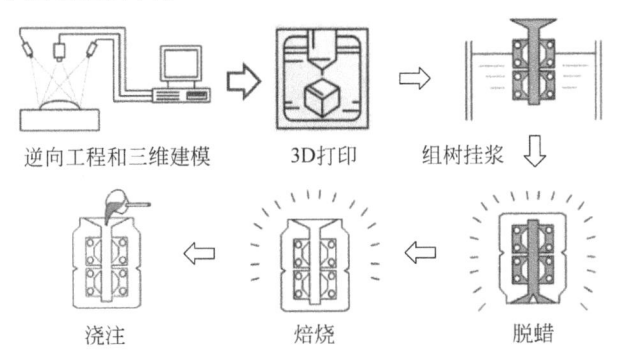

图 5 精密铸造教学平台设计

4 结语

以新工科建设为契机,我们需要对传统工程训练教学内容进行升级与改造,重新进行课程设计,使训练项目呈现综合性、多样化。工程训练的教学目的也不能只局限在学生设备操作技能的提升上,更应着眼于其工程创新能力的培养,使其具备解决复杂工程问题的能力。同时,我们开展工程实践教育,始终不能偏离教育的本质,即对学生人格的塑造,因此在具体的实践教学活动中,指导教师还要密切关注对学生的价值引领,使学生更好地适应社会发展的需求。

参考文献

[1] 任治胜,何骥.机械工程训练铸造工艺的改革与探索[J].科技信息,2008(24):370-371.
[2] 崔琦,王晶.加强高等工程教育实践教学中的人文素质培养[J].高等工程教育研究,2013,3(1):177-180.
[3] 张丽华,赵桐,宋林辉.工科基础力学教学中人文内涵的挖掘[J].现代大学教育,2012(3):108-111.
[4] 吴坤仪.中国古代铸造技术史略[J].哈尔滨工业大学学报(社会科学版),2001,3(4):39-42.
[5] 傅骏,谯攀,王兴芳,等.逆向工程技术在创意工艺品铸造生产中的实践[J].铸造技术,2018,39(3):555-557.

激光加工实训项目教学的探索与实践

卢广华,范胜波,李丽琴,于树强

(天津大学机械工程国家级实验教学示范中心,天津,300350)

摘要:按照新工科建设的指导思想,天津大学实践教学中心积极推进工程训练的教学改革,开设了激光加工实训项目,并对其在教学中的具体实践做了系统研究。首先,在教学方法上,采用线上线下混合式的手段,打破现存条件的制约,扩大教学资源的受益面;其次,将教学内容进行模块化处理,面对不同专业的学生进行选择性开放与组合,实现个性化培养;最后,以创意作品制作为牵引,使单一的技能训练系统化,更侧重于对学生创新能力的培养。

关键词:工程训练;激光加工;模块化教学;创意设计

1 引言

2017年以来,教育部积极推进新工科建设,逐步形成了"复旦共识""天大行动"和"北京指南",高校工程训练的重要性更加凸显[1]。工程训练作为通识性基础工程实践类教学环节[2],培训的对象往往为本科各专业的学生,主要进行工程实践教育和工程文化体验。为跟进《中国制造2025》的要求,工程训练的教学必须与现代工业发展和科技进步相适应,要融入先进制造技术,增加现代技术实训项目,强调教学内容的综合性、教学设计的科学性,专注于大学生综合实践能力和创新意识的培养。基于此,我校机械工程国家级实验教学示范中心在原有实训项目的基础上增加了激光加工实训模块,建立了激光技术实验室,并对教学环节进行了详细设计。

2 开设激光实训项目的优势

激光加工技术是先进制造加工技术的典型代表[3],是20世纪科学技术发展的重要标志和现代信息社会光电技术的支柱之一[4]。与传统加工工艺相比,激光加工设备种类多,如激光切割机、激光内雕机、激光打标机、激光焊接机等,设备操作简单且加工时间短。图1所示为我中心现有的具有代表性的激光加工设备。

图1 中心现有的激光加工设备

将激光加工技术整合成一个工程训练项目,通过合理的课程设计,在工种内即可实现多种加工形式的体验,实现产品从设计、加工到装配的全过程,使学生了解激光加工的基本原理、掌握加工的完整工艺流程、学会设备的安全操作技能,更重要的是把制造的认知传授给学生,引导学生对先进制造技术进行了解,拓宽其视野,激发其学习热情。

3 激光实训项目的教学设计

要将激光加工技术融入现代工程训练教学,就需要对课程进行详细设计,目前存在一些共性的问题亟待解决。①实际工程训练中由于受设备台数、实训时间等条件的制约,学生的参与度普遍较低;②学生专业跨度大,基础知识掌握情况不一,训练项目缺少针对性;③传统教学往往专注于设备操作,使工程训练成为单纯的技能学习,忽略了学生的个性化与创新意识。面对此类问题,我中心对课程建设已经进行了前期探索与实践,形成了一套可供推广的经验。

3.1 线上线下混合式教学

在工程训练教学中,为打破设备、课时等条件的制约、扩大优质教育资源的受益面,我中心制作了大量标准化线上教学资源,利用互联网进行开放共享,探索出一条线上线下相结合的工程训练新模式。

在具体项目实习之前,学生可以在网络上学习布置好的辅导材料,较快地掌握相关的知识点而不占用线下实训时间,同时也可以利用这些资源进行知识巩固和课后创新。在进入车间后,教师通过简单的引导即能使学生快速进入状态,必要时也可以采取翻转课堂等形式[5],使学生成为课堂的主角,进行互动式、探究式学习,深化对所学知识的理解与贯通。

针对激光加工实训项目,我中心建设并开放了线上虚拟仿真实验,将部分现有机床设备软件化,如图2所示。学生通过计算机即可实现面向实际加工的机床仿真操作,较强的临场感和沉浸感使学生能够快速掌握设备的安全操作规范和技能,而不需要教师线下的逐步操作讲解。学生通过线上实验考核,即具备操作实际设备的资质,可以在教师的监督下利用真实设备进行零件的加工制作。

图2 激光加工虚拟仿真实验

线上线下混合式教学的作用不只局限在突破了实习时间和空间的限制,更是给教学改革提供了更多的可能,成为培养应用型新工科人才的重要支撑,是未来工程训练教学的主流方式和发展方向。

3.2 教学内容模块化设计

参加激光加工实训的学生往往具有不同的专业背景,机械类专业的学生对设计和二维、三维绘图软件的基础知识已经有了初步了解。而其他专业,特别是偏文科类专业,其相关知识会比较薄弱。对于偏文科类专业的学生,在激光实训教学中,利用有限的时间教会其使用绘图软件进行设计并利用设备完成产品的加工,具有一定的难度。

我中心根据实际教学情况,将现有的教学资源和教学设备进行分类打包,整合成一个个单独的教学模块。面对不同专业背景的学生,开放不同的实训模块,通过模块间的优化组合,形成系统性的训练项目。例如,在设计环节,可以通过3D造型软件完成产品的三维建模,也可以使用三维扫描设备直接获取现有零件的数字模型。以上两个模块可以根据学生对专业知识的掌握情况进行选择。在获得作品数字模型后,可选择性地与激光内雕模块组合(见图3),也可以与3D打印模块组合,使数字模型向实体作品转化。

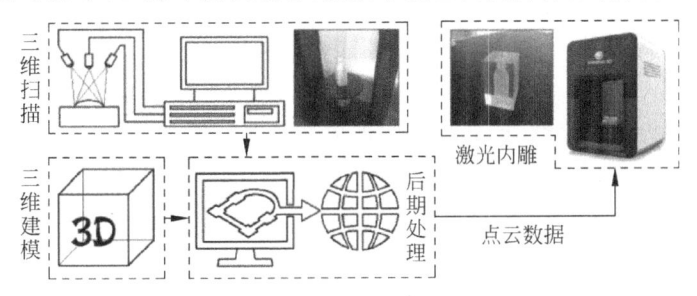

图3 三维训练模块组合

对于没有接触过三维建模的学生,可以选择二维图设计模块,通过对辅导资料的学习,可以快速入门,完成作品二维图纸的设计。在获取加工图纸后,可以通过激光切割模块完成作品的轮廓切割,也可以根据所绘图形进行激光打标加工,如图4所示。

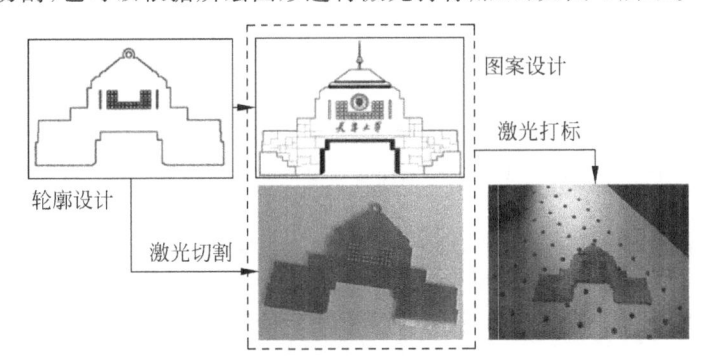

图4 二维训练模块组合

将教学内容模块化,可以根据学生的专业背景、实习时间进行选择性开放。同时,依靠模块间的优化组合,可以使单一的训练内容综合化、系统化,更符合现代工程训练的特点。

3.3 个性化创意项目牵引

传统的工程训练教学往往以单一的工种式训练为主要模式,而忽视了产品制作环节的设计与加工制作过程中综合使用设备的能力与工程素质[3]。针对这种情况,我中心积极打造了一批集项目制一体化实训项目。以激光加工项目为例,要求学生在掌握相关知识与技能的基础上,由小组分工协作来制定设计方案,加工制作一件创意性产品,如图5所示。

开展个性化创意项目牵引式教学,让学生综合运用所学知识,自主设计产品,制定加工工艺方案,选择合适的设备进行加工制作,最后撰写实验报告进行总结,即全程参与一件产品完整生产周期的各个环节,包括构思、创意到实现的过程。在此过程中,还要渗透"6S"管

图 5　学生创意作品

理理念和安全生产规范。以这种项目驱动式教学,可以充分激发学生的内在求知欲,锻炼学生的沟通协作能力,引导学生创新思维的形成和发展。

4　结语

为培养新时期综合型、应用型、创新型的工程技术人才,工程训练教学在新工科背景下要不断地做出改革与调整,由传统的认知实习、技能培养向综合性创新训练的方向发展。需要科学地设置实训项目、丰富教学体系,使教学呈现先进性、多样性,同时引入先进的教学手段和方法,注重学生多方面能力的培养,为学生的个性发挥和创新意识表达搭建良好的平台,全方位满足对当代大学生创新能力培养的需要。

参考文献

[1] 郝兴安,董建明,周俊波,等.激光加工实训课程教学实践探索与研究[J].教育教学论坛,2021(6):89-92.

[2] 杨林丰,曹雪璐,罗婕,等.激光内雕加工工程训练项目的建设[J].机械制造与自动化,2016,45(5):69-71.

[3] 刘彬彬,李英芝.创新创业教育在现代工程训练中的应用:以激光加工训练为例[J].价值工程,2017,36(23):181-182.

[4] 李佳霖,李疆,杨秋萍,等.激光加工融入工程训练教学的探索与实践[J].贵阳学院学报(自然科学版),2020,15(4):95-100,106.

[5] 廖秋丽,白雁力,吴姝芹,等.电子工程训练的线上与线下教学实践[J].电子技术,2020,49(4):136-137.

金工实训中心车间开放的探讨

宋晓威,王 斌,温 洋

(天津大学机械工程国家级实验教学示范中心,天津,300350)

摘要:高校金工实训教学中心机床设备的使用率不高,大多数高校学生接触机床设备的机会和时间较少,无法满足学生进行创新实验和参加工程训练大赛等比赛的需要,限制了学生综合能力的提升。本文探究了高校全面开放金工实训中心机床设备的可能性,结合我校实训中心的实际情况,对开放实训中心的安全管理及机床预约等问题进行了讨论。

关键词:高校金工;实训中心;开放

1 引言

金工实训中心是进行金工实训教学及展开工程训练等比赛活动的备赛场所。实训中心开放是指在完成教学大纲计划之内的实训实验教学活动之后,把实训中心内的机床设备等教学资源对师生局部开放或是全面开放,为师生提供实践活动、创新活动、比赛备赛的场地。随着机械加工技术的不断发展和革新,新型加工设备及新型加工技术的应用也在不断涌现,企业对于实用型人才质量的要求也越来越高,用人单位对于毕业生的动手能力,以及运用理论知识解决实际问题的能力也越来越重视。学生通过在实训中心的深入学习及反复操作练习后,能够快速提升自己的动手能力,也能够充分理解并融会贯通所学的专业知识和加工技术手段的应用。实训中心是培养学生动手能力和使其融会贯通能力更出色的重要保障之一。此外,开放实训中心亦是提高实训中心机床设备使用率的重要举措。高校大学生素质教育的目标是培养学生的专业知识、技术能力、综合素质的协调发展[1],实训中心的开放是助力这一目标实现的有效途径之一。本文将对高校实训中心开放存在的问题、开放的形式、安全管理等进行讨论,从而加大高校实训中心的开放力度,并促使其管理系统化、规范化。通过一系列的开放实践教学活动,提高学生发现问题、分析问题、解决问题的能力,培养学生的创新思维能力[2],促进学生建立更科学的研究思维,提高学生理论联系实际的能力以及动手能力,有效提升高校对综合型优秀人才的培养水平。

2 高校金工实训中心开放存在的问题

2.1 实训中心开放在管理的规范化和制度化上存在的问题

实训中心教师的工作量比较大,需要承担全校各个专业学生的金工实训课程,既要承担实训课程的教学工作,又要负责机床的使用安全与保养工作,以及实训中心的建设工作,同时还要负责保持车间的整洁,因此实训教师很难有精力对开放实训中心进行规范化和制度化管理。在完成本科生金工实训教学工作的同时,对实训中心的机床设备使用进行开放会增加实训教师的工作压力,特别是实训教师下班后对机床设备的使用管理会存在问题,这些限制了实训中心开放的条件。

2.2 实训中心开放存在安全隐患

实训中心的全面开放,机床设备及其配套的工具、夹具、量具的正确使用,油、液等化学原料的使用,实训中心水、电、气的使用和切削废料、废液的处理等都会引起安全与环境问题,没有制定安全有效的管理措施可能会造成生命和财产损失,从而很难使实训中心实现全面开放。

2.3 实训中心开放在运行经费上存在的问题

实训中心实行全面开放,车间机床设备的常用耗材,如刀具、油液等,及其配套的工具、夹具、量具的使用也会大大增加,这必然会增加中心维护保养的经费支出,而实训教师工作量的补助等也需要支出经费。但实训中心的实训经费仅供实训教学的开支,没有足够的经费维持实训中心的全面开放运行,经费不足的问题会直接影响实训中心的开放质量。

3 高校实训中心开放的形式

3.1 实训中心内容的开放

实训中心内容的开放主要有:学生参加的工程训练大赛等各种比赛项目,这类比赛一般由指导教师带队,指导学生使用和操作相关设备加工完成比赛要求所需的内容,提高学生解决实际问题的能力和动手能力;学生参加的创新创业项目,在导师的指导下进行创新性研究,提高学生的综合能力和创新能力;学生参加社团,根据自己的爱好和兴趣选择合适的机床,通过实训中心规定的机床培训之后,利用所学的专业知识,设计开发并加工出新零件、新产品,培养自己的实操能力、创新能力,提高个人的综合素质。

3.2 实训中心时间的开放

实训中心时间上的开放主要包括预约开放、定时开放、全面开放等[3]。因此存在非工作时间内开放实训中心的管理问题,以及计划内的实训课程能否完成,具体开放的形式应视实训中心的实际情况而定。

3.3 实训中心机床设备的开放

为了充分利用实训中心的设备资源,实训中心要为机床设备设置预约服务系统,使学生可以根据自己的实际需要,提前预约所需的机床设备及其配套使用的工装、夹具、刀具、量具等。很多高校引进了一些先进的机械加工设备,但是因为设备仪器比较精密贵重,所以在传统的金工实训教学中并没有安排本科生去学习使用,使设备仪器的使用率并不高。

4 高校实训中心开放的管理

4.1 建立和完善开放实训中心的管理制度

为了提升实训中心的开放效率,有效提高实训中心机床设备的使用率,充分调动学生学习的积极性和主动性,提高学生的创新能力,建立相关的实训中心开放管理制度是非常必要的。因为学生平时能够接触机械加工设备的机会比较少,机床设备在使用过程中也存在一定的危险性,同时一些精密贵重的机床设备在平时只是进行演示性教学,而且有的工种所涉及的机床设备在学生进行金工实训时,是以多人为一个小组的模式进行学习和操作的,这就造成了本科生没有足够的机会和时间去使用机床设备,贸然让学生直接操作机床是非常不可取的,所以必须制定中心设备的预约申请制度及机床使用培训制度。申请预约使用机床的学生必须先完成相关机床在网上的慕课教学内容的学习,并且预约相关机床的责任教师进行机床实操和相应的安全规范操作培训,了解实训中心的相关管理制度,熟悉机床设备的使用与保养方法。完成了规定的各项理论学习和实操培训之后,学生方可在实训教师的监督指导下使用机床设备,这样既降低了学生出现机床误操作的可能性,又提高了机床设备的有效使用率。学生在使用机床设备时,必须每天做好使用记录,相关责任教师须定期检查,以便及时发现并解决问题。依照实训中心的实际情况,制定实训中心的开放时间,提高机床设备的利用率。通过实践不断总结经验,改进实训中心开放管理制度,以及进行开放实训中心的规范化建设,为实训中心的顺利开放提供有力保障。此外,应将培训与监督工作转化为工作量奖励给相关机床设备的管理人员与专职教师,以提高大家的工作积极性,进一步提升实训中心开放的力度,提高开放实训中心的管理水平。

4.2 加强开放实训中心的安全管理

高校实训中心要进行全面开放,车间安全是一个很重要的问题,如何保证学生在使用机床设备时的安全,是保障实训中心顺利开放的重要指标。比如,激光切割加工设备实验室存放有易燃易爆的高压气瓶,具有一定的危险性,在使用过程和管理上出了问题会造成生命财产的损失。机床切削加工之后产生的铁屑和切削废液,应该集中存放,然后由车间相关负责人联系专人进行分类回收与处理,以降低加工废弃物的安全隐患和可能存在的污染问题。对学生进行安全教育是必需的,除了让学生熟知实训中心整体的安全细则,还需要让学生牢记所使用设备的安全规范操作细则,不断强调安全责任意识,杜绝机床使用事故的发生。在非上班时间内让学生参与实训中心各个实验室的安全管理工作,要求最后离开实训中心或实验室的学生全面检查机床设备、水、电、气、窗、门等的关闭情况,全面排查安全隐患,将责任落实到每一位参与设备使用的学生,建立奖惩机制,确保实训中心的开放能够安全顺利地进行。

5 结语

实训中心的开放是高校进行传统金工实训教学改革的重要环节,让更多的学生有机会接触和使用机床设备,是提高学生动手能力、锻炼学生理论联系实际的应用能力、培养学生创新能力、提升其综合素质的重要举措。通过对高校实训中心开放存在的问题、开放的形式、安全管理等方面的讨论,进一步加大实训中心的开放力度、提高开放实训中心的安全管理水平、保障师生的人身安全,确保开放实训中心的顺利进行,提升高校高质量综合素质人才的培养质量。

参考文献

[1] 顾福根.植物组织培养实验室开放式管理的实践体会和改进措施[J].实验室科学,2009(2):142-145.
[2] 周浓.高校本科教学实验室开放的探讨[J].广东化工,2020,47(19):236,215.
[3] 王会文.实验室开放的研究与探讨[J].实验室科学,2009(2):138-139.

工程训练中心大型机床管理与教学设计探讨

赵鹏飞

(天津大学机械工程国家级实验教学示范中心,天津,300072)

摘要:通过剖析工程训练中心大型机床管理现状,本文提出了大型机床管理的新方法,基于新工科对工程训练的新要求,运用现代化教学手段和理念,构建大型机床工程训练的课程新思路,解决了大型机床工程训练课程实施难、管理混乱等普遍问题,提升了工程训练的教学质量。

关键词:大型机床;管理;工程训练;课程改革

1 引言

众所周知,中国装备制造业正经历着产业升级,航空、航天、大型水面舰艇及大型仪器的数量和质量都在飞速发展。"大国重器"的打造离不开大型机床。让学生了解"大国重器"的制造过程,动手操作大型机床是爱国主义教育、工程能力培养的很好途径。随着高校新工科建设教学改革的不断深入,工程训练中心建设也不断完善,其中的大型机床设备资源越来越丰富。提高大型机床实训质量是时代发展的需要、新工科建设对工程训练的新要求、工程教育改革创新的需要,也是高校工程训练中心教学能力和办学实力的一种体现。但长期以来大型机床在工程训练中心的管理与教学应用一直是薄弱环节,提高大型机床管理质量,重构大型机床工程训练课程体系迫在眉睫。

2 高校工程训练中心大型机床的现状

2.1 重采购,轻管理

高校普遍存在"重教学科研,轻资产管理"的现象,且在资产管理中存在"重钱轻物""重购置轻管理"的现象[1]。高校采购大型机床有健全的制度,设备管理和使用也建立了管理制度,但政策在执行过程中效果不佳。究其原因:大型机床的管理属于一项持续的工作,需要专业的管理部门和相关人员,而工程训练中心人员紧缺,没有专职的人员进行大型机床管理工作。中心设备管理基本是谁教学应用谁负责管理,这种制度对管理小型不共用的机床是有效果的,而大型机床设备数量少,在教学和应用过程中经常出现共用的情况,在使用、保养等过程中会出现时间重叠、互相推诿、工作倦怠等问题,久而久之会造成管理混乱、机床保养和维护不及时等问题,从而造成机床损坏、影响教学等一系列后果。

2.2 使用率低

大型机床设备受价格高、数量少、场地小、危险系数高,指导教师缺乏大型机床教学和使用经验等原因影响,授课多以"教师讲授—学生参观—教师演示"的形式进行,甚至个别学校的大型机床根本没有参与工程训练教学中,造成了教学资源的极大浪费。工程训练的目的是培养学生的动手能力、创新精神和工程实践能力。学生在实训过程中没有进行实践机床操作,工程训练的教学效果就会大打折扣。

大型机床在非教学时段长期处于闲置状态,使用率低。而机床长期闲置使其维护和保养更加困难。

3 构建精细化、责任制、网络化管理制度

3.1 精细化管理

精细化管理是一种理念、文化,它是社会分工精细化及服务质量精细化对现代管理的必然要求[2]。大型机床设备管理引入精细化管理制度,按照"精细"的思路,找出关键问题、薄弱环节,分步骤进行,每个步骤解决一个问题;对机床的管理、教学科研使用、保养维护到后期的报废处理等工作做出精细的划分。

3.2 制定"奖罚分明"的制度

责任到人不仅要权力到人,也要"实惠"到人[3]。大型机床体积大、部件及电器元件多,维护和保养机床的时间成本和人力成本较高,应设置"大型机床管理"岗位,制定与绩效奖金相关联的管理制度,做到奖罚分明、能者多劳、多劳多得。

3.3 建设网络共享平台

提高实训中心大型机床的使用率,一直是备受关注的事情。为避免造成资源浪费,应依托工程训练中心网站建立大型机床设备管理平台,并将其完全开放,与其他院校乃至社会进行资源共享。借助网络化、信息化手段,大型机床设备的管理会更高效、更科学,利用率也会大幅度上升,使机床设备发挥最大的效能。

4 搭建适应新工科发展的工程训练教学模式

工程训练中心经过多年的建设发展已具备了新工科建设要素[4]。根据新工科建设要求,开发和建设适应新工科发展的大型机床实训课程势在必行。

4.1 工程训练模块化教学

以往的大型机床实训课程根据专业和实训时间不同,在同一个实训项目的知识体系中进行知识点的增减,没有考虑整个实训的完整性及知识点的科学规划,造成知识点不连续,实训内容有割裂感,且枯燥乏味没有吸引力。模块化教学是将大型机床实践教学内容按照知识体系进行模块化划分,各教学模块之间的知识相对独立,训练时相互不受影响[5]。如图 1 所示,可将大型机床设备组合成一个模块而构成"大型机床综合实训"课程,也可以将大型机床与相关联的小型机床结合构成模块,或单独提炼出具有思政、劳动教育属性的实训模块等,构成多模块实训项目组匹配不同的专业和年级。这种套餐式的模块化教学可以极大地提升大型机床在工程训练中的教学效果。

图 1　机床设备组合

4.2　应用虚拟仿真技术

工程训练中心虽然已经拥有一定规模的大型机床,但仍不能满足所有学生同时进行实训的需求,可引入虚拟仿真技术,有效地保证教学质量,提高教学水平。利用虚拟仿真技术开展虚实结合的混合式教学,模拟大型机床的运行加工过程,使每个学生都能亲自体验机床操作和加工运行的完整过程。模拟仿真教学能够实现单机训练,让学生更快地、独立地掌握大型机床的操作过程,同时也能起到和真实实训相同的教学效果。学生通过虚拟仿真训练,实际操作中就不会出现违反安全操作规程的动作,降低了安全事故的发生。在模拟仿真阶段,学生可以利用线上教学平台在业余时间完成,为实际操作节省了大量的时间,使学生实践操作的时长增加,工程训练的意义和目的才能得到最大限度地发挥,教学质量才会有所提升。

4.3　"6S"管理办法

大型机床的实训环境场地狭窄,实训危险系数更高,这对教学设计和实训管理提出了更高要求。大型机床实训应引入"6S"管理办法,所谓"6S"是指对实验、实训、生产现场各运用场所进行整理、整顿、清扫、清洁、提高素养及安全的活动。将"6S"管理应用到大型机床的教学和管理,能够有效解决大型机床实训过程中的实际问题,提高实践教学的质量[6],便于教学管理和教学内容的实施,有效地预防学生安全事故的发生,同时有助于学生养成良好的劳动习惯,提高其职业素养,也使工程训练的教学水平得到有效提升。

5　结语

大型机床设备是高校工程训练中心的稀缺资源,可以更好地为高校的教学科研、学生工程能力培养和课程建设服务。本文剖析了大型机床存在的管理问题,并给出了相应的解决方案。基于新工科建设对工程训练课程的要求,运用现代化教学手段及理念,重构了工程训练中大型机床的课程体系,提升了工程训练的教学水平。

参考文献

[1] 黄绍斌,李清源.地方高校实验仪器设备管理的现状和对策[J].实验室研究与探索,2010,29(10):381-383.

[2] 胡亚云.有效提高大型仪器设备利用率的探讨[J].实验室研究与探索,2013,32(1):180-183.
[3] 陈小飞,洪彬,邓白平,等.当前高校仪器设备管理模式改革探讨[J].实验室研究与探索,2008,27(12):154-156.
[4] 王秀梅,韩靖然.新工科背景下工程训练中心存在的问题与实践转向[J].实验技术与管理,2019,36(9):8-11,18.
[5] 付铁,郑艺,丁洪生,等.材料成型技术实践教学平台的建设与思考[J].实验技术与管理,2017,34(7):166-168.
[6] 郭刚,丁政.高校工程训练实训室"6S管理"方法探讨[J].中国现代教育装备,2015(217):40-42.

基于学科竞赛的大学生工程与创新能力培养模式探索与实践

王晓亮,张江亭,贾文军,刘 健,王浩程,张观达

(天津工业大学工程教学实习训练中心,天津,300387)

摘要:当前社会发展对高校人才的工程能力和创新能力培养提出了迫切要求,针对传统教学模式下大学生工程与创新能力不足的问题,结合近几年指导大学生参与学科竞赛的情况,本文分析了学科竞赛对提高大学生工程与创新能力的重要性,提出了基于学科竞赛的大学生工程与创新能力培养模式。经过多年的实施和经验归纳,证明了该模式的有效性。

关键词:学科竞赛;工程能力;创新能力;人才培养

1 引言

创新是一个民族进步的强大动力[1]。近年来,国家越来越注重提高高校教学质量,对培养具有创新精神的人才也提出了更高要求。2012年2月22日,教育部发布了《关于做好"本科教学工程"国家级大学生创新创业训练计划实施工作的通知》(教高函〔2012〕5号),特别是在2015年提出了"大众创业 万众创新"的号召,教育管理部门和高等院校积极响应,针对各自的实际情况出台了一系列政策和措施,其目的就是培养大学生的工程素养和创新创业能力,以此提高大学生的创新能力和就业率[2]。

当前,高等教育领域本科生的工程能力和创新能力有待提升。一是由于在长期的应试教育体系下,学生的创新能力基础薄弱,表现为创新意识不足、创新思维不活跃、创新技能缺乏;二是高等教育的大众化使其形成了标准化、程式化的培养模式,使学生的思维定式进一步增强,培养创新能力的难度大;三是高校教师在学生创新素质培养上指导能力不足,传统的教育理念在高校仍占据主导地位,整体上高校师资对传统教育形式把握很好,对学生个性化的创新思维引导能力不足。本文针对我国高校学生实践环节工程与创新能力培养中存在的问题,结合近几年指导学生参与学科竞赛的实践情况,提出了基于学科竞赛的大学生创新能力培养模式,为开展大学生创新能力培养工作提供参考[3]。

2 学科竞赛对大学生能力培养的作用

2.1 学科竞赛有利于培养学生的工程能力

工程能力是学生进入企业后解决实际问题的思维及实践能力,是面向工程实践活动时所具有的潜能和适应性,这些能力的培养可以通过学科竞赛进行推动。以全国大学生工程训练综合能力竞赛中的无碳小车赛项为例,通过练习,学生能够根据比赛项目的要求熟练掌握零件图纸的绘制方法,创建或设计所有零件的三维模型,完成作品的整体三维装配模型,进行一系列的仿真实验以保证方案的可行性;然后,根据模型生成装配图,装配图要表

---

① 基金项目:天津工业大学2019年校级教育教学改革立项项目(2019-2-77)。

达完整的零件配合关系和功能,并按产品要求标注尺寸及技术要求,装配图上要有零件序号和明细栏,同时生成所有需绘制零件的零件图;最后,参赛学生在教师的指导下完成零件的加工,不同的零件需要不同的加工工艺,会用到3D打印、数控线切割、数控铣削、加工中心、激光切割等某种或者多种加工方式,加工完零件,要求学生完成作品的装配任务并完成整车的拆装操作。这项比赛能够极大地提高学生的工程能力。学生的参赛作品分别如图1和图2所示。

图1　热能车三维图

图2　小车实物图

2.2 学科竞赛有利于培养学生的创新能力

创新能力的提升源于创新意识,而创新意识需要学生通过参与各种课内外实践活动、科技活动来获取,参与学科竞赛是更为直接的途径。学生在竞赛中能够不断深入学习知识,提升自我,并激发创新意识[4-8]。

学科竞赛项目就是为了提高学生实践操作的动手能力,强化学生的创新意识和思维模式,是一种有效的创新能力培养方式。我校目前组织学生参与的学科竞赛有全国"互联网+"创新创业大赛、全国大学生电子设计竞赛、全国大学生工程训练综合能力竞赛、全国大学生机械创新设计大赛、ROBOCUP中国机器人大赛、中国ICAN物联网创新创业竞赛、数模竞赛、英语竞赛等,校内各学院相关专业学科竞赛的受益面达到70%以上,极大地提高了学生的创新能力。

3　构建"三位一体"的工程与创新能力培养模式

我校从3个方面构建工程与创新能力培养模式,即以理论教学为基础、以学科竞赛为载体、以技能训练为手段的"三位一体"培养模式,如图3所示。

(1) 以理论教学为基础。学生参加学科竞赛活动过程所需要的技能或创新思维都是基于课内基础知识的积累。为了让学生更好地参与学科竞赛活动,提升学生的创新能力,首先应该让学生牢固掌握基础理论知识。因此,我们要不断提升理论教学这一环节的基

图3　工程与创新能力培养模式

础性地位。

（2）以学科竞赛为载体。学科竞赛活动的开展除了要求会运用理论知识解决问题外，更是对知识深化理解、系统概括并发挥创造性改变的实践过程。创新能力的培养是一个长期的复杂过程，一般的课堂理论教学只涉及专业的某个方面，授课时间也相对较短，学科竞赛活动的开展能够把不同专业课程的核心内容联系起来，真正推动学生创新能力的提高。竞赛内容可以是所学专业中涉及的一个或多个问题，也可以是专业实践领域中的某个应用，结合地方产业，以学科竞赛为载体培养学生的创新能力效果更加显著。

（3）以技能训练为手段。创新能力的提高体现在理论知识、操作技能和思维策略等多个方面，最终综合体现在分析与解决实际问题的能力上。在学科竞赛活动开展的过程中，要求学生具备综合运用所学理论知识制订合适的技术解决方案来解决问题的能力，从而实现培养学生创新能力的目标。其中，技术解决方案的实施需要采用技术实践训练手段来实现，技能训练手段是核心，需要在平时的训练活动中不断积累才能真正掌握。

4 工程与创新能力培养的新举措

在组织学生开展学科竞赛的活动中，天津工业大学工程教学实习训练中心还构建了多种软、硬件结合的新平台，提高了人才培养的质量。

（1）建设基础平台，落实人才培养计划。在学生创新能力的培养中，应针对不同层次的学生制定不同的形式和要求。我校结合各学院不同专业，认真分析和研究了各专业不同层次学生的特点，不断完善培养计划，形成了较为完善的创新能力培养体系、如宣传和推广在学科竞赛中较为成功的教学改革案例、开展创新课程教学、结合学科竞赛设立独立的课程设计和选修课程、不断组织学生参加一些新的竞赛活动等。我校还结合各学院的实验条件，加强与地方企业的合作，由企业来承担竞赛的组织和培训工作，引导企业参与基础平台的建设等。这些活动的开展体现了学科竞赛的真正内涵，为培养与地方企业需求相结合的具有创新能力的应用型人才奠定了基础。

（2）完善竞赛管理制度与运行机制。我校制定了多种制度来确保学科竞赛活动的规范化，加强指导教师的培训和考核、保障并细化竞赛活动开展的经费使用等，这些措施的实施有效地规范了学科竞赛活动的开展，提高了学生参与竞赛的积极性和主动性，使更多的学生参与活动。各学院还结合自身的专业特点和竞赛规模，建立了学院管理制度，细化指导教师的工作职责。同时我校还加强了学科竞赛活动的宣传工作，利用讲座、网站、广播等多种手段对学科竞赛的组织、活动的开展到最后结果的判定进行宣传。这一系列举措激发了学生的竞赛意识，为学科竞赛构建了良好的制度平台。

（3）建设一门"创新方法概论"新课程。通过该课程的开设，培养学生的创新思维，拓宽学生的知识面。学生通过掌握的问题分析及解决方法，结合所学专业进行多学科交叉式创新。授课内容打破了专业壁垒，面向多学科学生，拓宽了创新思维，通过讲授不同专业学科的多方面知识及解决问题的方法，培养学生的创新能力。以创新课程建设方案为理论基础，结合实践平台，开展创新实践活动及项目。

（4）提高教师的专业能力和综合素质。学科竞赛活动的开展离不开一支具有团队合作精神、较强专业指导能力的高素质指导教师队伍，这也是活动顺利开展的保证。我校加强了对指导教师的培训工作,每学期会指派教师参加一些有针对性的学术研讨活动,以此来加强指导教师之间的经验交流,全面提高学科竞赛指导教师团队的综合素质。

5 结语

近年来,国家大力提倡大学生创新能力培养的教学改革与探索,要求以学生学为主、教师教为辅,通过各种途径提高学生的工程与创新能力。学生工程能力和创新能力的培养是一项长期的研究课题,对任课教师提出了更高的要求。教师不仅要有较强的专业知识和工程素养,还要给学生提供解决问题的思路和方法,培养学生的独立思考和自主探索能力。同时,学校要大力开展大学生的课外科技活动,通过组织学生参加各类科技竞赛,在实践中培养大学生的创新能力。

参考文献

[1] 张丽园,王旭东,王光荣,等.应用型高校化学专业学生创新能力的培养[J].赤峰学院学报(自然科学版),2016,32(2):245-247.
[2] 姜重然,翟洪波,吴迪,等.科技竞赛对大学生创新创业及工程能力的培养:基于佳木斯大学信息电子技术学院学生科技创新的实践[J].中国管理信息化,2017,20(18):226-227.
[3] 姜晓玥,石木舟.基于科技竞赛平台的本科创新人才培养路径研究[J].智库时代,2019(11):280-281.
[4] 王东生,王径文,钱宇强.基于学科竞赛的应用型本科高校大学生创新能力培养研究:以三维数字化创新设计大赛为例[J].铜陵学院学报,2013(6):118-121.
[5] 林桂娟,罗洁思.浅谈学科竞赛培养学生的创新创业能力[J].中国电力教育,2014(2):33-34.
[6] 韦相贵,刘渊,侯昭武.开展学科竞赛,提高大学生实践能力和创新能力:以机械创新大赛为例[J].钦州学院学报,2012,27(7):29-32.
[7] 赵书朵,周去旭,陈云生.浅析学科竞赛与创新型人才培养:以大学生智能车竞赛为例[J].实验室科学,2011,14(6):4-6.
[8] 朱斌,曹漫祥,谭勇,等.以学科竞赛为抓手提升工科大学生工程素质[J].电脑知识与技术,2011,7(17):4237-4238,4242.

以学科竞赛项目为驱动的金工实习教学改革与实践

张天缘,张彦春,毕 胜,郭 玲,杨玉军

(天津工业大学工程教学实习训练中心,天津,300387)

摘要:金工实习是工程训练教学的重要环节,是高校培养学生工程能力的重要手段,对于提升学生的综合能力有着重要作用,而多元化的实践教学模式、多类学科竞赛项目驱动将成为金工实习、工程训练的重要改革方向。以竞赛的形式可以提高学生学习的积极性,同时也能够为今后就业提供更加重要的依托。

关键词:金工实习;学科竞赛;工程能力;工种融合;协作意识

1 引言

工业的发展和社会的需求要求工科类学生的工程教育应该突出"工程性",加强工程素养和能力的培养,提高学生的实践能力。基于项目的工程实训就是以工程能力培养为目标,以满足就业需求为依据,以工作结构为框架,以工作过程为基础,以典型产品或工作对象所设计的项目为载体,让学生学会完成工作任务的实训模式[1-2]。这种实训模式打破了目前大多数高等院校多工种独立实习的实训体系,在"工程项目"的完成过程中,学生可以了解真实工作岗位所需的知识和能力,对产品开发与制造、企业实际运营产生系统的认识和理解[3]。

对学生就业而言,综合能力已成为最重要的标准,所以工程训练的创新势在必行。学科竞赛是教育部门结合目前社会情况及社会所需提出的针对大学生举办的竞赛。以竞赛项目为驱动,可以进一步提高学生的兴趣与实际技能,将专业所学的理论知识和金工实习的工种技能与实际的具体案例相结合,可以形成一种新型的工程训练教学模式。例如,天津工业大学工程教学实习训练中心在金工实习过程中倡导不同专业的实习学生共同组队,以参加大学生工程训练综合能力竞赛、大学生机械创新设计大赛、大学生交通科技大赛、大学生西门子智能挑战赛、"挑战杯"全国大学生课外学术科技作品竞赛、"互联网+"大学生创新创业大赛等众多比赛,让学生大学4年所学的理论知识在金工实习及后期的工程训练过程中结合实际案例得到应用。

2 以学科竞赛项目为驱动的金工实习教学改革

2.1 学科竞赛项目在金工实习中的融合

以全国大学生工程训练综合能力竞赛——无碳小车竞赛项目为驱动,融入金工实习教学的改革方案:在每次金工实习开始前,我们会召开安全动员会,进行工程认知报告、竞赛项目宣讲,让感兴趣的学生分组,从提供的往届作品(图1为无碳小车实物图)中分析相应的加工工艺,选择合适的工种,协作完成加工任务,包括车工、铣工、钳工、电火花线切割、装配、钣金、3D打印等。

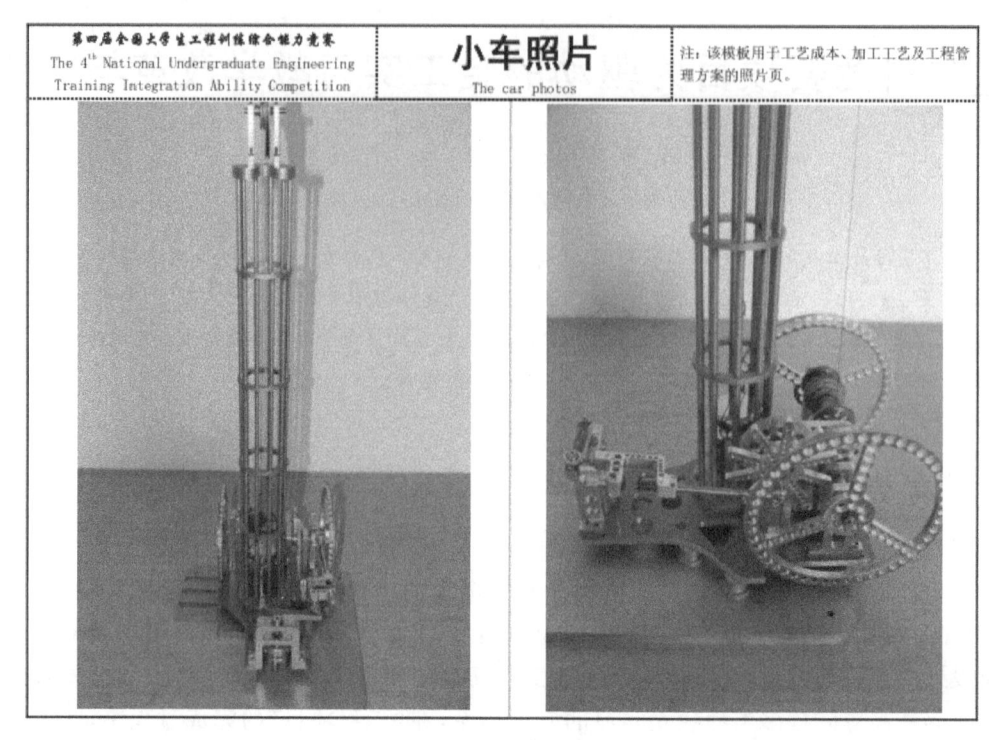

图 1 无碳小车实物图

2.2 组队方式

我们要求学生在完成金工实习的主要内容之外，以自由组合的方式3人组成一组，在空闲时间有意识地参与下一年度教育部举办的学科竞赛项目。这就要求他们具备一定的知识储备，而学生在金工实习中也要重点掌握必需的技能。

表 1 学科竞赛要学习的必要内容和组成人数

竞赛名称	学习内容	学习内容	机械类人数及任务	非机械类人数及任务
工程训练综合能力竞赛	SolidWorks	Matlab	2人,构思设计	1人,电气控制
机械创新设计大赛	SolidWorks	Mastercam	3人,构思设计	2人,电气控制
交通科技大赛	SolidWorks	51单片机	3人,构思设计	2人,电气控制
西门子挑战赛	SolidEdge	S200PLC编程	2人,构思设计	1人,电气控制

小组组合完毕后，根据竞赛需求，机械类小组与非机械类小组再组合成一个完整的比赛队伍。机械类的学生主要负责机械结构的构思设计、绘制三维图并进行仿真、出工程图并编程制作，非机械类的学生主要负责电气控制等，全体队员完成竞赛作品的装配调试。

这样的队伍在实习空闲及业余时间便可以设计构思赛题的具体方案，而在此过程中培养的工程能力将贯穿他们大学4年的学习，在毕业设计、论文撰写中同样受益。

3 以学科竞赛项目为驱动取得的成绩

近年来，天津工业大学一直积极组织学生参加各类学科竞赛，工程实习训练中心更是将学科竞赛作为大学生金工实习项目驱动的重要载体,经过多年努力已经在多项竞赛中取得了优异成绩,展现了学生较高的工程能力。

参与这些比赛的学生也在毕业后的就业考研中有着极强的竞争力,经过追踪统计,他们的保研、就业、获奖情况如下:

(1)保研情况。2018届机械电子工程专业学生麻云、张景波被浙江大学录取;2019届机械制造专业学生陈小雨、2018届测控专业学生韩刚被大连理工大学录取;2019届机械工程专业学生马帅、许江辉被天津大学录取;2017届机械工程专业学生高勇被合肥工业大学录取。此外,湖南大学、北京科技大学、南京航空航天大学等也都有我们的保研学生。

(2)就业情况。在应用毕业生中,很多学生收到了心仪企业的offer,找到了适合自己的职位,并且在随后的工作中能够更快速地适应工作,快速完成从学习到工作的转变。

(3)获奖情况。截至2019年,天津工业大学工程教学实习训练中心在指导学生参加的各类学科竞赛中获得国家一等奖10余项,省部级一等奖若干项。图2和图3所示为第七届大学生机械创新设计大赛获得的国家一等奖作品,图4所示为部分竞赛获奖证书。

图2 快递自动收取小车

图3 菠萝自动识别采摘机

图4 部分竞赛获奖证书

4 结语

学科竞赛是大学生在课堂上所学理论知识的实际应用,而每一年的竞赛项目也是教育部门根据社会情况所制定的最新题目,是与当下社会实际需求相结合而提出的,学生可以通过竞赛将自身所学的知识进行应用,将"平面"知识"立体化",同时将其融入传统的金工实习中,使学生可以有的放矢、更加全面地了解其专业与其他专业的联系。

参考文献

[1] 王浩程,刘玮,刘健.基于项目的金工实习教学改革与实践[J].高校实验室工作研究,2015(3):3-5.
[2] 姚钦英,王凤基.企业对高职大学生综合素质与技能需求调查及思考[J].高教论坛,2010(7):4-7.
[3] 曹中一,刘舜尧.工程训练中实践能力与创新精神的培养[J].现代大学教育,2003(3):81-84.

基于校企合作应用型本科生工程能力培养的探索与实践

赵永立[1]，杨建成[2]，徐国伟[1]，贾文军[1]，刘金勇[1]

(1.天津工业大学工程教学实习训练中心，天津，300387；2.天津工业大学机械工程学院，天津，300387)

摘要：以提升应用型本科人才培养质量为目标，依托校企深度合作，强化工程实践育人，采取卓越工程师"3+1"人才培养新模式，共建"高新纺织装备技术工作站"，以工程案例与项目混搭的教学方法，企业技术及管理专家参与实践教学共同指导校内外实习，创建"一个平台、两个阶段、三方共赢"的校企联合培养人才新机制。构建了新工科人才培养的模式和标准，探索出一条行之有效的培养高质量应用型工程人才的新途径，提升了本科生的工程实践能力。

关键词：校企合作；应用型本科；工程实践；能力培养

1 引言

著名的航天工程学家冯·卡门曾说："A scientist discovers that which exists, an engineer creates that which never was."（科学家发现已有的世界，工程师创造从未有过的世界。）工程师是工程技术创新的核心力量，设计和完成了各种卓越工程，创造了更好的生活环境，提高了人类的生活质量。然而，工程教育在全球范围内存在弱化的趋势，不同程度地存在着以理科教育的方式培养工程师的现象[1]。工科学生的实践动手能力不高，行业企业对人才培养过程参与不够，现有的人才培养机制与企业脱节等问题广泛存在。那么如何实现工程教育的教学目标，以及提高学生的工程实践能力问题？

天津工业大学纺织机械工程及自动化系结合教育部卓越工程师教育培养计划及《关于加快建设发展新工科实施卓越工程师教育培养计划 2.0 的意见》的要求，强化实践育人环节，以提升工程实践能力为重点，创建了企业深度参与的"一个平台、两个阶段、三方共赢"的校企联合培养人才新机制。纺织机械工程专业通过近 20 年的不断教学改革及课程优化，实现了由"需求侧拉动"到"供给侧推动"，初步探索出一条行之有效的校企合作育人工程教学新模式。

2 校企组建平台构建两阶段人才培养新模式

2.1 校企合作联合组建"高新纺织装备技术工作站"平台

由高校教师、学生与企业设计工程师组建了"高新纺织装备技术工作站"平台，平台架构（见图 1），构建了校企合作可持续发展双赢机制[2]。通过技术合作交流，实现高校师生与企业零距离接触，学校了解企业需求，及时调整专业培养方案和课程设置，更新教学内容。学校充分利用企业先进的设备和工程技术人员等全方位培养学生的实践能力，用最新的科研成果充实教学；企业依托学校的师资优势、人才培养、基础理论研究特长和科研创新能力

---

①基金项目：天津市教学成果奖重点培育项目（PYGJ-007）。

为企业培养工程硕士研究生、培训骨干技术人员,校企共同申报国家级科研项目及科技攻关。

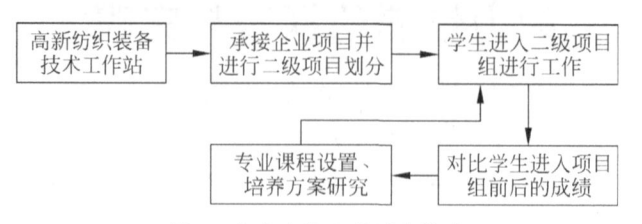

图1 校企合作双赢平台模式

2.2 工程案例及项目教学方法的探索

在"高新纺织装备技术工作站"平台下,聘请企业中具有较强科研能力和丰富工程实践经验的技术骨干与学校教师共同授课,以指导本科生,采用"双指导教师"的方式共同制订多层次人才培养战略计划,全面提高学生的工程实践能力和研发能力[3]。

学校根据企业的实际情况进一步调整教学内容和知识结构,深化教学改革,紧密结合企业技能岗位的要求设置课程,对照国家工科培养标准来确定和调整专业培养目标与课程设置,与合作企业共同制定培养体系与实训方案,采取全日制与非全日制、导师制等多种方式培养人才[4]。

校企合作开展"项目教学"和"递进培养",项目教学流程如图2所示。采取工程项目制的方式让学生参与教师的科研工作,由青年教师、研究生和高年级本科生组成科研小组,将学生所学专业课程中涉及的知识和技能通过明确的"项目任务"布置给学生,共同完成科研任务。

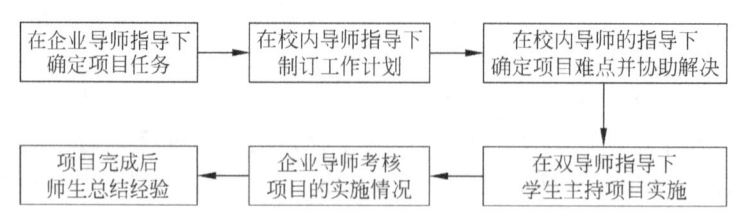

图2 项目教学中的学生工作阶段图

通过"确定项目任务—制订工作计划—组织项目实施—检查考核评估—总结评比归档"等多个阶段,采用"项目团队学习"的方法,动脑、动手、交流和合作,最终完成项目任务并以成果的形式予以展现[5]。工程案例教学可以从专业基础课开始,贯穿本科4年的学习过程,所举例子从纺织机械上的零件、机构、装置中挑选,尤其是把国内外纺织机械装备的具有代表性的专利作为案例。把工程案例教学法与项目教学法有机结合、交替应用,从而激发学生的学习热情,让他们时刻树立工程的概念。

企业结合对高技能人才的实际需求,与院校联合制订培养计划,合作企业负责提供实习场地,选派实习指导教师,组织学员参与技术攻关。通过"递进培养"教学方法(见表1)培养学生的工程实践能力和研发能力。

表 1　递进培养过程简表

培养阶段	大学一年级	大学二年级	大学三年级	大学四年级
培养方式	认识实习（了解企业的生产运行模式）	专项设计（测绘、工程软件学习）	综合实践（融入企业设计和生产中）	毕业设计（解决企业的实际问题）

2.3 "3＋1"模式下的两阶段课程体系的构建

课程是实现培养目标的重要载体，我们坚持以纺织机械为特色进行人才培养，通过3年的在校理论学习及累计1年的企业实习实践，证明校企联合培养模式能够满足企业对纺织机械工程人才的需求。图3为"3＋1"培养模式下两阶段的课程体系架构，通过该课程体系的理论学习及相关实践，毕业生能够具备机械设计、机械制造、自动控制技术和计算机应用等基础和专业知识，掌握纺织机械装备设计、实施、运行、管理的基本技能，具备在机械工程及相关领域从事科学研究、产品开发、技术管理和知识创新的综合能力，具有扎实的工程科学基础、较高的人文科学素质、宽广的专业知识、持续的创新精神。

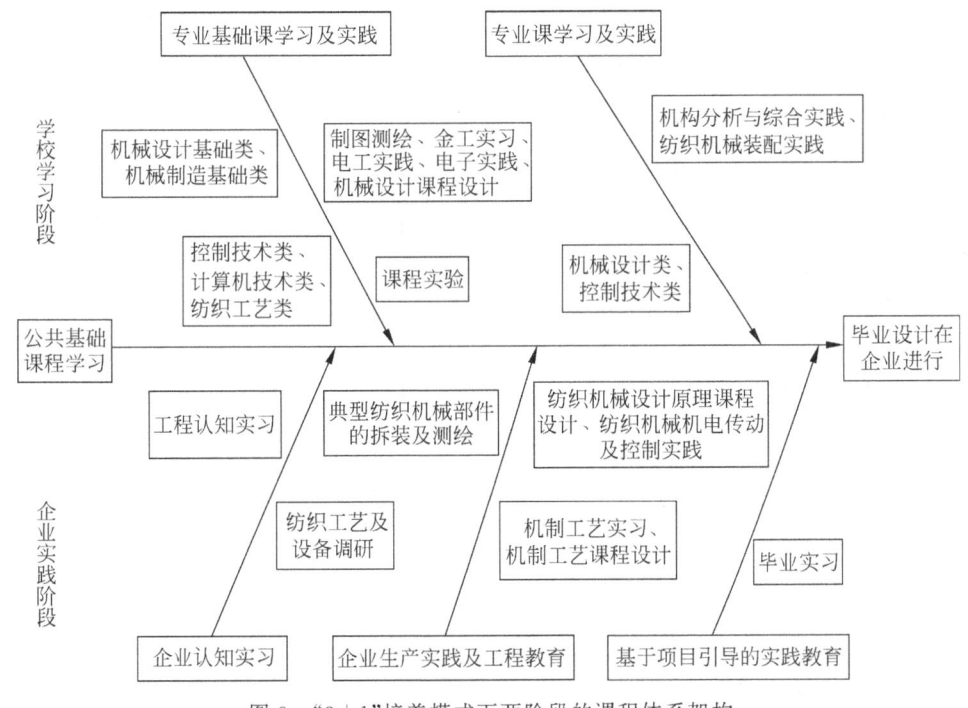

图3　"3＋1"培养模式下两阶段的课程体系架构

3　校企深度合作强化工程实践能力的实践情况

3.1 校企联合制定培养方案，改革教学模式

校企结合各自优势共同制订人才培养方案。课程设置以工程能力培养为主线，增加实践教学比重，增设贴近企业生产实际和行业技术发展趋势的新课程，注重在理论教学环节中融入工程实践教育，在实践教学环节中嵌入理论教学，将知识传授和能力培养合理布置

到校企各相应学习阶段进行教学[6]。

课程中大量采用案例式、现场式教学,企业教学团队承担"3+1"培养模式两阶段实践课程的教学任务,通过具体项目的顶岗实践培养学生的"工程师"意识。专业主干课程设计、毕业设计采用校企"双导师"共同指导,选题真题真做,提高了学生解决工程实际问题的能力。

3.2 校企联合组建高水平教学团队

企业中以研发部、技术部、生产部等技术骨干为成员的现场教学师资团队负责学生的现场实践教学;组建以企业技术副总、总工、各部部长、学校教授为成员的高水平专家团队,指导"3+1"两阶段教学工作。定期组织专家进行学术讲座,与学生交流、答疑。通过高层与基层、学校与企业两方面的师资团队改革和职责明晰,实现校、企、生三方全方位的联系与沟通,拓宽学生的学习渠道,拓展教师资源,提升教学质量。

学校分批选派青年教师到企业进行实践锻炼,选派研究生进入企业研究生工作站,组建"高新纺织装备技术工作站",搭建双方资源共享的科技合作和队伍建设平台,在企业资源的支持下有效提高学校教学、科研团队的工程素养,打造一支满足工程人才培养需要的高水平教学团队。

3.3 完善保障机制,实现三方共赢

学校与企业、学校与学生、企业与学生分别签订相关协议,明确三方的责、权、利,内容涉及教学管理、实践指导、激励措施、经费保障等方面,建立了系统、完善的保障制度。企业为实习学生提供专项奖助学金和实习补助经费并对考核优秀者提供额外奖励,在企业学习阶段对学生全面推行"双导师""师带徒"考核模式,实现对学生的精细化管理,实习结束后双方可对学生是否就业进行二次选择,学生留在实习企业就业可直接入职,无须经历实习期,提高了学生的学习积极性和入职率,实现了校、企、生三方共赢。

4 结语

通过校企间的深度合作,纺织机械工程应用型本科教学内容更加丰富,通过校企共同组建的"高新纺织装备技术工作站""3+1"联合培养两个阶段的教学模式与工程案例教学方法,使学生的工程实践能力得到很大提高,并使他们能够适应社会的发展形势。校企深度合作的教学模式深化了校企的双向合作,有利于学生工程实践能力的培养和提高,达到了校方对学生实践能力和创新能力培养的目的,也有利于企业实现新员工的及时补充更新,实现了三方共赢。项目的实施为构建新工科人才培养的模式和标准探索出一条行之有效的新途径,可为其他应用型本科高校的人才培养体系和工程实践能力培养提供借鉴。

参考文献

[1] 贺晓阳,赵昕,王志森,等.以工程能力培养为导向的多学科融合实践育人平台的建设[J].当代教育实践与教学研究,2020(5):179-180.

[2] 余志壮,高英奇,朱晨.基于深化实习基地教学的本科学生工程能力培养模式创新[J].教育教学论坛,2019(40):26-27.
[3] 梁东,张媛媛.基于校企深度合作的工程教学模式研究:以峨眉校区"卓越工程师"人才培养为例[J].当代教育实践与教学研究,2019(4):157-158.
[4] 曲磊.现代学徒制视角下的校企合作一体化人才培养模式的构建探索与实践[J].科教文汇,2020(12):130-131.
[5] BAI M X,SUN J P,SONG K P,et al. Reform of raining ways of engineering practice and innovation ability for petroleum engineering students[J]. Higher Education of Social Science,2015,9(5):5-9.
[6] HAN T,LUO L,ZHOU G S,et al. Construction of robot practice teaching system based on CDIO model[A]. Advances in Computer Science Research[C]. Proceedings of the 6th International Conference on Electronic, Mechanical, Information and Management Society. Shenyang, China, 1-3 April 2016:1498-1502.

智能车工作室培养创新实践能力的探索

毛福新,郭晓河,荣建翱

(天津职业技术师范大学工程实训中心,天津,300222)

摘要:在"大众创业 万众创新"的热潮下,创新学院智能车工作室应运而生。该工作室以"全国大学生智能车竞赛"为依托,于2018年在智能车兴趣小组的基础上建立健全师生共同参与机制。该工作室在培养学生过程中坚持实践育人的理念,经过两年多的探索已成为服务于多种学科竞赛的人才储备基地之一。目前工作室的服务范围涵盖创新课程、学科竞赛、科普活动、项目实践、技术转化等。

关键词:创新学院;智能车;工作室;创新课程;项目实践

1 引言

随着社会的发展,"大众创业 万众创新"的政策被势如破竹般地引入高校,基于生活、兴趣而非唯书本是论的自主学习越来越重要。在这种背景下,创客教育成为了高校培养人才、提升毕业生创业就业率、增强高校综合竞争力的新途径[1]。天津职业技术师范大学相关部门专门成立了创客工场和若干创新工作室进行学生创新实践能力的培养,智能车工作室便是其中之一。工作室成立后,经过两年的摸索,建立健全了师生共同参与机制,逐渐形成了一套相对成熟的创新实践能力培养方案,如图1所示。学生利用工作室平台参与学生活动、创新课程、学科竞赛等以学年为周期循环的科技活动,同时协助创新学院进行科普活动。经历前3个阶段的锻炼,如有学生想继续深入学习,则可以申请学生助研,参与工作室指导教师的科研或者教研项目,提前接触专业相关设计,提升就业竞争力。

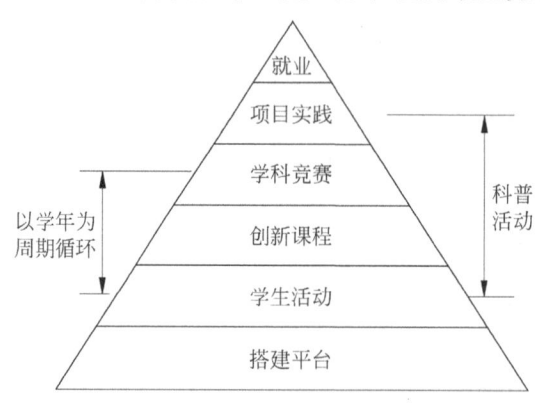

图1 工作室的学生培养方案

2 培养措施的优化策略

2.1 搭建平台

随着创新工作的推进,为学生搭建服务平台显得尤为重要。借鉴"兄弟工作室"(机构创新工作室)的成功经验,以学校教务处为主导,召集有兴趣、有能力的教师,定期召开创新联系会议会商协调解决问题,健全工作室教师与教师、教师与学生、学生与学生之间的合作机制,实施"贵在参与、自由选择、进退自定"的参与原则。整合学校的创新政策,为工作室教师与学生的创新工作助力,确保各项措施和要求落到实处。

(1) 学生。在教务处的支持下,将工作室参加的学科竞赛纳入学校认定范围内并提供经费资助;获得课内德育分数和课外学分;学生学科竞赛成绩可以置换专业课成绩,并给予最高系数为1.6的奖励;教务处提供最高3万元的获奖奖金;提升就业竞争力。

(2) 教师。明确责任、措施和目标任务,将创新工作业绩纳入年度综合绩效考核;教务处进行二次奖励。

图2为工作室成员架构,每学期一更新,学生负责人干满一年,创新学院出具认可该学生的管理证书。

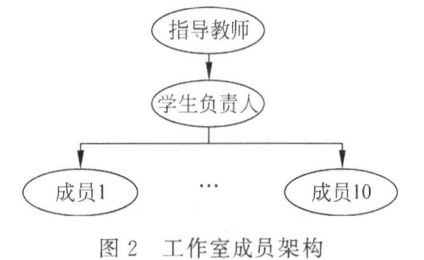

图2 工作室成员架构

2.2 实施途径

1) 学生活动

依托学科竞赛的背景,工作室学生团队面向大一与大二有兴趣的学生,不定期组织专业知识讲座、项目产品展示交流、科技达人分享学习方法等系列活动[2]。在一个学期的学生活动时间内,工作室学长有大量的时间接触参加活动的学员,和每个想进工作室的人谈话,充分了解他们的想法、技术能力、人品、性格等。最后还有一轮面试和考核,结束后由所有工作室团队成员开会讨论决定谁适合进智能车工作室。这种学生对学生的管理模式,保证了工作室的可持续发展。

2) 创新课程

创新课程已逐渐成为创新实践能力培养中至关重要的课程体系。如果说学生活动阶段让初学者实现了对专业基础知识的"通识教育",那么创新课程则对学生多元化发展、个性化发展起到了重要作用,同时还可以拓展学生的知识面,提高学生的综合素质[3]。该创新课程不仅有理论知识,还有实践内容,且结合校级竞赛平台将碎片化的实践内容整合,借助载体进行物理验证。如在创新学院开设的"智能车程序设计与制作"创新课程中,在图像识别这一知识点上,先是介绍"最小二乘法"的数学背景(见图3),随后讲解该算法应用于图像识别中的思路,紧接着让学生实际操作体验加入该算法后的验证效果(见图4),最后让学生借助载体进行实践探索(见图5)。通过学习课程中一系列的知识点,让学生体验到数学创新的喜悦,更能够激发学生进一步创新的欲望。

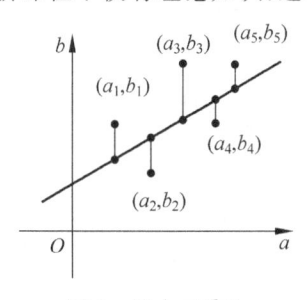

图3 最小二乘法

这种"在学中做,在做中学"的教学模式可以让学生逐渐爱上学习探究、爱上创新制作、爱上专业创新,从而提高学生在创新实践中的兴趣。

3) 学科竞赛

通过近几年的摸索,工作室培养的学生团队中专业特长各具特色,组队(主要实行老生带新生、男生女生共同协作的模式)参加了全国大学生电子设计竞赛、全国大学生智能车竞赛、全国大学生工程能力竞赛、全国大学生机械创新大赛、华北五省机器人竞赛等10余项多

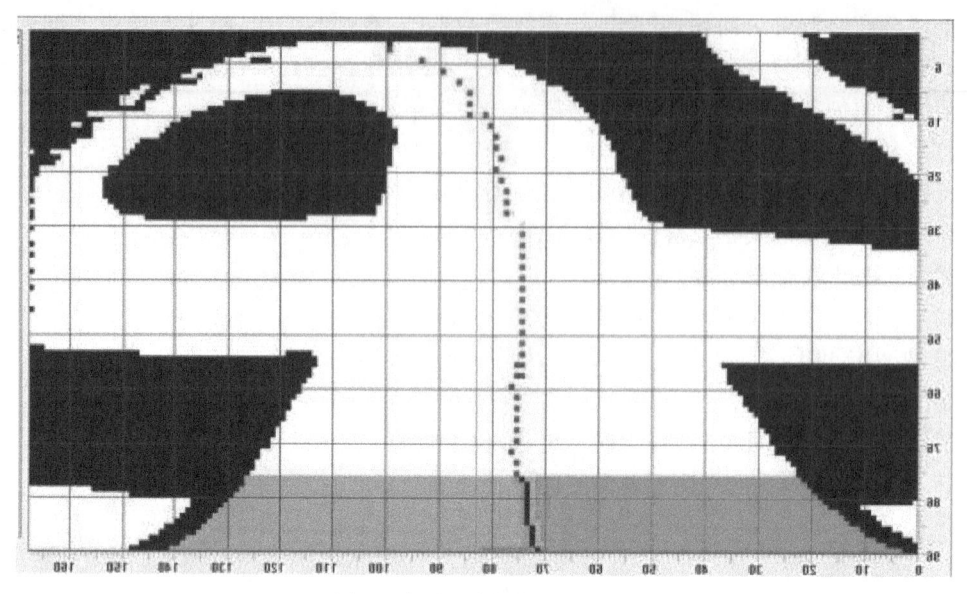

图 4　应用思路与验证效果图

图 5　实践探索

层次、全方位、全覆盖的在全国影响力较大的学科竞赛,均取得了较好成绩。工作室学生团队成员参加系列学科竞赛后,加强了工程实践、创新能力和团队精神的培养;同时积累了大量的竞赛指导和带队经验。在教务处的支持下,以上述竞赛为目标、以学年为周期在校内组织系列学科竞赛,将学生的理论知识与实践相结合,将实践创新与兴趣相结合,在校内营造出重在参与、勇于动手、敢于挑战的创新氛围。即使最终没能完成整个竞赛过程,但参与就可以从前期准备、实施阶段中获取知识和技能训练、熏陶,进而引导学生树立在实践中学习和培养实践能力的成长意识[4]。目前,工作室在学科竞赛方面已基本形成"以赛促学,以学促教,以教促创"的周期循环。

2.3 科普活动与项目实践

为社会服务是现代高等学校的三大职能之一,科普活动则是为社会服务的其中一项措施。工作室配合创新学院完成了"新西兰寻根之旅冬令营"、天津市中小学生科技周活动、第三届世界智能大会等多种类科普活动。

高年级学生可申请学生助研,参与工作室指导教师的科研或教研项目,进行项目实践。项目实践是以解决微小项目为任务驱动,以指导教师为引导、以学生为主体的一种面向企业实际产品、面向企业应用的模式。在学生开发设计微产品的过程中,指导教师要求学生定期汇报项目进展和遇到的困难,提交关键设计文档、测试报告和作品实物。实行实践过程产品交付化,学生对开发过程负责,对自己的产品负责,将微项目实践过程作为未来职业工作的预演。该项目的实践模式以企业实际项目为开发对象,可有效培养学生分析和解决实际问题的能力,有力地提升学生应用技术的能力[5]。

3 创新案例

创新要结合生活,拉近学习与生活的距离,使学生学有所用、学而善用[6]。创新的灵感来源于生活,最终也要反馈于生活,学生基于学校的生活制作出特斯拉线圈、自制音箱(实物如图 6 所示)、坐姿提醒装置等小作品[7]。这些创新案例虽然是隐形成果,但也标志着学生创新能力的提高。工作室今后还将继续强化创新作品展示活动的组织、管理和协调,大力推动创新案例的实施。通过拆分复杂创新案例或者设计简单创新案例的方式,在学生活动阶段普及,争取做到并实现"全员育人"的教育指导方针。

图 6 创新案例——音箱功放电路

4 结语

经过 3 年多的发展,在领导的大力支持下,指导教师和学生团队相互协作,工作室的工作取得了较好的成绩,见表 1。特别是 2020 年的全国大学生智能车竞赛,处于疫情期间,整个竞赛的组织、管理和协调给工作室的管理工作带来了重重障碍。面对这些挑战,工作室师生利用休息时间多次召开线上会议,商讨应对策略。2020 年 3 月初,由于疫情,参赛学生无法正常返校,有关比赛的调试和答疑主要以线上方式进行,参赛学生在家里搭起简易跑道,反复对智能车进行调试;指导教师在线上为学生进行答疑和指导,师生一起沟通每一步的任务和目标,做到"线上线下相结合,答疑调试不停歇",教师对学生每一步取得的成就都不断地鼓励和引导,一起度过了充实的假期。学生返校后,在学校废寝忘食地进行了为期一个半月的智能车比赛准备,空旷的调试跑道上站满了激情澎湃的参赛学生,与他们相伴的是一辆已经成形的智能车和一台笔记本电脑,他们每天沉浸在智能车的调试和思考中,常常忘记了吃饭,经常到宿舍快要关门才回去休息;指导教师在课余时间也会来到调试场地进行指导和监督,帮助学生解答调试过程中出现的问题,为学生提供一些经验和技术指导。经过半年多的努力,参赛学生和教师没有享受假期的安逸,没有被酷暑打败,一直埋头调试,不断的努力和坚持让我校第一次取得了全国"恩智浦"智能车比赛国家一等奖。

工作室的教师和学生还会继续努力,充分展现我校智能车工作室的风采,鼓舞我校创新工作室师生的士气,延续我校智能车工作室的传承。

表1 工作室学生团队的成绩

年份	竞赛获奖	大创项目	发表论文+专利	科普活动	参与项目实践
2018	国家奖1项,省部级奖4项	国家级项目2项,市级项目2项	3+1	4	0
2019	国家奖3项,省部级奖4项	国家级项目1项,市级项目1项	3+2	5	2
2020	国家奖1项,省部级奖2项	市级项目1项	1+1	0(疫情影响)	3

参考文献

[1] 顾亚莉,李树白."双创"背景下高校创客教育发展策略探析[J].中国高校科技,2016(4):74-75.

[2] 蔡进军,雷勇,周继承.基于本科生科研兴趣小组为载体的创新型化工人才培养模式实践研究[J].教育现代化,2018,5(4):3-4.

[3] 郭昊坤.以专业公选课为载体培养高职学生创新能力的实践探索[J].宁波教育学院学报,2018,20(4):13-15,38.

[4] 杨彬,赵柱,金小青.学科竞赛在应用型人才培养中的探索与实践:以河西学院为例[J].河西学院学报,2020,36(1):120-124.

[5] 廖建庆,郭周仁.校企合作微项目创新模式的电子信息工程专业实践教学研究[J].宜春学院学报,2019,41(12):123-125.

[6] 孙淑艳,黄晓明,柳赟.高校电工电子实验的创新实践与思考:由教学案例"立体声音响放大器的设计"谈起[J].工业和信息化教育,2018(12):65-69.

[7] 吕富勇."生活与模电结合"提高学生设计能力[J].科教导刊,2016(3):31-32.

基于在机测量的曲面补偿加工

陈远洋,张余益,井平安,郭 巍

(清华大学基础工业训练中心,北京,100084)

摘要: 本文主要以加工误差补偿来详细介绍在机测量,具体以在鸡蛋上雕刻图案为例。众所周知,数控机床加工需要编写程序,但是在已有曲面,例如鸡蛋上雕刻图案,很难绘制与实际鸡蛋相同的曲面,导致编写加工路径非常困难,从而很难控制图案的铣削深度。通过在机测量曲面,构造实际曲面模型,进行加工补偿,可以解决在已有曲面上加工深度不一的情况。

关键词: 在机测量;补偿;铣削深度

1 引言

随着信息技术、微电子技术、自动化技术和检测技术的发展,数控加工已普遍应用。简单的数控加工已经不能满足现代制造业的要求,大家在追求产量的同时更重视个性化及加工精度。在余量控制及已有曲面加工中保证切削深度及特征匹配一直是数控加工的难点,从产生机床测头开始,在机测量技术就可以完美地解决这类问题。在机测量是指在机床上进行直接测量,广泛应用于数控加工中,主要用以解决夹具验证及找正、工件坐标系设定、自动补偿加工参数等[1]。

数控机床由三轴发展到五轴加工中心和并联机床,CAD/CAM技术也得到了很大的发展。零件的多样性、复杂性、精度要求越来越高,拥有自由曲面的零件在各行各业中的应用变得越来越广泛,但是在已有曲面上进行二次加工控制余量是加工难点。曲面补偿是为了解决由于实际工件曲面存在变形而造成加工深度不均匀问题的一种路径自适应补偿方法。这种变形就是工件实际曲面偏离设计曲面,变形的原因很多,例如工件装卡偏差、装卡受力变形、前面工序处理变形、来料为压铸件本身就存在变形等,而且这类变形一般是无规律的,每个产品的变形趋势、变形量不一样,为了达到各个产品加工尺寸的均匀性、一致性的目的,就必须对每个产品的曲面进行测量,根据各自的测量结果补偿调整加工路径,实现自适应补偿加工,从而大幅度提高产品优良率。

2 在机测量系统简介

2.1 在机测量系统的构成

在机测量主要是以机床硬件为载体,加装相应的测量工具(硬件为机床测头,软件为宏程序、专用3D测量软件等),零件在加工过程中,可实时在机床上测量几何特征,并根据测量结果指导后续加工工艺。机床测头测量系统如图1所示。

2.2 机床测头简介

机床测头为在机测量的主要工具,一般与刀具的安装方法一致,装卡在机床主轴上,并且可以实现自动换取。常见的传感器机构有光学传感器、压力传感器。信号传输方式有电缆信号、红外线信号、无线电信号。常见的探针类型为球形、柱形、T形、锥形等。本案例采用雷尼绍 OMP400 测头,是一款通过无线电信号传输光学传感器的球形测头,适用于中小型加工中心。机床测头的内部结构如图2所示,此测头使用应变片机制,能够在非常低且均匀一致的触力下触发。当测针偏离自由位置时,接触电子开关从闭合状态到分离状态发出触发信号,减少了探针的弯曲度,极大地降低了预行程,因此精度进一步提高[2]。

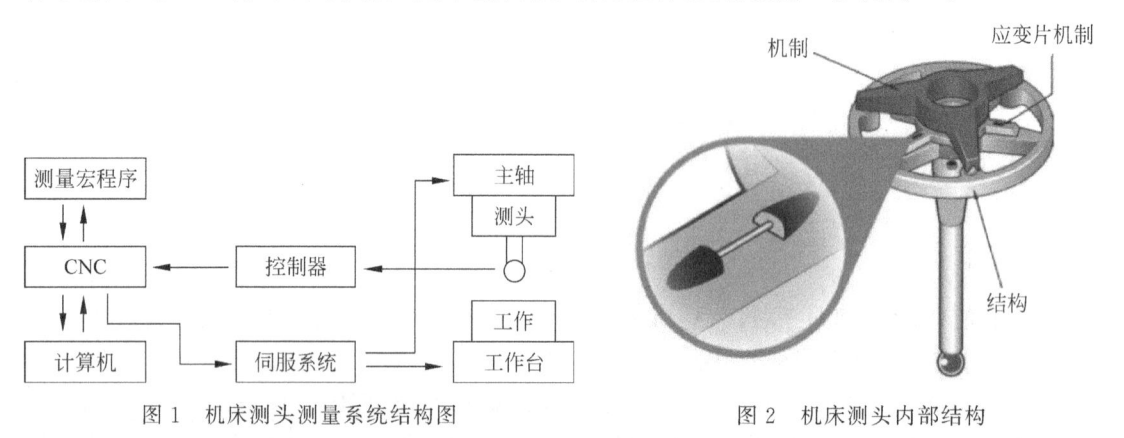

图 1 机床测头测量系统结构图

图 2 机床测头内部结构

3 鸡蛋曲面雕刻在机测量方案

软件配置:JDSoft SurfMill9.0;

机床配置:精雕 GR100;

硬件配置:雷尼绍 OMP400 机床测头。

JDSoft SurfMill 系列软件是北京精雕集团开发的 CAD/CAM 软件,可以完成建模、编程及工件的测量任务,支持三轴、五轴机床的机内测量,轨迹模拟功能能够提供最大的安全保障。这里主要阐述 JDSoft SurfMill 软件在现有曲面雕刻测量中的应用,基于雷尼绍机床测头与精雕50系统完成鸡蛋曲面点云数据的获取及加工补偿数据的拾取。目前,精雕 JDSoft SurfMill 软件已经完成与雷尼绍测头的集成,其在机测量模块基于 CAM 技术实现了曲面检测程序的生成。

鸡蛋是未知的自由曲面,在其曲面上雕刻图案的主要难点在于曲面造型设计及余量控制,通过逆向建模需要专业扫描设备并且点云处理软件操作复杂,所以解决曲面测量及加工补偿的结果不可或缺。

步骤1:测量鸡蛋的外形,进入 JDSoft SurfMill 软件的三维界面绘制与鸡蛋大小几乎一致的球形模型。

步骤2:通过在机测量主菜单进行曲面测量布点,布点要求必须包裹投影图案。

步骤3:进行测量点编号,选择自动编号,将测量点依次编号,如图3所示。

步骤4:切换至加工界面,选择曲面测量加工程序,修改参数并且加工域拾取已经布置的测量点,完成计算。

步骤5:选择五轴曲线加工程序,修改参数,拾取投影在曲面上的图案,完成后才能

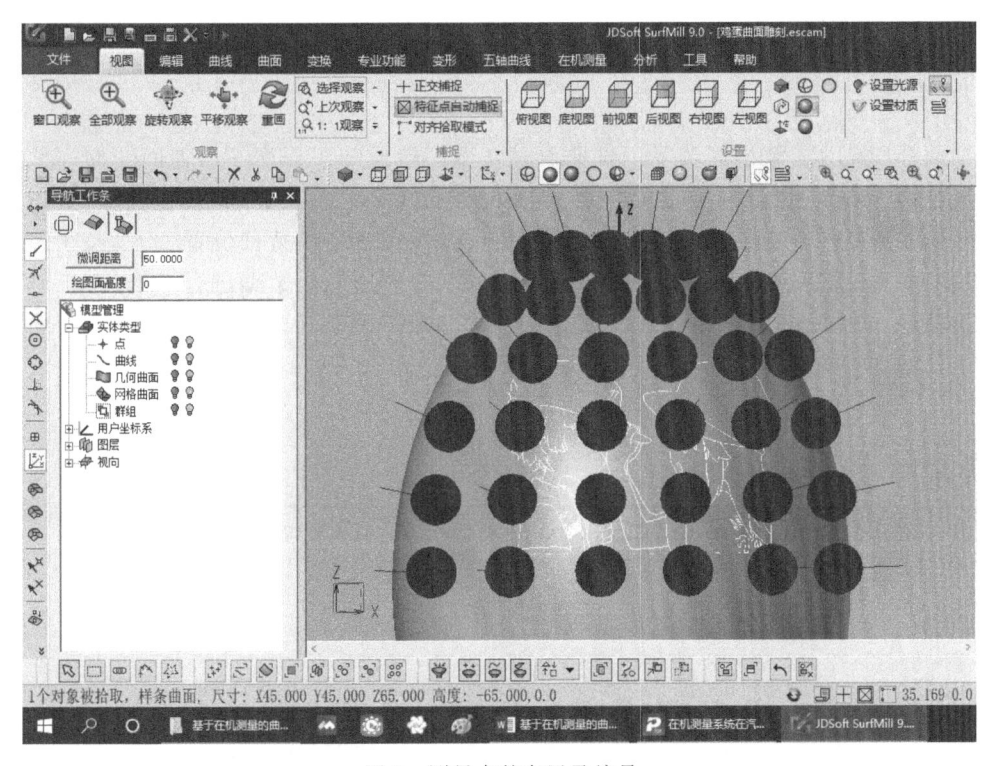

图 3 测量点的布置及编号

计算。

步骤 6：通过后置处理将加工路径转换代码输入机床。

步骤 7：通过真空吸盘装卡鸡蛋。

步骤 8：测量完刀长及确定工件的坐标系后调出程序，启动程序。

完成雕刻，部分作品如图 4 所示。

图 4 蛋雕作品

鸡蛋已有曲面的雕刻难点在于测量点的布置及点云数据的处理。JDSoft SurfMill 软件将在机测量技术集成在软件内，通过选择相应的加工方法，修改参数就可以快速完成曲面的拟合及数据分析。

4 结语

曲面补偿是为了解决因实际工件曲面存在变形造成加工深度不均匀问题的一种路径自适应补偿方法。通过 CAD/CAM 软件 JDSoft SurfMill9.0 编写在机测量程序，数控系统将测量偏差数据作为变量在加工时进行偏置补偿，以满足零件特征位置公差、尺寸公差的加工精度要求，然后进行自动测量并在随后的加工中使用测量数据进行补偿，以获得正确的加工结果。在机测量技术及方案的完善不仅可以解决复杂零件的加工过程，还能满足高精度工件的加工要求。

参考文献

[1] 张倩.在机测量技术在数控机械加工中的应用[D].石家庄：石家庄铁道大学,2018.
[2] 张建明,罗松保,庞长涛,等.现代机床在机测量技术研究与发展趋势[J].航空制朮,2016(9):43-49.

制造工程体验
——机器人智能硬件单元教学创新

陈 震,周 晋,章屹松,马晓东,郭 敏,王浩宇

(清华大学基础工业训练中心,北京,100084)

摘要:"制造工程体验"是一门跨学科、跨领域的制造工程体验课程。本文以智能硬件为载体,围绕智能硬件在制造工程中的应用,设计了其中智能技术单元的教学。课程以智能硬件为载体,融合程序设计、硬件操控、智能小车等环节,形成了一整套工程实践教学方案。在教师的指导下,学生综合使用电子、嵌入式计算等智能硬件与云技术,学习体验智能小车和机器人等智能系统。教育必须面向未来,课程内容结合电子电路、智能硬件树莓派、Linux、Web和云技术及智能算法,通过在真实场景下实现智能系统的体验,建立智能技术的知识体系,培养学生的工程思维和素养以及创新性劳动价值观。

关键词:制造过程;智能制造;智能硬件;教学创新

1 简介

"制造工程体验"(课程编号:01510162-93)是一门跨学科、跨领域的制造工程体验课程。现代制造工程是一个系统工程,是以制造系统为研究对象的一门综合性学科,是以制造科学为基础,由制造模式和制造技术构成的对制造资源和制造信息进行加工处理的有机整体[1-2]。

电子与智能控制技术的广泛应用使其在现代制造工程中发挥的作用越来越大,在智能制造领域出现了代人化和无人化的趋势。2012年至今,以深度学习为标志的机器学习技术取得了重大突破,形成了人工智能的新浪潮。人工智能技术,即用机器(如计算机)完成人类需要用大脑学习完成的任务,代替人的工作,并应用于制造工程的方方面面,极大地提高了生产和制造效率[3-4]。

制造工程内容体系如图1所示。

CC07单元是制造工程体验的机器人与智能硬件单元。CC07单元教学围绕智能制造的电子控制与智能技术的内容,开展相应的F4体验式实践教学,让学生掌握基础知识(fundamental),了解前沿发展(frontier),力求做到教学内容的有用性(fruitful)(对学生未来的科创实践有帮助)和有趣性(fun)[5]。

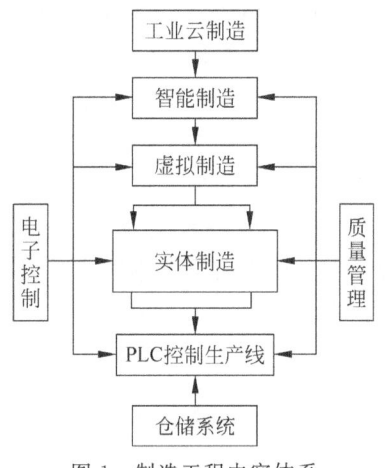

图1 制造工程内容体系

图2 教学理念设计

CC07单元的设计以数字化能力培养为起点,以智能硬件的掌握和开发应用为切入点,围绕智能硬件在制造工程中的应用,以及在机器人领域的使用,通过智能小车和机器人应用的操作实践,让学生通过动手实践逐步掌握单元的知识点和能力点。

教学理念设计如图2所示。

2 智能硬件

智能硬件是以电子信息技术为基础,以智能化为核心,具备联网通信能力、感知交互能力、智能运算能力,具有高附加值的新型硬件设备和产品。其基本特征如图 3 所示。

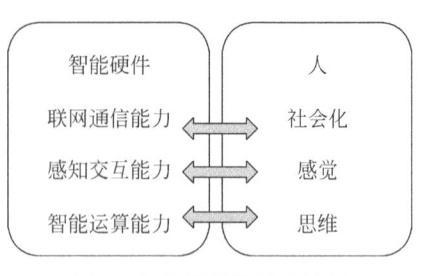

图 3 智能硬件的基本特征

区别于传统的硬件设备,智能硬件的内涵是以硬件为载体,依托大数据、云计算、人工智能、虚拟现实等前沿技术,以内在服务为核心,面向消费者及垂直行业领域提供的智能化整体解决方案。

在过去的 10 年里,智能硬件是电子信息产业的新发展,智能手机为智能硬件提供了技术和产业条件。智能手机的发展,如 iPhone 的出现,标志着通信、集成电路、人工智能等电子相关技术获得了较大发展,但当时智能硬件尚未成为一个独立产业领域。

直到 2012 年,一系列智能可穿戴产品横空出世,点燃了智能硬件发展的火种,比如 Jawbone UP 的智能手环、Pebble 的智能手表、谷歌的智能眼镜 Google Glass 等。自 2012 年开始,在全球范围内"智能硬件"开始成为产业热点。

同时,全球创客文化(maker culture)和众筹模式(crowdfunding)助推智能硬件实现井喷式发展,小米、京东、百度、海尔等厂商纷纷涉足,深受资本热捧,使 2014 年成为我国智能硬件产业发展元年。

当前智能硬件的开发实现多基于嵌入式计算设备,得益于电子生产制造水平的提高,涌现了众多的嵌入式计算开发平台,计算设备的普及发展,如 ARM 等,以及计算机网络的普及和最新通信技术的采用,如 5G 技术。目前常用的嵌入式硬件开发套件有开源硬件 Arduino、树莓派(Raspberry Pi),基于 Python 编程语言的智能硬件开发板 Pynq、小型计算设备 Jetson 套件等。本单元采用的智能硬件开发套件以树莓派 Pi4 和 Jetson Nano 开发套件为主。

3 CC07 总体设计

3.1 总体设计

本单元的教学目标:

(1) 数字化能力教育就是培养学生在未来数字化社会的数字化修养,熟悉掌握 Git、Markdown、Python 等数字化工具。

(2) 熟悉掌握树莓派等智能硬件,掌握智能硬件的开发与应用,培养学生的技术创新、研究开发能力和严谨的工作作风。

本单元教学的知识点如图 4 所示。

1) 知识点

从本单元学习到的直接知识点有:

(1) 智能硬件的原理。
(2) Jetson 编程技术。
(3) Linux 系统环境搭建。
(4) 深度学习原理。
(5) 视觉机器人原理与集成。

从本单元学习到的间接知识点有：
(1) 人工智能产业前沿。
(2) 人工智能产业相关技术基础。
(3) 视觉机器人工作原理。
(4) 视觉机器人智能控制技术。

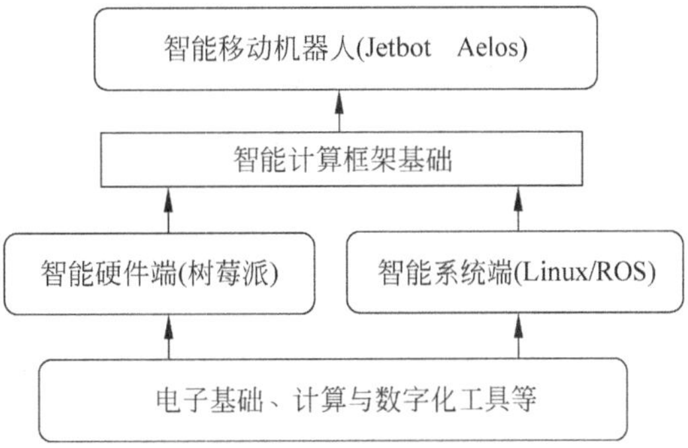

图 4 单元教学的知识点

2) 能力要求方面
(1) 团队协作能力、编程设计能力得到了快速突击式的提升。
(2) 硬件编程能力；目标分析能力；环境搭建能力和软件编程能力；操作能力；技术想象能力；环境保护意识；安全意识、团队精神和工程意识。

3) 教学模块设计
单元的教学内容共设计了 6 个教学模块，分别是：
(1) 数字化能力基础。了解数字化能力基础，掌握基本的编程能力。
(2) 智能硬件基础。学习计算与智能计算基础，如树莓派开发，体验动手完成基于智能硬件的智能家居场景的应用。
(3) 云计算基础。学习 Linux 和 Web 系统，体验云平台的后台技术。
(4) 智能计算基础。了解人工智能现状、人工智能算法等知识，体验人工智能的应用。
(5) 智能驾驶小车。体验人工智能的应用，包括计算机视觉、自动驾驶。
(6) 机器人。完成机器人动作编程，实现一场足球比赛或拳击比赛。

3.2 总体教学安排

1) 教学安排
机器人-智能硬件单元每学期分为上下 2 个批次，每个批次 7 次课程，每次 4 学时，共 28 学时。详细的教学课时安排见表 1。

表 1 机器人-智能硬件单元各教学模块的课时安排

模块	教学模块	课时安排
1	总体介绍	2
2	数字化能力基础	4
3	智能硬件基础	4
4	云计算基础	4
5	智能计算基础	4
6	智能驾驶小车	4
7	机器人	4
8	总结回顾	2

2) 分项教学模块设计

根据总体设计,将单元总体目标分解、细化为每一讲的教学目标。

模块 1:数字化能力基础

(1) 教学目标

学习基本的 Python 程序设计及编程环境,小组进行协作的工具,文档整理与协作。

(2) 教学内容

① Python 语言是智能硬件/智能算法的基础,程序代码以 Python 为主。讲授 Python 语言的基本语法、类和包的使用。

② 教学使用 Jupyterlab 作为 IDE 环境,编程实现计算圆周率等多个实际案例。

模块 2:智能硬件基础——树莓派

(1) 教学目标

学习树莓派的使用,结合 Python 和传感器,实现简单的智能场景。

(2) 教学内容

① 树莓派的硬件、树莓派的访问,在树莓派上如何使用 Python 进行控制。

② 了解 GPIO 端口如何定义。学习使用 Python 编程来控制 LED 灯的亮灭。

③ 结合温湿度传感器,通过 Python 显示当前环境的温湿度。

④ 通过 Python 设计自动温湿度监控系统,当湿度大于 50%时,开始报警。

模块 3:云计算基础——Linux 系统

(1) 教学目标

① 理解操作系统在智能系统中的作用。

② 认识 Linux 系统的广泛应用。

③ 掌握 Linux 基本命令的使用。

(2) 教学内容

① 介绍操作系统和 Linux 系统。

② 使用 Linux 系统,学习基本命令。

③ 完成实践项目(设计一项与课程总任务有关的小任务)。

模块 4:智能计算基础

(1) 教学目标

① 了解人工智能的计算机视觉、深度学习的基本概念。

② 了解深度 DNN/CNN 的内部机理。

③ 了解计算机视觉对象的检测原理。

(2) 教学内容

① 讲解深度学习的基本概念。

② 讲解计算机视觉中深度学习的应用,学习卷积、池化的概念。

③ 基于 TensorFlow2 搭建卷积网络进行图像分类。

模块 5:智能驾驶小车

(1) 教学目标

① 了解 JetBot 的关键技术点,包括硬件系统和软件系统。

② 完成智能小车的操控,训练 JetBot 实现自动行驶。

（2）教学内容
① 讲解 JetBot 轮式机器人的关键技术点。
② 完成小车组装，操控小车运动。
③ 在巡线状态下运动超过 1 米。
④ 完成小车转弯巡线，完成小车完整的一圈巡线。
⑤ 完成小车现场临时性测验。
⑥ 完成 JetBot 的其他任务，例如避障或者目标追踪。

模块 6：机器人
（1）教学目标
① 了解机器人的发展历史，以及机器人的种类。
② 实现机器人编程动作的实验。
（2）教学内容
① 了解机器人的定义和种类，如工业、服务和探险机器人等。
② 掌握 Aelos 机器人的结构体特征。
③ 了解 Aelos 机器人的操控方法。
④ 掌握机器人动作编程软件操作，熟悉创建工程、加载动作指令、连接和下载动作等。
⑤ 完成机器人自主舞蹈和对抗多组动作实验。

4 结语

本文提出了一整套机器人智能硬件教学创新方案，针对一般的工科学生，通过完整的体系设计，逐步递进完成教学，可以让学生形成完整的知识框架和开阔的视野。特别是通过动手实践操作，学生可以系统掌握电子电路搭建、智能硬件树莓派、Linux、Web 和云技术及智能算法，体验真实场景下的智能技术实践，有利于培养其工程思维和素养，特别是勤于动手、创新思考的劳动价值观。

参考文献

[1] 施瓦布.第四次工业革命：转型的力量[M].北京：中信出版社，2016.
[2] 马瑟斯.Python 编程从入门到实践[M].袁国忠，译.人民邮电出版社，2020.
[3] 陈震，郑文勋.AlphaGo 如何战胜人类围棋大师：智能硬件 TensorFlow 实践[M].北京：清华大学出版社，2018.
[4] GÉRON A.机器学习实战：基于 Scikit-Learn、Keras 和 TensorFlow：原书第 2 版[M].宋能辉，李娴，译.北京：机械工业出版社，2020.
[5] 肖莱.Python 深度学习：第 2 版[M].张亮，译.北京：人民邮电出版社，2018.

基于产品驱动的焊接实践教学模式探索
——以艺术风装饰台灯产品实践为例[①]

高党寻[1]　彭世广[1]　姚启明[1]　杨建新[1]　周冰科[1]　徐江波[1]　郑　艺[2]

(1.清华大学基础工业训练中心,北京,100084；2.北京理工大学工程训练中心,北京,100081)

摘要：本文重点介绍了清华大学基础工业训练中心在文化素质通识课实践教学中开展的以艺术风装饰台灯为产品的工程实践教学模式。通过探索,制定了教学目标、教学流程及内容,旨在坚持知识传授、能力培养、素质提升的有机融合,创新性、综合性内容与创造性劳动齐头并进,积极引导学生进行探究式与个性化实践,为打造通识课程"高阶性""创新性"和"挑战度"的建设内容奠定基础,推进通识课程教学的进一步发展。

关键词：产品驱动；艺术台灯；实践教学；通识课程

1　引言

近年来,清华大学基础工业训练中心(以下称为"训练中心")开设了多门文化素质核心课程,制造工程体验课程是其重要的组成部分。新形势下,随着文科生选课人数的比例增多,以及训练中心对文化素质核心课程提出了新的教学要求,为了提高课程教学质量,必须对课程实践教学方案进行改革。方案改革理念先行,设计为要。教学设计中要注重从工程整体考虑实践教学的设计与实施,开展以项目或产品为驱动的"个性化定制"制造工程体验教学模式[1-2]。使学生由"实践参与体验"转变为"明晰体验制造过程"的各阶段,包括"消费需求分析阶段""设计与原型开发阶段"和"生产、制造和实现阶段",从而提升工程认知和实践能力[3]。

2　教学目标、流程及内容

课程面向通识教育,依照学生的个性化发展,"定制"多学科交叉的实践学习,在制造体验过程中拓展知识视界、培养综合能力、塑造综合素质。

2.1　教学目标及教学设计流程

整个实践过程由一款名称为艺术风装饰台灯的文创产品作为导向和驱动,具体到这款产品,通过设计、开发、加工、装配、产品推广及服务这几个方面的实践,学生能够体会到一款产品全方位的制造(广义制造)过程,体验多种材料连接技术及智能控制技术。基于个性化定制,感受设计与技术融合的精彩成效,强化实践动手能力、合作精神和创新能力的培养。图1为连接技术中的文创产品制造教学设计流程。

在设计环节,学生依托设计思维的理论形成构思和创意,进而形成可制造的产品原型

[①] 基金项目：清华大学本科教育教学改革项目——"课赛创"融合的创新型人才成长与评价体系构建(DX05_01)。

图纸。在开发、加工等环节要综合运用工程思维和技术思维的理论及方法全面规划产品选材及方法选定,以及加工制作等,以求方案的合理性及产品的制作效率和效益。

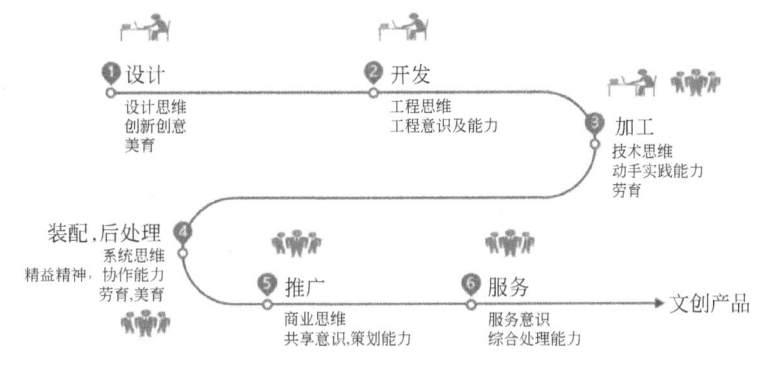

图 1 教学设计流程

从整体的教学设计看,艺术风装饰台灯的制造实践过程具有以下 4 方面特色:
(1) 产品导引,体验制造全过程,图 2 是学生制作的产品。
(2) 多类连接手段,充分展现工程制造的内涵。
(3) 内容通识、环节系统,适合文科生的通识化培养。
(4) 个性化设计,学生积极主动参与。

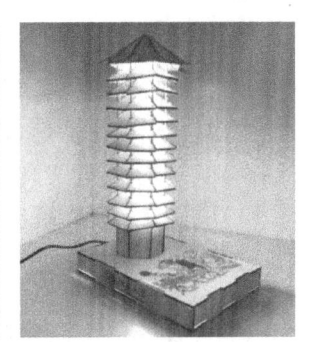

图 2 艺术风装饰台灯

2.2 教学内容

围绕产品制造的全过程进行课程内容设计,遵循的原则是因需设论、以工设法、内容通识、承上启下、逻辑有章。在理论方面,按产品设计、开发、加工所需的支撑理论开展线上讲授内容,而且知识讲授全程围绕学生的作品设计来完成。在实践方面,按产品所涉及的加工方法安排操作。讲授内容须具备通识特征,强调教学过程的互动性和趣味性,提升学生的学习兴趣。图 3 是线上理论讲解内容。

依此,从导引到方法再到工艺,就能解决产品制造过程中设计、开发、加工、装配、后处理所涉及的支撑理论,具有一定的逻辑性,同时设计内容的通识性也能让学生轻松接受,体现了通识课程的主要特点。

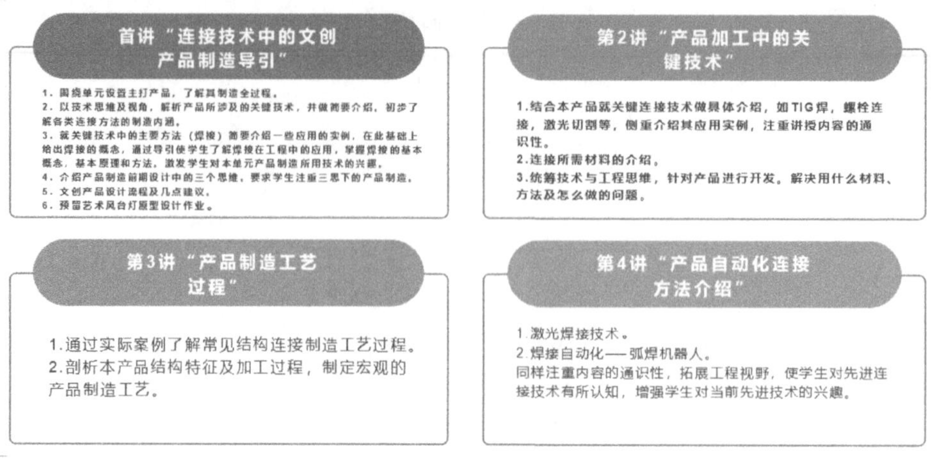

图 3　线上理论讲解内容

3 设计流程内容与思考

3.1 产品及设计理念

本产品的名称是艺术风装饰台灯,设计理念是装点学生宿舍环境,营造温馨的光背景氛围,放置在室内,不仅仅是灯,还是一件艺术品。此外,还可通过某种技术控制(如手机)实现光源的亮度变换,且可实现自动开关,但这仅仅是我们课程开发组的设计理念。空间装饰的个性追求让灯具设计呈现出多元化的趋势,风格迥异的灯具也成为沉闷室内空间中闪烁的亮点。既然是一款文创产品,学生便以自身需求为出发点,从文化艺术方面入手会有什么样的理念,如何基于设计思维,展示产品的设计理念和原型的创新性,都令人期待。

图 4(a)是一名社科学院学生设计的台灯原型草图。他非常喜欢中国传统文化,对灯笼情有独钟,因此,他设计的艺术风装饰台灯是灯笼形状,融合了中西方的文化,一是台灯的中国风设计,二是欧美式的简约风格。图 4(b)是另一名学生的创作草图,融入了古代文艺风格和水木清华元素。整体的结构与展现出来的唯美气息相互衬托,正面望去仿佛一轮满月在山中升起,而水木清华就在这轮明月的照拂之下,别有一番韵味。艺术风装饰台灯采取胶结、铆接、焊接的连接方式,节能环保,置于书桌之上,宛如一轮明月升起,有"月出于东山之上,徘徊于斗牛之间"的自然韵味,让劳累了一天的身心得到舒缓与放松。

3.2 产品开发

开发是指在进行商业性生产或使用前,将研究成果或其他知识应用于某项计划或设计,以生产出新的或具有实质性改进的材料、装置、产品等。参与实践的学生来自各院系,有不同的学科背景,在认知和专业领域都有自身的优势,通过多学科交叉和碰撞,会产生令人惊喜的开发成效。本产品有很大的开发空间,因为它是将工程、人文、艺术基本结合起来的一款综合产品。仅就工程方面,清华大学的工科生就有很多值得参与的开发空间,如材

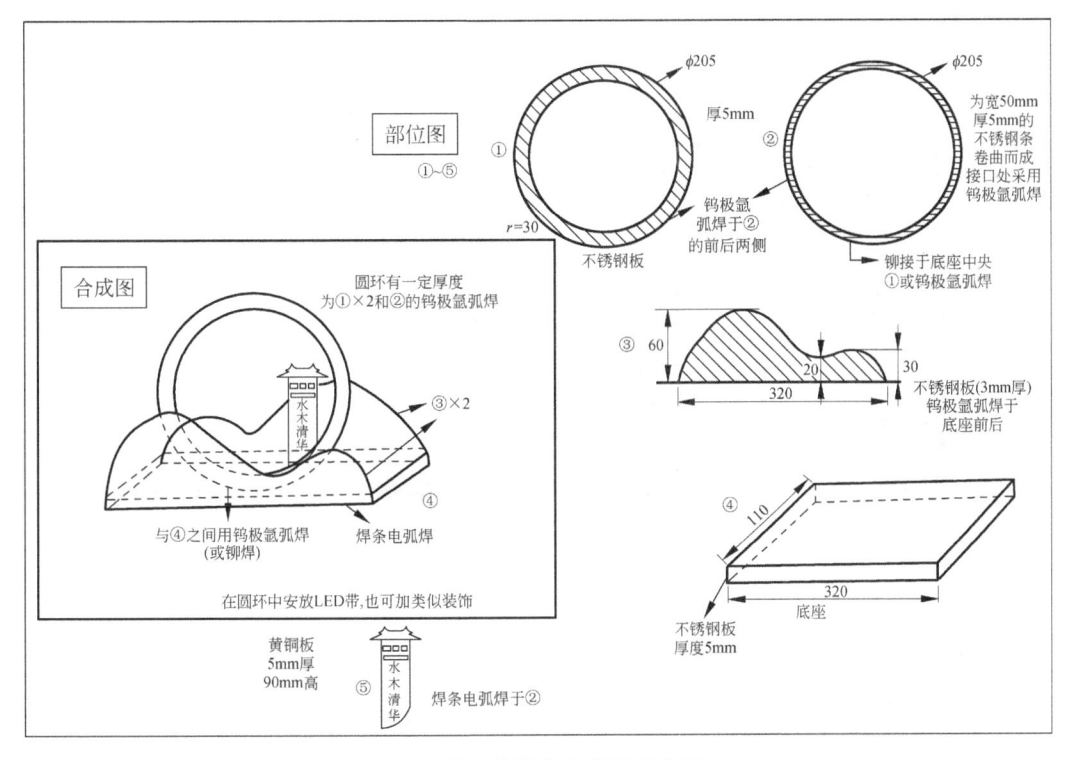

图 4　学生设计的产品原型草图

料、制造手段、控制方法等,可用所学的最新知识在开发过程中建言献策,人文类的学生在挖掘产品设计创意方面更是大有作为,艺术类学生在创造性设计方面则是如鱼得水。

在开发环节,学生需要在各方面综合考虑,要考虑产品的经济价值、社会价值、生态价值、审美价值等,以创新创造出新的有意义的存在物。目前市场上有多种实用性较强的类似产品,切记不能照猫画虎。所以此时的多学科交叉开展就显得尤为重要。

3.3　加工技术实践

技术是硬核,如何支撑设计的实现,对于贯彻劳动教育、提升学生的创造性劳动是极为重要的模块。从技术角度看,仅在连接和切割技术方面这款产品就涉及了黏接、螺栓连接、焊接(含激光焊接)、激光雕刻、切割,此外塑性成形、电子、控制、电池等技术也是必备的。通过动手实践能够清晰地梳理各种连接方法及其他技术的制造内涵,这也是制造工程体验课的主要目的。课程中支撑本产品制造的实验室有成形制造实验室、人工智能实验室、设计与原型实验室、碳立方实验室(电池制备)。学生能够进行多工种、多门类技术的体验。

在本环节中,学生必须给出实现这款产品的答案,即具体该怎么做的问题,提出可以具体操作的技术性方案。通过教师的理论介绍及基本的实践操作,每位学生都能掌握一定的技术手段。

3.4　产品推介

产品推介是指企业产品(服务)问世后进入市场所经过的一个阶段。学生可以将本产品(含本课程)进行有效推介,这也是制造体验的一个环节。图 5 为课堂上学生准备的推介会海报及学生推介产品。如何策划、制定什么方案、使用什么渠道等,以快速提升其亲手制作产品的知名度,进而让更多的消费者共享其新产品,这就需要更多学科的学生共同参与。

图 5 推介会海报及推介会现场

4 结语

以艺术风装饰台灯文创产品作为导向和驱动开展的实践教学体现了一种新的教学模式。通过课程中产品的驱动,整个产品的实现渗入制造过程的各个方面,学生体验度高,项目释放的知识内容丰富,同时通过个性化制造激发了创造性劳动,能够对学生进行价值塑造。此外,在强化学生的实践动手能力、合作精神和创新能力培养方面也是一种新的探索。

参考文献

[1] 刘阳.基于设计思维的"创意设计与传播"课程教学改革与实践[J].传播力研究,2019,3(30):259.
[2] 陈雪芳,朱学超."数控加工实训"课程项目教学的技术思维培养[J].苏州市职业大学学报,2013,24(4):68-70.
[3] 殷瑞钰,汪应洛,李伯聪,等.工程哲学[M].2 版.北京:高等教育出版社,2007.

基于 CDIO 模式的旋转字幕设计与实现

高 英,王蓓蓓,韦思健,杜 平,董宝光,陈 震,周 晋,李 屹,陈开峰,赵 萌

(清华大学基础工业训练中心,北京,100084)

摘要:基于清华大学基础工业训练中心"制造工程体验"课程的需求,结合实验室特点开发了旋转 LED 字幕教学单元。让学生学习电子产品设计与制作、机械设计与制造、产品装配调试与简单编程等知识,了解一个机电产品的全生命周期,锻炼其工程能力。

关键词:电子设计制作;设计思维;机械设计加工;工程能力培养

1 引言

传统教学模式下的实验课程难以适应创新型人才培养的需求,于是我们开展了基于 CDIO 模式的产品设计与制作。LED 具有稳固可靠、能耗低的特点,且旋转字幕是一个较好的展示及显像平台,可将设计思维理论、机械结构设计、电子设计及编程、软件开发等相结合。CDIO 教学模式建立工程分析方法、情感化设计体系,重视理论学习与实验技能的培养,充分发挥实训的作用,通过实验课程教学模式改革,更好地适应新时代背景下国家对创新型人才培养的要求[1-2]。

原型与设计实验室是集电子工艺、木工、3D 打印等多种原型与设计制造于一体的综合性实验室。本项目能很好地完善实验室在设计思维、电子设计编程、机械设计制造等方面的知识积累,使实验教学人员在软件、硬件开发能力,设计制造及学术方面得到很好的锻炼[3-4]。

2 课程方案设计

课程以产品设计制作为驱动,分为 4 个模块,分别为电子电路设计与制作、设计思维概论、机械结构设计与激光加工、产品组装与字幕内容编写。课时占比为 2∶1∶2∶1,最终形成一个完整的产品。

3 电子电路部分设计方案

3.1 电子电路总设计

以单片机为核心实现顶面及侧面柱式立体旋转 LED 显示字幕,主要包括电源模块、红外传感遥控字幕切换模块、单片机控制模块、传感器定位模块、时钟模块、LED 显示模块。整个系统以单片机为核心,电源模块正常运转带动 LED 字幕旋转,用电感线圈无线发电的方式为主板提供稳定的电源;红外传感器接收信号并将信号传给单片机,由单片机实现字幕切换功能;940 红外接收和发射传感器决定屏幕显示信息的起始定位;时钟模块控制显示日期和时间。本次使用的主控芯片为 STC12C5A32S2,设计总框图如图 1 所示。

图 1 设计总框图

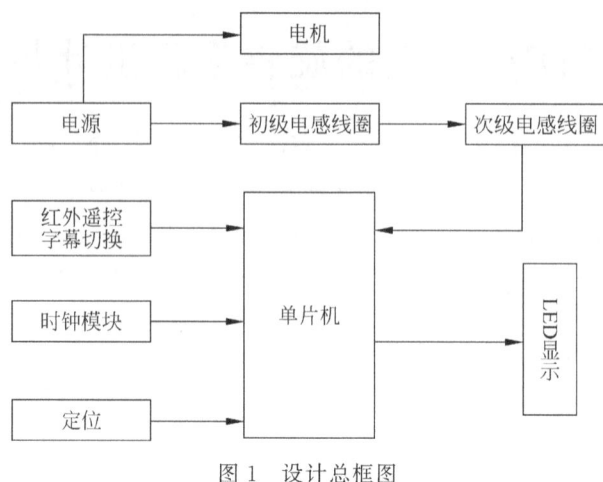

3.2 电源模块设计

电源模块主要给显示板及 LED 字幕供电,采用电感线圈无线供电。电机接直流电后带动显示主板旋转,电流经过自激振荡电路后变成交流电,电机旋转时利用电磁感应原理整流滤波形成稳定的直流电给单片机及 LED 显示主板供电,让系统保持正常运行。电源电路如图 2 所示。

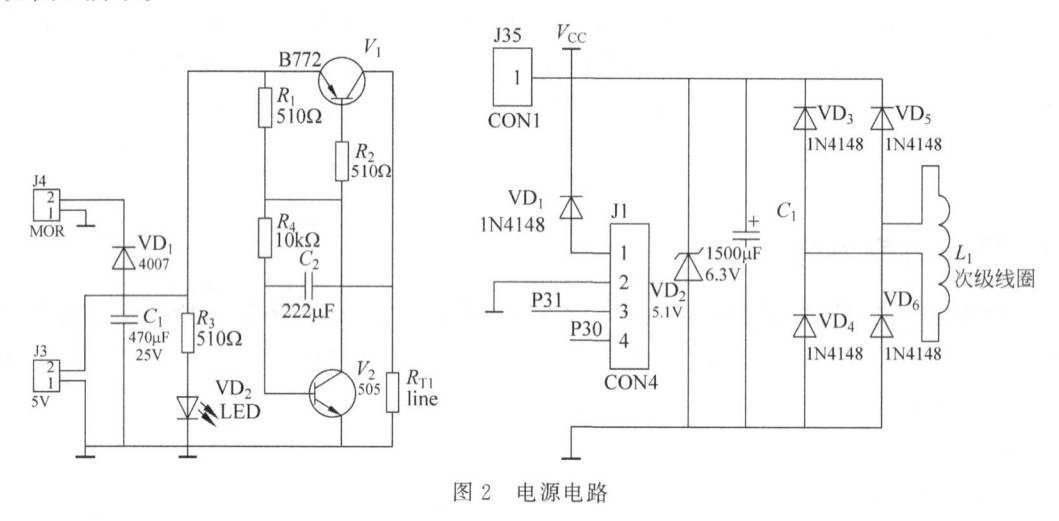

图 2 电源电路

3.3 传感器字幕控制模块设计

采用红外遥控的方法来控制字幕显示的内容切换等,其主要由遥控器和红外传感器组成。遥控器发出红外信号,传感器接收到信号后将信号发送给单片机。单片机接到信号后激发外部中断,由外部中断控制功能的切换,其电路如图 3 所示。字幕始末定位采用红外技术来控制,940L 红外发射传感器通过测定电机的转速向 940L 红外接收管发送信号,单片机通过接收红外接收传感器的信号开始逐列扫描。

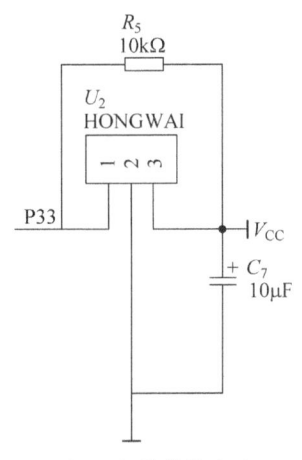

图 3　红外模块电路

4　电路焊接功能的实现

电路板分为主控板、侧板及电源板,装接图如图 4 所示。

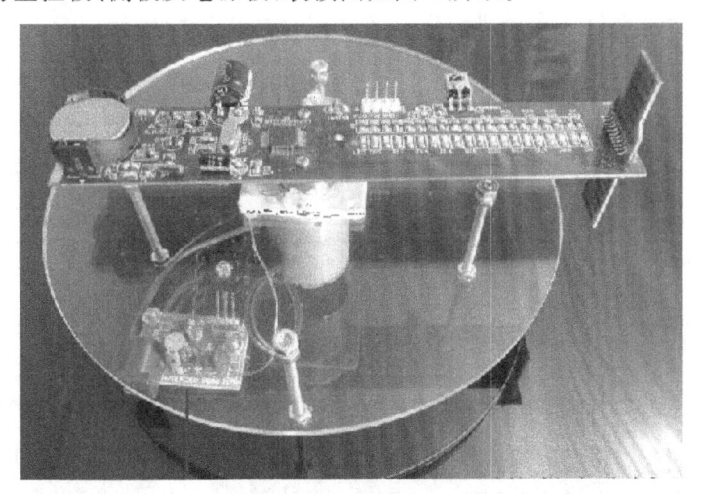

图 4　电路板装接图

电子元器件包含插接元件、贴片元件两类。实现正常字幕功能要保证过关的焊接质量、元件识别、元件测量。质量好的焊锡焊接起来感觉流水性比较强,质量差的焊锡焊接起来粘糊容易质量不过关。

4.1　焊接插接元件

插接元件在焊接前需要进行成形处理,应熟练掌握五步法,即焊接准备、加热焊件(同时加热焊件及焊盘)、熔化焊料、移开焊料、移开电烙铁。

4.2　焊接贴片元件

贴片元件很小,需要借助镊子,阻容元件焊接时,用锡丝在一个焊盘上上锡,在加热焊点的同时放上元件,使元件固定在焊盘上,焊接另一个焊点时,修整第一个焊点。IC 芯片的焊接方法是用锡丝在 PCB 板上集成电路一角的两个引脚焊上一团锡,用镊子夹起集成电路靠近焊点,用电烙铁熔融焊点并将集成电路各引脚与各焊盘对齐对准,电烙铁离开,焊点凝固,使集成电路固定。从没固定的另一排引脚开始焊,焊锡丝跟随电烙铁头,电烙铁带着焊锡由上往下滑,使每个引脚有焊锡,以形成焊点。最后多余的锡用干净的电烙铁头带走,以此方法再去焊接另外一排引脚。

5 外壳设计与制作

LED 旋转字幕显示运用了视觉暂留的原理,字幕显示时电路板处于高速旋转状态,所以整个产品需要外壳保护及进行美学处理。外壳的设计需要根据电路板原型让学生进行,这是必要条件。课程中使用 CAD 设计软件,由激光加工制作外壳。外壳包括底面、顶面、侧面及电机固定板。

5.1 外壳设计

课程中机械设计图纸使用计算机辅助设计(computer aided design,CAD)软件,利用计算机及其图形设备帮助设计人员进行设计工作。本次提供的材料为厚度 2.7mm 的木板,形状不固定,开放性设计,但需要满足固定和加工要求。其基本要求见表 1。CAD 画的零件图如图 5 所示。

表 1 加工需求表

加工需求	说　　明
外形直径/mm	180～200
高度/mm	80～100
侧面开口	大于等于整个圆周的 1/4
顶面	可全开口(注意固定位置)
图纸要求	二维图

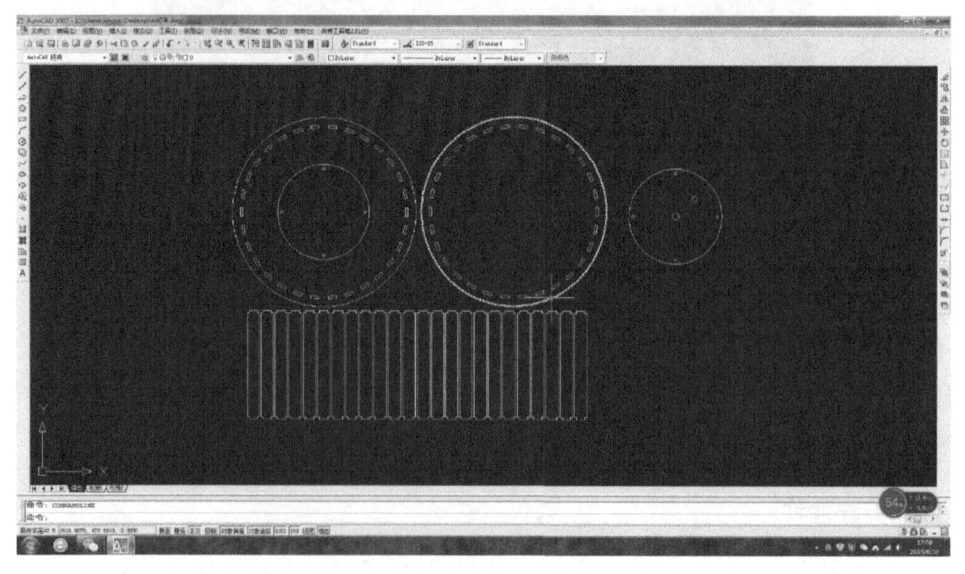

图 5 CAD 画的零件图

5.2 外壳制作

外壳制作采用激光加工技术，是应用激光聚焦后产生的高功率密度能量来实现的。在计算机控制下，通过脉冲使激光器放电，从而输出受控的重复高频率的脉冲激光。激光切割具有高的切割质量和切割速度，材料适用性广。鉴于激光加工的特点，首先课程加工要求图纸为二维图，然后将 CAD 软件画出的图纸导入激光加工的 RD Works，最后根据设计图形设置切割参数进行加工，如图 6 所示。

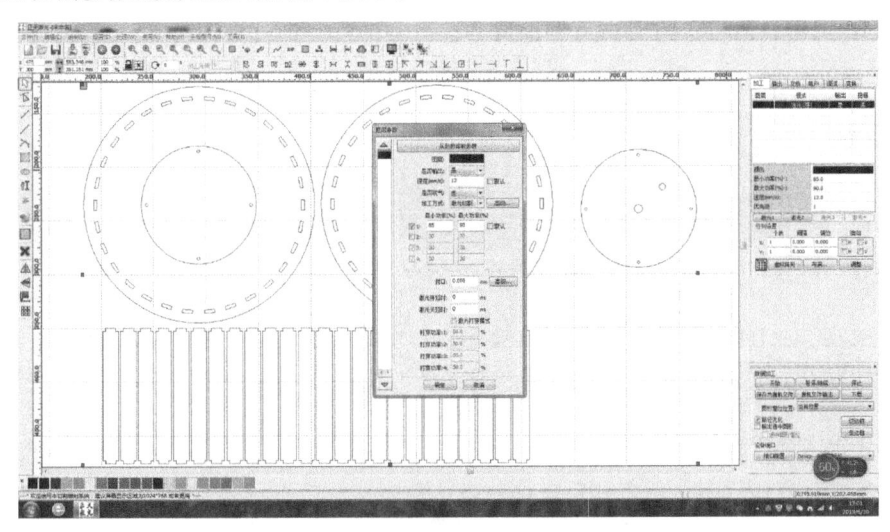

图 6　将零件图导入 RD Works 设置参数进行加工

6　组装调试与图形化字幕编辑

根据不同的外壳设计，为学生提供多样的组装工具材料，如速干胶水、乳胶、各种尺寸的螺钉及螺母、螺丝刀等。将电路部分和外壳组装在一起实现完整的产品。字幕内容可以进行编程调整，使用遥控器实现字幕切换。课程中学生使用的是最基础的图形化编程，界面如图 7 所示。

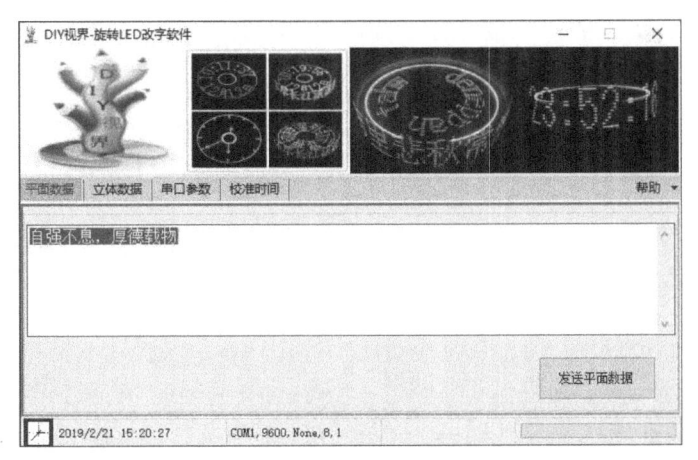

图 7　字幕编写界面

7 结语

本文在基础工业训练中心课程"制造工程体验"的背景下,在实践课程中,对课堂教学内容与方式进行了变革探索,将真实的产品设计生产等工程问题与实验教学课堂结合起来。通过一个具体任务产品 LED 旋转字幕案例让学生学习了视觉暂留、机电设计与加工、字幕编辑等工程知识,并找到解决问题的办法及措施,提升了课堂教学的趣味性,明显提高了学生解决复杂工程问题的能力与创新能力。

参考文献

[1] 冯洋.一种新的 LED 旋转显示屏控制系统设计与实现[J].科技视界,2019(31):9-10,24.
[2] 侯清江.无线供电技术方案及应用[J].光盘技术,2009(2):32-33.
[3] 张鑫,郭洪岩,马国利.基于单片机的旋转式 LED 显示屏设计[J].大学物理实验,2014,27(6):24-26.
[4] 周昌荣,袁昌来,陈国华,等.《专业综合实验》课程学生工程能力培养的教学案例探索[J].科技视界,2019(8):76-77.

异形件多轴编程加工技术[①]

井平安[1]，陈远洋[1]，郭 巍[1]，杨建新[1]，赵 帅[2]

(1.清华大学基础工业训练中心,北京,100084,2.北京精雕集团,北京,102308)

摘要：异形件在工业上的应用越来越广泛。本文通过对典型异形件零件镜头座进行工艺分析,引入在机测量技术,采用 SurfMill 为编程软件编制了在机测量机床找正及工件摆正、测量程序。将零件按照工艺进行分解,编制加工工艺流程,利用软件对异形件进行粗、精加工参数设置和刀路轨迹生成,模拟仿真,实现异形件高精度快速加工的目的,为复杂异形件多轴高精度加工提供参考。

关键词：异形件；多轴加工；在机测量；SurfMill 编程

1 引言

镜头座是一个典型的异形零部件,按照传统加工方式进行加工,需要多次进行装夹才能完成加工,而在加工过程中,伴随着多次装夹也存在着精度降低的问题。随着现代加工技术的发展,尤其是五轴联动机床的普及,这类异形零件能够通过多轴联动机床一次装夹进行全部工步的加工。本文针对这类零件,选用合理的编程方法,合理规划加工工艺,引入在机测量技术[1],使得异形零部件在加工前进行毛坯摆正测量,加工后进行成品尺寸精度测量,减少了加工过程中人为或其他因素对加工精度的干扰,确保了异形零部件的多轴联动高精度快速加工,为类似零部件的加工过程提供了参考。

2 零件分析及 SurfMill 编程

2.1 零件分析

本文所述加工对象为镜头座,其图纸如图 1 所示(材质为 AL6061)。通过对图纸分析,我们可以看到该零件外形复杂,如采用五轴机床进行加工,可以一次加工成形。分析镜头座的形状,一般不宜采用铸造毛坯,而是采用棒料加工,综合零件大小,可选用直径 42mm、高度 40mm 的棒料毛坯。经分析,加工设备拟采用北京精雕 JDGR200 五轴数控机床,编程拟采用 SurfMill 软件。镜头座经过加工工艺分析,所制定的加工工艺表见表 1。

[①]基金项目：清华大学本科教学改革项目——新型多轴数控机床精密加工探索与实践教学(项目编号：2020ZY01_02)。

图 1 镜头座零件图

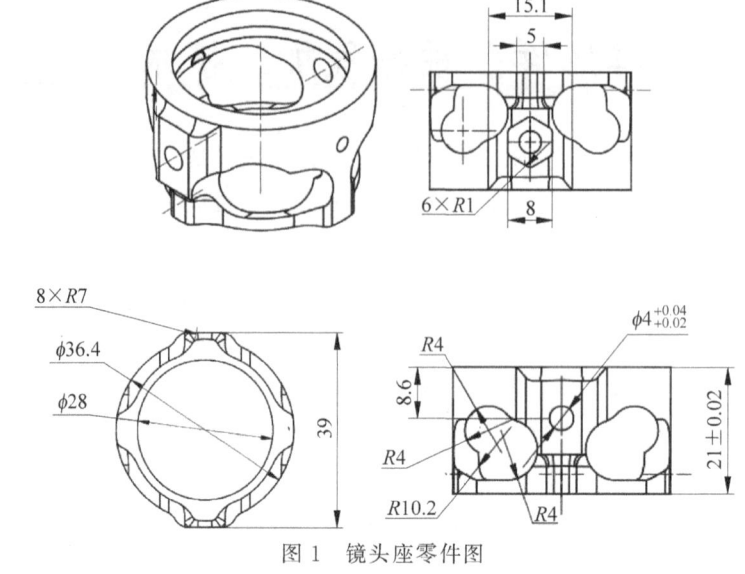

表 1 镜头座加工工艺表

工步	视图	结构要素	加工内容	加工方法
1	俯视图	平面结构、外轮廓结构、凸台曲面结构、内腔结构	平面结构粗加工	区域加工
2			平面结构精加工	
3			外轮廓结构粗加工	轮廓切割
4			外轮廓结构精加工	
5			凸台曲面结构粗加工	等高外形
6			凸台曲面结构精加工	
7			内腔结构粗加工	区域加工
8			外轮廓、内腔结构倒角	轮廓切割
9	联动加工结构	密封槽结构、曲面结构	密封槽结构粗加工	五轴曲线
10			密封槽结构精加工	
11			曲面结构粗加工	四轴旋转
12			曲面结构精加工	
13	前、后、左、右视图	六边形槽结构、φ4孔结构、不规则槽结构（前、后视图）、不规则槽结构（左、右视图）、M3螺纹孔结构	六边形槽结构粗加工	区域加工
14			六边形槽结构精加工	
15			前后视图 φ4 孔结构粗加工	轮廓切割
16			前后视图 φ4 孔结构精加工	
17			左右视图 M3 螺纹底孔加工	钻孔
18			左右视图 M3 螺纹孔加工	铣螺纹孔
19			不规则槽结构粗精加工（前、左、右视图）	轮廓切割
20			俯视图内腔结构粗加工（密封槽以下深度）	区域加工
21			俯视图内腔结构精加工（密封槽以下深度）	轮廓切割

2.2 零件 SurfMill 编程

1) 编程准备

本次异形件所选编程软件为北京精雕集团的 SurfMill9.0 软件。首先打开软件 SurfMill9.0,进入 3D 造型环境中,单击文件—输入—选择三维曲线曲面—分别输入零件的三维模型和夹具的三维模型[2],本次夹具我们选择零件快换夹具,分别将零件和夹具放置在不同的图层中,以方便编程,同时按照所选毛坯的大小,建立毛坯。至此,零件编程的前期工作准备完毕。

2) 编程过程

在对零件进行正式加工编程前引入在机测量技术。首先对所建立的毛坯编写在机测量摆正程序,摆正程序旨在减少人工毛坯装夹过程中的主观判断意识,从而提高加工精度。对于本异形件零件毛坯,我们主要利用在机测量技术检测毛坯平面、圆柱和形位公差,从而探测工件的 x、y、z 坐标和 B/C 轴摆正。毛坯摆正所布置的测量点如图 2 所示。下面进行零件加工程序的编写,在零件加工程序编写过程中,严格按照表 1 中所列内容,对异形件零件的各个特征分别进行加工。还需要建立不同的坐标系,如俯视、前视、右视、左视和自定义坐标系等,从而确保对异形件的所有特征均进行加工。在编写完零件加工程序后,利用 SurfMill 的在机测量技术进一步编写零件精度检测程序。零件精度检测程序主要对 $\phi 4mm$ 的孔进行圆柱、同轴度测量,对六边形槽结构进行平面度、距离和对称度测量,通过零件在机测量进行检测,改变了传统的必须将零件取下进行精度检测的检测方式,使得零件出现问题后可以直接进行相关修改,提高了加工效率。零件精度检测所布置的检测点[3]如图 3 所示。至此整个编程过程的摆正、加工、检测程序编写完毕。

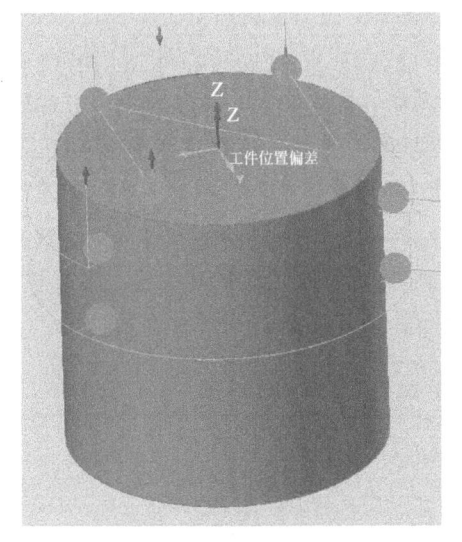

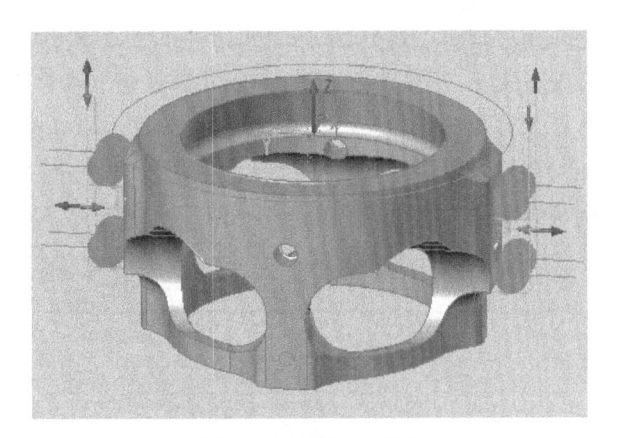

图 2 毛坯摆正所布测量点

图 3 成品所布检测点

2.3 机床模拟与路径输出

选择加工模式下的几何体安装,将镜头座和零点快换夹具组合体安装在机床上,单击自动摆放,观察零件和夹具安装是否到位,如有偏差可通过相关命令进行调节,确保零件和夹具的安装和实际安装过程相同,图 4 所示为几何体安装。在几何体安装过程中,加工坐标系选择 G54 坐标系[4]。几何体安装完毕后,选择机床模拟命令,对所编写的加工路径进行模拟,如果在模拟加工过程中报错,需要查找所编写路径组[4]及时进行相应的修改,在多轴机床编程加工过程中,一定要确保机床模拟无误,否则可能在加工过程中出现干涉。如机床模拟没问题,则对所编写路径进行输出。图 5 所示为仿真模拟过程。

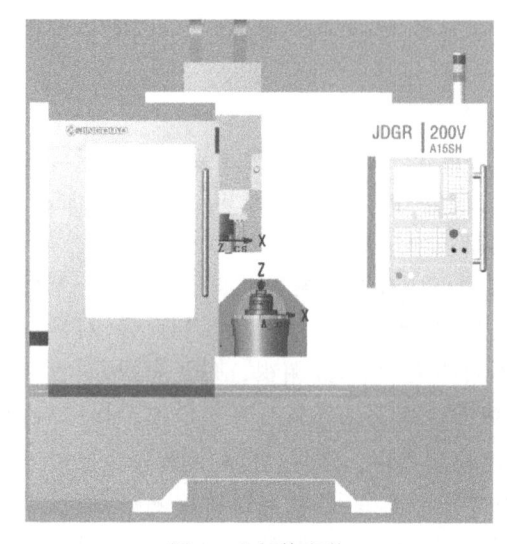

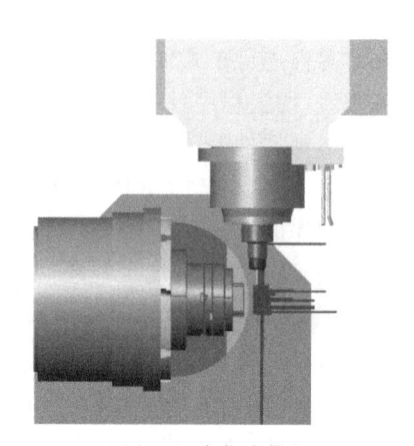

图 4　几何体安装　　　　　　　　图 5　机床仿真模拟

3　零件加工与精度检测

将上述编程与仿真过程中用的毛坯、夹具、刀具等准备好,依次安装在所选用的机床上,尤其注意刀号应与编程过程中设置的刀号完全一致,防止发生意外。安装完毕后,首先将所用刀具一一对刀,然后对零件进行对刀操作,之后即可进行加工工作了。待镜头座零件加工完毕,不要着急取下,利用北京精雕软件自带的在机测量功能,对零件加工精度进行在机测量,具体为对 $\phi 4mm$ 的孔进行圆柱、同轴度测量,对六边形槽结构进行平面度、距离和对称度测量,得出零件测量数据[5]。如果数据合格,则取下零件;如果测量数据不合格,则根据所测数据进行相应的补加工。加工后的零件成品如图 6 所示。

图 6　异形件实物

4 结语

本文通过对典型异形件零件镜头座进行分析,根据零件不同部位所包含的特征,制定了合理的加工工艺,利用五轴数控机床仅需对零件进行一次装夹,即可完成对整个零件多个工序的加工。同时利用 SurfMill 编程软件所具有的在机测量技术,在毛坯摆正和零件加工完毕时,分别对毛坯与加工完成后的零件进行相关检测,从而确保加工的零件符合加工要求。在编程过程中,利用编程软件所具有的刀具轨迹生成和模拟仿真功能,对所编写的程序进行机床加工仿真,从而检测所编写的程序是否存在错误,进一步提高了异形件的编程速度和加工精度。希望以上加工方法及编程加工过程能给同类异形复杂零件的加工提供一定的参考。

参考文献

[1] 井平安,陈远洋,杨建新,等.基于在机测量的多轴蛋雕技术[J].装备制造技术,2021(2):33-35,47.
[2] 陈兴云,姜庆华.数控机床编程与加工[M].北京:机械工业出版社,2009.
[3] 张晨亮,潘俊兵.异形曲面的逆向设计与五轴加工技术研究[J].机械设计与研究,2020,36(2):87-90.
[4] 吕辉,廖晓明.多轴加工编程实例教程[M].西安:西北工业大学出版社,2016.
[5] 吕偿,曹玉华,李林,等.异形件转动体多轴联动加工工艺及编程技术研究[J].航空精密制造技术,2020,56(3):30-34.

数控车教学新方法

李佼，孙春雨，井平安，陈斌

(清华大学基础工业训练中心，北京，100084)

摘要：在本校"金工实习"数控车实习编程环节中，学生花费时间最多的是编写数控程序，编写的方法有两种：手动编写数控车 G 代码与 CAXA 数控车自动编程。通过使用发现，特征复杂型回转体工件使用 CAXA 数控车自动编程简单方便，特征简单型回转体工件可以使用简化版的 G 代码指令，两种编程方式合理使用可使编程过程简单并提高效率。本文通过数控车床实习项目国际象棋子的制作来介绍不同程序的使用方式。考虑学生实习课时比较少，所以实习内容需要贴合实习课时合理安排。此外，可以利用计算机自动编程解决课时少的问题，还可以让学生了解现代化制造过程，同时近距离感受现代化机械制造业中计算机的覆盖面之广，也可培养学生不同的劳动观，锻炼学生的创新思维，了解学习科学技术基础思维。

关键词：数控车床；CAXA；编程

1 绪论

1.1 数控车床程序应用

在数控车床实习中普遍使用的是传统的手动编程方式。学生在加工前进行加工分析，如使用手动编程，就需要在程序编写前找出需要的坐标值，这需要花费大量时间去计算，从而影响编程效率。另外录入程序需手动操作，因此会影响程序的正确性，降低工作效率。手动程序输入后还需在机上模拟，而学生是第一次使用机床，如果没有规范操作，模拟就会产生一些不确定因素从而可能造成安全事故。

当今机械行业中数控车床已普遍实现了计算机自动化。如只使用数控车教学手工编程则无法达到学生的实习要求，还需采取计算机自动编程方式，将二者融会贯通，才能使效率和学习效果得到进一步提升。利用计算机自动编程得到 G 代码程序，还可以借助计算机程序模拟，这样可以提高程序效率和操作安全。

1.2 合理的编程方法

课程需要有一个对学生有吸引力的产品作为支撑。国际象棋子本身就具有亲和力，因为国际象棋是益智类、趣味性强的游戏，可激发学生参与兴趣。而国际象棋子属于典型的回转体工件，具有尺寸不同的曲面。下面对国际象棋子做出程序应用。

实习指导人员在对图纸进行分析后，可以做出灵活的教学方案，根据工件的复杂程度选择手动编程或自动编程方法。自动编程方法主要针对特征复杂的回转体工件，先用手动编程进行工件的粗加工，再用自动编程进行工件的精加工。手动编程粗加工不需要很高的点位计算，精加工使用自动编程，恰好避开了复杂点位的计算，这就解决了课时少的问题。当然，也可直接使用自动编程方法编制出整个工件的粗加工和精加工程序。学生通过两种编程方法的学习，可以自己设计加工产品以加深实习印象。

2 手动编程

数控车床至今还在使用手动编程方式，主要原因是数控车床所加工的工件大多结构简单；手动编程在金工实习教学中属于机械制造编程的启蒙代表，其数控车床程序基础知识也是机械制造的基础。虽然手动编程方式比较陈旧,但依然实用。此编程方法可让编程者对自己的程序内容了如指掌,以便之后程序出现错误时及时修改。学生刚开始学习手动编程时有些难度,不仅需要学习和使用复杂的指令,还需要学会检查和更改程序[1]。

学生拿到图纸后首先要根据图纸确定毛坯尺寸,由二维图做出合理的工艺安排。图 1 所示为国际象棋子粗加工毛坯图,考虑到此工件形状特殊,将加工工艺分为粗加工与精加工,在粗加工时需要留余量。粗加工特征较为简单,坐标数值较少,整数值居多,所以其粗加工程序只需简单计算便可以进行手动编写。

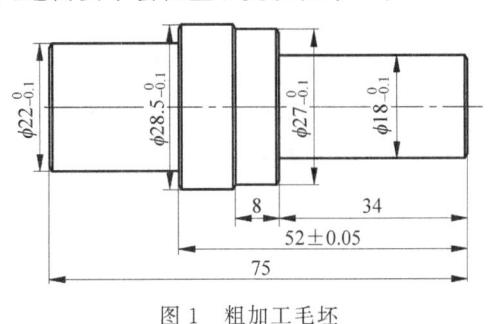

图 1 粗加工毛坯

2.1 程序指令

国际象棋子图中学生需要使用到外圆复合循环加工指令 G71。在使用 G71 指令前,学生还需使用几个基础指令:G00,G01,G02,G03。

G71 在沈阳机床厂的机床中的使用格式为 G71U_R_P_Q_X_Z_F_,各代码含义为:U——吃刀量,R——退刀量,P——精加工开始段号,Q——精加工结束段号,X——精加工 X 直径余量,Z——精加工 Z 长度余量,F——加工进给量。

G71 指令的功能是使刀具每次切削完成后,沿退刀路径以程序格式自动固定方式退回,所以编程简单。在进给方面会根据程序编写速度进行车削,而退刀时会根据数控车床的默认速度进行退刀。每次的切削量通过程序数值的写入自动识别毛坯需要分几次车削,从而保证最后的加工余量。使用该指令,可以使编程时间大大缩短,提高学生的编程效率,加深其对手动编程的理解。

2.2 粗加工程序

(1) 编写程序时需要注意选用的指令应合理搭配,编程前期需要确保程序原点与工件坐标系原点重合,以保证加工精度。

(2) 主轴转动与换刀时,要避免刀架与机床发生干涉,因此编写程序时要注意控制安全点位。

(3) 在加工程序的编写中,应注意每一个切削位置都要符合切削用量。

(4) 刀具位置的安装可采取对角安装,这样可大大节约换刀时间,在使用切断刀时须计算刀宽。(尽量使用一把刀用于切断。)

(5) 可通过特殊指令或者单独新建程序文件夹的方式,在尺寸不准确时把粗车和精车程序分开编写。在加工过程中要避免停顿(尤其是在车削最后一次时),否则会留下刀痕,影响加工效果。

(6) 生成粗加工程序,如图 2 所示。

(7) 程序和机床准备完毕后,在机操作程序的模拟校验。

(8) 加工检测完成。

```
G95T0101
M03S600
G00X31
Z2
G71U1R1P1Q2X0.3Z0.1F0.15
N1G01X18Z1S800F0.1
X18Z-34
X27Z-34
X27Z-42
X28.5Z-42
X28.5Z-78
N2X31Z-78
G00X100
Z100
M05
M30
```

图 2 粗加工程序

3 CAXA 数控车自动编程

CAXA 数控车是一款 CAD/CAM 计算机软件，可对形状复杂的回转体零件进行自动编程。机床选用华中系列，此机型的 G 代码与其他机床大同小异。该软件只需要操作者设置用到的参数就可以自主生成刀具轨迹线与 G 代码。计算机会对生成的刀具轨迹线进行加工模拟，以确保实际加工时的准确性。通过选择后置处理模块，输出 G 代码文本，用 U 盘拷贝到数控车床系统进行加工。

这里仍以国际象棋子为例加以说明。国际象棋子包含较多特征，有曲面、球面、锥面及少量的直线，如图 3 所示。因每个线段之间都是相切或是交点关系，坐标点也随之复杂，需要成倍的时间计算，如继续使用手动编写精加工程序会非常困难。

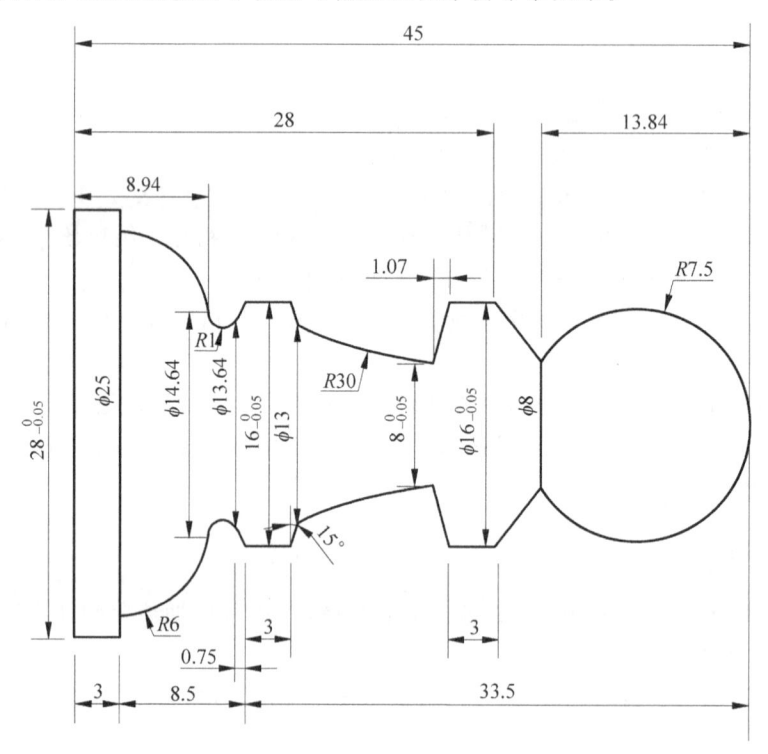

图 3 国际象棋子

使用计算机自动编程就会使该工件编程的难度降低。计算机自动编程会根据工件的特征自动调整加工参数，使刀路更加简单，也会提高精加工坐标数值的准确性，所以精加工需要使用自动编程方式。

3.1 准备工作

学生根据国际象棋子二维图确定精加工尺寸，做出合理的工艺安排，对粗加工留下的余量进行车削，设置精加工的相关参数。然后根据图选择 35°外圆车刀和切断刀具，对每把刀具进行相应的参数设置并安排刀具调用顺序。

3.2 自动编程简易步骤

在软件制图时,须将工件原点与CAXA数控车中的原点重合,用以保证加工位置精度。画好图后测量CAXA绘图区二维图的尺寸,检查是否有误差,确保其符合加工要求[1]。

(1) 熟悉画图功能,画出准备加工的图纸。
(2) 测量毛坯和图纸制作是否正确,合理使用刀具。
(3) 选择机床,设置机床参数。
(4) 设定刀具及切削参数用量。
(5) 生成刀具轨迹线,设置G代码,如图4所示。
(6) 在计算机上仿真模拟,以确认无误。
(7) 生成程序,如图5所示。

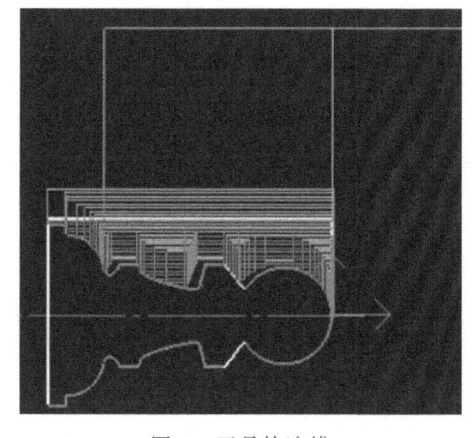

```
%1234
N10 G00 G95  S777 M03 T0404
N12 G00 X89.157 Z48.751
N14 G00 Z0.180
N16 G00 X39.400
N18 G00 X29.400
N20 G95 G01 Z-44.900 F0.150
N22 G00 X39.400
N24 G00 Z0.300
N26 G00 X28.200
N28 G01 Z-42.234 F0.150
N30 G00 X38.200
N32 G00 Z0.300
N34 G00 X27.000
N36 G01 Z-41.906 F0.150
N38 G00 X37.000
N40 G00 Z0.300
N42 G00 X25.800
N44 G01 Z-41.900 F0.150
N46 G00 X35.800
N48 G00 Z0.300
N50 G00 X24.600
N52 G01 Z-40.221 F0.150
N54 G00 X34.600
N56 G00 Z0.300
N58 G00 X23.400
N60 G01 Z-39.062 F0.150
N62 G00 X33.400
N64 G00 Z0.300
N66 G00 X22.200
N68 G01 Z-38.265 F0.150
N70 G00 X32.200
N72 G00 Z0.300
N74 G00 X21.000
```

图4 刀具轨迹线　　　　图5 NC程序代码

(8) 导出程序到移动U盘。
(9) 加工检测完毕。

学生通过绘制图形和使用自动编程,大大降低了错误的发生率,并提高了利用自动技术的水平。通过U盘传输程序减少了程序上的错误,避免了因手动输入引起的误差。同时加工过程中使用自动编程,缩短了加工工时,保障了学生的安全性。

4 结语

数控车是在金工实习中使用较多的机型,属于基础型自动化机器,通过国际象棋子的制作,让学生使用CAXA自动编程和手动编程,提高了学生对数控自动化的整体认识。让学生通过国际象棋子体验到数控车是贴近生活且是有乐趣的,提高了学生对机械自动化的认识,便于学生以后在设计作品中灵活应用所学知识。

参考文献

[1] 王睿.浅谈数控车床程序编制中程序结构及指令应用[J].河北农机,2018(7):41-42.

智能驾驶技术的快速发展对大学生工程与创新能力培养的启示

刘国强，王健美，王志成

（清华大学基础工业训练中心，北京，100084）

摘要：随着科技的进步，人工智能得到了快速发展，自动驾驶技术作为人工智能的工程应用，近些年在国际、国内都得到了快速发展。研究表明，自动驾驶技术是综合多重科技、交叉学科的一个综合性产业，也是当代科技进步的一个局部缩影。本文结合自动驾驶技术的发展，以及高等院校作为高端人才培养的承担者这一要务，提出在当前人才的培养模式上，需要根据科技的需求进行相应的调整，从专业领域、学科门类、实训平台等多个方面进行教学实践改革，从而为我国的科技进步提供后备人才。

关键词：交叉学科；自动驾驶；人才培养；创新模式

1 引言

近年来随着科技的进步，人工智能、自动驾驶技术得到了快速发展，如国外的Waymo、Velodyne、谷歌、特斯拉、博世等互联网及整车企业，国内的百度、腾讯、阿里、图森等公司都在自动驾驶领域投入了大量的人力、物力，进行了深入的研究，并进行了上万、十几万千米的道路测试。研究表明，虽然自动驾驶技术尚未达到理想的自动驾驶状态，但智能驾驶中所涉及的技术却在整个发展过程中得到了大幅度的提高。

国际、国内的诸多互联网企业、整车厂、科研院所分别对自动驾驶技术进行了深入的研究及实践。通过深入分析，自动驾驶技术涉及多个学科、多个专业、多重领域，既是交叉学科的综合体现，也是通信技术、控制技术、网络互联技术、计算机技术等多重技术融合的综合体，在某种程度上也是科技进步的一个综合体现[1-2]。通过对智能驾驶这一产业的分析，并结合我国政府工作报告中提出的关于"互联网＋"及2025智能制造的整体规划，以及高等院校作为国家高端人才培养的承担者这一要务，当下大学生的工程和创新能力培养需要紧跟时代的发展需求，进一步促进科技进步，因此也要求我们高等院校在人才的培养模式上进行适当的调整，从专业设置、学科平台、专业实训平台等多个方面进行教学改革，从而为科技的进步提供后备人才[3]。

2 智能驾驶技术

智能驾驶技术是指通过在汽车上安装各类车载传感器来识别、感知车辆的周围环境，根据获得的道路信息、周边的车辆信息、障碍物的信息，通过车载计算机、专用控制器等控制系统来控制车辆的转向、油门和制动系统，从而使车辆能够安全、可靠地在道路上行驶。智能驾驶汽车集视觉感知、自动控制、人工智能、网络通信等众多技术于一体，是计算机科学、模式识别和智能控制技术高度发展的产物。

2.1 智能驾驶核心技术

1）定位技术

智能汽车要实现无人驾驶首先就要进行位置定位，知道汽车在什么位置，车辆根据所处的位置进行道路的规划及相应的行驶控制。

车辆的定位通常采用 GPS 定位,考虑到隧道等 GPS 信号不好的情况,因此需要构建高精度地图信息(见图1),高精地图可以把周围的 3D 环境记录下来,通过 3D 图像来匹配周围的场景,以找到自己的位置,同时高精地图也可以记录诸如红绿灯的位置、交通标志、左转还是右转等道路信息。通过高精地图不仅可以了解道路情况,还可以获取车辆行驶需要的一些其他信息,让车辆清楚自己的实时位置。

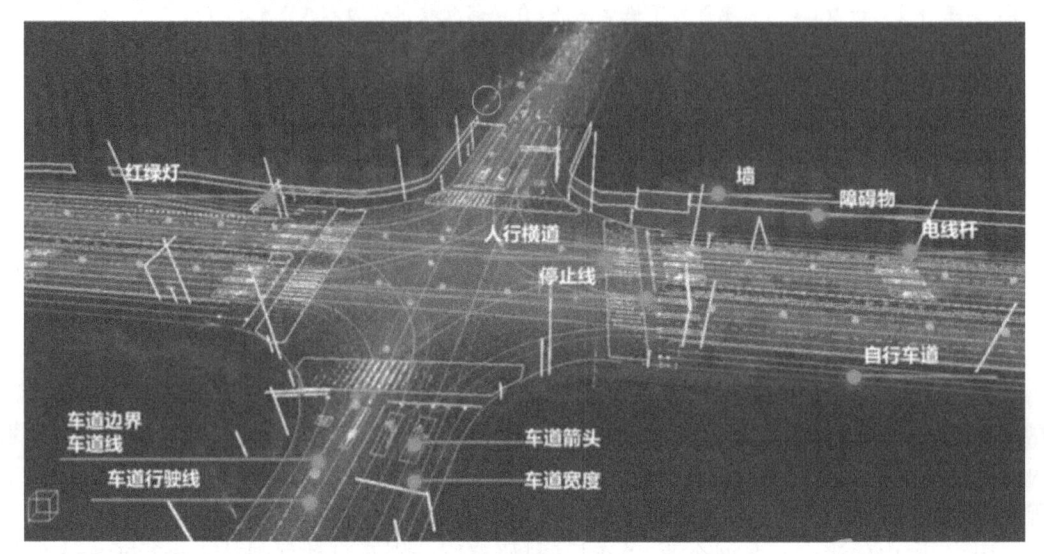

图1 高精度地图信息

2) 环境感知及目标识别技术

自动驾驶汽车通过车载各类传感器,如摄像头、激光雷达、毫米波雷达、红外探测雷达、超声波雷达等,来识别道路的车道线信息、信号灯信息、道路标识信息、车辆周边行驶的车辆信息、障碍物信息以及行人信息等,并将识别到的信息进行处理,上传给车辆的控制、决策系统,如图2所示。

图2 环境感知信息识别

3) 规划与决策技术

规划与决策是智能驾驶中的一个关键环节,车辆系统已经判断出当前所处的位置,同时也能知道目的地的位置,那么规划与决策系统要根据起点与终点之间的路线进行规划,车辆行驶过程中涉及周边的行人、车辆、道路标识等,以及可能出现新的突发状况等,在行驶中不断地调整、重新规划行驶路线的方案。自动驾驶路径规划如图3所示。

图 3 自动驾驶路径规划信息

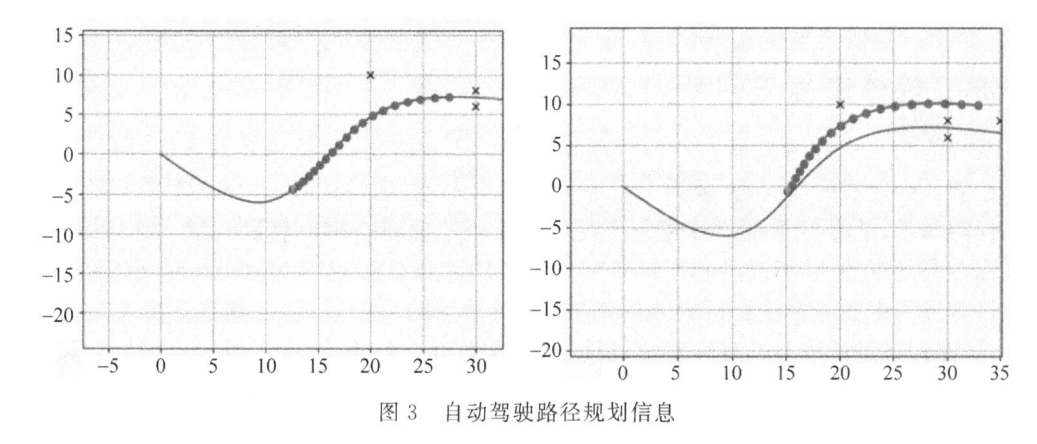

4）控制与执行技术

车辆行驶过程中，车辆控制系统根据各种输入信息，经由控制系统的策略判定，进行相应的执行指令，驱动对应的部件，执行对应的操作。

智能驾驶控制系统主要涉及基于前车轨迹预测的危险目标辨识控制、基于驾驶行为的智能辅助驾驶控制算法、自适应巡航控制、紧急制动控制、车道保持控制、车辆偏离控制、前方碰撞预警控制等。

5）网络通信技术

自动驾驶汽车搭载了先进车载传感器、控制器、执行器等装置，同时还要融合现代通信与网络技术，以实现车与周边车辆、道路基础设施及后台网络平台之间的智能信息交换共享。

（1）车-互联网（vehicle to network，V2N）：车载设备通过接入网与云平台之间进行数据交互，并对获取的数据进行存储和处理，提供车辆所需要的各类应用服务。

（2）车-车（vehicle to vehicle，V2V）：通过车辆间的通信，可以实时获取周围车辆的车速、位置、行车情况等信息，车辆间构成一个互动的平台。V2V 通信可有效避免或减少交通事故。

（3）车-基础设施（vehicle to infrastructure，V2I）：与路侧基础设施（如红绿灯、交通摄像头、路侧单元等）进行通信，通过信息交换可以获取附近区域相关路侧的信息。

通过网络技术将"车、路、云"等要素有机地联系在一起，从而获得更多的驾驶信息，构建一个更加智能的交通体系。

2.2 智能驾驶中的跨专业与交叉学科

从智能驾驶涉及的核心技术不难看出，智能驾驶系统是一个高度复杂的大系统集成，从广域的角度可以分为智能驾驶车辆端、道路环境设置端、网络通信及云存储通信端，其中每一部分还可以进一步细分。比如，智能驾驶车辆端进一步涉及的内容为周边环境感知系统、车辆控制执行系统、数据网络通信系统等。学科门类亦可以分为车辆系统、感知控制软件系统、车辆传感信息硬件系统及数据云端系统。可见智能驾驶技术是多学科、多专业融合的综合体。

智能驾驶汽车涉及车辆控制专业方向、交通运输专业方向、计算机数据专业方向、数学逻辑算法专业方向及信息通信专业方向，如果要完成智能驾驶项目的整体规划、设计、执行，对应的专业方向要进行内容上的融合学习，使得交叉学科知识融会贯通。

3 高等院校工程与创新人才培养

从智能汽车的技术发展中所涉及的学科门类不难看出,科技进步的今天,单一的学科很难适应社会发展的需要,要成为一名综合型技术人才,就要从多个学科、多个专业方向进行知识的储备、学习与掌握。而这一发展趋势也和教育部的相关政策一致。2014 年年底,教育部官网发布的《关于改进和加强研究生课程建设的意见》中明确提出,各大高等院校在学生培养过程中要注重复合型人才的培养,提高学生的培养质量,尤其在研究生的培养过程中,其课程在设计中要具有针对性,根据专业及学科方向的特点,可设置不同的学科内容和不同的专业方向,即多学科交叉互联、多专业交叉渗透,从而有计划地建设交叉学科的课程体系,进而形成相应的教学计划。

3.1 构建交叉学科专业课程体系

为了贯彻高等院校人才培养过程中的"应用型、创新型、复合型"人才培养理念,清华大学工程训练中心以探索"创意、创新、创业"复合型人才教育模式改革为己任,与机电一体化专业、控制工程专业、通信工程专业、计算机专业等实现互联互通教育发展,借鉴"广义工程教育"思路,突出"复合型、应用型、创新型"人才培养。根据工程训练中心的人才培养目标及无人驾驶、人工智能等行业对人才素质的要求,从知识结构、能力结构、素质培养的角度确立了专业人才培养的方向,其结构图如图 4 所示。

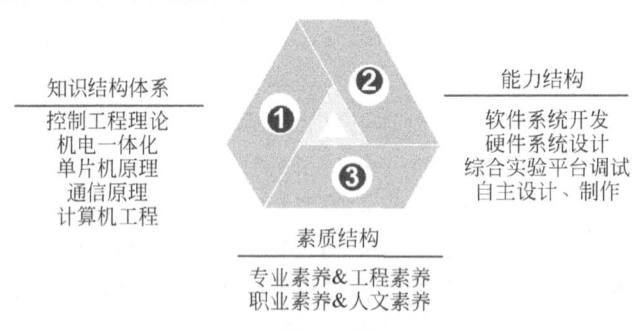

图 4 人才培养方案的结构组成

(1) 知识结构:扎实的控制工程、计算机工程、通信工程等专业基础知识。将各专业知识体系进行深度融合,在整体架构上实现交叉学科知识结构体系,"以科技需求为导向,以人才培养为中心",构建完备的交叉学科系统教学架构。

(2) 能力结构:扎实的工程实践能力。中心提供了足够的设备设施,专业软、硬件开发与调试平台,使得在人才培养过程中,学生有足够的锻炼空间和平台,展现了高度的系统知识与应用实践的集成能力。

(3) 素质结构:构建良好的实训空间。在知识与实践的高度结合过程中,把优秀的工程专业素养与职业素养、开阔的视野与活跃的思维创新、优异的沟通能力与团队合作精神逐渐渗透到学生的大脑中,从而提高学生的专业素质、人文素质、道德品质等。

3.2 构建交叉学科人才培养专业实训平台

高校创新型人才的培养是一项系统性的工程,需要在院系人才培养设置端、教师团队引领端、科研实训平台搭建端及学生认知实践端等几个方面进行相互配合、多方促进，才能达到预期的培养目的，如图 5 所示。

交叉学科人才的培养需要专业的教师团队，教师团队可以是学校内部、学校外部的不同专业教师、不同学科的教师组成的团队，这样可以汇聚不同学科的专业知识，使学科之间可渗透的范围扩大。可以根据学科发展、人才培养的需要构建不同的实践项目，并且在项目研究的不同阶段，为解决不断出现的新问题融入所需要领域的专家，探索出一种多学科、多视角的师生联动模式。

对于人才培养的对象而言，多学科交叉思想的碰撞可以调动大学生及研究生的学习兴趣和积极性，知识领域的不断扩大弥补了自己的短板，同时整个学习过程也是思维模式和知识体系的解构与再造过程。这个学习过程虽然比较艰难，但是知识融合的过程也在培养学生的独立思考能力和判断能力，在感受收获和成长中产生新的学术技能，既培养了研究生的创新能力，也满足了"人工智能"时代高阶能力的要求。体验不一样的跨学科学习、交叉学科的渗透，也能够了解最新的学术知识和技术需求。

实践项目是开展交叉学科对人才培养中至关重要的环节，起到了桥梁的作用，因此在整个过程中要有足够的科研项目平台、实际操作平台，供学生深入研究、动手实践，且项目实践平台要集中多学科、多专业，对学生进行综合能力培养及锻炼。根据交叉学科人才培养的模式，运用跨学科教育理论、系统科学理论及高等教育理论，对交叉学科培养模式的构成要素及其主要特色进行探究，其培养路线架构如图 6 所示。

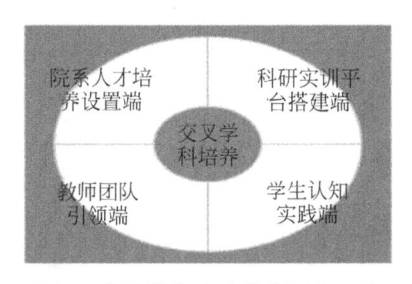

图 5　交叉学科人才培养平台构成

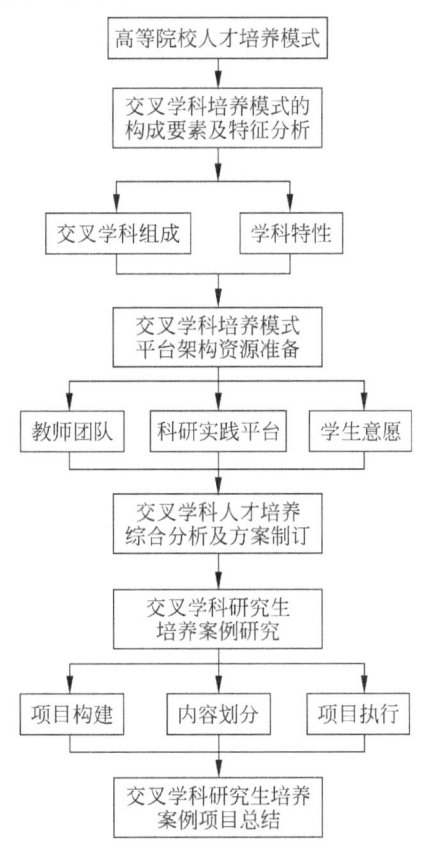

图 6　交叉学科人才培养路线框图

4 结语

从智能驾驶的快速发展涉及的技术学科、专业门类、交叉学科到高度融合可以看出,随着社会的不断进步、科技的逐步提升,对多学科融合掌握、交叉学科深入学习已是当前大学生及研究生人才培养的主要模式及方向,因此在国家建设"一流大学""一流学科"的带动下,各高校、各学科要以主动服务国家重大战略需求和满足社会经济发展需要为导向,加强当代大学生培养体制的改革,提高人才培养的质量,以提高原始创新能力为目标,不断探索人才培养质量的新方法、新举措。

参考文献

[1] 朱珊,邓小乔,李效龙,等."人工智能+新工科"背景下研究生创新能力培养模式研究[J].高教学刊,2019(21):35-37.

[2] 刘后广,程志红,杨建华,等.新工科下硕士研究生跨校跨学科协同创新培养模式探讨[J].中国教育技术装备,2018(20):48-50.

[3] 党晓圆,曹强,陈龙灿,等.多学科交叉融合背景下智能制造工程人才培养模式探索与实践[J].河北农机,2019(12):53-54.

疫情防控背景下的铸造在线实践教学与经验

马 运,杨忠昌,邢小颖,王龙兵

(清华大学基础工业训练中心,北京,100084)

摘要:"停课不停学"是教育部为了应对新冠疫情防控导致的延期开学而提出的新举措。清华大学师生按原定教学计划、据教学日历,实施"延期开学,如期开课",以在线教学的形式,开展线上课堂,并始终坚持学生在哪里,课堂就要延伸到哪里;在开学前期通过多种方式、方法开展线上教学经验分享,如"云上学堂"——在线教学总结、分享与展望,目的在于使每位授课教师能够高效率、高质量地完成在线教学任务。本文以2020年夏季学期砂型铸造线上教学为例,通过线上线下混合式教学方法解决了学生线上学习参与度不高、体验度较差等问题。

关键词:在线教学;砂型铸造;参与度;体验度

"机械制造实习"是以工程实践为主要载体的技术基础课程,对于增强学生的工程实践能力、提高综合素质、培养创新精神和创新能力具有重要作用[1]。铸造实习是"机械制造实习"课程的重要组成部分,如何通过对线上教学内容的设定从而使学生在家里也能感受到实践教学的魅力,是本文研究的重点部分。本文以砂型铸造教学作为切入点,重点介绍线上教学的实施过程,详细介绍如何打破线上教学学生参与度不高、体验度较差等问题,从而使每一位学生能够参与教学安排中、融入课堂教学中。

1 砂型铸造线上教学安排及教学准备

1.1 线上教学安排

由于铸造实践课程线上教学从未有可借鉴的相关资料,因此前期教学准备及教学排练至关重要。在距离暑期线上教学还有4周的空档期内,经过教学团队的不断探索及教学模块优化,最终开发出适用于线上教学方案的课程安排,见表1。

表1 砂型铸造课程安排

课程安排(08:00—11:30)	课程时长/min	课程安排(13:30—17:00)	课程时长/min
1. 砂型铸造概述(教师线上讲授)	30	1. 砂型铸造手工课(熔蜡装置制作,教师线上演示,学生线下操作)	30
2. 整模造型直播演示(以端盖为例的项目式教学,教师线上实践操作演示)	50	2. 砂型铸造手工课(砂型制作及体验)	50
3. 整模造型在线答题及知识点总结	20	3. 砂型铸造手工课(浇注及落砂清理)	15
4. 砂箱制作及砂型铸造体验(砂型铸造手工课);教师线上演示及指导,学生线下操作	50	4. 分模造型讨论及演示(以套筒为例的项目式教学,教师线上实践操作演示)	30
5. 挖砂造型直播演示(以手轮为例的项目式教学,教师线上实践操作演示)	40	5. 分模造型在线答题及知识点总结	20
6. 挖砂造型在线答题及知识点总结	20	6. 铸造熔炼现场课讲解(问题设计、缺陷分析等)、铸造总结	65

线上实践教学对教学团队的衔接配合要求极为严苛,教学团队分工明确、各司其职对于教学质量的提升尤为重要。通过前期的教学排练及相关教学方案的设定,为了能够高效完成教学既定目标,落实教学相关人员的职能分工,因此将线上实践教学所涉及的重要环节具体到每位教学人员(见表2),从而大幅度提高了教学效率。

表 2 铸造教学人员职能划分

人员	A	B	C	D	E	F	G
职责	教学A角色	教学B角色	学生互动(线上、线下交流及答疑)	学生考勤记录	教学直播与相关题材收集	学生线下实践互动和教学安全	学生线下实践互动和辅助

1.2 教学准备

在线上教学开展之前,为了能够达到"同质等效"的教学效果,前期需要做好充分的教学准备工作,主要集中在4个方面:

(1)邮寄教学材料包裹,如图1所示。实践类课程与理论课程有所不同,前者重在实践与参与度,为了使学生在家里也能够体验到实践环节的乐趣,前期通过调查问卷的形式统计了学生的家庭地址,然后将教学材料包裹通过邮寄的方式送达学生手中,为将要开展的线上教学做好准备工作。

图 1 教学材料清单及教学材料包裹

(2)在线教学直播软件和直播器材。线上铸造实践教学主要以腾讯会议为主,清华雨课堂为辅,通过双重在线直播形式保障教学能够顺利且高质量进行。开展线上教学直播时,直播器材的选择非常重要,通常采用手机直播的方式会产生画面晃动,学生长时间听课会产生不适感,因此采用手机云平台在线教学直播,可以消除这类影响。

(3)调查问卷反馈机制。在开展教学之初,为了能够建立长效反馈机制,不断优化教学方案,提高教学质量,我们创建了学生满意度调查问卷,对于每批次学生的意见或建议进行有效分析,并且将学生比较好的建议或者共性的问题落实到实践教学中,对教学方案的迭代优化起到了至关重要的作用。

(4)教学视频化和文本化。为了能够更好地达到课程既定目标,使线上、线下教学能够同质等效进行,铸造教学团队将部分教学环节拍成短视频或者写成教学文本,在课前发送给学生了解及学习,使学生能够及时预习课程的相关内容,在上课时能够更加容易地吸收消化课程所讲内容,对于教学质量的提升起到了至关重要作用。

2 线上教学具体实施过程

2.1 铸造概述

铸造概述主要让学生对铸造实践有一个基本的了解,其中主要包含:铸造的基本概念、铸造的分类、工艺相关知识、实习课程安排及实习过程中应该注意的一些安全事项。学生通过对以上5部分内容的学习和了解,能够对铸造有一个相对基本的认知[2]。

2.2 砂型铸造常见的3种造型方法讲授

教学过程采用项目式教学,全程采用线上直播的方式展开,砂型铸造实习选用端盖、手轮、套筒3种典型模样进行砂型铸造基础知识讲授,使学生了解并掌握整模造型、挖砂造型、分模造型3种基本造型方法,并通过进一步的启发式教学,引出这3种造型方法的工艺相关知识,最终通过砂型铸造模拟仿真、浇注、缺陷分析解读及学生在线砂型铸造答题测试来加深学生对于砂型铸造相关知识的进一步了解[3]。

2.3 砂型铸造手工课程

由于线上教学总体缺乏线下实践教学所具备的实战性,为了充实学生的动手实践环节,从而达到同质等效的目的,经过实践指导教师的前期反复探索和不断尝试,最终总结凝练出一套采用物理模拟的方式使学生在家里也能动手体验砂型铸造工艺过程的教学方法。实践环节主要用到的材料有火漆蜡、太空沙、亚克力圆片及其他辅助工具和材料,并通过邮寄的方式送达每位学生手中,为开展教学做好前期准备。

在实践环节,教师通过线上直播传授手工课程的具体操作流程和注意事项,学生则通过腾讯视频会议向教师直播学习过程,如图2所示。学生将个性化构思的图形利用剪刀、雕

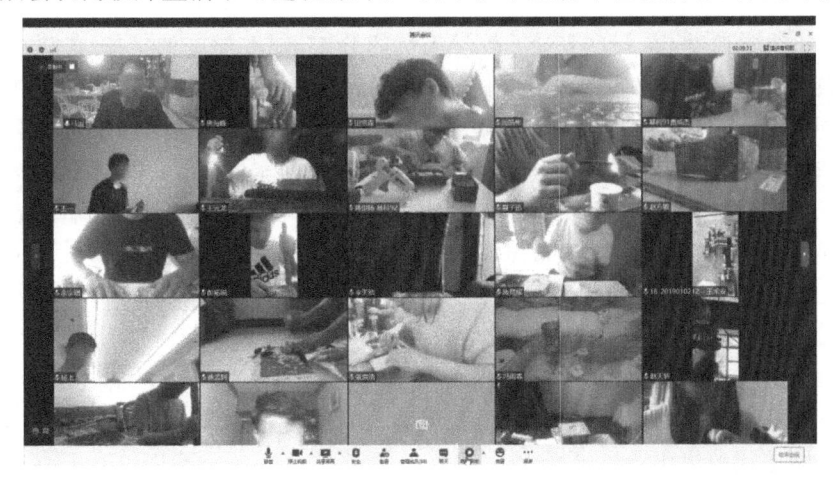

图2 学生手工课程实践过程

刻笔等工具制作成剪纸,并粘贴在亚克力模板上,然后利用太空沙将个性化亚克力模板制作成砂型,将火漆蜡加热并注入砂型,从而获得一枚个性化纪念币,如图3所示;最终学生展示火漆蜡模(见图4),教师进行逐一点评,从而使学生了解火漆蜡模制作过程中存在的问题,以及如何避免下次出现同样的问题,完成课程的最终考核。

图 3　学生在家利用太空沙、火漆蜡等材料物理模拟砂型铸造过程

图 4　学生作品展示

3　结语

(1) 相比线下教学,线上教学对于教学人员的分工、硬件设施的支撑、教学备选方案的制订都有较为严格和系统性的要求。清华大学基础工业训练中心铸造实验室为了能够使线上教学同质等效开展,通过前期教学准备及教学环节优化,特别是砂型铸造教学环节充分利用铸造资源优势,创新教学方案,考虑学生的体验度和完成度,前期将材料邮寄给学生,通过线上理论讲解和线下实操演示,学生在家就可以利用物理模拟方式体验砂型铸造,教学效果显著,获得了学生的高度认可。

(2) 及时了解学生的意见或建议对于教学质量的提升至关重要,因此每次铸造线上课程会预留15min让学生参与铸造线上教学效果测评。根据学生反馈的测评结果,每周开一次铸造教学研讨会议,教学人员通过学生的反馈结果和教学指导人员的经验分享,反思教学过程中存在的不足之处,从而将比较好的反馈结果或者共性问题落实到实践教学中,使教学方案不断迭代和优化。

参考文献

[1] 邢小颖,姚启明,汤彬,等.工程训练中铸造教学模式及内容的创新与改革[J].铸造技术,2020,41(10):1001-1004.
[2] 马运,汤彬,邢小颖,等.砂型铸造实践教学的改革与创新[J].铸造技术,2020,41(5):498-500.
[3] 马运,邢小颖,汤彬,等.基于铸造技术在文化核心素质课程中的应用研究[J].铸造技术,2021,42(2):159-161.

OBE 教育模式支撑下的工程培养系统

孙春雨，李 佼，陈 斌

（清华大学基础工业训练中心，北京，100084）

摘要：本文把 OBE 教育模式与制造工程体验相结合，探索如何在金工类课程中跨越学科与工种界限来组织教学，从而构建出一套适用于当今金工类教学的工程教育系统。本文以清华大学制造工程体验"尤克里里"课程为例，从课程载体选择、课程架构构建和教学管理开展方案的角度，阐述了跨越学科与工种界限组织教学的可行性及其教学模式与教学方法，旨在为工程教育改革提供一套可供参考的案例与思路。

关键词：工程教育模式；OBE；教学流程设计；交叉学科；跨学科

1 教育背景

现今传统制造工程体验课大多仍采用固化的学科体系和学科界限为知识结构的教育组织方法。所有实习项目之间关联性弱，无法使学生体验从研发到生产的完整的工作流程，亦无法保证学生形成一个完整的知识体系。在此背景下，我们也在努力探索一套适用于当下制造工程体验课的课程载体与教育模式。

2 改革的目的与意义

金工类课程是标准的基于学习产出的教育模式，课程的载体选择是课程成功与否的重要决定性因素之一。我们跨越工种与学科界限开发出了以"尤克里里"为课程载体的教学课程。本课程由木工、车工、钳工和激光切割等多工种相结合，跨越了学科与工种界限，这样能更好地帮助学生构建学科理论与实践科学间的知识体系，达到"综合价值塑造、能力培养和知识传授"三位一体的教学培养目标[1]。

3 课程载体选择与先决条件

制造工程体验所面对的学生大多来自不同科系、不同专业，各专业对机械加工的基础认知差异较大，且普遍认为传统金工类课程仍然停留在介质和工具层面，只能被动地接受单一的知识灌输。所以学生普遍对金工类课程缺乏兴趣，无法体会消化知识的成就感及对课程的享受和认同感。为了适应各学科的不同认知体系，方便构建跨越学科界限的认知基础，在课程载体选择上我们必须考虑到载体的吸引性、趣味性和易操作性，因此我们选择了"尤克里里"作为课程载体，借助学生对"尤克里里"的兴趣，激发其学习兴趣与主动性。

4 教学案例分析

本次课程以清华大学制造工程体验课中的尤克里里制作环节为案例，在此环节中，学生可以学习木工、车工、钳工、激光切割等工种的相关操作知识和经验。本次课程多工种课程交叉进行,方便学生构建完整的工程知识体系和工程意识[2]。

4.1 课程准备

本次课程的内容和涉及的工种较多,所以在课程开展之前,教师应充分演练和理解教学内容,预估课程中可能发生的不可控因素,做出预备方案以保证学习特征的顺利涌现,并确定一份行之有效的课程任务安排。

课程开展前:教师测试验证教学产品的可行性,制定工艺安排和产品制作方案。各工种准备好相关教学材料和教学工具,所有教师必须熟练掌握课程中所有工种的知识内容,并确保教学知识体系的完备性,以保证教学过程中及时准确地投放知识,这样可以最大限度地激发学生的学习热情,产生更好的学习效果。

课程开展中:本次课程不会安排集中教学,课程所需的知识会根据课程需要分散到整个课程体系中,在学生需要时及时投放,这样有助于学生对课程知识的理解和运用。同时,在课程开展伊始,所有工种的参与教师要参与到学生的学习过程中,这样有助于削弱学生对教师的排斥性,方便学生跨越工种与学科界限。教师亦可以跟踪每名学生的学习进度,根据学生每天的实际学习进度和反馈数据,分析当前学生的学习状态并进行特定的引导或调整,这样学习过程的可控性和学习内容的完成效果就会有很大程度的提高。

课程开展后:分析学生的学习过程数据和反馈信息,对下次课程进行微调以实现课程的快速迭代。

4.2 课程安排与开展

本次课程以木工和车工课程为主导,钳工、铣工和激光切割分布穿插在课程中。以上所有的环节不宜设立明确的学科界限,只有这样才能让学生更好地体验各工种之间的关联性,构建完整的工程知识体系。

木工课程:负责指导学生制作尤克里里的箱体,包括侧板、面板和背板,以及整个箱体的拼接和琴颈的安装。在此过程中,琴颈和侧板折弯需要教师提前准备好。一方面,可以压缩课程时间,保证课程的产出;另一方面,这种"拿来主义"可以适当降低课程难度,削弱学生对课程的排斥性。

车工课程:教师负责指导学生加工制作弦轴。琴弦紧固装置的主体为蜗轮蜗杆和一部分轴类零件。车削加工相对复杂,所以在学生制作加工之前必须先对学生进行1次或2次车削加工培训。同时,在课程开展时需要更多的指导教师进行跟踪辅导,最好每位教师辅导的学生不超过8人,以确保学生的人身安全和课程的进度。

铣工课程:铣工主要负责加工弦钮和蜗轮。因为铣削加工速度相对较慢,且工件数量较多,所以学生不必全部加工。学生只需要提供零件图纸,学习和体验铣削过程便可,其他的工件由教师负责加工或提前准备好。

激光切割课程:课程中学生可以自主设计图案,由激光切割打印在尤克里里琴身上。教师在打印前要审核学生的图纸,确定图案不会破坏尤克里里的主体和音色。

钳工课程:弦轴的支撑由钳工负责,虽然钳工的主体任务较少,但钳工一直穿插在整个"尤克里里"课程中。琴身所涉及的孔类加工和打磨都需要钳工的支持。

4.3 课程教学环节设计

教学环节设计要与项目进展具有统一性,课程的所有环节要以尤克里里的制作周期为主导。这样就把各工种之间的界限演变成了对尤克里里制作的合作关系。本次课程安排见表1(本课程周期为每周半天课)。

表 1 课程安排

时间安排	工种	教学内容
第1~5周	木工课程	制作尤克里里侧板、面板、背板和安装琴颈
第6~9周	车工课程	制作尤克里里的弦轴和配套轴类零件
	铣工课程	制作尤克里里的弦钮和蜗轮
	钳工课程	制作弦钮、弦轴蜗轮蜗杆的支撑架
第10周	激光课程	打印尤克里里琴身装饰图案
第11~14周	木工课程	尤克里里琴身打磨、刷漆,安装琴枕、拉马、琴弦等组件并调音
第15周	音乐课程	教授学生尤克里里的相关知识和弹奏方法

4.4 课程扩展与总结

本次课程的载体是尤克里里,所以我们在课后会安排专门的音乐教师或者音乐人教授学生尤克里里的专业知识和弹奏方法。这样学生在收获成果的同时,可以获得更多的成就感。此时应引导学生对课程内容和课程安排情况进行反馈,因为学生是课程的主体,所以学生的反馈意见对于一门课程的构建和修正是至关重要的。同时也要从教师、教务、不同学科学生等多个视角对课程所积累的学习过程数据进行分析,以寻找改善课程设计的机会。

5 问题与展望

本次课程是跨越学科与工种界限的金工类课程,对于此类课程中可能存在的一些问题和建议如下:

课程开始之前应该搭建出一个合适的物理环境,帮助学生沉浸其中,充分发挥环境对学习行为的影响。作为制造工程体验这种注重操作的课程,教师还要在上课之前多次测试机械设备和教学工具的运行情况,保证在课程开展中不会因设备故障而影响教学的情况[3]。

6 结语

本次清华大学制造工程体验课"尤克里里"课程的开展是金工类教学跨学科与工种的一次探索。本次课程的教学模型与学习数据可以为以后的跨学科与工种教学类课程提供数据支持。希望此次清华大学制造工程体验课尤克里里教学模式的相关系统模型,能为此类教育课程的开展和探索提供一种可供选择的工程教育方案。

参考文献

[1] 雷普克. 如何进行跨学科研究[M]. 北京:北京大学出版社,1970.
[2] ARIELY D. 谁说人是理性的[M]. 周宜芳,林丽冠,郭贞伶,译. 台湾:天下文化,2008.

项目制教学在工程训练中的应用
——以实用书立制造为例

王龙兵，姚启明，高党寻，周冰科，徐江波，黄吉才

(清华大学基础工业训练中心，北京，100084)

摘要：本文介绍了实用性书立制造在实践教学中的开展模式，通过重新整合教学环节，精心设计教学内容，探索培养学生创新意识和创新能力的实践教学新模式。注重学生从自主构思、设计、绘图、制造到产品的整个过程，从而提升了实践过程课程的内涵，发掘和培养了学生的实践自主性和创新能力，教学成效显著。

关键词：项目制；书立制造；自主性；创新能力

1 引言

工业制造设备的升级与技术的日新月异促进了制造业的快速发展。用户对产品质量满意的同时，产品的品质也逐步提高，从以往的大批量单一性产品向小批量、多元化品种发展，也促进了生产企业不断进行技术创新，满足当代人对物质生活的美好向往。随着产业变革，在人才培养方面需要改变以往的教学理念，不能再以固定教学模式对学生进行理论知识的灌输，在教学中要体现工程性、创新性、个性化元素，注重培养学生的工程实践能力、创新意识；同时塑造学生在实践中的工程思维和设计思维，使学生能够形成自主性的创新思维。[1-2]近些年，成形制造实验室通过完善实践教学培养方案、优化实践教学体系、加强实践教学平台、强化实践育人意识，不断提高实践教学水平。

2 教学内容和教学方法

2.1 项目制教学

书立是每个学生的必需品，有很好的实用性，加工制作难度适宜，并且能让每个学生参与设计及制作过程，设计属于自己的个性化书立。教学环节增加了学生自主设计，从设计到产品，能够体现每个学生独特的设计和创新思维，同时也锻炼了学生的工程实践能力。基于实验室先进的设备资源，让学生在了解前沿加工技术的同时更好地服务于学生创新，把学生的想法转变成现实。新的教学理念具有加强学生基础工艺知识与工程实践能力，同时也启发学生自主学习和形成正确价值观的教学特点。[3]图1为项目制教学设计流程。

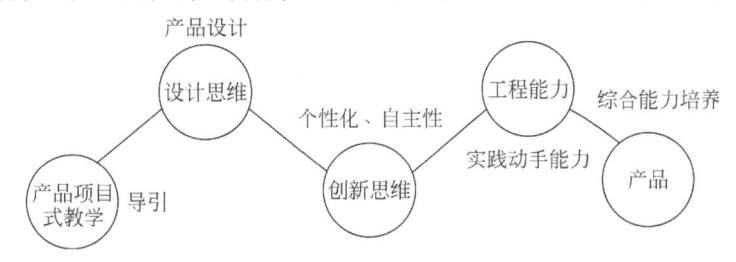

图1 项目制教学设计流程

2.2 教学资源

激光切割和数控折弯已广泛应用于金属材料加工。实训室的设备对所有在校学生开放，学生可使用两种加工设备完成自己所设计的作品，在完成制造工程体验课教学的同时也服务学生创新创意作品的实现。

1）激光切割机

大族大功率光纤激光切割机（型号 G3015MF），激光功率 2000W，双工作台，机床工作范围 3000mm×1500mm，可实现金属材料快速自动化切割。激光具有高度集中的能量光束，切割完的板材切缝窄、切割速度快、切割面平整、变形小，而且适用于多种材料的切割。将金属激光切割设备应用于教学，满足了学生对零件高质量的要求，使学生能够更好地完成作品。图 2 为大族大功率光纤激光切割机。

2）液压数控折弯机

数控折弯机（型号 WEH-40/2000）是钣金加工中应用比较广泛的一种弯曲设备，主要功能是完成常用金属板材在加工过程中需要的折弯处理。在液压动力的作用下，驱动上 V 字形凸模向下运动与固定的下 V 字形凹模完成板材折弯成形。书立经过激光雕刻、切割和折弯成为精美的书立。图 3 是数控折弯机。

图 2　大族大功率光纤激光切割机　　图 3　数控折弯机

2.3 教学环节安排

书立制造实践教学过程分为两个模块，分别为 4 学时，总课时为 8 学时，用 1 天时间，主要让学生了解激光切割金属和钣金折弯在工业制造中的应用。

第 1 模块的教学内容主要分为理论知识的讲解和学生设计绘图。通过讲解让学生了解激光切割金属的基本原理和优点、影响激光切割质量的主要参数和激光切割设备的组成。理论部分的讲解让学生对激光切割金属的概念有了清晰的认识。软件绘图的讲解使学生对软件操作有了一定的基础，能够完成书立的设计绘图工作。

第 2 模块的教学内容主要是书立激光切割和数控折弯过程，把设计的产品用加工设备进行加工，通过后期美化使产品更加美观。

表 1 为实践教学环节安排。

表 1 实践教学环节安排

模块	内容		要求	课时
模块1	理论讲解	激光切割金属的概念	通过讲解让学生了解激光切割金属的基本原理和激光切割机的加工范围及其应用	45min
		切割优点	激光切割金属有哪些优点	
		激光切割的主要参数	了解激光切割的主要参数及切割参数对激光切割质量的影响	
		设备组成	认识激光切割设备的组成	
	加工演示	书立加工过程演示	通过演示让学生了解书立制作的整个流程，对激光加工和数控折弯有更明确的认识	30min
	设计绘图	设计要求和软件操作讲解	了解书立设计要求，学习绘图软件的操作	
		设计产品绘图	按时间要求完成书立绘图	45min
模块2	激光加工	cnckad15软件编程	未完成绘图的学生继续绘图，绘制好的学生将图导入cnckad15软件进行编程，学习cnckad15软件的编程方法	2h
		上传机器	将编好的程序上传到机器，了解激光切割操作过程	2h
	数控折弯	数控折弯机操作讲解	牢记设备操作的安全注意事项和使用要求	30min
		书立折弯	操作设备对书立进行折弯	30min
	书立美化 完成作品	涂料染色、总结	用涂料或马克笔对书立涂色	1h
			通过书立制作过程激发学生的学习兴趣	

2.4 产品设计要求

为了使书立成形美观，选用不锈钢材料，厚度 2mm。每名学生使用材料的最大尺寸不能超过长 200mm、宽 120～500mm，严格按尺寸要求设计，不能超过尺寸的最大要求范围。切割线使用白色线条，设计有雕刻线的用红色或其他颜色的线条与切割线区分。激光切割完书立需要折弯，在设计的时候应预留折弯长度 30mm，在折弯线处，切长 40mm、宽 40mm 的 U 形槽，槽宽在 2～5mm 之间，折弯后 U 形向下折弯，U 形以下向上折弯，实现书立稳定站立。为确保学生安全使用书立，书立边缘必须倒角，防止划伤。为了避免切割时碰到切割头，切割线之间距离应在 2mm 或以上宽度。设计画好的图形另存为.dwg 或.dxf 格式，CAD 版本保存 07 或 07 以下版本。表 2 为书立的设计要求。

表 2 书立的设计要求

材料配置	设计要求
提供材料：不锈钢	最大尺寸不超过长 200mm、宽 120～500mm
	切割与雕刻用不同颜色的线条区分
板材厚度：2mm	30mm 折弯长度
	设计 U 形槽
供应材料尺寸：1000mm×1000mm	书立边缘倒角
	切割线的间距为 2mm 或以上

3 书立成形制造过程

(1) 编程与书立制造加工过程。将.dwg 或.dxf 格式的文件导入编程软件 cankad15, 对主要参数进行修改,设置切割线和雕刻线,切割线设置为白色线条,雕刻线设置为红色线条。切割零件的引线长度,引入方式根据材料厚度进行修改。调节好参数,生成机器代码并上传到机器进行加工。在此过程中学生了解了激光切割从画图到编程的整个流程,编写好的程序可通过 cnckad15 软件对激光加工路径进行模拟,让学生更清楚地了解激光切割加工路径。

(2) 对上传机器的零件进行切割,从切割过程中可以直观地了解激光切割的优点;将切割好的书立用数控折弯机折弯,学生还可以用涂料对书立进行涂色,使书立更美观。

图 4 为激光切割与折弯过程。

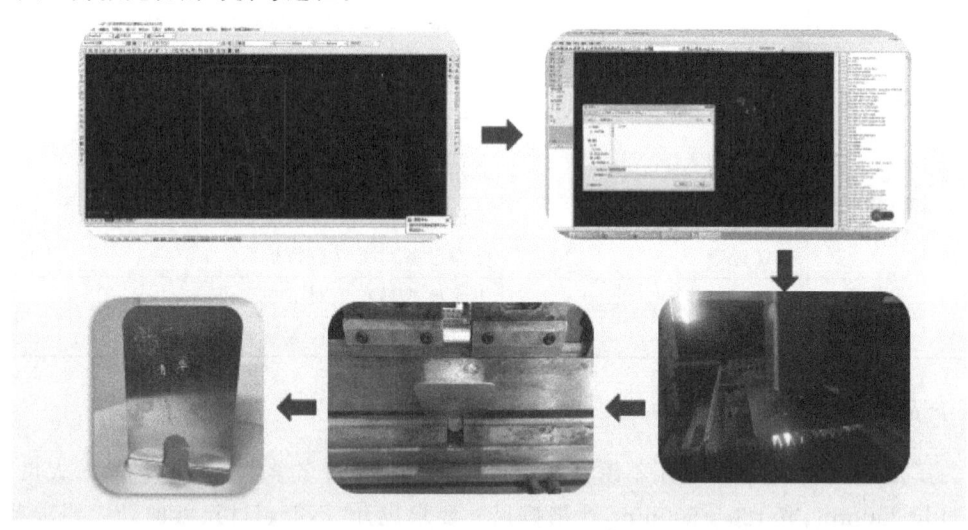

图 4 激光切割与折弯过程

4 教学效果

通过制作书立,让学生了解激光切割金属的基本概念和切割过程、设备组成及加工优点。根据给定的材料和尺寸要求,用 AutoCAD 绘图软件设计个性化书立,画出平面图形。通过对绘图软件的掌握,拓展了学生的知识面。在设计过程中了解激光切割金属的一些工艺参数要求,最后根据切割的金属工艺品,可以对激光加工过程及切割质量有明确的认识。图 5 为作品展示。

制作书立取得的教学效果主要有:

(1) 可以从整个学习过程了解激光切割金属的优点及书立折弯成形过程,拓展了学生的知识面。

(2) 通过书立设计与制作激发了学生的创新思维意识和工程文化素养。

(3) 项目制教学,做属于自己的书立,提高了学生的学习兴趣。

图 5　作品展示

（4）学生自主设计，能够设计出具有创意灵感的作品，激发了创新意识。
（5）通过实践课程让学生在做中学，锻炼了学生自主学习能力。
（6）实践学习提高了学生的安全意识和协作能力。

5　结语

通过书立制作过程体验，学生了解了书立成形的整个过程；对激光切割的基本原理、设备组成、激光切割质量的主要影响因素有了一定的了解，不仅确定了相关的切割参数，同时对切割产品的质量缺陷及产生原因也有了一定的认识。通过书立设计与制作激发了学生的设计、创新思维意识，提高了学生的工程文化素养和工程实践能力。开创性设计、新方法教学增加了学生的学习兴趣，更具有自主性和创造性。在培养学生工程实践能力的同时，使学生更好地理解了工程实践的内涵。

参考文献

[1] 乔佳,姚启明,高党寻.基于钨极氩弧焊与激光切割相结合的实践教学探索[M]//李双寿,杨建新.新时代工程实践和创新教学.北京:清华大学出版社,2018:245-248.
[2] 李双寿,李生录.工程实践和创新教学探索与研究[M].北京:清华大学出版社,2014.
[3] 高党寻,姚启明,严绍华.彰显任务驱动,创新教学模式,提高工程素质:谈 CO_2 气体保护焊训练的教学实践探索[M]//工程实践和创新教学探索与研究.北京:清华大学出版社,2014:56-60.

疫情下如何开展和保障远程软件教学质量

王豫明,张钧剑,张升玉,张 盟

(清华大学基础工业训练中心,北京,100084)

摘要：在疫情条件下,如何开展远程网络授课,特别是工业级的软件学习和掌握,涉及各方面的因素,如授权与安装、软件授课与学习、学生进度掌握及课后作业和辅导等,都与线下不同。本文通过实际的教学体验,将这些问题的解决措施进行总结。

关键词：软件安装；远程软件授课；课前准备；课中措施；课后作业和辅导

1 引言

在疫情条件下,利用雨课堂和腾讯会议进行课堂讲授不是一件难事,但是进行远程软件讲授和操作,可能会遇到一定的困难,线下课程与学生面对面辅导,一句话、一个操作就能解决的问题,在远程授课时可能需要多次不厌其烦地指导才能解决,归纳总结主要存在以下几个方面问题：①正版软件如何安装；②学生操作如何指导；③如何掌握进度,使学生循序渐进地掌握学习知识；④如何了解学生学习软件、操作软件的熟练程度。通过这次远程授课,多次反复实践得到了一些经验和体会,现总结如下[1]。

2 多项措施保证正规软件的安装

在正常教室上课的条件下,电子绘图软件 Altium Design(AD 软件)教学在校内的李兆基大楼 BD201 SMT 实验室进行,上课前教师在计算机上提前给学生装好 AD 软件,软件授权由实验室已授权的服务器提供,范围是在局域网内部连接的所有机器 AD 软件授权都可以使用,学生上课不存在软件安装问题。

这次疫情下,学生必须在遥远的家里安装软件,甚至在海外,且学生对软件的操作能力也有差异,例如文科生和理科生等对软件的操作能力不同,为了确保每个学生都能安装正版软件,我们采取了 3 种方法和措施：

(1) 让学生在本地机上安装 AD 软件,开放授权服务器远程服务供学生使用。

(2) 联系 AD 软件供应商,使用服务商授权服务作为第二方案,防止实验室内搭建的授权服务器出现问题。

(3) 学生远程登录使用校内服务器上安装的虚拟机,在虚拟机上事先安装好 AD 软件,授权仍使用实验室内搭建的授权服务器。由于学生上课时要同时开雨课堂、腾讯视频等,再用远程终端,对网络带宽有较高的要求,学生可作为备选第三方案。

为让学生顺利安装 AD 软件,我们提前一周逐个通知并指导学生进行软件安装。在安装过程中,不仅给学生提供安装程序和设置方法,实验室还部署了文件下载服务器,同时还用云盘提供下载以做备用。当有境外学生下载我们提供的离线安装程序遇到困难时,如程序大、下载速度慢、极易掉线等,我们还联系 AD 软件供应商,获取尺寸小很多的在线安装程序供学生使用,在线安装程序自动检查软件供应商部署的境内外资源镜像,并获取最容易下载的方式,使用效果良好。由于 AD 软件只支持 Windows 操作系统安装使用,因此我们采用第三种后备方案为使用 Apple 操作系统的学生分配远程终端供其使用。

3 精细的授课准备和完善的授课方法保障远程授课正常进行

3.1 课前准备,积极备课

在上课前要准备 3 份文件供学生参考:

(1) 教学 PPT。由于印制板设计软件(AD 软件)涉及的专业知识较多,对一些基础知识既要讲授清楚,又不至于冗长,需要精心准备。如软件操作前讲述一段专业知识,将原理图、印制板图、库文件的定义及其之间的关系描述清楚,并将整个路线图描绘出来(见图 1),使学生操作软件时概念明确、思路清晰。

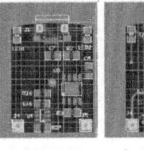

图 1 课程 PPT 精细化:体验课学生印制板制图路线

(2) 事先录屏软件操作步骤,让学生可以提前预习,对软件和过程有大概的了解。在遇到软件操作困难时,可以查看。

(3) 提前准备好学习指导书,内容更深、更全面,这样可以更好地指导学生掌握软件。

3.2 课中措施

为了保证学生在课堂上的学习氛围,师生之间要经常互动,针对不同学生和课堂,采用不同的形式。如制造工程体验课程,由于学生来源于全校各个院系,对工业软件的理解程度不同,可以按照表格的方式,带领学生一步一步完成。每走一步,学生要在腾讯会议上回答是否完成,教师在表中打①②③…⑩(最后一个数字是本次课程的学生人数),等 95% 以上的学生完成后,再进行下一步,这样不仅可以随时掌握每位学生的进度,还能掌握每位学生的学习情况,实现远程互动。软件学习进程表见表 1。

表 1 软件学习进程表

项目	1	2	3	4	5	6	7	8	9	10	11
同学 A	①	②	②	①	①	①	①	①	①	①	①
同学 B	③	①	②	③	③	③	③	③	×	×	×
同学 **	②	③	③	②	②	②	②	②	②	②	②

说明:1—考勤;2—软件打开并授权;3—建立工作区;4—建新项目;5—文件导入;6—存盘并建文件夹;7—原理图完成并上传;8—印制板图导入;9—布局完成;10—字符调整;11—布线完成并上传。

由于 AD 软件不仅涉及软件掌握问题,还涉及一些电路的基础知识,所以课堂上难免会遇到学习困难的学生,这时可以通过视频共享方式,让他将自己的问题展现出来,教师当堂指导其解决,同时其他学生有类似问题的也就迎刃而解了,这反而是网课的优势。而在面对面的授课中,可能多位学生遇到这样的问题时,需要教师辅导多次。对于极少数学生,由于软件等各种原因无法跟进的,如网络太卡的情况,我们采用单独辅导的方式,保证学生按质、按量、按时完成学习任务。

对于选修课的学生,如"表面安装技术基础"选修课,软件上课分为4次,所以授课方式会稍有改变,课堂上讲授原理、操作方法,带领学生由浅入深地进行学习。例如,第一次课讲原理图,相对简单,目的是让学生掌握软件操作方法,下课布置作业就稍复杂一些;在第二次上课前将学生的作业批改完成,上课进行总结归纳,指出作业中存在的问题;第三次课可以进行深度的任务,如印制板转换和布局;第四次课为印制板布线完成和元件库的绘制等。每次课程在前次课程的基础上增加难度和深度,课后有作业,这样可以保证学生完全掌握AD软件的使用,最后让学生单独进行实际夜灯的印制板图形绘制,后期用他们自己绘制的图形进行印制板的制作,可以实际应用,如图2所示。

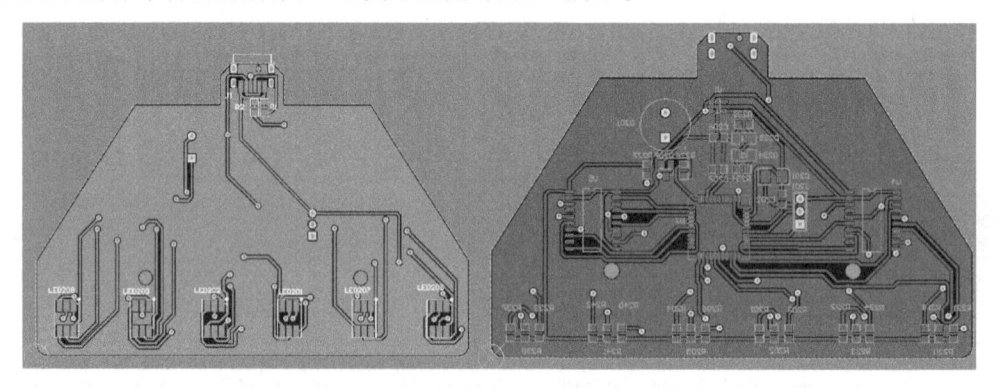

图2 表面安装技术基础的学生绘制的夜灯板图

3.3 课后布置作业,单独辅导

对于体验课的学生,如果有个别学生由于卡机,无法跟上课程进度,我们就在课下采用单独辅导的方式,帮助他正确安装软件。如学生在海外,可以让他安装软件供应商提供的小尺寸在线安装程序,按照我们提供的PPT和屏幕共享方式完成软件操作,并上交作业。

对于选修课的学生,课下会布置难度大一点、深一些的作业,如原理图课上的讲解既简单又必须涉及所有方面,课下就布置较为复杂的夜灯原理图;如课上讲授SOP元件建库,课下就布置QFP、BGA元件建库,如图3所示。经过多次学习、练习,学生可以全方位地掌握软件的使用,并应用于实践。

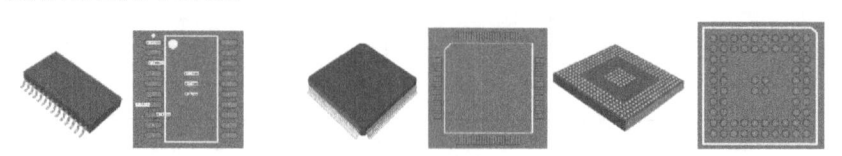

课上讲解建库的元件　　　　课下布置建库的元件

图3 选修课学生课上与课下元件建库作业比较

4 结语

为了保证远程课程的顺利实施,需要全方位的投入,不仅需要在课前、课中、课后的精力投入,还需要在人员上给予保证,为此,实验室提供了多名教师参与远程教学,一名主讲教师,两名软件辅导教师,这样,无论在授课中出现何种问题,如有些学生安装软件或系统设置有问题、有些网络环境不好影响安装等,在师生们的共同配合下都得到了解决,软件能够正常使用,没有因为AD软件远程安装、使用等问题影响教学的。相对于现场授课而言,其差异只在于交流答疑上有些不同,其他一切顺利,从课后学生提交的相关作业看,也达到了预定的效果。

参考文献

[1] 王天曦,李鸿儒,王豫明.电子技术工艺基础[M].2版.北京:清华大学出版社,2009.

"文创笔"创意设计与制作教学方法的探索与实践

王　佐，梁迎春，陈　斌

(清华大学基础工业训练中心，北京，100084)

摘要：本文论述了"制造工程体验"课程教学方法的探索与创新。以文创笔为教学载体，采用项目驱动式教学方法进行授课。该教学载体充分从实用性、创新性的角度出发，让学生从起初的构思、设计到最终产品实现的过程进行体验式学习，从而充分调动学生的积极性，同时还可以锻炼学生的设计能力、动手能力、团队合作能力，增强了学生的安全意识、产品质量意识、成本意识。

关键词：项目驱动；文创；团队合作；质量意识

1　引言

2020年3月20日，国务院发布的《关于全面加强新时代大中小学劳动教育的意见》[1]中指出：高等学校要注重围绕创新创业，结合学科和专业积极开展实习实训、专业服务、社会实践、勤工助学等，重视新知识、新技术、新工艺、新方法的应用，创造性地解决实际问题，使学生增强诚实劳动意识，积累职业经验，提升就业创业能力，树立正确的择业观，具有到艰苦地区和行业工作的奋斗精神，懂得空谈误国、实干兴邦的深刻道理；注重培育公共服务意识，使学生具有面对重大疫情、灾害等危机主动作为的奉献精神。

"文创笔"的设计和制作教学，初心就是让学生多动手、多实践。让学生明白只有亲自动手去设计、去实践，才能有效地锻炼个人的实践能力、动手能力；只有通过实践，才能进行创新。与此同时，激发学生的创新精神。因为实践是检验真理的唯一标准，更是创新的源泉。

但在该单元课程开设的初期，学生对其评价并不是特别理想。学生的建议是让他们自主设计的自由度变得更高，不是单纯机械性地学习和实践一下"文创笔"的制作过程，而是真正做到有的放矢，亲自设计、制作出属于自己的个性化"文创笔"。经过两个学期的总结，在提高学生设计自由度的同时，我们探索出了一种运用项目式教学法进行授课的新模式。

2　教学的具体实施

基于项目式驱动[2]的"制造工程体验"课程根据课程特点及时间安排设计出一套7周(28课时)的教学方案。在规定时间内，学习车削、数车、精雕、3D打印机等设备的操作与实践。学生将几个工种进行有机结合，设计并制作出个性化的文创笔。

2.1　教学目标

本课程设计的教学目标是秉承清华大学"知识传授、能力培养、价值塑造"三位一体的育人理念，培养学生的工程意识、实践能力、成本意识、产品质量意识、团队协作能力。

2.2 任务布置

开课第1周,教师通过案例引导与讲解,介绍课程的载体、要求。让学生对文创笔设计与制作的全工作流程进行全面了解并布置教学任务,使学生真正领会课程的内容,达到教学目标。设计案例及产品的完整工作流程分别如图1和图2所示。

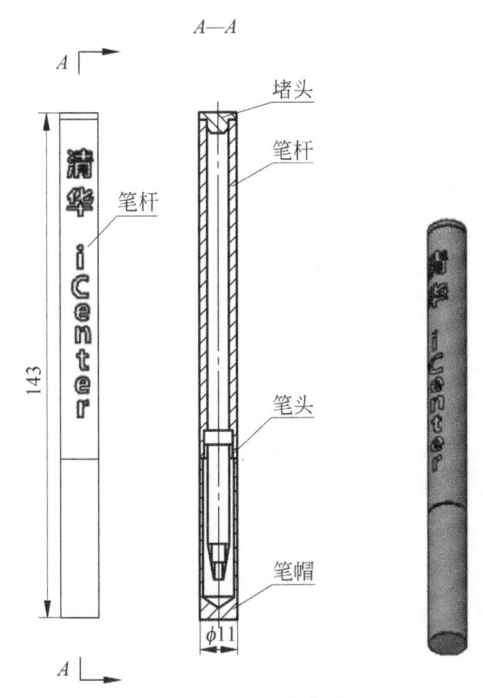

图1 文创笔设计参考图

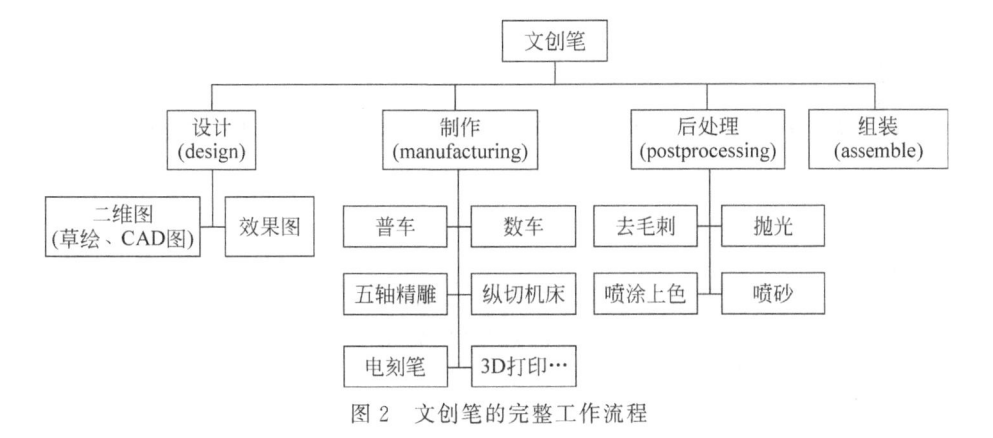

图2 文创笔的完整工作流程

2.3 项目分组

课程参与学生多数为非工科背景,分组(2人或3人/组)时会充分考虑学生的专业背景,按照专业互补的方式进行分配,避免了单一专业的局限性,发挥每位学生的专业特长。例如:美院学生的艺术气息浓厚,而工科专业的学生在设备操作方面上手较快且擅长,这样就可以将两专业的学生分配到一组,通过分组,让学生明确各自承担的学习任务,锻炼学生组织协调、合理分工的能力。

2.4 方案设计

学生结合项目要求,搜集资料,通过理论讲解和现场观摩文创笔机械加工的完整工作流程,设计出产品初步的设计方案图纸,如图3所示。

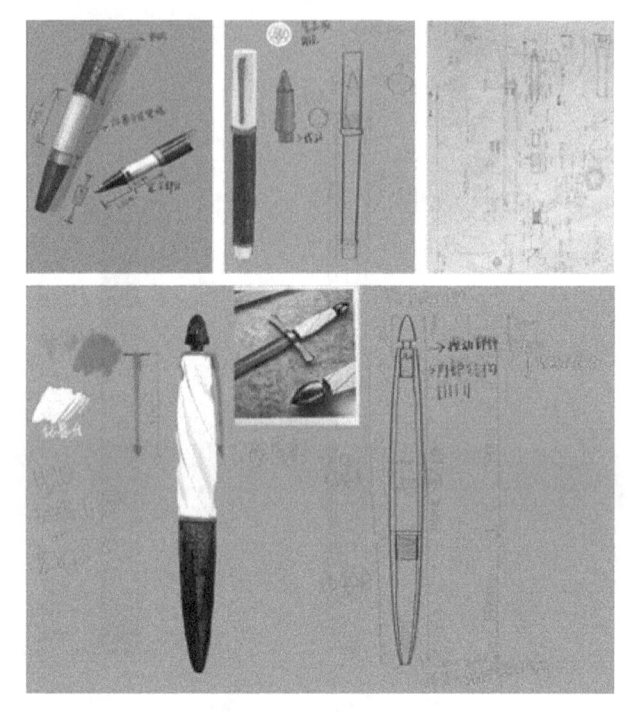

图3 学生设计案例

2.5 方案评估

指导教师根据学生提交的初步设计方案,从思路、合理性、可加工性、遇到问题的解决方式等方面进行全方面评估与指导,给学生启发式的指导。

2.6 方案实施

学生根据自主的设计方案进行分工并自主完成零件的加工、各零件的装配、性能测试及后续修整等工作。在项目实施过程中,同学之间密切配合、紧密交流、齐心协力,在规定的时间内完成了各零件的加工[3]。指导教师针对学生在制作及装配过程中遇到的问题进行有针对性的指导与帮助,引导学生独立分析问题、解决问题。此环节有效地提高了学生的协调能力、团队协作能力、分析问题及解决问题的能力。学生的制作过程及作品如图4所示。

2.7 课程总结

在课程最后,先由每位学生根据各自的学习过程及所设计的产品进行自我评价与总结,并与同学交流课程中的收获与不足。教师从"知识传授、能力培养、价值塑造"三位一体

图 4 学生制作过程及作品

的育人理念出发,根据课程及每位学生的实际情况进行点评。

通过项目式教学方法在"制造工程体验"课程中的学习与实践,每位学生都有很大的收获,提升了其综合能力,同时,也为他们今后的实践学习和工作打下了坚实的基础。

3 结语

通过运用项目式教学方法,激发了学生的创新实践能力,也应验了"实践是创新的源泉"这一真理。但针对这门课,我们还需进一步对课程进行多维度的完善和改进。只有不断地进行探索与创新,才能把这门课程变得更好、更精,为将"制造工程体验课"打造成学校的"金课"贡献一份力量。

参考文献

[1] 新华社.中共中央 国务院关于全面加强新时代大中小学劳动教育的意见[EB/OL].(2020-03-26)[2022-02-25].https://www.gov.cn/gongbao/content/2020/content_5501022.htm.

[2] 王佐,张秀海,左晶.工程实践和创新教学:改革与发展"项目驱动式"教学法在工程训练课程中的应用[M]//李双寿,李生录.工程实践和创新教学:改革与发展.北京:清华大学出版社,2016:331-336.

[3] 张治,杨润泽,刘家儒,等.以项目驱动式促进金工实习课程改革与实践[M]//李双寿,李生录.工程实践和创新教学:探索与研究.北京:清华大学出版社,2014:304-306.

设计与制造相结合构建线上实践教学新模式

韦思健,张秀海,王蓓蓓,彭　进,李　屹,高建兴,陈开峰,彭　进,杨德元,高　英

(清华大学基础工业训练中心,北京,100084)

摘要:新冠疫情发生以来,清华大学"电子工艺实习"和"制造工程体验"课程CC03单元作为以动手实践为特点、不适合线上教学的实践教学课程,根据实践教学的特点,设计与制造相结合,调整教学计划,重构教学内容,更新教学手段,不仅利用线上教学模式实现了"延期返校、正常教学"的基本要求,还通过教学模式创新,实现了线上实践教学与线下实践教学的"同质等效"。

关键词:设计与制造;实践教学;线上教学

1 引言

2020年2月3日,清华大学5万师生及众多校友在线开启新学期的抗"疫"第一课,宣布"停课不停学"。2月1日学校已在布置开展2020春季学期教学工作时提出了清华方案,就是"延期返校、正常教学、发挥优势、保质保量"。清华大学全校2020春季学期开设本研课程共3481门次,其中实验课程183门次。理论课程全部安排线上网络教学,待疫情解除,可随时切换至原来的教学模式。实验课程可以延期,或者制定线上教学方案并在教学管理部门备案。

理论课程实施线上网络教学方案具有天然优势,同时学校开发了雨课堂教学工具(包含手写、录屏、PPT、习题、弹幕、上课提醒、回放等丰富功能),结合MOOC、网络学堂、微信、邮件等方式和数字化教材,可以说已经构建了一个基本可行的教学框架。但是对于相对少数的实验课程全面实施线上网络教学是个难题,尤其是我们所承担的"电子工艺实习"课程和"制造工程体验"课程的CC03单元"电子产品设计与原型快速制造技术"都属于动手实践课程,更是难上加难。如何解决这个难题,不成为学校"延期返校、正常教学"要求的豁免对象,不仅可以开课,还要"发挥优势、保质保量"地开课,实现教学质量与原有线下教学的"同质等效",这是一个相当大的挑战。

2 线上实践教学设计和实施及预案

2.1 教学方案

"电子工艺实习"课程是一门以培养电子产品设计制造基本能力为目标的动手实践课程[1-2],课程中每位学生要使用自己设计、制造的电路板完成一个电子产品的设计制造全过程,并用自己的作品参加课内团队比赛,学生亲身参加动手实践的特点非常明显,所以网上教学似乎比较困难。但由于课程设计针对学生的学习需求考虑,很早就把"设计与制造的结合"作为课程的特点来建设,明确了学生在教学中获得的能力是初步掌握电子产品样机的设计和制造能力,为后续的课程设计、毕业设计、科学研究和工作打下良好的基础。教学中设计和原型快速制造是其中的两个重点。

因此疫情发生以来,我们根据学校要求和课程情况调整了课程安排,须现场动手的课程内容均安排在后8周完成,前8周开展网络授课,主要内容为理论知识讲授和使用电路设计仿真软件设计电路原理图和印制板图。网络上课"地点"为雨课堂＋腾讯会议、微信群、清华网络学堂、清华云盘,分别实现讲课、辅导、资料传递功能。网络上课时间严格按课表中的标准上课时间执行。初步可以实现1～8周线上教学模式,并可以随时切换回线下教学模式。

"制造工程体验"课程面向全校不同院系学生,重点培养工程思维。课程通过在真实制造场景下制造全生命周期的体验,传授现代制造工程知识、培养工程思维和素养、塑造创造性劳动价值观。每位学生在课程中可以任选两个产品制造实践单元,体验各种制造技术与方法。

CC03单元(电子产品设计与原型快速制造技术)的教学目的是了解和体验电子产品设计与制造全流程,同样主要包括设计和原型制造环节,当然由于教学时间、学生专业、教学目标的不同,教学要求与"电子工艺实习"有很大的不同。

2.2 线上设计教学

在电子设计教学和实际工作中,仿真是一个关键问题。在"电子工艺实习"课程教学中使用NI电路仿真设计软件进行仿真,软件的核心是业界标准的SPICE仿真引擎。设计教学分为EDA实践A和EDA实践B两个任务,EDA实践A用于学生熟悉软件的使用,EDA实践B则是一个真实需要制造的任务,难度逐步递进。

在EDA实践B任务中学生不仅要设计电路板,还要自制芯片模块,并使用自制芯片完成主电路设计。芯片模块的设计步骤如下:

第一步,学习芯片内部电路原理,如功率放大、DC/DC转换、光电收发控制等;

第二步,绘制该芯片的内电路原理图,并通过检查和仿真证实该电路的正确性;

第三步,利用电路图得到SPICE语言代码并调整,再利用软件的建模功能建立芯片仿真模型,并将模型命名后存入元器件用户库中(如TH298等);

第四步,利用芯片的内电路原理图绘制芯片模块板图。

从芯片到产品的电子产品设计,实现更真实、更接近工业实际的电子实践教学。

在"制造工程体验"课程CC03单元的教学设计中,考虑到教学时间少、非工科专业学生多、教学目标不同等特点,对源于工程实践教学的课程内容做了大量优化和裁剪,单元教学内容实现了设计与原型快速制造、机械与电子、艺术与工程的结合。其中机械设计和制造选用3D打印工艺,在短短4课时的时间内,不使用相对复杂的专业软件,而是使用简单易学的3D One Plus软件,并引导学生使用相对简单的回转体结构,使每位学生都可以完成自己产品零件的个性化3D创意造型设计。

在CC03单元的电子设计教学中,通过两个产品的设计实现从原理仿真到制板设计的全程体验,其中用4课时完成蓝牙音箱电路中部分简单易懂电路的原理学习、原理图绘制和使用NI电路仿真设计软件进行仿真验证,理解工程设计中仿真设计的重要性;再用4课时使用简单的电路结构结合学生自主创意完成液态金属电子艺术品的完整创意设计。

上述设计任务通过雨课堂＋腾讯会议、微信群完成教学讲解和辅导,通过清华网络学堂和清华云盘向学生传递教学资料,学生通过清华网络学堂或清华云盘提交作业。由于任务作业需要在后 8 周学生回到学校时在现场按设计制造,所以教师不仅要及时批改学生作业,还要严格按实际制造要求指导学生修改作业,直到符合制造工艺要求为止。

2.3 线上制造教学

按开学前制订的方案,前 8 周开展线上教学并随时调整,后 8 周学生返校后可以到现场动手实践,虽然国内疫情形势明显好转,但国际疫情形势日益严重,北京作为中国的首都和国际大都市,输入性疫情也严重起来,学生在第 9 周到校且到现场上课的可能性越来越小,学校也要求做出第 9~16 周线上教学的预案,这对实践教学又提出了新的挑战。

电子工艺实习课程的学生设计任务将在第 8 周完成,从第 9 周开始进入设计实现即产品样机的制造阶段,鉴于课程的目标是学生自身掌握电子产品设计和制造的全流程,在后续的课程学习和创新活动中达到自制电子产品样机的能力,学生仅通过网络观看学习和了解教师的示范教学过程,是无法同质等效地达成课程目标的。为保证教学质量,我们特制定了向学生邮寄部分必需的小工具和材料,并通过网络直播互动教学和安全使用教育,建立网络实践教学环境的方式,把学生的家和学校实验室通过网络连在一起,成为跨越空间的实验室,实现"同质等效"的教学质量目标。向学生邮寄的小工具和材料已在第 6 周开始寄出,第 8 周已全部到达学生手中。同时,我们还严格要求学生非上课时间不得使用电烙铁等工具,上课时教师通过视频检查的方式保证学生安全使用工具,并通过视频互动指导学生和检查学生的学习效果。

CC03 单元教学设计的核心就是将现代数字设计与制造技术应用于学生的教学实践,让学生在学习中了解和体验产品设计数字化、数字设计文件直接用于快速原型制造(打印)产品的简便性、快速性、可操作性等优势。在现场教学时,学生在教师的指导下操作 3D 打印机、液态金属电路打印机(见图 1)打印蓝牙音箱外壳和液态金属艺术画,也可以通过网络直播这一过程,教师将学生的任务设计结果导入设备,设备完成学生个性化作品的制造,通过更多视角的线上直播反而可以使学生对设备工作过程看得更清楚。这样既达到了与在现场实习同样的教学效果,也体现了现代和未来智能制造中网络制造和分布制造的理念。对于液态金属电路打印机,以前在教学研究开发时我们就做过这样的工作,开发了液态金属打印机开放管理系统,该软件与液态金属打印机配合,学生客户端可自动搜索系统服务端(动态 IP)并上传学生文件、学号、姓名,系统服务端则可以根据学号、姓名自动分目录存储学生文件,上传情况在服务端可以多种形式显示,供值班教师完成审核、确认上传、确认打印等多项功能,学生客户端亦可相应地进行反馈,为教学工作提供了方便。

图 1 快速原型制造设备——液态金属电路打印机/3D 打印机

通过上述安排，包括向学生邮寄的小工具和材料，以及线上直播快速制造设备工作情况和过程，使得线上制造教学与线下制造教学区别不大，只是把实验室和加工车间搬到了以网络为连接的学生和教师家中，从而实现了线上制造教学。

3 线上教学设计与教学效果

实践教学全部采用线上教学模式，教学质量还要保证与线下实践教学"同质等效"，没有好的教学设计是不行的。首先，基本理论知识的教学需要采取和理论课相同的考虑，比如雨课堂和腾讯会议联合使用，课程时长由45min变为20~30min，讲课中设置与学生的互动环节，例如单选题、多选题、文字题的设置和弹幕、投票等。其次，设计讲解环节不仅要采取前面的各项设计，还要考虑将关键内容录成视频，这样的视频并不是要求学生重复观看，而是当学生需要时可以跳跃式观看，大大提高了信息传递的效率，同时还可以录制一些课程内容扩展性质的视频，提供给学生选择观看。最后，线上直播制造教学过程需要从两方面多做工作：一方面需要购置稍微专业些的设备，例如三脚架、摄像头、摄像灯、手机稳定器、头戴式摄像设备等，方便通过更多视角展示制造过程；另一方面，还要在直播过程中加强互动，增强学生的现场参与感。

好的教学设计还要配合负责任的教师，线上教学更是这样。本学期全面开展线上教学，参与教学的全体教师不仅要在课内时间开展教学，还要随时和学生通过网络交流，保证及时回答学生的各种问题，每天微信群里的问答信息达到几百条。以设计与制造相结合为特点的"电子工艺实习"课程和"制造工程体验"课程CC03单元本学期共有130余名学生参加课程学习，截至第8周均已全部按进度完成课程学习和任务作业，教师均按任务设计要求和制造工艺要求批改作业，并督促学生完成修改。正是由于教师们的辛勤工作，才保证了教学的顺利进行。学生对教师认真负责的态度和辛勤的工作表示非常感动，虽然是网上教学，学生身边没人监督，但他们都认真完成任务作业，完成教师的每一次修改提示，师生一起努力。

"电子工艺实习"课程第8周进行了学生期中匿名调查，结果表明，64%的学生认为完全达到了对本门课的预期，36%的学生认为基本达到了对本门课的预期；73%的学生对至今的网络课程非常满意，27%的学生对至今的网络课程较满意。可见教学效果良好。

CC03单元参加了"制造工程体验"课程期中匿名调查，非常满意度在13个教学单元中排名第四位为57%，教学效果同样良好。

"电子工艺实习"课程2020春季学期的教学评估进入全校前50%，一项指标（课程学习过程中遇到问题能得到教师的反馈）进入全校前5%。

4 思考与结语

新冠疫情的发生，虽给全国和全世界人民带来了巨大的损失和痛苦，但我们克服了空间的阻隔，根据实践教学的特点，设计与制造相结合，调整教学计划，重构教学内容，更新教学手段。通过教学模式创新，实现线上实践教学与线下实践教学的"同质等效"，不仅完成了教学任务，而且挑战自我，思考更多。线上教学的部分优势资源、手段、模式可以引入线下教学，线上和线下互为补充。线上直播的很多内容不仅可以让学生比现场了解更多，还可以更好地了解智能制造。

下一步，在总结经验的基础上，我们将完善教学资源，提取本次教学中的新手段、新模式，并开展后续研究，改进教学方法，有效地提高学生的学习兴趣和学习主动性，形成主动高效的学习模式，使学生在掌握基础理论和基本实践技能的同时，其创新意识、工程实践能力、价值观也得到很好的锻炼和提高。

参考文献

[1] WEI S J, WANG B B, GAO J X. Construction and practice on the optimum multi-module EDA practice teaching platform[C]. Engineering Education and Industrial Training, Beijing, China, 2015: 353-356.

[2] Wei S J, LI S S, LI S L, et al. Constructing electrical and mechanical innovation platform supporting the self-innovation of students[C]. Engineering Education and Industrial Training, Dalian, China, 2012: 443-446.

实验技术队伍建设与实践

姚启明,汤 彬,杨建新,王健美,王 旭,荣 键

(清华大学基础工业训练中心,北京,100084)

摘要:本文从新时代的新要求、实验技术队伍所肩负的责任、助力实验技术队伍发展3个方面梳理实验技术队伍建设的必要性,阐述清华大学基础工业训练中心在实验技术队伍建设方面的思考与实践,尝试探索实验技术队伍建设在岗位设置与管理、考核评价、薪酬及队伍发展等方面的可行性路径,以推进工程实践教学的进一步发展。

关键词:工程实践;实验技术队伍;岗位设置与管理;考核评价;队伍发展

1 引言

实验技术队伍不仅是高校教师队伍的重要组成部分,更是高校人才队伍不可或缺的重要力量[1-2]。实验技术队伍作为实验教学示范中心的骨干力量,其整体水平的高低不仅制约着学校的创新人才培养、科学研究成果产出、社会服务能力提升,也会影响学校"双一流"建设的进程。2005年教育部组织发布了《关于开展高等学校实验教学示范中心建设和评审工作的通知》,提出了建设满足现代实验教学需要的高素质实验教学队伍的要求[3]。

近年来,清华大学基础工业训练中心(以下简称"中心")依据清华大学的建设规划总体目标,不断深化改革工程实践教育,创新人才培养模式,围绕国家战略需求,全面提高学生的综合工程能力、系统思维能力和创新创业能力,打造国内领先、国际一流的工程实践教育和创新创业教育基地。中心长期重视师资队伍建设,创建了一支身兼教师、工程师和实验师的"三师型"师资队伍,实现了教学、科研、服务相结合的可持续发展机制。一流大学需要一流的教师和实验技术队伍,在"双一流"战略的推进下,中心借学校职工队伍人事制度改革的契机,以使命、问题和效率为导向,梳理和分析中心实验技术队伍的现状,提出实验技术队伍建设的改革思路,确立改革目标和计划并予以实施,在实验技术队伍建设和管理方面取得了一定的成果[4-5]。

2 训练中心实验技术队伍建设的必要性

(1)新时代的新要求。新时代,清华大学中国特色"双一流"大学建设及一流教师队伍建设的发展目标愈加明晰,这也对中心实验技术队伍的建设、管理和发展提出了新的要求:实验技术队伍的使命定位应与时俱进,跟上新时代学校战略发展的步伐;实验技术队伍的整体素质、水平应更加专业化,以满足工程实践教学进一步发展的需求。

(2)实验技术队伍所肩负的责任。中心在发展过程中逐步明确了在清华大学人才培养中的定位:①工程能力训练基地,为卓越工程师培养服务;②创新创业教育支撑平台,为拔尖创新人才培养服务;③工程素质教育基地,为复合型人才培养服务;④科研转化和服务平台,发挥示范辐射作用。工程训练的实践性、双创人才培养的特殊性及工程素质教育的综合性,要求中心的实验技术队伍应当具有更强的工程素质和综合能力,包括工程意识、工

程背景、工程综合能力、创新创业教育方法等方面。实验技术队伍水平主要体现在工程技术研究和开发能力、工程实践能力、工程和创新教育水平等方面。特别是工程和创新教育水平,体现在知识更新和对知识体系的理解和传授上,包括授课质量、学生培养质量、学生及同行教师的评价、对于教学思想和方法的创新,以及对学生创新活动的支撑作用等。

中心实验技术教学岗位具备专业化要求,甚至还有一些岗位需要引进稀缺人才,因此有必要做好现有实验技术人员的培训发展和职业规划,开展专业化人才培育工作,引进实验技术队伍急需或稀缺的人才,建立实验技术队伍专属的人才蓄水池,为实验技术队伍人才建设储备力量。

3 岗位设置与管理

中心在2019年开始启动和实施职工队伍人事制度改革,并于2019年年底完成。实验技术队伍是中心职工队伍的重要组成部分,是中心工程实践教学队伍的中坚力量。职工队伍人事制度改革的核心是"以事设岗,以岗定级",变编制管理为岗位管理,以岗位分类为基础,厘清岗位职责,实现人岗匹配,职工队伍管理的目标从编制逐渐转变为岗位。

3.1 人事制度改革前中心实验技术队伍的状况

2019年人事制度改革前,中心实验技术队伍主要由2009年实体化前的金属工艺学教研室、机械厂和科教仪器厂从事实践教学的人员组成,经过2009年以后的逐年自然减员和少量补充,至2018年年底各类编制实验技术人员共76人,编制结构见表1。

表1 训练中心实验技术队伍编制结构(2018年年底) 人

实验技术系列	事编工人	劳服人员	企编工程技术系列	劳动合同制人员	劳务派遣人员
15	11	9	3	23	15

3.2 岗位设置

根据学校职工队伍人事制度改革"以事设岗,以岗定级"的精神,在确定中心实验技术队伍改革目标和主要内容的基础上,按照以下步骤完成实验教学岗位的设置:

(1)进行中心实践教学任务分析,运用工作量统计等方法进行业务梳理。

(2)按照学校实验技术系列标杆岗位评估结果,对于本单位岗位,分为专业类和技术类两类。

(3)以事设岗,岗位规模考虑中心未来发展的需求,形成设岗方案,对本单位的设岗方案草案进行意见征询。

(4)设岗方案送学校专项组审核,并与专项组就设岗方案进行沟通调整、报审,并最终确定岗位设置。

(5)形成岗位说明书,并报审生效。

根据中心实践教学工作内容和相应的工作量对所设岗位的岗位职责进行了具体分析和必要的组合,得到50个实验技术岗位,其中专业类19个、技术类31个。中心的主要工作任务是实践教学,所设实验技术岗位均为实验教学岗,根据岗位职责的具体要求,又分为实验教学研究岗和实验教学执行岗。实验教学研究岗在完成岗位要求的一线实验教学工作的同时偏重实验教学研究；实验教学执行岗以一线实验教学工作为主,实验教学研究为辅。岗位说明书规定了岗位职责任务和平均工作量,也是考核评价的重要依据。

3.3 岗位管理

实验技术队伍管理从编制逐渐转变为岗位,在保持骨干岗位稳定的基础上实现一定程度的流动。编制管理实际上是一种身份管理模式,对于高素质、高胜任能力或兢兢业业履职却没有身份的人员存在明显的不公。取消编制并非一朝一夕,中心根据学校职工队伍人事制度改革要求,变实验技术队伍编制管理为岗位管理,将编制的稀缺性及其附带的福利待遇用在"刀刃"上,放在稀缺性岗位、重点岗位或期望其长期稳定的岗位上,用来吸引专业领域的稀缺人才或职业精英,或用来留住实验技术队伍中真正有能力、有干劲、有热情的实验技术人员,给他们编制,让他们感受到待遇留人、认同感留人,使编制真正作为一种激励手段。由于岗位聘任的实力竞争,实验技术人员也需要不断自我要求和自我提升,避免发生拿了编制就逐渐出现惰性的恶性循环。

4 考核评价

中心建立了实验技术队伍效能管理体系,以考核促进个人发展,最大限度地发挥实验技术人员的积极性和主人翁意识,提高管理和服务效能,促进实验技术人员履行职责,提升履职能力,保障单位各项工作有效进行。考核评价以月度、年度和聘期为周期,分别从履职情况、胜任力和满意度等方面对实验技术人员的工作效果进行定量和定性相结合的综合评价,并建立相应的评价和反馈机制。

实验技术队伍考核的指标体系符合其岗位类别特征,与其岗位技能水平要求相匹配,与其岗位职责相关联。考核评价以岗位分类为基础,采用与其岗位类别、岗位职责内容相适应的考核指标、考核方式乃至考核周期。例如,对于专业类实验教学研究岗位而言,其岗位的业绩成果往往不是短时间可以显现出来的,因此侧重考核该岗位人员的胜任能力指标,运用定量和定性相结合的考核方式,更注重周期较长的年度考核和聘期考核。

5 岗位薪酬和激励政策

关注岗位价值,以岗位作为主要付酬因素。从岗位技能水平和要求来说,实验技术岗位需要专业化人才,甚至是某些领域的稀缺性人才,而较低的薪酬水平使得实验技术岗位缺乏竞争力,直接导致的后果是难以招到专业化人才或难以留住队伍中现有的骨干人员。中心实验技术队伍人事制度改革给予职工岗位薪酬一个合理的水平定位,一方面综合考虑行业、所属区域及市场因素,另一方面改变观点,认识到职称和资历仅是职工个人胜任能力的体现之一,薪酬付酬要素首先聚焦在岗位及其岗位价值上。这样,不同岗位所要求的岗位技能水平不同,薪酬则不同；同样的岗位,因为个人胜任能力不同、工作质量不同,薪酬等级上也有所不同,薪酬成为岗位价值、个人胜任力、市场因素的综合体现。关注岗位价值,使薪酬与岗位挂钩,才能较好地激励职工在岗位上发挥主观能动性和积极性；关注工作效果和业绩，才能保持实验技术队伍的良性发展。

在岗位基本薪酬的基础上，中心制定了一系列激励政策，根据实验技术人员参与实践教学的教学质量评估结果，负责或参与实验室建设项目的情况和取得的成果，开展实验教学研究和实验技术开发的情况及所取得的成果，参与科研的情况及取得的成果，突出优劳优得，合理拉开收入差距，有效发挥实验技术人员的积极性，对在工作岗位上有突出贡献的人员给予特殊奖励。

6 实验技术队伍发展

6.1 做好实验技术队伍人才培育

中心根据学校职工队伍人事制度改革要求，一方面在职称评审上引入评定与认定相结合的方式，即在保持学校对高级职称高质量评定的基础上，可以认定部分初、中级职称，简化程序但不简化要求；另一方面以岗位分类为基础，强调技能水平，打开岗位发展晋升通道，与薪酬等级直接挂钩；此外，用好社会化评审，始终保持实验技术人员成长和发展的通路。

6.2 多种途径提升现有实验技术人员的专业技能和综合素养

根据中心的人才培养目标和实验教学体系，以多种形式开展对在岗实验技术人员的培训和提升。

（1）学位进修。根据中心的发展，遴选优秀的在职实验技术人员在不影响工作的前提下在职进修硕士和博士学位，鼓励现有大专学历职工在业余时间进修学士学位，不断提高个人的学术水平。

（2）中心内部交流培训和校内交流。根据中心实验教学的特点，有计划地开展跨学科、跨实验室的各项主题实验技术培训，依托中心的信息化平台、云平台和基础实践教学设施开展线上和线下两种模式的实验技术培训，提升实验技术人员的专业技术水平。与校内各院系开展深度合作与交流，共享实验资源、共建实验课程、开发高水平的跨学科实验项目。

（3）业务研究。定期开展教师、实验技术人员共同参与的主题教学研究和研讨，明确课程教学目标，研究新的教学模式和教学方法。鼓励实验技术人员积极申报国家级、省级、校级教研项目，以及实验室建设与管理研究项目；深入研究实验教学的理念、内容、方法，开发具有创新性、综合性、设计性的实验教学项目，拓展实验教学新形态，积极申报教学成果奖项等。通过各种教学研究项目的开展，不断提升实验技术人员的教学研究水平，鼓励实验技术人员参与科研，在科研项目研究过程中提升自己的专业技术能力。

（4）外派进修。根据中心的发展，遴选优秀的实验技术人员以访问学者身份派往国外著名大学或研究机构学习进修，为中心的国际化教育教学储备师资力量。

（5）专题技术培训。以国家级实验教学示范中心、校级大型设备公共技术平台为依托，充分利用企业技术优势，分层次、有计划地开展实验室规划建设、实验技术安全、实验室信息化、实验室管理服务、大型设备操作及维护、实验技术研发等专业专题培训，形成契合中心实际发展需求的标准化、常态化培训体系。培训形式包括专题培训班、技术讲座、工作坊、高端论坛、业务交流沙龙等，逐步实现实验技术人员培训人数全覆盖，不断提升实验技术人员的专业技术水平。

7 结语

重视和加强实验技术队伍建设是高校工程训练中心建设的重要组成部分。在高等教育不断深化改革的新形势下，以岗位为基础，从岗位设置与管理、考核评价、岗位薪酬方案和激励政策、职工发展等方面入手，努力培养和造就一支专业化、高素质、高水平的实验技术队伍，为学校培养创新型人才和培育高新科技成果服务。

参考文献

[1] 胡蔓,朱德建,冉栋刚,等.实验技术队伍能力提升路径研究与实践[J].实验技术与管理,2020, 37(4):39-43.
[2] 崔家瑞,李擎,阎群,等.省级实验教学示范中心实验技术队伍建设与实践[J].实验室研究与探索, 2019,38(5):144-146,224.
[3] 杨宇科,罗文强,封玲,等.转变观念 多方保障 加强实验技术队伍建设[J].实验室研究与探索,2019, 38(5):245-248.
[4] 陆文宣,洪珂一."双一流"建设背景下地方特色大学实验技术队伍建设[J].实验室研究与探索, 2018,37(5):274-277.
[5] 樊冰,林海旦,亓文涛.高校实验队伍"四位一体"建设机制探索[J].实验室研究与探索,2015,34(5): 224-227.

实验室建设与管理探究

张秀海,董宝光,姚启明

(清华大学基础工业训练中心,北京,100084)

摘要：实验室规范建设与管理是高校实验教学的重要保障。本文着重介绍在实验室制度建设、课程建设、基础建设、安全建设、人才培养等方面的内容和举措,为高校实验室建设和管理,保证实验室安全、有效、规范地完成教学和科研任务提供一种思路与参考。

关键词：制度建设；课程建设；基础建设；人才培养

1 引言

随着国家在"985""211""双一流"建设上对各高等院校的大力投入,高校实验室也迎来了新的局面。经费的投入,意味着实验室基地建设、设备采购、新教学课程建设、安全管理与人才培训等工作成倍增长。特别是近几年高校频发的实验室安全事故,显示了实验室管理工作中存在的问题,更凸显出需要加强管理的重要性。每一起实验室安全事故的发生,必定是某一方面或多个方面的工作没有做到位,或许是制度的疏漏,或许是监管的缺失,抑或是论证不严、防范不足、责任不落实等。总之,深究其原因,必定是建设与管理层面存在诸多问题,不管对于学校,还是经历者,教学与科研实验中发生严重的事故,造成人员和财产的巨大损失,都是极其惨痛的教训。下面就实验室制度建设、课程与基础建设、安全建设、人才培养等方面进行探讨。

2 实验室制度建设

实验室制度的建设和有效实施,对实验室教学任务的顺利开展和防范安全事故的发生具有重要意义。俗话说:"没有规矩不成方圆。"所以,对于要求具有严谨和科学作风的高校实验室,制度建设必须摆在首位。用制度来规范我们的行为和作风,随时检查我们的工作,使之规范化、科学化。

根据实验室任务的不同,可参照上级管理部门的相关制度,制定更加具体的、可实施的实验室管理制度,以利于教学和科研任务的开展。例如,实验室管理制度规定进入实验室的教师和学生应该遵守的基本要求,主要包括进门登记、实验预约、安全准入培训、教师职责、学生要求、禁止行为、防火防盗、安全责任人、卫生管理等内容；设备安全管理制度包括设备使用批准、设备操作培训、设备维修维护、设备使用登记、设备使用数据维护、设备责任人、设备安全操作规程培训等内容；低值易耗品使用管理制度包括易耗品采购和建账、日常领用和登记、日常损耗登记和销账、管理责任人等内容；大型仪器设备管理制度包括设备型号与设备功能、设备基本参数、设备存放地点和责任人、设备使用记录明细、设备维护维修明细、设备使用效益评价标准等内容；化学品使用管理制度包括化学品采购与建账、化学品存放要求、化学品领取办法、剩余化学品回收办法、消耗化学品销账办法、化学品管理责任人责任、使用化学品责任人责任与化学品使用安全培训等内容；生物制品使用管理制度包括生物制品采购与建账、生物制品存放要求、生物制品领取办法、剩余生物制品回收办法、消耗生物制品销账办法、生物制品管理责任人责任、使用生物制品责任人责任与安全使用培训等内容；废弃物处置管理制度包括实验室废弃物处理流程、废弃物明细、废弃物成分、废弃物存放、废弃物处置方案等内容。

这些制度的制定一般比较容易，但要做到特别有针对性并能有效实施就有一定的难度了。实施管理的重点要放在实验室的理论课程教师和实验技术教师对制度的学习、理解和责任落实上，这样才能使制度发挥它应有的作用，才能少出事故，甚至不出事故。

3 实验室课程与基础建设

实验室建设规划是指根据实验课程项目、科研项目和学生人数，规划相应安全的实验室教学与科研场地、设备、工具、试件，以及相配套的水、电、气、暖、防护用品等。

一般情况下，都是先有理论或实践课程，再根据课程需求配备相应的实验室空间，最后进行符合课程和实验安全需求的相关建设。

3.1 实验课程建设

实验课程一定是为理论课程服务的，依托于理论课程，完成对理论课程的理论验证和实验教学内容。首先，根据理论课程的学生人数、课时，按照安全、有效的原则配备教学设备台套数和实验技术教师人数，然后将实验过程按时间分解成理论讲解、安全知识学习、实验操作学习、指导学生完成项目、数据整理、设备整理与总结等部分，这样层次分明、条理清晰，有利于实验安全、有序、有效地进行。在学生来实验室上课前，一定要完成实验室管理制度建设、课程教材建设、设备安全操作规程建设、设备维护准备、试件制作准备，还要完成实验课程的指导教师培训、试讲、试听、试做、内容审核和安全审核等工作。不论是几课时的实验课，一般都有明确的学时要求和学生人数限制，必须在上课之前把上述建设内容完全做好，只有这样，才能把实验室课程建设好。

3.2 实验室基础建设

1）实验室场地

在规划实验室场地空间功能上一定要考虑5个方面的问题：

（1）设备安全合理布局。一般情况下，可以把设备布局到实验室空间内的外周范围，以便于电、水、气等设施沿着墙体接入，但设备距离墙体要留出有效的安全维护距离，以便于维修和整理，且设备之间也要留出安全距离，不可过于拥挤。

（2）学生安全合理布局。一般情况下可以把学生听课、学习、操作规划在实验室空间的中部范围，且距离门口较近的地方，以便于学生学习和避险。

（3）避险安全合理布局。一定要考虑当教学过程中发生危险情况时学生的安全退路，要给学生留出安全的实验活动空间，每组学生之间留出安全距离。实验现场一定要有逃生指示标识，使学生遇到危险时可以快速避险。

（4）环境安全合理布局。实验中会产生相关污染物，污染实验室的空气环境，一定要事先设计并安装通风设施，以利于实验中产生的污染物排出。当产生的污染物为固态时，一定不可随意丢弃,应配置相应的存放设施,按照性质分类存放,交专业公司处理。

(5) 实验室防火安全布局。一定要规划专用且明确区域配备灭火器,以备发生火情时紧急处置。室内属于明显火灾危险源的地方一定要有警示标识,防止危险发生。对于特殊设备,一定要配备专用灭火器;使用特殊材料时,屋顶要配备专业的喷淋灭火系统。

2) 实验室用电

正确使用电能,可为人类造福;使用不当,则可能受到伤害,甚至危及生命。对于实验室用电一定要注意以下几个方面:

(1) 要根据所开实验课程和科研设备的需求,配套足够的用电容量,并预留出未来 5～10 年的实验室发展容量。

(2) 要请专业电工施工实验室设备所需的电路,防止建设源头安全隐患的发生。

(3) 要在高压和电气箱位置张贴防触电警示标识,防止发生触电事故。

(4) 禁止私拉电线进行教学活动,防止不符合安全用电规范而发生事故。

(5) 在实验室电器容量许可的条件下方可接入实验室供电线路,防止超容量而发生事故。

(6) 一定要定期检查所有用电线路,对于老化并存在隐患的线路必须及时更换。

(7) 必须严格培训管理人员,遵守用电制度,严格执行"人走断电"的制度规定。

3) 实验室设备

对于实验室设备的管理、使用和维护更是要做到严谨和科学。特别要注意做好以下几方面的工作:

(1) 一定要从正规生产厂家采购实验设备,要请生产厂家的技术人员按照安装要求对设备进行安装、调试,待设备稳定运行后再验收通过。

(2) 一定要定期(根据设备要求)检修和维护设备,做到有备无患;一定不能让设备带病工作,待维修合格后再使用。

(3) 一定培训实验技术人员,撰写并张贴设备的安全操作规程,上课时要给学生先讲解清楚,待学生理解后再进行实验。

(4) 设备一定不能在无人管理下工作(夜间更不能无人值守),更不能让学生单独在实验室操作设备,必须有教师在场指导。

(5) 大型仪器设备的操作人员一定要取得操作培训资格证书后再进行操作,并且要尽量保持大型仪器设备技术人员的稳定,这有利于设备维护和防范事故的发生。

另外还要注意,对于新进的实验设备,还要考虑设备进出通道是否允许,楼板承重是否允许,用电容量是否允许,设备振动、噪声对周边环境会造成怎样的影响?以防止发生事故。

4) 实验室用水

如果实验设备不需要供水,水源仅供教师和学生实验过程整理使用,则需要把水源设置在远离设备的地方,以防水源出现故障时对设备造成损坏;如果设备需要供水,则一定请厂家技术人员做好水路设计,并请专业技术人员完成施工。在设备不用时,关闭水源。

5) 实验室用气

实验室使用的气体一般都是带有高压的,分为高压无毒气体和高压有毒危险气体两种。对于高压无毒气体,比如压缩空气,其输送管路一定要请具有专业气体管路施工资质的单位完成建设施工,以保证管路将气体安全地传输到设备。高压有毒危险气体,如氧气、氢气、氮气、氩气等,其气瓶充填压力一般达 10～15MPa,高压气瓶的存放位置必须远离学生的实验场所,根据不同气体的要求建设相应的封闭、半封闭或敞开存放空间,并安装气体泄漏检测报警装置,还要定期检查气体输送管路和阀门,防范漏气等危险状况的发生。

6) 化学物品的购买、存放与使用

如果实验课程中需要用到有毒有害化学物品,需要注意的问题有:

(1) 要从专业、定点企业采购化学物品,以保证质量。

(2) 要建设专属存放空间或采购专属储存柜,并把各类物品分类存放,由专人保管。

(3) 要建立对化学物品使用进行责任人登记和消耗登记的制度。

(4) 要对进入实验室的人员(教师和学生)进行安全培训,使其熟知化学物品使用规范和管理制度,防范可能发生的意外事故。

7) 人身防护

不管对于教师还是学生,实验中做好安全防护极其重要。在实验过程中,做好学生的安全防护是教师的重要责任。根据物理、化学、生物、机械、电力等不同学科,实验室一定要配备齐全相关的防护器具,以备学生在实验中使用,如眼镜、口罩、手套、防护鞋、防护服等,并保证所有防护器具从具有国家生产资质的企业购买,使用前必须检查其是否安全有效、有无破损,并按照要求正确佩戴防护器具。

4 实验室安全建设

4.1 安全事故案例

近年来,实验室安全事故频发,这和实验室安全建设和管理,以及学生导师、实验技术教师责任缺失有很大关系。在实验室实验过程中难免要接触一些易燃、易爆、有毒、有害、有腐蚀性的物品,且经常使用水、气、火、电等,潜藏着诸如爆炸、着火、中毒、灼伤、割伤、触电等危险性事故,这些事故的发生会给我们带来严重的人身损害和财产损失。表1统计的是近年来发生的9起高校实验室安全事故的伤亡情况,可以看出,受伤害最大的是学生,在伤亡的22人中,学生伤14人,死亡5人,教师伤1人,设备调试人员伤2人。从数据可看出,教师在第一实验现场的很少,这就造成教师对实验过程及危险情况的掌控不到位,实际上,这也是教师责任的缺失。

表1 近年高校实验室发生安全事故部分伤亡情况统计

序号	学校	时间	原因	伤亡人数	实验室
1	云南大学	2008.7	化学爆炸[1]	伤1人	微生物研究所
2	北京理工大学	2009.10	设备调试[1]	伤5人	不详
3	四川大学	2011.4	化工实验[1]	伤3人	化工学院实验室
4	南开大学	2011.12	化学实验[1]	伤1人	化学实验室
5	常州工学院	2014.12	化学实验[1]	0	化工系实验室
6	中国矿业大学(徐州)	2015.4	化工实验[1]	伤4人,死亡1人	化工学院实验室
7	清华大学	2015.12	化学实验[1]	死亡1人	化学系实验室
8	东华大学	2016.9	化学实验[1]	重伤2人,轻伤1人	化学化工实验室
9	北京交通大学	2018.12	垃圾渗滤液污水处理科研实验[2]	死亡3人	环境工程实验室

只要我们在制度上落实相关安全内容和责任条款,在实验室要求上落实相关内容和责任,在实验/试验环节中落实相关教师的安全责任和监督责任,并掌握相关的实验室安全知识及事故发生时的急救常识,正确、安全地使用相应的试剂及实验器械,就可以尽可能减少和避免实验室安全事故的发生,即使在发生紧急事故时,也能够不慌不乱,把伤害和损失降到最低。

4.2 理论课教师、实验技术教师的责任

实验课程大多是为配合教师理论课程服务的,是教师课程理论的验证和实践。因此理论课教师的安全责任在于保证实验/试验理论计算公式、计算结果、理论推导上正确,并配合实验技术教师在设备、装置、过程上实现理论结果。实验技术教师的安全责任在于要确保实验场地、设备、装置、实验用料、实验过程、实验环境、实验工具的安全可靠。二者的责任是一以贯之的,缺一不可,不能相互替代,因为教师在理论上更有权威,实验技术教师在实践上更有权威。在实验进行过程中,教师必须在第一现场完成实验指导工作,而不能委托给博士生、硕士生等。理论教师不能代替实验技术教师,因为实验技术教师在实验室摸爬滚打许多年,对实验室的软、硬件,安全要点极为熟悉,也许实验技术教师的一句话,就可以避免一次事故的发生。

4.3 实验室管理人的责任

每个实验室都会确定实验室"安全管理责任人",同时也是"实验室安全负责人",这一岗位十分重要,因为他是整个实验室"现场安全"的直接责任人。他必须牢固树立"安全第一"的思想,对实验室的学生安全、设备安全、环境安全、课程安全负有极其重要的直接责任。他必须熟知本实验室内所有的安全问题,时刻把学生在课程和科研工作中可能遇到的问题、危险情况考虑清楚,并在实验或科研工作进行前对学生进行安全知识培训,使学生听懂并掌握。他对实验室新开的实验课程和所进行的科研项目有安全审核的责任,具有"现场安全"一票否决权。绝不能为了尽快开设新课,或为了加快科研任务进度而放弃安全责任审核和监管、忽视一丝一毫的安全问题,或放任不安全的行为发生,如果酿成事故,将会受到法律的严惩。

要保证师生人身安全,作为合格的实验室管理人就必须特别了解实验所用设备存在哪些安全问题,哪些是一般安全问题,哪些是重点安全问题,哪些是设备安全问题,哪些是环境安全问题,哪些是人身安全问题,这些安全问题发生时所带来的后果是什么,该怎样使学生重视这些安全问题,该怎样防范这些安全隐患,当安全问题发生时该如何应对,这是一名合格的实验室管理人所必备的基本素质。

5 实验室人才培养

实验室人才培养着重从两个方面进行:一方面是技术人才培养;另一方面是管理人才培养。

5.1 技术人才培养

对于实验室来说，实验技术人才队伍培养极其关键，这关系到实验设备的有效使用、实验项目的顺利开展和安全责任的落实。首先要对具有相关专业知识的年轻实验技术人员进行实验技术培训，使他们掌握实验设备的使用方法和安全知识，待他们可以熟练、单独完成设备操作后，再对他们进行教学岗位培训，使他们掌握实验教学内容、环节、方法，再经过岗位考核，使他们真正胜任教学岗位。其次，还要鼓励他们学习新的知识，参加科研项目，不断锻炼、提升自己、充实自己，反过来，新知识可以促进实验技术的不断发展，丰富课程内容，并使学生受益。

5.2 管理人才培养

对实验室管理人才的培养不是一朝一夕的事，作为上一级的领导要不断从实验技术队伍中发现并培养实验室管理人才，使其逐步具备实验室管理所需的各个方面的知识和能力，为实验室的长久发展奠定基础。实验室管理的内容包括实验室的规划与施工、实验室设备和耗材的采购与验收、实验方案的设计和实施、实验教材的编写、实验设备的安全与维护、实验过程的参与监督等。

首先，要善于使用和发挥老实验技术教师的积极性。古有谚语："家有一老，如有一宝。"家有一老，经历为宝，经历得多了，碰到的问题、做过的错事就是家庭后代顺利成长的财富。在实验室内更是如此，要特别重视、积极鼓励具有丰富实验室工作经验的老实验技术教师发挥作用，因为他们经的多、见的广，对实验室管理来讲，这就是一笔宝贵的财富。要使他们积极培养年轻人，传授实验技术，传授实验室管理方法，传授教学师德师风，使好的方法和作风在实验室空间内代代延续。

其次，在实验室管理人员使用上要摒弃唯"学历论"，不是学历越高实验室管理能力就越强。对于实验室主任，一定要经过3～5年实验室一线实验教学技术学习、实践和经验历练，才有可能胜任，负责实验室方方面面的业务，为实验室课程、安全和发展打下基础。

另外，在实验室管理中，要杜绝频繁更换实验室技术人员的做法，尤其是掌管大型仪器设备的技术人员，一定要保持骨干实验技术人员基本稳定，因为培养一名合格的实验室技术教师不是一朝一夕的事。

6 结语

综上所述，在国家的高投入下，实验室建设工作必定繁重而复杂。血的教训告诉我们，只有做好实验室制度建设、实验教学课程建设、硬件设施基础建设、安全责任建设和技术人才队伍培养等方面的工作，并下大力气抓好落实，才能使实验室安全做到防患于未然，才能使实验课程井然有序。对于实验室的建设与管理，单位领导层面的重视程度、监督措施到位与否，理论课教师和实验技术教师的责任落实，体现着学校对学生生命健康的尊重，也决定着实验室课程向好发展还是逐步被淘汰。只要我们在实验室课程建设中，始终坚持以学生为中心，始终树立"严肃认真""教学无小事""安全大于天"的观念，为学生提供安全的学习环境、新颖的教学形式和前沿的教学内容，就可以吸引更多学生，激发学生的创造力和兴趣,也只有这样,才能真正不断地达到我们的教学目标。

参考文献

[1] 南京信息工程大学. 实验室安全教育与管理网[EB/OL]. (2018-09-11)[2022-02-25]. http://examsafety.nuist.edu.cn.
[2] 人民网. 北京频道:社会民生[EB/OL](2019-06-03)[2022-02-25]. http://bj.people.com.cn/.

多机器人协同焊接在实践教学中的应用

周冰科,高党寻,姚启明,王龙兵,徐江波,黄吉才

(清华大学基础工业训练中心,北京,100084)

摘要:清华大学基础工业训练中心(以下简称"中心")是清华大学进行工程训练教学的重要场所,在增强学生工程实践能力、提高综合素质、培养创新精神和创新能力方面开展了多项实践教学活动,其中成形制造实验室焊接分室是其重要组成部分。为了开阔学生的眼界,使其掌握多种焊接工艺方法和体验先进焊接设备的魅力,2014年实验室先后引进了3台库卡弧焊机器人,建设了多机器人弧焊工作站。本文浅谈了多机器人协同焊接在实践教学中的应用,以拓宽学生对焊接技术向自动化和机器人化方向发展的认知。

关键词:工程训练;多机器人协同;管板焊接

1 引言

近年来,焊接机器人技术发展迅猛,在各行各业得到了广泛应用,如工业生产、航空航天、医学、深海探索、军事等领域。随着生产量和作业环境的不断变化,有些工作仅靠单机器人难以承担,需要通过多台机器人之间协同作业才能够完成[1]。多机器人系统相比于单机器人系统有诸多优点,如多机器人系统适应环境能力强,环境发生变化时能自我调节;多机器人系统空间分布广,同时具有较好的时间分布性[2]。通过多机器人之间的协同作业,多机器人系统可以可靠地完成单机器人无法完成的复杂任务,提高生产效率,因此多机器人协同作业越来越受到广泛关注。本文就多机器人协同作业在实践教学中如何开展和应用做简单阐述。

2 课程背景

焊接机器人是一种工业机器人,从事包括焊接和切割等焊割工作,主要由机器人和焊接设备组成。传统的焊接机器人工作站在实践教学中是通过学生人工输入焊点数据及人工规划机器人焊接路径,焊接完成后也需要人工更换焊件,无法实现焊接路径的重复性和均一性,也无法实现多台机器人焊接联动的效率最大化。要实现多机器人协同工作,不能局限在机器人数量和功能上的增加,也要考虑与PLC控制系统等相匹配[3]。

多机器人工作站的建设主要是给学生一个更加真实的工程背景。通过完成一个典型结构件的焊接,可在实践教学过程中营造以先进性、创新性和综合性为特点的工程实践特色,进而拓宽学生对焊接技术在自动化、机器人化发展方面的了解及对数字化制造的认知。

3 课程建设和技术方案

3.1 课程建设

弧焊机器人实验室所采用的设备是工业级弧焊机器人,具有工业实现的各项功能[4]。为了满足课程建设需求及工业级设备功能的要求,在原有的双弧焊机器人工作站基础上再

加购一台搬运机器人来完成自动上下料功能,组成多机器人工作站,再加装 PLC 控制柜实现多机器人联动协同作业,便可满足工程实践教学条件。此外,还需解决多机器人系统集成与焊接程序的编写与运行,开发适用于本科生实践教学环节的程序。在实践教学中主要通过现场演示管板焊接过程进行教学活动。

3.2 多机器人工作站布局设计

多机器人工作站的主要任务是对同一焊接区域采用两台或两台以上的焊接机器人协同焊接。实验室加购的搬运机器人与原有的双弧焊机器人在实验室内成倒"品"字排列,如图 1 所示,左上为焊接机器人 1(简称 R1),右上为焊接机器人 2(简称 R2),下中为搬运机器人 3(简称 R3)。

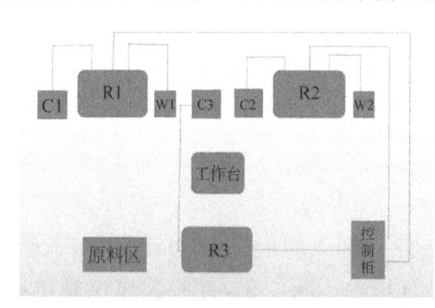

图 1 多机器人工作站布局

3.3 多机器人协同作业控制程序设计

R3,拥有系统活动的所有信息(包括任务信息、环境信息、受控机器人信息等),可以对任务进行分解与分配,向各受控机器人发布命令,组合多台机器人协作完成任务。受控机器人为两台焊接机器人 R1、R2,它只与主控机器人 R3 进行信息交换,接收命令,完成任务。整个过程中的信号通信通过 PLC 控制柜传输。

R3 在作业过程中只负责搬运和发布命令,它首先将焊接原料板和管分别从原料区搬运到工作台上,工作台上有气动夹紧装置。到位之后向 R1、R2 两台焊接机器人发送信号,命令它们去焊接定位,R1、R2 完成点焊之后,将信号反馈给 R3,R3 接收到信号后,将工件搬运到空中(这一步的目的是:一方面避开障碍物方便施焊,另一方面是工作台电磁阀为不锈钢材料,如果在电磁阀上施焊,过程中会有电流通过,可能导致电磁阀与工件连接或电磁阀损坏失效)。就位后向 R1、R2 发送焊接信号,R1、R2 接收到信号后进行自动焊接,完成后将信号反馈给 R3,R3 接收到信号后,将焊完的工件搬运到原料区,R3 归位,完成管板的焊接过程。运行路径示意及场景如图 2 所示。

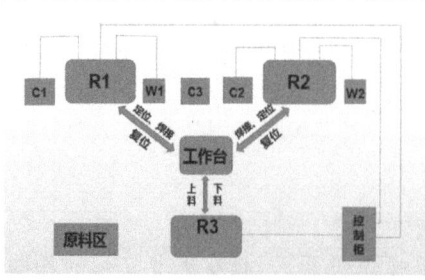

图 2 多机器人协同作业运行示意及真实焊接场景

4 实践内容

4.1 材料及工艺参数

根据实践教学需要与平台支持,提供的材料与设备见表1。

表1 材料及工艺参数

项目	工 艺 参 数
材　　料	Q235 低碳钢
尺　　寸	板：100mm×100mm,厚度 5mm；管：ϕ30mm,厚度 3mm
焊接方法	CO_2 气体保护焊
接头形式	角接环焊缝
工艺参数	焊枪角度：与板成 45°夹角；机器人速度：0.3m/min；送丝速度：4.2m/min；电压：25V

4.2 实施焊接

按照预先设定的程序和准备好的材料实施多机器人协同作业全自动焊接,经实验指导教师和学生实践操作使用后,与传统的单机器人焊接对比有以下优势：

（1）焊接过程得到大量简化,不用频繁地进行人工定位与上下料,提高了焊接效率。

（2）全自动焊接的确使得焊接质量显著提高,对实践教学效果有很大提升。

多机器人系统焊接效果如图3所示。对于参加工程实践的学生来说,该系统更容易上手操作,有助于他们对焊接自动化技术有深刻的认识,受到学生的广泛好评。

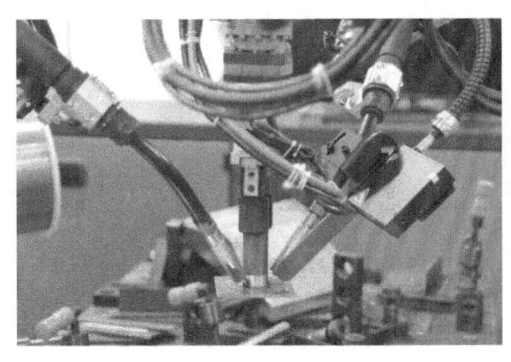

图3 管板焊接效果

5 结语

多机器人协同工作显著提高了弧焊机器人的实践教学水准,体现了焊接技术在自动化和机器人化方向发展的前沿状态,为弧焊机器人特色化实践教学提供了一个重要的硬件平台,有效地提高了实践教学的前沿性和真实性,进而为培养本科生的工程实践能力及创新意识起到了积极的作用。

参考文献

[1] 杨纪寿.多台焊接机器人协同控制系统设计[J].广西科技师范学院学报,2016,31(2):145-147.
[2] 周东健,张兴国,李成浩.多机器人系统协同作业技术发展近况与前景[J].机电技术,2013,36(6):146-150.
[3] 李双寿,李生录.工程实践和创新教学:探索与研究[M].北京:清华大学出版社,2014.
[4] 徐江波,姚启明,高党寻,等.弧焊机器人焊缝跟踪系统在实践教学中的应用[J].设备管理与维修,2020(3):111-112.

减速器端盖的自动化加工教学单元实施

左 晶,王健美,王国生,陈远洋

(清华大学基础工业训练中心,北京,100084)

摘要:为了适应《中国制造2025》的人才培养需求,在本科教育中融入先进智能化制造理念和实践教学内容,清华大学iCenter教学基地在国家发改委支持的双创教育基地建设中,集中力量进行了智能化制造教学实践基地的建设,内容是围绕教学载体"多型号的蜗轮蜗杆减速器"的制造流程,进行智能制造技术的基础教学。其中的机械加工自动化单元是多型号减速器端盖加工流程中的重要环节,建设中基于原iCenter的数控机加工设备,增加了机械臂、自动料架、自动翻转机构和相关的安全装置,进行RV040和RV063两种型号减速器端盖的自动加工、取送料、上下料、灵活换产、实时监控的完整单元实施。在展现自动化加工过程的同时,尽可能实现每个动作环节清晰明确,达到自动化加工过程本科实践教学的要求,实现灵活的教学互动方案。在整体教学实践基地的建设中,加工单元与智能检测、自动化仓储与物流和自动装配等单元共同组成完整的自动化和智能化工厂,形成了"麻雀虽小五脏俱全"的智能化学习工厂,在智能制造教学实践中发挥了重大作用。

关键词:智能制造;实践教学;加工单元;减速器端盖

1 引言

提高国家制造业创新能力,是实现制造强国战略目标的重要任务;推进智能制造,是《中国制造2025》的主攻方向。本科及大专院校的制造工程实践教学基地建设目标是为学生提供一个数字化、网络化、智能化制造平台,有利于制造业相关创新技术的实现与验证,充分发挥政、产、学、研、用协同创新的效应,助力推动制造业创新[1-2]。

清华大学"服务于双创教育的跨学科创客实践平台项目"就是打造一个面向"工业4.0"的智能制造平台,在项目中我们建立了包括自动化加工单元的完整的学习工厂。本文主要介绍其中自动化加工单元的设计与实施。

2 项目介绍

在整个项目的设计过程中,我们根据加工制造业的共性化人才培养需求和本科教学的特点,首先拟定了根据比较有特点的教学载体进行整体制造运行的实施方案,其中教学载体的设定为RV系列蜗轮蜗杆减速器产品。在整体项目中规划了自动化加工单元、智能检测单元、智能物流与仓储单元、自动化装配单元等。

本项目是其中的一个基础环节,即自动化加工单元的设计与实施。

2.1 教学产品介绍

蜗轮蜗杆减速器主要应用于与电机相连的部位,提供调速功能,常见于食品、化工、饮料和包装领域。其主要应用特点有:传动速比大、扭矩大、承受过载能力高;外壳由铝合金铸造,质量轻,结构紧凑,热交换性能好,散热快;安装简易,灵活轻便,易于维护检修;运行平稳,噪声小;经久耐用,适用性强,安全,可靠性高。

我们定位的减速器产品由37个零部件通过柔性生产线组装而成，如图1所示。

2.2 加工需求分析

1）蜗轮蜗杆

蜗轮常采用青铜或铸铁做齿圈。

蜗杆一般用合金钢或碳钢制成，大部分蜗杆的齿面经渗碳淬火等热处理来获得较高的硬度。

2）箱体

蜗轮蜗杆减速器箱体的加工部位多为平面和孔系，其结构复杂，精度要求高，加工时应注意基准的选择及夹紧力。减速器若批量生产，须采用专用镗床，以保证加工精度及提高生产效率。

图1 RV系列减速器

3）端盖

端盖同箱体一样，在满足强度、刚度要求的前提下，要考虑结构紧凑、铸造方便、质量轻及使用等方面的要求。减速器箱体与端盖是减速器结构中受力最为复杂的部件，其散热性能、使用寿命等也是应该考虑的要素。

基于以上分析，并根据iCenter现有的基础设备和场地，我们选择了端盖的加工作为教学载体。

3 端盖自动化加工项目实施

3.1 加工设备选择

以RV040减速器端盖为例，工件材质为铝ZL101，工件图纸如图2所示。

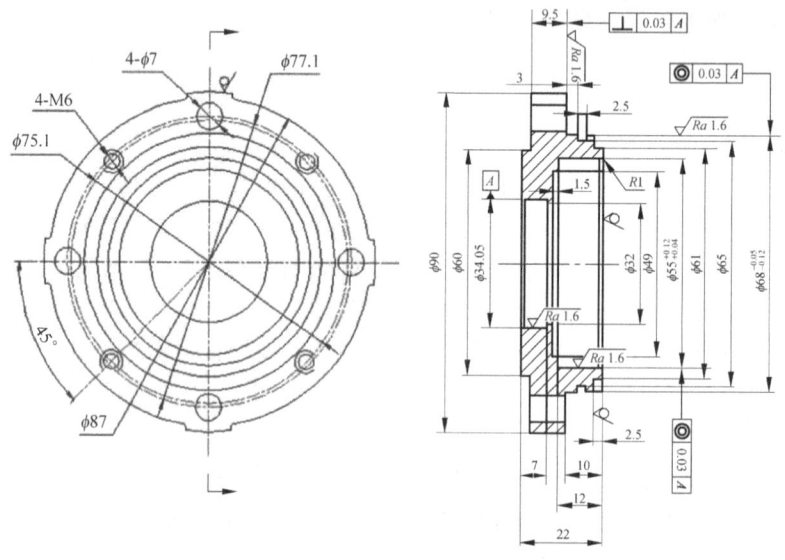

图2 减速器端盖图纸（RV040）

端盖加工主要保证的精度为：尺寸精度—轴承孔孔径、位置精度—轴承孔同轴度、垂直度。因此，加工设备选择为：轴承孔—数控车床，连接端面及窄槽—数控镗铣床，其他孔及倒角—数控镗铣床。

3.2 柔性加工单元工艺

零件分为 2 序加工，OP10 为立式加工中心工序，工艺如图 3 所示，OP20 为车削工序，拟定 OP10、OP20 各 1 台机床。工序规划见表 1。

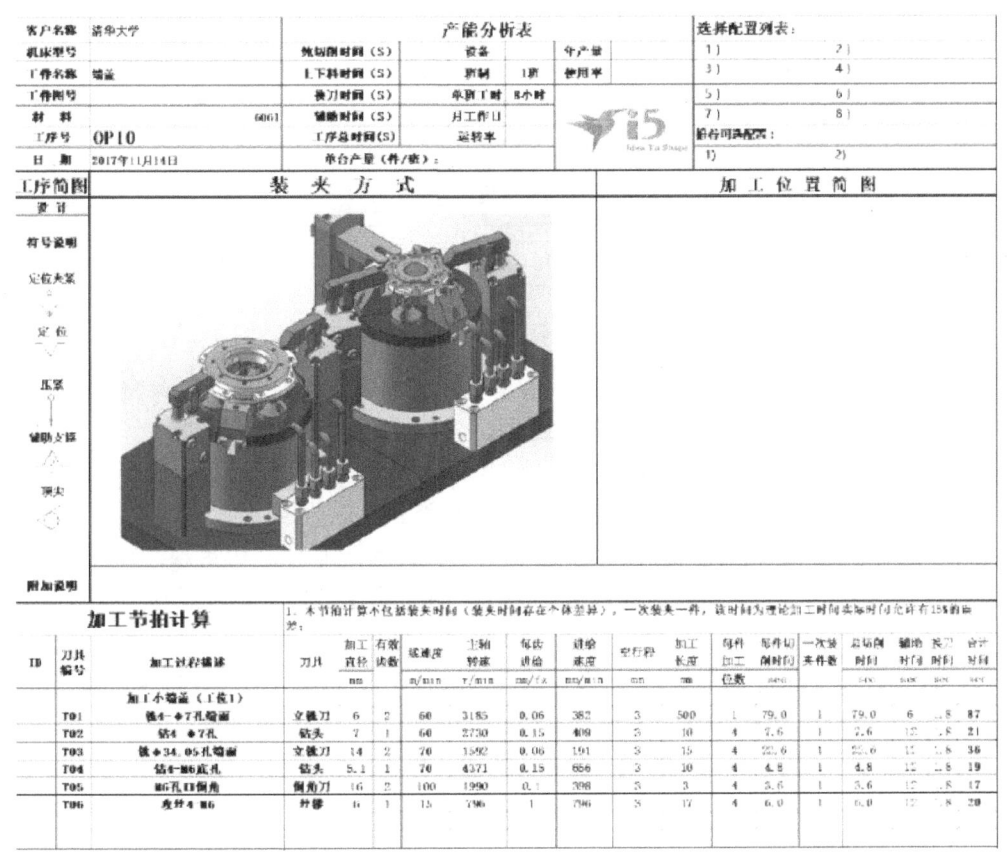

图 3 端盖加工工艺表之一（加工节拍）

表 1 工序规划表

工序	工序名称	夹具与定位方式	设备名称
OP10	立加序	立加专用卡具	数控镗铣床
OP20	车序	专用卡爪，端面定位	数控车床

3.3 自动化加工单元实施方案

1）自动化常用的途径

（1）集成具有一定信息化程度的加工设备，以能够完成加工工艺为选择标准，根据加工制造流程进行信息化改造，根据自动化相关原则进行设计与实施。本项目中选用了数控加工机床和机械手等设备。

（2）将产品的构思→方案→建模→出图→加工→组装→调试进行数字化、信息化转化。本项目根据减速器端盖的图纸进行工艺方案设计—数字模型设计—加工试制—产品组装调试等步骤实施。

（3）根据制造流程进行设备位置规划，考虑原料运送—零件各部分加工—成品清理—测量（运输）等各工艺步骤，合理安排自动化步骤与人工步骤的规划和实施。本项目在充分的端盖料库数量和位置设计、机械手位置设计、工件出入单元路径设计等基础上进行合理化设计和实施。

2）本项目的自动化实施方案

（1）柔性加工单元建设——场地需求。场地长5800mm，宽4500mm；要求设备平面布置面积小于场地面积，留有每边0.5～1m的维护区域。

（2）柔性加工单元流程。如图4所示，零件为2序加工，整个自动线为1Vs2形式，即1台6轴柔性机器人为两台机床提供上下料服务。

毛坯料架 ⇨ 机器人上下料 ⇨ 加工工序1 ⇨ 机器人上下料 ⇨ 加工工序2 ⇨ 机器人上下料 ⇨ 成品料架

图4 加工单元流程图

（3）自动线整体规划。自动线由1台卧式车床、1台立式钻攻中心、1套自动上下料系统组成，当自动线停止运行时，可对机床及机器人进行手动操作。

（4）机器人选用。选用20kg规格的6轴工业机器人，其最大水平工作半径为1722mm。该机型机身紧凑，设计优化，适用于物料搬运及多种类型零件的自动上下料。

（5）零件料库。零件料库采用托盘式料库形式，托盘可整体自由更换。前序AGV将托盘整体放到料库上，托盘与料库通过锥销定位。料库将托盘传送到位后检测开关发出信号，机械手才被允许抓取零件。料库托盘上的所有零件均加工完成后，料库将托盘传送到防护外，进行换料。此料库为双托盘，每个托盘可放置零件12件，每种零件配有2个托盘，托盘上带有与零件类型对应的二维码。

（6）翻面模块。零件为2序加工，在自动线的两序之间加一个翻转工位，与机械手配合实现对工件的180°翻转。此种翻面模块的适应能力强，翻转快速可靠。换面模块带有吹气机构，可对工件进行铁屑清除。

（7）总控模块，其功能如下：

① 显示各机床当前运行状态。

② 显示机器人当前工作状态。

③ 控制自动线的启动、停止。

④ 显示并记录零件的加工数量。

⑤ 显示整条线的当班信息。

⑥ 显示设备信息及进行日志信息存储。

⑦ 不同的零件托盘带有不同的二维码，利用扫码识别零件的种类并取料。

（8）安全防护。整条自动线配有安全防护模块，主体由透明防护围栏构成，高度约1.8m，配有防护门，用于自动线停止时人员出入。防护带有安全光幕装置，安装在带有防护门的一面，用于自动线运行时防止人员进入机器人工作区域，以免发生不必要的伤害。

4 结语

减速器端盖自动化加工单元在2019年年初投入运行之后,根据教学需求进行了多次反复修整和调试,目前已经平稳运转1年,在机械制造实习、制造工程体验、实验室科研探究等国家和学校重点课程中完成了可教学实践目标,在制造过程自动化、数字化、信息化的各个教学方向中实现了现场展示、单元模拟和单项技术实践教学,比较好地实现了本科教学的实践教学平台功能。

在后期的智能制造虚拟仿真实践教学发展规划中,我们还要进一步开发教学平台的功能,以期更好地实现真实场景与教学功能的融合和发展。

参考文献

[1] 闻邦椿.机械设计手册[M].6版.北京:机械工业出版社,2018.
[2] 陈宏钧.机械工人切削手册[M].8版.北京:机械工业出版社,2017.